herausgegeben von
Daniel Bernsen
und Dieter Brückner

C.C.Buchner

Das waren Zeiten – Rheinland-Pfalz

Unterrichtswerk für Geschichte

Band 2: Vom 19. Jahrhundert bis zur Gegenwart

Herausgegeben von Daniel Bernsen und Dieter Brückner

Bearbeitet von Rainer Bach, Daniel Bernsen, Markus Brogl, Dieter Brückner, Rüdiger Gans, Klaus Dieter Hein-Mooren, Alexandra Hoffmann-Kuhnt, Jobst-H. Homeier, Steffi Hummel, Ulrich Mayer, Björn Onken, Andreas Reuter, Ulrich Schnakenberg und Jürgen Weber

1. Auflage, 3. Druck 2019
Alle Drucke dieser Auflage sind, weil untereinander unverändert, nebeneinander benutzbar.

Dieser Titel ist auch als digitale Ausgabe unter *www.ccbuchner.de* (Eingabe im Suchfeld: 31022) erhältlich.

Das Werk folgt der reformierten Rechtschreibung und Zeichensetzung. Ausnahmen bilden Texte, bei denen künstlerische, philologische und lizenzrechtliche Gründe einer Änderung entgegenstehen.

Auf verschiedenen Seiten dieses Buches finden sich Mediencodes. Sie verweisen auf optionale Unterrichtsmaterialien und Internetadressen (Links). Haftungshinweis: Trotz sorgfältiger inhaltlicher Kontrolle wird die Haftung für die Inhalte externer Seiten ausgeschlossen.

Redaktion: Markus Brogl und Alexandra Hoffmann-Kuhnt
Korrektorat: Kerstin Schulbert
Layout, Satz, Grafik und Karten: ARTBOX Grafik & Satz GmbH, Bremen
Umschlag: ideen.manufaktur, Dortmund
Druck und Bindearbeiten: Firmengruppe Appl, aprinta Druck, Wemding

www.ccbuchner.de

ISBN: 978-3-661-**31022**-0

[redacted]

Methodenkompetenz

Im Fach Geschichte gibt es sowohl allgemeine Arbeitsweisen, die du schon aus anderen Fächern kennst, als auch besondere, die nur im Fach Geschichte vorkommen. Immer, wenn es um diese Methoden geht, historische Informationen herauszuarbeiten und zu deuten, sind die Verben in grüner Schrift gehalten.

Untersuchen: Texte, Karten, Schaubilder und Bilder nach bestimmten Gesichtspunkten auswerten

Herausarbeiten: Wichtiges aus einem Text, einer Karte, einem Schaubild oder einem Bild heraussuchen und selbstständig im Zusammenhang → *erläutern*

Ordnen, einordnen: ein oder mehrere Sachverhalte in eine Reihenfolge bringen oder in einen übergeordneten Zusammenhang einfügen

Gliedern: einen Raum, eine Zeit oder einen Sachverhalt → *untersuchen* und nach bestimmten Gesichtspunkten sinnvoll → *ordnen*

Vermutungen anstellen, Fragestellungen entwickeln, Fragen notieren, überlegen: einen Sachverhalt betrachten, eigenständig Probleme erkennen und eigene Fragen an die Geschichte stellen oder mögliche Lösungen vorschlagen

Analysieren: Materialien und dargestellte Sachverhalte nach bestimmten Kriterien erschließen und geordnet (strukturiert) und ohne Wertung (unkommentiert) → *darstellen*

Interpretieren: Aussagen aus Quellen heraussuchen, → *analysieren* und nach bestimmten Gesichtspunkten → *erläutern* und → *beurteilen*

Vergleichen, gegenüberstellen: Gemeinsamkeiten, Ähnlichkeiten und Unterschiede von Sachverhalten nach bestimmten Gesichtspunkten → *darstellen*

Erstellen, gestalten (Schaubild, Grafik, Video etc.), verfassen (Rede, Lexikonartikel etc.): einen Sachverhalt nach bestimmten Gesichtspunkten in einer geeigneten Form anschaulich → *darstellen*

Rollen spielen, Szene nachstellen: zu einem historischen Sachverhalt oder einer historischen Person verschiedene Perspektiven einnehmen und spielend nachvollziehen

Skizzieren: ein Problem oder einen Sachverhalt auf das Wesentliche untersuchen, knapp und in groben Zügen → *schildern*

Sich informieren, nachschlagen, erkunden, herausfinden, recherchieren, eine Umfrage machen: sich über einen bestimmten Sachverhalt oder ein Thema selbstständig Kenntnis schaffen und nachforschen

Kommunikationskompetenz

Geschichte muss dargestellt, erzählt und diskutiert werden. Dort, wo es vor allem um verschiedene Arten der Kommunikation geht, sind die Verben in blauer Schrift abgebildet.

Nennen, aufzeigen, aufzählen, auflisten, wiedergeben, feststellen: einem Text, einer Karte oder einem Schaubild/Bild Informationen entnehmen und mit eigenen Worten festhalten

Beschreiben, erzählen, schildern, (nach)zeichnen, darstellen, schreiben (Brief, Bericht): Sachverhalte → *ordnen* und sprachlich so darstellen, dass sich eine klare Vorstellung ergibt

Charakterisieren: historische Sachverhalte, Strukturen, Entwicklungen, Personen mit ihren typischen Merkmalen nach bestimmten Kriterien beschreiben und strukturiert → *darstellen*

Zusammenfassen, zusammenstellen: inhaltliche Schwerpunkte eines Sachverhaltes geordnet hervorheben

Erklären: einen Sachverhalt so darlegen, dass Inhalte und ihre Zusammenhänge verständlich werden

Erläutern: wie → *erklären*, aber noch durch zusätzliche Informationen oder Beispiele veranschaulichen

Diskutieren: sich mit (gegensätzlichen) Auffassungen anderer aufmerksam auseinandersetzen und darauf mit eigenen Antworten reagieren

Argumentieren: eine Meinung für oder gegen eine Sichtweise vertreten, die Gründe sachlich darlegen und beweisen

Hypothesen entwickeln: zu einem bestimmten Sachverhalt oder Problem eine begründete Vermutung aufstellen und das zu erwartende Ergebnis nach bestimmten Kriterien wissenschaftlich → *überprüfen*

Präsentieren, vorstellen: ein Thema vortragen und mithilfe von Texten, Bildern, Grafiken oder digitalen Medien (PowerPoint-Präsentation etc.) anschaulich vor Publikum → *darstellen*

Urteilskompetenz

Wenn du eine Ursache für bestimmte Entwicklungen oder eine eigene Meinung begründen sollst, haben wir die Verben in orange gedruckt.

Prüfen, überprüfen: Sachverhalte, Vermutungen und Urteile auf ihre Richtigkeit hin kontrollieren

Unterscheiden: zwei Sachverhalte im Hinblick auf bestimmte Merkmale → *vergleichen*, die Unterschiede erkennen und → *erklären*

Begründen: zeigen, warum etwas so ist, und das mit dem Material und/oder der Darstellung belegen

Beurteilen: Sachverhalte und Probleme nach bestimmten Gesichtspunkten → *prüfen*, ihre Bedeutung für die Geschichte bestimmen und → *begründet* einschätzen

Bewerten und Stellung nehmen: zu einem Sachverhalt eine gut überlegte (reflektierte) Meinung finden und diese → *begründet* formulieren

Nachweisen: die Richtigkeit oder das Vorhandensein von Sachverhalten, Vermutungen oder Urteilen → *feststellen* und belegen

Erörtern: sich mit einem Problem auseinandersetzen und abschließend dazu → *Stellung nehmen*

Inhalt

1 Demokratie – Sozialismus – Nationalsozialismus

Das Deutsche Kaiserreich im Zeitalter des Imperialismus

Weimarer Republik und Zwischenkriegszeit

* mögliches Ergänzungsthema des Lehrplans

Nationalsozialismus und Zweiter Weltkrieg

* mögliches Ergänzungsthema des Lehrplans

2 Die Welt nach 1945

Deutschland und die geteilte Welt nach 1945

Höhepunkte des Kalten Krieges und die beiden deutschen Staaten

* mögliches Ergänzungsthema des Lehrplans

Neuordnungen der Welt und Deutschlands Wiedervereinigung

Längsschnitte

Epochenjahre

Geschlechtergeschichte

Krieg und Frieden

* mögliches Ergänzungsthema des Lehrplans

Familie

Revolutionen im historischen Vergleich

Alternatives Inhaltsverzeichnis

Lexikon zur Geschichte

Register

* mögliches Ergänzungsthema des Lehrplans

Geschichte fordert heraus

Liebe Schülerinnen und Schüler,

der zweite Band eures Geschichtsbuches schließt da an, wo ihr am Ende der 8. Jahrgangsstufe im Geschichtsunterricht angekommen seid: nach der Gründung des Deutschen Kaiserreiches im Jahre 1871, und er wird euch durch knapp 150 Jahre bis in die Geschichte unserer Gegenwart begleiten.

Kaiser Wilhelm II., den ihr auf dem Cover eures Geschichtsbuches seht, wurde 1888 Deutscher Kaiser. Am Ende des Ersten Weltkrieges musste er zurücktreten und ging ins Exil in die Niederlande, wo er 1937 starb.

Das Mädchen ihm gegenüber ist Anne Frank. Sie wurde 1929 in Frankfurt geboren. Als Jüdin musste sie vor der Verfolgung durch die Nationalsozialisten in die Niederlande fliehen. Sie wurde verraten, in ihrem Versteck in Amsterdam aufgegriffen und kurz vor dem Ende des Zweiten Weltkrieges in einem deutschen Konzentrationslager ermordet. Kaiser Wilhelm II. war zu diesem Zeitpunkt bereits acht Jahre tot.

Nun werdet ihr denken: Was hat die Politik eines Kaisers mit der Flucht und Verfolgung eines sechsjährigen Mädchens zu tun? Überhaupt: Was haben Deutsches Kaiserreich und Erster Weltkrieg mit dem Nationalsozialismus und dem Zweiten Weltkrieg zu tun? Ist das eine Ursache des anderen? Ist Wilhelm II. Täter oder wenigstens Wegbereiter der historischen Epoche, in der Anne Frank als Opfer ermordet wurde?

Solche Zusammenhänge in der Geschichte zu untersuchen, Entwicklungen, aber auch Brüche nachzuzeichnen, darum geht es im Geschichtsunterricht. Er hilft euch zu verstehen, wie unsere Gegenwart aus der Geschichte heraus so geworden ist, wie ihr sie seht und erlebt. Er zeigt euch, dass Ereignisse niemals „aus heiterem Himmel" geschehen, sondern geschichtliche Voraussetzungen haben.

Dabei werdet ihr immer wieder sehen: Geschichte ist aktuell, sie lebt, irritiert manchmal sogar und fordert heraus. Denn je jünger sie ist, umso mehr hat sie mit dem zu tun, wer ihr seid, was ihr denkt und wie ihr handelt. So gesehen ist Geschichte niemals alt, verstaubt, überholt oder uninteressant. Vor allem: Sie ist immer spannend. Denn um den Ereignissen, Personen und Zusammenhängen vom Kaiserreich bis in die Gegenwart wirklich auf den Grund gehen zu können, benötigt ihr auch weiterhin euren kriminalistischen Spürsinn. Daten, Fakten, historische Arbeitsmethoden und die richtigen Fragestellungen ebnen euch den Weg in die Geschichte. Sie versetzen euch aber auch in die Lage, Aussagen über die Geschichte auf ihre Richtigkeit oder wenigstens Wahrscheinlichkeit hin zu überprüfen, und sie lassen euch erkennen, wenn euch andere *Geschichten* auftischen, die mit der eigentlichen Geschichte nichts zu tun haben.

Wir wünschen euch für diese Beschäftigung mit der Geschichte viel Freude und Erfolg!

Daniel Bernsen und Dieter Brückner

John Locke (englischer Philosoph, 1632 - 1704)

„Alles, was man von der Geschichte sagt, kommt aufs Schlachten und Morden hinaus. Die Ehre und den Ruhm, den sie den Eroberern beilegt, welche meistenteils nur die Henker des Menschengeschlechtes waren, bringt den heranwachsenden Jüngling vollends auf den Gedanken, dass Menschenmord das rühmlichste Geschäft und die größte Heldentugend seien.“

Golo Mann (deutscher Geschichtsschreiber, 1909 - 1994)

„Immer hat Geschichte zwei Komponenten: das, was geschehen ist, und den, der das Geschehene von seinem Orte in der Zeit sieht und zu verstehen sucht. Die Vergangenheit lebt; sie schwankt im Lichte neuer Erfahrungen und Fragestellungen.“

Paul Valéry (französischer Philosoph, 1871 - 1945)

„Die Geschichte ist das gefährlichste Erzeugnis, das der Verstand produziert hat. Es bringt Völker ins Träumen, versetzt sie in Rausch, gaukelt ihnen eine Vergangenheit vor, hält ihre alten Wunden am Schwären, stört sie in ihrer Ruhe auf, treibt sie zu Größenwahn oder zu Verfolgungswahn und macht, dass die Nationen verbittert, auftrumpfend, unausstehlich und eitel werden. Die Geschichte rechtfertigt, was immer man will. Sie lehrt gar nichts, denn es gibt nichts, was sich mit ihr nicht belegen ließe.“

Richard von Weizsäcker (Bundespräsident 1984 - 1994, geb. 1920)

„Wir lernen aus der Geschichte nicht, was wir tun müssen. Aber wir können aus ihr lernen, was wir bedenken müssen. Das ist unendlich wichtig.“

Elie Wiesel (Schriftsteller und Friedensnobelpreisträger, geb. 1928)

„Was also ist es, was wir den Holocaust nennen? War er eine Konsequenz der Geschichte, eine Verirrung der Geschichte? Dies ist nicht die Zeit und der Ort, darüber zu sprechen. Dafür gibt es andere Zeiten, in der Schule zum Beispiel, denn Erziehung ist wichtig. […] Nehmt Euch die Zeit, bewilligt die Gelder, tut, was immer Ihr könnt, damit die Kinder, Ihre Kinder, die wissen wollen, auch wissen können.“

Kurt Tucholsky (deutscher Journalist und Schriftsteller, 1890 - 1935)

„Wer die Enge seiner Heimat begreifen will, der reise. Wer die Enge seiner Zeit ermessen will, studiere Geschichte.“

1. *Vergleicht die Gedanken über Geschichte, die in den Zitaten ausgedrückt werden.*
2. *Diskutiert, ob sich aus den Positionen eine Begründung für das Unterrichtsfach Geschichte ableiten lässt.*
3. *Können wir Menschen aus der Geschichte lernen? Nehmt Stellung zu dieser Frage.*

So findet ihr euch im Buch zurecht

Der „Einstieg“ – damit ihr wisst, worum es geht

Jedes Hauptkapitel beginnt mit großen Bildern. Zu ihnen gibt es Hinweise und einen Text, der die Leitgedanken und wichtigsten Fragen zu den folgenden Themen nennt.
Unten rechts findet ihr Vorschläge, wie ihr die Bilder selbst befragen könnt. Vielleicht wollt ihr in der Klasse darüber sprechen?
Übrigens: Die Arbeitsaufträge im Buch sind nach Kompetenzen sortiert, also Kenntnissen und Fähigkeiten, die du im Geschichtsunterricht erwerben wirst. Die Verben sind jeweils grün, blau und orange markiert und sagen dir, welche Kompetenz du damit besonders trainierst. Siehe dazu die Seiten „Kompetenzen trainieren – Aufgaben begreifen“ vorne im Buch.

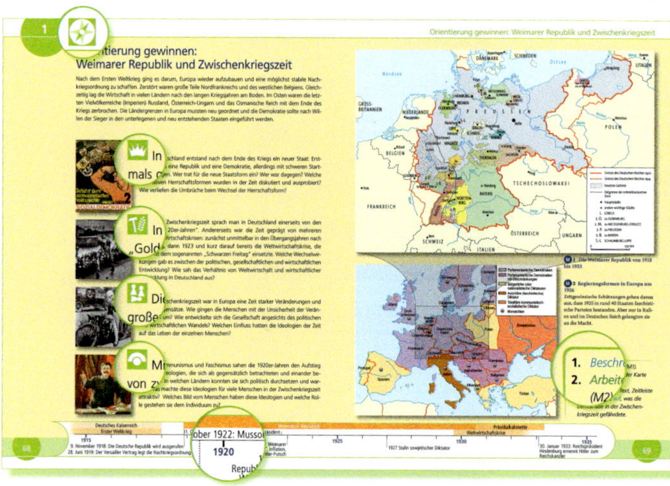

„Orientierung gewinnen“ in Raum und Zeit

Diese Seiten sind Informationszentrum und Wegweiser zugleich. Die kurzen Texte und Bilder geben euch einen Einblick in das jeweils nächste Teilkapitel. In jedem Kapitel haben wir das Thema übersichtlich in fünf wichtige Bereiche (Kategorien) gegliedert und mit einem Zeichen (Symbol) gekennzeichnet: Orientierung, Gesellschaft, Herrschaft, Wirtschaft und Weltdeutungen. Die Karten zeigen, wo die Ereignisse stattfanden, die ihr kennenlernen werdet. Die Fragen regen dazu an, die Karten schon mit eurem Vorwissen zu erschließen. Die Zeitleiste hilft dabei, euch den Zeitraum vorzustellen und mit der Zeit der vorigen Kapitel zu vergleichen.

Teilkapitel – das Wichtige, übersichtlich geordnet

In den Darstellungen haben die Verfasser aufgeschrieben, was sie für wichtig halten. Das Symbol oben zeigt, welche Kategorie vor allem behandelt wird. Wichtige Begriffe – Grundbegriffe und weitere wichtige Lernbegriffe (mit * gekennzeichnet) – sind fett gedruckt und werden unten wiederholt. Außerdem enthält das Buch viele Materialien. Diese Texte, Bilder oder Karten sind mit M gekennzeichnet und nummeriert. Arbeitsvorschläge stehen jeweils am Ende der Seiten. Internet-, Lese- oder Exkursionstipps geben euch die Möglichkeit, weiter zu forschen und mehr über ein Thema zu erfahren. Zu manchen Themen findest du Hinweise auf Filme (***Geschichte In Clips***). Du kannst die Clips über unsere Homepage www.ccbuchner.de kostenlos herunterladen. Gib dazu in das Suchfeld den genannten Code ein.

Historische Methodenarbeit schrittweise erlernen

Wer die Geschichte verstehen will, muss die richtigen Fragen stellen und zu ihrer Beantwortung schrittweise vorgehen. Dafür braucht ihr Methoden. Wir zeigen euch an Beispielen, wie ihr Material auswertet. Auf den Methodenseiten könnt ihr das gleich selbst erproben:

Ein Beispiel bearbeiten wir mit euch gemeinsam. An einem anderen Beispiel geben wir mit Arbeitsfragen und Hilfen Vorschläge, wie ihr diese und kommende Methodenaufgaben lösen könnt.

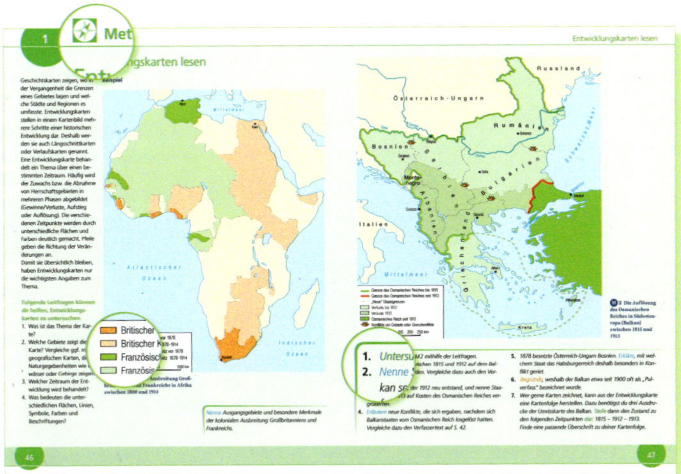

„Differenzieren im Projekt" – selbstständig arbeiten in Gruppen

Die Materialien, die wir auf diesen Doppelseiten zusammengestellt haben, gehören zu einem Thema des Kapitels, verknüpfen die Inhalte mit vorigen Kapiteln, stellen verschiedene Sichtweisen gegenüber oder Bezüge zu unserer Gegenwart her.

Die Projektvorschläge leiten euch an, wie ihr in Gruppen schrittweise die Aufgaben lösen und eure Ergebnisse vorstellen könnt.

So übt ihr nach und nach ein, Zeugnisse aus der Vergangenheit mit unterschiedlichen Arbeitstechniken zu untersuchen, zu vergleichen und eure Ergebnisse zu präsentieren.

„Das weiß ich, das kann ich!" – Überprüft eure Kompetenz

Am Ende des Kapitels seid ihr Experten für die behandelte Zeit! Die Seiten „Kompetenzen überprüfen" kommen auf die Leitfragen von den „Orientierung gewinnen"-Seiten zurück und machen Vorschläge, wie ihr diese Fragen noch einmal für die Kategorien übergreifend und vergleichend beantworten könnt. Auf den Seiten findet ihr neues Material und passende Aufgaben. Damit könnt ihr prüfen, wie gut ihr euch jetzt auskennt und wie sicher ihr die Kompetenzen anwenden könnt.

1 Demokratie – Sozialismus – Nationalsozialismus

M 1 Bismarck-Nationaldenkmal vor dem Reichstag
Foto von 1901
Das Bismarck-Nationaldenkmal wurde von Kaiser Wilhelm II. in Auftrag gegeben und am 16. Juni 1901 feierlich eingeweiht. Um die Figur des „Reichsgründers“ stehen vier mythologische Figuren: Vor dem Sockel kniet Atlas, der die Weltkugel trägt. Daneben liest Sibylle, nach antiker Vorstellung eine Prophetin, im Buch der Geschichte. Eine Frauengestalt drückt einen Leoparden, der für Aufruhr und Zwietracht steht, mit dem Fuß nieder. Sie wird meist mit Germania, der Personifizierung Deutschlands, identifiziert. Die vierte Figur, die auf dem Foto nicht zu sehen ist, stellt Siegfried dar, wie er das Reichsschwert schmiedet.
Im Reichstag tagte das gleichnamige Parlament des Deutschen Kaiserreiches.

M 2 Arbeiter, Bürger, Bauern, Soldaten aller Stämme Deutschlands, vereinigt Euch zur Nationalversammlung
Plakat von César Klein, 1919

M 3 Szene einer Reichstagssitzung 1935 nach einer Hitlerrede

Die Suche nach neuen Ordnungsentwürfen

Das Deutsche Reich bestand von 1871 bis 1945. In diesem Zeitraum durchlief es drei wichtige Epochen der deutschen Geschichte. Das Deutsche Kaiserreich war der erste deutsche Nationalstaat. Nach den Einigungskriegen genoss in ihm das Militär besonders hohes Ansehen. Auch sonst waren die traditionellen Eliten bestrebt, ihren Platz in der Gesellschaft gegen das aufstrebende Bürgertum und die erstarkende Arbeiterbewegung zu verteidigen. An der Spitze des Reiches und der Bundesstaaten standen Monarchen. Das Parlament, der Reichstag, war zwar am Gesetzgebungsprozess beteiligt, konnte aber nicht die Regierung und damit die Richtlinien der Politik bestimmen.

Die Weimarer Republik war der erste Staat, der in Deutschland mit seiner parlamentarischen Demokratie das Prinzip der Volkssouveränität umsetzte. In ihm konnte die SPD, die zunächst die Mehrheit der Wahlberechtigten hinter sich hatte, erstmals Regierungsverantwortung übernehmen. Die Regierungen in der Republik waren allerdings in ihrem Gestaltungsspielraum stark eingeschränkt. Denn sie mussten die Verantwortung für die Folgen des Ersten Weltkrieges übernehmen. Außerdem hatten sie nicht nur verfassungsfeindliche und gewaltbereite Gegner von Rechts (u. a. Monarchisten, Nationalsozialisten), sondern auch den Teil der Arbeiterbewegung gegen sich, der eine sozialistische Staatsordnung durchsetzen wollte. 1919 gründete sich die Kommunistische Partei Deutschlands.

Begünstigt durch konservative Kräfte kamen letztendlich die Nationalsozialisten an die Macht. Nach ihrem misslungenen Putsch 1923 war es ihnen nun gelungen, auf legalem Weg die Regierung übernehmen zu können. Nun hatten sie eine entscheidende Machtbasis für die Zerstörung der Weimarer Republik. In den USA zeigte währenddessen die Regierung unter Präsident Roosevelt, wie die Folgen der Weltwirtschaftskrise von einer demokratischen Regierung überwunden werden konnten.

1. *Analysiere die Gestaltung des Bismarck-Nationaldenkmals (M1).*
2. *Beurteile, welches Bild von Bismarck durch die Gestaltung des Denkmals vermittelt werden sollte (M1).*
3. *Erkläre, wie Demokratie in dem Plakat dargestellt wird (M2).*
4. *M3 zeigt ein „Parlament", in dem nur Abgeordnete einer Partei vertreten sind. Erkläre, welche Voraussetzung erfüllt sein müsste, wenn es sich um eine frei gewählte Volksvertretung handeln würde.*
5. *Der Volksmund nannte den Reichstag seit 1933 „Reichsgesangsverein". Stelle begründete Vermutungen an, warum.*

Orientierung gewinnen: Das Deutsche Kaiserreich im Zeitalter des Imperialismus

Durch die Gründung des Kaiserreiches war der Wunsch nach einem deutschen Nationalstaat Wirklichkeit geworden. Nachdem die Gründung „von unten" nach der Revolution von 1848/49 gescheitert war und die von der Nationalversammlung in der Paulskirche in Frankfurt ausgearbeitete Verfassung nur ein Entwurf blieb, erfolgte die Gründung nun „von oben". Vorausgegangen waren drei Kriege. Der preußische Ministerpräsident und Reichskanzler Otto von Bismarck galt als „Reichsschmied", der die Bundesstaaten „mit Eisen und Blut" verbunden hatte.

Deutschland hatte mit seiner Einigung seine wirtschaftliche und politische Macht bedeutend erweitert. Anders als andere Großmächte trat Deutschland relativ spät in den Wettlauf um Kolonien ein. Dieser hatte sich ab etwa 1870 beschleunigt. Mithilfe der modernen Armeen und des technischen Fortschritts konnten die imperialistischen Staaten nun auch das Innere der Kontinente erkunden und in Besitz nehmen.

Das Deutsche Kaiserreich führte traditionelle Vorstellungen bewusst weiter und bevorzugte alte Eliten. Dennoch entfalteten sich neue Entwicklungen innerhalb der Gesellschaft: Worin zeigt sich die Kontinuität mit bisherigen Gesellschaftsentwürfen? Welche Bevölkerungsgruppen formierten sich neu? Welches Verhältnis hatten diese Gruppen zum Staat? Wie veränderte sich das gesellschaftliche Gefüge? Welche Vorstellungen vom Verhältnis der Geschlechter bestanden und entwickelten sich? Inwiefern veränderte der Erste Weltkrieg das Verhältnis der Geschlechter?

Die Fortschritte der Industriellen Revolution und der mit ihr verbundene Wandel der Arbeitswelt veränderten das Leben der Menschen, in den Industriestaaten selbst und in den von ihnen abhängigen Kolonien: Welche Herausforderungen mussten die Regionen bewältigen, in denen sich Industriebetriebe niederließen? Welche Bedeutung hatten die Kolonien für die Wirtschaft der industrialisierten Länder? Welche Zusammenhänge bestehen zwischen Industrialisierung und Kriegsführung?

Das Deutsche Kaiserreich wird oft als „Obrigkeitsstaat" bezeichnet. Dennoch hatte seine Verfassung auch fortschrittliche Elemente. Am Wettbewerb um den Erwerb von Kolonien beteiligte es sich erst spät: Wie weit ging die politische Mit- und individuelle Selbstbestimmung der Menschen? Wie wurden die Kolonien beherrscht und verwaltet? Welche Faktoren führten zum Ausbruch des Ersten Weltkrieges?

Motive für den Imperialismus waren nicht nur politische und wirtschaftliche. Die Kolonialmächte führten als Legitimation für die Unterdrückung von Völkern auch deren angebliche kulturelle Rückständigkeit an: Welche ideologischen Gründe für ihre angebliche Überlegenheit nannten die Kolonialstaaten? Warum waren die Gesellschaften der Kolonialstaaten für diese ideologischen Vorstellungen anfällig? Inwiefern hatte das jeweilige Sendungsbewusstsein Auswirkungen auf das Verhältnis der Großmächte?

1870 | 1875 | 1880 | 1885 | 1890

Gründung des Deutschen Reiches

Wilhelm II. wird Deutscher Kaiser

Reichskanzler Bismarck tritt zurück

M 1 Das Deutsche Reich nach der Reichsgründung (1871)

M 2 Kolonialreiche um 1914

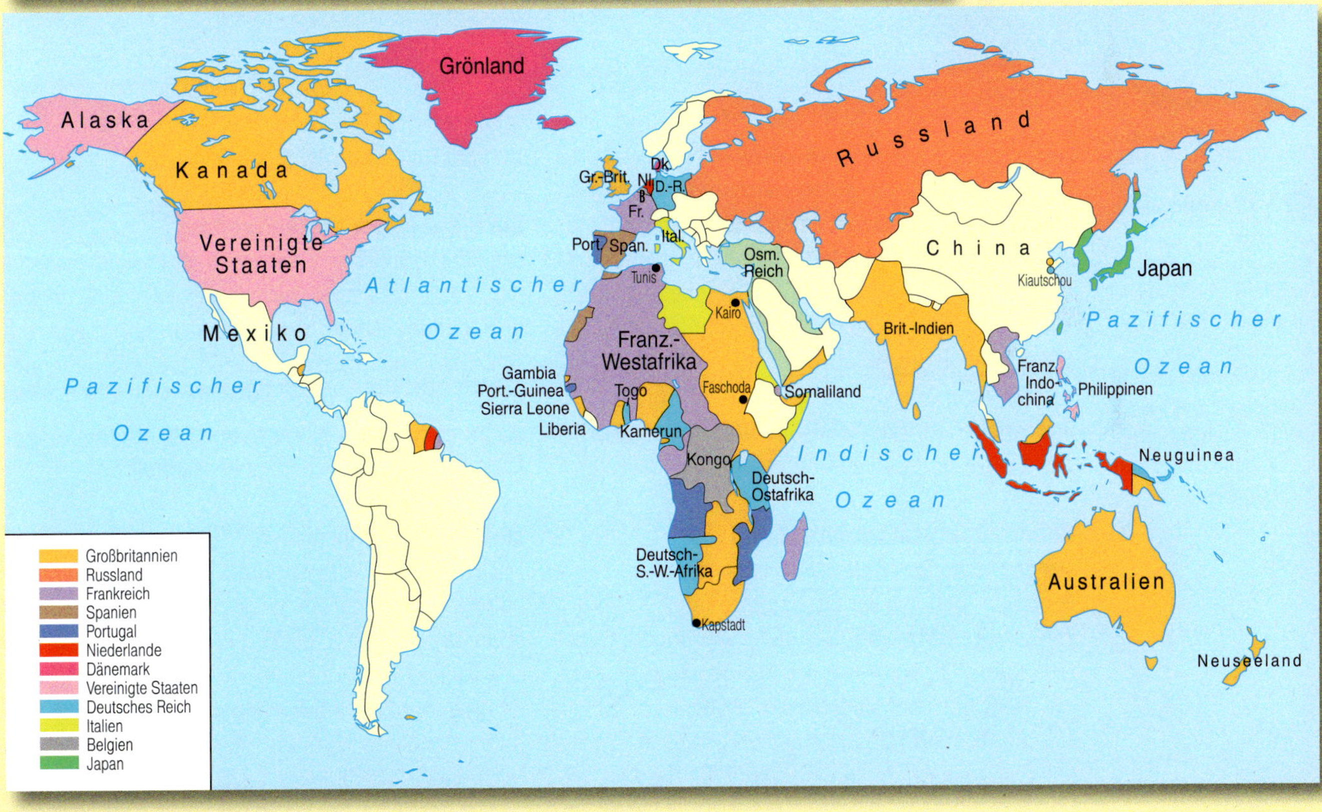

1. *Stelle mithilfe von M1 dar, wie es zur Gründung des Deutschen Kaiserreiches kam.*
2. *Erkläre, inwieweit die Karte M1 die politische Grundstruktur des Deutschen Kaiserreiches wiedergibt.*
3. *Nenne die Kolonialmächte, die in der ersten Phase der Kolonialisierung um 1500 die wichtigsten Kolonialmächte waren und vergleiche mit der Zeit um 1914 (M2).*
4. *Stelle Vermutungen an, zwischen welchen Staaten es besonders große Konflikte gab (M2).*

Zeitalter des Imperialismus | Erster Weltkrieg
Deutsches Kaiserreich

1900 | 1905 | 1910 | 1915 | 1920

1904: Krieg gegen Herero und Nama
1917: Eintritt der USA in den Ersten Weltkrieg, Russische Revolution

1870/71 – ein Epochenjahr

M1 Deutschlands Zukunft
Karikatur aus dem österreichischen Satiremagazin Kikeriki vom 22. August 1870
Der Begleittext lautet: „Kommt es unter einen Hut? Ich glaube, 's kommt eher unter eine Pickelhaube!"

Nationale Begeisterung

„Was zwanzig Jahre der Inhalt alles Wünschens und Strebens gewesen, das ist nun in so unendlich herrlicher Weise erfüllt." Die Worte des Historikers Heinrich von Sybel beschreiben die Hochstimmung in der deutschen Bevölkerung, nachdem die Ausrufung König Wilhelms von Preußen zum Deutschen Kaiser und die Kapitulation des Kriegsgegners Frankreich bekannt geworden waren.

Einigung „von oben"

In der **Revolution** von 1848/49 waren die liberalen und demokratischen Kräfte mit dem Versuch, einen deutschen Nationalstaat zu schaffen, am Widerstand der Fürsten und deren Willen zum Machterhalt gescheitert. Nach 1862 hatte sich der preußische Ministerpräsident **Otto von Bismarck** an die Spitze der nationalen Bewegung gestellt und „durch Eisen und Blut" in drei Kriegen (1864, 1866, 1870/71) den Weg für eine Einigung unter Führung Preußens bereitet.

Bundesstaat statt Staatenbund

Der Deutsche Bund, der 1866 nach dem Sieg Preußens über den Rivalen Österreich aufgelöst wurde, war ein **Staatenbund**. Das 1871 gegründete Deutsche Reich hingegen war ein **Bundesstaat**, in dem die einzelnen Mitgliedstaaten großenteils selbstständig blieben. Der König von Preußen wurde Staatsoberhaupt und Berlin Hauptstadt des Reiches. Die Einigung war allerdings nur um den Preis der kleindeutschen Lösung zustande gekommen. Das 1866 von Preußen besiegte Österreich blieb aus dem deutschen Nationalstaat ausgeschlossen.

Die Verfassung war eine Mischung von konservativen und liberalen Bestandteilen. Sie sicherte einerseits die Vorherrschaft Preußens und die Macht der Fürsten in den einzelnen Bundesstaaten. Das allgemeine, gleiche, direkte und geheime (Männer-) Wahlrecht war für die damalige Zeit sehr fortschrittlich.

Vom Agrar- zum Industriestaat

Mit der Reichsgründung entstand ein einheitlicher Wirtschaftsraum, in dem die Industrialisierung, die in den deutschen Staaten später als in England begonnen hatte, endgültig zum Durchbruch gelangte. Noch vor der Jahrhundertwende vollzog Deutschland den Wandel vom Agrar- zum Industriestaat. Die Wirtschaft profitierte seit 1890 von einer anhaltenden Hochkonjunktur. Neue Industriezweige wie die Elektroindustrie und die chemische Industrie verschafften dem Deutschen Reich eine führende Position auf den Weltmärkten.

Ein Riese in der Mitte Europas

Die Reichsgründung verschob das Gleichgewicht der Kräfte in Europa. Durch die Einigungskriege war in der Mitte des Kontinents ein großer, militärisch schlagkräftiger Staat entstanden. Deshalb begegnete man ihm mit Misstrauen und Skepsis. Man befürchtete, dass der junge Nationalstaat nun die Vorherrschaft in Europa anstreben würde.

„Erbfeind" Frankreich

Mit Frankreich war ein gutnachbarschaftliches Verhältnis angesichts der Bedingungen des Friedensschlusses von 1871 kaum möglich. Die schon seit den Tagen Napoleons immer wieder zu Tage tretende gegenseitige Abneigung verfestigte sich. Auf deutscher Seite rechnete man damit, dass Frankreich die Gelegenheit zur Revanche suchen würde.

1. *Der Deutsche Bund von 1815 war ein Staatenbund, das Deutsche Reich von 1871 ein Bundesstaat. Erkläre den Unterschied.*
2. *Interpretiere die Karikatur M1. Prüfe mithilfe des Verfassertextes, ob sie die Umstände der deutschen Einigung treffend wiedergibt.*

Revolution* Otto von Bismarck* Staatenbund* Bundesstaat*

M2 Das verfluchte Jahr
Lithografie von Honoré Daumier, 1871

M3 Abgrenzung

Der Historiker Alexander Emmerich schreibt über das deutsch-französische Verhältnis nach 1871:

Der Deutsch-Französische Krieg reiht sich [...] in eine ganze Folge von Kriegen und Auseinandersetzungen zwischen beiden Nachbarn ein. Die Besonderheit dieses Krieges liegt jedoch in der Tatsache, dass aus ihm ein mächtiger deutscher Nationalstaat erwuchs. [...] Weder der verlorene Krieg noch die Reparationszahlungen bedeuteten für Frankreich eine derartige Niederlage wie die Gründung eines mächtigen, deutschen Nationalstaates – der noch dazu im eigenen Land proklamiert wurde. Direkt neben Frankreich befand sich nun nicht mehr der lose zusammengesetzte Deutsche Bund, der sich selbst durch die innerdeutschen Zölle wirtschaftlich schwächte und in dem Preußen und Österreich gegeneinander wetteiferten, sondern das Deutsche Reich, das wirtschaftlich boomte, aufrüstete und seine Außenpolitik ausnahmslos über die Abgrenzung zu Frankreich definierte. Darüber hinaus annektierte der Sieger von 1871 die französischen Gebiete links des Rheins und machte sie zum Reichland Elsass-Lothringen – als Puffer vor militärischen Übergriffen, um nationale Begeisterung zu entfachen und um die Bodenschätze und wirtschaftliche Fortschrittlichkeit [...] zu nutzen.

Alexander Emmerich, Bismarcks Triumph – Deutsches Reich ausgerufen!, Stuttgart 2011, S. 137

M4 Revolution „von oben"

Der Historiker Wolfgang Kruse schreibt über die Reichsgründung:

Die Gründung eines deutschen Nationalstaats war ein wesentliches Ziel der bürgerlichen Emanzipationsbewegungen des 19. Jahrhunderts. Doch als am 18. Januar 1871 schließlich mit der Ausrufung des preußischen Königs Wilhelm I. zum Kaiser das Deutsche Reich gegründet wurde, spielten andere politisch-soziale Kräfte die führende Rolle: Gemäß seiner Verfassung war das Kaiserreich formal ein Bund der deutschen Fürsten. Gewählte Volksvertreter waren beim Gründungsakt nicht anwesend und an der Errichtung des neuen Staates nur indirekt beteiligt. Man hat das Deutsche Kaiserreich dementsprechend als eine Reichsgründung oder sogar als eine Revolution „von oben" charakterisiert, die im Wesentlichen von den Kräften der alten Ordnung ins Werk gesetzt wurde.

Zit. nach: www.bpb.de/geschichte/deutsche-geschichte/kaiserreich/138914/aeussere-und-innere-reichsgruendung (Zugriff: 6. November 2015; gekürzt und vereinfacht)

M5 Hundert Jahre danach

Der Politikwissenschaftler und Historiker Peter Graf Kielmansegg schreibt 1971 anlässlich des 100. Jahrestages der Reichsgründung:

Das Reich von 1871 war [...] viel mehr als eine Episode, weil das politische Selbstverständnis der Deutschen durch die Erfahrung der Einheit Deutschlands tief und, so scheint es, dauerhaft geprägt worden ist. Hinter diese Erfahrung können wir nicht zurückgehen. Die Zäsur von 1871 bleibt, so verstanden, auch für uns gültig.

Quelle: DIE ZEIT, 15. Januar 1971 Nr. 3, S. 3 (www.zeit.de/1971/03/nur-eine-episode) (Zugriff: 3. August 2015)

1. *Erkläre mithilfe von M3 Titel und Darstellung der französischen Karikatur M2 von 1871 und bewerte die Folgen der deutsch-französischen Feindschaft für eine deutsche Außenpolitik nach 1871.*
2. *Unterscheide Revolution „von oben" und „von unten" (M4).*
3. *Arbeite heraus, worin der bundesdeutsche Historiker Kielmansegg die besondere Bedeutung der Reichsgründung von 1871 sieht (M5).*
4. *Informiere dich und zeige auf, weshalb die „deutsche Einigung" für den Verfasser immer noch eine aktuelle Frage war (M5).*
5. *Fasse zusammen, was 1870/71 zum Epochenjahr macht.*
6. *Diskutiert in der Klasse den Begriff „Heimat". Wie definiert ihr ihn? Wo ist für euch Heimat (Wohnort, Region, Deutschland, Europa)?*

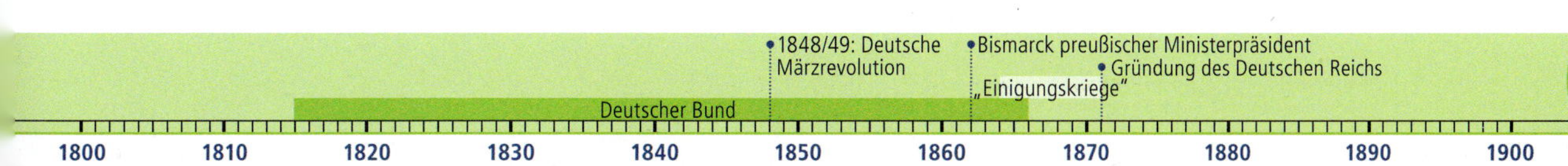

Gesellschaft im Kaiserreich

Einheit ohne Einheit?

Auch wenn die einzelnen Bundesstaaten im Deutschen Reich weitgehend selbstständig blieben, war 1871 die äußere Einigung Deutschlands vollendet. Allerdings identifizierte sich ein Großteil der Bevölkerung nicht mit dem neuen Kaiserreich. Gründe dafür waren vor allem die Abneigung gegenüber dem mächtigen Preußen und die gefühlsmäßige Bindung an den eigenen Bundesstaat und den eigenen Volksstamm.

Um das Zusammengehörigkeitsgefühl im Reich zu stärken, wurden die gemeinsame Geschichte und die errungenen Siege der jüngsten Vergangenheit gefeiert. So wurde beispielsweise jedes Jahr am 2. September der entscheidende Sieg im Deutsch-Französischen Krieg bei Sedan offiziell begangen. In zahlreichen Städten und Dörfern wurden Denkmäler aufgestellt. Sie sollten die Gründung des Deutschen Reiches als Beginn einer ruhmreichen Epoche verherrlichen oder an die Opfer der „Einigungskriege" erinnern. Die Standbilder, Türme, Säulen, Porträtbüsten, Gedenksteine und Brunnen, die zu Ehren des „Reichsgründers" Bismarck errichtet wurden, spiegeln den Wunsch nach Glanz und Größe, nach Sicherheit und Beständigkeit des Reiches.

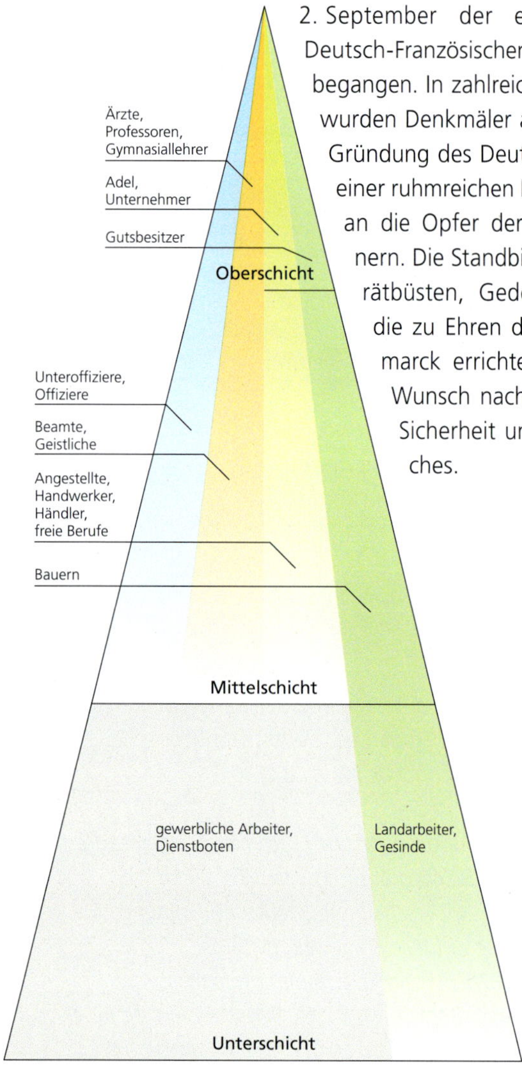

M 1 Soziale Schichtung im Kaiserreich

Zwischen Tradition und Moderne

Die Industrialisierung beschleunigte sich weiter und hatte tief greifende Folgen für die Gesellschaft des Deutschen Kaiserreiches, das Ende des 19. Jahrhunderts die wirtschaftlich stärkste Nation war. Die großtechnische Umsetzung von Erfindungen veränderte auch das Alltagsleben der Menschen. Von der Ansiedlung industrieller Großbetriebe, der beginnenden Elektrifizierung, dem Ausbau des Eisen- und Straßenbahnnetzes sowie der Verbreitung von Tageszeitungen profitierten in erster Linie die stark wachsenden Städte[1].

Die wirtschaftliche und mit ihr verbundene gesellschaftliche Fortentwicklung stellte für die alten Eliten mit ihren überwiegend traditionellen Vorstellungen eine große Herausforderung dar. Zwar hatte der Adel noch immer die führende Stellung innerhalb der Gesellschaft inne und besetzte die höchsten Ämter in Verwaltung, Diplomatie und Armee. Zur Oberschicht gehörten mittlerweile aber auch das Großbürgertum sowie die kleine Schicht der Unternehmer und Bankiers, die durch das wirtschaftliche Wachstum an politischem Selbstbewusstsein gewonnen hatten.

Durch die steigenden Anforderungen an die Verwaltungen in den staatlichen und städtischen Institutionen sowie in den Wirtschaftsbetrieben wuchs das Bildungsbürgertum stark an. Zum bisherigen städtischen Mittelstand, den Handwerkern und Händlern, trat um 1900 ein neuer: die Angestellten. Sie grenzten sich deutlich von den Arbeitern ab und orientierten sich an bürgerlichen Vorstellungen. Entsprechend trugen sie elegantere Kleidung und räumten Bildung und der Religion einen zentralen Platz im Leben ein.

Der deutsche Obrigkeitsstaat

Das Militär genoss einen sehr hohen Stellenwert im Kaiserreich. Soldaten hatten nach Auffassung der Bürger in drei siegreichen Kriegen die nationale Einheit erst ermöglicht. Offiziere bekamen in Restaurants immer die besten Plätze zugewiesen. Wer etwas gelten wollte, musste zumindest Reserveoffizier sein. Die Vorliebe für die Marine zeigte sich sogar in der Kinderkleidung. Matrosenanzüge wurden Mode

[1] Siehe dazu S. 28.

Obrigkeitsstaat Militarisierung Wilhelm II.* „Kulturkampf"* Zentrum*

für Jungen und Mädchen. Kritik am Militarismus war unerwünscht.
Die damals geltende Leitlinien für das Militär wurden auch für einen Großteil des Bürgertums vorbildhaft. Dementsprechend wurden Gehorsam gegenüber der Obrigkeit, Disziplin, Pflichtbewusstsein und Staatstreue verlangt (**Obrigkeitsstaat**). Bei der Kindererziehung und in der Schule herrschten klare Regeln und ein strenger Befehlston. Gelobt wurde selten, harte Strafen, auch Schläge waren üblich.
Verstärkt wurde die **Militarisierung** der Gesellschaft durch Kaiser **Wilhelm II.**, der nach dem Tod seines Vater 1888 die Regentschaft übernahm. Auch er war mit soldatischem Drill erzogen worden. Als Monarch liebte er Uniformen, Militärmanöver und Paraden. Dieser extreme Militarismus prägte die ganze Epoche, die man später unter dem Begriff „Wilhelminismus" zusammenfasste.

Ausgrenzung und Forderung nach Anpassung

Eine Kluft bestand zwischen der Arbeiterschaft und dem Rest der Gesellschaft. Die Arbeiter entwickelten ein eigenes Klassenbewusstsein. Gesellige Zusammenkünfte in den Kneipen der Arbeiterviertel und Konsumgenossenschaften, die relativ günstige Einkäufe ermöglichten, stärkten den Zusammenhalt. Zudem gründeten Arbeiter eigene Sportvereine. Besonders beliebt war das kurz zuvor in England erfundene Fußballspiel. Durch die weit verbreitete antikirchliche bzw. antichristliche Einstellung grenzten sich die Arbeiter zusätzlich von den bürgerlichen Schichten ab. Dennoch strebten gerade besser verdienende Facharbeiter nach einem bescheidenen bürgerlichen Lebensstil.
Eine weitere gesellschaftliche Trennlinie markierte der konfessionelle Gegensatz. Gegenüber dem Deutschen Bund (1815-1866), dem auch Österreich angehört hatte, hatte sich das Verhältnis der beiden größten christlichen Glaubensgemeinschaften deutlich verschoben. Denn im Deutschen Reich waren nun die Katholiken mit 36 Prozent gegenüber den Protestanten in der Minderheit. Den führenden protestantischen Politikern im Reich, allen voran Reichskanzler Bismarck, missfiel, dass die Katholiken weitgehende Unabhängigkeit forderten – im Gegensatz zu den evangelischen Landeskirchen, die dem Staat unterstellt waren. Grundsätzlich waren zudem die Bindung an die Geistlichen mit dem Papst an der Spitze, eigene katholische Bildungseinrichtungen und Vereine ein Dorn im Auge. In der Zentrumspartei, die vom weit größten Teil der Katholiken, gewählt wurde, sah Bismarck ebenso „Reichsfeinde" wie in den Sozialdemokraten und den Gewerkschaften. Beim sogenannten **„Kulturkampf"** ging er 1878 gegen die katholische Kirche und ihre Vertreter vor: Per Gesetz kamen Schulen, auch die kirchlichen, unter staatliche Aufsicht. Gottesdienste wurden polizeilich überwacht, Bischöfe verhaftet oder ausgewiesen. Ehen waren nur noch gültig, wenn sie vor dem staatlichen Standesamt geschlossen wurden. Als das **Zentrum** dennoch stärkste Partei wurde, brach Bismarck schließlich den „Kulturkampf" ab.

M 2 Türschilder
Foto aus Berlin, 1900

1. *Arbeite Gegensatzpaare heraus, die für das Deutsche Kaiserreich charakteristisch sind.*
2. *Stelle die Bevölkerungsgruppen einander gegenüber, die den maßgeblichen Politikern als staatstragend oder als staatsgefährdend galten.*
3. *Erläutere, warum diese Gruppen als staatsgefährdend galten.*
4. *Zeige auf, dass die Grafik M1 (der Übersichtlichkeit halber) vereinfacht wurde. Welche Charakteristika der Gesellschaft des Kaiserreiches werden nicht dargestellt?*
5. *Begründe, aus welchen Gründen ein Pluralismus, der heute als schützenswert gilt, im Kaiserreich mehrheitlich abgelehnt wurde.*

M 3 „Abschied“
Zeichnung von Olaf Gulbransson aus dem „Simplicissimus“, 1910
Der Untertitel lautet: „... und dann müsst ihr bedenken, als Zivilisten seid ihr hergekommen und als Menschen geht ihr hier fort!“

M 4 „Stolz jedes Deutschen ...“

In einem 1889 veröffentlichten Artikel des Militär-Wochenblattes heißt es:

In keinem anderen Lande der Welt steht der Offiziersstand auf einer so hohen Stufe, nimmt er auf der Skala der menschlichen Gesellschaft einen so hohen Rang, eine so angesehene und geachtete Stellung ein als in Deutschland [...]. Wer den Offiziersstand zu dem seinigen macht, übernimmt damit auch die Pflichten desselben; macht die Anschauungen zu den seinen, die dem Stande innewohnen [...]. Die dem Urgedanken des Offiziersstandes entstammenden Gesinnungen sind: dynastischer Sinn, unbedingte Treue gegenüber der Person des Monarchen, erhöhter Patriotismus, Erhaltung des Bestehenden, Verteidigung der seinem Schutze anvertrauten Rechte seines Königs und Bekämpfung vaterlandsloser, königsfeindlicher Gesinnung etc. Die erste Pflicht, die schönste Tugend im Strahlenkranze des Offiziers, zugleich die Grundbedingung seiner Existenz, ist die Treue.

Zit. nach: Gerhard A. Ritter (Hrsg.), Das Deutsche Kaiserreich 1871 - 1914. Ein historisches Lesebuch, Göttingen [5]1992, S. 92

M 5 Matrosenanzüge
Werbung, um 1910
Im äußeren Erscheinungsbild zeigte sich die Vorliebe der Menschen des Kaiserreiches für das Militär. Viele trugen uniformähnliche Kleidungsstücke oder Kopfbedeckungen. Jungen trugen oft einen Matrosenanzuge, Mädchen blaue oder weiße Matrosenkleidchen.

M 6 Soldatenspiele

Der Politiker und Historiker Ludwig Quidde veröffentlicht 1893 eine Schrift über den Militarismus im Deutschen Reich:

Die ganze Auffassung von Disziplin, von dem Unterordnungsverhältnis, das vom Befehlenden keine Rechenschaft fordert und dem Gehorchenden das Recht zur Kritik verweigert, diese ganze Auffassung, die für das bürgerliche und öffentliche Leben nicht zu brauchen ist, wird durch dieses Soldatenspielen in den Kriegervereinen genährt.

Ludwig Quidde, Caligula. Schriften über Militarismus und Pazifismus. Mit einer Einleitung hrsg. von Hans-Ulrich Wehler, Frankfurt am Main 1977, S. 103

M 7 Kaisergeburtstagsfeier
Foto von 1915
Bis zum Ende des Deutschen Kaiserreiches war der Geburtstag des Kaisers (bei Wilhelm II. der 27. Januar) ein Feiertag, an dem die Schüler schulfrei hatten.

M 8 Volksschule und Ordnung

In einer Volksschulordnung von 1879 heißt es:

Ehe der Lehrer in die Klasse tritt, haben die Bankobersten, insbesondere die Klassenobersten, für Aufrechterhaltung der Ruhe und Ordnung Sorge zu tragen und die Namen etwaiger Ruhestörer an der Wandtafel zu notieren […]. Die Schule beginnt mit einem Gesange und Gebete.

Damit jede Störung des Unterrichts unmöglich gemacht werde, hat der Lehrer vor Beginn des Unterrichts darauf zu halten:

a) dass alle Schüler anständig, gerade, mit dem Rücken angelehnt und in Reihen hintereinander sitzen;

b) dass jedes Kind seine Hände geschlossen auf die Schultafel legt, damit alle Neckereien und Spielereien auf der Tafel, alle ungehörigen und unsittlichen Beschäftigungen unter derselben unmöglich gemacht werden;

c) dass die Füße parallel nebeneinander auf den Boden gestellt werden, damit das Übereinanderschlagen der Beine und das Hinundherscharren mit den Füßen nicht stattfinden kann;

d) dass sämtliche Schüler dem Lehrer fest ins Auge schauen, weil demzufolge alles Sprechen, Plaudern, Lachen, Flüstern, Hinundherrücken, Essen etc. nicht vorkommen kann.

Zit. nach: Reinhard Bein, Braunschweig. Stadt und Herzogtum 1890 - 1918 (Materialien zur Landesgeschichte), Braunschweig 1985, S. 179f.

1. *Untersuche die Rolle des Militärs in der Gesellschaft des Kaiserreiches (M3 - M8).*
2. *Nimm Stellung zur Charakterisierung des Offiziersstandes in M4 (ab Zeile 10).*
3. *Carl Zuckmayer hat in seinem Stück „Der Hauptmann von Köpenick" und Heinrich Mann in seinem Roman „Der Untertan" das geistige Klima des Kaiserreiches dargestellt. Informiert euch über die Werke und schaut euch eine Verfilmung an.*

Schlacht bei Sedan im deutsch-französischen Krieg (2. September)
Einweihung eines Denkmals für die Siege Preußens in den Einigungskriegen 1864, 1866 und 1870/71, seither Sedanfeiern

1850 | 1860 | 1870 | 1880 | 1890 | 1900

Sedanfeiern

Der 2. September war ein besonderer Festtag und wurde alljährlich im gesamten Kaiserreich gefeiert. Anlass war der entscheidende Sieg der deutschen Truppen gegen Frankreich in der Schlacht bei Sedan 1870.
Auch die junge Generation sollte schon früh auf die Verherrlichung des Deutschen Reiches und seine jüngste Vergangenheit eingeschworen werden. Deshalb fanden auch an den Schulen offizielle Sedanfeiern statt. Lehrer und Schüler trugen feierliche Gesänge vor. Blumen wurden niedergelegt an der Gedenktafel im Schulhaus, auf der die Namen der Gefallenen standen, die hier zur Schule gegangen waren. Reden erinnerten die Schüler an die Heldentaten des deutschen Heeres und mahnten sie zur sorgfältigen Pflichterfüllung und zum Gehorsam gegenüber Schule und Vaterland.

M1 Der Sieg bei Sedan wird gefeiert

Der Historiker Fritz Schellack schreibt 1988 über die Sedanfeste:

Schon im Frühjahr des Jahres 1871 begann in Deutschland der Gedanke an die Feier eines nationalen Festes als Dank für den Sieg über Frankreich und die Einigung durch die Gründung des Kaiserreiches an Boden zu gewinnen. Förderer solcher Überlegungen waren vor allem liberal-protestantische Kreise in Berlin, Leipzig und Süddeutschland [...]. Offiziösen Charakter erhielt der 2. September, als Kaiser Wilhelm I. 1873 in Berlin eine Siegesfeier veranstaltete, die mit einer Denkmalsenthüllung für die Siege von 1864, 1866 und 1870/71 [...] verbunden war. Zugleich kam in dieser Veranstaltung erstmals das militärische Gepräge zur Geltung [...]. Schon 1872 attackierte die sozialdemokratische Presse in Eisenach und Braunschweig die dortigen Sedanfeste heftig, und in Braunschweig selbst fand ein Arbeiterfest als Gegenveranstaltung zur Sedanfeier statt. Am 19. August 1874 untersagte z. B. der Mainzer Bischof Wilhelm Emanuel Ketteler den Geistlichen seiner Diözese die Beteiligung am Sedanfest [...]. Ketteler begründete seinen Erlass mit der Tatsache, dass der Jahrestag der Schlacht von Sedan nicht ein nationales Dankfest des gesamten deutschen Volkes sei, sondern in erster Linie das Fest einer Partei, die an der Spitze gegen das Christentum und die katholische Kirche stehe [...].

Dieter Düding u. a. (Hrsg.), Öffentliche Festkultur. Politische Feste in Deutschland von der Aufklärung bis zum Ersten Weltkrieg, Reinbek 1988, S. 278, 282 und 284

M2 „Heil und Segen Dir ..."

In Rosenheim wird das 25-jährige Sedan-Jubiläum vom 31. August bis zum 2. September 1895 gefeiert. Nach der Festpredigt spricht Stabsarzt Dr. Dirr; Einleitung und Schluss der Rede lauten:

Eine Jubelfeier, einzig in ihrer Art, ist angebrochen, und allüberall in deutschen Landen und weit über die Grenzen desselben hinaus rüstet man sich, sie würdig zu begehen. Ganz Deutschland hat sich insbesondere heute in einen großen Festsaal verwandelt und jubelnd ertönt es allerorten: Heil und Segen Dir, Du geeintes, herrliches deutsches Vaterland! [...] Nie und nimmermehr darf vergessen werden, mit wie viel Blut und Tränen das kostbare Gut der deutschen Einheit erkauft worden. Wie verschieden auch im Einzelnen die Anschauungen sein mögen, über die Wege, die zum Rechten führen, das sei unser Streben allzeit und unser Gelöbnis am heutigen Tage, dass über des Tages und der Meinungen Wirren hinweg uns Eines verbinde: die Liebe zum gemeinsamen Vaterlande. [...] Heil unserm Regenten![1] Heil unserm Kaiser!

Fest-Zeitung zur 25-jährigen Sedan-Jubiläums-Feier der Veteranen-Vereine des Bezirkes Rosenheim vom 1. August 1895 (Fundort: Stadtarchiv Rosenheim; Bestand: Akten II A 08 008)

[1] Gemeint ist der bayerische Prinzregent Luitpold.

1. *Beurteile, welche Idealvorstellung vom Deutschen Reich und seinen Bürgerinnen und Bürgern durch die Sedanfeiern deutlich werden.*
2. *Spielt ein Rollenspiel, in dem 1895 der Stabsarzt Dr. Dirr (M2), ein kaisertreuer Geistlicher und ein Sozialdemokrat darüber diskutieren, ob eine Sedanfeier stattfinden soll.*

Denk-mal!

Denkmäler wurden und werden errichtet, um an eine Person oder ein Ereignis zu erinnern. Sie wenden sich vor allem an gegenwärtige und künftige Generationen. Denkmäler fordern den Betrachter auf, ein bestimmtes Verhalten oder eine Einstellung für die Gegenwart und Zukunft abzuleiten. Deshalb liefert uns ein Denkmal immer Hinweise über die Zeit seiner Entstehung und die Vorstellungen der Menschen, die es errichten ließen. Wir erfahren etwas über ihr Selbstverständnis und ihr Geschichtsbild. Um das zu erreichen, gilt es zunächst, die Aussageabsicht des Denkmals zu entschlüsseln. Hinweise dazu geben der Standort, die Form, die verwendeten Symbole und/oder die Inschriften. Darüber hinaus müssen wir seine Entstehungs- und Nutzungsgeschichte untersuchen. Diese Fragen können dabei helfen:

- Wann und aus welchem Anlass wurde das Denkmal errichtet?
- An wen oder woran soll es erinnern?
- Wer gab den Auftrag? Wer bezahlte das Denkmal?
- Mit welcher Absicht wurde es errichtet? Welche Wirkung sollte es erzielen?
- Gab es verschiedene Entwürfe? Warum hat sich ein bestimmter Entwurf durchgesetzt?
- Wie wurde das Denkmal genutzt? Gab es Feiern?
- Wurde das Denkmal verändert? Was waren die Gründe dafür?
- Wie gehen wir heute mit ihm um?

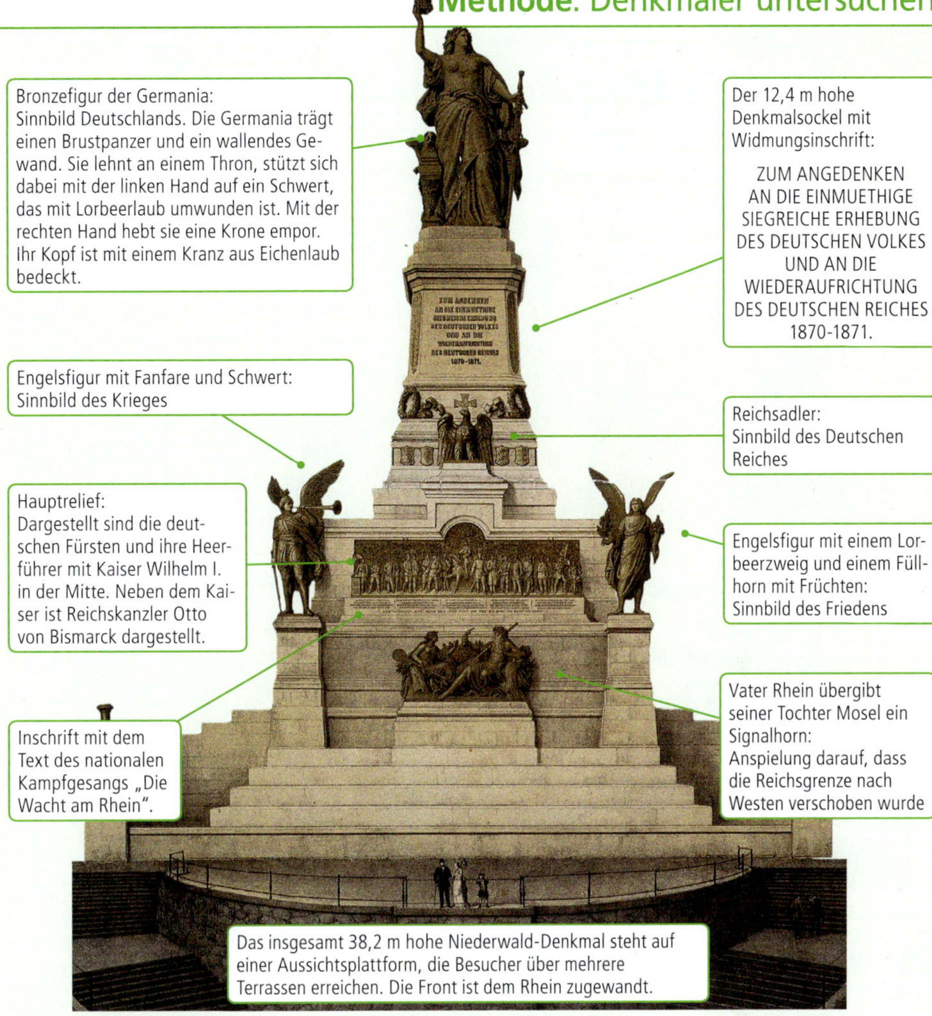

M Das Niederwald-Denkmal bei Rüdesheim am Rhein
Schulwandbild von 1890

Die Arbeiten an dem Denkmal begannen 1877. Sechs Jahre später wurde das Denkmal eingeweiht. Es kostete 1,2 Millionen (statt der geplanten 250 000) Goldmark. Aus Spenden kamen rund 500 000 Goldmark zusammen, der Rest musste aus der Staatskasse bezahlt werden. Das Denkmal steht auf einem Höhenzug 230 m über dem Rhein. Die Höhe der gesamten Anlage beträgt etwa 38 m.

Internettipps:
Zum Niederwald-Denkmal siehe die Mediencodes 31022-01 und 31022-02

1. *Die Idee für das Niederwald-Denkmal kam im April 1871 und damit unmittelbar nach der Erhebung Wilhelms I. zum Deutschen Kaiser. Arbeite den Zusammenhang zwischen diesem Ereignis und dem Denkmal heraus.*
2. *Untersucht in Gruppenarbeit das Denkmal. Berücksichtigt dabei folgende Aspekte:*
   - *Aussehen, Größe, Erscheinungsform und Lage*
   - *Inschriften und Symbole (Krone, Schwert, Eichenlaub, Lorbeerkranz, Füllhorn)*
3. *Schildere die Wirkung des Denkmals. Unterscheide dabei zwischen dem Eindruck, den du gewinnst, und dem Eindruck, den die Auftraggeber und Künstler vermutlich erreichen wollten.*
4. *Das Niederwald-Denkmal sollte dazu beitragen, dass „die großen Taten und Errungenschaften jener Zeit […] im Geiste und Herzen des Volkes" fortleben (der Wiesbadener Regierungspräsident 1877). Beurteile, welche Funktion das Denkmal heute haben sollte.*

Gründung des Deutschen Reiches; erste Pläne für das Niederwald-Denkmal
Beginn der Arbeiten am Niederwald-Denkmal
Einweihung des Niederwald-Denkmals

1850 1860 1870 1880 1890 1900

Männerrollen – Frauenrollen

M 1 „Heraus mit dem Frauenwahlrecht"
Mit diesem Plakat (83 x 60 cm) von Erich Maria Stadler warb die sozialistische Frauenbewegung 1914 für das Frauenwahlrecht.

Männergesellschaft

Männer durften nicht nur im öffentlichen Leben und in der Politik, sondern auch in der Familie alleine über alle Angelegenheiten entscheiden. Frauen waren bis zu ihrer Heirat rechtlich ihren Vätern und nach der Heirat ihren Ehemännern unterstellt.

Ideale Geschlechterrollen?

Die übliche Erwartungshaltung innerhalb des Bürgertums war, dass Männer finanziell alleine für ihre Familie sorgen sollten. Aus diesem Grund heirateten die meisten Männer erst, nachdem sie sich ein gutes Einkommen gesichert hatten. Um der ihm zugedachten Rolle gerecht werden zu können, sollte der Mann willensstark und entschlossen sein. Stark geprägt wurde das damals geltende Ideal durch das Vorbild des mutigen und wehrhaften Offiziers.

Frauen sollten ihre Bestimmung ausschließlich in der Sorge um die Familie haben. Dementsprechend besuchten Mädchen meist nur die Volksschule und erhielten keine höhere Schulbildung. Zum Studium wurden Frauen zunächst nicht zugelassen (erstmals in Preußen 1908). Dafür war auch die weit verbreitete Ansicht verantwortlich, dass ihnen dafür die geistigen und charakterlichen Voraussetzungen fehlen würden. Wenn überhaupt, sollten Frauen einen Beruf nur bis zur Heirat ausüben.

Im Haushalt sollten sich die Frauen um die Erziehung der Kinder kümmern und den Ehemännern einen angenehmen Rückzugsort nach der Arbeit schaffen. Wer sich keine Angestellten leisten konnte, musste auch die Hausarbeit selbst verrichten.

Standesbewusstsein

Eine wichtige Richtschnur für das Verhalten aller Familienmitglieder war die Standesgemäßheit. Eltern und Kinder sollten sich darum bemühen, das Ansehen der eigenen Familie zu sichern oder sogar einen sozialen Aufstieg zu schaffen. Der Nachwuchs sollte dies erreichen, indem er einen angesehenen Beruf ergriff, die Offizierslaufbahn einschlug oder eine gute Heirat machte.

Frauen müssen mitarbeiten

Für viele Familien genügte aber der Lohn des Mannes allein nicht. Deshalb mussten vor allem in Arbeiterfamilien die Frauen durch Heimarbeit, als Fabrikarbeiterin oder als Dienstmädchen (Hausangestellte, die sich in bessergestellten Familien um den Haushalt kümmert) zum Einkommen beitragen.

Mehr Rechte für Frauen!

Bürgerliche Frauenvereine wollten die Lage der Frauen allmählich verbessern. Sie forderten vor allem eine bessere Ausbildung von Mädchen und das Wahlrecht für Frauen.

Von dieser bürgerlichen Frauenbewegung grenzte sich die sozialistische Frauenorganisation ab. Sie war radikaler. Denn sie forderte nicht nur den Schutz der Arbeiterinnen und die Abschaffung der Kinderarbeit, sondern überhaupt einen anderen Staat, in dem Frauen gleiche Rechte und gleiche Löhne haben.

1. *Im Kaiserreich wurden einige gesellschaftliche Gruppen als unmännlich gebrandmarkt, zum Beispiel Homosexuelle, Demokraten und Pazifisten. Erkläre, warum.*
2. *Die sozialistische Frauenbewegung warf der bürgerlichen vor, die Stellung und die Lage der Frauen nicht verändern zu wollen. Bewerte diese Haltung.*
3. *Der Berliner Polizeipräsident hielt die Schlagzeile in M1 für eine Beleidigung der Obrigkeit und verbot die Plakatierung. Stelle Vermutungen an, was ihn dazu bewogen haben könnte.*

M2 Väterlicher Brief

Der Vater der Künstlerin Paula Modersohn-Becker schreibt 1901:

Deine Pflicht ist es, ganz in deinem zukünftigen Manne aufzugehen, ganz nach seiner Eigenart und seinen Wünschen dich ihm zu widmen, sein Wohl immer vor Augen zu haben und dich durch selbstsüchtige Gedanken nicht leiten zu lassen. Die Aufgabe der Frau ist es aber, im Eheleben Nachsicht zu üben und ein waches Auge für alles Gute und Schöne in ihrem Mann zu haben und die kleinen Schwächen, die er hat, auch durch ein Verkleinerungsglas zu sehen.

Margret Steenfatt, Ich, Paula. Die Lebensgeschichte der Paula Modersohn-Becker, Weinheim und Basel 2002, S. 104 f.

M3 Gegen das Frauenstudium

1895 werden über 100 deutsche Professoren gefragt, was sie von einem Frauenstudium halten. Auszüge aus den Zuschriften:

Unsere Universitäten sind Männeruniversitäten und in ihrem ganzen inneren Leben dem männlichen Geiste angepasst. *Otto Gierke, Jurist*

Amazonen sind auch auf geistigem Gebiet naturwidrig. *Max Planck, Physiker*

Der Frauen höchstes Ziel muss der häusliche Herd, das Familienheim bleiben, soll anders die Weltordnung nicht verdorben werden.
Franz Reigel, Mediziner

Dass das weibliche Geschlecht in Bezug auf geistige Produktivität durchschnittlich weniger gut veranlagt ist als das männliche, darüber kann kaum ein Zweifel bestehen.
Emmanuel Mendel, Psychiater

Frauenstudium auf den Universitäten scheint mir ein entbehrlicher Luxus von fraglichem Wert zu sein. *Georg Busolt, Historiker*

Zit. nach: Brigitte Löhr (Hrsg.), Frauen in der Geschichte. Grundlagen – Anregungen – Materialien für den Unterricht, Bd. 1, Tübingen 1993, S. 158 ff.

M4 Bildung und Beruf für Frauen

In dem Programm des bürgerlichen „Allgemeinen Deutschen Frauenvereins" von 1905 heißt es:

I. Bildung. [...] Im Einzelnen stellt sie [die Frauenbewegung] folgende Forderungen:

a) obligatorische[1] Fortbildungsschulen für alle aus der Volksschule entlassenen Mädchen;

b) eine Reorganisation der höheren Mädchenschule, durch welche diese [...] den höheren Knabenschulen gleichwertig wird [...];

c) unbeschränkte Zulassung ordnungsgemäß vorgebildeter Frauen zu allen wissenschaftlichen, technischen und künstlerischen Hochschulen.

II. Berufstätigkeit. [...] In Anbetracht der großen Zahl von Frauen, die unverheiratet bleiben, und der weiteren Zahl derer, die in der Ehe keine ausreichende wirtschaftliche Versorgung finden können, ist die Berufsarbeit der Frau eine wirtschaftliche und sittliche Notwendigkeit. Die Frauenbewegung betrachtet die berufliche Frauenarbeit aber auch [...] als Kulturwert, da auch die Frau Träger hervorragender spezifischer Begabung sein kann [...]. In Bezug auf die wirtschaftliche Bewertung vertritt die Frauenbewegung den Grundsatz: Gleicher Lohn für gleiche Leistung.

Zit. nach: Gerhard A. Ritter und Jürgen Kocka (Hrsg.), Deutsche Sozialgeschichte. Dokumente und Skizzen, Bd. 2: 1870 - 1914, München [3]1982, S. 422 f.

[1] obligatorisch: verpflichtend

M5 Eine bessere Zukunft?
Karikatur von 1908/09
Die dazugehörige Bildunterschrift lautet: „Wie, gnädiges Fräulein wollen sich dem ärztlichen Beruf widmen? ... Aber ich bitt' Sie, mit so einem lieben G'sichterl studiert man doch nicht!"

Lesetipps:
- Gabriele Beyerlein, Es war in Berlin, Stuttgart 2009
- Margret Steenfatt, Ich, Paula. Die Lebensgeschichte der Paula Modersohn-Becker, Weinheim und Basel 2002

Internettipp:
Informationen zur Stellung der Frau im Kaiserreich siehe Mediencode 31022-03

1. *Schreibe eine Antwort auf den Brief M2.*
2. *Ordne die Aussagen von M3 nach Gemeinsamkeiten. Begründe dann deine Entscheidung.*
3. *Untersuche, welche Auffassung von Berufstätigkeit der Frau in M4 vertreten wird.*
4. *Beschreibe, welches Frauenbild die Karikatur M5 angreift.*

„Juden unerwünscht" – Ausgrenzung einer Minderheit

M 1 Rabbiner
Foto um 1900
Jüdische Vorschriften fordern von strengen Juden eine Kopfbedeckung und einen Bart.

Juden in Deutschland

Dass Albert Einstein einmal der bedeutendste Physiker des 20. Jahrhunderts werden sollte, hätten sich seine Lehrer wohl nicht träumen lassen. Einstein konnte sich nicht mit dem militärischen Drill und dem sturen Auswendiglernen anfreunden und verließ mit 15 Jahren die deutsche Schule. 1896 erlangte er in der Schweiz schließlich die Mittlere Reife.

Albert Einstein war einer von 560 000 jüdischen Deutschen, die 1890 im Kaiserreich lebten; das war rund ein Prozent der Bevölkerung. Seit dem Mittelalter waren die Juden immer wieder ausgegrenzt und verfolgt worden. 1871 wurde die rechtliche Benachteiligung der Juden aufgehoben. Offiziell durften Juden nun alle Berufe ausüben. Einem großen Teil von ihnen gelang der gesellschaftliche Aufstieg. 60 Prozent der Juden gehörten als Unternehmer, Händler, Wissenschaftler, Anwälte, Schriftsteller und Künstler hauptsächlich dem Bürgertum an, nur noch wenige lebten in Armut. Verantwortlich für den sozialen Aufstieg war, dass für Juden Bildung einen hohen Stellenwert besaß. Außerdem profitierten sie vom allgemeinen Wirtschaftswachstum. Dass einige von ihnen dabei sehr reich wurden, erzeugte bei vielen Mitbürgern Neid und Missgunst.

Ausgrenzung der Juden

Große Teile der Bevölkerung, vor allem Angehörige der freien Berufe, Lehrer und Militärs sowie Kleinbürger und Bauern waren gegen die Gleichberechtigung der Juden. Viele Vereine verweigerten ihnen die Mitgliedschaft. In einigen Berufen, zum Beispiel beim Militär, an Schulen und beim Richteramt, wurden die jüdischen Mitbürger bewusst benachteiligt. Als Deutschland 1873 in einer Wirtschaftskrise steckte und die Arbeitslosigkeit stieg, wurden wiederum oft „die" Juden dafür verantwortlich gemacht. Vorurteile schlugen immer mehr in Ablehnung und Hass um.

In den 1880er-Jahren kam es in Osteuropa zu gewaltsamen Massenausschreitungen (Pogromen) gegen Juden. Diese flohen daraufhin in westlich gelegene Länder, so auch nach Deutschland. Hier galten die Flüchtlinge bei den fest ansässigen Juden oft als „arme Pollacken".

Vorurteile gegen Juden

Religiös begründete Vorurteile erhielten Auftrieb durch die pseudowissenschaftliche Theorie des „**Sozialdarwinismus**", die falsche Schlüsse aus dem Werk des Naturforschers Charles Darwin zog. Demnach seien Menschen wie Tiere von Natur aus ungleich und hätten einen „höheren" oder „niederen" Wert. Rassen mit „höherem" Wert seien berechtigt, über die mit „niederem" zu herrschen. Diese rassistische Form des Judenhasses (**Antisemitismus**) fand immer mehr Anhänger.

Der Judenhass wird gesellschaftsfähig

Diese Lehren fanden nicht nur in Deutschland, sondern auch in anderen europäischen Ländern Anklang. In Deutschland breitete sich der Antisemitismus in allen gesellschaftlichen Schichten aus. Als „Bürger zweiter Klasse" wurden die Juden im Beruf benachteiligt. Es gründeten sich sogar antisemitische Parteien.

1. *Nenne die Gründe, die zur Judenfeindlichkeit im Kaiserreich beitrugen.*
2. *Kaiser Wilhelm II. war ein einflussreicher Sympathisant von Forderungen, die rechtliche und politische Gleichstellung der Juden wieder zurückzunehmen. Diskutiert anhand heutiger Beispiele, welche Bevölkerungsgruppen besonders hohe Verantwortung bei der Bekämpfung von Vorurteilen haben.*

M 2 Wie einer lernte, Jude zu sein

Der Philosoph Theodor Lessing schreibt 1935 über seine Kindheit im Deutschen Kaiserreich:

Der Religionsunterricht gefiel mir, weil ich das Märchenerzählen und Geschichtenausspinnen liebte. Man ließ mich zunächst am allgemeinen Religionsunterricht teilnehmen, ohne mir zu sagen, dass ich ein jüdisches Kind sei. Zu Hause war nie vom Judentum die Rede. Es gab in der Familie keine jüdischen Bräuche mehr. Es entstand daher ein unklarer Riss, als mir ziemlich spät bewusst wurde, dass ich nicht, gleich den andern, Christ sei. Das Verspotten der Judenkinder war nicht bös gemeint. Das Wort Jude war für die hannoverschen Jungen ein Schimpfwort wie Lork[1] oder Buttjer[2]. Man hänselte und ich tat arglos mit. In der dreiklassigen Vorschule gab es außer mir nur zwei Judenkinder, Süßapfel und Ransahoff. Süßapfel war immer Erster der Klasse, Ransahoff, ein stark degenerierter[3] Junge, wurde immer geknufft. Kinder sind grausam und auch ich quälte den armen Ransahoff, bis er eines Tages, als ich zu ihm „Jude" sagte, antwortete: „Bist ja auch einer." Ich sagte empört: „Ist nicht wahr", erkundigte mich aber bei meiner Mutter, was ein Jude sei. Sie lachte und gab eine ausweichende Antwort. Einmal aber zeigte sie mir auf der Straße einen Mann im Kaftan[4] und sagte: „Da geht ein Jude." Daraus schloss ich, dass dann wir keine „richtigen" seien. Aber dies Wort Jude wurde mir unheimlich. Da ich alle die vielen vaterländischen und religiösen Vorurteile der Schule kindlich in mich einließ und da zu Hause keine Gegengewichte wirkten, so glaubte ich, dass Jude etwas Böses sei. „Die Juden haben unsern lieben Herrn Jesus gekreuzigt." Der Religionsunterricht wandelte sich von Klasse zu Klasse immer mehr in Glaubensunterricht. Schon als Neunjähriger fühlte ich mich von der allgemeinen Abneigung wider die Juden mitbetroffen. Unter den Kindern lief ein albernes Neckverschen um: „Jude, Jude Itzig, mach dich nicht so witzig." Sobald der Vers gesungen wurde, schämte ich mich, und diese Feinnervigkeit wurde von andern Knaben bald herausgefühlt.

Theodor Lessing, Einmal und nie wieder (Originalausgabe 1935), Gütersloh 1969, S. 112

Ort	katholisch		evangelisch		jüdisch		Gesamtbevölkerung	
	1858	1895	1858	1895	1858	1895	1858	1895
Boppard	3845	4658	282	841	75	77	4202	5582
Gemünden	277	323	556	427	147	101	980	851
Kastellaun	350	477	930	852	–	64	1280	1393
Laufersweiler	184	253	375	390	124	156	683	799
Oberwesel	2699	2504	62	118	53	42	2814	2665
Simmern	899	744	1654	1281	114	77	2667	2115

M 3 Jüdische Bevölkerung im heutigen Rhein-Hunsrück-Kreis

Nach: Förderkreis Synagoge Laufersweiler (Hrsg.), Jüdisches Leben auf dem Lande. Texte, Fotos und Dokumente zum jüdischen Leben im Rhein-Hunsrück-Kreis, Laufersweiler ²2013, S. 24

M 4 Ehemalige Synagoge von Laufersweiler
Foto von 2007

[1] Lork: niederdt. Schimpfname, etwa: roher, plumper Mensch
[2] Buttjer, Butjer: niederdt. Schimpfname, etwa: unzuverlässiger, hinterhältiger Mensch
[3] degeneriert: in der (körperlichen oder geistigen) Entwicklung zurückgeblieben
[4] Kaftan: langer, schwarzer Mantel; Tracht der strenggläubigen Juden

1. *Wie bei anderen Religionsgemeinschaften auch, gibt es bei Juden unterschiedliche Einstellungen zum Glauben und zu den religiösen Bräuchen. Zeige die unterschiedlichen Einstellungen in M2 auf.*
2. *Diskutiert, wie die Menschen in einem Staat auf derartige Verleumdungen reagieren können.*
3. *Nenne Beispiele, wie (junge) Menschen heute angegriffen werden. Vergleiche mit M2.*
4. *Analysiere die Tabelle M3:*
   - *Welche Entwicklungen sind markant?*
   - *Setze die Entwicklungen der jüdischen Bevölkerung in Zusammenhang mit der Entwicklung der Gesamtbevölkerung und der Größe der Stadt.*
5. *Suche Zeugnisse jüdischen Lebens aus dem 19. Jh. an eurem Wohn- oder Schulort.*

Juden erhalten die rechtliche Gleichstellung im Deutschen Reich
Welle der Judenfeindschaft während einer Wirtschaftskrise
Einwanderung vieler Juden aus Osteuropa
der „Sozialdarwinismus" gibt dem Antisemitismus neue Nahrung
1850 1860 1870 1880 1890 1900

Urbanisierung

M 1 Potsdamer Straße in Berlin
Foto um 1900

Immer mehr Menschen

Die deutsche Bevölkerung wuchs zwischen 1816 und 1919 (in den Grenzen von 1871) von 25 auf 65 Millionen. Historiker sprechen dabei von einer Bevölkerungsexplosion. Das Wachstum war von Region zu Region und innerhalb der Schichten der Gesellschaft unterschiedlich.

Die Überlebenschancen der Säuglinge und Kleinkinder stiegen; von ihnen war bis dahin die Hälfte gestorben. Immer mehr Menschen kamen dadurch ins heiratsfähige Alter. In der Folge erhöhte sich die Zahl der Geburten. Hinzu kamen die abnehmende Sterblichkeit in den Unterschichten aufgrund von besserer Ernährung sowie Fortschritten in der Hygiene und in der Medizin.

Rund um Fabriken entstehen Großstädte

Mit der Industrialisierung begann eine Land-Stadt-Wanderung. Zwischen 1860 und 1914 zogen etwa 16 Millionen Menschen aus dem Osten in den industrialisierten Westen und suchten Arbeit in Fabriken und Bergwerken. Einige schon bestehende Städte wuchsen auf diese Weise enorm und sogar aus manchen Bauerndörfern entwickelten sich Industriestädte mit großen Arbeitersiedlungen. 1871 lebten etwa 36 Prozent der Deutschen in Städten mit mehr als 2000 Einwohnern. Vierzig Jahre später waren es über 60 Prozent.

Probleme des Wachstums

Der starke Zustrom von Menschen innerhalb kurzer Zeit war für die Stadtverwaltungen eine große Herausforderung. Neue Wohnungen mussten gebaut werden, damit die Menschen nicht mehr in einfachen, selbst errichteten Baracken leben mussten. Aber auch danach boten feste Behausungen Angehörigen der unteren Einkommensschichten oft nur menschenunwürdige Wohnverhältnisse auf engstem Raum. Für Wohlhabende entstanden zugleich durchgeplante Villenviertel.

Der Bau von Versorgungssystemen erforderte große Anstrengungen und dauerte einige Jahre. Die Menschen mussten mit sauberem Trinkwasser versorgt werden. Einen hohen Wasserverbrauch hatten zudem auch die Industriebetriebe. Zum Teil wurde das Wasser aus weit entfernt liegenden Gegenden in die Städte gebracht, zum Teil wurde Flusswasser durch Filteranlagen aufwändig gereinigt. Immer mehr Kanalisationen entsorgten verbrauchtes Wasser und Fäkalien.

Das Gesundheitswesen wurde ausgebaut. In den Jahren zwischen 1877 und 1913 verdoppelte sich die Zahl der Krankenhäuser, auch die Zahl der Ärzte stieg. Gesundheitsbehörden kümmerten sich um die Durchführung von Impfungen und um die Verbesserung der Hygiene.

Stelle in einer Tabelle zusammen, welche Faktoren zum Städtewachstum beitrugen.

M 2 Gesundheitsvorsorge

In seinen Erinnerungen schildert der Soziologe Franz Oppenheimer aus den Tagen seiner Tätigkeit als praktischer Arzt die Wohnungs- und Gesundheitszustände der Unterschichten in Berlin im Jahre 1890:

[...] das ganze Elend der Großstadt entblößte sich vor meinen Augen, und die soziale Bedingtheit so vieler Krankheiten drängte sich mir auf. Als Arzt der Sanitätswache hatte ich häufig die Folgen von schweren Schlägereien zu behandeln. [...] Alle paar Wochen wurde ich in eines der finsteren kleinen Absteigequartiere jener Gegend gerufen, um einem Selbstmörderpaar die Totenscheine auszustellen; und ich hatte eine ganz regelmäßige Einnahme aus der Bescheinigung von blauen Flecken und derartigen kleinen Schäden [...]. Und die übrige Praxis? An der Spitze marschierte die tödliche Seuche, die damals noch die Säuglinge der Großstadt mehr als zehntete[1]: die Kindercholera, die Sommerdiarrhöe, die mir selbst vor langer Zeit den geliebten kleinen Bruder Georg geraubt hatte. Wir kannten die Ursache: verdorbene Milch und schlechte Luft in den überhitzten Mietskasernen, in die auch die Nacht keine Kühlung bringen konnte, weil die aneinandergedrängten Mauermassen nachts die Hitze ausströmten, die sie am Tage aufgesogen hatten. Vor allem in den engen Höfen mordete die Seuche. [...] An zweiter Stelle kam der Zahl nach die Tuberkulose, namentlich in ihrer Gestalt als Lungenschwindsucht. Wir hatten gerade damals begriffen, dass dieses Leiden dort, wo keine Erblichkeit vorliegt, im Anfangszustand fast immer heilbar ist, wenn man nur die Kranken lange genug in guter Luft bei reichlicher Ernährung pflegen und sie dauernd den Schädigungen ihres Berufes entziehen kann; [...] gelang es einmal, einen in eine der wenigen damals vorhandenen Anstalten zur Aufnahme zu bringen, so war das fast immer nur eine Atempause; er musste zurück in seine Beschäftigung, und das gefräßige Tier in seiner Lunge wurde seiner Herr.

Franz Oppenheimer, Erlebtes, Erstrebtes, Erreichtes. Lebenserinnerungen, Düsseldorf 1964, S. 100ff.

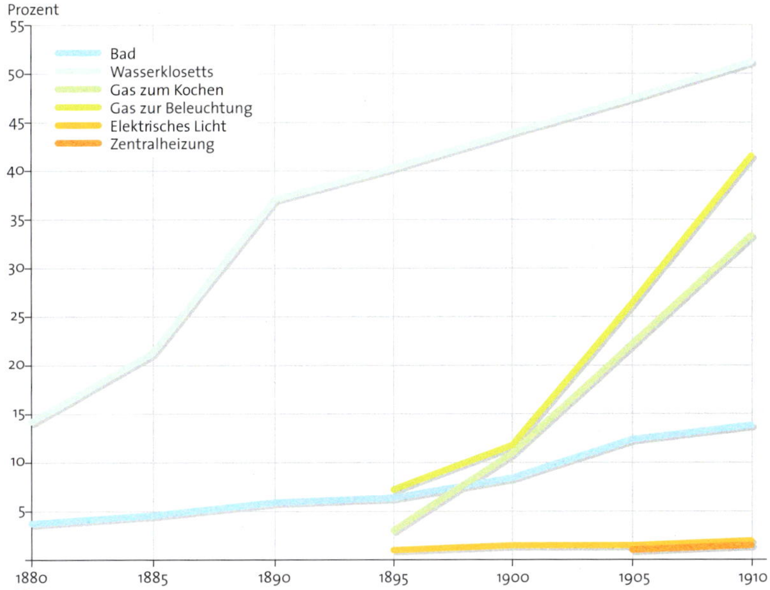

M 3 Ausstattungen von Wohnungen

Nach: Siegfried Ascher, Die Wohnungsmiethen in Berlin von 1880-1910, Berlin 1918, S. 109

M 4 Puppenbadezimmer

Nürnberg, um 1910

Bessere Hygiene durch verbesserte sanitäre Verhältnisse sorgten für einen Rückgang von Krankheiten und Seuchen. Zuerst in den Bürgerhäusern, später auch in einfacheren Wohngegenden der Städte gehörten Toiletten mit Wasserspülung und Badezimmer zum Standard.

[1] zehnten („dezimieren") = um zehn Prozent verringern

1. *Arbeite die Ursachen und Folgen der Wohnungssituation und des Gesundheitszustandes der Unterschichten heraus (M2).*
2. *Das Liniendiagramm M3 gibt die Ausstattungen von Wohnungen wieder. Begründe, warum es über die Verhältnisse in Arbeiterwohnungen nur wenig aussagt.*
3. *Erläutere, warum sich die Städte und Verwaltungen nicht nur aus Gründen der Mitmenschlichkeit um eine Verbesserung der Lebensverhältnisse der Unterschichten kümmern mussten.*

25 Mio. Einwohner in den Grenzen des späteren Deutschen Reiches

36 Prozent der Deutschen leben in Städten mit mehr als 2000 Einwohnern

60 Prozent der Deutschen leben in Städten mit mehr als 2000 Einwohnern

65 Mio. Einwohner in den Grenzen des späteren Deutschen Reiches

16 Mio. Menschen ziehen aus dem Osten in den industrialisierten Westen

1810 1820 1830 1840 1850 1860 1870 1880 1890 1900 1910 1920 1930

Aufbruch in die Moderne

M1 Das Reichstagsgebäude in Berlin
Farbdruck, 1896
1884-1894 nach Plänen von Paul Wallot unter Einfluss Kaiser Wilhelms II. errichtet.

Die Architektur setzt neue Maßstäbe

Im 19. Jh. hatte die Architektur keinen eigenen Epochenstil entwickelt. Häufig ahmte sie lediglich Bauformen nach: romanische Arkaden, gotische Spitzbögen, barocke Paläste oder antike Tempelfassaden. Ein typisches Bauwerk dieser Epoche der Architektur, die man Historismus nennt, ist der Reichstag in Berlin. Er sollte die Macht und Herrlichkeit des Kaiserreiches preisen.

Um 1890 entstand eine Bewegung, die den Rückgriff auf Baustile der Geschichte ablehnte und ihr Vorbild in der Natur suchte. Sie setzte sich als europäischer Kunststil ab 1895 durch und wurde in Deutschland nach der Münchener Zeitschrift „Jugend" Jugendstil benannt. Lebensräume sollten organisch und „natürlich" und weniger streng gestaltet werden. Bevorzugt wurden wellenförmige, schwingende, fließende Formen. Der Jugendstil beeinflusste neben der Architektur auch Malerei, Grafik und Buchgestaltung.

Andere Vorstellungen hatte der 1907 gegründete Werkbund, eine Gruppe von Architekten, Künstlern und Unternehmern: Gebäude sollten nüchtern und so gestaltet sein, dass sie ihren Zweck erfüllen. Das Hauptgebäude der Fagus-Schuhleistenfabrik in Alfeld an der Leine zählt zu den ersten Beispielen dieser Richtung. Ihre Schöpfer wollten eine Einheit von Kunst und Technik herstellen. Damit hatte in Deutschland die Epoche der verglasten Skelettbauweise begonnen. Die architektonische Hülle öffnete sich nach außen und ließ mehr Licht auf die Arbeitsplätze fallen.

Internettipps:
- Zum Fagus-Werk siehe Mediencode 31022-04
- Erläuterungen zur Kunst im Kaiserreich siehe Mediencode 31022-05

M2 Fagus-Schuhleistenfabrik in Alfeld
Foto, um 1990
Die Architekten des Gebäudes waren Walter Gropius und Adolf Meyer.

Bilder zur Erbauung

Zahlreiche Künstler ließen sich nach der Gründung des Reiches in den Dienst der staatlichen Kulturpolitik nehmen. Besonders zeigte sich dies in der Malerei. Sie diente vor allem der Erbauung, huldigte dem Herrscherhaus und verherrlichte die Nation. Ihr einflussreichster Vertreter war der Historienmaler Anton von Werner. Gegen die idealisierende oder romantisierende Malerei entwickelte sich ein realistischer Stil. Die Alltagswelt und der arbeitende Mensch wurden nun Gegenstand der Kunst. Bilder von Adolph von Menzel oder Käthe Kollwitz zeugen davon.

Neue Kunstrichtungen

Zahlreiche Künstler entwickelten in der Malerei Stilrichtungen, die nicht Personen und Gegenstände realistisch abbildeten, sondern neue Ausdrucksformen hervorbrachten:

- Der Impressionismus war in Frankreich entstanden. Seine Vertreter versuchten, den Eindruck eines bestimmten Augenblicks festzuhalten und den Einfluss des Lichtes auf die Natur und den Menschen sichtbar zu machen.
- Beim sogenannten Kubismus („Kuben": Würfel) wurden Gegenstände in vereinfachte geometrische Teile und Ebenen zerlegt. Geprägt hat diesen Stil Pablo Picasso, der einer der herausragendsten Künstler des 20. Jh. wurde.
- Beim sogenannten Expressionismus wollten die Künstler mit neuen Ausdrucksmitteln ihre Gefühle darstellen. Um das zu erreichen, benutzten Maler Farben, Formen und Perspektiven völlig frei. Der Expressionismus erfasste alle Künste: Malerei, Bildhauerkunst, Literatur, Tanz, Musik, Schauspielkunst, später auch Film und Architektur.

Neue Formen der Freizeit

Der allmähliche Übergang vom Zwölf- zum Zehn-Stunden-Arbeitstag und die langsam steigende Kaufkraft ermöglichten es immer mehr Menschen, Teile des Tages nach eigenen Bedürfnissen zu gestalten. In den Großstädten entstanden neben den Kneipen und Gaststätten neue Tanzlokale, Varietés und Kabaretts. Die Theater bekamen Konkurrenz durch große Revuen mit ihren locker aneinandergereihten Folgen von Gesangsnummern und Tanzeinlagen.

Sport spielte eine immer größere Rolle. Zu den allgemeinen Turn- und Sportvereinen kamen spezielle: 1878 entstand in Hannover der erste deutsche Fußballverein. Die Neueinführung der Olympischen Spiele 1896 und vor allem der beginnende Kult um Rekorde förderten in allen Gesellschaftskreisen die aktive und passive Sportbegeisterung. Radrennen und Boxkämpfe zogen die Massen an. Zur Freizeit am Wochenende gehörte neben dem Sport für viele Großstädter der Ausflug „ins Grüne", entweder zu Fuß oder mit dem Fahrrad.

Mehr Information und Unterhaltung

Die technischen Neuerungen legten um 1900 die Grundlagen der modernen Massenmedien: Presse, Film und Rundfunk. Ende des 19. Jh. erschienen im Deutschen Reich über 7 000 Zeitungen, davon mehr als 4 000 täglich. Besonders beliebt wurden die Illustrierten. Mit vielen Fotos und Bildern versehen, galten sie als „Fenster zur Welt".

Lichtspiele locken

Die erste öffentliche Vorführung eines Stummfilmes in Deutschland fand am 1. November 1895 im Berliner „Wintergarten" statt. In einem Varieté-Programm wurden „lebende Photographien" mithilfe eines Projektors gezeigt. Innerhalb einer Generation wurde aus der Varieté- und Jahrmarktattraktion der „kleinen Leute" eine selbstständige und erfolgreiche Wirtschaftsbranche. Zahlreiche „Lichtspielhäuser" (Kinos) lockten täglich Besucher an. Vor 1914 beherrschten französische Filmproduzenten den Markt, danach wurde Hollywood (USA) zur größten Filmindustrie der Welt.

M3 Schuh-Werbung
Plakat von Ernst Deutsch, um 1912 (Ausschnitt)

M4 Fahrrad-Werbung
Plakat, um 1910

Die Warenwelt wächst

Die zunehmende Kaufkraft der Bevölkerung bereitete der Konsumgesellschaft den Weg. Zigaretten, bislang ein Luxusgut, wurden zu Massenprodukten. Ende des 19. Jh. kamen die ersten industriell gefertigen Lebensmittel wie Fertigsuppen auf den Markt. Zur gleichen Zeit traten Markenartikel dank geschickter Werbung ihren Siegeszug an.

Zum herausragenden Zeichen der ständig wachsenden Warenwelt wurden die prächtigen Warenhäuser in den Großstädten. Die ersten öffneten in Frankreich, England und in den USA schon in der Mitte des 19. Jh. ihre Pforten. Im Deutschen Reich gewannen Kaufhäuser um 1900 an Bedeutung. Sie boten vor allem Textilien in großer Auswahl und „Kleidung von der Stange" an. Sie führten feste Preise ein und machten Porzellan, Südfrüchte und Konserven zu Massenartikeln.

1. *Erkläre, welche Spannungen und Gegensätze innerhalb der Gesellschaft deutlich werden.*
2. *Im Zusammenhang mit den Möglichkeiten zur Freizeitgestaltung und Information ist oft von „Massenkultur" die Rede. Beurteile, ob der Begriff angemessen ist. Berücksichtige dabei besonders den Aspekt Individualität.*

Gründung des ersten deutschen Fußballvereins
Entstehung des „Jugendstils"
erste öffentliche Vorführung eines (Stumm-)Filmes in Deutschland
Beginn der modernen Massenmedien (Presse, Rundfunk, Film) im Dt. Reich
immer mehr Kaufhäuser in Deutschland
Gründung des „Werkbundes"
1880 1890 1900 1910

M 5 „Metropolis“
Gemälde von George Grosz, 1916/17

M 6 „Die Zeit ist aus den Fugen“

In einem Zeitungsartikel des Theater- und Musikkritikers Alfred Kerr vom 31. Dezember 1899 heißt es:

Unsere Zukunft liegt im Dunkeln, wüste Worte hört man munkeln [...]. Dazu kommt, dass man von einem Weltteil zum andern Nachrichten blitzen kann; dass man von einem Land zum andern eigenstimmig plaudern kann; dass man Geldschränke von außen durchleuchten kann und in menschliche Leiber hineinsehen; dass man in sechs Tagen von Europa nach Amerika jagt; dass man Leute in Schlummer versenkt und ihnen Aufträge gibt, die sie vollführen; dass man Eisenbahnzüge in allen Stadien der Bewegung fixiert und die Bewegung in Bildern wieder erstehen lässt [...]. Kurzum: Die Zeit ist aus den Fugen.

Alfred Kerr, Wo liegt Berlin? Briefe aus der Reichshauptstadt 1896 - 1900, hrsg. von Günther Rühle, Berlin 1997, S. 545 f.

M 7 Waren und Träume

Über das 1897 in Berlin erbaute Kaufhaus Wertheim am Leipziger Platz schreibt der spätere Außenminister Gustav Stresemann 1900:

Wenn man heute in einer Familie hört: Wir gehen zu Wertheim, so heißt das nicht in erster Linie wir brauchen irgendetwas besonders notwendig für unsere Wirtschaft, sondern man spricht wie von einem Ausfluge, den man etwa nach irgendeinem schönen Orte der Umgebung macht. Man wählt sich dazu einen Nachmittag, an dem man möglichst viel Zeit hat, verabredet sich womöglich noch mit Bekannten. In der Leipzigerstraße angekommen, bewundert man erst eine ganze Zeit lang die Schaufenster, dann ergeht man sich in den Erdgeschossräumen, sieht sich die verschiedensten Auslagen an, kauft vielleicht hier und da, lässt sich mit dem Fahrstuhl nach dem ersten Stock befördern und nimmt womöglich eine Tasse Schokolade nebst dem obligaten Stück Torte oder Apfelkuchen. Hat man Bekannte gefunden oder mitgebracht, so bleibt man wohl plaudernd längere Zeit sitzen, zeigt die gegenseitigen Einkäufe und reizt sich dadurch gegenseitig zu neuen Ausgaben. Die Zeit verfliegt [...], und wenn man an der Uhr plötzlich sieht, dass es höchste Zeit sei heimzukehren, so macht man oft wohl gleichzeitig die Wahrnehmung, dass man anstatt der einen Krawattenschleife, die man anfänglich kaufen wollte, mit einem ganzen Bündel der verschiedenartigsten Sachen beladen ist. Eine Zeit lang spürt man dann vielleicht Reue und nimmt sich vor, nicht wieder so leichtsinnig zu sein, aber sobald man das Warenhaus betreten hat, um einen kleinen Einkauf zu machen, wiederholt sich das Schauspiel aufs Neue.

Der sozialdemokratische Politiker Paul Göhre bemerkt 1907 über Wertheim:

Unwillkürlich kommt einem der Vergleich mit einem modernen Ozeandampfer in den Sinn. Beide Bauten von riesigen Dimensionen, in deren Innern jedes Plätzchen auf das sorgfältigste und überlegteste ausgenutzt, in die das komplizierte Leben der heutigen Gesellschaft zusammengepresst ist. Beide, Ozeandampfer wie Warenhaus, ein Triumph moderner, gesellschaftlich organisierter menschlicher Arbeit.

Zit. nach: Axel Kuhn, „Verkauf von Waren und Träumen", in: August Nitschke u. a. (Hrsg.), Jahrhundertwende. Der Aufbruch in die Moderne 1880-1930, Bd. 2, Reinbek 1990, 61 f. und 65

M 8 Lichthof mit Brunnen des Kaufhauses Wertheim in Berlin
Foto von 1906

1. *Ordne das Bild M5 einer der auf S. 30 beschriebenen Kunstrichtungen zu.*
2. *Stelle dar, welchen Eindruck der Künstler George Grosz deiner Meinung nach vermitteln wollte (M5).*
3. *Erkläre, warum für manche Menschen um 1900 die Zeit „aus den Fugen geraten" ist (M6).*
4. *Beschreibe, worin Stresemann Reiz und Verführung eines Warenhausbesuches sieht (M7). Prüfe, ob es heute noch ähnliche Erscheinungen gibt.*
5. *Versetzt euch in die Lage eines Berliner Arbeiterpaares um 1900 und notiert seine möglichen Gedanken bei einem Rundgang durch das Kaufhaus (M8).*

Die Welt wird aufgeteilt

M 1 „Verachtet sei, wer Schlechtes dabei denkt“
Französische Zeichnung von 1899
Der Titel ist die Übersetzung des Schriftzuges. Er ist das Motto der höchsten englischen Auszeichnung, des „Hosenbandordens“, und der Wahlspruch auf dem Wappen der englischen Monarchie.

Europäer errichten Kolonien

Seit dem 15. Jh. hatten europäische Staaten Gebiete in Übersee in Besitz genommen und zu ihren **Kolonien** gemacht. Zunächst errichteten Portugiesen und Spanier Stützpunkte in Mittel- und Südamerika bzw. an den Küsten Afrikas und Asiens. Als weitere Kolonialmächte folgten Frankreich, Großbritannien, die Niederlande und Russland.

Gründe für den Kolonialismus

Nicht nur Entdeckergeist war ein Antrieb, um neue Seewege und fremde Gebiete zu erkunden. Die Kolonialstaaten wollten den Handel mit exotischen Produkten wie Elfenbein, Gewürzen und Seide sowie mit Rohstoffen ausweiten und dadurch noch reicher werden. Oft finanzierten kapitalkräftige Handelsgesellschaften die Entdeckungsfahrten und Eroberungen. Sogar aus dem Handel mit Menschen wurde ein Geschäft gemacht. Schätzungsweise 15 Millionen Afrikaner wurden als Sklaven nach Europa, Asien und Amerika verschleppt.

Viele Europäer siedelten sich in den Kolonien an. Sie hielten ihre Kultur und ihren christlichen Glauben für überlegen. Sie sahen es als ihre Aufgabe an, die Einheimischen zum Christentum zu bekehren – falls nötig auch unter Zwang (**Sendungsbewusstsein**).

Der Kolonialismus wird zum Imperialismus

Im 19. Jahrhundert steigerte sich der **Kolonialismus** zum **Imperialismus**. Europäische Nationen sowie die USA und Japan versuchten, ihren Macht- und Einflussbereich möglichst weit auszudehnen. In engem Zusammenhang damit standen die Vorteile für die Wirtschaft des jeweiligen Landes. Die Industriestaaten waren vom internationalen Wirtschaftsverlauf abhängig und versuchten, ihre Anteile am Weltmarkt auszubauen. Die Kolonien sollten Lieferanten billiger Rohstoffe und tropischer Nahrungsmittel sein. Außerdem dienten sie als Absatzgebiet für die Produkte der jeweiligen Kolonialmacht. Die Kolonialstaaten wollten nicht nur ihre Wirtschaftskraft, sondern auch ihr Prestige steigern und neue militärische Stützpunkte schaffen.

Um ihre Interessen gegenüber den Kolonialvölkern durchzusetzen, nutzten die Mächte im Wesentlichen zwei verschiedene Herrschaftsformen:

- die formelle Herrschaft: Die Kolonialmächte übernehmen dabei die direkte Herrschaft, bauen eine eigene Verwaltung auf und kontrollieren das Gebiet mithilfe von Militär und Polizei.
- die indirekte (informelle) Herrschaft: Um möglichst wenig finanziellen Aufwand zu haben, lassen die Kolonialmächte einheimische Machthaber im Amt und zwingen sie, so zu regieren, wie es für die jeweilige Kolonialmacht nützlich ist.

Durch den technischen Fortschritt im Zuge der Industrialisierung verfügten die Kolonialmächte über Telegrafie, Dampfschiffe, Eisenbahnen und moderne Waffen. So konnten sie Gebiete leicht kontrollieren, effektiv verwalten und große Warenmengen schnell transportieren.

Lesetipp:
Lutz van Dijk, Die Geschichte Afrikas, Frankfurt am Main 2004

1. *Unterscheide zwischen Kolonialismus und Imperialismus.*
2. *Weise nach, dass die wirtschaftlichen Motive für den Imperialismus mit dem Streben der Kolonialmächte nach Erweiterung ihres Einflussgebietes zusammenhängen.*

	Ziele	Schwerpunkte der Koloniegründungen	Konkurrenten
Großbritannien	Sicherung von Seeherrschaft und Seehandel zur Bewahrung des Weltreiches (Empire); Seeweg nach Indien	Afrika („vom Kap bis Kairo"), Indien, Stützpunkte in aller Welt	Russisches Reich Deutsches Reich Frankreich
Frankreich	zusammenhängender Besitz in Übersee (auch Ausgleich für Verlust an Macht und Ansehen in Europa)	Afrika (Ost-West-Achse), Indochina	Großbritannien Deutsches Reich
Deutsches Reich	„Platz an der Sonne"; Erwerb von Kolonien gemäß der Machtstellung in Europa; Anerkennung als Weltmacht	Afrika, China, Südseeinseln	Großbritannien Frankreich Russisches Reich, USA
Russisches Reich	Ausdehnung des Kontinentalreiches nach Osten/Südosten; Zugang zu allen Weltmeeren	Zentralasien, Mittlerer und Naher Osten	Großbritannien Japan Deutsches Reich
Italien	Erneuerung des Römischen Reiches; „Verlängerung" des Landes nach Nordafrika	Libyen, Abessinien, Somalia	Frankreich Großbritannien
Japan	Gebietsgewinne in Ostasien	Korea, China, Süd-West-Pazifik	Russisches Reich USA
USA	Ausweitung des Einflussbereiches; freier Handel	Karibik, Alaska, Mittel- und Südamerika, pazifischer Raum	Japan Deutsches Reich

M2 Die wichtigsten Kolonialmächte

M3 Freihandel und Expansion

In einer Notiz des mehrfachen Außen- und späteren Premierministers Lord Palmerston für das britische Außenministerium vom 20. Dezember 1850 heißt es:

Wir wünschen aufs dringlichste, dass sich die Zivilisation nach Afrika ausdehnt; wir sind überzeugt, dass der Handel der beste Pionier der Zivilisation ist, und wir sind zufrieden, dass genügend Raum in Afrika für den Handel aller zivilisierten Nationen der restlichen Welt ist. Daher würden wir jede Ausdehnung des Handels in Afrika mit Genugtuung betrachten: vorausgesetzt, dass dieser Handel nicht auf einem Monopol beruht und nicht aufgrund eines Systems durchgeführt wird, das andere ausschließt.

Zit. nach: Wolfgang J. Mommsen (Hrsg.), Imperialismus. Seine geistigen, politischen und wirtschaftlichen Grundlagen. Ein Quellen- und Arbeitsbuch, Hamburg 1977, S. 44

M4 Der englische Handel

Der britische Wirtschaftsexperte William Stanley Jevons äußert sich 1865 zum englischen Handel:

Die Ebenen Nordamerikas und Russlands sind unsere Getreidefelder; Chicago und Odessa unsere Kornkammern; Kanada und die Baltik unsere Nutzholzwälder; Australasien[1] beherbergt unsere Schaffarmen, und in Argentinien und auf den westlichen Prärien Nordamerikas weiden unsere Rinderherden; Peru schickt sein Silber, und das Gold aus Südafrika und Australien fließt nach London; die Hindus und die Chinesen bauen Tee für uns an, und unsere Kaffee-, Zucker- und Gewürzplantagen liegen auf den Westindischen Inseln. Spanien und Frankreich sind unsere Weinberge und der Mittelmeerraum unser Obstgarten; und unser Baumwollanbaugebiet, das lange Zeit im Süden der Vereinigten Staaten lag, erstreckt sich jetzt auf die warmen Regionen der ganzen Welt.

Zit. nach: Paul Kennedy, Aufstieg und Fall der großen Mächte. Ökonomischer Wandel und militärischer Konflikt von 1500 bis 2000, Frankfurt am Main 1991, S. 241 (übersetzt von Catharina Jurisch)

[1] Australasien: nicht eindeutig definierte Bezeichnung, die sowohl für die zwischen dem asiatischen Festland und Australien liegende Region als auch als Gesamtbegriff für Australien, Neuseeland und die pazifische Inselwelt benutzt wird

1. *Erkläre, warum die Notiz von Palmerston (M3) als klassisches Programm des englischen „Freihandelsimperialismus" bezeichnet wird.*
2. *Arbeite heraus, welche Einstellung in M4 zum Ausdruck kommt.*
3. *Weise nach, dass Freihandel nicht gleichbedeutend ist mit wirtschaftlicher Freiheit für alle Beteiligten.*

„Wettlauf" um Afrika

M 1 „The Rhodes Colossus. Striding from Cape Town to Cairo"
Britische Karikatur, 1892
Cecil Rhodes war ein britischer Unternehmer, der sich dafür einsetzte, dass Großbritannien mehr Kolonien erwarb. Er selbst eroberte in mehreren Kriegen ein großes Gebiet im Süden Afrikas. Hinweis: Cape Town ist die südafrikanische Stadt Kapstadt.

Afrika vor dem Imperialismus

Bis in die 1870er-Jahre kontrollierten europäische Staaten nur einen kleinen Teil des afrikanischen Kontinents. Südafrika war seit dem 17. Jh. und Algerien (Nordafrika) seit 1830 Kolonisationsgebiet. Außerdem hatten Franzosen, Briten und Portugiesen an den Küsten einzelne kleinere Niederlassungen, von denen aus sie Handel betrieben. Ein weiteres Vordringen verhinderten meist natürliche Hindernisse, wie Urwälder, das Klima und die afrikanischen Völker im Innern des Kontinents.

Das Interesse wächst

Größeres Interesse für Afrika bekamen die Europäer, als einzelne Forscher das Landesinnere erkundeten. Dadurch wurden Kaufleute, Abenteurer und ehrgeizige Militärs angelockt. Auf eigene Faust nahmen sie Land in Besitz. Später leiteten die europäischen Regierungen die Inbesitznahme der Kolonien. Den modernen Waffen der Europäer konnten die Einheimischen nichts entgegensetzen.

Die „Aufteilung" des afrikanischen Kontinents war der Höhepunkt des europäischen Imperialismus. Sie begann 1881, als die Franzosen Tunis eroberten und die Briten 1882 Ägypten.

Die deutsche Regierung will schlichten

Der belgische König erhob Anspruch auf den Kongo. Bismarck lud die Kolonialmächte Ende 1884 zur Kongo-Konferenz nach Berlin ein. Er wollte Streit schlichten. Die teilnehmenden Staaten erkannten den Kongo als Privatbesitz des belgischen Königs an und vereinbarten Regeln für den Erwerb von Kolonien. Wer ein Gebiet in Besitz nehmen wollte, sollte dies den anderen Mächten ankündigen. Interessenkonflikte sollten gütlich geklärt werden. Die Vereinbarung beschleunigte aber nur den „Wettlauf". 20 Jahre später war fast ganz Afrika unter den Europäern aufgeteilt. Die Grenzen ihrer Kolonien legten die imperialistischen Mächte willkürlich fest.

Neue Herren, neue Methoden

Die neuen Grenzen zerschnitten alte Wirtschaftsräume und zwangen die Bevölkerung, die seit Jahrhunderten mit ihren Herden von einer Wasserstelle zur nächsten gezogen war, sesshaft zu werden. Zwar rühmten sich die Kolonialmächte, im 19. Jh. die Sklaverei beseitigt zu haben. Doch gleichzeitig zwangen sie die Einheimischen zum Bau von Straßen, Eisenbahnstrecken und Hafenanlagen.

Die Kolonialmächte trieben zum eigenen Nutzen die Erschließung der Kolonien voran. Sie ließen Erdnüsse, Kaffee, Kakao oder Baumwolle in großen Betrieben (Plantagen) anbauen. Dies brachte zwar den europäischen Besitzern Gewinn, aber die Monokulturen[1] verdrängten den Anbau einheimischer Nahrungsmittel und machten viele Afrikaner erwerbslos. Die neuen Anbaumethoden zerstörten darüber hinaus langfristig die Fruchtbarkeit des Bodens und machten den Einsatz von Kunstdünger und Pflanzenschutzmitteln nötig. Diese wiederum konnten nur von den Kolonialmächten bezogen werden.

Die Plantagen, die Bodenschätze, der Auf- und Ausbau von Eisenbahnlinien und Häfen brachten den europäischen Geldanlegern meist Gewinn. Dagegen deckten die Einnahmen wie Steuern und Zölle in der Regel nicht die Ausgaben für Verwaltung und Unterdrückung der Einheimischen. Deshalb brachten die Kolonien den Staaten (und damit den Steuerzahlern) Verluste.

1. *Fasse die Interessen der Europäer an einer Inbesitznahme Afrikas zusammen.*
2. *Begründe, warum die Regierungen trotz der hohen Kosten ihre Kolonien nicht aufgaben.*
3. *Stelle Vermutungen an, warum Frankreich und Großbritannien die größten Konkurrenten in Afrika waren. Ziehe dazu die Karte auf S. 15 heran.*
4. *Zeige die nachteiligen Folgen für die einheimische Bevölkerung auf und sammle sie in einer Tabelle.*
5. *Beschreibe, wie der Karikaturist Cecil Rhodes dargestellt hat (M1).*

M 2 Erkundung

Die französische Regierung gibt dem Bevollmächtigten im französischen Teil des Kongo 1884 u. a. folgende Anweisungen:

Ihre Aufgabe soll darin bestehen, durch eine Reihe von Erkundungen die Grundlagen für unsere Niederlassung in dem Gebiet, das ihnen zugewiesen wurde, zu schaffen.

Sie müssen in kurzer Zeit das Territorium geografisch aufnehmen, die äußere Gestalt und Beschaffenheit des Terrains[1] näher bestimmen. Ihr Ziel muss es dabei sein, all das, was für unseren Handel und unsere Industrie von Interesse sein könnte, zu erfassen (Erzvorkommen, Arten verwertbarer Bäume, für die Besiedlung geeignete Landstriche). [...]

Sie werden Ihre Arbeiten als machtvolles Element der Zivilisierung einsetzen, wie sie vor allem aus den Beziehungen zwischen den Missionaren und den Volksstämmen resultiert. [...]

Es empfiehlt sich dabei, den Schwarzen unter allen Umständen versöhnlich gegenüberzutreten und es [...] zu vermeiden, sich der Gewalt und der Überlegenheit unserer Waffen zu bedienen.

Der Bevollmächtigte der Regierung schließt mit den Häuptlingen der Eingeborenen die Verträge ab, die er für die Erweiterung unseres Einflusses für nützlich hält. Mithilfe geeigneter Maßnahmen soll er die Bewohner an den Gedanken gewöhnen, sich eines Tages der verwaltungsmäßigen Abhängigkeit unserer Kolonie zu unterstellen. [...] In der Erwartung, dass die Umstände es der Regierung erlauben werden, die Sklaverei in diesen Gebieten abzuschaffen, wie dies in den anderen französischen Besitzungen bereits geschehen ist, ist es schon jetzt wichtig, mittels Einwirkung auf die Schwarzen den Kampf gegen den Menschenhandel aufzunehmen.

Cathérine Coquery-Vidrovitch, Brazza et la Prise en Possession du Congo, Paris 1965, S. 225; zitiert nach: Peter Alter u. a. (Hrsg.), Der Imperialismus, Stuttgart [11]2003, S. 50f.

M 3 Die deutsche Flagge wird in Kamerun gehisst
Koloriertes Titelblatt der „Illustrierten Zeitung" vom 20. September 1884 nach einer Skizze von Leutnant zur See Mandt

[1] Terrain (franz.): Gebiet, Gegend

1. *Ordne die Aussagen in M2 nach Zielen und Methoden.*
2. *Ein Grundgedanke der französischen Kolonisation war die Verbreitung der Zivilisation. Bewerte, inwieweit der Text M2 dem entspricht.*
3. *Beschreibe das Titelblatt (M3). Welcher Eindruck wird hier der deutschen Öffentlichkeit vermittelt?*

erste deutsche Kolonien
Kongo-Konferenz in Berlin
„Wettlauf um Afrika"
1880 1885 1890 1895 1900

Zerstörte Kulturen – ermordete Völker

M 1 Völkerschauen
Werbeplakat für eine Völkerschau von Menschen aus Sri Lanka in einem Hamburger Museum, um 1883/84
Die Vorführungen von Menschen aus exotischen Ländern waren im 19. Jh. und zu Beginn des 20. Jh. sehr beliebt. Sie sollten das Wissen der Besucher erweitern, aber auch zur Belustigung dienen. Eine weitere Absicht war, die Bevölkerung für die Kolonialpolitik zu gewinnen.

Internettipp:
Zur deutschen Kolonialpolitik zwischen 1900 und 1914 siehe Mediencode 31022-06

Kulturen werden zerstört

Die Kolonialherren interessierten sich nicht für afrikanische Kulturen und Sprachen. Sie betrachteten diese als minderwertig und zerstörten sie. Der französische Historiker Pierre Bertaux nennt die Ziele der Europäer: „Die Missionare wollten gute schwarze Christen gewinnen, die Offiziere gute schwarze Soldaten ausbilden und die Verwaltungsbeamten wollten gute schwarze Untertanen erziehen." Zu ergänzen sind die Wünsche der Unternehmer nach billigen Rohstoffen und Arbeitskräften.

Afrikaner konnten nur aufsteigen, wenn sie die Lebensweise der Kolonialherren anerkannten und sich unterordneten. Wer die Sprache der Kolonialherren erlernte und sich einer christlichen Kirche anschloss, konnte mit Glück in die Führungsschicht gelangen, die den Europäern bei der Verwaltung half.

Die Missionare machten zwar die religiösen Überzeugungen der Afrikaner lächerlich und zerstörten sie, doch die christliche Botschaft führte auch zu Kritik an den Kolonialherren.

Die Unterdrückten wehren sich: ein Beispiel

Oft ließ der Umgang der Europäer mit den Einheimischen offene Ablehnung entstehen. Wie Kolonialmächte auf diesen Widerstand reagierten, wurde in Deutsch-Südwestafrika (Namibia) deutlich, wo um 1900 etwa 13 000 deutsche Einwanderer lebten. Der offene **Rassismus**, die **Diskriminierung** der Bevölkerung, Gewalt und der Verlust an Weideland hatten Unruhen und Proteste hervorgerufen. Morddrohungen eines deutschen Offiziers gegen Samuel Maherero, der die Herero regierte, führten dazu, dass diese sich im Januar 1904 erhoben. Sie töteten 123 deutsche Siedler und Soldaten, zerstörten Teile der Eisenbahnlinie und unterbrachen die Telegrafenverbindungen. Aus dem Aufstand wurde ein Kolonialkrieg.

Völkermord

Die aus dem Deutschen Reich verstärkten Truppen (14 000 Soldaten) schlugen nach mehreren Gefechten die Herero vernichtend. Die Überlebenden flüchteten in die Omaheke-Wüste. Dort ließ der deutsche Oberbefehlshaber General Lothar von Trotha alle Wasserstellen absperren, sodass tausende Herero verdursteten. Er war der Meinung, dass „die Nation [der Herero] als solche vernichtet werden muss". Damit befürwortete er einen **Völkermord** (Genozid).

Das Ende des antikolonialen Krieges

Im September erhoben sich auch die Nama gegen die deutsche Kolonialherrschaft in Südwestafrika. In Lagern starben Tausende kriegsgefangene Nama infolge der schweren Zwangsarbeit und der schlechten Ernährung. In dem Kolonialkrieg starben etwa 1 750 Deutsche.

Die Zahl der afrikanischen Opfer lässt sich nur grob schätzen: Von den 40 000 bis 80 000 Herero starben zwischen einem und zwei Drittel; von den rund 22 000 Nama überlebte wohl nur die Hälfte.

1. *Stelle das Ideal eines Einheimischen dar, wie es sich die Kolonialherren in der Regel wünschten.*
2. *Weise anhand von konkreten Maßnahmen und Haltungen nach, dass das Verhalten und die Einstellungen der Kolonialherren gegenüber den Einheimischen ungerecht war.*

M2 Die Stellung Indiens

1909 hält Lord Curzon, ehemaliger Vizekönig von Indien, einen Vortrag über die Bedeutung der britischen Kronkolonie Indien für das Empire:

Seine Volksmasse liefert uns die Arbeitskräfte, um unsere Länder, die wir überall auf der Erdkugel besitzen, auszubeuten. [...] Natürlich hat auch Indien seinerseits große Vorteile hiervon: Sein Menschenüberfluss verringert sich und eine große Zahl der armen Bevölkerung findet Beschäftigung und Unterhalt. [...]

Unser Indien ist ein Hauptfeld für die Verwendung britischen Kapitals; denn es liefert uns im Überfluss das Rohmaterial für einen großen Teil unserer Industrie und bedeutende Mengen an Nahrungsmitteln [...]. Gleichzeitig ist Indien der beste Käufer für englische Erzeugnisse, insbesondere für Baumwollwaren.

Dieses Indien, wo vor unserem Eindringen keine Kunststraße und kaum eine Brücke vorhanden war, haben wir mit einem Netz von Wegen überzogen und seine Flüsse mit Brücken überspannt. Wir haben mehr als 3000 Meilen Eisenbahnen gebaut, die im letzten Jahre 300000000 Menschen beförderten. [...] Prächtige öffentliche Bauten schmücken die Hauptstädte. Alle größeren Städte besitzen Wasserleitungen und Kanalisation. Die Hospitäler können es mit denen in Großbritannien aufnehmen, und hinsichtlich der wissenschaftlichen Ausstattung sind sie ihnen in manchen Fällen sogar überlegen. Der Telegrafen- und Postdienst ist billiger und bietet größere Vorteile, als wir uns hier in der Heimat erfreuen. Tausende von Meilen öden, unbewohnten Landes sind durch Bewässerungsanlagen anbaufähig gemacht.

Zit. nach: Günter Schönbrunn (Bearb.), Das bürgerliche Zeitalter 1815-1914. Geschichte in Quellen, München 1980, S. 659-661

M3 Eine kritische Stimme

Am 1. Dezember 1906 vertritt der Mitbegründer der SPD August Bebel seinen Standpunkt zur deutschen Kolonialpolitik. Er hält die Rede zu einem Zeitpunkt, als sich die Herero in der deutschen Kolonie Südwestafrika bereits erhoben haben:

Meine Herren, dass Kolonialpolitik getrieben wird, ist an und für sich kein Verbrechen. Kolonialpolitik zu treiben kann unter Umständen eine Kulturtat sein; es kommt nur darauf an, wie die Kolonialpolitik getrieben wird. [...] Kommen die Vertreter kultivierter und zivilisierter Völkerschaften, wie es z. B. die europäischen Nationen und die nordamerikanische sind, zu fremden Völkern als Befreier, als Freunde und Bildner, als Helfer in der Not, um ihnen die Errungenschaften der Kultur und Zivilisation zu überbringen, um sie zu Kulturmenschen zu erziehen, geschieht das in dieser edlen Absicht und in der richtigen Weise, dann sind wir Sozialdemokraten die ersten, die eine solche Kolonisation als große Kulturmission zu unterstützen bereit sind. [...] Wenn Sie also zu den fremden Völkerschaften als Freunde kommen, als Wohltäter, als Erzieher der Menschlichkeit, um ihnen zu helfen, die Schätze ihres Landes, die andre sind als die unsrigen, heben zu helfen, um dadurch den Eingeborenen und der ganzen Kulturmenschheit zu nützen, dann sind wir damit einverstanden. [...] Aber das ist ja bei Ihrer Kolonialpolitik nicht der Fall. Sie kommen nicht als Befreier und Erzieher, sondern als Eroberer, als Unterdrücker, als Ausbeuter!

Zit. nach: Stenographische Berichte über die Verhandlungen des Reichstages, XI. Legislaturperiode, II. Session 1905/1906, 5. Bd., Berlin 1906, S. 4057f.

M4 Überlebende Herero
Das Foto entstand nach der Flucht durch die Omaheke-Wüste (Deutsch-Südwestafrika), um 1904 (Ausschnitt).

1. *Arbeite die Vorteile des indischen Kolonialreiches für Großbritannien heraus (M2).*
2. *Curzon stellt auch Großbritanniens Leistungen für Indien heraus (M2). Zähle sie auf.*
3. *Nimm Stellung dazu, ob diese Leistungen für die Einheimischen vorteilhaft waren.*
4. *Analysiere, welche Motive für eine Kolonialpolitik Bebel befürwortet (M3). Erkläre dabei, was Bebel wohl unter „Bildner" (Z. 15) versteht.*
5. *Beurteile, ob die von Bebel genannten Motive für die Einheimischen günstig sind (M3).*

Der „Wettlauf um Afrika" der europäischen Mächte beginnt
Kongo-Konferenz in Berlin
ca. 13000 Deutsche leben in der Kolonie Deutsch-Südwestafrika (Namibia)
Beginn des Aufstandes der Herero

1870 | 1880 | 1890 | 1900 | 1910

Der Herero-Aufstand – Ursachen und Folgen

M1 Einweihung des Reiterdenkmals in Windhoek
Foto vom 27. Januar 1912
Das Denkmal war den deutschen Soldaten und Kriegern gewidmet, die im Kolonialkrieg von 1904 bis 1908 umgekommen waren. In seiner Rede zur Einweihung des Denkmals sagte der deutsche Gouverneur Theodor Seitz: „Der eherne Reiter der Schutztruppe, der von dieser Stelle aus in das Land blickt, verkündet der Welt, dass wir hier die Herren sind und bleiben werden." Das Denkmal wurde 2009 versetzt, weil an der Stelle das namibische Unabhängigkeits-Gedenkmuseums (Independence Memorial Museum) gebaut wurde (M6).

M2 „Jeder Herero wird erschossen"

Am 2. Oktober 1904 erlässt der Kommandeur der deutschen „Schutztruppe", General Lothar von Trotha, in Deutsch-Südwestafrika einen Schießbefehl gegen das aufständische Volk der Herero:

Die Herero sind nicht mehr deutsche Untertanen. Sie haben gemordet und gestohlen, haben verwundeten Soldaten Ohren und Nasen und andere Körperteile abgeschnitten und wollen jetzt aus Feigheit nicht mehr kämpfen. Ich sage dem Volk: Jeder der einen der Kapitäne an eine meiner Stationen als Gefangene abliefert, erhält tausend Mark, wer Samuel Maherero bringt, erhält fünftausend Mark. Das Volk der Herero muss jedoch das Land verlassen. Wenn das Volk dies nicht tut, so werde ich es mit dem Groot Rohr[1] dazu zwingen. Innerhalb der deutschen Grenze wird jeder Herero, mit oder ohne Gewehr, mit oder ohne Vieh erschossen, ich nehme keine Weiber und keine Kinder mehr auf, treibe sie zu ihrem Volke zurück oder lasse auf sie schießen. Dies sind meine Worte an das Volk der Herero. Der große General des mächtigen deutschen Kaisers.

Zit. nach: www.bundesarchiv.de/oeffentlichkeitsarbeit/bilder_dokumente/00663/index-14.html.de [Zugriff vom 20. Juli 2015] (gekürzt)

M3 „Anfang eines Rassenkampfes"

Zwei Tage später berichtet er in einem Schreiben an Generaloberst Graf von Schlieffen über seine Strategie der Kriegsführung:

Es fragte sich nun für mich nur, wie ist der Krieg mit den Herero zu beendigen. Die Ansichten darüber bei dem Gouverneur und einigen „alten Afrikanern" einerseits und mir andererseits gehen gänzlich auseinander. Erstere wollten schon lange verhandeln und bezeichnen die Nation der Herero als notwendiges Arbeitsmaterial für die zukünftige Verwendung des Landes. Ich bin gänzlich anderer Ansicht. Ich glaube, dass die Nation als solche vernichtet werden muss, oder, wenn dies durch taktische Schläge nicht möglich war, operativ und durch die weitere Detail-Behandlung aus dem Lande gewiesen wird. Es wird möglich sein, durch die erfolgte Besetzung der Wasserstellen von Grootfontein bis Gobabis und durch eine rege Beweglichkeit der Kolonnen die kleinen nach Westen zurückströmenden Teile des Volkes zu finden und sie allmählich aufzureiben. [...] Sie müssen jetzt im Sandfeld untergehen, oder über die Betschuanagrenze überzugehen trachten. Dieser Aufstand ist und bleibt der Anfang eines Rassenkampfes, den ich schon 1897 in meinen Berichten an den Reichskanzler für Ostafrika ausgesagt habe.

Michael Behnen, Quellen zur deutschen Außenpolitik im Zeitalter des Imperialismus 1890-1911, Darmstadt 1977, S. 292f.

M4 „Wären solche Dinge nicht geschehen"

Auf die Frage nach den Ursachen des Aufstandes antwortet ein zum Christentum bekehrter Herero nach dem Kolonialkrieg:

Der Krieg ist von ganz kleinen Dingen gekommen und hätte nicht zu kommen brauchen. Einmal waren es die Stuurmann[2] mit ihrem schrecklichen Wucher und eigenmächtigen, gewaltsamen Eintreiben [der Schulden]. [...] Wer nicht zahlen wollte oder konnte, den verfolgten und plagten sie. Dann ist es der Branntwein gewesen, der die Leute schlecht und gewissenlos gemacht hat. Wenn jemand trinkt, dann ist es ihm gleich, was er tut. Aber das schlimmste Übel ist, was viel böses Blut und Streit hervorgerufen hat, die Vergewaltigung unserer Frauen durch Weiße. Manche Männer sind totgeschossen worden wie Hunde, wenn sie sich weigerten, ihre Frauen und Töchter preiszugeben, und drohten, sie mit der Waffe in der Hand zu verteidigen. Wären solche Dinge nicht geschehen, wäre kein Krieg gekommen, aber er ist bei solchen Vergewaltigungen ausgebrochen. Er war mit einem Male da, und da war kein Halten mehr, jeder rächte sich, und es war, als sei kein Verstand mehr unter den Massen.

Zit. nach: Horst Gründer (Hrsg.), „... da und dort ein junges Deutschland gründen". Rassismus, Kolonien und kolonialer Gedanke vom 16. bis zum 20. Jahrhundert, München ^{3}2006, S. 153

[1] Groot Rohr: kapholländisch für Geschütz, Kanone
[2] Stuurmann: Kaufleute

M5 Zur Kontrolle der „Eingeborenen"

Am 18. August 1907 trifft der Gouverneur von Deutsch-Südwestafrika folgende Maßregeln zur Kontrolle der einheimischen Bevölkerung:

§ 1. Eingeborene können nur mit Genehmigung des Gouverneurs Rechte oder Berechtigungen an Grundstücken erwerben.

§ 2. Den Eingeborenen ist das Halten von Reittieren oder Großvieh nur mit Genehmigung des Gouverneurs gestattet. [...]

§ 4. Eingeborene, die herumstreichen, können, wenn sie ohne nachweisbaren Unterhalt sind, als Landstreicher bestraft werden.

§ 5. Namens des Gouverneurs wird bis zur Ernennung besonderer Eingeborenen-Kommissare die Oberaufsicht über die Werften[1] und die Lebensverhältnisse der Eingeborenen von dem zuständigen Bezirksamtmann geführt [...].

§ 8. Bezüglich der außerhalb bewohnter und bewirtschafteter Grundstücke lebenden Eingeborenen bestimmt die Aufsichtsbehörde den Ort der Niederlassung und die Zahl der Familien, die dort zusammen wohnen dürfen. Es bleibt der Aufsichtsbehörde überlassen, für größere Ortschaften ihres Bezirks oder Distrikts Bestimmungen zu treffen, wonach sich die [...] Eingeborenen in der Zeit zwischen 9 Uhr abends und 4 Uhr morgens auf ihrer Werft zu befinden haben. [...]

§ 12. Derjenige, dem die öffentliche Aufsicht über eine Privatwirtschaft obliegt, hat ein genaues Verzeichnis der seiner Aufsicht unterstellten Eingeborenen-Behausungen zu führen und darin die Namen und Beschäftigungen der Bewohner und die Nummern ihrer Passmarken[2] anzugeben.

Zit. nach: Horst Gründer (Hrsg.), „... da und dort ein junges Deutschland gründen", a. a. O., S. 154 f.

M6 „Genozid-Denkmal" für die getöteten Herero und Nama vor dem Independence Memorial Museum in Namibia
Foto von 2015
Das Denkmal wurde am 21. März 2014 eingeweiht. Auf dem Sockel steht der Schriftzug „Their blood waters our freedom". An der Vorder- und Rückseite befinden sich Reliefs mit Darstellungen von Opfern des Kolonialkrieges von 1904 bis 1908, die auf historische Kolonialfotografien zurückgehen.

[1] Werften: hier Siedlungen der farbigen Bevölkerung
[2] von allen Eingeborenen über sieben Jahren in Deutsch-Südwestafrika zu tragen

Projektvorschlag

Bildet drei Arbeitsgruppen. Wählt jeweils eines der Themen aus und präsentiert euer Ergebnis anschließend vor der Klasse.

1. *Ein Völkermord?*

a) *Arbeitet aus M4 die Ursachen des Aufstandes heraus.*

b) *Skizziert mithilfe von M2 bis M4, S. 38 und einer Internetrecherche den Verlauf des Herero-Aufstandes.*

c) *Beurteilt ausgehend von M2 und M3, ob die Deutschen in Südwestafrika einen Genozid (Völkermord) begangen haben. Informiert euch zunächst über den Genozid-Begriff. Sammelt dann Pro- und Kontra-Argumente und haltet diese auf einem Plakat fest.*

2. *Koloniales Denken und koloniale Herrschaft*

a) *Arbeitet aus den Materialien M1 bis M5 heraus, welche Denkweisen sich hier auf die Kolonialpolitik auswirkten.*

b) *Untersucht anhand von M4 und M5 die Lebensverhältnisse der afrikanischen Bevölkerung.*

c) *Verfasst aus der Sicht der unterdrückten Bevölkerung ein Schreiben an den deutschen Gouverneur. Begründet darin, was die Maßregeln (M5) für euch bedeuten und warum ihr eine Aufhebung fordert.*

3. *Verantwortung – Schuld – Gedenken*

a) *Opferverbände der Herero und Nama fordern seit vielen Jahren von der deutschen Bundesregierung eine Anerkennung der Gräuel als Völkermord und eine offizielle Entschuldigung. Diskutiert, warum dies für die Nachkommen und die namibische Regierung wichtig ist. Informiert euch dazu über die politische Entwicklung Namibias.*

b) *Erörtert, wofür das Reiterdenkmal M1 als Symbol steht. An welche Tradition knüpft die Darstellung des Reiters an? Sucht im Internet nach anderen Reiterdenkmälern und vergleicht.*

c) *Beschreibt das Denkmal M6 und seine Symbolik. Nehmt am Beispiel von M1 und M6 Stellung zur Bedeutung von Denkmälern für das Selbstverständnis eines Volkes oder einer Nationen.*

Bündnisse und Konflikte

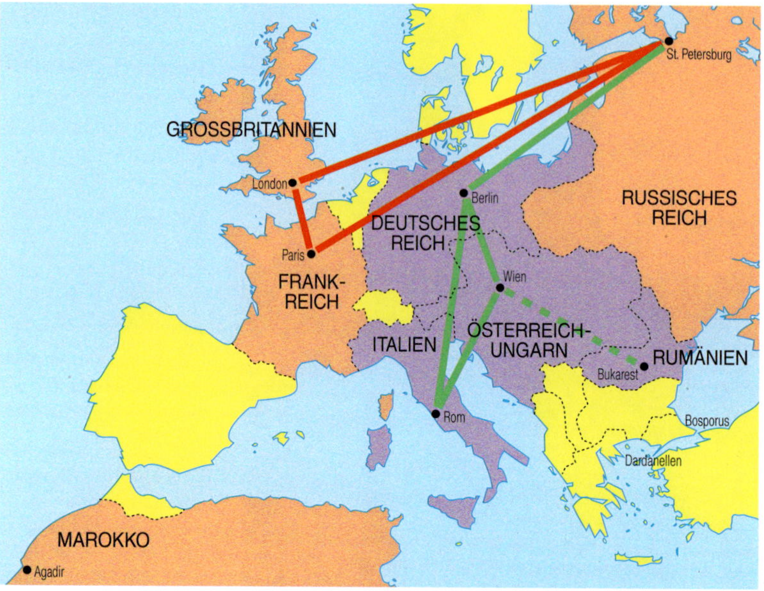

M 1 Die Bündnisse um 1887 und 1910

Deutsche Außenpolitik: von Bismarck ...

Mit der Gründung des Deutschen Reiches war in Europa ein politisch und wirtschaftlich mächtiger Staat entstanden, den die übrigen europäischen Mächte misstrauisch beobachteten. Reichskanzler Bismarck fürchtete, Frankreich suche eine Gelegenheit, um Elsass und Lothringen zurückzugewinnen. Er wollte deshalb Frankreich isolieren und schloss Bündnisse mit Österreich-Ungarn und Italien (Dreibund) sowie mit Russland. Gleichzeitig erklärte er, dass Deutschland keine neuen Gebietsansprüche habe. Damit wollte er die übrigen Großmächte beruhigen.
Bismarck war zunächst gegen den Erwerb von Kolonien. Er hielt den Nutzen für zu gering, das Risiko von Konflikten mit anderen Staaten aber für zu hoch. Als der öffentliche Druck wuchs, stellte er 1884/85 Gebiete in Afrika, die deutsche Kaufleute bereits erworben hatten, unter den Schutz des Deutschen Reiches.

... zu Wilhelm II.

Führende deutsche Politiker und weite Kreise der Bevölkerung forderten, dass Deutschland auch weltpolitisch eine stärkere Rolle spielen sollte. Wilhelm II., der 1888 Deutscher Kaiser wurde und zwei Jahre später Bismarck entließ, änderte die Ziele der deutschen Außenpolitik. Er wollte sich durch das komplizierte **Bündnissystem** Bismarcks nicht mehr einschränken lassen. Mithilfe einer starken Kriegsflotte sollte das Reich zu einer Weltmacht werden.

Konflikte unter den europäischen Mächten

In Afrika waren die Kolonialmächte Großbritannien und Frankreich erbitterte Rivalen.[1] Als 1898 Truppen beider Mächte bei Faschoda aufeinandertrafen, schien ein Krieg unvermeidlich.
Nachdem Deutschland den Rückversicherungsvertrag[2] gekündigt hatte, entstand in Russland eine deutschfeindliche Stimmung. Das lag auch an höheren Einfuhrzöllen auf russische Lebensmittel.
Das Deutsche Reich bemühte sich zunächst um ein Bündnis mit Großbritannien. Die Briten wollten aber ihre Politik der splendid isolation (dt.: „glänzendes Alleinsein") nicht aufgeben. In der Folge entstand ein starker britisch-deutscher Gegensatz. In Großbritannien, der bei Weitem stärksten Seemacht, entstanden deutschfeindliche Gefühle. Dafür waren das deutsche Flottenbauprogramm, ungeschickte Äußerungen des deutschen Kaisers und die Konkurrenz auf dem Weltmarkt verantwortlich.

Neue Bündniskonstellationen

Frankreich gelang es, seine außenpolitische Isolation zu durchbrechen. Zunächst schloss es mit Russland ein Verteidigungsbündnis gegen den Dreibund.
Während der Faschoda-Krise bot Großbritannien dem Deutschen Reich Bündnisverhandlungen an. Doch nun wollten sich der Kaiser und die deutsche Regierung nicht mehr binden. Denn sie glaubten, dass sich die außenpolitischen Möglichkeiten weiter verbessern würden. Daraufhin räumten Großbritannien und Frankreich ihre Spannungen aus und schlossen 1904 die Entente cordiale[3].

1. *Fasse zusammen, was für die Änderung der Bündniskonstellationen verantwortlich war. Unterscheide dabei zwischen wirtschaftlichen und machtpolitischen Gründen.*
2. *Begründe, warum weite Teile der deutschen Bevölkerung den Flottenbau unterstützten.*
3. *Erkläre, warum die Lage um 1910 für das Deutsche Reich militärstrategisch gefährlich war (M1).*

[1] Siehe S. 34-36.
[2] Der Rückversicherungsvertrag verpflichtete Deutschland und Russland zur Nichteinmischung, falls das Deutsche Reich von Frankreich oder Russland von Österreich-Ungarn angegriffen würde.
[3] In dem britisch-französischen Abkommen von 1904, der Entente cordiale (dt. „herzliches Einvernehmen") erkannte Frankreich Ägypten als rein britisches Interessengebiet an, während England Frankreich verstärkten Einfluss in Marokko zugestand.

M2 Ein Platz an der Sonne

In einer Reichstagsrede fordert der Staatssekretär des Auswärtigen Amtes[1], Bernhard von Bülow, am 6. Dezember 1897 eine expansive Außenpolitik:

Wir empfinden durchaus nicht das Bedürfnis, unsere Finger in jeden Topf zu stecken. Aber allerdings sind wir der Ansicht, dass es sich nicht empfiehlt, Deutschland in zukunftsreichen Ländern von vornherein auszuschließen vom Mitbewerb anderer Völker. (*Bravo!*) Die Zeiten, wo der Deutsche dem einen seiner Nachbarn die Erde überließ, dem anderen das Meer und sich selbst den Himmel reservierte – diese Zeiten sind vorüber. Mit einem Worte: Wir wollen niemand in den Schatten stellen, aber wir verlangen auch unseren Platz an der Sonne. (*Bravo!*)

Zit. nach: Ludwig Zimmermann, Der Imperialismus, Stuttgart 1971, S. 28

M3 „Eine maßlose Provokation“

Am 19. November 1905 schreibt Rosa Luxemburg im „Vorwärts“, der Parteizeitung der Sozialdemokraten:

Seit Wochen und Monaten herrscht in den weitesten Kreisen der proletarischen Bevölkerung Deutschlands direkter Nahrungsmangel [...]. Und in diesem Augenblick [...], wo Hunderttausende Proletarier erbarmungs- und rettungslos dem furchtbarsten Elend preisgegeben werden, wird gleichzeitig als die erste große Aktion der Regierung und der bürgerlichen Mehrheitsparteien im Reichstage [...] nicht ein Notstandsgesetz zur Rettung der Unzahl bedrohter proletarischer Existenzen [...], sondern – eine Mehrforderung von einer halben Milliarde Mark für Panzerkreuzer, Torpedodivisionen und Vermehrung der Marinemannschaften angekündigt!

Zit. nach: Hans Fenske (Hrsg.), Unter Wilhelm II. 1890 - 1918, Darmstadt 1982, S. 227f.

M4 Nach dem „Panthersprung“

1911 entsendete die deutsche Regierung das Kanonenboot „Panther“ ins marokkanische Agadir. Damit will sie Frankreich – allerdings erfolglos – zwingen, seine Kolonialherrschaft in Marokko aufzugeben.

Zwei Tage nach dem „Panthersprung“ am 3. Juli 1911 äußert sich der britische Außenminister Grey folgendermaßen:

Die Tatsache, dass Deutschland den Sprung gemacht hat, muss der Annahme Raum geben, dass es sich jetzt in der Lage glaubt, der Gefahr einer bewaffneten französisch-britischen Gegnerschaft zu trotzen.

Wenn sich, wie ich es für wahrscheinlich halte, erweisen sollte, dass dem so ist, so stehen wir nun einer dringenden und unmittelbaren Gefahr gegenüber, für die gerüstet zu sein von vitaler[2] Bedeutung ist. Denn die einzige Gefahr eines englisch-deutschen Konflikts besteht in der Möglichkeit, dass Deutschland die Zuversicht hegt, erfolgreich Krieg gegen uns führen zu können.

George P. Gooch und Harold Termperley (Hrsg.), Die Britischen Amtlichen Dokumente über den Ursprung des Weltkrieges 1898 - 1914, dt. Ausgabe hrsg. von H. Lutz, Bd. 7.1, Berlin 1932, S. 531

M5 Rüstungsausgaben (in Mio. Mark)

	1902	1913
Frankreich	954	1327
Russisches Reich	958	2050
Großbritannien	2002	1491
Deutsches Reich	965	2111
Österreich-Ungarn	378	721

Nach: Der Weltkrieg 1914 bis 1918. Die militärischen Operationen zu Lande, bearb. im Reichsarchiv, Bd. 16,1,1: Kriegsrüstung und Kriegswirtschaft; Anlagen zum 1. Band, Berlin 1930, S. 530

[1] Staatssekretär des Auswärtigen Amtes: Titel des deutschen Außenministers

[2] vital: existenziell, lebenswichtig

1. *Nenne die Gründe, die Bülow für eine expansive Außenpolitik anführt (M2).*
2. *Charakterisiere die Haltung Bülows.*
3. *Arbeite heraus, welche Gefahr für einen Kriegsausbruch, abgesehen von der militärischen Aufrüstung, Grey nennt (M4).*
4. *Bewerte Rosa Luxemburgs Kritik der Flottenvorlage (M3). Was will sie damit erreichen?*
5. *Analysiere die Entwicklung der Rüstungsausgaben (M5).*
6. *Beurteile, was die Gefahr eines Krieges förderte.*

Europa in der Krise

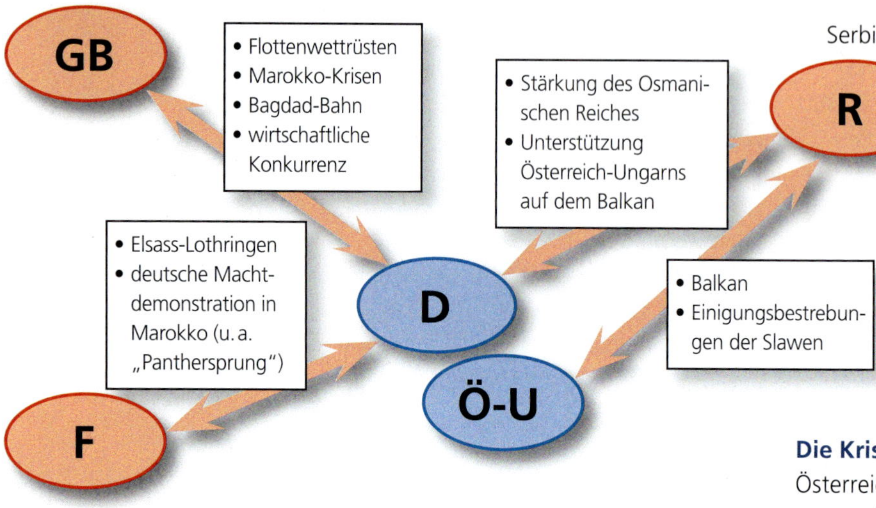

M1 Konflikte der Bündnispartner Deutsches Reich und Österreich-Ungarn mit den übrigen europäischen Großmächten

„Der kranke Mann am Bosporus"

Seit dem 15. Jh. beherrschte das Osmanische Reich den Balkan[1]. Ab dem 19. Jh. wurde die ehemalige Großmacht immer schwächer und konnte die Unabhängigkeitsbestrebungen der vielen Völker auf ihrem Gebiet nicht länger unterdrücken. Es war nur eine Frage der Zeit, bis das Osmanische Reich zerfallen sollte. Man sprach vom „kranken Mann am Bosporus". Bis 1913 erkämpften mehrere Völker ihre staatliche Unabhängigkeit. Die europäischen Großmächte unterstützten die neuen Staaten, um das Osmanische Reich zu schwächen.

[1] Siehe Karte M6.

Der Balkan wird zum Pulverfass

Nach der Befreiung von der Osmanischen Herrschaft blieb die Situation auf dem Balkan sehr explosiv:

- Viele der neu entstandenen Staaten waren mit den Grenzziehungen unzufrieden. Serbien wollte in einem Großreich alle südslawischen Völker vereinigen und zum Mittelmeer vordringen. Bulgarien hatte in einem Krieg gegen Serbien, Griechenland und Rumänien große Teile seines Staatsgebietes verloren.
- Österreich-Ungarn war ein Vielvölkerstaat, in dem auch viele Angehörige slawischer Völker lebten. Von den Freiheitsbestrebungen der Slawen fühlte es sich bedroht. 1908 besetzte es Bosnien-Herzegowina und verhinderte, dass Serbien einen Zugang zum Meer erhielt.
- Die slawische Großmacht Russland unterstützte Serbien, das gegenüber Österreich-Ungarn feindlich eingestellt war. Das Zarenreich wollte mithilfe der slawischen Staaten auf dem Balkan die Kontrolle über die beiden Meerengen Dardanellen und Bosporus gewinnen. Es wurde von den sogenannten Panslawisten (griech. pan: alle) unterstützt, die alle Slawen, also auch die Völker auf dem Balkan unter russischer Führung, vereinigen wollten.

Die Krise und ihre weiten Kreise

Österreich-Ungarn und das Russische Reich waren unversöhnliche Großmächte, die zu unterschiedlichen Bündnissen gehörten. An dem Kampf um Land und Einfluss auf dem Balkan waren auch andere europäische Staaten indirekt beteiligt. Dadurch konnte sich sogar ein Krieg entwickeln.

- Das Deutsche Reich hatte gute Beziehungen zum Osmanischen Reich und half beim Bau der sogenannten „Bagdad-Bahn", die von der europäischen Türkei bis zum Persischen Golf führen sollte. Deutschland unterstützte Österreich-Ungarn, weil es seinen wichtigsten Bündnispartner weder schwächen noch verlieren wollte.
- Die französische Regierung war bereit, Russland notfalls militärisch gegen den deutschen „Erzfeind" zu unterstützen.
- Großbritannien trat für die Freiheit der Meere ein und wollte verhindern, dass Russland die Meerengen beherrschte.

1. *Erkläre, warum Österreich-Ungarn und Russland unversöhnliche Gegner waren.*
2. *Beurteile, ob die Großmächte und Staaten andere Möglichkeiten hatten sich zu verhalten, ohne nach außen hin Schwäche zu zeigen.*

M2 Serbische Ideale

Nach der Annexion Bosniens und der Herzegowina durch Österreich-Ungarn 1908 wird in Serbien die Geheimorganisation „Schwarze Hand" gegründet. Zu ihren Zielen und Mitteln gehören laut Satzung von 1911:

Art. 1. Diese Organisation wurde geschaffen mit dem Zweck, das nationale Ideal zu verwirklichen: die Vereinigung aller Serben […].

Art. 4. Die Organisation, um ihre Aufgabe zu erfüllen,

a) beeinflusst zur Erreichung ihres Zieles die Regierungskreise, die verschiedenen Bevölkerungsschichten und das ganze soziale Leben des Königreichs Serbien […];

b) organisiert eine revolutionäre Tätigkeit in allen von Serben bewohnten Gebieten.

Zit. nach: Imanuel Geiss, Der Jugoslawienkrieg, Frankfurt a. M. 1993, S. 81 f.

M3 „Kriegsrat"

Im Dezember 1912 findet ein „Kriegsrat" statt, zu dem der Kaiser hohe Militärs, aber nicht die politische Führung des Reiches eingeladen hat. Der Chef des Marinekabinetts, Alexander von Mueller, notiert:

Seine Majestät habe sich folgendes Bild gemacht: Österreich müsse den auswärtigen Slawen (Serben) gegenüber kraftvoll auftreten, sonst verliere es die Macht über die Serben[1] der österreichisch-ungarischen Monarchie. Wenn Russland die Serben stütze […], wäre der Krieg für uns unvermeidlich […]. Die Flotte müsste sich natürlich auf den Krieg gegen England einrichten.

General v. Moltke[2]: „Ich halte einen Krieg für unvermeidlich und: je eher, desto besser." Wir sollten aber durch die Presse die Volkstümlichkeit eines Krieges gegen Russland […] vorbereiten.

Zit. nach: Erwin Hölzle (Hrsg.), Quellen zur Entstehung des Ersten Weltkrieges: Internationale Dokumente 1901 - 1914, Darmstadt ²1995, S. 111

M4 Drohung

Im Mai 1913 erklärt Wilhelm II. dem Sekretär des britischen Königs:

Die Slawen sind jetzt unruhig geworden und werden Österreich angreifen wollen. Deutschland ist verpflichtet, seinem Bundesgenossen beizustehen – Russland und Frankreich werden eingreifen, und dann England […]. Ich bin ein Mann des Friedens – aber jetzt muss ich mein Land aufrüsten, damit ich alle, die über mich herfallen, vernichten kann – und ich werde sie vernichten.

Zit. nach: John C. G. Röhl, Vorsätzlicher Krieg? Die Ziele der deutschen Politik im Juli 1914, in: Wolfgang Michalka (Hrsg.), Der Erste Weltkrieg, München 1994, S. 207

M6 Der Balkan 1913

M5 Der russische Außenminister informiert

Als Ende 1913 auf Wunsch der osmanischen Regierung deutsche Militärberater in Konstantinopel (heute Istanbul) eintreffen, protestiert die russische Regierung scharf. Über die Hintergründe informiert ein Bericht des russischen Außenministers an den Zaren vom Dezember 1913:

Die Zweifel an der Dauer und Lebensfähigkeit des Osmanischen Reiches lassen für uns die historische Frage der Meerengen und der Bedeutung ihres Wertes für uns in politischer und wirtschaftlicher Beziehung wieder aufleben […]. Die Meerengen einem mächtigen Staat zu überlassen, wäre gleichbedeutend damit, die ganze wirtschaftliche Entwicklung des südlichen Russlands diesem Staat zu unterwerfen.

Zit. nach: Erwin Hölzle (Hrsg.), Quellen zur Entstehung des Ersten Weltkrieges, a. a. O., S. 165

[1] In Österreich-Ungarn lebten rund zwei Millionen Serben.

[2] General Helmuth von Moltke (1848 - 1916) war Chef des Generalstabs, der die militärischen Pläne ausarbeitete.

1. *Arbeite die Ziele der serbischen Nationalisten heraus (M2).*
2. *Beurteile die deutschen Vorstellungen zur Lösung der Probleme auf dem Balkan (M3 und M4).*
3. *Erläutere, in welche Richtung der russische Außenminister den Zaren beeinflussen will (M5).*

Österreich-Ungarn annektiert Bosnien-Herzegowina
Gründung der Geheimorganisation „Schwarze Hand" in Serbien
Mehrere Staaten befreien sich auf dem Balkan von der osmanischen Herrschaft
slawische Völker auf dem Balkan fordern ihre Unabhängigkeit von Österreich-Ungarn
1900 1910 1920

Entwicklungen in Karten lesen

Geschichtskarten zeigen, wo in der Vergangenheit die Grenzen eines Gebietes lagen und welche Städte und Regionen es umfasste. Entwicklungskarten stellen in einem Kartenbild mehrere Schritte einer historischen Entwicklung dar. Deshalb werden sie auch Längsschnittkarten oder Verlaufskarten genannt. Eine Entwicklungskarte behandelt ein Thema über einen bestimmten Zeitraum. Häufig wird der Zuwachs bzw. die Abnahme von Herrschaftsgebieten in mehreren Phasen abgebildet (Gewinne/Verluste, Aufstieg oder Auflösung). Die verschiedenen Zeitpunkte werden durch unterschiedliche Flächen und Farben deutlich gemacht. Pfeile geben die Richtung der Veränderungen an.
Damit sie übersichtlich bleiben, haben Entwicklungskarten nur die wichtigsten Angaben zum Thema.

Folgende Leitfragen können dir helfen, Entwicklungskarten zu untersuchen

1. Was ist das Thema der Karte?
2. Welche Gebiete zeigt die Karte? Vergleiche ggf. mit geografischen Karten, die die Naturgegebenheiten wie Gewässer oder Gebirge zeigen.
3. Welcher Zeitraum der Entwicklung wird behandelt?
4. Was bedeuten die unterschiedlichen Flächen, Linien, Symbole, Farben und Beschriftungen?

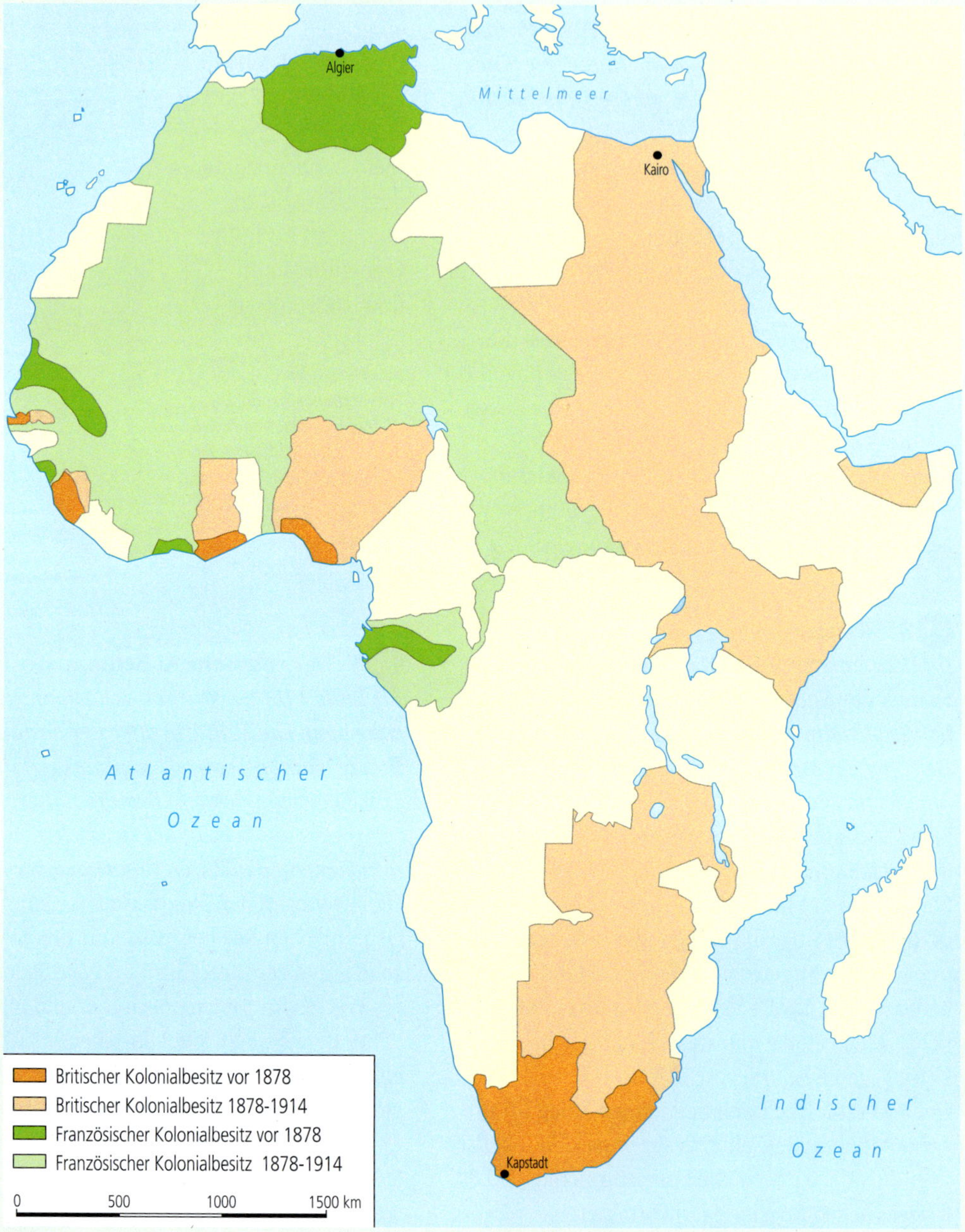

M 1 Die koloniale Ausbreitung Großbritanniens und Frankreichs in Afrika zwischen 1800 und 1914

Nenne Ausgangsgebiete und besondere Merkmale der kolonialen Ausbreitung Großbritanniens und Frankreichs.

M2 Die Auflösung des Osmanischen Reiches in Südosteuropa (Balkan) zwischen 1815 und 1913

1. *Untersuche die Karte M2 mithilfe der Leitfragen.*
2. *Nenne Staaten, die zwischen 1815 und 1912 auf dem Balkan selbstständig wurden. Vergleiche dazu auch S. 44/45.*
3. *Nenne einen Staat, der 1912 neu entstand, und Staaten, die sich 1913 auf Kosten des Osmanischen Reiches vergrößerten.*
4. *Erläutere neue Konflikte, die sich ergaben, nachdem sich Balkanstaaten vom Osmanischen Reich losgelöst hatten. Vergleiche dazu auch S. 44/45.*
5. *1878 besetzte und 1908 annektierte Österreich-Ungarn Bosnien. Erkläre, mit welchem Staat das Habsburgerreich deshalb besonders in Konflikt geriet.*
6. *Begründe, weshalb der Balkan etwa seit 1900 oft als „Pulverfass“ bezeichnet wurde.*
7. *Wer gerne Karten zeichnet, kann aus der Entwicklungskarte eine Kartenfolge herstellen. Dazu benötigst du drei Ausdrucke der Umrisskarte des Balkan. Stelle dann den Zustand zu den folgenden Zeitpunkten dar: 1815 – 1912 – 1913. Finde eine passende Überschrift zu deiner Kartenfolge.*

Das Pulverfass explodiert – der Erste Weltkrieg beginnt

Ein Exemplar 4 Heller.
15. Jahrgang. Nr. 5204.
Illustrierte Kronen Zeitung
Monatlich Krone 1.20 mit Zustellung ins Haus.
Wien, Dienstag, den 30. Juni 1914.
Das Standrecht in Sarajewo verhängt.
Große Demonstrationen gegen die Serben.
Das Attentat von Sarajewo.
Die Ermordung des Thronfolgers und seiner Gemahlin.

M 1 Das Attentat von Sarajewo
Titelblatt der Wiener „Kronen-Zeitung“

Schüsse in Sarajewo

Am 28. Juni 1914 stockte vielen Menschen in Europa der Atem: Ein 19-jähriger Serbe hatte den österreichischen Thronfolger Franz-Ferdinand und seine Frau Sophie in Sarajewo erschossen.
Der Attentäter wurde kurz nach der Tat gefasst. Überall erschienen die Zeitungen in Sonderausgaben mit großen Schlagzeilen. Der Attentäter, Gavrilo Princip, gehörte der serbischen Terrororganisation „Schwarze Hand“ an, die dafür kämpfte, dass alle Gebiete auf dem Balkan, in denen Slawen wohnten, zu Serbien kamen.
Österreich-Ungarn wollte den Vorfall nutzen, um Serbien zu schwächen. Vom Deutschen Reich wurde es dabei bedingungslos unterstützt.

Fertige Kriegspläne

Alle Regierungen in Europa hatten fertige Pläne für einen möglichen Krieg in der Schublade. Den deutschen Plan hatte Generalfeldmarschall Alfred von Schlieffen schon 1905 entwickelt. Dabei sollte das Deutsche Reich einen Krieg zuerst gegen Frankreich im Westen und wenig später dann gegen Russland im Osten gewinnen. Unter Missachtung des internationalen Rechts sollten die deutschen Truppen durch das neutrale Belgien marschieren und anschließend die französische Armee in die Zange nehmen. Der Plan konnte nur gelingen, wenn Großbritannien nicht Frankreich unterstützte und die russische Armee lange brauchte, um kampfbereit zu sein.

Der Weg in den Krieg

Österreich-Ungarn stellte Serbien ein Ultimatum[1]. Es war absichtlich so formuliert, dass die Serben es nicht annehmen konnten und dadurch den Vorwand für einen Krieg lieferten. So wollte Österreich-Ungarn an der Strafverfolgung der Verschwörer beteiligt werden und sich dadurch in die inneren Angelegenheiten Serbiens einmischen. Obwohl die serbische Regierung den größten Teil der Forderungen des Ultimatums akzeptierte, erklärte Österreich-Ungarn am 28. Juli Serbien den Krieg.
Als Großbritannien ankündigte, Frankreich bei einem Angriff beizustehen, suchte die deutsche Regierung eine friedliche Lösung des Konfliktes. Aber da es keine andere Strategie als den Schlieffen-Plan gab, waren die Möglichkeiten für die Politik aussichtslos. Nachdem Russland mit der Mobilmachung[2] begonnen hatte, erklärte das Deutsche Reich erst Russland und zwei Tage später Frankreich den Krieg.
Die Mittelmächte Deutsches Reich und Österreich-Ungarn, denen sich das Osmanische Reich und Bulgarien anschlossen, kämpften nun gegen die Alliierten[3] (Frankreich, Großbritannien und Russland mit ihren Verbündeten).

Frieden im Innern

Die deutsche Führung behauptete, dass das deutsche Volk in „Notwehr“ zum Krieg gezwungen worden sei, und wollte, dass politischer Streit im Innern ruhen solle. Auch die bisher als „vaterlandslose Gesellen“ beschimpften Sozialdemokraten nahmen diesen „Burgfrieden“ an und stimmten im Reichstag dafür, dass die kaiserliche Regierung für die Kriegführung Kredite aufnahm.

1. *Schildere, welche Wirkung das Titelbild M1 auf dich hat.*
2. *Formuliert Schlagzeilen: a) aggressive, mit der die Stimmung gegen Serbien angefacht werden konnte und b) sachliche, die der Beruhigung dienten.*

---

[1] Ultimatum: Aufforderung, eine Angelegenheit bis zu einem bestimmten Termin zu lösen, verbunden mit einer Strafandrohung
[2] Mobilmachung: militärischer Ausdruck dafür, dass eine Armee für den Krieg einsatzbereit gemacht wird. Die Truppen werden ausgerüstet und an ihre Einsatzorte transportiert; Reservisten werden einberufen.
[3] Alliierte: verbündete Staaten

M2 Zukunftsaussichten

Der Staatssekretär des Auswärtigen Amtes, Gottlieb von Jagow, hält fest, was ihm der Generalstabschef Helmuth von Moltke Ende Mai/Anfang Juni 1914 in Berlin mitgeteilt hat:

Die Aussichten in die Zukunft bedrückten ihn schwer. In 2-3 Jahren würde Russland seine Rüstungen beendet haben. Die militärische Übermacht unserer Feinde wäre dann so groß, dass er nicht wüsste, wie wir ihrer Herr werden könnten. Jetzt wären wir ihnen noch einigermaßen gewachsen. Es bleibe seiner Ansicht nach nichts übrig, als einen Präventivkrieg[1] zu führen, um den Gegner zu schlagen, solange wir den Kampf noch einigermaßen bestehen könnten. Der Generalstabschef stellte mir demgemäß anheim, unsere Politik auf die baldige Herbeiführung eines Krieges einzustellen.

Zit. nach: Erwin Hölzle (Hrsg.), Quellen zur Entstehung des Ersten Weltkrieges. Internationale Dokumente 1901 - 1914, Darmstadt [2]1995, S. 243

M3 „Gesundung"?

Wenige Tage nach der Unterredung zwischen Jagow und Moltke (M2) besprechen der Reichskanzler Bethmann Hollweg und der bayerische Gesandte in Berlin, Hugo Graf von Lerchenfeld, die Lage. Lerchenfeld berichtet nach München:

Es gebe aber Kreise im Reich, die von einem Krieg eine Gesundung der inneren Verhältnisse in Deutschland erwarten, und zwar im konservativen Sinne. Er – der Reichskanzler – denke aber, dass ganz im Gegenteil ein Weltkrieg mit seinen gar nicht zu übersehenden Folgen die Macht der Sozialdemokratie, weil sie den Frieden predigt, ganz gewaltig steigern und manche Throne stürzen könnte.

Zit. nach: Pius Dirr (Hrsg.), Bayerische Dokumente zum Kriegsausbruch und zum Versailler Schuldspruch, München 1922, Dok. Nr. 1

M4 Wie soll auf das Attentat reagiert werden?

Tschirschky, der deutsche Botschafter in Wien, schreibt am 30. Juni 1914 über das Attentat und seine möglichen Folgen nach Berlin:	*Handschriftliche Anmerkungen Kaiser Wilhelms II.:*
Die Sache sei wohl so durchdacht worden, dass man absichtlich ganz jugendliche Leute zur Ausführung des Verbrechens ausgesucht habe, gegen die nur mildere Strafe verhängt werden könnten. [...]	hoffentlich nicht
Hier höre ich bei ernsten Leuten vielfach den Wunsch, es müsse einmal gründlich mit den Serben abgerechnet werden.	jetzt oder nie
Man müsse den Serben zunächst eine Reihe von Forderungen stellen und, falls sie diese nicht annehmen, energisch vorgehen. Ich benutze jeden solchen Anlass, um ruhig, aber sehr nachdrücklich und ernst vor übereilten Schritten zu warnen. Vor allem müsse man sich erst klar werden, was man wolle, denn ich hörte bisher nur ganz unklare Gefühlsäußerungen.	wer hat ihn dazu ermächtigt? das ist sehr dumm! geht ihn gar nichts an, da es lediglich Österreichs Sache ist, was es hierauf zu tun gedenkt.
Dann solle man die Chance irgendeiner Aktion sorgfältig erwägen und sich vor Augen halten, dass Österreich-Ungarn nicht allein in der Welt stehe, dass es Pflicht sei, neben der Rücksicht auf seine Bundesgenossen[2] die europäische Gesamtlage in Rechnung zu ziehen [...].	Nachher heißt es dann, wenn es schief geht, Deutschland hat nicht gewollt! Tschirschky soll den Unsinn gefälligst lassen! Mit den Serben muss aufgeräumt werden und zwar bald! Versteht sich alles von selbst. Und sind Binsenweisheiten.

Zit. nach: Erwin Hölzle, Quellen zur Entstehung des Ersten Weltkrieges, a. a. O., S. 292f.

1. Charakterisiere Moltkes Grundeinstellung (M2).
2. Stelle Vermutungen an, was in M3 mit „Gesundung der inneren Verhältnisse ... im konservativen Sinne" gemeint ist.
3. Vergleiche die Haltungen Tschirschkys und Wilhelms II. (M4).
4. Bewerte die Anmerkungen Wilhelms II. (M4).
5. Weise nach, dass im Deutschen Reich militärische Überlegungen größeres Gewicht hatten als politische.
6. Fällt ein Urteil über (Teil-)Schuld oder Unschuld des Deutschen Reiches am Ausbruch des Krieges.

[1] präventiv: vorbeugend
[2] Bundesgenossen: Bündnispartner

28.06.: Der Thronfolger Österreich-Ungarns wird in Sarajewo von einem Serben ermordet
28.07.: Österreich-Ungarn erklärt Serbien den Krieg; das Deutsche Reich erklärt daraufhin Russland und Frankreich den Krieg

1910 1920 1930

Warum kommt es zum Krieg?

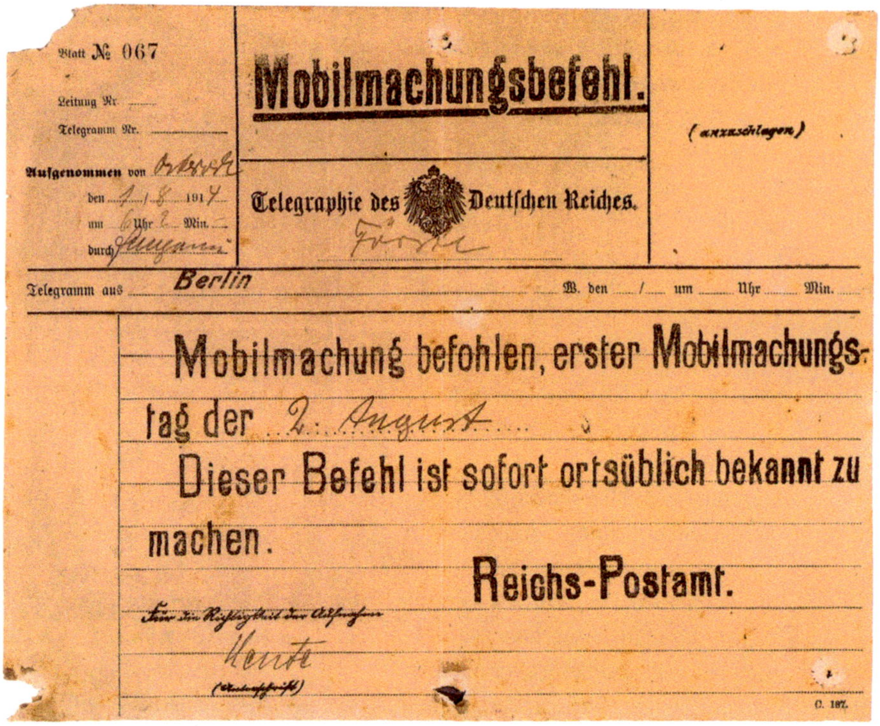
Blatt № 067

Leitung Nr.

Telegramm Nr.

Aufgenommen von

den 1.8. 1914

um 6 Uhr 2 Min.

durch

Mobilmachungsbefehl.

(anzuschlagen)

Telegraphie des Deutschen Reiches.

Telegramm aus Berlin

Mobilmachung befohlen, erster Mobilmachungstag der 2. August

Dieser Befehl ist sofort ortsüblich bekannt zu machen.

Reichs-Postamt.

M 1 Mobilmachungsbefehl

Der Krieg entsteht auch in den Köpfen

In der Begegnung mit den Einwohnern ihrer Kolonien hatten sich die Europäer völlig selbstverständlich als „überlegene Rasse" verstanden. Eine solche Geisteshaltung beschränkte sich natürlich nicht auf die Beurteilung der Kolonialvölker. Das eigene Volk, die eigene Nation wurde jeweils als überlegen und wertvoller bezeichnet als die anderen europäischen Länder. Allzu schnell wurde oft genug aus einer Konkurrenzhaltung ein abwertendes Urteil über den anderen. Dabei konnte auch ein zahlenmäßig eher kleiner Verband große Wirkung erzielen. So wollte der „Alldeutsche Verband", der 1891 als der „Allgemeine Deutsche Verband" gegründet worden war und bis 1914 nie mehr als 21 000 Mitglieder hatte, das vaterländische Bewusstsein beleben und deutsche Interessen im Ausland unterstützen – so jedenfalls hieß es im Gründungsaufruf. Im Ausland wahrgenommen wurden aber vielmehr Äußerungen dieses Verbandes, die geprägt waren von Rassismus, Antisemitismus, Forderungen nach Krieg und Expansion. Dabei hatte der Alldeutsche Verband wenig Einfluss auf die deutsche Regierung.

Aus Vorurteilen wurden schnell auch Feindbilder. „Der französische Erbfeind" als Bezeichnung für Frankreich und „das perfide Albion" als Bezeichnung für England sind Beispiele für ein Denken, das sich von Vorurteilen leiten lässt. Und es war recht einfach, mit der allgemeinen Achtung des Soldatenberufes auch die Idee zu verbreiten, dass Teilnahme am Krieg heldenhaft, ehrenvoll und erstrebenswert sei.

Unglückliche Verkettung?

Wissenschaftler streiten noch immer darüber, was oder wer hauptverantwortlich ist für den Ausbruch des Ersten Weltkrieges. Tatsache ist, dass eine Reihe von Ursachen und Einstellungen der führenden Politiker und Militärs dazu beigetragen hat:

- In Europa entstanden zwei Machtblöcke, die sich zunehmend feindlich gegenüberstanden.
- Das Machtstreben verschärfte die Rivalität zwischen den Großmächten.
- Durch seine Hochrüstung und aggressive Haltung erzeugte das Deutsche Reich eine Abneigung anderer Mächte, vor allem Großbritanniens und Russlands.
- In allen europäischen Ländern hatten die militärischen Führungen den Krieg bereits vorbereitet. Eine Mobilmachung folgte der nächsten.
- Militärs und Politiker schätzten oft die Reaktionen anderer Regierungen falsch ein. Außerdem war Krieg für sie noch immer ein übliches Mittel der Politik.

1. *Ordne den Abschnitt „Der Krieg entsteht auch in den Köpfen" nach unterschiedlichen Gesichtspunkten. Formuliere dazu jeweils eine Überschrift.*
2. *Erkläre, warum kleine Verbände wie der „Alldeutsche Verband" so großen Einfluss auf die öffentliche Meinung bekommen können.*
3. *Nimm Stellung zur Frage des ersten Abschnitts „Unglückliche Verkettung?".*

Lesetipp:
Erich Maria Remarque, Im Westen nichts Neues, Köln 2008

M 2 Wer trägt die Verantwortung am Kriegsausbruch? – fünf Antworten

a) 1951 erklären einige deutsche und französische Historiker:

Die Dokumente erlauben es nicht, im Jahre 1914 irgendeiner Regierung oder einem Volk den bewussten Willen zu einem europäischen Krieg zuzuschreiben. [...] Die deutsche Politik zielte 1914 nicht auf die Entfesselung eines europäischen Krieges; sie war in erster Linie bedingt durch die Bündnisverpflichtung gegenüber Österreich-Ungarn.

b) Der Hamburger Professor Fritz Fischer (1908 - 1999) fasst seine Forschungen 1965 so zusammen:

Ich selbst habe noch auf dem Historikertag in Berlin im Oktober 1964 die Ansicht vertreten, Deutschland habe im Juli 1914 bewusst das Risiko eines großen europäischen Krieges auf sich genommen, weil ihm die Situation so günstig wie nie zuvor schien. In Verschärfung meiner damaligen Ausführungen stelle ich heute fest, gestützt auf allgemein zugängliches wie auch auf unveröffentlichtes Material: Deutschland hat im Juli 1914 nicht nur das Risiko eines eventuell über den österreichisch-serbischen Krieg ausbrechenden großen Krieges bejaht, sondern die deutsche Reichsleitung hat diesen großen Krieg gewollt, dementsprechend vorbereitet und herbeigeführt.

c) Der Australier Christopher Clark, geboren 1960, schreibt in seinem 2013 in Deutschland veröffentlichten Buch „Die Schlafwandler“:

[Der] Kriegsausbruch [war] eine Tragödie, kein Verbrechen. Wenn man dies anerkennt, so heißt es keineswegs, dass wir die kriegerische und imperialistische Paranoia[1] der österreichischen und deutschen Politiker kleinreden sollten, die zu Recht die Aufmerksamkeit Fritz Fischers [...] auf sich zog. Aber die Deutschen waren nicht die einzigen Imperialisten, geschweige denn die einzigen, die unter einer Art Paranoia litten. Die Krise, die im Jahr 1914 zum Krieg führte, war die Frucht einer gemeinsamen politischen Kultur.

d) Die 1967 geborene Historikerin Annika Mombauer fasst 2014 ihre Auffassung zur Kriegsschuldfrage so zusammen:

Der Krieg war kein „Unfall“, er war nicht das Resultat von Fehlern oder Versäumnissen, und die Verantwortlichen von 1914 waren keine „Schlafwandler“ (Christopher Clark), sondern sie wussten im Gegenteil ganz genau, was sie taten. Der Krieg brach aus, weil einflussreiche Kreise in Wien und Berlin ihn herbeiführen wollten und ihn absichtlich riskierten und weil man in Paris und Petersburg bereit war, diesen Krieg zu führen, wenn er denn käme. Gewiss, es gab auch in Paris und Petersburg und zu einem viel geringeren Teil sogar in London im Juli 1914 Befürworter des Krieges, vor allem unter den Militärs. Aber die Entscheidung, im Sommer 1914 einen Krieg zu führen, war in Wien und Berlin getroffen worden.

a) Zit. nach: Karl Dietrich Erdmann, Die Zeit der Weltkriege, in: Bruno Gebhardt, Handbuch der deutschen Geschichte, hrsg. von Herbert Grundmann, Bd. 4, Stuttgart ⁸1959 (4. Nachdruck 1965), S. 25;
b) Fritz Fischer, Vom Zaun gebrochen – nicht hineingeschlittert. Deutschlands Schuld am Ausbruch des Ersten Weltkriegs, in: Die Zeit vom 3. September 1965, Nr. 36, S. 30;
c) Christopher Clark, Die Schlafwandler. Wie Europa in den Ersten Weltkrieg zog, übersetzt von Norbert Juraschitz, München ¹⁴2013, S. 716 f.;
d) Annika Mombauer, Die Julikrise. Europas Weg in den Ersten Weltkrieg, München 2014, S. 117

[1] Paranoia: Wahnvorstellung

1. *Fasse die Gründe zusammen, die für den Kriegsausbruch verantwortlich gemacht wurden (M2, Verfassertext; siehe auch S. 48 f.).*
2. *Der Historiker Fritz Fischer hat mit seiner These (M2 b) in Deutschland eine heftige Diskussion ausgelöst. Vergleiche seine Argumente mit denen der anderen Historiker.*
3. *Diskutiert, warum es so schwierig ist, eine Antwort zu finden auf die Frage „Wer trägt die Verantwortung am Kriegsausbruch?“.*
4. *Kaiser Wilhelm II. und der österreichische Kaiser Franz Joseph I. sind Beispiele dafür, wie Monarchen allein über Krieg und Frieden entscheiden durften. Nimm Stellung dazu, welche Folgen eine derartige Machtfülle für die Politik hat.*

Medien machen Geschichte

M 1 Soldaten bei der Abfahrt an die Front am Bahnhof Bad Ems
Foto von Julius Goebel, August 1914

Fotos als historische Medien

Fotografien prägen unser Bild von der jüngeren Geschichte mehr als jedes andere Medium. Sie halten politische und gesellschaftliche Ereignisse für die Nachwelt fest, zeigen, wie die Menschen früher aussahen, wie sie lebten oder wie sie arbeiteten. Fotos geben die Welt jedoch nicht wieder, „wie sie ist". Fotos sind Momentaufnahmen und zeigen immer nur einen ausgewählten Ausschnitt der Realität. Der Fotograf wählt das Motiv, den Bildausschnitt und die Perspektive – bereits damit stellt er ein subjektives, „komponiertes" Bild der Wirklichkeit her. Zudem gibt es viele Möglichkeiten, es zu bearbeiten: Es können Bildteile entfernt, bestimmte Bereiche vergrößert oder so retuschiert werden, dass sie eine Wirklichkeit vortäuschen.[1] Durch die digitale Bildbearbeitung ist das Problem noch gewachsen.

Um Fotos – und ebenso alle andere Medien – als historische Quelle nutzen zu können, müssen sie unter bestimmten Fragestellungen interpretiert und in den historischen Gesamtzusammenhang eingeordnet werden. Vor dem Hintergrund der Mediengeschichte sind vor allem die Produktions- und Verbreitungsmöglichkeiten sowie ihre Wirkung in der Vergangenheit wie in der Gegenwart zu untersuchen. Früher waren solche Untersuchungen aufwändig und erforderten viel Fachwissen, professionelle Recherchemethoden und Zugang zu verschiedenen Bibliotheken und Archiven. Heute lässt sich die Geschichtlichkeit (Historizität) einer Quelle oft vergleichsweise schnell allein mithilfe des Internets prüfen.

Die Auflistung rechts zeigt dir, was bei der Untersuchung von Fotos zu beachten ist und in welchen Schritten du vorgehen kannst.

Bildinhalt
- Beschreibe, wer oder was abgebildet ist.
- Nenne die Informationen, die dir Bildtitel und Bildlegende liefern.

Historischer Kontext
- Erkläre auf welches Ereignis oder welche Person sich das Foto bezieht.
- Ordne das Foto in den historischen Kontext ein.

Formale Kennzeichen
Erläutere anhand der Bildlegende oder recherchiere,
- wer das Foto gemacht hat,
- wann, wo und aus welchem Anlass es entstanden ist,
- für wen das Foto gemacht bzw. wo es veröffentlicht wurde.

Bildtechnik und mediale Verbreitung
- Notiere, welche technischen Darstellungsmittel der Fotograf verwendet hat.
- Informiere dich, welche Verbreitungsmöglichkeiten es generell gab.
- Untersuche/Prüfe, ob Hinweise auf Bildbearbeitung bestehen (Retusche, Montage, Beschnitte, Ausschnittvergrößerung).

Intention und Wirkung
- Prüfe, ob die Bildlegende die Wahrnehmung des Fotos durch den Betrachter beeinflusst.
  Tipp: Decke die Bildlegende ab und überlege, ob das Foto auch etwas anderes darstellen könnte.
- Untersuche, welche Botschaft oder Deutung das Foto beabsichtigt oder unbeabsichtigt vermittelt.
- Weise am Bild nach, welche Wirkung beim Betrachter erzielt werden sollte.

Bewertung und Fazit
- Begründe, ob das Foto im Sinne der gewünschten Wirkung gelungen ist.
- Nimm Stellung zu Aussage und Verwendung des Fotos im historischen Kontext.

[1] Vgl. z. B. die Fotos auf S. 115 und 212.

M2 Truppentransport mit der Bahn am Bahnhof in München
Foto von Oscar Tellgmann vom August 1914

Ein Foto …

Das Foto oben stammt wie auch die Bilder auf der linken Seite vom August 1914. Es zeigt Männer in deutschen Soldatenuniformen, die froh und gut gelaunt aus einem Zugwaggon winken. Auf dem Waggon ist der Reiseweg notiert: von München über Metz nach Paris. Das Foto vermittelt durch den gewählten Ausschnitt und die winkenden Soldaten das Bild eines gerade abfahrenden Zuges. Das Foto ist weltberühmt. Es ist bis heute immer wieder im Zusammenhang mit dem Beginn des Ersten Weltkrieges als Illustration der scheinbar weit verbreiteten Kriegsbegeisterung verwendet worden – auch in Schulgeschichtsbüchern. Interpretiert man nur den Bildinhalt, dann kann man kaum zu einem anderen Schluss kommen.

… und seine Wirkung

Aber: ist das Foto so spontan entstanden, wie es wirkt? Gibt es tatsächlich eine weit verbreitete Stimmung wieder? Wie wurde das Foto verbreitet und welche Wirkung hatte es damals?
Zu Beginn des Ersten Weltkrieges konnten Fotos massenhaft verbreitet werden – allerdings noch gar nicht so lange. Erst seit etwa 1900 wurden Fotografien in Illustrierten abgedruckt, damals sehr populäre Massenmedien.

Außerdem wurden während des Ersten Weltkrieges Fotos oft als Bildpostkarten verschickt. Andere Möglichkeiten, Fotos öffentlich zu verbreiten, gab es 1914 nicht. Tageszeitungen bestanden meist nur aus Texten. Vermutlich hatten einzelne Bilder deshalb eine viel größere Bedeutung und konnten viel größere Wirkung entfalten als heute.

Internettipps:
Hilfreich bei der Recherche sind Digitale Archive, siehe Mediencode 31022-07

Zum Einsatz der „Medien" im Ersten Weltkrieg siehe Mediencode 31022-08

1. *Informiert euch über die Technik der Fotografie zu Beginn des Ersten Weltkrieges. Beurteilt, ob das spontane Fotografieren eines abfahrenden Zuges technisch möglich war.*
2. *Schlagt die Fotografen von M1 und M2 bei Wikipedia oder in einem Personenlexikon nach.*
3. *Fasst zusammen, was sich aus den beiden ersten Recherchen für die Interpretation der Fotos ergibt.*
4. *Sucht im Internet oder im Archiv nach ähnlichen Fotos und notiert, wo und wie sie 1914 verbreitet und verwendet wurden, z. B. als Postkarte oder in einem Magazin.*
5. *Prüft, wie diese oder ähnliche Fotos in neueren historischen Darstellungen, z. B. Zeitungsartikeln oder Schulbüchern, verwendet werden.*
6. *Diskutiert die Wirkung solcher Fotos auf die Betrachter im Jahr 1914.*
7. *Beurteilt, warum die Fotografie im Ersten Weltkrieg ein wichtiges Propagandamittel war.*

Die Schrecken des Krieges im Feld …

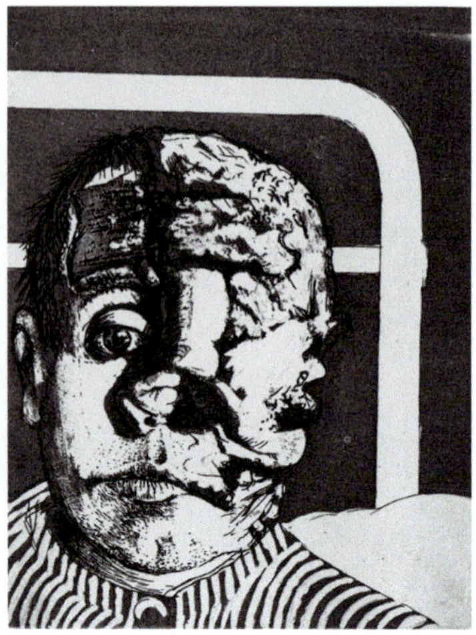

M 1 Die Schrecken des Krieges
Links: „Verwundeter", rechts: „Transplantation", Radierungen von Otto Dix, 1924
Zu seinem Werk „Der Krieg", aus dem die beiden Abbildungen stammen, äußerte sich der Künstler Otto Dix: „Ich habe den Krieg genau studiert, man muss ihn realistisch darstellen, damit er auch verstanden wird."

M 2 Protese eines Kriegsversehrten aus dem Ersten Weltkrieg

Lesetipps:
- Michael Morpurgo, Gefährten, Hamburg 2012
- Rudolf Frank, Der Junge, der seinen Geburtstag vergaß. Ein Roman gegen den Krieg, Weinheim 2001

Internettipp:
Zu einem digitalen Archiv mit vielfältigen Quellen zum Ersten Weltkrieg führt Mediencode 31022-09

Der deutsche Kriegsplan scheitert

Ein Großteil der deutschen Soldaten war zu Beginn des Krieges überzeugt, dass sie an Weihnachten wieder in ihre Heimat zurückkehren sollten. Nach dem Schlieffen-Plan sollte der Krieg im Westen nach spätestens 40 Tagen siegreich beendet sein. Der Krieg verlief aber nicht wie geplant und dauerte insgesamt vier Jahre.

Der deutsche Vormarsch wurde am französischen Fluss Marne gestoppt. Aus dem Bewegungskrieg wurde ein langandauernder Stellungskrieg: In einem aufwändigen System von Schützengräben lagen sich die feindlichen Soldaten gegenüber, suchten dort Schutz und bereiteten Angriffe vor. Die Soldaten legten die Gräben und unterirdischen Höhlen („Unterstände") meist im Schutz der Nacht an. Zwischen den feindlichen Schützengrabensystemen war „Niemandsland" mit ausgedehnten Stacheldrahthindernissen.

Stellungskrieg im Osten

Im Osten war die russische Armee nach Ostpreußen eingedrungen, dort aber schon nach kurzer Zeit besiegt und zurückgedrängt worden. Bis 1916 rückten deutsche Truppen langsam weiter nach Osten vor, dann erstarrte auch hier der Krieg zum Stellungskrieg.

Verheerende Kriegstechnik

Am Ersten Weltkrieg nahmen so viele Soldaten wie nie zuvor in einem Krieg teil, insgesamt 64 Millionen. Im Deutschen Reich war 1917/18 jeder zweite der 16,7 Millionen Männer zwischen 15 und 60 Jahren im Kriegsdienst. Fast 15 Millionen Menschen starben insgesamt, davon über neun Millionen bei den Kämpfen an der Front. 20 Millionen wurden verwundet. Die Kriegstechnik hatte Waffen mit immer verheerenderer Wirkung entwickelt: Giftgas, Schlachtschiffe, Unterseeboote, Flugzeuge, Panzer, Maschinengewehre, Granaten und Minen forderten in kurzer Zeit viele Opfer, auch unter Zivilisten. Soldaten wurden im tagelangen Geschützfeuer der feindlichen Truppen wahnsinnig. Ganze Landstriche wurden verwüstet. Um Soldaten davon abzuhalten zu desertieren (ohne Befehl die eigene militärische Einheit verlassen), wurden Fahnenflüchtige in großer Zahl hingerichtet. Leichen konnten auf dem Schlachtfeld oft nicht geborgen und erst nach Ende der Kampfhandlungen bestattet werden. Die Schlacht um Verdun 1915/16 wurde zum Symbol für das Massensterben. Etwa 360 000 Franzosen und 335 000 Deutsche verloren dabei ihr Leben.

1. *Arbeite heraus, warum der Erste Weltkrieg zum weitaus schlimmsten Krieg bis dahin wurde.*
2. *Informiere dich über Leben und Werk von Otto Dix und erkläre, was den Künstler zum „Kriegsberichterstatter" werden ließ (M1).*

M3 Ein letzter Brief aus Verdun

Postkarten, Briefe und Päckchen, die von der Deutschen Feldpost befördert werden, sind die einzige Verbindung zwischen den Soldaten an der Front und deren Angehörigen oder Freunden. Heinz Pohlmann, ein 20-jähriger Student, schreibt am 25. Mai 1916 an seine Eltern. Eine Woche später fällt er in Verdun.

Wenn ihr diese Nachricht von mir erhaltet, dann ist wohl herbes Leid über Euch gekommen, denn dann bin ich nicht mehr in dieser Welt. Ich kann es verstehen, aber um eins bitte ich Euch: Beklagt mich nicht. Trauert um mich, aber seid ruhig und gefasst; zeigt, dass ihr Deutsche seid, die das Leid tragen können. Deutsche Eltern, die das Wertvollste, was sie besitzen, hingeben für das Wertvollste, unser herrliches Vaterland. Denn trotz aller trüben Erfahrungen und Nachrichten glaube ich doch an eine Zukunft. Für das neue, größere, bessere Vaterland gebe ich gern mein junges Leben. Ich gehe ganz gefasst in den Kampf und zittere nicht, dem Tod ins Angesicht zu blicken, denn ich fühle mich geborgen in Gottes Hand.

Lebenszeichen. Feldpostbriefe erzählen, hrsg. vom Volksbund Deutsche Kriegsgräberfürsorge e.V., Landesverband Bayern, Pädagogische Handreichung von Christof Beitz, München 2003, S. 13

M4 Der Boden um Verdun

Conrad von Goßler, der Kommandierende General einer Reserveeinheit, schreibt in seinen Erinnerungen, die 1919 veröffentlicht werden:

Der Boden um Verdun löste sich durch langen Regen an vielen Stellen vollständig auf, die Erde wurde locker wie flüssige Seife; die Gräben fielen zusammen, bis an die Knie sanken die Mannschaften ein, häufig noch tiefer. Ich selbst wäre einmal rettungslos im Schlamm erstickt, wenn mich nicht Mannschaften mit Holzlatten herausgewuchtet hätten. Man setzt sich lieber den feindlichen Geschossen aus, als sich durch den Morast durchzuarbeiten. Wer nicht Offiziere und Mannschaften gesehen hat, wie sie bei Regenwetter bis zum Kopf vor Schmutz starrten, kann sich von diesem Zustande keinen Begriff machen.

Conrad von Goßler, Erinnerungen an den Großen Krieg, Breslau 1919, S. 38

M6 Schützengraben und Panzer
Illustration von 1992

M5 Der erste Gasangriff

Vor Ypern setzt die Deutsche Armee erstmals Chlorgas gegen französische Truppen ein. Ein Augenzeuge dieses Angriffes am 22. April 1915 berichtet:

Völlig unvorbereitet auf das, was noch kommen sollte, blickten die [französischen] Divisionen für eine kurze Weile wie verhext auf das seltsame Phänomen, das sie langsam auf sich zukommen sahen. Wie eine Flüssigkeit ergoss sich der schwere, intensiv gefärbte Nebel unerbittlich in die Gräben, füllte sie und zog weiter. Für ein paar Sekunden passierte nichts. Das süßlich duftende Zeug kitzelte nur in der Nase. Sie erkannten nicht die Gefahr, in der sie schwebten. Dann, mit unbegreiflicher Schnelligkeit, begann das Gas zu wirken, und blinde Panik breitete sich aus. Nach einem schrecklichen Kampf um Luft wurden Hunderte bewusstlos und starben, wo sie gerade lagen – ein Tod in abscheulichen Qualen, mit gurgelndem Schaum in ihren Kehlen und übler Flüssigkeit in ihren Lungen.

Charles Francis Horne, Source Records of the Great War, Bd. 3, Washington 1923, S. 116, übersetzt von Markus Sanke

1. *Erläutere, warum die Feldpostbriefe sowohl für die Soldaten als auch für deren Angehörige wichtig waren (M3).*
2. *Feldpostbriefe wurden auf „gefährliche" Inhalte geprüft. Begründe, warum.*
3. *Fasse die Leiden im Krieg für die Menschen zusammen. Unterscheide dabei zwischen Leiden für die Soldaten und für die Zivilbevölkerung.*
4. *Schützengräben wurden nachgebaut, um an die Situation der Soldaten zu erinnern. Nehmt Stellung, ob diese Art von Museum sinnvoll ist.*

28.06.: Der Thronfolger Österreich-Ungarns wird in Sarajewo von einem Serben ermordet
28.07.: Österreich-Ungarn erklärt Serbien den Krieg; das Deutsche Reich erklärt daraufhin Russland und Frankreich den Krieg
Herbst: Beginn des Stellungskrieges an der Westfront
Schlacht von Verdun

1910 1920 1930

… und an der Heimatfront

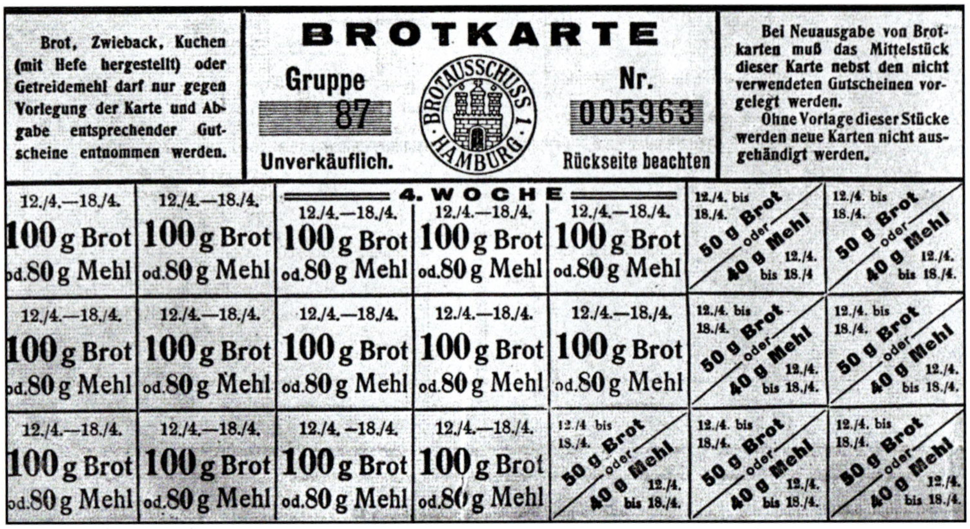

Brot, Zwieback, Kuchen (mit Hefe hergestellt) oder Getreidemehl darf nur gegen Vorlegung der Karte und Abgabe entsprechender Gutscheine entnommen werden.	BROTKARTE Gruppe 87 · Nr. 005963 BROTAUSSCHUSS I. HAMBURG Unverkäuflich. · Rückseite beachten	Bei Neuausgabe von Brotkarten muß das Mittelstück dieser Karte nebst den nicht verwendeten Gutscheinen vorgelegt werden. Ohne Vorlage dieser Stücke werden neue Karten nicht ausgehändigt werden.

4. WOCHE

12./4.–18./4. 100 g Brot od. 80 g Mehl	12./4.–18./4. 100 g Brot od. 80 g Mehl	12./4.–18./4. 100 g Brot od. 80 g Mehl	12./4.–18./4. 100 g Brot od. 80 g Mehl	12./4.–18./4. 100 g Brot od. 80 g Mehl	12./4. bis 18./4. 50 g Brot oder 40 g Mehl 12./4. bis 18./4.	12./4. bis 18./4. 50 g Brot oder 40 g Mehl 12./4. bis 18./4.
12./4.–18./4. 100 g Brot od. 80 g Mehl	12./4.–18./4. 100 g Brot od. 80 g Mehl	12./4.–18./4. 100 g Brot od. 80 g Mehl	12./4.–18./4. 100 g Brot od. 80 g Mehl	12./4.–18./4. 100 g Brot od. 80 g Mehl	12./4. bis 18./4. 50 g Brot oder 40 g Mehl 12./4. bis 18./4.	12./4. bis 18./4. 50 g Brot oder 40 g Mehl 12./4. bis 18./4.
12./4.–18./4. 100 g Brot od. 80 g Mehl	12./4.–18./4. 100 g Brot od. 80 g Mehl	12./4.–18./4. 100 g Brot od. 80 g Mehl	12./4.–18./4. 100 g Brot od. 80 g Mehl	12./4. bis 18./4. 50 g Brot oder 40 g Mehl 12./4. bis 18./4.	12./4. bis 18./4. 50 g Brot oder 40 g Mehl 12./4. bis 18./4.	12./4. bis 18./4. 50 g Brot oder 40 g Mehl 12./4. bis 18./4.

M 1 Lebensmittelkarte (1918)

Kriegswirtschaft

Erstmals wirkte sich ein Krieg direkt auf die gesamte Zivilbevölkerung der beteiligten Staaten aus. Die Industrie musste in erster Linie Kriegsmaterial für die Truppen an der Front herstellen: Waffen, riesige Mengen an Munition, Ausrüstung und Lebensmittel für die Soldaten. Die Kriegsgegner der Mittelmächte verhinderten, dass Rohstoffe nach Deutschland geliefert wurden: Edelmetalle, Kautschuk, Öl, Baumwolle, chemische Stoffe für die Munition. Die Regierung zog alle verfügbaren Mittel ein. Kirchenglocken und Eisengitter wurden eingeschmolzen. Ersatzstoffe wurden für das entwickelt, was fehlte.
Männer, die nicht an der Front kämpften, mussten eine Dienstpflicht leisten. 900 000 Kriegsgefangene mussten Zwangsarbeit verrichten.
Insgesamt sank der Lebensstandard wegen der von Jahr zu Jahr steigenden Kriegskosten. Um sie zu bezahlen, nahm die Regierung Anleihen bei der Bevölkerung auf und ließ immer mehr Papiergeld drucken. Da alle Waren knapper wurden, stiegen die Preise; das Geld war also immer weniger wert.

Die Rolle der Frauen ändert sich

Der Krieg veränderte auch den Alltag der Frauen. Sie trugen nun allein die Verantwortung für ihre Familien und hatten zusätzliche Aufgaben zu übernehmen, die bisher den Männern vorbehalten waren, die nun im Krieg kämpften. Frauen mussten einspringen, wo männliche Arbeitskräfte fehlten und Kriegsgefangene die Lücken nicht schließen konnten.

Not und Hunger

Die Zivilbevölkerung wurde auch von Kampfhandlungen nicht verschont. Städte und Dörfer in der Nähe der Kampflinien wurden durch Artillerie und Kampfflugzeuge zerstört.
Die Menschen litten besonders unter der Lebensmittelknappheit. Seit dem Winter 1915/16 gehörte Hunger in Deutschland zum Alltag, vor allem für die, die ihre Nahrungsmittel nicht selbst produzieren konnten. Im „Steckrübenwinter" 1916/17 konnten sich viele nur mithilfe von Rüben am Leben erhalten.
Etwa 500 000 Menschen verhungerten während der Kriegsjahre.
Durch die schlechte Versorgung mit Lebensmitteln waren die Menschen anfälliger für Krankheiten. Ende 1918 wütete weltweit eine schwere Grippe-Epidemie. Sie forderte 25 bis 40 Millionen Tote und damit mehr Opfer als der Krieg selbst.

Streiks und Demonstrationen

Wegen der schlechten Lebensbedingungen und der steigenden Inflation (Geldentwertung) verschlechterte sich die Stimmung in der Bevölkerung immer mehr. Die Kriegsmüdigkeit nahm zu. Immer häufiger kam es zu Massenstreiks und Demonstrationen.

Lesetipp:
Inge Meyer-Dietrich, Plascha oder Von kleinen Leuten und großen Träumen, Weinheim 2002

Internettipp:
Zur Lebensmittelversorgung und „Kriegsmoral" siehe Mediencode 31022-10

1. *In der Kriegswirtschaft machten Selbstständige und Unternehmer zum Teil sehr hohe Gewinne. Begründe, warum.*
2. *Stelle Vermutungen an, warum von der „Heimatfront" gesprochen wird.*
3. *Nimm Stellung, ob diese Bezeichnung passend ist.*

M 2 „Das Vaterland ruft“

Im Januar 1917 veröffentlicht eine Geschäftsstelle für „Frauendienst“ im „Kasseler Volksblatt“ folgenden Artikel:

„Das Vaterland ruft“ ist das Wort, das heute an alle, die in der Heimat geblieben sind, mit lautem Klang ertönt!

Der Vaterländische Frauenverein fordert deshalb alle Frauen und Mädchen auf, ihre Kräfte dem Vaterlande zu widmen gegen Bezahlung oder auch unentgeltlich.

In Betracht würden kommen: landwirtschaftliche, gärtnerische und hauswirtschaftliche Tätigkeit; Kinderfürsorge; Krankenpflege und andere gemeinnützige Aufgaben; kaufmännische, mündliche und schriftliche (auch fremdsprachliche) Arbeiten; praktische Betätigung in industriellen Betrieben und dergleichen mehr. Jede prüfe ihre Fähigkeiten und überlege, für welche Zwecke sie sich dem Vaterlande zur Verfügung stellen kann, aber Niemand bleibe ohne zwingenden Grund abseits.

Zit. nach: Brigitte Löhr (Hrsg.), Frauen in der Geschichte, Bd. 2: Materialien, Tübingen 1994, S. 220

M 3 „Jedes andere Volk dieser Erde würde …“

Eine Australierin, die den Krieg in Leipzig erlebt hat, berichtet im Dezember 1917 in einem Brief:

Wir haben eine seltsame Woche durchgestanden – die schlimmste Woche, die das deutsche Volk bis jetzt erleben musste. Keine Kohle, das elektrische Licht abgestellt, Gas heruntergedreht … und praktisch nichts zu essen – es scheint keine Kartoffeln mehr zu geben – jeder hat ein halbes Pfund sogenannte Kartoffelflocken bekommen […]. Sie scheinen mir getrocknete Kartoffelschalen zu sein […] Wir hatten also dies halbe Pfund, 5 Pfund Rüben, $3^{1}/_{2}$ Pfund Brot und das war alles […]. Es übersteigt mein Fassungsvermögen, wie die Armen hier zurechtkommen. Jedes andere Volk dieser Erde würde sich gegen eine Regierung erheben, die es in solches Elend geführt hat, aber diese Leute haben keinen Funken Unternehmensgeist mehr.

Decie Denholm, Eine Australierin in Leipzig. Die heimlichen Briefe der Ethel Cooper 1914 - 1919, in: Bernd Hüppauf (Hrsg.), Ansichten vom Krieg, Königstein/Ts. 1984, S. 141 (übersetzt von Barbara Hüppauf)

M 4 Aufruf zur Kriegsanleihe
Plakat (82 x 67 cm) von A. W. Wurthmann, 1917

1. *Beschreibe, wie sich die Rolle der Frau während des Krieges änderte.*
2. *Begründe, was an dem Artikel M2 für uns heute eigenartig wirkt.*
3. *Erkläre die „Botschaft“ des Plakates M4.*
4. *Versetze dich in die Mutter einer kinderreichen Familie. Schreibe einen Brief, in dem du deinen Alltag beschreibst. Berücksichtige dabei auch, dass nach dem damaligen Gesetz die Frau dem Mann untergeordnet war und sich vor allem um den Haushalt kümmern sollte.*
5. *Diskutiert mögliche Gründe, warum die deutsche Bevölkerung sich bis zum Dezember 1917 nicht gegen die Regierung erhob (M3).*

Vom europäischen Krieg zum Weltkrieg

M1 Die Kriegslage um 1916

Gründe für den Eintritt in den Krieg

Am 6. April 1917 erklärten die Vereinigten Staaten von Amerika aber doch dem Deutschen Reich den Krieg, aus dem dadurch ein **Weltkrieg** wurde. Die offizielle Begründung war der uneingeschränkte U-Bootkrieg[2]. Das Deutsche Reich wollte durch ihn den Nachschub an Rohstoffen, Waffen und Lebensmitteln für die Kriegsgegner unmöglich machen. Nachdem in Russland der Zar gestürzt worden war,[3] befürchtete die amerikanische Regierung einen Sieg des Deutschen Reiches und seiner Verbündeten. Die US-Armee sollte deshalb nun die eigenen Handelsinteressen verteidigen und dabei undemokratische Staaten bekämpfen.

Vor dem Kriegseintritt der USA

Das Entsetzen und die Empörung in den Vereinigten Staaten von Amerika waren im März 1915 groß. Ein deutsches U-Boot hatte die „Lusitania", einen britischen Luxusdampfer, versenkt. 1 198 Passagiere starben, darunter 124 Amerikaner.

Die USA trauerten nicht nur um die eigenen Landsleute, sondern auch um die toten Briten. Denn Großbritannien war nicht nur der wichtigste Handelspartner, sondern hatte auch dieselbe Sprache und war ebenfalls eine Demokratie[1]. Der amerikanische Präsident Wilson und viele führende Politiker hielten das Deutsche Reich hingegen für militaristisch und politisch rückständig.

Bis 1917 gewährten amerikanische Banken den Alliierten hohe Kredite, damit davon Nahrungsmittel, neue Waffen und Munition gekauft werden konnten. In den Krieg wollten die Amerikaner zunächst nicht hineingezogen werden. Außerdem sympathisierten viele US-Bürger mit den Mittelmächten, unter anderem die deutschstämmigen Einwanderer.

Die USA entscheiden den Krieg

An der Westfront tobte ein zermürbender und sehr verlustreicher Stellungskrieg.[4] Auch im Osten waren die Frontlinien erstarrt. Nach ihrem Kriegseintritt verstärkten die Vereinigten Staaten die Alliierten nicht nur mit ihren insgesamt zwei Millionen Soldaten, sondern auch mit ihrem großen Nachschub an Kriegsmaterial. Sie waren mittlerweile die größte Industrienation der Welt.

Obwohl 1917 das Russische Reich aus dem Krieg ausgeschieden war, konnte das Deutsche Reich gegen die große Übermacht nicht bestehen. Im Oktober 1918 verlangte die deutsche Heeresleitung von der deutschen Regierung, den Krieg zu beenden und einen Waffenstillstand zu vereinbaren.

1. *Beschreibe den Kriegsverlauf bis 1916 anhand der Karte M1.*
2. *Erkläre, warum die Vereinigten Staaten von Amerika erst 1917 in den Krieg eintraten.*

[1] Vgl. dazu auch S. 70.
[2] Alle Handels- und Passagierschiffe in bestimmten Gebieten im Atlantik und im Mittelmeer sollten ohne Vorwarnung versenkt werden dürfen, auch Schiffe von Staaten, die nicht am Krieg teilnehmen.
[3] Siehe S. 60.
[4] Siehe S. 54.

M2 Der Kronrat entscheidet

Am 1. Januar 1917 tagt der Kronrat. Er entscheidet darüber, ob der uneingeschränkte U-Bootkrieg wieder aufgenommen werden soll:

Admiral von Holtzendorff: Ich bin vom Standpunkt der Marine aus überaus siegesgewiss. England wird in höchstens sechs Monaten am Boden liegen, noch ehe ein Amerikaner das Festland betreten hat. Die amerikanische Gefahr schreckt mich nicht.

Feldmarschall von Hindenburg: Die Maßnahme könnte die amerikanischen Verbündeten von den Munitionslieferungen aus den USA abschneiden.

Reichskanzler Bethmann Hollweg: Ich will nochmals meine Gründe für die Ablehnung des U-Bootkrieges darlegen. Ich befürchte, dass sonst die USA in die Reihen unserer Feinde eintreten, mit allen daraus folgenden Konsequenzen.

Angesichts der neuerdings veränderten Einstellung der Obersten Heeresleitung und der Erklärung des Admirals [Holtzendorff] bin ich bereit, meinen Widerspruch fallen zu lassen.

Kaiser Wilhelm II. (der zuvor die Ausführungen Bethmann Hollwegs mit Zeichen der Ungeduld und der Ablehnung verfolgt hatte): Damit erkläre ich zusammenfassend, dass der unbeschränkte U-Bootkrieg beschlossen ist.

Zit. nach: Günter Schönbrunn (Bearb.), Geschichte in Quellen. Weltkriege und Revolutionen 1914-1945, München ³1979, S. 54

M3 Werben für die Kriegserklärung

Am 2. April 1917 bittet der amerikanische Präsident die Abgeordneten im Senat und im Repräsentantenhaus um Zustimmung zur Kriegserklärung gegen das Deutsche Reich. Er sagt unter anderem:

Die Welt muss sicher gemacht werden für die Demokratie. Wir haben keine selbstischen Ziele, denen wir dienen. Wir verlangen nach keiner Eroberung, keiner Herrschaft.

Wir sind lediglich einer der Vorkämpfer für die Rechte der Menschheit.

Es ist eine fürchterliche Sache, dieses große friedfertige Volk in den Krieg zu führen, in den schrecklichsten und verheerendsten aller Kriege, in dem die Zivilisation selbst auf dem Spiele zu stehen scheint. Aber das Recht ist wertvoller als der Friede, und wir werden für die Dinge kämpfen, die wir stets unserem Herzen zunächst getragen haben – für die Demokratie, für das Recht jener, die der Autokratie[1] unterworfen sind, für ein Mitspracherecht bei ihrer Regierung, für die Rechte und Freiheiten kleiner Nationen, für eine allgemeine Herrschaft des Rechts durch ein Konzert der freien Völker, das allen Nationen Frieden und Sicherheit bringen und die Welt selbst endlich frei machen wird.

Zit. nach: Erich Angermann, Der Aufstieg der Vereinigten Staaten von Amerika. Innen- und außenpolitische Entwicklung 1914-1957, Stuttgart o. J., S. 7f.

M4 Der gemeinsame Kampf der Alliierten gegen Deutschland
Zeichnung von A. Beltrame, 1917

[1] Autokratie: uneingeschränkte Alleinherrschaft

1. *Erkläre, warum die USA dem Deutschen Reich den Krieg erklärten (M3).*
2. *Erläutere, welche Folgen eine Niederlage der Alliierten für die USA gehabt hätte.*
3. *Ergänze die Argumente in M2 um diejenigen, die deiner Meinung nach berücksichtigt werden müssen.*
4. *Nimm Stellung zur Haltung von Reichskanzler Bethmann Hollweg (M2).*
5. *Stelle dar, wie der Zeichner die USA bzw. deren Armee darstellt (M4).*

28.07.: Ausbruch des Ersten Weltkrieges
ein deutsches U-Boot versenkt den Luxusdampfer „Lusitania"
Die USA treten in den Krieg ein; Russland scheidet aus dem Krieg aus
Oktober: Die deutsche Heeresleitung fordert Waffenstillstandsverhandlungen

1910 1920 1930

Revolution in Russland

M 1 **Suppenküche für Arbeitslose in St. Petersburg**
Foto vor 1914

[1] nach dem in Westeuropa gültigen Kalender am 7. November

Lesetipp:
Karla Schneider, Die Geschwister Apraskin. Das Abenteuer einer unfreiwilligen Reise, München 2007

Wirtschaftliche und soziale Krisen

Das riesige Russische Reich hatte zu Beginn des 20. Jh. die größte Armee der Welt. Aber Russland war wirtschaftlich rückständig. Nur in wenigen Großstädten gab es Industriezentren, 80 Prozent der Bevölkerung lebten auf dem Land. Die meisten Bauern bewirtschafteten nur kleine Flächen, waren meist von adligen Großgrundbesitzern abhängig und litten Armut. Es gab starke soziale Unterschiede in der Gesellschaft.

Revolution 1905

Der Zar regierte zunächst autokratisch, ohne Mitwirkung des Adels oder eines Parlaments. Die Niederlage in einem Krieg gegen Japan, die große Armut der einfachen Bevölkerung und die Forderung der Bürger nach politischer Mitbestimmung führten 1905 zu einer Revolution. Der Zar ließ sie blutig niederschlagen, berief aber als Zugeständnis eine Volksvertretung ein. Deren Einfluss blieb gering. Die sozialen Probleme wurden nicht gelöst.

Februarrevolution 1917

Russland war nach drei Jahren Krieg politisch, wirtschaftlich und militärisch erschöpft. Im Februar 1917 demonstrierten Frauen in der Hauptstadt Petrograd (ehemals St. Petersburg) gegen Krieg und Hunger. Es kam zum **Generalstreik** und zu Straßenkämpfen mit über 1300 Toten. Am 2. März 1917 dankte Zar Nikolaus II. ab. Die Provisorische Regierung wollte eine parlamentarische Republik aufbauen. Zugleich hatten jedoch sogenannte Räte (**Sowjets**) als Vertreter der Arbeiter und Soldaten in Petrograd und den Fabrikstädten großen Einfluss auf die Bevölkerung. Arbeiter besetzten Fabriken, Bauern nahmen adlige Güter mit Gewalt in Besitz. Die Provisorische Regierung führte den Krieg weiter, um Gebietsverluste zu verhindern.

Oktoberrevolution 1917

Die Regierung verlor das Vertrauen der Bevölkerung. Am 25. Oktober 1917[1] begann in Petrograd ein Aufstand der Bolschewiki (**Bolschewismus**): die **Oktoberrevolution**. Diese waren der kommunistische Flügel der russischen Arbeiterpartei. Sie lehnten eine parlamentarische Regierung ab und wollten durch die Herrschaft ihrer Partei den Staat und die Gesellschaft grundlegend verändern. Die Bolschewiki bildeten eine neue Regierung. Den Vorsitz übernahm deren Führer, **Wladimir I. Lenin**. Er glaubte an den **Kommunismus** und an eine Weltrevolution in allen Krieg führenden Staaten. Die neue Regierung beschloss die Enteignung der Großgrundbesitzer und **Sozialisierung** des Bodens, die Einführung des Acht-Stunden-Tages und die Gleichberechtigung der Frauen.

Bürgerkrieg

Die Regierung der Bolschewiki beendete den Krieg, um weiteren Rückhalt in der kriegsmüden Bevölkerung zu bekommen und die Herrschaft im ganzen Land durchzusetzen. Sie musste sich in Brest-Litowsk einem deutschen Friedensdiktat unterwerfen. Russland verlor dadurch ein Viertel seiner Bevölkerung, 75 % seiner Eisen- und Stahlindustrie sowie Gebiete mit wertvollen Rohstoffen.
Anhänger der Zarenherrschaft, Militärs, Enteignete, Demokraten und gemäßigte Revolutionäre wehrten sich mit militärischen Mitteln gegen die Bolschewiki. Es kam zu einem Bürgerkrieg, in dem sich die Bolschewiki erst 1921 durchsetzen konnten.

1. *Erkläre, warum die radikalen Bolschewiki immer mehr Einfluss bekamen.*
2. *Manche Historiker bezeichnen die Ereignisse des 25./26. Oktober nicht als Revolution, sondern als Putsch (gewaltsame Machtübernahme). Nimm Stellung dazu.*
3. *Die Bolschewiki ließen im Juli 1918 die Zarenfamilie ermorden und verscharren. Die Leichen des Zaren und seiner Frau wurden erst 1991 geborgen und anschließend feierlich bestattet. Erkläre, warum die Bolschewiki das Schicksal der Zarenfamilie nicht bekannt machten.*

Generalstreik* Sowjets* Bolschewismus* Oktoberrevolution* Wladimir I. Lenin* Kommunismus Sozialisierung*

M 2 Die Ankunft Lenins in Petrograd
Foto vom 3. April 1917
Die deutsche Reichsregierung hatte Wladimir I. Lenin, dem Führer der Bolschewiki, die Rückkehr aus dem Exil in der Schweiz nach Russland ermöglicht. Sie wollte dadurch die russische Regierung schwächen. Nach achttägiger Zugreise über Deutschland, Schweden und Finnland erreichte Lenin Petrograd. Einen Tag später veröffentlichte er seine „Aprilthesen".

M 3 „Alle Macht den Sowjets!"

Aus Lenins Revolutionsprogramm, formuliert in den „Aprilthesen" vom 4. April 1917:

1. In unserer Stellung zum Krieg […] auch nicht die geringsten Zugeständnisse an Vaterlandsverteidigung …

2. Die Eigenart der gegenwärtigen Lage in Russland besteht im Übergang von der ersten Etappe der Revolution, die […] der Bourgeoisie[1] die Macht gab, zur zweiten Etappe der Revolution, die die Macht in die Hände des Proletariats und der ärmsten Schichten der Bauernschaft legen muss. […]

3. Keinerlei Unterstützung der Provisorischen Regierung […].

5. Keine parlamentarische Republik, […] sondern eine Republik der Sowjets[2] der Arbeiter-, Landarbeiter- und Bauerndeputierten im ganzen Lande von unten bis oben.
Abschaffung der Polizei, der Armee, der Beamtenschaft […].

6. Beschlagnahmung der gesamten Ländereien der Gutsbesitzer. Nationalisierung des gesamten Bodens im Lande […].

Zit. nach: Oskar Anweiler, Die Russische Revolution 1905-1921, Stuttgart 1971, S. 37f.

M 4 Die „Oktoberrevolution"

Einheiten von bolschewistischen Soldaten und Arbeitern stürzen am 25. und 26. Oktober 1917 nach einem Plan die russische Regierung:

1:00	Besetzung des Hauptpostamtes
2:00	Besetzung des Elektrizitätswerks und der Bahnhöfe
6:00	Besetzung der Staatsbank
7:00	Besetzung des Telefonamtes Der Ministerpräsident verlässt Petrograd, um militärischen Schutz zu organisieren.
10:00	Die Bolschewiki verkünden den Sturz der Regierung.
21:00	Militärischer Angriff auf das Winterpalais, den Regierungssitz
23:00	Eröffnung eines gesamtrussischen Sowjetkongresses. Die Mehrheit der Delegierten, Gegner der Bolschewiki, verlassen aus Protest den Saal. Lenins Anhänger bilden nun die Mehrheit.
1:00	Verhaftung der Minister der Provisorischen Regierung
2:30	Bekanntgabe dieser Verhaftung vor dem Sowjetkongress. Lenin ruft die Sowjetrepublik aus.

Bei diesem Aufstand gibt es 6 Tote in Petrograd.

[1] Bourgeoisie: Großbürgertum
[2] Sowjets: dt.: Räte

1. *Gestaltet eine Szene, in der ein Agitator (Propagandaredner) den Analphabeten auf dem Land Lenins Aprilthesen erläutert und zur Revolution im Sinne Lenins aufruft. Stellt dar, wie sich die Bauern dazu verhalten.*
2. *Beurteile, warum Lenins Thesen im Lauf des Jahres 1917 immer größeren Anklang in der russischen Bevölkerung fanden (M3).*
3. *Erkläre, warum die Bolschewiki bei ihrer Machtübernahme so vorgingen (M4).*

Revolution in Russland
Die Bolschewiki lassen die Zarenfamilie ermorden
Februarrevolution
Bolschewistische Oktoberrevolution; Russland scheidet aus dem Krieg aus
1900
1910
1920

Das Epochenjahr 1917 in der Fachliteratur

Bei der Arbeit mit Fachliteratur, die auch als Sekundärliteratur bezeichnet wird, weil sie auf der Auswertung älterer Veröffentlichungen und/oder historischer Quellen beruht, ist es wichtig herauszufinden, welche Fragen den Verfasser besonders interessiert haben, welche Thesen er vertritt oder welches Ziel er mit seiner Darstellung verfolgt. Dabei geht es zunächst um das Textverständnis, dann um die Frage, welche Quellen und welche Literatur der Verfasser benutzt hat, wie er einen Sachverhalt auslegt und wie er Ereignisse und Handlungen deutet, bewertet, gewichtet und damit interpretiert. Dazu ist es nützlich zu wissen, wer der Autor ist, welche Ziele er mit seiner Darstellung verfolgt hat und ob er eine bestimmte Weltanschauung vertritt. Häufig erschließt sich die Perspektive eines Textes (die Einstellung des Verfassers) erst im Vergleich mit anderen Darstellungen.

Bei der Auswertung von Sekundärtexten helfen Antworten auf folgende Fragen:

- Was beschreibt der Autor, was will er erklären?
- Werden Behauptungen aufgestellt und begründet?
- Wie wird das Dargestellte bewertet?

Tipp: Kopiere den zu bearbeitenden Text. Markiere Begriffe, die du nachschlagen musst, sowie Behauptungen (Thesen) und Begründungen (Argumente). Kennzeichne den Gedankengang eines Autors durch Schlagworte am Rand und gliedere ihn in Sinnabschnitte.

M1 Was macht 1917 zum Epochenjahr der Weltgeschichte?

Für den Historiker Hans Rothfels beginnt „Zeitgeschichte" mit 1917. Er nennt dafür 1953 folgende Gründe:

Aber selbst vom Ersten Weltkrieg, so sehr er revolutionärer Einbruch und Erschütterung der Sekurität gewesen ist, ließe sich mit gutem Grunde sagen, dass er nur ein in die Welt verlängerter nationalstaatlicher Konflikt war. Erst mit dem eigentümlich zusammengeordneten Doppelereignis, dem Eintritt der Vereinigten Staaten in den Krieg und dem Ausbruch der Russischen Revolution, wurde die Konstellation wirklich universal und wurde zugleich der Konflikt von Völkern und Staaten durch gesellschaftliche Gegensätze tief greifender durchzogen und durchkreuzt. Schon 1918 ist im Grunde die Antithese Washington – Moskau eine sehr reale gewesen.

Hans Rothfels, Zeitgeschichte als Aufgabe, in: Vierteljahrshefte für Zeitgeschichte 1. Jg. (1953), S. 6f.

Hans Rothfels (1891-1976) emigrierte 1939 über England in die USA, kehrte 1951 nach Deutschland zurück, lehrte ab 1951 an der Universität Tübingen und prägte die deutsche Zeitgeschichtsschreibung.

Behauptung, Teil 1
Begriff nachschlagen
Behauptung, Teil 2
Begriffe nachschlagen
Behauptung, Teil 3
Wertung; Begriff nachschlagen

M2 War 1917 ein Wendejahr?

1998 beantwortet Hagen Schulze die Frage so:

Das Jahr 1917 war ein Wendejahr Europas, ja der Weltgeschichte, auch wenn das erst später ganz klar werden sollte. Amerika und Sowjetrussland betrieben Weltrevolution, jede Seite auf ihre Weise. Die Friedensparole der Bolschewiki, die in Russland ihre Wirkung getan hatte, sollte diese Wirkung nun auch in der übrigen Welt entfalten und den Weg zur kommunistischen Weltrevolution ebnen. [...]

Die Entschlossenheit Lenins, der Welt eine neue Ordnung zu geben, fand ihre Entsprechung in den Visionen des Präsidenten Wilson. Der Präsident der USA war davon überzeugt, dass sein Land eine Mission in der Welt besaß. Das galt vor allem für Europa, von dessen verderblicher, korrupter, absolutistischer Herrschaft sich Amerika einst losgerissen hatte. Jetzt, so sah es Wilson, war die Zeit gekommen, die sittlichen und politischen Ideale des „amerikanischen Traums" nach Europa zurückzutragen und den Mutterkontinent wie überhaupt die Welt „safe for democracy" zu machen.

Hagen Schulze, Phoenix Europa. Die Moderne. Von 1740 bis heute, Berlin 1998, S. 334f.

1. *Informiere dich über Hagen Schulze und bearbeite seinen Text (M2) nach dem vorgelegten Beispiel (M1).*
2. *Arbeite die Gründe für die Bewertung des Jahres 1917 als „Epochenjahr" oder „Wendejahr" heraus (M1 und M2).*
3. *Suche in Fachbüchern weitere Aussagen über das Epochenjahr 1917 und vergleiche sie mit Hagen Schulzes Text (M2).*
4. *Erörtere in einem kurzen Aufsatz, warum 1492 oder 1789 auch als „Epochenjahre" bezeichnet werden können.*

Ende des Kaiserreiches – eine Revolution?

M 1 **Revolutionäre Soldaten und Matrosen am Brandenburger Tor in Berlin**
Foto vom 9. November 1918

Wilsons Friedensprogramm

Im Januar 1918 legte US-Präsident **Woodrow Wilson** einen 14-Punkte-Plan für eine neue Weltordnung vor. Er forderte unter anderem öffentliche Friedensverhandlungen, Abschaffung der Geheimdiplomatie, Freiheit der Schifffahrt und des Handels, Rüstungsbegrenzungen, Wiederherstellung Belgiens, Rückgabe Elsass-Lothringens an Frankreich sowie die selbstständige Entwicklung der Völker Österreich-Ungarns und die „Bildung einer Vereinigung der Nationen, die allen Staaten in gleicher Weise Unabhängigkeit und territoriale Unverletzlichkeit garantiert".

Niederlage des Deutschen Reiches

Der Friedensschluss mit Russland im März 1918 ermöglichte der deutschen Militärführung die Verlegung von Truppen von der Ostfront in den Westen. Nach Anfangserfolgen musste die militärische Führung aber in geheimen Sitzungen mit der Reichsregierung im September 1918 die Niederlage eingestehen.

Parlamentarische Monarchie

Die Oberste Heeresleitung unter Feldmarschall **Paul von Hindenburg** forderte in den geheimen Sitzungen die Bildung einer neuen Regierung, die nicht mehr vom Kaiser, sondern vom Reichstag kontrolliert werden sollte. Diese sollte dann mit den Kriegsgegnern verhandeln. Denn der US-Präsident hatte erklärt, Friedensverhandlungen würden nur mit einer deutschen Regierung geführt, die das Vertrauen des Volkes habe. Mit ihrer Forderung schob die militärische Führung gleichzeitig die Verantwortung für die Niederlage der neuen Regierung zu. Der neue Reichskanzler Max von Baden bildete nun eine Regierung, in der erstmals auch ein Mitglied der **SPD** saß. Diese Regierung richtete am 3. Oktober das Waffenstillstandsgesuch an den amerikanischen Präsidenten. Durch eine Verfassungsänderung Ende Oktober wollte man dem amerikanischen Präsidenten weiter entgegenkommen und auch die Unzufriedenheit der Bevölkerung im Land mindern. Der Reichskanzler war nunmehr von der Mehrheit im Parlament abhängig, nicht mehr vom Kaiser. Der Kaiser konnte nur noch mit Zustimmung des Reichstages und des Bundesrates Kriege erklären und Friedensverträge abschließen.

2. Extraausgabe Sonnabend, den 9. November 1918.

Vorwärts

Berliner Volksblatt.

Zentralorgan der sozialdemokratischen Partei Deutschlands.

Der Kaiser hat abgedankt!

Der Reichskanzler hat folgenden Erlaß herausgegeben:

Seine Majestät der Kaiser und König haben sich entschlossen, dem Throne zu entsagen.

Der Reichskanzler bleibt noch so lange im Amte, bis die mit der Abdankung Seiner Majestät, dem Thronverzichte Seiner Kaiserlichen und Königlichen Hoheit des Kronprinzen des Deutschen Reichs und von Preußen und der Einsetzung der Regentschaft verbundenen Fragen geregelt sind. Er beabsichtigt, dem Regenten die Ernennung des Abgeordneten Ebert zum Reichskanzler und die Vorlage eines Gesetzentwurfs wegen der Ausschreibung allgemeiner Wahlen für eine verfassungsgebende deutsche Nationalversammlung vorzuschlagen, der es obliegen würde, die künftige Staatsform des deutschen Volk, einschließlich der Volksteile, die ihren Eintritt in die Reichsgrenzen wünschen sollten, endgültig festzustellen.

Berlin, den 9. November 1918. Der Reichskanzler.
Prinz Max von Baden.

Es wird nicht geschossen!

Der Reichskanzler hat angeordnet, daß seitens des Militärs von der Waffe kein Gebrauch gemacht werde.

M2 Extraausgabe des „Vorwärts“

Revolution

Ohne Wissen der Regierung gab die Marineleitung Anfang November Befehl zum Auslaufen. Die deutsche Flotte sollte in einem letzten Gefecht lieber ehrenhaft untergehen als sich den Gegnern kampflos ausliefern. Die Matrosen der in Kiel liegenden Schiffe weigerten sich, diesem Befehl Folge zu leisten. Aus der Meuterei wuchs eine revolutionäre Massenbewegung, an der sich neben Soldaten vor allem Arbeiter beteiligten. In vielen deutschen Städten übernahmen Arbeiter- und Soldatenräte (direkte Vertreter) die Kontrolle über die Verwaltung. Von der Regierung forderten sie: Beendigung des Krieges, Abdankung des Kaisers, Demokratie und eine Kontrolle von Wirtschaft und Militär durch das Volk.

Ende der Monarchie in Deutschland

Am 9. November erreichte die Welle der Aufstände Berlin. Da verkündete der Reichskanzler Max von Baden eigenmächtig die Abdankung des Kaisers und übergab dem SPD-Vorsitzenden **Friedrich Ebert** sein Amt als Reichskanzler. Ebert war der Vorsitzende der größten Fraktion im Reichstag und sollte nun eine Regierung bilden. Der Kaiser wurde ins Exil nach Holland gedrängt, die Monarchie war beendet. Auch in den anderen Bundesstaaten des Deutschen Reiches dankten die regierenden Fürsten ab. Am 11. November unterzeichnete ein Vertreter der neuen deutschen Regierung in Compiègne bei Paris den Waffenstillstand. Er bedeutete das Ende des Ersten Weltkrieges.

1. *Die Situation, in der der Reichstag in seiner Bedeutung gestärkt wurde, belastete gleichzeitig das deutsche Parlament und das Ansehen der Demokraten. Prüfe diese Behauptung.*
2. *Die Ernennung Eberts zum Reichskanzler war ein Schritt, der in der Verfassung nicht vorgesehen war. Erkläre, warum sich Max von Baden dennoch dazu entschloss.*
3. *Beurteile die Haltung der Militärs am Ende des Ersten Weltkrieges.*
4. *Nenne Gründe dafür, dass der Erlass M2 schnell veröffentlicht wurde.*

M 3 Bildung von Arbeiter- und Soldatenräten im November 1918

M 4 „Furchtbar und entsetzlich!"

Oberst Albrecht von Thaer berichtet in seinem Tagebuch, wie sein Vorgesetzter, Generalstabschef Erich Ludendorff, am 1. Oktober 1918 vor den Offizieren der Obersten Heeresleitung die Lage beurteilt:

Er sagte ungefähr Folgendes: Er sei verpflichtet, uns zu sagen, dass unsere militärische Lage furchtbar ernst sei. Täglich könne unsere Westfront durchbrochen werden. Er habe darüber in den letzten Tagen Sr. M.[1] zu berichten gehabt. Zum 1. Mal sei der O.H.L. von Sr. M. bzw. vom Reichskanzler die Frage vorgelegt worden, was sie und das Heer noch zu leisten imstande seien.

Er habe im Einvernehmen mit dem Generalfeldmarschall[2] geantwortet:

„Die O.H.L. und das deutsche Heer seien am Ende; der Krieg sei nicht nur nicht mehr zu gewinnen, vielmehr stehe die endgültige Niederlage wohl unvermeidbar bevor. [...] Auf die Truppen sei kein Verlass mehr. [...] So sei vorauszusehen, dass dem Feinde schon in nächster Zeit mithilfe der kampffreudigen Amerikaner ein *großer* Sieg, ein *Durchbruch in ganz großem Stile* gelingen werde, dann werde dieses Westheer den letzten Halt verlieren und in voller Auflösung zurückfluten über den Rhein und werde die Revolution nach Deutschland tragen.

Diese Katastrophe *müsse* unbedingt vermieden werden. Aus den angeführten Gründen dürfe man sich nun nicht mehr schlagen lassen. Deshalb habe die O.H.L. von Sr. M. und dem Kanzler gefordert, dass *ohne jeden Verzug* der Antrag auf Herbeiführung eines Waffenstillstandes gestellt würde bei dem Präsidenten Wilson von Amerika zwecks Herbeiführung eines Friedens auf der Grundlage seiner 14 Punkte. [...] Ich habe [...] Sr. M. gebeten, jetzt auch diejenigen Kreise an die Regierung zu bringen, denen wir es in der Hauptsache zu verdanken haben, dass wir so weit gekommen sind. [...] Die sollen nun den Frieden schließen, der jetzt geschlossen werden muss. Sie sollen die Suppe essen, die sie uns eingebrockt haben!"

Zit. nach: Gerhard A. Ritter und Susanne Miller (Hrsg.), Die deutsche Revolution 1918-1919. Dokumente, Frankfurt am Main ²1983, S. 25f. (Hervorhebungen im Original)

[1] Sr. M.: Seiner Majestät [Kaiser Wilhelm II.]

[2] Gemeint ist Paul von Hindenburg.

1. *Begründe, warum die revolutionären Ereignisse fast ausschließlich in Städten stattfanden (M3).*
2. *Arbeite heraus, wie in M4 die Lage beurteilt wird.*
3. *Bewerte die Aussage über die neue Regierung in den Zeilen 33 bis 37.*

14-Punkte-Plan des US-Präsidenten Wilson
Russland scheidet aus dem Krieg aus
Beginn der Revolution in Deutschland
13.10.: Waffenstillstandsgesuch der neuen deutschen Regierung
Die deutsche Oberste Heeresleitung muss Niederlage eingestehen
9.11.: erzwungene Abdankung Wilhelms II.; im ganzen Dt. Reich danken die Monarchen ab

1918 | Februar | Mai | August | November | 1919

Kompetenzen überprüfen

M 1 Die kaiserliche Familie im Park von Sanssouci

Gemälde von William Pape, 1891

Neben Kaiser Wilhelm II. und seiner Frau Auguste Viktoria sind fünf ihrer Söhne abgebildet, vier in den Matrosenanzügen, einer in Mädchenkleidern. Zu sehen ist auch ein Reiterstandbild von König Friedrich II. von Preußen (1712 - 1786), der das Schloss Sanssouci erbaut hatte und den Kaiser Wilhelm II. sehr verehrte.

M 2 Eine Antwort auf einen Judenhasser

1879 rechtfertigt der deutsche Historiker Heinrich von Treitschke den Antisemitismus öffentlich. Der jüdische Historiker Heinrich Graetz antwortet ihm im selben Jahr:

Der Genius[1] des deutschen Volkes möge Ihnen verzeihen, dass Sie das unüberlegte Wort ausgesprochen haben: Die Juden seien ein Unglück für das deutsche Volk. Sie stellen damit diesem Volke ein wenig schmeichelhaftes Zeugnis aus [...]. Wie? 40 Millionen Deutsche sollen in Gefahr sein, von einer Handvoll Juden korrumpiert[2] und entsittlicht zu werden? Es ist ein Schimpf, den Sie ihnen antun, wie Sie überhaupt dieses Heldenvolk beleidigen, indem Sie ihm volles Nationalgefühl absprechen. [...] Glücklicherweise stehen die Sachen anders. Die Bewegung gegen die Juden ist keineswegs tief und groß. Zählen oder wägen Sie die judenfeindlichen Stimmen, denen Sie sich zugesellen – auch ohne Vergleich mit den judenfreundlichen – und Sie müssen finden, dass sie ebenso vereinzelt wie wenig bedeutend sind.

Zit. nach: Walter Boehlich (Hrsg.), Der Berliner Antisemitismusstreit, Frankfurt am Main 1988, S. 26

M 3 Bitte um Vergebung

Zum 100. Jahrestag des antikolonialen Krieges der Herero und Nama sagt die Bundesministerin für wirtschaftliche Zusammenarbeit und Entwicklung, Heidemarie Wieczorek-Zeul (SPD), am 14. August 2004 in Namibia:

Vor hundert Jahren wurden die Unterdrücker – verblendet von kolonialem Wahn – in deutschem Namen zu Sendboten von Gewalt, Diskriminierung, Rassismus und Vernichtung. Die damaligen Gräueltaten waren das, was heute als Völkermord bezeichnet würde – für den ein General von Trotha heutzutage vor Gericht gebracht und verurteilt würde. [...]

Wir Deutschen bekennen uns zu unserer historisch-politischen, moralisch-ethischen Verantwortung und zu der Schuld, die Deutsche damals auf sich geladen haben. Ich bitte Sie im Sinne des gemeinsamen „Vater unser" um Vergebung unserer Schuld.

Der Botschafter der Republik Namibia in Deutschland, Hanno Rumpf, sagt 2004 dazu in einem Interview:

Ich glaube, dass die Entschuldigung, die Bitte um Vergebung, eine sehr wichtige Entwicklung ist. Geschichte kann man nicht ungeschehen machen. Aber es war das erste Mal, dass eine deutsche Regierung um Vergebung gebeten hat für das, was damals geschehen ist. Das war für die Namibier [...] ein sehr wichtiger Schritt. Vergessen kann man nicht, vergeben kann man.

Beide Texte zit. nach: Bettina Altendorf und Ursula Trueper (Bearb.), Namibia – Deutschland. Eine geteilte Geschichte. Widerstand – Gewalt – Erinnerung, Berlin 2004, S. 15 und 19

M 4 Postkarte von 1910

[1] Genius: schöpferisch begabter Geist

[2] korrumpieren: verderben

M5 Der „große Kladderadatsch"

August Bebel sagt am 9. November 1911 im Reichstag:

So wird man eben von allen Seiten rüsten und wieder rüsten, man wird rüsten bis zu dem Punkte, dass der eine oder andere Teil sagt: Lieber ein Ende mit Schrecken, als ein Schrecken ohne Ende. (*Sehr richtig! bei den Sozialdemokraten.*) [...] Dann kommt die Katastrophe. Alsdann wird in Europa der große Generalmarsch geschlagen, auf den hin 16 bis 18 Millionen Männer, die Männerblüte der verschiedenen Nationen, ausgerüstet mit den besten Mordwerkzeugen, gegeneinander als Feinde ins Feld rücken. Aber nach meiner Überzeugung steht hinter dem großen Generalmarsch der große Kladderadatsch. (*Lachen.*)

Zit. nach: Ilse Fischer und Werner Krause, August Bebel 1840-1913. Ein Großer der deutschen Arbeiterbewegung, Köln 1988, S. 254

M6 „Weiter geht es. Kein Aufenthalt"

Mit den deutschen Kultusministerien gibt der Freiburger Literaturprofessor Philipp Witkop Kriegsbriefe gefallener Studenten heraus. Der 25-jährige Hans Forster kämpft vor Verdun und schreibt am 1. Juli 1916 an seine Eltern:

Gegenüber unserer Stellung scheint die Welt unterzugehen. Und wir? Wir stehen mit begeisterten Augen und schauen und schauen! [...]

Hinüber über die Bahn. Die Stellung darüber am Berg besetzt. Am Bahndamm sind Geschütze. Das ist eine Freude. – Fast sind wir auf der Höhe – aber wir müssen warten, bis unser Feuer verlegt wird. Wir warten in einem Granatloch. 10 Meter links von mir steht in einem Loch Leutnant A., unser derzeitiger Kompanieführer. Leutnant A. ruft herüber: „Schön ist es gegangen" und lacht; dann wird er ernst, da er sieht, dass einige Leute weiter vorgehen und Gefahr laufen, ins eigene Feuer zu kommen. Er steht auf und will rufen – da – spritzen Fetzen seiner Generalstabskarte, er krampft die Hände vor die Brust und fällt vornüber. Einige Leute springen herzu – doch schon nach wenigen Minuten ist er tot. Weiter geht es. Kein Aufenthalt.

Philipp Witkop (Hrsg.), Kriegsbriefe gefallener Studenten, Leipzig/Dresden 1918, S. 115 und 117

M7 „Staat und Revolution"

Lenin meint 1917:

Solange es einen Staat gibt, gibt es keine Freiheit. Wenn es Freiheit geben wird, wird es keinen Staat geben. [...] Der Staat wird dann völlig absterben können, wenn die Gesellschaft den Grundsatz „Jeder nach seinen Fähigkeiten, jedem nach seinen Bedürfnissen" verwirklicht haben wird, d. h. wenn die Menschen sich so an das Befolgen der Grundregeln des gesellschaftlichen Zusammenlebens gewöhnt haben werden und ihre Arbeit so produktiv sein wird, dass sie freiwillig nach ihren Fähigkeiten arbeiten werden.

Zit. nach: Solange es einen Staat gibt. Lenin, Werke Bd. 25, Berlin 1960, S. 482f.

M8 „Arbeit für den Frieden"
Logo des „Volksbundes Deutsche Kriegsgräberfürsorge"; es entstand um 1980

1. *Interpretiere, wie Kaiser Wilhelm II. auf dem Gemälde (M1) dargestellt wird. Achte dabei auf die einzelnen Elemente des Gemäldes und die Haltung des Kaisers selbst.*
2. *Vergleiche die Darstellung (M1) mit der Grundhaltung Wilhelms II. während seiner Regentschaft.*
3. *Erläutere, warum es gefährlich ist, wenn angesehene Persönlichkeiten wie der Universitätsprofessor Treitschke allgemeine Verleumdungen wie „Die Juden sind unser Unglück" öffentlich äußern (M2). Nimm Stellung, wie die Menschen in einem Staat auf derartige Verleumdungen reagieren müssen.*
4. *Diskutiert die Frage: „Was hat die heutige Regierung der Bundesrepublik Deutschland mit dem Herero-Aufstand zu tun?" Bezieht dabei M3 ein.*
5. *Begründe, warum die Postkarte keine angemessene Kritik an den Zielen der Frauenbewegung ist (M4).*
6. *Bebel hielt die Rede, von der in M5 ein Auszug abgedruckt ist, nach den sogenannten Marokkokrisen. Beurteile, ob er eine zeittypische Meinung vertrat.*
7. *Der Erste Weltkrieg gilt heute für viele Historiker als die „Urkatastrophe Europas". Nenne Gründe für diese Beurteilung. Prüfe, ob Feldpostbriefe als Quellen für diese Einschätzung des Krieges ausreichen (M6).*
8. *Erläutere die Überlegungen Lenins (M7). Was haben sie mit der Oktoberrevolution zu tun?*
   Tipp: Lies dazu nochmals S. 60f.
9. *Informiere dich über den „Volksbund Deutsche Kriegsgräberfürsorge" (M8). Warum und wie erinnert er an Kriege?*
10. *Recherchiere, ob es in deinem Schul- oder Wohnort Kriegerdenkmäler aus der Zeit zwischen 1848 und 1933 gibt. Interpretiere sie mithilfe von S. 23 und vergleiche sie im Hinblick auf Standort, Symbole und Gesamtaussage.*

Orientierung gewinnen: Weimarer Republik und Zwischenkriegszeit

Nach dem Ersten Weltkrieg ging es darum, Europa wieder aufzubauen und eine möglichst stabile Nachkriegsordnung zu schaffen. Zerstört waren große Teile Nordfrankreichs und des westlichen Belgien. Gleichzeitig lag die Wirtschaft in vielen Ländern nach den langen Kriegsjahren am Boden. Im Osten waren die letzten Vielvölkerreiche (Imperien) Russland, Österreich-Ungarn und das Osmanische Reich mit dem Ende des Krieges zerbrochen. Die Ländergrenzen in Europa mussten neu geordnet und die Demokratie sollte nach Willen der Sieger in den unterlegenen und neu entstehenden Staaten eingeführt werden.

In Deutschland entstand nach dem Ende des Krieges ein neuer Staat: Erstmals gab es eine Republik und eine Demokratie, allerdings mit schweren Startbedingungen. Wer trat für die neue Staatsform ein? Wer war dagegen? Welche alternativen Herrschaftsformen wurden in der Zeit diskutiert und ausprobiert? Wie verliefen die Umbrüche beim Wechsel der Herrschaftsform?

In der Zwischenkriegszeit sprach man in Deutschland einerseits von den „Goldenen Zwanziger Jahren". Andererseits war die Zeit geprägt von mehreren schweren Wirtschaftskrisen: zunächst unmittelbar in den Übergangsjahren nach dem Krieg, dann 1923 und kurz darauf bereits die Weltwirtschaftskrise, die 1929 mit dem sogenannten „Schwarzen Freitag" einsetzte. Welche Wechselwirkungen gab es zwischen der politischen, gesellschaftlichen und wirtschaftlichen Entwicklung? Wie sah das Verhältnis von Weltwirtschaft und wirtschaftlicher Entwicklung in Deutschland aus?

Die Zwischenkriegszeit war in Europa eine Zeit starker Veränderungen und großer Gegensätze. Wie gingen die Menschen mit der Unsicherheit der Veränderungen um? Wie entwickelte sich die Gesellschaft angesichts des politischen und wirtschaftlichen Wandels? Welchen Einfluss hatten die Ideologien der Zeit auf das Leben der einzelnen Menschen?

Mit Kommunismus und Faschismus sahen die 1920er-Jahren den Aufstieg von zwei Ideologien, die sich als gegensätzlich betrachteten und einander bekämpften. In welchen Ländern konnten sie sich politisch durchsetzen und warum? Was machte diese Ideologien für viele Menschen in der Zwischenkriegszeit attraktiv? Welches Bild vom Menschen haben diese Ideologien und welche Rolle gestehen sie dem Individuum zu?

Deutsches Kaiserreich | Weimarer Republik

1915 | 1920

9. November 1918: Die Deutsche Republik wird ausgerufen

28. Juni 1919: Der Versailler Vertrag legt die Nachkriegsordnung fest

31. Oktober 1922: Mussolini ital. Ministerpräsident

1923: Krisenjahr der Weimarer Republik mit „Ruhrkampf", Inflation, Währungsreform und Hitler-Putsch

M1 Die Weimarer Republik von 1918 bis 1933

M2 Regierungsformen in Europa um 1926

Zeitgenössische Schätzungen gehen davon aus, dass 1925 in rund 40 Staaten faschistische Parteien bestanden. Aber nur in Italien und im Deutschen Reich gelangten sie an die Macht.

1. *Beschreibe die Karte M1.*
2. *Arbeite die Aussage der Karte M2 heraus.*
3. *Zähle mithilfe von Text, Zeitleiste und Karte M2 auf, was die Demokratie in der Zwischenkriegszeit gefährdete.*

Weltwirtschaftskrise

1930

1935

1927: Stalin sowjetischer Diktator

Präsidialkabinette (1930 - 1933)

30. Januar 1933: Reichspräsident Hindenburg ernennt Hitler zum Reichskanzler

Welche Republik? Welche Demokratie?

M 1 Der „sechsköpfige Reichskanzler“
Postkarte zum 10-jährigen Gedenken der Gründung der Republik
Das Foto von Emil Greiser vom 9. 11. 1918 zur Ausrufung der Republik durch Scheidemann ist umrahmt von den Mitgliedern des „Rates der Volksbeauftragten“. Je drei von ihnen gehörten der SPD bzw. der USPD an.

▸ ***Geschichte In Clips:***
Zur Ausrufung der Republik siehe Clip-Code 31022-11

Lesetipp:
Klaus Kordon, Die roten Matrosen oder Ein vergessener Winter, Weinheim 5 2011

Audiotipp:
Den nachgesprochenen Text der Rede Scheidemanns findest du unter Mediencode 31022-12

Internettipp:
Informationen über Philipp Scheidemann und Karl Liebknecht findest du unter Mediencode 31022-13

Nach dem Ende des Kaiserreiches

Am 9. November, als Friedrich Ebert (SPD) das Amt des Reichskanzlers übernommen hatte, waren die Herausforderungen für die künftigen Regierungen groß und die Zukunft des Deutschen Reiches ungewiss. Der Erste Weltkrieg war verloren, Millionen Soldaten mussten sich nach ihrer Rückkehr in die Heimat wieder in einem zivilen Leben zurechtfinden. Die Wirtschaftsproduktion wurde allmählich wieder von Kriegs- auf Friedenswirtschaft umgestellt.

Die zum Teil gegensätzlichen politischen Vorstellungen und sozialen Spannungen drohten sich in einem Bürgerkrieg gewaltsam zu entladen. Auch die Arbeiterschaft war zerrissen. 1917 hatte sich die **USPD** (Unabhängige Sozialdemokratische Partei Deutschlands) als strikter Kriegsgegner von der SPD als größter Arbeiterpartei abgespalten. Mit ihr locker verbunden war der Spartakusbund. Mit **Rosa Luxemburg** und **Karl Liebknecht** an der Spitze wollte er eine radikale Revolution wie in Russland herbeiführen[1].

Welche Art von Republik?

In zahlreichen Orten des Reiches hatten von Anfang November 1918 an spontan gebildete Arbeiter- und Soldatenräte die Kontrolle übernommen. Ein kleiner linksradikaler Teil von ihnen strebte eine Räterepublik an. Dabei sollte die Macht in Politik, Wirtschaft und Militär auf Arbeiter- und Soldatenräte übergehen, die von unten nach oben auf allen Verwaltungsebenen gewählt werden sollten. Banken, Großgrundbesitz, Bergbau und Großbetriebe sollten in Volkseigentum umgewandelt werden.

Gegen Eberts Rat proklamierte **Philipp Scheidemann** am 9. November 1918 um 14 Uhr vom Reichstag aus die „Deutsche Republik“ und erklärte die Revolution für beendet. Damit kam er Karl Liebknecht (USPD) zuvor. Dieser rief nämlich zwei Stunden später die „Freie Sozialistische Republik“ aus.

Am 10. November bildeten SPD und USPD eine Übergangsregierung, den „Rat der Volksbeauftragten“. Die anderen Parteien wurden nicht mit einbezogen, unternahmen aber nichts dagegen.

Lauter Kompromisse

Die neue Regierung wollte unbedingt erreichen, dass es nach dem Weltkrieg im Land friedlich blieb. Damit die Verwaltung des Staates auch weiterhin funktionierte, beließ sie kaiserliche Offiziere, Richter, Beamte und die bisherigen Fachminister als „Gehilfen“ in ihren Ämtern. Sie arbeitete mit der Führung des kaiserlichen Heeres zusammen, damit die Kriegsteilnehmer geordnet zurückkehrten. Die Heeresführung befürchtete eine radikale Revolution. In einer geheimen Absprache mit Ebert am 10. November versprach sie der Regierung Hilfe gegen eine Revolution, wie sie der Spartakusbund wollte.

Die Unternehmer erkannten die Gewerkschaften als Vertretung der Arbeiterschaft an und wollten künftig mit ihnen zusammenarbeiten. Die Gewerkschaften erreichten nach Verhandlungen mit der Regierung am 15. November unter anderem, dass es künftig nur noch einen Acht-Stunden-Arbeitstag geben sollte. Dafür verzichteten sie auf ein sozialistisches System, bei dem die Unternehmer ihr Eigentum verloren hätten.

[1] Siehe S. 60.

Demokratie USPD* Rosa Luxemburg* Karl Liebknecht* Philipp Scheidemann* parlamentarische Demokratie* Rätedemokratie* KPD*

Welche Art von Demokratie?

Im Dezember 1918 diskutierten Räte aus ganz Deutschland die Alternative **„parlamentarische Demokratie"** oder **„Rätedemokratie"**. Die meist der SPD angehörenden Mitglieder sahen die Räte nur als Übergangslösung an und befürworteten die Wahl zu einer „Verfassunggebenden Nationalversammlung". Diese sollte die neue Verfassung für das Deutsche Reich beschließen. Die Räte forderten aber zuvor entscheidende Reformen: die Sozialisierung der Schwerindustrie und des Bergbaus sowie eine demokratische Kontrolle über das Militär. Die SPD-Führung lehnte das ab.

Wachsende Spannungen zwischen SPD und USPD

Die unerfüllten Forderungen verschärften den Streit zwischen SPD und USPD sowie innerhalb der USPD. Er wurde häufig auf der Straße ausgetragen, Demonstrationen und Streiks nahmen zu. Ende Dezember 1918 belagerten linksradikale Kräfte die Reichskanzlei, um ihren Forderungen Nachdruck zu verleihen. Als Ebert Truppen gegen die Aufrührer einsetzte, kam es zum Bruch der Übergangsregierung. Die USPD-Politiker schieden aus. Sie wurden durch Sozialdemokraten und Vertreter bürgerlicher Parteien ersetzt.

Wahl zur Nationalversammlung

Der „Rat der Volksbeauftragten" ordnete im Dezember 1918 die Wahl zur Verfassunggebenden Nationalversammlung an. Im Kaiserreich hatten nur Männer, die Steuern zahlten und mindestens 25 Jahre alt waren, ihre Stimme abgeben dürfen. Nun wurde das Wahlalter auf 20 Jahre herabgesetzt. Erstmals in der deutschen Geschichte erhielten auch alle Frauen ab diesem Alter das aktive und passive Wahlrecht. Das Verhältniswahlrecht sollte sicherstellen, dass die neue Volksvertretung die Abstimmung der Bevölkerung genau wiedergab.

Revolutionsversuche

Ende Dezember 1918 organisierte sich der Spartakusbund mit anderen linksradikalen Gruppen unter Führung von Rosa Luxemburg und Karl Liebknecht zur Kommunistischen Partei Deutschlands (**KPD**). Am 5. Januar 1919 unternahm die Partei in Berlin einen Aufstand, um die Übergangsregierung zu stürzen und die Wahl zur Nationalversammlung zu verhindern. Die Regierung ließ den Aufstand am 12. Januar durch reguläre Truppen und Freiwilligenverbänden, den Freikorps, niederschlagen. Rosa Luxemburg und Liebknecht wurden von Freikorpsoffizieren aufgespürt, misshandelt und ermordet.

Von Januar bis April 1919 gab es im Ruhrgebiet, in Bremen, Baden, Braunschweig und Bayern Massenstreiks und die Ausrufung von Räterepubliken. Auch diese meist friedlichen revolutionären Versuche wurden unter Leitung des SPD-Volksbeauftragten und späteren Ministers Gustav Noske unterdrückt.

M2 Frieden, Arbeit, Brot – durch Mord?
Plakat, Ende Dezember 1918

M3 Rosa Luxemburg
Fotopostkarte von 1919
Die 1870 geborene Journalistin und Politikerin Rosa Luxemburg stammte aus einer jüdischen Familie. Mit 28 Jahren kam sie aus Polen nach Berlin und schloss sich der SPD an. 1918 beteiligte sie sich an der Gründung der KPD. Rosa Luxemburg setzte sich für eine auf Freiheit beruhende sozialistische Demokratie ein.

Verrat an den sozialistischen Zielen?

Die Zusammenarbeit der Übergangsregierung mit den alten Führungsspitzen im Militär, in der Verwaltung und in der Wirtschaft trug der SPD innerhalb der Linken den Vorwurf des Verrats an den Zielen der Arbeiterschaft ein. Dagegen betonte die Führung der Sozialdemokraten, dass es ihr durch diese Politik gelungen sei,

- einen Bürgerkrieg und damit ein militärisches Eingreifen der Alliierten zu unterbinden,
- Hunger abzuwenden,
- den Zerfall des Reiches zu verhindern und
- die Wahl zur Nationalversammlung zu sichern.

1. *Erstelle eine chronologische Liste der Ereignisse, die im Verfassertext genannt werden.*
2. *Erörtert in Gruppen, welche unterschiedlichen Entwicklungen Deutschlands Ende 1918 möglich schienen, und beurteilt die Chancen zur Durchsetzung der unterschiedlichen Entwicklungsmöglichkeiten.*
3. *Untersuche die beabsichtigte Wirkung der Postkarte (M1).*

Die USPD spaltet sich von der SPD ab
SPD und USPD bilden „Rat der Volksbeauftragten" als Übergangsregierung
Friedrich Ebert wird Reichskanzler
Ausrufung der Republik in Berlin
Arbeiter- und Soldatenräte bilden sich
Einberufung einer Verfassunggebenden Nationalversammlung
Aufstand linksradikaler Gruppen; Ermordung von Rosa Luxemburg und Karl Liebknecht

1916 | 1917 | 1918 | 1919 | 1920

M 4 Philipp Scheidemann ruft die Republik von einem Balkon des Reichstages aus
Foto von Emil Greiser vom 9. November 1918

M 5 „Es lebe die deutsche Republik!"

Der SPD-Politiker Philipp Scheidemann wendet sich am 9. November 1918 mit einer Rede an die Menschen vor dem Reichstagsgebäude. In seinen Erinnerungen von 1928 schreibt er, dass er Karl Liebknecht (M6) habe zuvorkommen wollen. Ein Journalist hat die Rede stenografisch aufgezeichnet und 1919 wie folgt veröffentlicht:

Das deutsche Volk hat auf der ganzen Linie gesiegt. Das alte Morsche ist zusammengebrochen; der Militarismus ist erledigt. Die Hohenzollern haben abgedankt! Es lebe die deutsche Republik! Der Abgeordnete Ebert ist zum Reichskanzler ausgerufen worden. Ebert ist damit beauftragt worden, eine neue Regierung zusammenzustellen.
Dieser Regierung werden alle sozialistischen Parteien angehören. Jetzt besteht unsere Aufgabe darin, diesen glänzenden Sieg, diesen vollen Sieg des deutschen Volkes nicht beschmutzen zu lassen, und deshalb bitte ich Sie, sorgen Sie dafür, dass keine Störung der Sicherheit eintrete! Wir müssen stolz sein können, in alle Zukunft auf diesen Tag! Nichts darf existieren, was man uns später wird vorwerfen können! Ruhe, Ordnung und Sicherheit, das ist das, was wir jetzt brauchen! [...] Sorgen Sie dafür, dass die neue deutsche Republik, die wir errichten werden, nicht durch irgendetwas gefährdet werde! Es lebe die deutsche Republik!

Zit. nach: Gerhard A. Ritter und Susanne Miller (Hrsg.), Die deutsche Revolution 1918 - 1919. Dokumente, Frankfurt am Main 1983, S. 77 f.

M 6 „Der Tag der Revolution ist gekommen"

Zwei Stunden nach Scheidemann (M5) ergreift der Führer der Spartakisten, Karl Liebknecht, das Wort. Er spricht von einem Balkon des Berliner Stadtschlosses zur Bevölkerung.

Der Tag der Revolution ist gekommen. Wir haben den Frieden erzwungen. [...] Das Alte ist nicht mehr. Die Herrschaft der Hohenzollern, die in diesem Schloss jahrhundertelang gewohnt haben, ist vorüber. In dieser Stunde proklamieren wir die freie sozialistische Republik Deutschland. [...]
Der Tag der Freiheit ist angebrochen.
Nie wieder wird ein Hohenzoller diesen Platz betreten. Vor 70 Jahren stand hier am selben Ort Friedrich Wilhelm IV. und musste vor dem Zug der auf den Barrikaden Berlins für die Sache der Freiheit Gefallenen, vor den fünfzig blutüberströmten Leichnamen, seine Mütze abnehmen.
[...] Parteigenossen, ich proklamiere die freie sozialistische Republik Deutschland, die alle Stämme umfassen soll, in der es keine Knechte mehr geben wird, in der jeder ehrliche Arbeiter den ehrlichen Lohn seiner Arbeit finden wird. Die Herrschaft des Kapitalismus, der Europa in ein Leichenfeld verwandelt hat, ist gebrochen. [...]
Wir müssen alle Kräfte anspannen, um die Regierung der Arbeiter und Soldaten aufzubauen und eine neue staatliche Ordnung des Proletariats zu schaffen, eine Ordnung des Friedens, des Glücks und der Freiheit unserer deutschen Brüder und unserer Brüder in der ganzen Welt. Wir reichen ihnen die Hände und rufen sie zur Vollendung der Weltrevolution auf.

Zit. nach: Gerhard A. Ritter und Susanne Miller (Hrsg.), Die deutsche Revolution 1918-1919, a. a. O., S. 78 f.

1. *Analysiere die beiden Redeauszüge (M5, M6).*
2. *Fasse zusammen, wie die beiden Redner die politische Lage beurteilen (M5 und M6).*
3. *Vergleiche die politischen Forderungen, Aufgaben und Ziele der Redner (M5 und M6).*
4. *Stellt in Partnerarbeit zusammen, wer die wichtigsten Politiker und Gruppen waren. Schreibt diese nebeneinander in Kästen. Notiert dann darunter die jeweiligen Einstellungen und Ziele (Verfassertext, M5 und M6).*

November 1918 in Koblenz

M1 Aufruhr

In einem Schreiben der Polizeiinspektion Koblenz vom 8. November 1918 an den Regierungspräsidenten in Koblenz heißt es:

Heute Nachmittag gegen zwei Uhr zog eine Zivilperson, welche an einem Stock ein längeres rotes Band hatte, an den „Vier Türmen"[1] vorbei, gefolgt von vielen Kindern, und nahm den Weg nach dem „Plan"[2]. Schutzmann Funken und Koitzsch [...] sagten in ruhigem Ton zu diesem Manne, er möchte doch den Stock herunternehmen, damit die Kinder ihn nicht verfolgten. In diesem Augenblick kamen jedoch schon 10 bis 15 Soldaten und drückten die Beamten zurück. Die Soldaten zogen mit dem Manne weiter [...]; aus allen Ecken und Gassen kamen Leute hinzu und zogen [...] zur Fischelstraße, wo sie vor dem Militärgefängnis haltmachten. Die Menge bestand aus etwas 150 Soldaten und 400 bis 500 Zivilpersonen, darunter Frauen und viele Kinder. Ältere, vernünftigere Leute suchten auf die Soldaten einzuwirken, doch blieb dieses erfolglos; ein älterer Mann wurde durch eine Hacke niedergeschlagen. [...] Bekannt wurde, dass die Militärgefangenen befreit wurden, nachdem die Türen und Fenster der Zellen eingeschlagen worden waren.

Von der Fischelstraße aus zog die Menschenmenge [...] nach dem Zivilgefängnis. Nach ungefährer Schätzung sollen es mehrere tausend Menschen gewesen sein.[3] Das Gefängnis wurde gestürmt, die Insassen befreit. [...] Vom Gefängnis aus ging der Zug [...] zur Kommandantur, und hier ist mit den Soldaten verhandelt worden. [...]

Allem Anschein nach hat dem Unternehmen der führende Geist nicht gefehlt. Von Zuschauern wurde beobachtet, dass einzelne Soldaten und Zivilpersonen Anweisungen gaben. Einem Schutzmann wurde der Säbel entrissen, anderen bedeutet, sich nicht mehr in Schutzmannskleidung sehen zu lassen.

Ein Einschreiten der Schutzmannschaft war unmöglich und nach den Verhältnissen auch nicht geboten.

Zitiert nach: Franz-Josef Schmillen, Revolution und Rätebewegung 1918/19 im Rheinland, Frankfurt am Main 1980, S. 27

M3 Rückkehr der deutschen Fronttruppen nach dem Waffenstillstand
Infanteriekolonne beim Überschreiten der Rheinbrücke in Koblenz, November 1918.

M2 „Zeigt Euch Eurer würdig!"

Der provisorisch Soldatenrat Koblenz veröffentlicht folgenden Aufruf, der am Morgen des 9. November in allen Koblenzer Zeitungen erscheint:

Kameraden!

Dem Vorgehen unserer Kameraden in anderen Städten folgend, ging die gesamte militärische und polizeiliche Gewalt auf den provisorisch gebildeten Soldatenrat Koblenz über. In einer heute Morgen stattfindenden Sitzung des Soldatenrats werden die näheren Bedingungen festgesetzt.

Kameraden! Bewahret Ruhe und Selbstdisziplin! Bleibt vorläufig bei Euren Truppenteilen, da sonst die Ernährung nicht durchgeführt werden kann! Der Abtransport in die Heimat wird erfolgen. Aber auch hier muss im Interesse der Sache Ruhe bewahrt werden.

Belästigt die Offiziere nicht! Lasst Euch nicht zu Gewalttaten hinreißen! Unsere Forderungen sind erfüllt! Zeigt Euch Eurer würdig!

Zitiert nach: Franz-Josef Schmillen, Revolution und Rätebewegung 1918/19 im Rheinland, a. a. O., S. 28

[1] Kreuzung in der Koblenzer Altstadt
[2] Zentraler Platz in der Koblenzer Altstadt, auf den man über die Kreuzung an den „Vier Türmen" gelangt
[3] Koblenz hatte 1919 etwas mehr als 56 000 Einwohner.

1. *Begründe, warum die Darstellung der Quelle M1 kritisch zu bewerten ist.*
2. *Nenne weitere mögliche Quellen, die man mit M1 vergleichen könnte.*
3. *Erläutere anhand des Aufrufes M2, mit welchen Problemen sich der provisorische Soldatenrat beschäftigen musste.*
4. *Weise am Bild M3 nach, dass es sich hier um zurückkehrende Fronttruppen und nicht um revolutionäre Soldaten handelt.*

Die Weimarer Verfassung

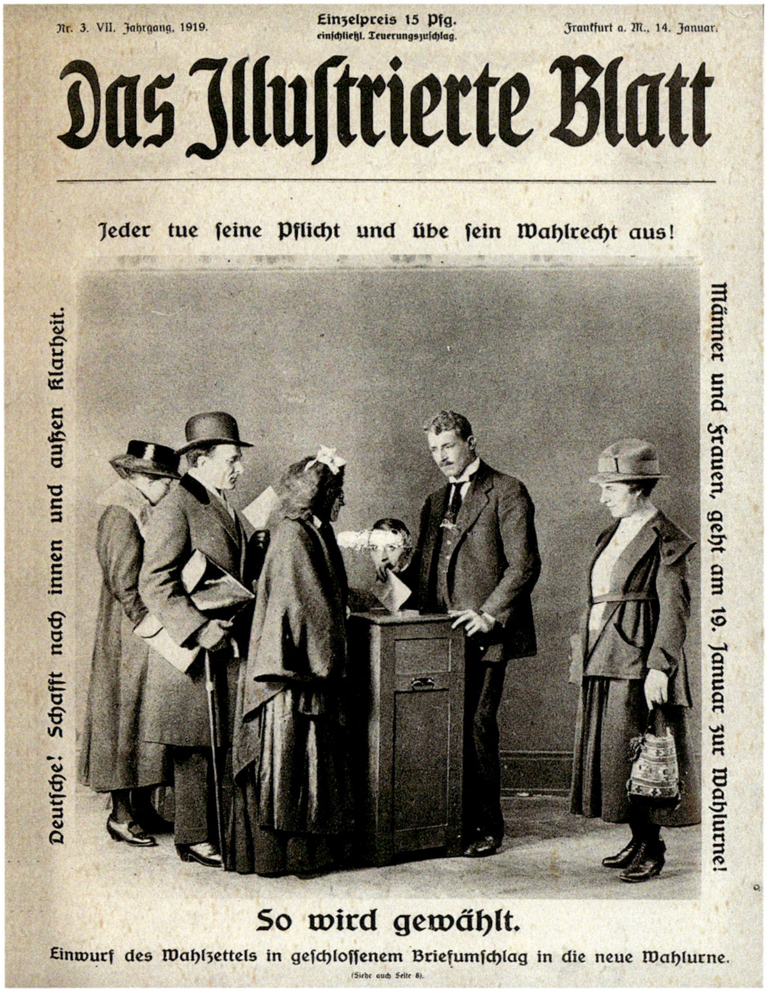
Nr. 3. VII. Jahrgang, 1919. Einzelpreis 15 Pfg. einschließl. Teuerungszuschlag. Frankfurt a. M., 14. Januar.

Das Illustrierte Blatt

Jeder tue seine Pflicht und übe sein Wahlrecht aus!

Deutsche! Schafft nach innen und außen Klarheit.

Männer und Frauen, geht am 19. Januar zur Wahlurne!

So wird gewählt.

Einwurf des Wahlzettels in geschlossenem Briefumschlag in die neue Wahlurne.

(Siehe auch Seite 8).

M 1 „So wird gewählt“
Titelblatt der Zeitschrift, „Das Illustrierte Blatt“ vom 14. Januar 1919

M 2 „Nichts geändert?“
Plakat (68 x 46 cm) aus Berlin von 1920

Eine neue Zeit beginnt

Als der **Versailler Vertrag** Ende Juni 1919 unterschrieben wurde, besaß das Deutsche Reich bereits eine demokratisch gewählte Volksvertretung. Bei der Wahl zur Verfassunggebenden Nationalversammlung im Januar 1919 durften erstmals Frauen wählen und gewählt werden. Anders als das Mehrheitswahlrecht des Kaiserreiches gab das neue Verhältniswahlrecht den kleineren Parteien eine größere Chance, einen Sitz im Parlament zu gewinnen. Künftig war ausgeschlossen, dass die Stimmen der Minderheit unberücksichtigt blieben. Mit dem Verhältniswahlrecht entstanden aber auch neue Probleme: Die vielen kleinen Parteien erschwerten später immer wieder die Bildung von Mehrheiten im Parlament und schwächten so die Regierungen.

Internettipp:
Zur Verfassung der Weimarer Republik siehe Mediencode 31022-14

Die „Weimarer Koalition“

Die Sozialdemokraten gewannen bei den Wahlen zur Nationalversammlung die meisten Stimmen, aber nicht die erhoffte absolute Mehrheit.

Wegen der Unruhen in Berlin traten die Abgeordneten am 6. Februar 1919 im Nationaltheater in Weimar zusammen. Die Stadt in Thüringen gab der ersten deutschen Republik den Namen.

Die Nationalversammlung wählte den Sozialdemokraten Friedrich Ebert zum Reichspräsidenten. Er beauftragte seinen Parteifreund Philipp Scheidemann, die erste reguläre Regierung zu führen.

Die SPD bildete mit dem Zentrum und der neuen liberalen Deutschen Demokratischen Partei (**DDP**) eine Regierung. Diese „Weimarer Koalition“ hatte mit 76,1 Prozent der Wählerstimmen die große Mehrheit des Volkes hinter sich. Ihre Bezeichnung erhielt sie, weil die beteiligten Parteien die Staatsordnung entscheidend prägten und sie gegen verfassungsfeindliche Gruppierungen verteidigten.

„Die Staatsgewalt geht vom Volk aus"

Ende Juli 1919 verabschiedete die Nationalversammlung die Weimarer Verfassung. Sie trat am 11. August 1919 in Kraft, machte das Deutsche Reich zur Republik und legte die Regeln für die parlamentarische Demokratie fest. Die Staatsgewalt sollte allein vom Volk ausgehen. Männer und Frauen über 20 Jahren erhielten das Recht, in allgemeinen, geheimen, unmittelbaren, gleichen Wahlen alle vier Jahre die Abgeordneten des Reichstages und alle sieben Jahre den Reichspräsidenten zu wählen. Durch Volksbegehren und Volksentscheide (Plebiszite) wurde das politische Mitspracherecht der Wähler und Wählerinnen gestärkt.

Die Ordnung des Staates

Die Republik war wie das Kaiserreich ein Bundesstaat. Die im Reichsrat vertretenen 18 Länderregierungen besaßen das Recht, gegen Reichsgesetze Einspruch zu erheben, aber die Selbstständigkeit der Bundesländer war im Vergleich zum Kaiserreich eingeschränkt worden. Außerdem verloren die süddeutschen Staaten ihre Sonderrechte bei Militär, Post und Verkehr.

Eine besondere Bedeutung hatte der vom Volk gewählte Reichspräsident. Er bildete ein starkes Gegengewicht zum Reichstag, ähnlich dem des Kaisers in der Verfassung von 1871. Als Staatsoberhaupt vertrat er das Reich völkerrechtlich, ernannte die Reichsbeamten und Offiziere und besaß den Oberbefehl über die Reichswehr. Außerdem hatte er das Recht, den Reichstag aufzulösen. Bei einem Staatsnotstand durfte er zum Schutze der Republik durch Notverordnungen vorübergehend Grundrechte außer Kraft setzen (z. B. die Meinungs-, Versammlungs- und Vereinigungsfreiheit) und Militär einsetzen („Diktaturgewalt" des Artikels 48). Alle Anordnungen des Reichspräsidenten mussten aber der Reichskanzler oder der zuständige Reichsminister unterschreiben. Dies sollte den Reichspräsidenten an die Politik der Reichsregierung binden.

Wichtigste Einrichtung des Reiches war der Reichstag. Er war der Gesetzgeber. Darüber hinaus sollte er die Reichsregierung kontrollieren. Reichskanzler und Reichsminister brauchten Mehrheiten im Parlament. Beide konnten durch ein einfaches Misstrauensvotum zum Rücktritt gezwungen werden.

M 3 Friedrich Ebert spricht
Foto vom 21. August 1919
Nach der Vereidigung als Reichspräsident hielt Ebert vom Balkon des Deutschen Nationaltheaters in Weimar eine Rede.
Hier kannst du die Rede nachlesen und auch hören: Mediencode 31022-15

Gleichberechtigung der Juden

Die Weimarer Verfassung verankerte die Gleichberechtigung der 564 000 deutschen Juden (Stand: 1925). Sie verbot jede Diskriminierung aus religiösen Gründen im öffentlichen Dienst (Artikel 109 und 128) und hob die bereits 1871 festgelegte Unabhängigkeit der bürgerlichen Rechte vom religiösen Bekenntnis hervor (Artikel 136). Außerdem wurde den 1 611 jüdischen Gemeinden im Reich (Stand: 1932) der Status von „Kirchen" zugesprochen.[1]

Bestimmungen zum Wirtschaftsleben

Das Eigentum genoss Verfassungsschutz, aber sein Gebrauch sollte zugleich „Dienst sein für das gemeine Beste" (Artikel 153). Artikel 159 sicherte die „Vereinigungsfreiheit zur Wahrung und Förderung der Arbeits- und Wirtschaftsbedingungen" und Artikel 165 die Tarifautonomie zwischen Arbeitnehmern und Arbeitgebern zur Festlegung der Lohn- und Arbeitsbedingungen. Außerdem bestimmte Artikel 163, dass für den „notwendigen Unterhalt" von Erwerbslosen gesorgt werden solle.

[1] Siehe auch S. 42 f.

Internettipp:
Informationen über Friedrich Ebert findest du unter Mediencode 31022-16

1. *Beurteile, ob die Anleitung zur Wahl notwendig war (M1).*
2. *Untersuche die Gestaltung, die Einträge und Symbole des Plakates (M2).*
3. *Eine wichtige Veränderung wird auf dem Plakat M2 nicht angeführt. Nenne sie.*
4. *Erstelle ein Quiz oder ein Kreuzworträtsel mit den wichtigsten Begriffen und Neuerungen der Weimarer Verfassung.*

Erstmals Wahlrecht für Frauen
Beginn der Arbeit an einer neuen Verfassung in Weimar
Unterzeichnung des Vertrages von Versailles
Verabschiedung der Verfassung

1919 | Februar | Mai | August | November | 1920

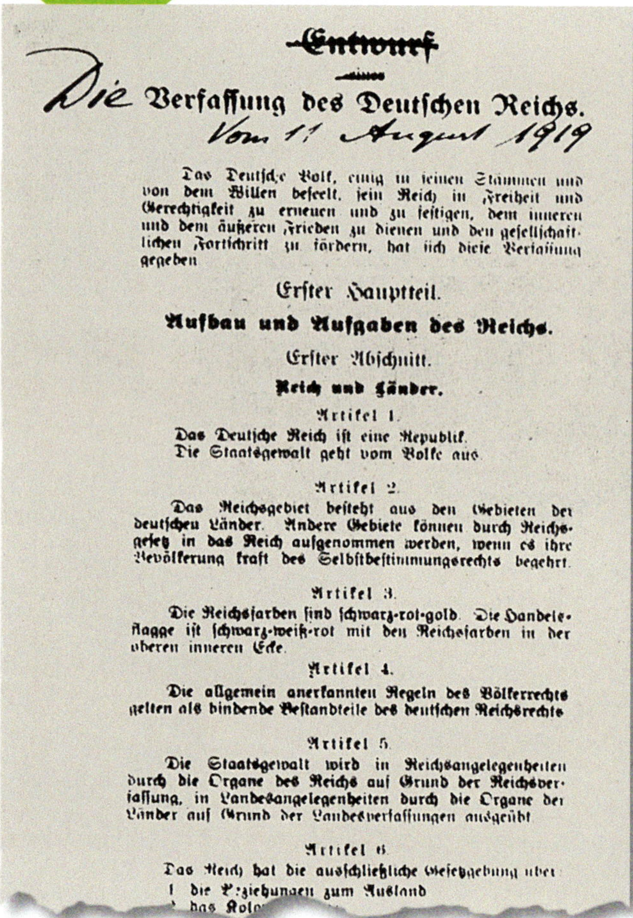

~~Entwurf~~

Die Verfassung des Deutschen Reichs.
Vom 11. August 1919

Das Deutsche Volk, einig in seinen Stämmen und von dem Willen beseelt, sein Reich in Freiheit und Gerechtigkeit zu erneuen und zu festigen, dem inneren und dem äußeren Frieden zu dienen und den gesellschaftlichen Fortschritt zu fördern, hat sich diese Verfassung gegeben.

Erster Hauptteil.

Aufbau und Aufgaben des Reichs.

Erster Abschnitt.

Reich und Länder.

Artikel 1.

Das Deutsche Reich ist eine Republik.
Die Staatsgewalt geht vom Volke aus.

Artikel 2.

Das Reichsgebiet besteht aus den Gebieten der deutschen Länder. Andere Gebiete können durch Reichsgesetz in das Reich aufgenommen werden, wenn es ihre Bevölkerung kraft des Selbstbestimmungsrechts begehrt.

Artikel 3.

Die Reichsfarben sind schwarz-rot-gold. Die Handelsflagge ist schwarz-weiß-rot mit den Reichsfarben in der oberen inneren Ecke.

Artikel 4.

Die allgemein anerkannten Regeln des Völkerrechts gelten als bindende Bestandteile des deutschen Reichsrechts.

Artikel 5.

Die Staatsgewalt wird in Reichsangelegenheiten durch die Organe des Reichs auf Grund der Reichsverfassung, in Landesangelegenheiten durch die Organe der Länder auf Grund der Landesverfassungen ausgeübt.

Artikel 6.

Das Reich hat die ausschließliche Gesetzgebung über:
1. die Beziehungen zum Ausland
2. das Kolo

M4 Erste Seite der Verfassungsurkunde

M6 „Meine Herren und Damen!“

Unter den 421 Abgeordneten der 1919 gewählten Nationalversammlung sind 41 Frauen. Erst auf der 11. Sitzung vom 19. Februar 1920 kommt die Sozialdemokratin Marie Juchacz zu Wort:

Meine Herren und Damen! (*Heiterkeit.*) Es ist das erste Mal, dass in Deutschland die Frau als freie und gleiche im Parlament zum Volke sprechen darf, und ich möchte hier feststellen, und zwar ganz objektiv, dass es die Revolution gewesen ist, die auch in Deutschland die alten Vorurteile überwunden hat. (*Sehr richtig! bei den Sozialdemokraten.*) Die Frauen besitzen heute das ihnen zustehende Recht der Staatsbürgerinnen. [...]

Wollte die Regierung eine demokratische Verfassung vorbereiten, dann gehörte zu dieser Vorbereitung das Volk, das ganze Volk in seiner Vertretung. [...]

Durch die politische Gleichstellung ist nun meinem Geschlecht die Möglichkeit gegeben zur vollen Entfaltung seiner Kräfte. [...] Ich möchte hier sagen, dass die Frauenfrage, so wie es jetzt ist in Deutschland, in ihrem alten Sinne nicht mehr besteht (*sehr richtig! bei den Sozialdemokraten*), dass sie gelöst ist. Wir werden es nicht mehr nötig haben, mit Versammlungen, mit Resolutionen, mit Eingaben um unser Recht zu kämpfen. Der politische Kampf [...] wird sich von nun an in anderen Formen abspielen.

Zit. nach: Verhandlungen der Verfassunggebenden Deutschen Nationalversammlung. Stenographische Berichte. Session 1919/20, Bd. 326, S. 178 f.

Internettipp:
Den Text der Verfassung findest du unter Mediencode 31022-17

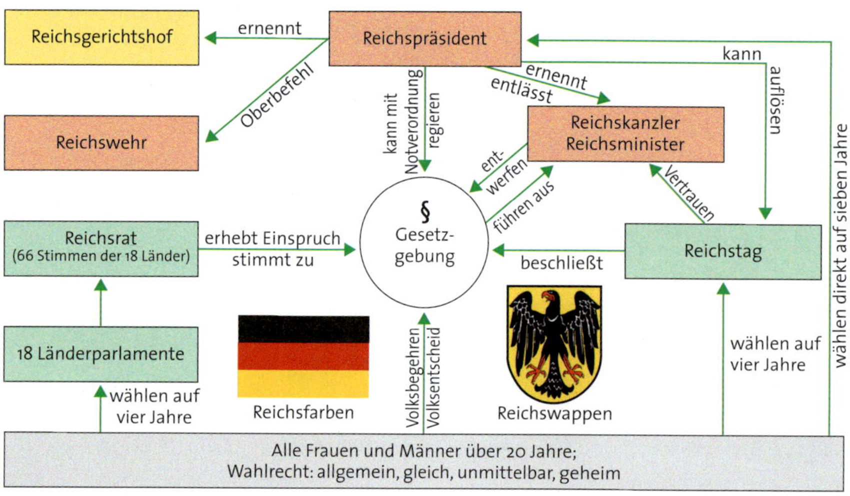

M5 Die Weimarer Verfassung

1. *Nenne die zentrale Bestimmung der Verfassungsurkunde (M4).*
2. *Analysiere die Machtverteilung zwischen Reichspräsident, Reichskanzler, Reichstag und Volk (M5).*
3. *Erläutere die Aussage, der Reichspräsident „bildet ein starkes Gegengewicht zum Reichstag“ (Verfassertext, M5).*
4. *Nimm Stellung zur Haltung von Marie Juchacz zur „Frauenfrage“ (M6).*
5. *Informiere dich über den Anteil der weiblichen Abgeordneten im gegenwärtigen Bundestag und vergleiche ihn mit 1919 (M6). Stelle begründete Vermutungen an, welche Schlussfolgerungen sich daraus ziehen lassen.*

Der Versailler Vertrag und seine Folgen

Die Pariser Friedenskonferenz

Am 18. Januar 1919 wurde im Schloss von Versailles die Friedenskonferenz mit Vertretern aus 27 Staaten eröffnet. Auf ihr sollte der Weltkrieg völkerrechtlich beendet und die Nachkriegsordnung festgelegt werden. Vertreter Sowjetrusslands waren nicht eingeladen worden. Auch die Verliererstaaten wurden, anders als nach den großen europäischen Kriegen 1648 oder 1815, nicht zu den Beratungen zugelassen.

Die wichtigsten Entscheidungen fielen im Kreis der „Großen Drei": der USA, Großbritanniens und Frankreichs. Ihren Verhandlungen lagen unterschiedliche Ziele zugrunde: Während der amerikanische Präsident das Selbstbestimmungsrecht der Völker in den Vordergrund stellte, bemühten sich Großbritannien und Frankreich darum, ihre Machtinteressen und Sicherheitsbedürfnisse durchzusetzen.

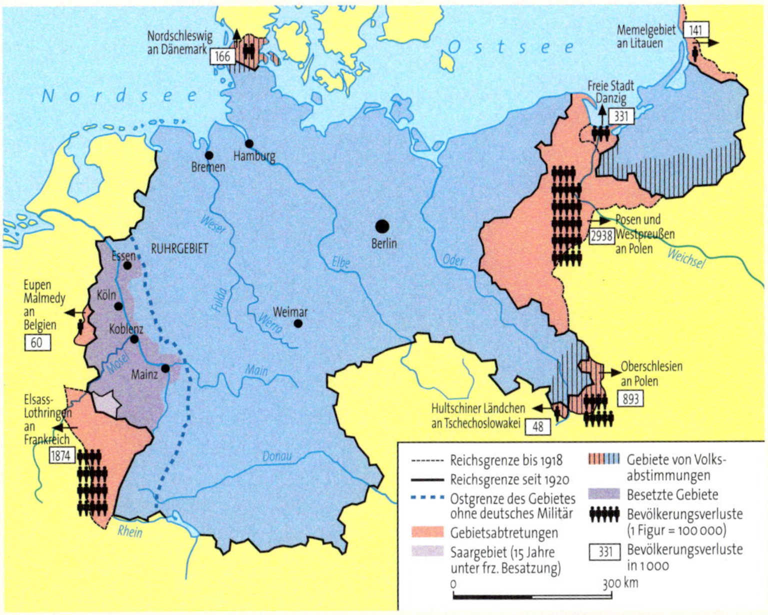

M 1 Deutsche Gebiets- und Bevölkerungsverluste nach dem Friedensvertrag von Versailles

Der Friedensvertrag

Am 7. Mai 1919 wurden der deutschen Delegation die Friedensbedingungen mitgeteilt.

Die Bestimmungen des Versailler Vertrages mit seinen 440 Artikeln gingen über die Regelungen des Waffenstillstandes vom November 1918 hinaus. Sie riefen in Deutschland Empörung hervor und lösten eine Regierungskrise aus. Doch angesichts der aussichtslosen militärischen Lage, des Risikos eines Einmarsches alliierter Truppen und der Not im Lande stimmte eine Mehrheit des Reichstages der bedingungslosen Annahme des Vertrages zu. Am 28. Juni 1919, fünf Jahre nach dem Attentat von Sarajewo, setzten die Vertreter der Reichsregierung ihre Unterschriften unter den Vertrag.

Das Dokument enthielt territoriale, militärische und wirtschaftliche Bestimmungen:

- Im Westen, Osten und Norden des Reiches waren Gebiete abzutreten, außerdem mussten alle Kolonien aufgegeben werden.
- Weder linksrheinisch noch 50 Kilometer östlich des Rheins durften deutsche Soldaten stationiert werden.
- Alliierte Truppen sollten für mindestens 15 Jahre die Gebiete besetzen und die Einhaltung der Bestimmungen kontrollieren.
- Die allgemeine Wehrpflicht wurde abgeschafft, das Heer durfte höchstens 100 000 und die Marine maximal 15 000 Berufssoldaten umfassen.
- Die Luftwaffe wurde verboten und der Besitz von U-Booten, Panzern und Gaswaffen untersagt.
- Für die Kriegsschäden sollten Wiedergutmachungen (Reparationen) in noch nicht festgelegter Höhe gezahlt werden.

Die „Schmach von Versailles"

Die meisten Deutschen lehnten den Vertrag ab. Die schärfsten Kritiker des „Diktatfriedens" vergaßen, mit welchen Zielen Politiker, Militärs und Industrielle den Krieg geführt hatten und wie sie vermutlich im Falle eines Sieges die Verlierer behandelt hätten. Sie erinnerten sich auch nicht an die Bedingungen, die die deutsche Regierung noch im März 1918 Sowjetrussland in Brest-Litowsk auferlegt hatte.[1]

Die Siegermächte erkannten auch nicht an, dass die nun Deutschland regierenden Parteien den Krieg nicht gewollt hatten. Als besonders ungerecht empfanden viele Deutsche den Artikel 231 des Vertrages. Dieser Kriegsschuldartikel, der die rechtliche Grundlage der **Reparationen** bildete, machte Deutschland und seine Verbündeten allein für den Kriegsausbruch verantwortlich.

[1] Lies dazu nochmals S. 60.

Medientipp:
„Deutsche und Franzosen", Folge 3: „Versailles"

M2 Die europäischen Staaten nach 1918
Jugoslawien (Südslawien) hieß bis 1929 „Königreich der Serben, Kroaten und Slowenen".

Frieden mit den anderen Verlierern

Die Friedensverträge mit Österreich, Bulgarien, Ungarn und dem Osmanischen Reich veränderten die Landkarte Ostmittel- und Südosteuropas. Die Regelungen orientierten sich nicht allein an dem Selbstbestimmungsrecht der Völker,[1] sondern berücksichtigten auch weltanschauliche und militärstrategische Gesichtspunkte.

- Das Osmanische Reich (ab 1923 Türkei) behielt nur einen Rest seines europäischen Staatsgebietes. Auf dem Balkan existierte künftig neben Rumänien und Bulgarien ein neu geschaffener Staat, das spätere Jugoslawien. Die Meerengen zwischen dem Schwarzen Meer und dem Mittelmeer wurden entmilitarisiert und unter internationale Kontrolle gestellt. Im sogenannten „Befreiungskrieg" erreichten die Türken unter Führung Mustafa Kemals (Atatürk) die Ausarbeitung eines neuen Vertrages, der 1923 in Lausanne unterzeichnet wurde. Mit ihm konnte die Türkei die Abtretung großer Gebiete verhindern. Zuvor war bereits ein „Bevölkerungsaustausch" zwischen der Türkei und Griechenland vereinbart worden, bei dem insgesamt 1,6 Millionen Menschen zwangsweise ihre Heimat verlassen mussten.
- Österreich-Ungarn bestand bereits bei Kriegsende nicht mehr. Im Oktober 1918 war die Tschechoslowakei als selbstständige Republik ausgerufen worden. Drei Tage später hatte die ungarische Regierung ihre Unabhängigkeit erklärt. Österreich musste auch noch Südtirol bis zum Brenner an Italien abtreten. Ferner wurden dem Land Reparationen und Rüstungsbeschränkungen auferlegt. Der politischen Führung wurde verboten, sich – wie vom provisorischen Parlament in Wien beschlossen – dem Deutschen Reich anzuschließen.

Die Friedensverträge von 1919 konnten in den neu gegründeten Staaten alte Nationalitätenprobleme nicht lösen. In einigen Gebieten hielten die Konflikte an.

Der Völkerbund

Der amerikanische Präsident Wilson setzte in Paris seine Idee eines **Völkerbundes** durch. Er sollte die Zusammenarbeit aller Staaten fördern und den Frieden sichern. Streitfälle zwischen den Staaten sollten vor den Völkerbund oder ein internationales Schiedsgericht gebracht und friedlich beigelegt werden. Gegen Friedensstörer sah die Satzung gemeinsame politische und wirtschaftliche Zwangsmaßnahmen (Sanktionen) vor.
Der Völkerbund war zunächst nur ein Zusammenschluss der Siegermächte, denn Deutschland und seine ehemaligen Verbündeten blieben ausgeschlossen. Geschwächt wurde er dadurch, dass die USA sowie Sowjetrussland ihm gar nicht oder nicht von Anfang an angehörten. Die Amerikaner blieben dem Völkerbund fern, weil sie sich nicht länger in europäische Streitigkeiten einmischen wollten und ihr Senat den Beitritt ablehnte. Sowjetrussland wollte nicht als einzige kommunistische Macht ständig überstimmt werden und schloss sich erst 1934 der Organisation an.

1. *Nenne die nach 1918 neu oder wieder gegründeten Staaten (M2).*
2. *Diskutiert die Gründe für die neuen Grenzziehungen und mögliche daraus resultierende Folgen (Verfassertext, M2).*
3. *Zähle auf, welche Probleme sich aus der Friedensordnung ergaben.*
4. *Beurteile aus der damaligen deutschen Sicht den Versailler Vertrag.*

[1] Siehe zu Wilsons Friedensprogramm S. 63 und 79.

M3 Wilsons 14 Punkte

Im Januar 1918 legt der amerikanische Präsident Wilson dem Kongress folgendes Programm vor:

I. Offene Friedensverträge; Abschaffung der Geheimdiplomatie.
II. Freiheit der Schifffahrt auf allen Meeren.
III. Aufhebung aller wirtschaftlichen Schranken.
IV. Rüstungsbegrenzung; nationale Rüstung auf einem Stand, der mit der inneren Sicherheit vereinbar ist.
V. Unparteiische Regelung aller kolonialen Ansprüche.
VI. Räumung des gesamten russischen Gebietes von fremden Truppen.
VII. Wiederherstellung Belgiens.
VIII. Räumung und Wiederherstellung Frankreichs; Rückgabe von Elsass-Lothringen.
IX. Berichtigung der Grenzen Italiens entlang der Nationalitätenlinien.
X. Gewährung einer selbstständigen Entwicklung der Völker Österreich-Ungarns.
XI. Räumung Rumäniens, Serbiens und Montenegros; internationale Garantien für die Balkanstaaten.
XII. Der türkische Teil des gegenwärtigen Osmanischen Reiches soll souverän werden, den anderen Nationalitäten, die sich noch unter türkischer Herrschaft befinden, soll eine eigenständige Entwicklung ermöglicht werden; internationale Garantien für einen freien Schiffsverkehr durch den Bosporus und die Dardanellen.
XIII. Errichtung eines unabhängigen polnischen Staates, dem ein freier und sicherer Zugang zum Meer gewährleistet werden sollte.
XIV. Bildung einer Vereinigung der Nationen, die allen Staaten in gleicher Weise Unabhängigkeit und territoriale Unverletzlichkeit garantiert.

Zusammenfassung der Artikel nach: Günter Moltmann, Die Vereinigten Staaten von Amerika von 1917 bis zur Gegenwart, Paderborn 1987, S. 9

M4 Britische Vorstellungen

Der britische Premierminister David Lloyd George stellt den Konferenzteilnehmern in Paris am 25. März 1919 diese Überlegungen vor:

Wir wären weise, wenn wir Deutschland einen Frieden anböten, der – indem er gerecht ist – für alle vernünftigen Leute der Alternative des Bolschewismus vorzuziehen wäre. […]
Die größte Gefahr, die ich in der gegenwärtigen Situation sehe, ist die, dass Deutschland mit dem Bolschewismus gemeinsame Sache macht und sein Wirtschaftspotenzial, seine Intelligenz, sein gewaltiges Organisationstalent den revolutionären Fanatikern zur Verfügung stellt, deren Traum es ist, die Welt mit Waffengewalt für den Bolschewismus zu erobern.

Zit. nach: Gottfried Niedhart, Internationale Beziehungen 1917-1947, Paderborn 1989, S. 39f.

M5 Es konnte schlimmer kommen

Ein deutscher Historiker beurteilt im Jahre 2000 den Vertrag:

Versailles war hart. Aber kaum jemand in Deutschland machte sich bewusst, dass alles noch viel schlimmer hätte kommen können. Das Reich blieb erhalten und das Rheinland ein Teil Deutschlands. Deutschland war nach wie vor […] die wirtschaftlich stärkste Macht Europas. In gewisser Weise hatte sich die außenpolitische Lage Deutschlands gegenüber der Zeit vor 1914 sogar verbessert: Der Konflikt zwischen den Westmächten und Sowjetrussland bedeutete, dass Deutschland keinen Grund mehr hatte, sich „eingekreist“ zu fühlen. Und schon in Versailles waren die ersten Risse zwischen den westlichen Verbündeten, Frankreich auf der einen, England und den Vereinigten Staaten auf der anderen Seite, sichtbar geworden. […] Deutschland hatte gute Aussichten, wieder zur europäischen Großmacht aufzusteigen. Es bedurfte nur der nüchternen Einsicht in die neue Lage, um „Versailles“ in realistischen Proportionen zu sehen.

Heinrich August Winkler, Deutsche Geschichte vom Ende des Alten Reiches bis zum Untergang der Weimarer Republik, Sonderausgabe, Bonn 2000, S. 402

1. Prüfe anhand von Darstellung und Quellen, welche der 14 Punkte Wilsons umgesetzt wurden und welche nicht.
2. Erkläre, warum es laut Lloyd George „weise wäre“ (M4), einen gerechten Frieden anzubieten.
3. Fasse Winklers Urteil (M5) mit eigenen Worten zusammen.
4. Nimm Stellung, ob der Versailler Vertrag unerträglich hart war (M3-M5).

Januar: 14-Punkte-Plan des US-Präsidenten Wilson
13.10.: Waffenstillstandsgesuch der neuen deutschen Regierung
November: Ausrufung der Republik in Berlin
Dezember: Verfassunggebende Nationalversammlung

Februar: Beginn der Arbeit an einer neuen Verfassung in Weimar
Mai: Übergabe der Friedensbedingungen an Deutschland
28.06.: Unterzeichnung des Friedensvertrags in Versailles
Gründung des Völkerbundes

1915 1916 1917 1918 1919 1920 1921 1922

Republik unter Druck – Leben im Wandel

M 1 **Straßensperre in Berlin**
Foto (Ausschnitt) während des Kapp-Lüttwitz-Putsches vom 13. bis zum 17. März 1920 in Berlin

Neubeginn mit einer „Geschichtslüge“

Im November 1918 verbreiteten rechtsradikale Zeitungen die angebliche Bemerkung eines britischen Generals, die deutsche Armee sei durch Streiks und Unruhen in der Heimat zur Kapitulation gezwungen und damit „von hinten erdolcht“ worden. Die beiden Generäle Erich Ludendorff und Paul von Hindenburg machten daraus eine Verschwörungstheorie: Das deutsche Heer sei „im Felde unbesiegt“ geblieben und habe erst durch oppositionelle Zivilisten aus der Heimat einen „Dolchstoß von hinten“ erhalten.
Viele Deutsche glaubten dieser „Geschichtslüge“ und beschimpften die Politiker der Republik als „Novemberverbrecher“ und „Volksverräter“. Damit diente die **„Dolchstoßlegende“** vor allem deutschnationalen, völkischen und anderen rechtsextremen Gruppen und Parteien zur **Propaganda**.

Umsturzversuch von rechts

Seit 1919 planten rechtsradikale Offiziere und Freikorpsführer unter Leitung des Verwaltungsbeamten Wolfgang Kapp und des Generals Walther Freiherr von Lüttwitz einen **Putsch** (gewaltsame Machtübernahme). Freikorps besetzten am 13. März 1920 das Berliner Regierungsviertel. Die Reichswehrführung verweigerte der Regierung den militärischen Schutz. Reichspräsident Ebert und die Regierung forderten die Bevölkerung zum Widerstand auf. Die Gewerkschaften erklärten den Generalstreik. Arbeiter, Angestellte und Beamte befolgten ihn. Wenige Tage später flohen Kapp und seine Komplizen ins Ausland.

Aufstände von links

Im Ruhrgebiet, in Thüringen und Sachsen wollten linksradikale Arbeiter 1923 mit Gewalt eine Räterepublik durchsetzen. Die Regierung ließ den Aufstand niederschlagen – von Reichswehr und Freikorps. Die Führung der Reichswehr war nur bereit, gegen die Bedrohung von links zu kämpfen.

Rechtsradikaler Terror

Wegen der Unruhen und der Not nach dem Krieg ersehnten viele wieder den Glanz der „guten alten Zeit“. Konservative, nationalistische, antisemitische und rechtsradikale Politiker und Journalisten hetzten gegen die Vertreter der neuen Staatsordnung. Terroristische Geheimbünde ehemaliger Front- und Freikorpsoffiziere ließen Taten folgen. Sie ermordeten zahlreiche Anhänger der Republik.

1923 – Gewalt auf allen Seiten

Vor allem das Jahr 1923 war von Unruhen geprägt.[1] Gegner der Republik versuchten, die Krisenstimmung für ihre Absichten zu nutzen:
September: Die reichsfeindliche bayerische Landesregierung plante zusammen mit der bayerischen Reichswehrführung und rechtsradikalen Gruppen, Bayern vom Reich zu lösen und die Reichsregierung durch einen „Marsch auf Berlin“ zu stürzen.
Separatisten im Rheinland, in Rheinhessen und der Pfalz wollten mit französischer Hilfe Staaten gründen, die vom Deutschen Reich unabhängig sind („Rheinische Republik“, „Autonome Pfalz“). Dies scheiterte am Widerstand der Bevölkerung.
Oktober: In Hamburg schlug die Polizei einen Aufstand der KPD nieder. SPD-Regierungen nahmen in Thüringen einen und in Sachsen zwei KPD-Minister auf. So wollten sie die Feindschaft zwischen den Arbeiterparteien überwinden. Reichspräsident Ebert befürchtete aber die Vorbereitung eines kommunistischen Umsturzes, ließ Reichswehr einmarschieren und die KPD-Minister absetzen.
9. November: Der 1889 in Österreich geborene **Adolf Hitler**, seit 1921 unbeschränkter „Führer“ der rechtsradikalen **NSDAP** (Nationalsozialistische Deutsche Arbeiterpartei), wollte der bayerischen Regierung zuvorkommen und versuchte mit General Ludendorff in München, die Macht an sich zu reißen. Die Polizei schlug den schlecht organisierten Putschversuch nieder.

1. *Beurteile, ob die Weimarer Republik 1924 als politisch stabil einzuschätzen ist.*
2. *Prüfe, ob und gegebenenfalls wie die Weimarer Republik die Bedrohungen ausräumen konnte.*

[1] Siehe dazu auch S. 84.

Internettipp:
Informationen zur „Rheinischen Republik“ sind zu finden unter dem Mediencode 31022-18

▸ ***Geschichte In Clips:***
Zum Hitler-Putsch siehe Clip-Code 31022-19

„Dolchstoßlegende“* Propaganda* Putsch* Separatisten* Adolf Hitler* NSDAP*

M2 Nur ein Spottlied?

Bei Studentenverbindungen und Freikorps ist 1921 dieses Lied beliebt:

Wenn einst der Kaiser kommen wird,
schlagen wir zum Krüppel den Wirth[1],
knallen die Gewehre, tack, tack, tack,
aufs schwarze[2] und auf das rote Pack[3].
Haut immer feste auf den Wirth!
Haut seinen Schädel, dass er klirrt!
Knallt ab den Walther Rathenau[4],
die gottverfluchte Judensau.

Schwarzwälder Volkswacht, 4. Juli 1921

M3 Aus dem Strafgesetzbuch der Bundesrepublik Deutschland

Den Tatbestand einer Volksverhetzung definiert § 130 Absatz 1 des Strafgesetzbuchs:

Wer in einer Weise, die geeignet ist, den öffentlichen Frieden zu stören, gegen eine nationale, rassische, religiöse oder durch ihre ethnische Herkunft bestimmte Gruppe, gegen Teile der Bevölkerung oder gegen einen Einzelnen wegen seiner Zugehörigkeit zu einer vorbezeichneten Gruppe oder zu einem Teil der Bevölkerung zum Hass aufstachelt, zu Gewalt- oder Willkürmaßnahmen auffordert oder die Menschenwürde anderer dadurch angreift, dass er eine vorbezeichnete Gruppe, Teile der Bevölkerung oder einen Einzelnen wegen seiner Zugehörigkeit zu einer vorbezeichneten Gruppe oder zu einem Teil der Bevölkerung beschimpft, böswillig verächtlich macht oder verleumdet, wird mit Freiheitsstrafe von drei Monaten bis zu fünf Jahren bestraft."

Der Schuss, der Rathenau gefällt,
kam wieder von der Rechten.
Er zeigt der ganzen weiten Welt
Grell, wie vom Blitzlicht aufgehellt,

Das Spiel von dunklen Mächten:
Es galt der Schutz der Republik,
Die sie mit Schurken-Politik
Zu gern zu Falle brächten.

M4 Mordopfer 1921/22

Zeichnung und Gedicht (Auszug) aus der sozialdemokratischen Zeitschrift „Der wahre Jacob", 14. Juli 1922

[1] Joseph Wirth (Zentrum, 1879-1956): 1921/22 Reichskanzler, 1920-1922, 1929-1931 Reichsminister
[2] Zentrumspartei
[3] SPD, USPD, KPD
[4] Walther Rathenau (DDP, 1867-1922): 1921 Wiederaufbauminister, 1922 Außenminister. Verfolgte das Ziel, die Friedensvereinbarungen bis an die Grenze des Möglichen zu erfüllen, um ihre Unerfüllbarkeit zu beweisen.

M5 „Wählt deutschnational"

Wahlplakat der DNVP (Deutschnationale Volkspartei) von 1924

Zu den politischen Parteien in der Weimarer Republik und ihren Ausrichtungen siehe S. 83.

1. *Erstelle eine Tabelle, in der du die verschiedenen Gefährdungen der Weimarer Republik jeweils politischen Gruppen zuordnest.*
2. *Informiere dich im Internet über politische Tätigkeit und Tod der in M4 genannten Personen Kurt Eisner, Karl Gareis, Matthias Erzberger und Walther Rathenau. Interpretiere, wen die in Trauerkleidung gehüllte Frau symbolisieren könnte.*
3. *Erläutere die Zielsetzung des Plakates M5. Beurteile die Wirkung von Text und Bild.*
4. *Begründe, warum die „Dolchstoßlegende" ein dankbares Motiv für die Gegner der Weimarer Republik war.*
5. *Prüfe, ob Paragraf 130 des heutigen Grundgesetzes (M3) gegen die hier dargestellten Bedrohungen der Weimarer Republik hilfreich gewesen wäre.*
6. *Diskutiert, inwiefern Demonstrationen gegen Terror und der Paragraf gegen Volksverhetzung heute wirksam sind.*

1919: Entstehung und Verbreitung der „Dolchstoßlegende"
1920: der sog. Kapp-Putsch scheitert
1923: Höhepunkt einer Reihe von linksradikalen Aufständen und separatistischer Bestrebungen; Der Hitler-Putsch in München scheitert

1918 | 1919 | 1920 | 1921 | 1922 | 1923 | 1924 | 1925

Umstrittenes Parlament

M 1 „Gegen Diktatur von links und rechts"
Die Deutsche Demokratische Partei (DDP) ließ dieses Plakat für die Wahl zum ersten Reichstag 1920 gestalten

Mangelnde Kompromissfähigkeit

Von Februar 1919 bis Januar 1933 gab es 20 verschiedene Regierungen unter insgesamt zwölf Reichskanzlern. Manche hielten sich nur zwei Monate, die längste knapp zwei Jahre. Das zeigt, dass die Weimarer Republik keine stabilen Regierungen besaß.

Die Parteien im Reichstag konnten sich selten auf Kompromisse einigen. Es gab mehr Grundsatzdebatten als praktische Lösungen. Regierungskoalitionen lösten sich schnell auf. Denn wie im Kaiserreich verstanden sich die Parteien oft ausschließlich als Interessenvertreter ihrer Wähler. Dazu kamen innerparteiliche Spannungen. Die SPD, bis 1932 stärkste Fraktion des Reichstages, beteiligte sich von November 1923 bis Mai 1928 wegen eigener Zerstrittenheit nicht an den Regierungen, unterstützte aber bei Abstimmungen oft die Politik des „Bürgerblocks" aus Zentrum, DDP und DVP (Deutsche Volkspartei).

Gegner im Parlament

Im Reichstag saßen nicht nur demokratische Parteien, die für die Republik eintraten. Für KPD und USPD war die Revolution von 1918 nicht weit genug gegangen. Konservative und rechtsradikale Parteien verachteten das parlamentarische System und die Republik und forderten autoritäre Regierungen. Sobald diese Gegner eine Mehrheit erlangten, wurde das Parlament handlungsunfähig.

Welche Partei für wen?

SPD, USPD und KPD waren Arbeiterparteien. Das Zentrum vertrat Katholiken aus allen Bevölkerungsschichten, die DDP Kaufleute, Handwerker, Angestellte, besonders das gebildete Bürgertum, die DVP Gewerbetreibende und die Großindustrie, die **DNVP** (Deutschnationale Volkspartei) die Großgrundbesitzer.

Zerstörung als Ziel

Nur ein einziges Mal wurde eine verfassungsfeindliche Partei verboten: die NSDAP nach dem Hitler-Putsch 1923[1]. Allerdings durfte sie sich 1925 neu gründen.

Die NSDAP wurde eine Art Volkspartei der Unzufriedenen aus allen Schichten mit Hass auf Republik und Demokratie, auf Sozialisten und Juden. Nach ihrem misslungenen Putschversuch änderte sie ihre Strategie. Sie trat bei Wahlen an. Denn sie wollte im Reichstag und den anderen Parlamenten eine möglichst große Fraktion bilden und damit die demokratischen Parteien schwächen sowie die parlamentarische Demokratie von innen zerstören.

1. *Nenne die beiden anderen „staatstragenden" Parteien, die neben der DDP zur „Weimarer Koalition" gehörten.*
2. *Fasse zusammen, was das Regieren verfassungstreuer Koalitionen erschwerte.*
3. *In der Bundesrepublik Deutschland verhindert ein Gesetz, dass Parteien mit weniger als fünf Prozent der abgegebenen Stimmen ins Parlament einziehen. Bewerte, ob diese Klausel heute noch sinnvoll ist.*
4. *Untersuche, wie die Radikalen auf dem Plakat dargestellt werden und welches Bild von der DDP vermittelt werden soll (M1).*

[1] Siehe S. 80.

DVP* DNVP*

M2 Auszüge aus Grundsätzen der Parteien

KPD 1919: [...] die sozialistische Produktionsordnung hat zur Voraussetzung die Beseitigung der politischen Macht der Bourgeoisie und deren Ersetzung durch die Diktatur des Proletariats.

USPD 1919: [...] setzt der Herrschaftsorganisation des kapitalistischen Staates die proletarische Herrschaftsorganisation auf der Grundlage des politischen Rätesystems entgegen, dem bürgerlichen Parlament [...] den revolutionären Rätekongress.

SPD 1921: [...] betrachtet die demokratische Republik als die durch die geschichtliche Entwicklung unwiderruflich gegebene Staatsform, jeden Angriff auf sie als ein Attentat auf die Lebensrechte des Volkes.

Zentrum 1923: [...] bekennt sich zum deutschen Volksstaat, dessen Form durch den Willen des Volkes auf verfassungsmäßigem Wege bestimmt wird.

DDP 1919: [...] steht auf dem Boden der Weimarer Verfassung [...]. Die deutsche Republik muss ein Volksstaat sein und unverbrüchlich zugleich ein Rechtsstaat.

DVP 1919: [...] wird im Rahmen ihrer politischen Grundsätze innerhalb der jetzigen Staatsform mitarbeiten. [...] erblickt in dem durch freien Entschluss des Volkes auf gesetzmäßigem Wege aufzurichtenden Kaisertum [...] die für unser Volk nach Geschichte und Wesensart geeignetste Staatsform.

DNVP 1920: Über den Parteien stehend verbürgt die Monarchie am sichersten die Einheit des Volkes, den Schutz der Minderheiten, die Stetigkeit der Staatsgeschäfte und die Unbestechlichkeit der öffentlichen Verwaltung. [...] für das Reich erstreben wir die Erneuerung des von den Hohenzollern aufgerichteten deutschen Kaisertums.

Zusammengestellt nach: Günter Schönbrunn (Bearb.), Weltkriege und Revolutionen 1914-1945. Geschichte in Quellen, München [3]1979, S. 166-169

M4 „Sie tragen die Buchstaben der Firma – aber wer trägt den Geist?"
Karikatur von Thomas Theodor Heine aus der satirischen Zeitschrift „Simplicissimus", 21. März 1927

M3 „Wir kommen als Feinde!"

Joseph Goebbels, seit 1925 Mitglied und 1928 Reichspropagandaleiter der NSDAP, schreibt vor der Reichstagswahl 1928 in einem Zeitungsartikel:

Wir werden Reichstagsabgeordnete, um die Weimarer Gesinnung mit ihrer eigenen Unterstützung lahmzulegen. Wenn die Demokratie so dumm ist, uns für diesen Bärendienst Freifahrtkarten und Diäten[1] zu geben, so ist das ihre eigene Sache. [...] Uns ist jedes gesetzliche Mittel recht, den Zustand von heute zu revolutionieren. [...] Wir kommen als Feinde! Wie der Wolf in die Schafherde einbricht, so kommen wir.

Zit. nach: Wolfgang Michalka und Gottfried Niedhart (Hrsg.), Deutsche Geschichte 1918-1933, Frankfurt am Main 1992, S. 170

[1] Diäten: Tagegelder für Abgeordnete

1. *Gib die Hauptaussagen für jede Partei mit eigenen Worten wieder (M2).*
2. *Weise nach, welche Parteien verfassungsfeindlich sind.*
3. *Ordne den Figuren in M4 die jeweilige Parteizugehörigkeit zu. Arbeite die Aussage der Karikatur heraus.*
4. *Erkläre, wie sich die Strategie der Nationalsozialisten gegenüber 1923 geändert hat.*

Bettelarme Millionäre – Inflation und soziale Konflikte

M 1 Bagatelle
Karikatur von 1923
Bagatelle bedeutet „unbedeutende Kleinigkeit".
Der Zeichner hat folgenden Dialog hinzugefügt:
„Fräulein, Ihnen ist ein Fünfzigtausender runtergefallen." – „Heben Sie ihn doch selber auf, wenn er Ihnen so gut gefällt."

Wer trägt die Kosten für den Krieg?

Die kaiserliche Regierung hatte den Krieg nicht durch Steuern finanziert, sondern durch Kriegsanleihen, d. h. Kredite von Banken, Firmen und Privatpersonen. Als ein Regierungsbeamter 1916 gefragt wurde, wer denn die Kriegsanleihen zurückzahlen solle, antwortete er: „Unsere besiegten Gegner."
Nach der Niederlage aber musste das Reich die Schulden selbst bezahlen. Dafür druckte der Staat Geld. Den Empfängern nützte das Geld aber wenig, denn es gab kaum Waren. Weil Sachgüter knapp waren und viele Menschen sie mit ihrem Geld kaufen wollten, stiegen die Preise. Es kam zu einer Inflation[1].

„Ruhrkampf"

Im Januar 1923 beschuldigte die französische Regierung Deutschland, Reparationslieferungen seien nicht erfüllt worden. Französische und belgische Truppen besetzten das Ruhrgebiet. Die Reichsregierung rief die Bevölkerung zu Ungehorsam und Arbeitsverweigerung auf. Arbeiter, Angestellte, Beamte und Unternehmer leisteten „passiven Widerstand". Das Reich unterstützte die Streikenden finanziell. In dem wichtigsten Industriegebiet Deutschlands wurde nicht mehr produziert. So fehlten Kohle und Waren. Im September 1923 brach die Regierung den „Ruhrkampf" ab, weil das Land erschöpft war.

Galoppierende Inflation

Nachdem durch den „Ruhrkampf" die Staatsausgaben zusätzlich gestiegen waren, ließ die Reichsbank Banknoten mit immer höheren Wertangaben drucken. Es gab immer mehr Geld, aber es war immer weniger wert. Schließlich druckten auch Städte, Kreise und Firmen eigene Banknoten, weil die staatlichen Druckereien nicht mehr nachkamen. Die Inflation war vollkommen außer Kontrolle geraten. Löhne, Gehälter und Renten wurden täglich ausgezahlt. Die Preise stiegen so schnell, dass man am nächsten Tag kaum noch etwas für seinen Lohn von gestern kaufen konnte (**galoppiernde Inflation**).

Verlierer und Gewinner der Inflation

Wer Geld gespart hatte, verlor sein Vermögen. Besitzern von Devisen (ausländisches Geld), Immobilien (wertbeständiger Besitz wie Grundstücke und Gebäude), Fabriken und Warenvorräten aber ging es gut. Wer Kredite aufgenommen hatte, konnte die Schulden nach kurzer Zeit mit entwertetem Geld zurückzahlen. Auch der Staat war die Schulden für die Kriegsanleihen los. Die Reparationszahlungen mussten aber mit Devisen geleistet werden. Die Schulden bei den Siegermächten blieben deshalb bestehen.

Währungsreform

Am 15. November 1923 verkleinerte die Regierung die Geldmenge auf ein Billionstel. Die Wirtschaft erholte sich. Die Verlierer von Inflation und **Währungsreform** fühlten sich bestohlen und betrogen. Sie legten ihre Verluste der Republik zur Last.

1. *Erläutere den Witz in M1.*
2. *Stelle dar, welche Folgen die Inflation für die Bevölkerungsmehrheit hatte.*
3. *Erkläre, warum es zu einer galoppierenden Inflation kam.*

[1] Inflation: Aufblähung (lateinisch), anhaltende Entwertung des Geldes durch Preissteigerung. Sie entsteht vor allem dann, wenn in einem Wirtschaftsraum die Geldmenge zum Beispiel durch umfangreiches Drucken von Banknoten schneller wächst als die Warenmenge.

galoppierende Inflation   Währungsreform*

M 2 Das Elend der Bevölkerung

In einem Roman berichtet Lion Feuchtwanger (1884-1959) über den Jahresanfang 1923:

Auf dem Lande zwar saß man schuldenfrei, lebte mit der zunehmenden Inflation immer üppiger; immer mehr Bauern hielten sich Automobile und Rennrösser. In den Städten aber stieg der Hunger. Das Brot wurde gesundheitsschädlich wie im Krieg.[1] […] In den Schulen saßen die Kinder ohne Frühstück, wurden ohnmächtig während des Unterrichts. Tuberkulose[2] griff um sich […]. Die Säuglingssterblichkeit stieg. Die jungen Mütter, gezwungen zur Berufsarbeit, mussten darauf verzichten, ihre Kinder zu stillen. Wieder dienten muffige Höhlen als Wohnungen, Zeitungspapier als Wäscheersatz, Pappschachteln als Kinderbetten. Es war ein kalter Winter. An der Ruhr bedeckte sich immer weiter das Land mit hochgeschichteter Kohle […] und ein großer Teil Deutschlands fror in ungeheizten Räumen.

Lion Feuchtwanger, Erfolg. Drei Jahre Geschichte einer Provinz (1929), Frankfurt am Main 1984, S. 595f.

M 3 Ein Auto für 10 Pfennige

Der Schriftsteller Leonhard Frank (1882-1961) schreibt in seiner Autobiografie zum Jahr 1923:

Zu dieser Zeit überschlug die Mark sich Tag für Tag schneller in den Abgrund. Ein Briefbogen war beträchtlich mehr wert als ein Tausendmarkschein. […] Ein Bekannter Michaels hatte ein Jahr vorher ein neues Benz-Cabriolet gekauft, gegen einen Wechsel[3], fällig in einem Jahr, und ihn jetzt mit Inflationsmark eingelöst. Das neue Auto kostete ihn […] eine Zehnpfennigmarke. Die Sparkassenbücher von Millionen kleiner Leute, die jahrzehntelang Groschen zu Groschen gelegt hatten, für ihr Alter, waren zu Papier geworden. Die übergroße Not riss Tausende dieser beraubten hoffnungslosen Alten in den Selbstmord.

Leonhard Frank, Links wo das Herz ist, München 1963, S. 92f.

[1] Dem Brotmehl wurde Kleie (ungenießbarer Abfall beim Mahlen) zugefügt, um das Brotgewicht zu erhöhen.

[2] Tuberkulose: Lungenkrankheit. Sie breitete sich aus, weil das Immunsystem der Menschen durch die Unterernährung geschwächt war.

[3] Wechsel: Zahlungsverpflichtung

M 4 Entwicklung des Geldwertes 1914-1923

	Offizieller Wechselkurs, 1 US-Dollar kostet[4]	*Wert eines Guthabens von 100 000 Mark*	*Wertverlust gegenüber 1914*
Juli 1914	4,20	100 000,00	0,0 %
Juli 1919	14,00	27 855,00	72,1 %
Juli 1920	39,50	10 638,00	89,4 %
Juli 1921	76,70	5 476,00	94,5 %
Januar 1922	191,80	2 189,00	97,8 %
Juli 1922	493,20	851,00	99,1 %
Januar 1923	1 972,00	23,46	100,0 %
Juli 1923	353 412,00	1,19	100,0 %
September 1923	98 860 000,00	0,00	100,0 %
Oktober 1923	25 260 208 000,00	0,00	100,0 %
November 1923	4 200 000 000 000,00	0,00	
15. November 1923	4,20		

Zahlen nach: Herbert Prokasky, Kriegsinflation und Weimarer Republik, in: Geschichte Lernen, Heft 67 (1999), S. 31 und Karlheinz Dederke, Reich und Republik. Deutschland 1917-1933, Stuttgart [8]1996, S. 279

[4] Angaben in Mark

M 5 Zweitverwertung
Foto vom Herbst 1923
Kinder mit Flugdrachen, gebastelt aus wertlos gewordenen Banknoten.

1. *Skizziere den Ablauf des Inflationsprozesses seit 1914 (Verfassertext, M4).*
2. *Prüfe, welche Bevölkerungsgruppen man als Gewinner und welche als Verlierer der Inflation bezeichnen kann (M3).*
3. *Begründe, warum es Gruppen in der Bevölkerung gibt, die sogar bis heute Angst vor einer galoppierenden Inflation haben.*
4. *Diskutiert, welche Auswirkungen diese Angst auf das politische Verhalten haben könnte.*

Mit uns zieht die neue Zeit!

M 1 Wandervögel
Foto von 1932

Wandervogel als Jugendkultur

In vielen Städten bildeten sich Ende des 19. Jh. Jugendgruppen, die sonntags mit Rucksack und Klampfe (Wandergitarre) in die Natur zogen. Die „Wandervögel" suchten ein einfaches, natürliches, selbstbestimmtes Leben.

Richtungen der „Jugendbewegung"

In der Kaiserzeit gründeten sich noch weitere Jugendorganisationen.

In der Arbeiterschaft hatte sich schon früh eine eigene Jugendbewegung entwickelt. In christlich geprägten Regionen entstanden konfessionelle Jugendgruppen. Auch andere Verbände und Parteien hatten Jugendorganisationen. Neben der Wandervogelbewegung bildeten sich nach dem Ersten Weltkrieg weitere unabhängige „Bünde", die zusammenfassend „Bündische Jugend" genannt wurden.

Auch wenn sie unterschiedliche Grundeinstellungen hatten, fühlten sich zunächst noch alle Gruppen als Teile der umfassenden Jugendbewegung und bemühten sich, ihr Leben in Selbstverantwortung und jugendgemäßen Lebensformen zu gestalten.

Sie hatten gemeinsame Formen der Freizeitgestaltung: Heimabend, Wanderung, Zeltlager, Singen von Volks- und Fahrtenliedern sowie ähnliche Symbole: Kluft[1], Fahnen, Abzeichen.

Politische Zielsetzungen

In der Weimarer Republik bekannte sich nur ein kleiner Teil der Jugendbewegung zur neuen demokratischen Ordnung.

Die Arbeiterjugend interessierte sich für Wirtschaft und Gesellschaft. Sie forderte mehr soziale Gerechtigkeit, demokratische Mitbestimmung, friedliches Miteinander zwischen den Völkern. Beispielsweise organisierten die sozialistischen „Kinderfreunde" große Zeltlager als „Kinderrepubliken". Dort sollten Gleichberechtigung, Selbstverantwortung und Demokratieverständnis praktisch eingeübt werden.

Die Wandervogelbewegung vertrat in der Weimarer Republik größtenteils nationalistische und antidemokratische Einstellungen. Die „Bündischen" verachteten die „Masse", verstanden sich als die „Besten" des Volkes und fühlten sich als zukünftige Elite. Dieses Leitbild und die Lebensform des Kampfes wurden von der Hitler-Jugend aufgegriffen und führten dazu, dass die Bündische Jugend nach 1933 fast problemlos von der HJ „geschluckt" wurde.

1. *Beschreibe die Entwicklung der Jugendbewegung.*
2. *Arbeite gemeinsame Kennzeichen der verschiedenen Strömungen der Jugendbewegung heraus.*

[1] Als Kluft wurde ursprünglich die Kleidung der wandernden Handwerksgesellen bezeichnet. In der Jugendbewegung bezeichnet sie die jeweils besondere Kleidung der einzelnen Vereinigungen (Bünde), auch als Zeichen der Zu(sammen)gehörigkeit.

M2 Selbstbestimmte Ordnung
Foto vom Zeltlager einer Kinderrepublik, 1931

M3 Teil einer Macht

Ein Führer aus der Bündischen Jugend beschreibt 1932 seine Vorstellungen von Leitbild und Lebensform:

Kriegsspiel! Wir balgen uns nicht untereinander und zerfetzen unsere Kluften[1]. Kriegsspiel! Nur mit den Gegnern. Der erste Anblick des Feindes[2] jagt mir das Blut gegen die Schläfen und ich stürze mich drauf, mit Gebrüll, während ich das Chaos noch vor den Augen habe und die Feindesstärke nicht kenne. Und nun brechen die Buben durchs Gehölz, balgen sich, und ich rase zähneknirschend auf den ersten los [...]. Und wahnsinnige Wut lebt in mir auf, weil ich erkenne: Wir tragen die blaue Kluft, deshalb hauen sie so auf mich, auf uns, und ich rase los und schlage mit einem Prügel um mich [...]. Strömendes Blut, weil wir die blaue Kluft tragen. Sieg!
Wie Springflut ist's in mir, wenn ich den Gleichschritt der Jungenschaft fühle, wenn ich weiß, mit mir marschieren Hunderte, Tausende. Soldaten des gleichen Zieles: Deutsche Jungenschaft. Es ist herrlich, Teil einer Macht zu sein. Noch herrlicher ist es, Führer auch nur eines kleinen Teils einer Macht zu sein.

Aus: Hebs, Mein Leben, in: Das Lagerfeuer 1932, Heft 1, S. 4f., nach: Harry Pross (Hrsg.), Die Zerstörung der deutschen Politik. Dokumente 1871 - 1933, Frankfurt am Main 1959, S. 174f.

M4 Uns gehört die Zukunft!

Der Text von Hermann Claudius (1878-1980) wird erstmals 1914 in der Jugendbeilage einer SPD-Zeitung abgedruckt.
Seit 1918 wird das Lied in allen Richtungen der Jugendbewegung gesungen. Der Autor, ursprünglich Volksschullehrer, passt sich 1933 dem Nationalsozialismus an.

Wanderlied
Wann wir schreiten Seit' an Seit'
und die alten Lieder singen
und die Wälder widerklingen,
fühlen wir, es muss gelingen:
Mit uns zieht die neue Zeit.

Die arbeitende Jugend. Monatsbeilage des Hamburger Echo, Juni 1914, S. 1

[1] Hier ist die dunkelblaue Jungenschaftsjacke (Juja) der „Deutschen Jungenschaft" gemeint.
[2] Gruppen anderer Jugendorganisationen

1. *Erkläre, inwiefern sich die Vorstellungen in M3 von den Ursprüngen der Wandervogelbewegung unterscheiden.*
2. *Charakterisiere die unterschiedlichen Ziele der verschiedenen Richtungen (Verfassertext, M1-M4).*
3. *Zählt Merkmale der heutigen Jugendkultur auf und vergleicht sie mit Aktivitäten und Symbolen der Jugendbewegung.*
4. *Nehmt Stellung, ob Zielsetzungen aus der Jugendbewegung für euch heute noch erstrebenswert sein können.*

Jugend zwischen Emanzipation und Instrumentalisierung

M1 Eine neue Jugendkultur

In einem Aufruf zum Ersten Freideutschen Jugendtag auf dem Hohen Meißner im Jahr 1913 formulieren verschiedene Jugendorganisationen ihre Ziele, die auch nach dem Ersten Weltkrieg Grundlage der Jugendbewegung bleiben:

Die Jugend, bisher aus dem öffentlichen Leben der Nation ausgeschaltet und angewiesen auf eine passive Rolle des Lernens [...], beginnt sich auf sich selbst zu besinnen.

[...] Sie, die im Notfall jederzeit bereit ist, für die Rechte ihres Volkes mit dem Leben einzutreten, möchte auch im Kampf und Frieden des Werktags ihr frisches reines Blut dem Vaterlande weihen. Sie wendet sich aber von jenem billigen Patriotismus ab, der sich die Heldentaten der Väter in großen Worten aneignet, ohne sich zu eigenen Taten verpflichtet zu fühlen, dem vaterländische Gesinnung sich erschöpft [...] in der Bekundung des Willens zu äußerer Machterweiterung und in der Zerreißung der Nation durch die politische Verhetzung. Die unterzeichneten Verbände haben, jeder von seiner Seite her, den Versuch gemacht, den neuen Ernst der Jugend in Arbeit und Tat umzusetzen; sei es, dass sie den Befreiungskampf gegen den Alkohol aufnahmen, sei es, dass sie eine Veredlung der Geselligkeit oder eine Neugestaltung der akademischen Lebensformen versuchten, sei es, dass sie der städtischen Jugend das freie Wandern und damit ein inniges Verhältnis zu Natur und Volkstum wiedergaben, sei es, dass sie den Typus einer neuen Schule als des Heims und Ursprungs einer neu gearteten Jugend ausgestalteten. [...] Uns allen schwebt als gemeines Ziel die Erarbeitung einer neuen edlen deutschen Jugendkultur vor.

Zit. nach: Werner Kindt (Hrsg.), Dokumentation der Jugendbewegung, Bd. 1, Düsseldorf 1963, S. 93

M2 Wandergruppe der Jugendbewegung beim Musizieren im Freien
Foto von 1932

M3 „Gegen die erstarrten Formen"

Die Schriftstellerin und Publizistin Margarete Buber-Neumann (1901 - 1989) blickt in ihrer Autobiografie auch auf ihre Erfahrungen in der bürgerlichen Jugendbewegung „Altwandervogel" zurück:

Zu Beginn wurde ich wohl nur von der Naturschwärmerei angezogen und von der Lust des jungen Menschen am gemeinsamen Erlebnis, bald spürte ich jedoch, [...] dass es um Entscheidenderes ging als nur um Wandern und Lagerfeuerromantik. Soweit diese Verbände überhaupt ein klares Programm besaßen, war einer ihrer wesentlichen Punkte der Kampf gegen die erstarrten Formen der bürgerlichen Gesellschaft und gegen das Diktat der Erwachsenen in Schule und Elternhaus. [...] Man versuchte vor allem, sich in Gebaren, Sprache und Aussehen von allen anderen Menschen zu unterscheiden. [...]

Wir sangen, wanderten, sprangen über Sonnwendfeuer hinweg, und es dauerte auch bei mir geraume Zeit, bis ich aus den Scheiten dieser Feuer noch einen anderen, weniger würzig duftenden Rauch aufsteigen fühlte, den Qualm eines deutschtümelnden Mystizismus[1], der die im echten Sinne fördernde Zukunftswirkung der Jugendbewegung in der Wurzel zerstörte, der sie in mancher Hinsicht zur Vorläuferin einer späteren Bewegung werden ließ [...].

Zum Programm der Bewegung gehörte selbstverständlich auch, dass der Körper den Weg zurück zur Natur fand. Wir waren verpflichtet, „natürlich zu leben", und kleideten uns dementsprechend. Kein Wandervogelmädchen durfte sich mehr in Korsett und Stöckelschuhe zwängen oder vielleicht gar die Haare künstlich wellen. Man kostümierte sich auf Griechisch, trug farbige Holzperlenketten um den Hals und flache Sandalen, sogenannte „Jesuslatschen", an den Füßen. Die Jünglinge ließen die Haare so lang wie nur möglich flattern und ersetzten den bürgerlichen Männeranzug durch bunte Kittel und kurze Hosen.

Margarete Buber-Neumann, Von Potsdam nach Moskau. Stationen eines Irrweges, Frankfurt am Main/Berlin 1957, S. 24-27

[1] Mystizismus: Wunderglaube, Schwärmerei

M4 „Macht Platz, ihr Alten!“

Der Journalist Jan Friedmann schreibt in einem Artikel zur Jugend in der Weimarer Republik:

In keinem anderen Jahrzehnt prallten die Generationen so heftig aufeinander wie in den zwanziger Jahren. „Macht Platz, ihr Alten!“, schleuderte der Reichspropagandaleiter der NSDAP, Gregor Straßer, im Jahr 1927 dem Establishment der Weimarer Republik entgegen. „Macht Platz, ihr Unfähigen und Schwachen, ihr Blinden und Tauben, ihr Ehrlosen und Gemeinen, ihr Verräter und Feiglinge, macht Platz, ihr seid gewogen und zu leicht befunden worden.“ Ihren ideologischen Fundus hatte sich die selbstbewusste Avantgarde in den Schützengräben des Ersten Weltkrieges angeeignet. Tatsächlich waren es zwei Generationen von Jugend, die dort geprägt wurden. Da waren zum einen die Jahrgänge der zwischen 1880 und 1900 Geborenen, die eigentliche Frontgeneration. Angetreten in rauschhafter Begeisterung, erlebten sie den Krieg als ungeheure Schlachtbank […]. Jeder dritte der zwischen 1892 und 1895 geborenen deutschen Männer verlor hier sein Leben.

So schlossen die Überlebenden: Nur wer in der Gemeinschaft funktioniert […], hat eine Chance. Doch die Heroisierung der Härte und des Opfers prägte auch die Jüngeren. Sie absorbierten die kaiserliche Kriegspropaganda, die Durchhalteparolen der Lehrer und Amtsleute, sie glaubten an die Dolchstoßlegende. […]

Ihre Ideale von Kameradschaft, soldatischer Männlichkeit und freiwilliger Unterordnung fand die Jugend in den zahlreichen paramilitärischen Verbänden und bündischen Organisationen. Alle politischen Parteien schufen sich solche Nebenorganisationen: die Kommunisten etwa den „Roten Frontkämpferbund“ (1924), die Sozialdemokraten das „Reichsbanner Schwarz-Rot-Gold“ (1924), die Katholiken die „Windthorstbünde“ (1920), die DDP den „Jungdeutschen Orden“ (1920), die DNVP ihren „Stahlhelm“ (1918) – und die NSDAP warb mit der Parole „Jugend führt Jugend“ für ihre Sturmabteilung SA (1921).

Alle Bünde boten Marschieren in Kolonnen und Wehrertüchtigung […]. Ziel sei die „geistige und seelische Rüstung der wehrhaften Jugend“ […].

Jan Friedmann, „Macht Platz, ihr Alten“, in: Spiegel Special Geschichte 1/2008, S. 38 - 42

M5 Propaganda der NSDAP

Plakat, um 1933

Der NSDAP gelang es, in großer Zahl junge Unterstützer zu mobilisieren, indem sie sich als Verkörperung des „jungen“ Deutschland und unverbrauchte Kraft stilisierte. Nach 1933 perfektionierte die NS-Diktatur mit ihren Jugendorganisationen, der „Hitler-Jugend“ (HJ) und dem „Bund Deutscher Mädel“ (BDM), das System des Drills und Schleifens – eine Erziehung, die zunehmend der Vorbereitung auf den Krieg diente. Mehr dazu ab S. 132.

Projektvorschlag

Untersucht die Texte und Materialien M1 bis M5. Bildet Arbeitsgruppen. Jede Gruppe bearbeitet eines der Materialien oder Teilaspekte auf der Grundlage der folgenden Fragestellungen. Stellt eure Ergebnisse den anderen Gruppen vor (Mindmap, Vortrag, Plakat etc.). Tragt anschließend die Teilergebnisse zusammen und beantwortet gemeinsam die übergreifenden Arbeitsfragen 2, 3, 5 und 7.

1. *Arbeitet die Ziele und das Selbstverständnis der Jugendbewegung heraus (M1, M3). Erstellt dazu eine Mindmap.*
2. *Was kennzeichnet die Jugend dieser Zeit? Vergleicht die Materialien miteinander. Welche Gemeinsamkeiten und welche Unterschiede lassen die Texte M1, M3 und M4 erkennen? Tragt diese in eine Tabelle ein.*
3. *Diskutiert, inwiefern die Ziele und das Selbstverständnis der Jugend Anfang des 20. Jh. mit denen der heutigen Jugend vergleichbar sind.*
4. *Erörtert die Rolle des Ersten Weltkrieges für die Prägung der Jugend.*
5. *Erläutert die Überschrift „Jugend zwischen Emanzipation und Instrumentalisierung“. Inwiefern kann von „Emanzipation“ gesprochen werden? Was ist mit „Instrumentalisierung“ gemeint und durch wen?*
6. *Analysiert die in M4 und M5 deutlich werdende Entwicklung. Was bedeutet dies für die Gesellschaft? Überlegt, welche Maßnahmen nötig gewesen wären, um dieser Entwicklung vorzubeugen oder entgegenzusteuern. Denkt an Schule, Erziehung, staatliche Fürsorge etc.*
7. *Übertragt die Überlegungen auf die heutige Zeit und begründet: Welche Einflüsse spielen bei der Prägung der Jugend heute eine Rolle? Welche seht ihr positiv, welche negativ und warum?*

Vom Feind zum Partner

Verständigung mit Sowjetrussland

Anfangs hatte das Deutsche Reich keine Bündnispartner mehr. Der bisher wichtigste Verbündete, Österreich, war mittlerweile nur noch ein kleiner Staat. 1922 und 1926 kam es zur Zusammenarbeit mit einem Staat, der international ebenfalls wenig Ansehen hatte: der kommunistischen Sowjetunion. Die beiden Kriegsverlierer vereinbarten diplomatische Beziehungen, gegenseitige Neutralität, Handelsbeziehungen und Verzicht auf Reparationen. Die Reichswehr produzierte und erprobte in der Sowjetunion heimlich moderne Waffen, die sie nach dem Versailler Vertrag nicht besitzen durfte.

Kriegsschulden und Reparationen

Im Weltkrieg hatten Frankreich und Großbritannien Lebensmittel und Waffen von den USA erhalten und sich dafür hoch verschuldet. Nach dem Sieg versuchten die Alliierten, das nötige Geld durch Reparationen vom Kriegsverlierer Deutschland zu erhalten. Aber die deutsche Wirtschaft musste sich selbst erst erholen, damit das Land die geforderte Geldmenge aufbringen konnte. Die anfangs unbeschränkten Zahlungen überforderten Deutschland.
Der Plan des amerikanischen Bankiers Charles Dawes von 1924 nahm darauf Rücksicht: Bis 1929 erhielt das Deutsche Reich hohe Kredite. Sie halfen beim Wiederaufbau der Wirtschaft.

Verständigung mit den Westmächten

Gustav Stresemann (DVP), von 1923 bis zu seinem frühen Tod 1929 deutscher Außenminister, und sein französischer Kollege **Aristide Briand** bemühten sich um bessere Beziehungen ihrer verfeindeten Länder.
Auf einer Konferenz im schweizerischen Locarno 1925 garantierte Deutschland die endgültige Anerkennung der Grenze zu Frankreich und Belgien. Gegenüber Polen und der Tschechoslowakei verzichtete Deutschland darauf, gewaltsam die Grenzen zu verändern. Das wollte es auf friedlichem Weg erreichen. 1926 wurde Deutschland in den Völkerbund aufgenommen.
Viele hofften, dass der Dawes-Plan und der Vertrag von Locarno die Grundlage wären für Abrüstung und eine neue friedliche Ordnung in Europa.

Olympische Spiele

Die Olympischen Spiele sind ein Beispiel dafür, wie sich das Ansehen Deutschlands in den 1920er-Jahren verbesserte. 1920 und 1924 war Deutschland ausgeschlossen gewesen. Seit 1928 durfte die deutsche Mannschaft wieder teilnehmen. 1931 wurden für 1936 die Sommerspiele nach Berlin und die Winterspiele nach Garmisch-Partenkirchen vergeben.

M 1 Deutschland im internationalen Wirtschaftskreislauf 1924 bis 1932

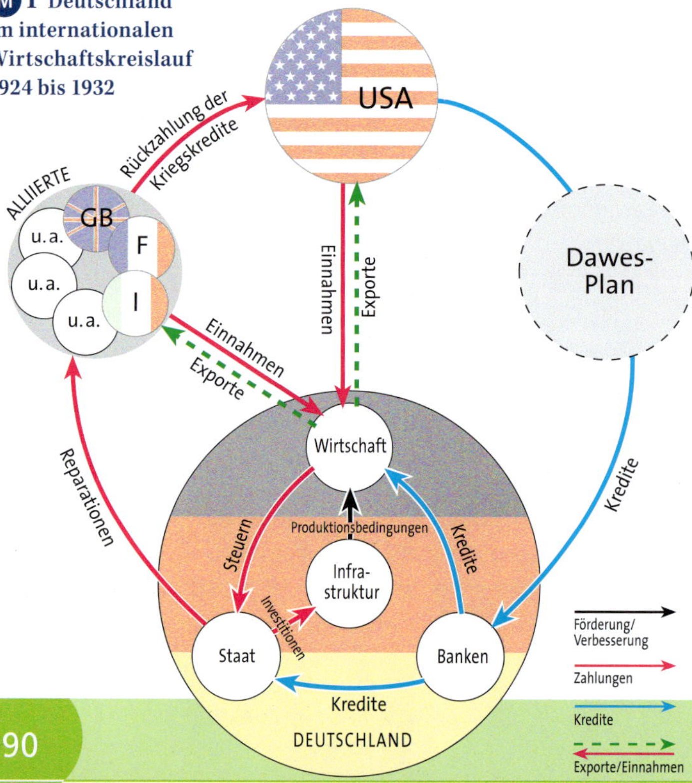

1. *Erstelle eine Zeitleiste zur Außenpolitik der Weimarer Republik.*
2. *Prüfe anhand von Wortwahl und Argumentation, wie der Verfassertext den Dawes-Plan bewertet.*
3. *Diskutiert darüber, was internationale Wirtschaftsbeziehungen und Außenpolitik miteinander zu tun haben.*
4. *Setzt verschiedenfarbige Spielfiguren in die Länderkreise des Schaubildes M1. Entwickelt in zwei Gruppen Hypothesen für die Folgen für die einzelnen „Figuren" und das ganze System, falls*
   a) die US-Kredite kurzfristig zurückgefordert werden,
   b) die einzelnen Staaten durch hohe Importzölle Einfuhren erschweren oder verhindern.

Gustav Stresemann* Aristide Briand*

M2 Aufnahme in den Völkerbund

Am 8. September 1926 stimmt die Vollversammlung des Völkerbundes für die Aufnahme Deutschlands. In seiner Rede erklärt Stresemann:

Für die Begrüßung den Dank Deutschlands zum Ausdruck zu bringen, ist meine erste Pflicht. […] Deutschland tritt mit dem heutigen Tage in die Mitte von Staaten, mit denen es zum Teil seit langen Jahrzehnten in ungetrübter Freundschaft verbunden ist, die zum anderen Teil im letzten Weltkrieg gegen Deutschland verbündet waren. Es ist von geschichtlicher Bedeutung, dass Deutschland und diese letzteren Staaten sich jetzt im Völkerbunde zu dauernder, friedlicher Zusammenarbeit zusammenfinden. […]

Der göttliche Baumeister der Erde […] gab den Völkern verschiedene Blutströme, er gab ihnen als Heimat Länder verschiedener Natur. Aber es kann nicht der Sinn einer göttlichen Weltordnung sein, dass die Menschen ihre nationalen Höchstleistungen gegeneinanderkehren und damit die allgemeine Kulturentwicklung immer wieder zurückwerfen […]. [Das] sicherste Fundament für den Frieden ist eine Politik, die getragen wird von gegenseitigem Verstehen und gegenseitiger Achtung der Völker.

Der französische Außenminister Briand sagt:

Was bedeutet nun dieser heutige Tag für Deutschland und Frankreich? Das will ich Ihnen sagen: Es ist Schluss mit jener langen Reihe schmerzlicher und blutiger Auseinandersetzungen, die die Seiten unserer Geschichte beflecken, es ist Schluss mit dem Krieg zwischen uns, Schluss mit den langen Trauerschleiern. Keine Kriege, keine brutalen Gewaltlösungen soll es von jetzt ab mehr geben. Ich weiß, dass Meinungsverschiedenheiten zwischen unseren Ländern auch heute noch bestehen, aber in Zukunft werden wir sie genauso wie die Einzelpersonen vor dem Richterstuhl in Ordnung bringen. Deshalb sage ich: Fort mit den Gewehren, den Maschinengewehren, den Kanonen! Freie Bahn für die Versöhnung, die Schiedsgerichtsbarkeit und den Frieden!

Paul Schmidt, Statist auf diplomatischer Bühne 1923-1945: Erlebnisse des Chefdolmetschers im Auswärtigen Amt mit den Staatsmännern Europas, Bonn ²1950, S. 114 ff., und Heinz Hürten (Hrsg.), Weimarer Republik und Drittes Reich 1918-1945, Stuttgart 1995, S. 114 f. (Rede Stresemanns)

M3 Und nun den nächsten Schritt! Karikatur von David Low in der englischen Zeitung „Star" vom 1. Dezember 1925

Disarmament = Abrüstung

M4 Internationales Ansehen für die Weimarer Republik

Der Schriftsteller Thomas Mann beurteilt 1930 das Wirken Gustav Stresemanns:

Wenn in der großen Versammlung in Genf der Vorsitzende […] den Namen des deutschen Außenministers nennt, Stille sich über den Saal breitet und der alte Briand, […] der Engländer, der Pole, der Italiener ihre Kopfhörer nehmen, um sich kein Wort von dem entgehen zu lassen, was der Vertreter des Deutschen Reiches der Welt zu sagen hat, – dann sieht und fühlt man die Veränderungen und Fortschritte […]. Am Ende der Politik Stresemanns stand und steht die friedliche Revision des Versailler Vertrages mit bewusster Zustimmung Frankreichs und ein deutsch-französisches Bündnis als Fundament des friedlichen Aufbaus Europas.

Thomas Mann, Deutsche Ansprache, Berlin 1930, S. 27 ff.

1. *Erläutere die wichtigsten Probleme der deutschen Außenpolitik dieser Zeit (Verfassertext, M2, M4).*
2. *Interpretiere die Karikatur M3. Setze sie in Beziehung zu M2. Beurteile Hoffnungen und Befürchtungen der Autoren für die Zukunft Europas.*
3. *Erörtere, ob die Hoffnungen der beiden Außenminister auf eine friedlichere Zukunft realistisch waren (M2, M4).*

Zusammenarbeit Deutschlands mit der Sowjetunion
Annäherung zwischen Deutschland und Frankreich
Dawes-Plan
Aufnahme Deutschlands in den Völkerbund
Vertrag von Locarno
Deutschland darf wieder an Olympischen Spielen teilnehmen
Vergabe der Olympischen Spiele 1936 an Deutschland (Berlin)
1920 1930 1940

Das Leben der jüdischen Minderheit

Bedeutende religiöse Minderheit

Deutsche mit jüdischem Glauben waren eine kleine, aber bedeutende Minderheit. 1925 gab es etwa 500 000 Juden in Deutschland. Das entsprach 0,8 Prozent der Bevölkerung. Die Hälfte lebte in sieben Großstädten: 165 000 in Berlin, 30 000 in Frankfurt am Main, die übrigen in Breslau, Hamburg, Köln, Leipzig und München. Die jüdische Landbevölkerung war meist schon seit Generationen oder gar Jahrhunderten in Dörfern und Kleinstädten verwurzelt.

Der weitaus größte Teil der jüdischen Bevölkerung, über 70 Prozent, unterschied sich in ihrem Verständnis als Deutsche und in ihrer Lebensweise nicht von den übrigen Mitbürgern. Die jüdische Religion hatte für sie keine oder nur geringe Bedeutung – im Gegensatz zu den orthodoxen Juden.

Städtisches Judentum

Der größte Teil der jüdischen Bürger in den Städten waren Kaufleute, Fabrikanten oder Bankiers. Andere Berufe durften die Juden seit dem Mittelalter bis ins 19. Jh. nicht ausüben. Wohlhabende Juden engagierten sich häufig sozial und förderten kulturelle Einrichtungen wie Theater oder Museen. Meist waren die jüdischen Einwohner zusammen mit der Mehrheitsbevölkerung bei der Feuerwehr, in Gesangs- und Turnvereinen oder in Karnevalsgesellschaften. Politisch unterstützten sie vorwiegend sozialistische und bürgerliche demokratische Parteien. Bekannte Fußballclubs wie Bayern München oder Eintracht Frankfurt wurden von jüdischen Fabrikanten finanziell gefördert.

M 1 Hauptsynagoge in Mainz
Foto der Synagoge an der Straßenecke Hindenburgstraße/Josefsstraße. Sie wurde 1911/12 gebaut.

Geistiges und kulturelles Leben

Überdurchschnittlich viele jüdische Schüler besuchten höhere Schulen und studierten. Populäre Schauspieler, Künstler, Schriftsteller und Komponisten waren oft jüdischer Herkunft. In der Forschung leisteten deutsche Juden Besonderes. Zwischen 1921 und 1931 waren fünf der 15 deutschen Nobelpreisträger jüdische Wissenschaftler, z. B. Albert Einstein.

Jüdisch-christlicher Alltag auf dem Land

Vom Leben des städtischen Judentums unterschied sich der Alltag der Landjuden. Sie betrieben vorwiegend Kleinhandel mit Vieh, Saatgut, Futtermitteln, Textilien und Gebrauchsgegenständen für den Bedarf der deutschen Nachbarn. Manche Landjuden lebten am Rand des Existenzminimums.

Gefährdung trotz Verwurzelung

Meist gab es zwischen Juden und Christen keine offenen Konflikte. Viele Christen halfen sogar ihren jüdischen Nachbarn, wenn diese am Sabbat, dem jüdischen Ruhetag der Woche, keine Arbeit (z. B. Feuer anzünden im Herd) verrichten durften. Aber die Mehrheit blieb auf Distanz oder zeigte zum Teil offen ihre Missachtung. Gründe dafür waren die religiöse Andersartigkeit, Ängste und Neid gegenüber der vermeintlich überlegenen jüdischen Konkurrenz oder das ungewöhnliche Äußere von jüdischen Einwanderern aus Osteuropa.

Nicht selten gab es auch Pöbeleien und Gewalttätigkeiten. Antisemitische Propaganda vergrößerte die Kluft zu den jüdischen Mitbürgerinnen und Mitbürgern und schürte die Ängste. Sie stellte den Erfolg und Fleiß von Juden so hin, als versuchten Juden, das deutsche Volk zu beherrschen und auszubeuten.

1. *Unterscheide verschiedene Gruppen innerhalb des deutschen Judentums.*
2. *Recherchiert im Archiv oder in regionalgeschichtlichen Veröffentlichungen und im Internet über jüdische Bewohner eures Wohn- oder Schulortes vor 1933. Sammelt Bilder und andere Quellen und erstellt arbeitsteilig Poster zu unterschiedlichen Lebensbereichen.*

M2 Das Landjudentum

In einer Publikation wird über die jüdische Bevölkerung im heutigen Rhein-Hunsrück-Kreis geschrieben:

Nach den Pogromen und Ausweisungen aus den Städten gab es eine jüdische Bevölkerung im Reich vor allem auf dem Land. Als 1801 das linke Rheinufer Teil Frankreichs wurde, waren die Juden links des Rheins französische Bürger. [...]

In Koblenz wurde ein jüdisches „Konsistorium“ gebildet, das aus Rabbinern und Laien bestand und als Verbindung zwischen Regierung und jüdischen Gemeinden dienen sollte. Juden durften nur Handel treiben, wenn sie im Besitz eines [...] „Patents“ waren. Dafür brauchten sie ein Leumundszeugnis. Juden sollten Wehrpflicht leisten und auch Land erwerben dürfen. Besondere Abgaben für Juden wurden abgeschafft und alle mussten sich Vor- und Zunamen zulegen.

[...] Allerdings war das Führen christlicher Vornamen von 1816 bis 1848/50 verboten. Die Gemeinden wurden vom Staat kontrolliert und einige Berufe wie z. B. Beamte, Offiziere blieben ihnen weiterhin verwehrt. [...]

Das Bild des Juden im Hunsrück ist dennoch bis heute geprägt als Händler, vor allem als Viehhändler. Wegen der intensiven und verbesserten Viehwirtschaft auf dem Hunsrück waren viele Juden im 19. Jahrhundert dorthin gezogen. Jüdische Viehhändler stellten ihr Vieh zeitweise bei Nichtjuden unter und ließen es dort füttern, wenn sie kein Weideland besaßen.

Die Berufsstruktur der jüdischen Bevölkerung im Gebiet des heutigen Rhein-Hunsrück-Kreises zeigt, dass die Spanne vom wohlhabenden Händler bis zum Hausierer und Tagelöhner enorm groß war [...]. Ein großer Teil der jüdischen Bevölkerung im 19. Jahrhundert lebte in ärmlichen Verhältnissen. In vielen Fällen werden in den Quellen die in den jüdischen Schulen erlernte Arbeitstechniken, der enorme Fleiß und die Bescheidenheit gelobt, die Juden zu beliebten Händlern machten. Wucher und überhöhte Zinsforderungen durch Juden sind nicht überliefert. Vielmehr war der jüdische Viehhändler im Hunsrückraum ein beliebter Handelspartner, da er bereit war, Zahlungserleichterungen und geringe Zinsen zu gewähren. Jüdische Viehhändler entwickelten sich zu Spezialisten für Viehkrankheiten [...]. Doch ihre Position war extrem konfliktreich. Sie waren zwar für den ländlichen Handel unentbehrlich, wurden aber vielfach für Risiken wie auftretende Seuchen oder Krankheiten verantwortlich gemacht.

Mit der völligen Gleichstellung seit der Weimarer Verfassung wandelte sich das Landjudentum. Alle Berufe standen den jungen Menschen nun offen, viele wanderten vom Land ab, gingen auf höhere Schulen und studierten oder ergriffen Handwerksberufe, die ihnen eine angenehmere Zukunft versprachen. Die zunehmende Assimilierung verschob die Berufsschwerpunkte, und auch die Abwanderung von der Stadt auf das Land brachte neue Berufe mit sich, wobei der hohe Anteil von freien Berufen wie Arzt, Anwalt, Presse, Theater und Film auffällt.

Leicht verändert nach: Förderkreis Synagoge Laufersweiler (Hrsg.), Jüdisches Leben auf dem Lande. Texte, Fotos und Dokumente zum jüdischen Leben im Rhein-Hunsrück-Kreis, Laufersweiler [2]2013, S. 14ff.

M3 Anteil der Beschäftigten in Wirtschaftsbereichen

Angaben für Preußen in % im Jahr 1925

Wirtschaftsbereich	Gesamtbevölkerung	jüdische Bevölkerung
Landwirtschaft	26,3	1,5
Industrie und Handwerk	36,6	21,9
Handel und Banken	15,3	49,7
Beamte	2,3	0,7
Freie Berufe (z. B. Anwälte)	2,0	4,3
Gesundheitswesen (Ärzte)	1,7	3,7
Hausangestellte	5,1	2,8
ohne Beruf	10,7	15,4

Vereinfacht nach: H. Silbergleit, Die Bevölkerungs- und Berufsverhältnisse der Juden im Deutschen Reich, Berlin 1930, S. 90ff.

Internettipps:
- Informationen über jüdisches Leben in Rheinland-Pfalz siehe Mediencode 31022-20
- Informationen zu jüdischem Alltagsleben unter Mediencode 31022-21
- Mediencode 31022-22 führt zu einem Beispiel einer antisemitischen Gewaltaktion, die die Nationalsozialisten vor ihrer Machtübernahme 1933 organisierten.

Exkursionstipp:
Synagoge Laufersweiler im Rhein-Hunsrück-Kreis siehe Mediencode 31022-20

1. *Unterscheide mehrere Phasen jüdischen Lebens im Gebiet des heutigen Rhein-Hunsrück-Kreises (M2).*
2. *Beschreibe die Entwicklung des Verhältnisses von jüdischer und nichtjüdischer Bevölkerung.*
3. *Übertrage die Daten der Tabelle M3 jeweils in ein Kreisdiagramm. Arbeite auffällige Unterschiede heraus und erkläre mithilfe von M2, wie die jüdische Berufsstruktur zustande kam.*
4. *Erörtert die antisemitischen Behauptungen,*
   *a) im Unterschied zum Deutschen gebe es **den** typischen Juden,*
   b) die Juden würden die deutsche Wirtschaft beherrschen,
   c) die Juden würden nur Geldhandel betreiben.

Die „Neue Frau"?

M 1 **Stenotypistinnen im Schreibbüro**
Foto, um 1929

Rechtliche Gleichstellung – in Grenzen

Frauen erhielten 1919 das Wahlrecht[1], endgültig wurden sie zum Studium an allen Universitäten zugelassen. Einschränkungen für Beamtinnen wurden aufgehoben, wie zum Beispiel die Vorschrift, dass Lehrerinnen nach der Eheschließung den Beruf aufgeben müssen. „Grundsätzliche" Gleichstellung hieß freilich, dass es noch zahlreiche Ausnahmen von der Gleichberechtigung gab. Bis 1977 durften Frauen in der Bundesrepublik nur dann berufstätig sein, wenn dies „mit ihren Pflichten in Ehe und Familie vereinbar" war.

Veränderte Berufswelt

Während des Krieges hatten Frauen in Fabriken, Büros und Verkehrsbetrieben viele Männer ersetzt, die zum Militär eingezogen worden waren. Auch nach Kriegsende stieg die Zahl der berufstätigen Frauen weiter an. Die meisten Frauen arbeiteten als Helferinnen im Familienbetrieb, in der Landwirtschaft und im Haus. Immer weniger waren als Dienstmädchen in fremden Haushalten tätig.

Mit der Vergrößerung und Rationalisierung der Fabriken wuchs der „Dienstleistungsbereich" mit Verwaltungs- und Büroarbeit weiter an. Noch stärker als die Zahl der Fabrikarbeiterinnen nahm die Gruppe der weiblichen Angestellten zu, besonders in großen Städten. 1925 war ein Drittel aller Angestellten weiblich: Sekretärinnen, Telefonistinnen, Stenotypistinnen – Angestellte, die Stenografie (Kurzschrift) und Maschinenschreiben beherrschten –, Verkäuferinnen. Für viele bedeutete es einen sozialen Aufstieg, wenn sie sich nicht in Landwirtschaft und Fabrik „die Hände schmutzig machen mussten".

Neues Frauenbild – neuer Lebensstil

Viele Verkäuferinnen und Büroangestellte wollten so sein, wie Kinofilme, illustrierte Zeitschriften und die Werbung die „Neue Frau" darstellten: erfolgreich im Beruf, wirtschaftlich unabhängig, selbstbewusst, gepflegt. Dieser Frauentyp nahm sich neue Freiheiten heraus, die Mode war Zeichen des neuen Lebensstils. Diese Frauen trugen kurze Röcke, verbargen aber auch weibliche Merkmale mit einer knabenhaften oder männlichen Mode, trugen zur modernen Kurzhaarfrisur („Bubikopf") einen Topfhut ohne Rand. Sie führten gewagte Tänze auf, missachteten herkömmliche Moralvorstellungen und rauchten in aller Öffentlichkeit. In der Werbung wurde die moderne Frau als schlank und sportlich dargestellt. Die Zahl der Frauen in Turn- und Sportvereinen verdoppelte sich.

Insgesamt war das Bild der „neuen Frau" ein Ideal in der Großstadt, vor allem in Berlin. Zudem galt es nur für Unverheiratete. Es war allgemein üblich, dass eine Angestellte sich nach der Heirat ausschließlich um Haushalt, Mann und Kinder kümmerte.

1. *Skizziere die Veränderungen, die es für Frauen seit 1918 in Deutschland gegeben hat.*
2. *Arbeite heraus, wie sich die technische Entwicklung und Veränderung in der Arbeitswelt auf die Berufstätigkeit und das Selbstbild der Frauen auswirkten.*
3. *Nimm Stellung dazu, ob die Überschrift für die Seite passend ist. Verfasse gegebenenfalls einen Alternativvorschlag.*

[1] Vgl. S. 71.

M 2 Traumberuf Büroangestellte?

Die Angestellte E. A. Klockenberg berichtet 1926 über ihre Arbeit:

Ich begann meine Tätigkeit als Maschinenschreiberin mit 17 Jahren in einem Abschriftenbüro, wo ich stundenlang Maschinendiktate schrieb und den Handabzugsapparat[1] bediente. Zu Beginn des dritten Jahres hatte ich derartige Schmerzen in den Fingern, Händen, Armen und Rücken, dass ich die Stellung aufgeben musste.

Zit. nach: Ursula Nienhaus, Berufsstand weiblich, Berlin 1982, S. 25f.

M 3 „Niedergang der Frau"

Der Wirtschaftswissenschaftler und Statistiker Richard Korherr, später Leiter des statistischen Amtes der SS, kritisiert 1929/30 moderne Entwicklungen:

Die Neuberliner Dame, emanzipiert, frei, auch in sexueller Beziehung, sinkt durch die gewollte Loslösung vom weiblichen Wesen immer tiefer herab. Sie ist nicht mehr Weib, kann aber auch nicht Mann sein. Ihre kulturelle und gesellschaftliche Stellung geht ständig zurück. [...] Das Girl, die Junggesellin, die Konkubine[2], die bessere Dirne – die Hetäre[3] Roms –, die Ehedirne, die nicht mehr Mutter sein will: das alles kündet einen Verfall, einen Niedergang der Frau an [...].

Richard Korherr, Berlin. Die neue Weltstadt, in: Süddeutsche Monatshefte, Jg. XXVII (1929/30), S. 391f.

M 5 Die „Neue Frau" im Straßenverkehr
Foto aus den 1920er-Jahren

M 4 Lotte am Scheidewege
Karikatur von Karl Arnold in der satirischen Zeitschrift „Simplicissimus", 1925

[1] Handabzugsapparat: mechanisches Gerät zum Vervielfältigen von Textblättern
[2] Konkubine: Geliebte (abwertend gemeint)
[3] Hetäre: in der Antike: gebildete Geliebte; auch anderes Wort für Prostituierte

1. *Erläutere Merkmale der „Neuen Frau" in den Bildern auf dieser Seite und S. 94.*
2. *Stellt in einer Szene ein damals mögliches Streitgespräch nach über die Veränderungen in Beruf, Privatleben und Selbstverständnis der Frauen zwischen jungen Leuten und älteren Menschen, deren Denken noch im Kaiserreich verwurzelt ist.*
3. *Stelle begründete Vermutungen an, weshalb sich die Gleichberechtigung und das Bild der „Neuen Frau" bis heute nur schwer oder gar nicht durchsetzten.*

Zeitleiste:
- Erstes deutsches Mädchengymnasium in Karlsruhe
- Frauen erhalten die Zulassung zu deutschen Universitäten und der Mitgliedschaft in Parteien
- Frauenwahlrecht in Deutschland
- Frauen erhalten Zugang zum Richter- und Anwaltsberuf
- Eine Verordnung ermöglicht die Entlassung von verheirateten Beamtinnen
- Ein Drittel der Angestellten sind Frauen

1890 | 1900 | 1910 | 1920 | 1930

Konjunktur – aber auf Pump

M 1 Siedlung Bruchfeldstraße in Frankfurt am Main
Foto von 1927
Der in Frankfurt geborene Architekt Ernst May (1886-1970) entwickelte 1925 bis 1930 als Leiter des Stadtbauamtes mehrere Mustersiedlungen am Stadtrand für „Das Neue Frankfurt".

Wirtschaftlicher Aufstieg

Die Währungsreform 1923 und der Dawes-Plan 1924 nutzten der Wirtschaft. Nun konnten Gemeinden und Unternehmen Kredite aufnehmen. Dadurch waren sie in der Lage, Industrieanlagen, das Verkehrswesen (Eisenbahn, Straßen, U-Bahn) und öffentliche Versorgungsbetriebe (Wasser, Strom, Gas, Schlachthöfe) auszubauen und zu erneuern. Immer mehr Menschen fanden dadurch Arbeit und konnten sich mit ihrem Lohn wiederum mehr leisten. Die Nachfrage nach Waren stieg. Der Lebensstandard erreichte wieder das Vorkriegsniveau. Von 1924 bis 1929 verdoppelten sich deutsche Importe und Exporte. Der Aufschwung brachte die nötigen Steuereinnahmen, um sozial Schwächere zu unterstützen.

Gefährliche Kredite

Die Aufnahme von Krediten war aber auch riskant. Zum einen mussten die Schulden plus Zinsen wieder abbezahlt werden. Das war nur möglich, wenn ausreichend hohe Steuereinnahmen oder Gewinne vorhanden waren. Problematisch war auch, dass die meisten Kredite aus dem Ausland, vor allem aus den USA kamen. Denn man war dadurch darauf angewiesen, dass es der Wirtschaft in diesen Ländern gut ging. Über die Hälfte der Kredite hatte eine Kündigungsfrist von weniger als drei Monaten. Falls dieser Fall eintrat, hatten die Verwaltungen und Firmen innerhalb sehr kurzer Zeit viel weniger oder gar kein Geld mehr zur Verfügung, um Löhne und andere Kosten zu finanzieren.

„Licht, Luft und Grün!"

Schon vor dem Krieg hatte Wohnungsmangel geherrscht. In den Großstädten gab es dunkle und dumpfe „Mietskasernen". Hier und auf dem Land war die Masse der Wohnungen ohne eigene Wasserversorgung und Toiletten. Während des Krieges war Wohnungsbau verboten worden. Danach fehlten in Deutschland mehr als eine Million Wohnungen.

Einfamilienhäuser mit Gärten konnten von der Masse der Wohnungssuchenden nicht bezahlt werden. Mithilfe des sozialen Wohnungsbaus[1] ließen die Regierungen der Weimarer Republik nun viele „gesunde, zweckmäßig eingerichtete und solide gebaute Dauerwohnungen" bauen.

Frankfurt am Main, Berlin, Stuttgart, Hamburg, Hannover, München wurden Musterbeispiele für Großstädte mit funktionell geplanten Wohnsiedlungen, die den neuesten technischen und hygienischen Anforderungen entsprachen. Häufig wurden Kleingärten der Mieter zur Selbstversorgung mit gemeinschaftlichen Grünanlagen verbunden.

Hohe Auslandsverschuldung

Firmen, Staat und Kommunen finanzierten bis zu zwei Drittel ihrer Vorhaben mithilfe von Auslandskrediten. Dadurch war die Auslandsverschuldung sehr hoch. 1928 warnte der deutsche Außenminister Stresemann: „Wenn die Amerikaner ihre kurzfristigen Kredite abrufen, dann ist der Bankrott da."

1. *Ordne die im Text genannten Ereignisse und Einrichtungen den Bereichen Innen-, Sozial- und Wirtschaftspolitik zu.*
   Tipp: Lege dazu eine dreispaltige Tabelle an.
2. *Stelle die wirtschaftlichen Zusammenhänge, die in den beiden ersten Abschnitten erklärt werden, in einem Schaubild dar.*

[1] Beim sozialen Wohnungsbau sind gemeinnützige Bauunternehmen, private Baugenossenschaften oder Baugesellschaften von Arbeiter-, Angestellten- und Beamtenverbänden sowie städtische Behörden die Bauherren.

M2 „Frankfurter Küche", 1926
1926 entwarf die Architektin Margarete Schütte-Lihotzky (1897-2000) für etwa 10 000 Frankfurter Siedlungswohnungen das serienmäßig hergestellte Vorbild aller späteren Einbauküchen. Sie hatte eine Arbeitsfläche und Spüle am Fenster, einen kombinierten Kohle- und Elektroherd, einen Schrankkomplex mit Fächern für Geschirr (über dem Spülbecken), Schütten für Lebensmittel und einen Topfschrank gegenüber dem Herd. Zur Küche gehörte eine wärmeisolierend ausgekleidete „Kochkiste". In diese werden Töpfe mit erhitzten Speisen gestellt, die dann ohne weitere Energiezufuhr über Stunden fertig garen.

M3 Sozialpolitische Neuerungen

1920 Verbindliche Grundschule für alle Kinder
1922 Jugendwohlfahrtsgesetz, u. a. Einrichtung von Jugendämtern; Regelung der außerschulischen Bildung
1923 Einrichtung von Jugendgerichten; Schutz der Mieter vor willkürlichen Kündigungen
1924 Ablösung der kommunalen „Armenpflege" durch staatliche Fürsorge
1926 Einrichtung von Arbeitsgerichten
1927 Einrichtung von Arbeitsämtern; Einführung der Arbeitslosenversicherung

M4 „Schein" und „Sein"

In einem Brief an den Oberbürgermeister von Duisburg äußert sich Außenminister Stresemann zu den hohen Ausgaben von Ländern und Städten folgendermaßen:

Ich mache kein Hehl daraus, dass mir die Politik der Länder und Städte, und zwar dieser in erster Linie, große außenpolitische Sorgen veranlasst. In meinen Reden habe ich wiederholt erklärt, dass mehr zwischen dem Schein und dem Sein unterschieden werden müsse. [...] Aber gerade der „Schein", der sich aus einzelnen Maßnahmen ergibt schadet uns maßlos. Dass der preußische Staat für den Umbau des Berliner Opernhauses 14 Millionen Mark gegeben hat und vielleicht insgesamt über 20 Millionen Mark geben wird, bringt die ganze Welt zu der Auffassung, dass wir offenbar im Goldüberfluss leben. Kein Siegerstaat hat sich etwas Derartiges geleistet [...]. Haben Sie, bitte, die Güte, mir zu sagen, was ich den Vertretern fremder Mächte antworten soll, wenn sie mir sagen, dass alle diese Dinge den Eindruck machen, als wenn Deutschland den Krieg nicht verloren, sondern den Krieg gewonnen hätte.

Gustav Stresemann, Vermächtnis, hrsg. von Henry Bernhard, Bd. 3, Berlin 1933, S. 263f.

M5 Küche in einem Altbau, um 1923
Von 1919 bis 1932 wurden etwa 2 660 000 neue Wohnungen fertig gestellt. In den übrigen Wohnungen gab es als neuen Luxus höchstens elektrisches Licht und fließendes Wasser. Zum Kochen diente der Kohleherd, geheizt wurden die Zimmer mit Öfen, Toiletten gab es auf dem Hof hinter dem Haus oder im Treppenhaus.

1. *Vergleiche Einzelheiten und den Gesamteindruck der Küchen in M2 und M5 und erläutere die Bedeutung der architektonischen und technischen Neuerungen für Hygiene und Gesundheit.*
2. *Spielt ein Rollenspiel zu beruflichen und familiären Situationen, in denen die neuen sozialpolitischen Regelungen wichtig waren (M3).*
3. *Erläutere, inwieweit die sozialpolitischen Neuerungen Grundlagen für die spätere Entwicklung der Bundesrepublik und für unsere Zukunft gelegt haben (M3).*
4. *Fasse zusammen, warum Stresemann die hohen Ausgaben von Ländern und Städten für problematisch hält, und nehmt dazu Stellung (M4).*
5. *Argumentiere, wie eine mögliche Antwort Stresemanns auf die befürchtete Frage (M4, Z. 19-24) hätte aussehen können.*

Die große Krise

[1] Wall Street: Straße in New York mit Börsen und Banken; Finanzzentrum der USA

[2] Vgl. S. 96 f.

M 1 Arbeitslosigkeit in Deutschland 1921 - 1933
Angaben in Prozent der Erwerbstätigen

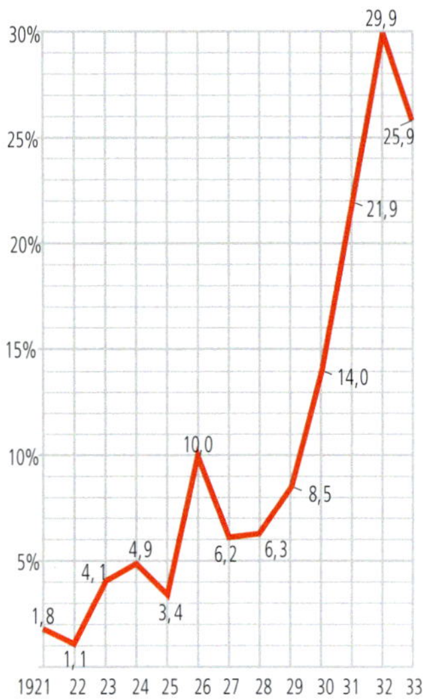

Krise durch Überproduktion

Seit dem 19. Jh. hatten sich viele Aktiengesellschaften gebildet. Diese Unternehmensform macht es möglich, nach dem Kauf von Aktien direkt von den Gewinnen zu profitieren. Als es der amerikanischen Wirtschaft immer besser ging, kauften viele Amerikaner Aktien. Das zusätzliche Geld investierten die Unternehmen zum großen Teil in neue Produktionsmaschinen. Die Aktien gewannen an Wert und versprachen hohe Gewinne. Viele US-Bürger besorgten sich Kredite bei Banken, um Aktien zu kaufen.

Allerdings wuchs das Angebot an Waren und Nahrungsmitteln stärker als die Nachfrage. Zehn Jahre nach Kriegsende wurden die Folgen deutlich. Viele Betriebe konnten ihre Waren nicht verkaufen, Konkurse und Entlassungen folgten. Die Getreidepreise fielen. Viele Farmer mussten ihre Betriebe aufgeben und verarmten.

Börsenkrise

Bei den ersten Anzeichen der Krise befürchteten Anleger, dass ihre Aktien an Wert verlieren könnten, und verkauften sie. Nach den ersten Kursverlusten an der Börse (Markt für Wertpapiere/Aktien) gerieten immer mehr Aktionäre in Panik und wollten ihre Wertpapiere um jeden Preis abstoßen. Am sogenannten „Schwarzen Freitag", dem 24. Oktober 1929, fielen die Aktienkurse an der Wall Street[1] ins Bodenlose.

Bei diesem Crash verloren unzählige Aktionäre in kurzer Zeit ihr gesamtes Vermögen. Überproduktionskrise und Börsenkrise verschärften sich gegenseitig. Bankkunden forderten ihre Einlagen zurück. Viele Banken hatten zu viel ausgeliehen, wurden zahlungsunfähig und brachen zusammen. Weitere Fabriken und Farmen gingen pleite. Millionen Amerikaner wurden arbeitslos.

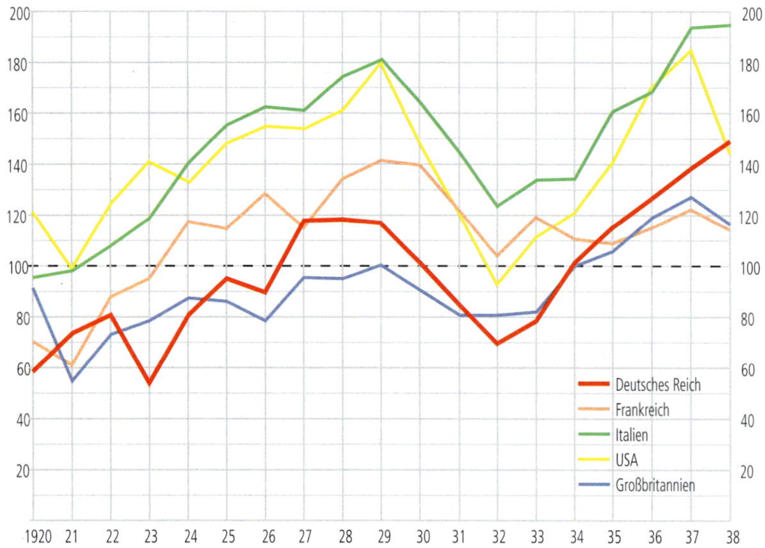

M 2 Industrieproduktion zwischen den Weltkriegen
Der Grundwert 100 % bezieht sich jeweils auf die Produktionszahlen von 1913.

Krise der Weltwirtschaft

Die amerikanische Regierung ging dazu über, die einheimische Wirtschaft durch hohe Importzölle vor ausländischer Konkurrenz zu schützen. Die meisten anderen Staaten handelten ebenso. Amerikanische Banken forderten von ausländischen Gläubigern, dass sie die kurzfristigen Kredite zurückzahlten. Denn sie benötigten die Gelder im eigenen Land. Da die Länder weltweit durch Handel, Kapitalanlagen und Kredite untereinander verbunden und voneinander abhängig waren, brachen das gesamte Weltfinanzsystem und das Welthandelssystem zusammen. In allen Industrieländern sank die Produktion. Die amerikanische Krise löste in kürzester Zeit eine Weltwirtschaftskrise aus.

Die Krise erreicht Deutschland

Seit 1924 gab es in Deutschland einen allmählichen Wirtschaftsaufschwung.[2] 1928 führte ein Überangebot von Waren zu Produktionsdrosselungen. Die Folgen waren Kurzarbeit, Entlassungen, Firmenschließungen. In der Landwirtschaft sanken die Einnahmen wegen der weltweiten Überproduktion. Viele kleine und mittlere Bauern konnten ihre Schulden nicht mehr abbezahlen, die Höfe wurden zwangsversteigert.

So traf der „Schwarze Freitag" das Deutsche Reich besonders stark. Die Produzenten blieben auf ihren Exportgütern sitzen, die amerikanischen Banken forderten ihre kurzfristigen Kredite zurück. Zahlreichen Banken fehlte das Kapital, um Kredite zu gewähren.

Das Resultat: Immer mehr Firmen gingen bankrott. Von 1929 bis 1932 sanken die Produktion und das Volkseinkommen auf die Hälfte. Es entstand ein Teufelskreis, der immer stärker ins Elend führte.

Massenarbeitslosigkeit

1932 waren zeitweise über sechs Millionen Menschen arbeitslos. Die amtlichen Statistiken gaben nicht einmal das wahre Ausmaß von Armut und Not wieder. Jede zweite deutsche Familie war direkt oder indirekt von der Krise betroffen. Die anderen fürchteten, auch sie könne es jederzeit treffen.

Massenelend

Die Arbeitslosen waren viel schlechter abgesichert als heute. Erst 1927 war eine Arbeitslosenversicherung eingeführt worden, zu der die Arbeitnehmer und die Arbeitgeber einen gleich hohen Pflichtbeitrag leisten mussten. Sie verfügte zu Beginn der Krise über eine Summe, die kurzfristig für höchstens 1,4 Millionen Arbeitslose ausreichte. Das bescheidene Arbeitslosengeld wurde für höchstens zehn Monate ausgezahlt. Die meisten Erwerbslosen blieben länger ohne Arbeit. Sie waren deshalb auf Fürsorgehilfe in ihren Wohngemeinden angewiesen oder bekamen überhaupt nichts.

Da die Regierung und die Gemeinden wegen der Krise höhere Ausgaben, aber geringere Einnahmen hatten, kürzten sie sogar noch die Unterstützung der Arbeitslosen. Unsicherheit und Verelendung, Obdachlosigkeit und Hunger gehörten zum Alltag in Deutschland.

M 3 Andrang vor der Städtischen Sparkasse Berlin
Foto vom 16. Juli 1931
Die meisten Banken kamen durch die Weltwirtschaftskrise in große Zahlungsschwierigkeiten, weil sie die Kredite zurückzahlen mussten.
Um den völligen Zusammenbruch zu vermeiden, waren Geldinstitute zum Teil mehrere Tage geschlossen. Außerdem zahlten sie nur noch in begrenztem Umfang Geld aus.

Wer hilft in der Not?

Viele Menschen wählten in der Krise radikale linke und rechte Parteien. Die einen erhofften sich von einer Revolution die Linderung ihrer Not, andere erwarteten die Rettung von einem starken Führer. In die demokratischen Parteien und Institutionen hatten die meisten Menschen kein Vertrauen mehr.

Lesetipps:
- Erich Kästner, Fabian. Die Geschichte eines Moralisten, Jubiläumsausgabe, München 2011
- Willi Fährmann, Der Mann im Feuer, Würzburg 2005

▸ ***Geschichte In Clips:*** Zur Wirtschaftskrise im Deutschen Reich siehe Clip-Code 31022-23

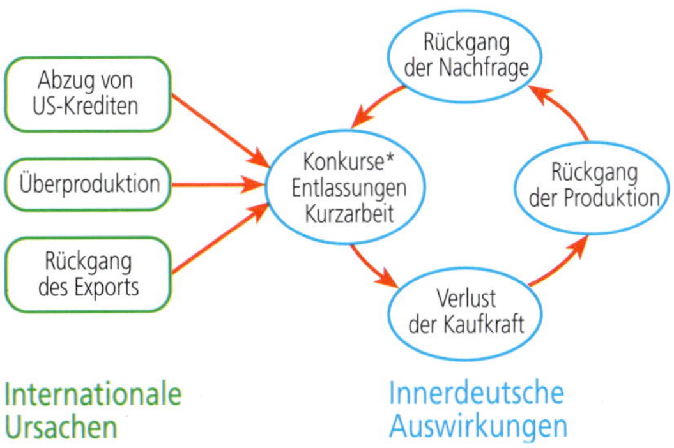

M 4 Folgen der Weltwirtschaftskrise für Deutschland
*Konkurs: Zahlungsunfähigkeit von Firmen, Firmenzusammenbruch

1. *Erkläre die Begriffe „Überproduktion" und „Börsencrash".*
2. *Untersuche die Statistiken M1 und M2 im Hinblick auf einen Zusammenhang von Industrieproduktion und Arbeitslosigkeit.*
3. *Erstelle ein Schaubild, in dem du Ursachen, Anlass und Folgen der Weltwirtschaftskrise nennst und die Beziehungen der einzelnen Punkte aufzeigst.*
4. *Beschreibe die Auswirkungen der Wirtschaftskrise auf Arbeitsplätze, Einkommen, Lebensverhältnisse sowie Denken und Fühlen der betroffenen Menschen.*
5. *Beurteile die Reaktionen zur Bewältigung der Krise im Hinblick auf ihre Erfolgsaussichten.*

M 5 Demonstration gegen ungenügende Unterstützung
Foto, Berlin 1931/32, Fotograf unbekannt

M 6 Reaktionen auf die Wirtschaftskrise

Heinrich Windelen, geb. 1921 in Schlesien, ist von 1983 bis 1987 Bundesminister. Sein Vater hat eine kleine Fabrik für Lederwaren in Schlesien.

Im Jahr 1929, nach dem Schwarzen Freitag in Amerika, wurde es auch bei uns kritisch. Die Zinsen für Bankkredite stiegen steil an. Mein Vater wusste manchmal nicht, woher er das Geld nehmen sollte. Einmal hatte er sogar unsere Spardosen leeren müssen, um einen fälligen Wechsel einlösen zu können. [...] Doch bei all unseren Sorgen – vielen ging es schlechter als uns.

[...] Unvergessen sind mir die Aufmärsche der Arbeiter [...], die, von Kommunisten organisiert, an unserem Haus vorbeiführten. An der Spitze marschierte eine Kapelle, die die „Internationale“ [Kampflied der Arbeiterbewegung, das zur Revolution aufruft] schmetterte, dahinter mit hochgereckten Fäusten die Arbeiter. [...] Auf dem Ring (Marktplatz) war dann Kundgebung, anschließend [...] gab es eine Straßenschlacht mit den „Nazis“.

Heinrich Windelen, Als die Weber „stempeln“ gingen, in: Rudolf Pörtner (Hrsg.), Alltag in der Weimarer Republik. Kindheit und Jugend in unruhiger Zeit, München 1993, S. 476-485, hier S. 478-480

M 7 Lebensverhältnisse in der Krise

Die sozialdemokratische Jugendorganisation „Kinderfreunde“ untersucht 1932 die Lebensverhältnisse von Arbeiterkindern in Großstädten. Zur Situation in Essen-Ost stellt sie fest:

Von 217 Familien lebten 1932 allein 136 in Ein- oder Zwei-Zimmer-Wohnungen. Aufgrund der Enge schliefen durchschnittlich vier Personen in einem Zimmer, einige Kinder gar in der Küche oder auf dem Flur. Solch unhaltbare Zustände führten dazu, dass kranke Familienangehörige, darunter auch solche mit ansteckenden Lungenkrankheiten, in einem Raum oder sogar in einem Bett mit gesunden Angehörigen – zumeist Kindern – liegen mussten. 23,3 Prozent der damals befragten 204 Kinder besaßen zu jenem Zeitpunkt keine Schuhe, und nur 10,5 Prozent von deren Vätern waren vollbeschäftigt[1].

Zit. nach: www.jugend1918-1945.de/thema.aspx?s=5300&m=3445&v=5300 (Zugriff: 20.12.2013)

M 8 Arbeitslosenschlange im Hof des Arbeitsamts Hannover
Foto von Walter Ballhause, Frühjahr 1932

1. *Erörtere, welche Zusammenhänge es zwischen Wirtschaftsleben, privatem Leben und Fühlen sowie politischen Stimmungen und Entscheidungen in der Wirtschaftskrise gab und auch in heutigen Krisen noch geben kann (Verfassertext, M5-M8).*
2. *Verfasst ein Gespräch, bei dem sich die Familie in M5 dazu entschließt, das Demonstrationsplakat zu schreiben. Spielt dies anschließend mit verteilten Rollen als Szene nach.*
3. *Untersuche das Foto M8 nach dem auf S. 52 f. vorgestellten Schema.*

[1] vollbeschäftigt: Sie hatten eine volle Arbeitsstelle.

Plakate als politisches Kampfmittel

„Blütezeit" des politischen Plakates

Da es die Massenmedien Rundfunk und Fernsehen noch nicht gab, hatten Wahlplakate eine besonders große Bedeutung. Mit ihnen konnten Parteien und andere politische Gruppen in der Öffentlichkeit für die eigenen Ziele Werbung und Propaganda betreiben. Man bezeichnet die Weimarer Republik als eine „Blütezeit" des politischen Plakates. Politische Plakate sind historische Quellen. Aus ihnen erfahren wir etwas über die Parteien und ihre politischen Vorstellungen. Um Plakate angemessen auswerten zu können, sind sie genau zu betrachten und zu beschreiben. Folgende Fragen können bei der Auswertung helfen:

- Lösen die verwendeten Farben bestimmte Gefühle aus?
- Enthalten die dargestellten Symbole bestimmte Informationen?
- Ist das Format auffallend?
- Mit welchen grafischen Mitteln ist der Text gestaltet worden?
- Wie wurde der Zusammenhang zwischen Text und Bild hergestellt?
- Wer ist der Auftraggeber, an wen wendet er sich?
- Was will er mit dem Plakat erreichen?
- In welcher politischen Situation wurde es eingesetzt?

M1 **Plakat der KPD**

M2 **Plakat der SPD**

M3 **Plakat des Zentrums**

M4 **Plakat der NSDAP**

1. *Analysiere die Aussagen der Plakate (M1-M4) anhand der Fragen (links).*
2. *In diesem Kapitel findest du weitere Plakate. Wähle einige aus und analysiere sie anhand der links aufgeführten Fragen.*
3. *Vergleiche mit Wahlplakaten der Parteien heute. Nenne auffällige Unterschiede.*

Internettipp:
Zu politischen Plakaten siehe Mediencode 31022-24

Scheitern oder Zerstörung der Demokratie?

M 1 „Der Reichstag wird eingesargt“
Collage des Grafikers John Heartfield (eigentlich Helmut Herzfeld) für die KPD-nahe „Arbeiter-Illustrierte-Zeitung“ vom 30. August 1932

Ende der parlamentarischen Demokratie

Seit 1928 regierte unter Reichskanzler Herrmann Müller eine Große Koalition von Parteien, die sich für die Republik einsetzten: SPD, DDP, Zentrum, DVP. Infolge der Wirtschaftskrise sanken die Steuereinnahmen und wuchsen die Ausgaben für die Arbeitslosenunterstützung. In der Regierung kam es zum Streit. Sollten die Versicherungsbeiträge erhöht und damit eine neue Inflation riskiert werden? Oder sollten die Leistungen für die Arbeitslosen gekürzt und damit die soziale Not verschärft werden? Die DVP als Industriepartei wollte die Arbeitgeber nicht zusätzlich belasten, die SPD als Arbeiterpartei wollte nicht von ihren Grundsätzen abrücken und für die sozial Schwachen eintreten. Die Große Koalition konnte sich nicht einigen und zerbrach im März 1930.

„Präsidialkabinette“

Im Reichstag gab es von nun an keine Regierung mehr, die von einer Mehrheit im Parlament unterstützt wurde. Die folgenden Regierungen waren **„Präsidialkabinette“**. Sie regierten mithilfe von „Notverordnungen“ des Reichspräsidenten (Art. 48 der Reichsverfassung).[1]

Die Regierung des Reichskanzlers **Heinrich Brüning** (1930-1932) betrieb eine strenge Sparpolitik. Sie kürzte die Beamtengehälter, erhöhte Steuern und Beiträge für die Arbeitslosenversicherung, drosselte das Arbeitslosengeld und förderte die Unternehmer. 1932/33 versuchte es Reichspräsident Paul von Hindenburg mit drei weiteren Kanzlern: Franz von Papen, Kurt von Schleicher und schließlich Adolf Hitler. Laut Verfassung konnte eine Mehrheit im Parlament vom Reichspräsidenten verlangen, eine Notverordnung aufzuheben. Immer wenn das der Fall war, löste Hindenburg den Reichstag einfach auf und setzte Neuwahlen an. Zwischen 1930 und 1933 gab es vier Reichstagswahlen, aber das Parlament spielte in diesen Jahren praktisch keine Rolle mehr.

Politische Radikalisierung

Parteien und Gruppierungen, die die Weimarer Republik ablehnten, gewannen immer mehr Anhänger. Die stärksten waren KPD, NSDAP und die DNVP. In der Öffentlichkeit standen sich uniformierte Kampfverbände der Parteien in offener Feindschaft gegenüber. Vor allem während der häufigen Wahlkämpfe lieferten sie sich blutige Saal- und Straßenschlachten.

Hindenburg und seine Berater (größtenteils Offiziere, adlige Großgrundbesitzer und Industrielle) lehnten eine demokratische Mitbestimmung des Volkes ab. Sie wollten eine autoritäre Präsidialdiktatur[2]. Kommunisten, Sozialdemokraten und Gewerkschaften sollten dauerhaft ausgeschaltet werden. Die Regierung sollte nicht mehr von der parlamentarischen Mehrheit, sondern allein von der Macht des Präsidenten abhängig sein.

Die NSDAP in misslicher Lage

Am Ende des Jahres 1932 schien die NSDAP kurz vor dem Ruin zu stehen. Hitlers Partei hatte nur noch wenig Geld zur Verfügung. Außerdem drohten ihr die Wähler wegzulaufen. Denn mit 33,1 Prozent hatte sie im November zwar wieder die meisten Sitze im Reichstag errungen, aber zwei Millionen Wählerstimmen verloren. Der Hauptgrund war, dass sich die wirtschaftliche Lage besserte und es dadurch weniger Unzufriedene gab.

[1] Siehe S. 75.
[2] Im Grunde eine Diktatur unter demokratischem Deckmantel. Zum eigentlichen Diktaturbegriff siehe S. 108 und 112.

Nationale Einheit

Reichspräsident Hindenburg wollte die national gesinnten Parteien und Kräfte, die größtenteils antidemokratisch waren, verbünden. Zu den Nationalsozialisten hatte er ein zwiespältiges Verhältnis. Einerseits war ihm diese junge nationale Bewegung sympathisch, andererseits wollte er sich von Hitler nicht die Führung in Deutschland streitig machen lassen. Zweimal schon waren Verhandlungen darüber gescheitert, ob Hitler Reichskanzler wird.

Papens Einrahmungskonzept

Im Januar 1933 stimmte Hindenburg einem Vorschlag Franz von Papens zu. Hitler sollte demnach Kanzler werden. In dem Präsidialkabinett sollten allerdings nur drei Minister der NSDAP, aber neun einflussreiche konservative Politiker vertreten sein. Kritikern seines Plans entgegnete Papen: „Was wollen Sie denn? Ich habe das Vertrauen Hindenburgs. In zwei Monaten haben wir Hitler in die Ecke gedrückt, dass er quietscht!"

Machtübergabe

Am 30. Januar 1933 ernannte Hindenburg Hitler zum Reichskanzler. Das Kabinett wurde auf die Weimarer Verfassung vereidigt. Hitler wurde somit das Amt legal übertragen. Er bestimmte nun die Richtlinien der Politik. Doch er hatte nie verheimlicht, dass er das demokratische System zerstören wolle.

Aufmärsche und Feierlichkeiten

Hitlers Anhänger feierten diesen Erfolg überschwänglich. Überall in Deutschland fanden organisierte Siegesfeiern statt. In vielen deutschen Städten marschierten die „Braunhemden" – so wurden die SA-Truppen nach der Farbe ihrer Uniform genannt – noch am gleichen Abend in stundenlangen Fackelzügen durch die Straßen. Damit wollten sie ihrem Gefühl Ausdruck geben, dass die deutsche Geschichte mit der Kanzlerschaft Hitlers eine entscheidende Wende genommen habe.

M 2 „Der 30. Januar 1933"
Gemälde von Arthur Kampf, 1938
Fackelzug durch das Brandenburger Tor anlässlich der Machtübernahme Hitlers.

M 3 Am Abend des 30. Januar 1933 in Berlin, als Adolf Hitler zum Reichskanzler ernannt wurde
Foto von Georg Pahl

1. *Liste die Probleme der Weimarer Republik ab 1928 auf.*
2. *Unterscheide die Probleme danach, ob du sie im Hinblick auf das Ende der Republik für sehr wichtig oder wenig wichtig beurteilst.*
3. *Arbeite die Aussage der Collage heraus und nimm dazu Stellung (M1).*
4. *Untersuche, welchen Eindruck man beim Betrachten des Gemäldes über den Tag der Machtübernahme gewinnen soll (M2).*

- 1930: Wirtschaftskrise; Die Große Koalition zerbricht, die Zeit der „Präsidialkabinette" beginnt
- 1932: leichte Verbesserung der wirtschaftlichen Lage
- 1933: 30.01.: Hindenburg ernennt Hitler zum Reichskanzler

1930 | 1931 | 1932 | 1933 | 1934 | 1935

M 4 Wahlergebnisse zur Nationalversammlung 1919 und zu den Reichstagen 1919 - 1933

NSDAP = Nationalsozialistische Deutsche Arbeiterpartei
DNVP = Deutschnationale Volkspartei
DVP = Deutsche Volkspartei
DDP = Deutsche Demokratische Partei
Z = Zentrum
BVP = Bayerische Volkspartei
SPD = Sozialdemokratische Partei Deutschlands
USPD = Unabhängige Sozialdemokratische Partei Deutschlands
KPD = Kommunistische Partei Deutschlands

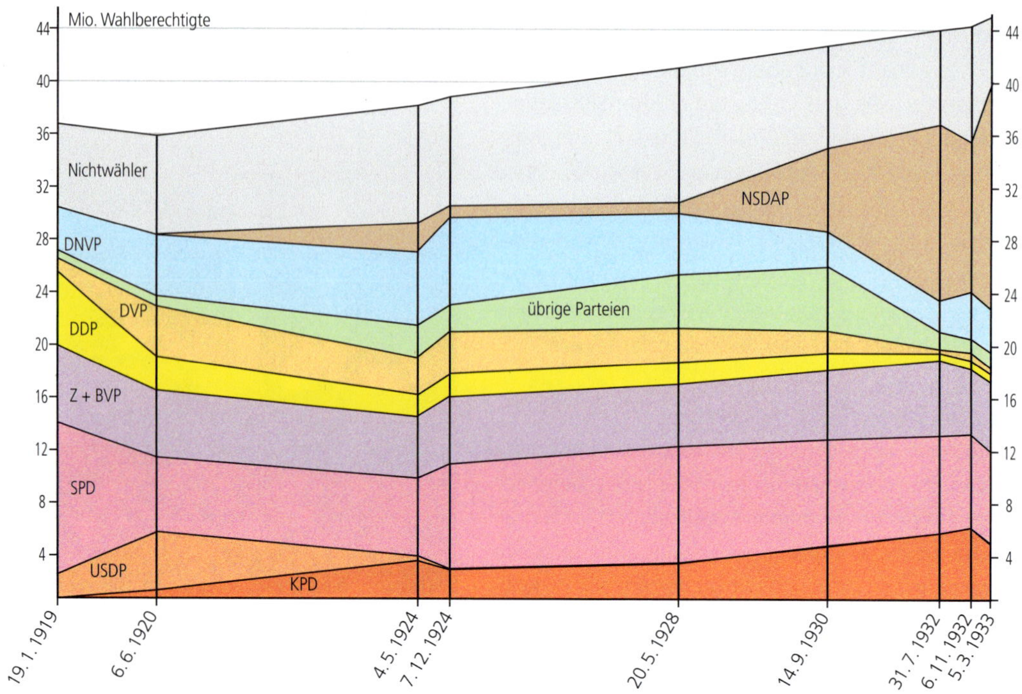

M 5 Wahlen zur Nationalversammlung und zum Reichstag 1919 - 1932
Die beiden Wahlkreise Koblenz-Trier und Pfalz auf dem Gebiet des heutigen Bundeslandes Rheinland-Pfalz hatten folgende Ergebnisse:

Beide Tabellen aus www.wahlen-in-deutschland.de (vereinfacht)

Pfalz	19.01.19	06.06.20	04.05.24	07.12.24	20.05.28	14.09.30	31.07.32	06.11.32
Wahlbeteiligung in %	**86,5**	**73,7**	**71,9**	**80,2**	**71**	**76,8**	**87,2**	**84,1**
KPD	–	0,8	13,5	8,1	7,1	10,5	10,7	12,9
USPD	1,6	10,8	0,3	0,7	0,1	–	–	–
SPD	37,9	24,4	23,3	26,8	29	22,4	17,6	16,1
DDP/DStP[1]	13,2	8,9	5,5	6,7	3,9	2,3	0,4	0,6
Zentrum	–	–	10,6	11,6	11,8	12,1	12,9	11,4
BVP[1]	27,6	26,1	17,6	15,6	14,6	12,8	10,9	11,2
DVP	19,7	29,1	16,3	23,5	14,7	6,6	1,4	2,1
DNVP	–	–	6,4	4,4	2,8	0,8	1,1	1,8
NSDAP	–	–	5,7	1,9	5,7	22,8	43,7	42,5
Sonstige	–	–	0,6	0,5	10,4	9,7	1,4	1,4

Koblenz-Trier	19.01.19	06.06.20	04.05.24	07.12.24	20.05.28	14.09.30	31.07.32	06.11.32
Wahlbeteiligung in %	**85,7**	**77,5**	**78,0**	**73,6**	**73,0**	**78,5**	**81,5**	**75,5**
KPD	–	–	6,1	4,3	4,9	6,3	8,6	9,6
USPD	–	5,6	–	–	–	0,1	–	–
SPD	22,6	12,1	8,8	11,2	12,4	9,3	8,8	9,6
DDP/DStP	8,7	3,0	3,0	3,3	1,9	1,6	0,2	0,2
Zentrum	57,9	56,1	59,5	58,4	50,1	46,8	46,2	45,8
DVP	8,7	12,6	10,1	8,2	6,2	3,8	1,2	1,8
DNVP	2,1	4,9	7,4	8,5	6,7	4,6	4,7	5,9
NSDAP	–	–	1,3	–	2,1	14,9	28,8	26,1
Sonstige	–	5,6	3,8	6,0	15,5	12,7	1,4	1,0

[1] DStP: Deutsche Staatspartei, die DDP nannte sich ab 1930 so.

Internettipp:
Zu allen Wahlen und zur Entwicklung des Parteiensystems in der Weimarer Republik siehe Mediencode 31022-25

M6 Wer trägt die Verantwortung?

Wolfgang Ruge von der Deutschen Akademie der Wissenschaften in Ost-Berlin stellt 1967 fest:

Die Vernichtung der Weimarer Republik durch den Faschismus[1] war nicht gesetzmäßig. Durch den einheitlichen Kampf der Arbeiterklasse und ihrer Verbündeten für die Verteidigung und den Ausbau der Demokratie hätte der Untergang der Republik verhindert werden können. Die Verantwortung für die Sabotierung dieses Kapitels [der Geschichte] trägt die sozialdemokratische Führung, die in den Auseinandersetzungen um die Lebensfragen der deutschen Nation von 1918 bis 1933 historisch versagt hat.

Wolfgang Ruge, Deutschland von 1917 bis 1933: Von der Großen Sozialistischen Oktoberrevolution bis zum Ende der Weimarer Republik, Berlin (Ost) 1967, S. 481

M7 Gründe für das Scheitern der Republik

Der West-Berliner Historiker Hagen Schulze nennt 1982 folgende Gründe:

Die Antwort ist nicht mit letzter wissenschaftlicher Präzision zu geben, aber einiges lässt sich doch ausmachen: Die wichtigsten Gründe liegen auf dem Feld der Mentalitäten, der Einstellungen und des Denkens. In der Mitte des Ursachenbündels finden sich eine Bevölkerungsmehrheit, die das politische System von Weimar auf die Dauer nicht zu akzeptieren bereit war, sowie Parteien und Verbände, die sich den Anforderungen des Parlamentarismus nicht gewachsen zeigten.

Hagen Schulze, Weimar. Deutschland 1917-1933, Berlin [4]1993, S. 425

M8 Erklärungshinweise

Der westdeutsche Historiker Horst Möller schreibt 1985 über das Ende Weimars:

Die Auflösung der Republik ist ein langwieriger Prozess gewesen. Allerdings würde es in die Irre führen, diesen Prozess erst mit dem Ende der Regierung Hermann Müller im März 1930 beginnen zu lassen.[2] Vielmehr hat die neuere Forschung immer wieder gezeigt, dass schon vor dem Bruch der Großen Koalition eine krisenhafte Zuspitzung sich abzuzeichnen begann. Die Erklärung der Staats- und Verfassungskrise allein aus der seit 1929 einsetzenden, in Deutschland aber erst verzögert wirksam werdenden Wirtschaftskrise ist nicht stichhaltig. Vielmehr ist festzustellen: Die Wirtschaftskrise verschärfte 1930/31 auch die Verfassungskrise, ist aber nicht deren erste Ursache gewesen. Notwendig ist es, auch die problematische Verfassungsentwicklung der zwanziger Jahre in die Interpretation einzubeziehen.

Horst Möller, Die Weimarer Republik. Eine unvollendete Demokratie, München [10]2012, S. 255

M9 Ein Lehrstück

Der Historiker Wolfram Pyta meint 2004:

Die Ernennung Hitlers zum Reichskanzler war nur eine von mehreren Möglichkeiten. Hindenburg hatte die freie Wahl. Er entschied sich für einen Weg, der das Tor zur Barbarei weit öffnete. Insofern ist das Scheitern der Weimarer Republik auch ein Lehrstück für die Entscheidungskraft des Politischen.

Wolfram Pyta, Die Weimarer Republik, Opladen 2004, S. 158

[1] Faschismus: Siehe S. 112.
[2] Siehe dazu S. 102 ff.

M10 „Sylvester-Feier. Na dann Prost, Herr Generaldirektor. Auf ein glückliches neues Spiel!"
Karikatur aus der sozialdemokratischen Zeitschrift „Der wahre Jacob" vom 31. Dezember 1932
Links Reichskanzler Kurt von Schleicher, rechts ein Großindustrieller und in der Mitte Adolf Hitler.

1. *Prüfe, ob es bei der Entwicklung der Stimmenanteile für die aufgeführten Parteien Unterschiede zwischen den beiden Wahlkreisen gibt (M5).*
2. *Vergleiche M5 mit der Entwicklung der Wahlergebnisse im Reich (M4).*
3. *Beschreibe die Entwicklung der Wählerstimmen für die republikfeindlichen Parteien KPD, DNVP und NSDAP (M4, M5). Leite daraus Folgen für die innenpolitische Lage ab.*
4. *In M6 bis M10 beurteilen vier Historiker und ein zeitgenössischer Karikaturist das Ende der Weimarer Republik unterschiedlich. Fasst in Gruppenarbeit die verschiedenen Erklärungen zusammen.*
5. *Für die Ernennung Hitlers am 30. Januar 1933 zum Reichskanzler, gibt es die Bezeichnungen „Machtergreifung", „Machtübergabe", „Machtübertragung" und „Machterschleichung". Erörtert, welchen dieser Begriffe ihr als geeignet betrachtet. Berücksichtigt dabei auch M4.*

- 1930: Wirtschaftskrise; Die Große Koalition zerbricht, die Zeit der „Präsidialkabinette" beginnt
- 1932: leichte Verbesserung der wirtschaftlichen Lage
- 1933: 30.01.: Hindenburg ernennt Hitler zum Reichskanzler

1930 | 1931 | 1932 | 1933 | 1934 | 1935

Die USA auf dem Weg zur Weltwirtschaftsmacht

M 1 Die „Europa" vor New York
Foto, um 1931
Zwischen 1926 und 1930 überquerten jährlich etwa eine Million Auswanderer, Geschäftsleute, reiche Touristen sowie Prominente aus Politik und Kultur den Atlantik zwischen Europa und den USA auf Passagierschiffen. Die rund 290 Meter lange „Europa" hatte Platz für über 2 200 Fahrgäste. Sie brauchte bei einem Tempo von knapp 50 Kilometern pro Stunde rund sechs Tage für die Reise von Bremerhaven nach New York. 1930 errang die „Europa" die Trophäe des „Blauen Bandes" als schnellstes Schiff des Nordatlantiks.

Vom Schuldner zum Gläubiger

Von 1821 bis 1920 wanderten etwa 34 Millionen Europäer in die Vereinigten Staaten ein. Sie schufen einerseits neue Absatzmärkte für europäische Produkte und vergrößerten andererseits den internationalen Handel durch eigene Exportgüter. Hatten die USA vor dem Ersten Weltkrieg noch Schulden in Europa gehabt, so war es jetzt umgekehrt: Kein Staat hatte so viele Kredite an die europäischen Staaten vergeben wie die USA.

Die beiden zwischen 1921 und 1929 regierenden Präsidenten der konservativen Republikanischen Partei betrieben eine unternehmerfreundliche Politik. Der Einfluss der Konzerne (Big Business) auf die Politik wuchs. Steuern wurden reduziert und Zölle angehoben.

„Prosperity"

Jahr für Jahr stieg der Wert der erzeugten Warenmengen und erbrachten Dienstleistungen. Die starke Nachfrage nach Arbeitskräften ließ fast jeden Amerikaner einen Job finden. Die Elektrifizierung der Industrie und Haushalte, die Massenproduktion von immer billiger werdenden langlebigen Konsumgütern – vom Kühlschrank bis zum Auto – sowie der Bauboom förderten den Aufschwung (Prosperity).

Ein starker Konjunkturmotor war die Autobranche. Dank Fließbandproduktion mit großen Fertigungszahlen und Akkordarbeit kostete der Ford T statt 950 Dollar (1909) nur noch 320 Dollar (1926). (Zum Vergleich: Ein Industriearbeiter verdiente 1926 jährlich durchschnittlich 1 500 Dollar.) 1927 besaß jeder fünfte Amerikaner ein Auto. Es wurde zum „ultimate symbol of social equality". Der Weg zu Reichtum und Erfolg schien in jenen Jahren jedem fleißigen und tüchtigen Amerikaner offenzustehen.

Der „New Deal"

Nach der Börsenkrise und der folgenden „Great Depression"[1] forderte **Franklin D. Roosevelt**, der Kandidat der oppositionellen Demokraten im Präsidentschaftswahlkampf 1932, einen **„New Deal"**, einen Neuanfang. Sein Aufruf zündete. Die Amerikaner ließen sich von Roosevelts Optimismus anstecken. Der mit überwältigender Mehrheit gewählte neue Präsident nahm stärker als alle früheren Regierungen Einfluss auf die Wirtschaft und die Sozialordnung. Die Kontrolle der Banken wurde verbessert, Eigeninitiativen von Arbeitgebern und Arbeitnehmern gefordert, Arbeitscamps für junge Arbeitslose errichtet und Wohlfahrtsprogramme zur Bekämpfung der Armut und der Arbeitslosigkeit auf den Weg gebracht. Roosevelt grenzte mit dem New Deal den **Wirtschaftsliberalismus**[2] ein und hielt damit zugleich die demokratische Ordnung stabil.

1. *Erkläre, warum die USA ein beliebtes Land für europäische Auswanderer waren.*
2. *Skizziere die wirtschaftliche Entwicklung der USA in den 1920er- und 30er-Jahren.*
3. *Arbeite heraus, wie der Autor die Wirtschaftspolitik Roosevelts beurteilt.*

[1] Siehe S. 98.
[2] das Gegenteil von Wirtschaftslenkung; siehe dazu S. 144

▸ *Geschichte In Clips:* Zum „Börsencrash" und zum „New Deal" siehe Clip-Codes 31022-26 und 31022-27

Franklin D. Roosevelt* „New Deal"* Wirtschaftsliberalismus

M2 Bevölkerung und Wirtschaft

	Gesamtbevölkerung in Mio.			Stahlproduktion in Mio. Tonnen			Energieverbrauch in Mio. Tonnen Kohleäquivalent		
	1913	**1928**	**1938**	**1913**	**1928**	**1938**	**1913**	**1928**	**1938**
Russland/UdSSR	175,1	150,4	180,6	4,8	5,7	18	54	65	177
Vereinigte Staaten	97,3	119,1	138,3	31,8	41,3	28,8	541	762	697
Deutschland	66,9	55,4	68,5	17,6	11,3	23,2	187	177	228
Großbritannien	45,6	45,7	47,6	7,7	7,4	10,5	195	184	196
Frankreich	39,7	41	41,9	4,6	9,4	6,1	62,5	97,5	84
Italien	35,1	40,3	43,8	0,93	1,7	2,3	11	24	27,8

Nach: Paul Kennedy, Aufstieg und Fall der großen Mächte, Frankfurt am Main 1989, S. 308 und 310 f.

M3 US-Wirtschaftsdaten

	1920	1930	1940
Bruttosozialprodukt (in Mrd. $)	91,5	90,7	100
Exporte (in Mio. $)	8664	4013	4030
Importe (in Mio. $)	5784	3500	7433

Nach: Udo Sautter, Die Vereinigten Staaten. Daten, Fakten, Dokumente, Tübingen und Basel 2000, S. 122

M4 „Unsere Nation verlangt Taten …“

US-Präsident Franklin D. Roosevelt in seiner Antrittsrede am 4. März 1933:

Unsere Nation verlangt Taten, und zwar sofort. Unsere alles beherrschende Aufgabe ist es, den Menschen wieder Arbeit zu verschaffen. Diese Aufgabe ist nicht unlösbar, wenn wir sie klug und unerschrocken anpacken. Teilweise kann das Problem durch direktes Eingreifen der Regierung gelöst werden, indem wir an unsere Aufgabe so großzügig herangehen, wie wir im Fall eines Krieges handeln würden; aber gleichzeitig müssen wir bei der öffentlichen Arbeitsbeschaffung so vorgehen, dass durch sie dringend notwendige Verbesserungen für den Gebrauch unserer natürlichen Hilfsmittel erfolgen. Gleichzeitig müssen wir anerkennen, dass unsere Industriegebiete übervölkert sind und dass es im nationalen Interesse gelegen ist, eine Umschichtung und Neuverteilung der Menschen in unserem Land durchzuführen – eine Neuverteilung, die eine bessere Ausnützung des Landes durch diejenigen, die sich dazu am besten eignen, ermöglicht. […]

Unsere internationalen Handelsbeziehungen […] kommen gegenüber diesen vordringlichen Aufgaben erst an zweiter Stelle. Die Sorge um sie steht hinter dem Aufbau einer gesunden nationalen Wirtschaft zurück. […]

Wir hegen keinen Zweifel an der Zukunft der Demokratie. Noch nie hat das Volk der Vereinigten Staaten versagt. Noch stets hat es in großer Not seinen Willen dahingehend ausgesprochen, dass ungesäumt und kraftvoll gehandelt wird, und stets hat es planvolle Unterordnung unter die Führung gefordert. Jetzt hat es mich zum Werkzeug seiner Wünsche gewählt, und im Geiste dieses Auftrages trete ich mein Amt an.

Zit. nach: Herbert Schambeck u.a. (Hrsg.), Dokumente zur Geschichte der Vereinigten Staaten von Amerika, Berlin 1993, S. 452 - 456 (stark gekürzt)

M5 Entwicklung des öffentlichen Haushalts in den USA

in Mrd. $	1929	1935	1940
Einnahmen	4	3,7	5,1
Ausgaben	3,3	6,5	9,1
Staatsschulden	16,9	28,7	43

Nach: Anton Golecki, Geschichte der USA, Bamberg 2005, S. 84

1. *Vergleiche die wirtschaftlichen Entwicklungen der Länder und nenne wichtige Veränderungen (M2)*
2. *Weise nach, dass die Daten in M5 die Politik des „New Deal“ widerspiegeln.*
3. *Gib mit eigenen Worten wieder, wie Roosevelt das Verhältnis von Politik und Wirtschaft bestimmt (M4).*
4. *Unterscheide die Maßnahmen Roosevelts (Verfassertext, M4) in kurzfristige, langfristige und solche, die gezielt die Wirtschaft beleben sollten.*
5. *Diskutiert die Handlungsspielräume des Präsidenten und die Rolle der Politik bei der Bewältigung der Krise.*

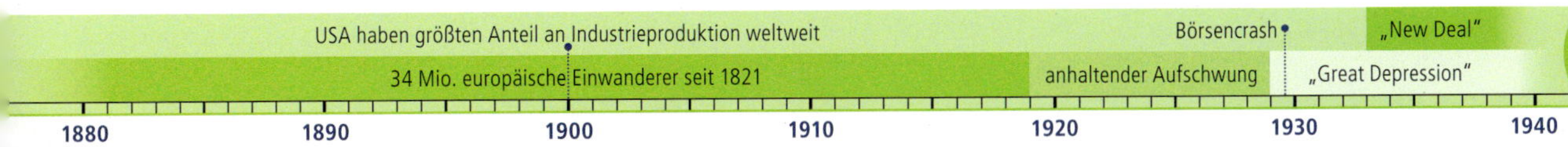

Die Sowjetunion zwischen den Weltkriegen

Lesetipps:
- Den Alltag in den Lagern und das stalinistische Justizwesen schildert Alexander Solschenizyn in der Erzählung „Ein Tag im Leben des Iwan Denissowitsch" (1962) und in „Der Archipel Gulag" (1974).
- Karla Schneider, Die Geschwister Apraksin. Das Abenteuer einer unfreiwilligen Reise, München 2011

Internettipp:
Informationen über Stalin findest du unter Mediencode 31022-28

Der Revolution folgt ein Bürgerkrieg

Als die Bolschewiki 1917 die russische Regierung in Petrograd (heute: St. Petersburg) gewaltsam absetzten, hatten sie damit keineswegs die Macht in dem riesigen Reich übernommen. Ihr Parteiführer Lenin[1] wollte die Landbevölkerung für die Revolution gewinnen, indem er alle Großgrundbesitzer enteignete. Das Land übernahmen nun die Bauern. Bei den folgenden Wahlen erreichten die Bolschewiki in Petrograd ca. 45 Prozent der Stimmen, aber landesweit nur 24 Prozent.

Lenin ließ deshalb im Januar 1918 die gewählte Volksvertretung von Soldaten auflösen. Konservative und Liberale sammelten nun ihrerseits Truppen und bekämpften als „Weiße" die „Roten" (Bolschewiki). Unterstützt wurden die „Weißen" auch aus dem Ausland. Erst 1922 wurden sie endgültig besiegt und die Bolschewiki gründeten die **UdSSR** (Union der Sozialistischen Sowjetrepubliken).

M 1 Der russische Bürgerkrieg (1917 - 1922)

Marxismus-Leninismus

Die Bolschewiki bekannten sich zum Marxismus. Karl Marx hatte eine Revolution von Arbeitern in der hochindustrialisierten Gesellschaft beschrieben. In Russland jedoch gab es viele Bauern und nur wenige Industriearbeiter. Lenin hat deshalb die Theorie von Marx zum **Marxismus-Leninismus** erweitert. Während Lenin die wenigen Industriebetriebe gemäß der marxistischen Lehre verstaatlichte, beließ er den Bauern ihren Landbesitz. Lenin regierte wie ein Diktator. Parallel zum militärischen Kampf ließ er von der neuen Geheimpolizei Tscheka die Opposition im Innern verfolgen.

Stalin setzt sich durch

Nach Lenins Tod nutzte der Georgier **Josef W. Stalin** seine Machtfülle als Generalsekretär und drängte seine Rivalen aus der Führungsgruppe der Kommunistischen Partei (**KPdSU**). Er erklärte seine Gegner zu „Abweichlern" von der „richtigen" Lehre und zu einer Gefahr für die Einheit der Partei. Es folgten Parteiausschlüsse, Verfolgungen und Hinrichtungen. Stalin hatte bald die wichtigsten Ämter in Staat und Partei mit seinen Gefolgsleuten besetzt und eine persönliche **Diktatur** errichtet.

Industrialisierung und Kollektivierung

Stalin trieb die Industrialisierung rücksichtslos voran. Er wollte den Rückstand gegenüber den „fortgeschrittenen Ländern" mit einer Planwirtschaft[2] abbauen. Dabei wurden die Produktion und die Verteilung von Gütern nach staatlich festgelegten Plänen vorgenommen. Überstürzt entstanden Großbetriebe. Die meisten Planziele wurden zwar nicht erreicht. Aber die UdSSR wurde zum zweitgrößten Industriestaat nach den USA.

Als 1928 die Versorgung der Städte stockte, wollte Stalin allen Privatbesitz an Land abschaffen. Die Bauern sollten in landwirtschaftlichen Großbetrieben (Kolchosen) arbeiten. Als sich viele Bauern weigerten, wurden sie in Straflager gebracht. Wegen der folgenden chaotischen Zustände in der Landwirtschaft kam es 1932/33 zu einer Hungersnot, bei der mehrere Millionen Menschen starben.

[1] Siehe S. 60 f.
[2] Siehe S. 214.

UdSSR* Marxismus-Leninismus* Josef W. Stalin* KPdSU* Diktatur totalitärer Staat Sozialismus

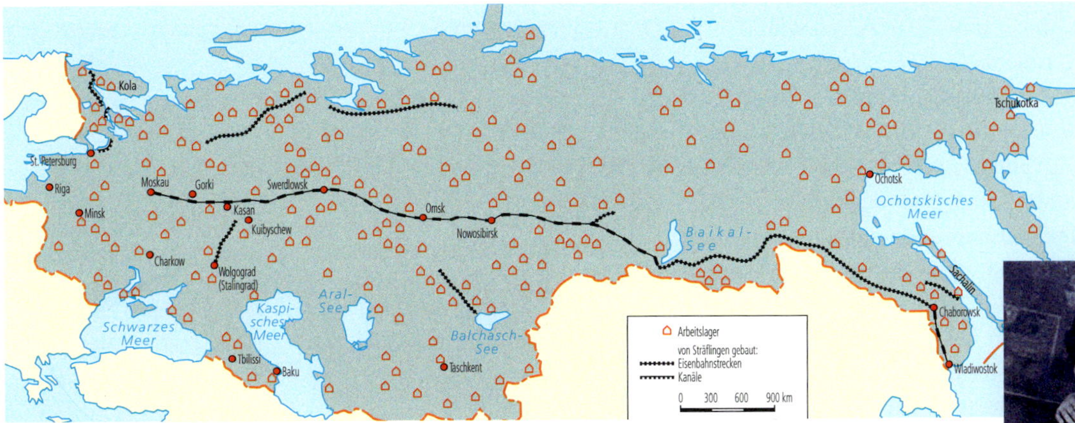

M 2 Der „Archipel GULag“
Das von Stalin ausgebaute Netz von Arbeitslagern in der Sowjetunion.
Nach: Chronik 1956, Dortmund 1990, S. 38

M 3 In Stalins Armen
Foto von Kalaschnikow, 1936
Dieses Bild wurde auf Plakaten, Postkarten und in Schulbüchern millionenfach verbreitet.
Das Besondere an dem Foto: Die Eltern dieses siebenjährigen Mädchens aus der Mongolei fielen später dem Terror Stalins zum Opfer.

Herrschaft mit Terror

Stalin und seine Anhänger kontrollierten das politische, wirtschaftliche und kulturelle Leben. Ein **totalitärer Staat** entstand. Der Stalinismus war eine Form des Totalitarismus: Denn diese Weltanschauung und die damit verbundene Politik bestimmte und kontrollierte alle Bereiche des Lebens und duldete keine Opposition. Auf tatsächlichen oder vermeintlichen Widerstand wurde mit Terror und Gewalt reagiert.

Einen Höhepunkt der „Säuberungen“ bildeten die von Stalin zwischen 1936 und 1938 angeordneten „Schauprozesse“. Sie richteten sich gegen Führungskräfte in Partei, Staat, Wirtschaft und Gesellschaft. Die Betroffenen wurden als Volksfeinde, Spione, Saboteure, Nationalisten oder Anhänger falscher Lehren festgenommen, zu öffentlichen Geständnissen gezwungen, verurteilt und zu Zwangsarbeit in Lager verbannt oder erschossen.

Die Verwaltung der Arbeitslager übernahm ab 1930 eine neu eingerichtete „Staatliche Lagerverwaltung“: GULag (Abk. für russ. Glawnoje Uprawlenije Lagerej). Sie war verantwortlich dafür, dass Millionen Menschen in zahlreichen Lagern systematisch gequält und erniedrigt oder ermordet wurden. Denn wer nicht mehr arbeiten konnte, musste sterben.

Ziel dieser stalinistischen Herrschaftsmethode war nicht nur die Ausschaltung von „Volksfeinden“ und die Besetzung wichtiger Ämter mit Anhängern Stalins. Grundsätzlich ging es darum, durch Gewalt die Bevölkerung gefügig zu machen und „Sündenböcke“ für Fehlentwicklungen in Wirtschaft und Staat vorweisen zu können. Die Zahl der Menschen, die zwischen 1928 und Stalins Tod 1953 zu Zwangsarbeit in Lagern verurteilt wurden, wird auf 18 bis 20 Millionen geschätzt. In dieser Zeit kamen bis zu fünf Millionen Menschen durch Erschießungen und Zwangsumsiedlungen ums Leben.

Propaganda und Personenkult

In den Augen und Herzen vieler Sowjetbürger blieb Stalin zu seinen Lebzeiten trotzdem der „geliebte Führer“. Dieses Bild vermittelte ihnen die Propaganda. Sie betrieb einen Personenkult, wie er für Diktaturen typisch ist. Straßen, Plätze, Betriebe und sogar Städte wurden nach Stalin benannt. Stalin-Standbilder gab es in jeder wichtigeren Stadt. Unzählige Plakate zeigten das Bild des „Führers“. Überall hing sein Porträt mit geschönten Gesichtszügen, in den ärmsten Wohnungen ebenso wie in allen öffentlichen Gebäuden. Von Künstlern und Wissenschaftlern erwartete die Partei Unterstützung: Sie sollten der Bevölkerung die Vorzüge des **Sozialismus** vor Augen führen, um alle Kräfte für das Regime zu gewinnen.

1. *Beschreibe die Karte M1.*
2. *Stelle mithilfe des Verfassertextes fest, welche Informationen die Karte M1 nicht enthält.*
3. *Charakterisiere die Politik Lenins.*
4. *Arbeite heraus, welche Auswirkungen die Politik Stalins auf das Leben und Verhalten der einzelnen Menschen hatte.*
5. *Untersuche das Foto (M3) nach dem auf S. 52 f. vorgestellten Schema.*
6. *Erörtere den Zusammenhang von Propagandadarstellung (M3) und Terror. Berücksichtige dabei auch die Karte (M2).*

Bolschewistische Oktober-Revolution
Gründung der Sowjetunion
Bürgerkrieg zwischen Anhängern und Gegnern der Revolution
Tod Lenins; Stalin wird sein Nachfolger
Stalin betreibt die rücksichtslose Industrialisierung der Sowjetunion
18-20 Mio. Menschen werden zu Zwangsarbeit in Lagern verurteilt
Bis zu 5 Mio. Menschen kommen durch Erschießungen und Zwangsumsiedlungen ums Leben
1910 1920 1930 1940 1950

M4 Freiheit im Sozialismus

Die deutsche Marxistin Rosa Luxemburg kommentiert die Politik Lenins. Ihre Gedanken, die sie seit September 1918 niederschreibt, werden erst nach ihrem Tod 1919 veröffentlicht.

Freiheit nur für die Anhänger der Regierung, nur für die Mitglieder einer Partei – mögen sie noch so zahlreich sein – ist keine Freiheit. Freiheit ist immer nur die Freiheit des anders Denkenden. [...] Sozialistische Demokratie beginnt nicht erst im gelobten Land, wenn der Unterbau der sozialistischen Wirtschaft geschaffen ist, als fertiges Weihnachtsgeschenk für das brave Volk, das inzwischen treu die Handvoll sozialistischer Diktatoren unterstützt hat. Sozialistische Demokratie beginnt zugleich mit dem Abbau der Klassengesellschaft und dem Aufbau des Sozialismus. Sie beginnt mit der Machteroberung durch die sozialistische Partei.

Rosa Luxemburg, Zur russischen Revolution, in: Politische Schriften III, Frankfurt am Main 1968, S. 132

M6 Stalin auf dem XVIII. Parteikongress
Ölgemälde von Aleksandr Gerasimov, 1939

Lesetipp:
Hergé, Tim im Lande der Sowjets, Hamburg 2004
Nachdruck des Comics, der 1929/30 in einer belgischen Tageszeitung erschien und Kritik an der Sowjetunion übte.

M5 Stalins Appell an die Sowjetbürger

Am 4. Februar 1931 spricht Stalin vor Wirtschaftsfunktionären:

In der Vergangenheit hatten wir kein Vaterland und konnten keins haben. Jetzt aber, wo wir den Kapitalismus gestürzt haben und bei uns die Arbeiter an der Macht sind, haben wir ein Vaterland und werden seine Unabhängigkeit verteidigen. Wollt ihr, dass unser sozialistisches Vaterland geschlagen wird und seine Unabhängigkeit verliert? Wenn ihr das nicht wollt, dann müsst ihr in kürzester Frist seine Rückständigkeit beseitigen. [...] Wir sind hinter den fortgeschrittenen Ländern um 50 bis 100 Jahre zurückgeblieben. Wir müssen diese Distanz in zehn Jahren durchlaufen. Entweder bringen wir das zustande oder wir werden zermalmt.

Zit. nach: Günter Schönbrunn (Bearb.), Weltkriege und Revolutionen 1914-1945, Geschichte in Quellen, München ³1979, S. 143

M7 Eindrücke

Der französische Schriftsteller André Gide berichtet 1936 über seinen Besuch in der Sowjetunion:

In der Sowjetunion gilt es von vornherein und für allemal ausgemacht: Über nichts auf der Welt kann es mehr als eine Meinung geben! Im Übrigen hat man den Verstand der Leute so geprägt, dass ihnen dieser Konformismus[1] leichtfällt; er wird für sie so natürlich, geht so ins Blut über, dass vermutlich nicht einmal Heuchelei dabei im Spiele ist. Haben diese Menschen wirklich die Revolution gemacht? Nein! Diesen Menschen hier ist der Gewinn aus der Revolution zugefallen! Jeden Morgen bringt ihnen die Prawda[2] bei, was sie zu wissen, zu denken, zu glauben haben. Und es tut nicht gut, davon abzuweichen! [...]
Heute werden Anpassung und Konformismus verlangt. Zustimmung zu allem, was in der UdSSR geschieht, das will und fordert man [...]. Anderer-

[1] Konformismus: Anpassung der eigenen Haltung an die herrschende Meinung
[2] Prawda (dt. „Wahrheit"): amtliche Zeitschrift der Kommunistischen Partei Russlands bzw. der UdSSR von 1918 bis 1991

seits ist der geringste Protest, die geringste Kritik mit schwersten Strafen bedroht und wird sofort erstickt. […]
Auf Stalins Bildnis trifft man überall, sein Name ist in aller Munde, unfehlbar kehrt sein Lob in allen Reden wieder.
Zumal in Georgien habe ich keinen Wohnraum betreten können, auch den schlichtesten, schäbigsten nicht, ohne auf ein Stalin-Bild an der Wand zu stoßen – offenbar an der Stelle angebracht, wo früher die Ikone[3] hing. Ist es Anbetung, Liebe oder Furcht, ich weiß es nicht: Stalin ist überall und allgegenwärtig.

André Gide, Zurück aus Sowjetrußland, übersetzt von Raimund Theis, in: André Gide, Gesammelte Werke VI: Reisen und Politik, Bd. 2, hrsg. von Peter Schnyder, Stuttgart 1996, S. 68 f., 79 und 81

M 8 Arbeiter und Kolchosbäuerin
Die Figurengruppe aus Stahl ist 25 Meter hoch und wiegt 75 Tonnen. Sie wurde von der sowjetischen Bildhauerin Vera Muchina im Auftrag der Sowjetregierung für den Pavillon der UdSSR auf der Weltausstellung 1937 in Paris geschaffen. Danach stellte man die Statue am Haupteingang der Dauerausstellung „Errungenschaften der Volkswirtschaft" in Moskau auf.

	Gesamt-produktion	Produktions-güter*	Konsum-güter
1913	100	100	100
1917	71	81	67
1921	31	29	33
1925	73	80	69
1927	111	128	102
1930	193	276	151
1933	281	450	196
1936	529	934	324
1939	763	1 353	464

M 9 Industrieproduktion
*Produktionsgüter: Rohstoffe (z. B. Erdöl, Kohle) und Halbfabrikate, die der Erzeugung anderer Güter dienen (z. B. Werkzeugmaschinen)

Nach: Helmut Altrichter, Kleine Geschichte der Sowjetunion 1917-1991, München 1993, S. 216 (Auszug)

[3] Ikone: Heiligenbild

1. *Erläutere die Kritik von Rosa Luxemburg an Lenin (M4).*
2. *Vergleiche Produktions- und Konsumgüterentwicklung (M9). Welche Konsequenzen hatte das für die Menschen?*
3. *Gib wieder, wie Stalin die Industrialisierungspolitik begründete (M5).*
4. *Vergleiche Stalins Aussagen (M5) mit der Vorstellung von Marx, der eine Weltrevolution erwartet hatte.*
5. *Notiere deine spontanen Eindrücke zu dem Porträt von Stalin (M6) oder der Figurengruppe (M8).*
6. *Arbeite am Porträt (M6) heraus, welche Wirkung es auf die Betrachter 1939 haben sollte.*
7. *Vergleiche die Wirkung von M6 auf dich heute mit der herausgearbeiteten Intention. Erkläre, warum das Porträt heute anders wirkt.*
8. *Erörtere, warum Anhänger Stalins in den westeuropäischen Staaten den Bericht (M7) scharf kritisierten.*

Faschismus in Europa: Das Beispiel Italien

M1 Der „Duce" spricht
Foto von 1935
Mussolini in Rom vor Mitgliedern der faschistischen Kampfbünde, den „Schwarzhemden".
Das Foto entstand nach dem Überfall auf Abessinien 1935: Im Hintergrund ist eine Statue des römischen Kaisers Augustus zu sehen.

M2 Franco
Offizielles Porträt des spanischen „Caudillo" (Führer) Francisco Franco von 1936
Nachdem er 1936 gegen eine demokratisch gewählte Links-Regierung geputscht hatte, setzte er seine Herrschaft in Spanien mit militärischer Unterstützung aus Deutschland und Italien durch. Als Führer seiner Staatspartei konnte er seine Macht bis 1975 halten, gestützt auf das Militär und mit Rückendeckung der katholischen Kirche.

Ohne Mandat und mit Gewalt

In der Nachkriegszeit entstanden in Norditalien die „Bünde des Kampfes" (ital. „Fasci di combattimento"). Zu ihren Anhängern gehörten ehemalige Frontkämpfer. Ihr Zeichen war das Rutenbündel (lat. fasces). Es symbolisierte im alten Rom die Amts- und Strafgewalt der Magistrate. Der Anführer des 1919 in Mailand gegründeten Kampfbundes, **Benito Mussolini**, war vor dem Krieg in der Sozialistischen Partei. Weil er den Kriegseintritt Italiens an der Seite der Alliierten forderte, schloss die Partei ihn 1914 aus. Im August 1919 legte Mussolini das erste Programm der Faschisten vor. Es enthielt sozialistische und nationalistische Ziele.

Die Faschisten versprachen Schutz vor der „roten Revolution" und einen „starken Staat". Industrielle, Grundbesitzer, Kaufleute und Handwerker schlossen sich ihnen an. Die Mitgliederzahlen der faschistischen Bewegung stiegen schnell: Ende 1919 waren 870 Personen in 31 Kampfbünden organisiert, zwei Jahre später 250 000 in 834 Organisationen. Als im Mai 1921 vorzeitig neue Parlamentswahlen stattfanden, konnten die Faschisten 35 von 535 Mandaten gewinnen.

Mussolini zog als Fraktionsführer ins Parlament. Die Partei erkannte ihn als ihren „Führer" (ital. Duce) an.

Der „Marsch auf Rom"

Im Oktober 1922 verlangte in Neapel eine faschistische Massenversammlung, durch einen „Marsch auf Rom" die Macht mit Gewalt zu ergreifen. Am 28. Oktober zogen 20 000 bewaffnete Faschisten in einem Sternmarsch los. Aufgrund des Drucks beauftragte der König Mussolini mit der Bildung einer neuen Regierung. Mussolini wurde Ministerpräsident.

Der „Duce" regiert

Mussolinis erster Regierung gehörten Nationalisten, Rechtsliberale und Politiker der Volkspartei an. Von 14 Ministern waren nur vier Faschisten. Trotzdem gelang es dem „Duce", eine Diktatur zu errichten, ohne das Königshaus zu beseitigen.

König, Papst und Industrie unterstützten Mussolini aus Furcht vor Sozialisten und Kommunisten. Ende 1923 akzeptierten die Mehrheit der Abgeordneten und der König ein neues Wahlgesetz, das der stärksten Partei zwei Drittel aller Sitze im Parlament einräumte.

Nach 1925 wurden die Pressefreiheit aufgehoben und oppositionelle Organisationen und Gewerkschaften aufgelöst, ihre Führer verfolgt, verhaftet und ermordet. Das Parlament gestattete dem Regierungschef, Entscheidungen mit Gesetzeskraft ohne und gegen den König zu erlassen. Der Erfolg der Faschisten hing mit dem wirtschaftlichen Aufstieg zusammen. Die Auswirkungen der 1929 einsetzenden Weltwirtschaftskrise (Arbeitslosigkeit und Firmenzusammenbrüche) milderte seine Regierung durch Arbeitsbeschaffungsmaßnahmen, Einkommenssenkung und Eingliederung gefährdeter Unternehmen in staatliche Gesellschaften.

Mussolini erinnerte an das antike römische Weltreich und wollte Italien wieder zu einem Imperium machen. Im Oktober 1935 begann er einen brutalen Krieg gegen Abessinien (heute Äthiopien). Nach dessen Eroberung forderte er Italiens Vorherrschaft (Hegemonie) über den gesamten Mittelmeerraum.

1. *Nenne die typischen Merkmale des Faschismus.*
2. *Arbeite heraus, was den Beginn der faschistischen Herrschaft in Italien begünstigte.*

M3 „Mussolini hat immer Recht“

Der „Duce“ (ital.: „Führer“) erlässt die folgenden „zehn Gebote“. Sie werden auf Plakaten und in Zeitungen veröffentlicht:

1. Der Faschist, besonders der Milizsoldat[1], darf nicht an den ewigen Frieden glauben.
2. Strafen sind immer verdient.
3. Auch der Wachtposten vor einem Benzinfass dient dem Vaterland.
4. Der Kamerad ist dein Bruder: 1. weil er mit dir lebt, 2. weil er denkt und fühlt wie du.
5. Gewehr und Patronentasche sollen nicht während der Ruhezeit vernachlässigt, sondern für den Krieg bereitgehalten werden.
6. Sag niemals: Die Regierung zahlt's; denn du selbst bist es, der zahlt, und die Regierung hast du selbst gewollt und du trägst ihre Uniform.
7. Gehorsam ist der Gott der Heere; ohne ihn ist kein Soldat denkbar, wohl aber Unordnung und Niederlagen.
8. Mussolini hat immer Recht!
9. Der Freiwillige hat keine Vorrechte, wenn er nicht gehorcht.
10. Eines muss dir über allem stehen: das Leben des Duce.

Zit. nach: Günter Schönbrunn (Bearb.), Weltkriege und Revolutionen 1914-1945, München ³1979, S. 153

M5 Diktaturen in Europa 1938

M4 Die „historischen Ziele“ Italiens

Mussolini sagt am 18. März 1934:

Die historischen Ziele Italiens haben zwei Namen: Asien und Afrika. Der Süden und der Osten bedeuten Hauptpunkte für das Interesse und das Wollen der Italiener. Im Norden ist wenig oder nichts zu machen, im Westen auch nichts, auch nicht in Europa und jenseits des Ozeans. Die genannten Ziele finden ihre Rechtfertigung in der Geografie und in der Geschichte. Von allen westlichen Großmächten Europas liegt Italien Afrika und Asien am nächsten. Niemand verkenne die Tragweite dieses jahrhundertealten Zieles, das ich der heutigen und den kommenden Generationen Italiens aufgebe. Es handelt sich [...] um eine natürliche Expansion, die zur Zusammenarbeit zwischen Italien und den Nationen des Nahen und Fernen Ostens führen muss. Es handelt sich um eine Aktion, die die noch ungeheuren Kräfte und Schätze beider Kontinente zur Geltung bringen soll, hauptsächlich, was Afrika anbelangt, um sie mehr in den Kreislauf der Weltzivilisation zu bringen. Italien kann dies tun. Sein Platz am Mittelländischen Meer, das seine historische Vermittlerrolle zwischen Orient und Okzident wieder aufnimmt, gibt ihm hierzu das Recht und legt ihm sogar die Pflicht dazu auf.

Zit. nach: Wanda Kampmann, Der Faschismus in Italien, Stuttgart 1976, S. 38

[1] Milizsoldat: hier Mitglied der bewaffneten Kampfbünde der Faschisten

Internettipps:
- Zum sogenannten „Marsch auf Rom“ der italienischen Faschisten 1922 siehe Mediencode 31022-29
- Zum italienischen Faschismus siehe Mediencode 31022-30

1. *Nenne die demokratischen und die faschistischen Staaten in Europa 1938 (M5).*
2. *Vergleiche die Karte M5 mit M2 auf der Auftaktseite 69.*
3. *Untersuche das Foto (M1) im Hinblick auf die beabsichtigte Aussage und Wirkung.*
   Tipp: Berücksichtige Bildunterschrift, Verfassertext, M3 und M4.
4. *Weise in M2 bei Titel und Foto Francos Merkmale der faschistischen Ideologie nach.*
5. *Beurteile Mussolinis „historische Ziele“ (M4).*

Kompetenzen überprüfen

M 1 **„Wählt Spartakus!“**
Plakat (75 x 99 cm) der KPD für die ersten Reichstagswahlen vom 6. Juni 1920

M 2 **„Schluss jetzt! Wählt Hitler!“**
Plakat (84 x 58 cm) der NSDAP zum Reichspräsidentenwahlkampf vom Frühjahr 1932

M 3 **„Das sind die Feinde der Demokratie!“**
Plakat der SPD, 1930

M 4 **Aussagen über die Weimarer Republik**
Die Weimarer Republik war ...

- ein Meilenstein für die Entwicklung der Demokratie in Deutschland.
- eine Krisenrepublik.
- ein von vornherein gescheiterter Versuch einer Demokratisierung.
- ein erster Schritt zur Demokratisierung Deutschlands.

Jahr	USA	Deutschland	Großbritannien	UdSSR
1913	100	100	100	100
1920	122	59	93	13
1925	148	95	86	70
1929	181	117	100	181
1932	94	70	83	326
1935	140	117	108	534
1938	143	149	118	857

M 5 **Industrieproduktion der führenden Industrienationen**

M6 Über Weimar

Der 1926 geborene Historiker Fritz Stern schreibt in seinen 2006 veröffentlichten Erinnerungen:

Seit über einem halben Jahrhundert ist Weimar ein Synonym für politisches Scheitern; wenn eine Demokratie zerbricht oder ein politisches System in der Krise steckt, spricht man gleich von „Weimar" [...].

Oder man hat Weimar in Erinnerung als eine Zeit überschäumender Kreativität, was es gewiss auch war. [...] Die erstaunliche Kreativität und Innovation, die Deutschland in den Künsten, in der Architektur, im Film und besonders in den Naturwissenschaften zeigte, markierten einen neuen und zuweilen dissonanten[1] Höhepunkt dessen, was es vor dem Ersten Weltkrieg im Bereich der Kultur in Ansätzen entwickelt hatte. Aber gerade dieser Fortschritt, der in wenig mehr als einem Jahrzehnt unter den schweren Nachwirkungen von Krieg und Niederlage erreicht wurde, beunruhigte Millionen von Deutschen; sie empfanden die Moderne als eine Bedrohung. [...]

Man darf nicht vergessen, durch welche schrecklichen, oft betäubenden Traumata[2] dieses Deutschland sich der Reihe nach hindurchkämpfen musste: die Niederlage, das Pariadasein[3], die Hyperinflation, den Zusammenbruch des kapitalistischen Systems – und das alles hineingepresst in nur vierzehn kurze Jahre. Fast während dieser ganzen Zeit hat Deutschland am parlamentarischen System festgehalten, während Italien die Demokratie schon 1922 zugunsten des Faschismus aufgab und Osteuropa mit Ausnahme der Tschechoslowakei [...] autoritäre Regime einführte. Die Deutschen haben die Demokratie hartnäckig und oft auch einfallslos verteidigt gegen die brutale Opposition selbsternannter Patrioten und skrupelloser Vertreter materieller Interessen, die erstere unterstützten – aber verteidigt haben sie diese dennoch. [...]

Ich sah genug, um sagen zu können, dass Männer und Frauen wirklich hart gegen den Nationalsozialismus gekämpft haben, sodass dessen Aufstieg nicht unausweichlich war. Weimar enthält viele Lehren für uns alle.

Fritz Stern, Fünf Deutschland und ein Leben. Erinnerungen, aus dem Englischen von Friedrich Griese, München ³2007, S. 113-115

[1] dissonant: misstönend, unschön
[2] Trauma: seelische Verletzung
[3] Paria: Ausgestoßener, Entrechteter

M7 Treffen des spanischen Diktators Francisco Franco mit Adolf Hitler
Foto vom 23. Oktober 1940 im französischen Hendaye
Bild oben: Originalfoto; Bild unten: Manipulation, die von der spanischen Presseagentur EFE veröffentlicht wurde

1. *Analysiere die Plakate (M1 bis M3). Berücksichtige dabei die historischen Zusammenhänge. Siehe auch S. 101.*
2. *Welches Statement kennzeichnet deiner Meinung nach am ehesten den Charakter der Weimarer Republik (M4)? Begründe deine Auswahl.*
3. *Analysiere die Veränderungen in M5 mithilfe deiner Kenntnisse der Herrschafts- und Wirtschaftsgeschichte der jeweiligen Länder.*
4. *Gestalte die Tabelle M5 in ein Diagramm (Kurven-/Linien-, Balken- oder Tortendiagramm) um. Prüfe die Vor- und Nachteile der Darstellungsformen.*
5. *Erstelle zwei Schaubilder, in denen du die Beziehungen von Deutschland, Frankreich, USA und Russland/Sowjetunion 1918 und 1933 darstellst.*
6. *Stelle die Lebensbedingungen der Menschen in den 1920er-Jahren in Deutschland, den USA und der Sowjetunion gegenüber. Begründe, woher die Unterschiede kommen.*
7. *Vergleiche den Herrschaftswechsel in Deutschland 1918 und 1933. Beurteile, ob es jeweils gerechtfertigt ist, von einer Revolution zu sprechen.*
8. *Fasse die zentralen Aussagen von Fritz Stern (M6) zusammen und vergleiche sie mit deiner Antwort auf die zweite Frage.*
9. *Untersuche, was im Foto (M7) manipuliert wurde, und erörtere, welche andere Wirkung damit erzielt werden sollte.*
10. *Recherchiere Beispiele aus den letzten Jahren von vergleichbaren Fotomanipulationen.*
11. *Stellt begründete Vermutungen an, warum Bildmanipulationen in Diktaturen häufiger vorkommen als in Demokratien.*

Orientierung gewinnen: Nationalsozialismus und Zweiter Weltkrieg

Die Ernennung Hitlers zum Reichskanzler war der erste Schritt bei der Errichtung der nationalsozialistischen Diktatur in Deutschland. Außenpolitisch hatte zunächst die Beseitigung der Regelungen des Versailler Vertrages im Fokus der Nationalsozialisten gestanden. Ab 1936 erweiterte die NS-Regierung zunächst durch Diplomatie und politischen Druck, ab September 1939 schließlich militärisch das Territorium des Deutsches Reiches, das 1942 seine größte Ausdehnung erreichte. Die nationalsozialistische Diktatur endete erst 1945 mit dem Ende des Zweiten Weltkrieges in Europa und der totalen Niederlage Deutschlands.

Hitler war zunächst Chef einer Regierung, die nicht nur aus Nationalsozialisten bestand. In der Folge errichteten die Nationalsozialisten nach und nach eine Diktatur und festigten diese. Mit welchen Maßnahmen und Methoden beseitigten die Nationalsozialisten die einzelnen Elemente der Weimarer Republik? Was bedeutete die „Gleichschaltung"? Was waren die grundlegenden Ziele der Nationalsozialisten?

Im Nationalsozialismus änderte sich auch die Wirtschaftspolitik. Die ganze Wirtschaft wurde auf einen zukünftigen Krieg ausgerichtet, im Zweiten Weltkrieg der Kriegsführung vollständig untergeordnet. Welche Zusammenhänge bestanden zwischen der Wirtschaftslenkung und der NS-Ideologie? Welche Auswirkungen hatte diese Ausrichtung der Wirtschaft auf die Gesellschaft in Deutschland?

Die Zeit des Nationalsozialismus ist gekennzeichnet durch Integration und Ausgrenzung einzelner gesellschaftlicher Gruppen. Für den Einzelnen bedeutet das aktive Mitwirkung, Anpassung oder Widerstand. Aber nicht alle konnten sich aussuchen, wie sie sich verhalten wollten. Welche Spielräume besaß der Einzelne? Wer war Täter, wer Opfer? Wie verlief die Ausgrenzung von Menschen? Welche Wechselwirkungen gab es mit den Bereichen Weltdeutung und Wirtschaft?

Mit der Machtübernahme der Nationalsozialisten begann die Durchsetzung der NS-Ideologie in Deutschland mit den Mitteln von Verführung und Gewalt. Welche Rolle spielte die Ideologie im NS-Staat? Wie wurde die Ideologie begründet? Wer waren ihre Träger? Wie wurde sie verbreitet? Und welche Verhaltensmöglichkeiten eröffneten oder verschlossenen sich dem Einzelnen?

1930

30. Januar 1933: Reichspräsident Hindenburg ernennt Hitler zum Reichskanzler

23. März 1933: „Ermächtigungsgesetz"

1935

1935/36: Ausbürgerung von Juden, Sinti und Roma

7. März 1936: Einmarsch ins entmilitarisierte Rheinland

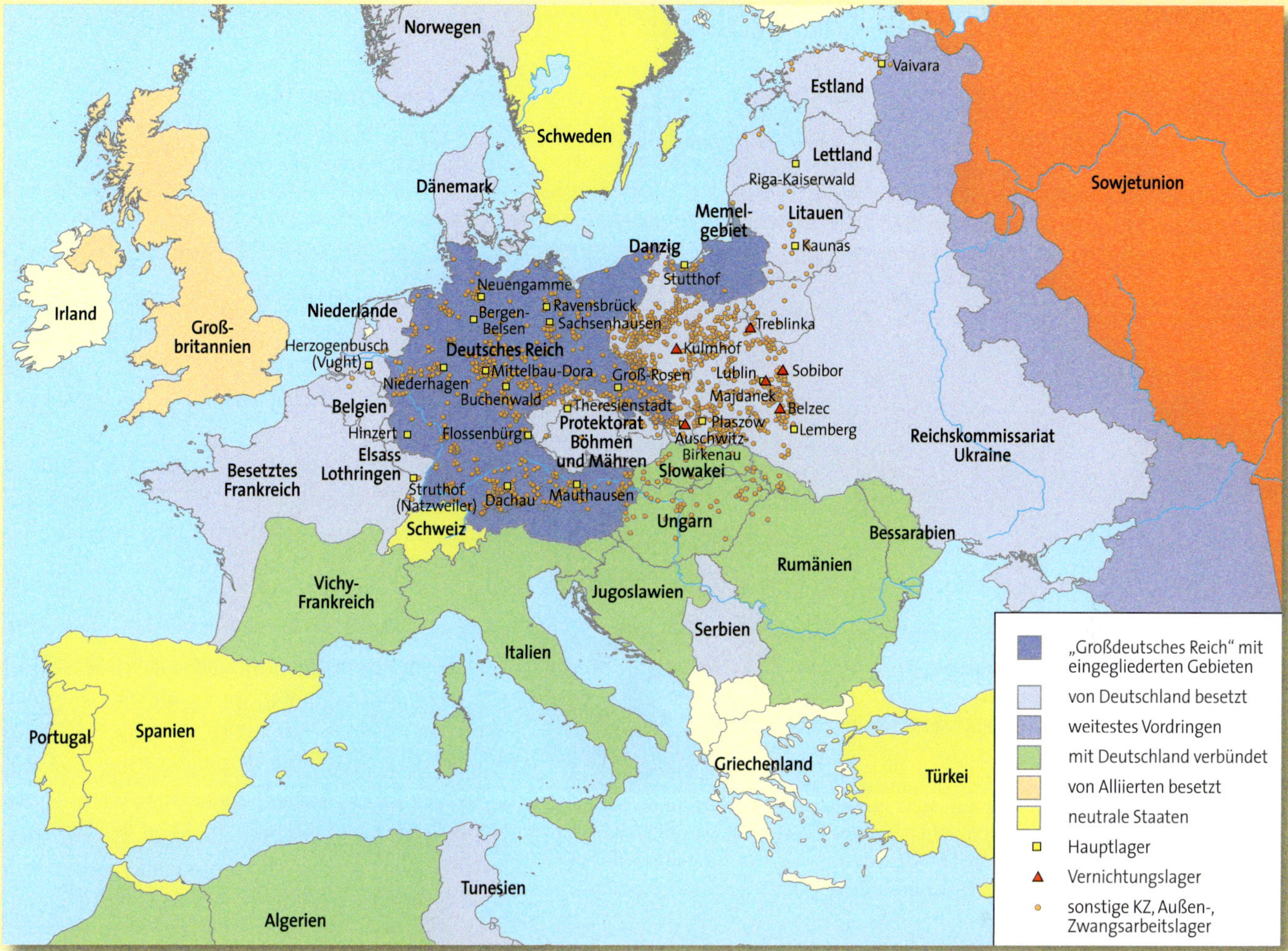

M Europa zum Zeitpunkt der größten Ausdehnung des Deutschen Reiches sowie Orte des Terrors und der Vernichtung 1942 - 1944

1. *Beschreibe, um welche Gebiete sich das Deutsche Reich gegenüber 1919 erweitert hat, sofern es auf der Karte oben erkennbar ist.*
   Hinweis: Vergleiche mit der Karte M1 von S. 69 und der Karte M3 auf S. 148.
2. *Stelle fest, wo sich die größte Dichte von Orten des Terrors und der Vernichtung befindet.*
3. *Entwickle (mithilfe der Zeitleiste) begründete Hypothesen, die die politisch-territorialen Veränderungen der Karte oben erklären können.*
4. *Gestaltet in Kleingruppen Plakate mit dem, was ihr in anderen Fächern (Deutsch, Religion, Ethik etc.) bereits über den Nationalsozialismus und den Zweiten Weltkrieg gelernt habt.*
5. *Diskutiert, was ihr im Geschichtsunterricht zu den Themen Nationalsozialismus und Zweiter Weltkrieg erwartet.*

Zweiter Weltkrieg

Nationalsozialistische Herrschaft

1940 — 1945

9. November 1938: Reichspogromnacht

20. Januar 1942: Auf der „Wannsee-Konferenz“ wird die systematische Ermordung der Juden in die Wege geleitet

Anfang Februar 1943: Die deutsche Armee kapituliert bei Stalingrad

Was will die NSDAP?

M 1 Hitler bei einer SA-Versammlung im „Braunen Haus" in München
Foto von Heinrich Hoffmann für ein Sammelalbum, 1933

M 2 Parteizeichen der NSDAP
Das Hakenkreuz symbolisierte ursprünglich die segensreichen Kräfte der Sonne und war unter anderem im Orient und in Palästina anzutreffen. Um 1900 wurde es von verschiedenen politischen und rassistischen Gruppen als judenfeindliches (antisemitisches) Symbol benutzt. Hitler bestimmte es 1935 zum Hoheitszeichen Deutschlands.

M 3 Die Sozialstruktur der NSDAP-Mitgliedschaft im Vergleich mit der deutschen Bevölkerung

	Bevölkerung 1933		
soziale Stellung	*männliche Erwerbspersonen in %*	*Erwerbspersonen insgesamt in %*	*NSDAP-Mitglieder (1935) in %*
Arbeiter	55,1	46,3	32,1
Angestellte	11,9	12,5	20,6
Selbstständige außerhalb der Landwirtschaft	11,9	9,7	20,2
Beamte	6,5	4,6	13,0
Bauern (Selbstständige und Mithelfende in der Landwirtschaft)	14,0	20,7	10,7
Sonstige (Hausangestellte und Mithelfende außerhalb der Landwirtschaft)	0,6	6,2	3,4
Insgesamt	**100,0**	**100,0**	**100,0**

Nach: Der Große Ploetz. Die Enzyklopädie der Weltgeschichte, Freiburg [35]2008, S. 969

Immer mehr machen mit

Adolf Hitler und der **Nationalsozialismus** gewannen in den Krisen der Weimarer Republik immer mehr Anhänger. Er überzeugte viele Menschen mit seinen einfachen Vorschlägen zur Lösung komplizierter politischer und wirtschaftlicher Probleme. Hitler und die NSDAP fanden gesellschaftliche Anerkennung und finanzielle Unterstützung. Die Zahl der Parteimitglieder wuchs ständig: Um 1922 hatte die NSDAP etwa 6000 Mitglieder, Ende 1925 waren es schon 27000.

Ihre Zahl stieg bis September 1930 auf 130000. Im Januar 1933 waren es bereits 850000 Parteigenossen (Pg.). Nach der „Machtübergabe" vom 30. Januar 1933 stieg ihre Zahl bis zum Mai 1933 auf 2,5 Millionen. 1945 gab es 8,5 Millionen Mitglieder der NSDAP.

Die **Sturmabteilung (SA)** und die **Schutzstaffel (SS)** der Partei trugen zu deren Aufstieg entscheidend bei. Die SA war 1920 als Saalschutz- und Kampftruppe gegründet und die SS 1925 zum persönlichen Schutz Hitlers eingerichtet worden. Die NSDAP sprach mit der Hitler-Jugend[1], der NS-Frauenschaft und anderen Parteiorganisationen wie dem NS-Kraftfahrerkorps oder dem NS-Lehrerbund Menschen aller sozialen Schichten und Altersgruppen an.

Das „Führerprinzip"

In der Partei wurde Hitler ab 1922 als „Führer" bezeichnet. Die Anrede spiegelte das autoritäre Führerprinzip von Befehl und Gehorsam. Die Nazis hatten es von den italienischen Faschisten übernommen.

Die straff organisierte NSDAP war in 32 (ab 1940: 41) Gaue untergliedert, die etwa den Reichstagswahlbezirken entsprachen. Die Gaue waren in Kreise, Ortsgruppen, Zellen und Blocks unterteilt. An ihrer Spitze standen Leiter. Sie wurden vom jeweils höheren Leiter ernannt. Nur der „oberste Führer" ließ sich von allen Parteigenossen im Amt bestätigen. Alle politischen Leiter waren Männer – Frauen kamen nach nationalsozialistischem Weltbild dafür nicht infrage.

[1] Siehe S. 132 f.

Nationalsozialismus   Sturmabteilung (SA)*   Schutzstaffel (SS)*   Ideologie*   Rassenlehre

Ein menschenverachtender Rassismus

Hauptkennzeichen des Nationalsozialismus waren Antisemitismus[1] und eine menschenverachtende Rassen**ideologie**. Für die Anhänger dieser Weltanschauungen waren die Juden nicht nur eine „unchristliche" Religionsgemeinschaft, die es gesellschaftlich auszugrenzen galt, sondern eine „minderwertige" und „zersetzende" Rasse, die die „arische" Rasse zerstören wollte. Sie rechtfertigten ihre Ansichten durch falsche Schlüsse aus biologischen Theorien, die in der 2. Hälfte des 19. Jh. von Charles Darwin und anderen entwickelt worden waren und von einem Überlebenskampf der Arten („survival of the fittest") ausgingen. Diese Lehre wurde verfälschend auf Menschen und Völker übertragen und in einen allgemeinen „Kampf ums Dasein" umgedeutet. Dabei behauptete man, es gäbe Rassen mit höherem Wert, die berechtigt seien, über die mit niederem Wert zu herrschen, denn Herrschaft sei immer der „Sieg des Besseren, des Stärkeren".

Auf der Grundlage dieser pseudowissenschaftlichen **Rassenlehre** erklärten die Nazis die Verfolgung und später auch die Vernichtung der Juden zum „Selbsterhaltungskampf" der deutschen Nation und der westlichen Zivilisation.

Der fanatische Antisemitismus bildete den Hauptunterschied zu den beiden anderen totalitären bzw. autoritären Systemen der Zeit: zur kommunistischen Terrorherrschaft Stalins sowie der faschistischen Führerdiktatur Mussolinis.

„Kampf um Lebensraum"

Die rassistische Weltanschauung der Nationalsozialisten, die vor allem der Chefideologe der Partei, Alfred Rosenberg, verbreitete, mündete in die Vorstellung vom „notwendigen Kampf der Rassen um Lebensraum". Die NS-Rassenlehre rechtfertigte auch die Lebensraumideologie. Das „Herrenvolk" der Deutschen habe ein Recht, „Lebensraum im Osten" in Besitz zu nehmen, da die slawischen Völker (Polen, Russen u. a.) den „arischen" unterlegen und weniger wert seien. Außerdem sei die Sowjetunion nach der „jüdischen Machtergreifung" des Bolschewismus – einzelne Revolutionäre waren Juden – „reif zum Zusammenbruch".

Die „Volksgemeinschaft"

In vielen Reden und Schriften beschworen die Nationalsozialisten die „Volksgemeinschaft". Dabei hoben sie die „soziale Einheit der deutschen Menschen ohne Ansehung des Standes und der Herkunft" hervor. Über Klassen und Stände, Berufe und Konfessionen hinweg sollten sich alle „Volksgenossen" zur „Volksgemeinschaft" bekennen. Diese Idee war für viele Menschen in einer Zeit ständiger sozialer und politischer Konflikte attraktiv.

Doch zur „Volksgemeinschaft" gehörte nach nationalsozialistischer Vorstellung nur die „geschichtlich gewachsene Blutsgemeinschaft".

Alle, die nicht dazu gezählt wurden, wie Juden, Roma und Sinti („Zigeuner"[2]), Homosexuelle und „Asoziale" wurden als „Volksfeinde" verleumdet. Ihnen allen drohten die Nationalsozialisten den „Kampf" an.

M4 „Klassenkampf und Rassenkampf"
Plakat für eine Veranstaltung der Nationalsozialisten in Fulda im April 1924
Roland Freisler leitete später den Volksgerichtshof und wurde zum bekanntesten und zugleich berüchtigtsten Strafrichter im nationalsozialistischen Deutschland (siehe S. 155).

[1] Siehe dazu S. 26.
[2] „Zigeuner" ist eine herabsetzende Fremdbezeichnung. Die wahrscheinlich vor ca. 1 000 Jahren aus Nordwestindien ausgewanderten Volksgruppen bezeichnen sich als „Sinti" und „Roma". Sinti (von der indischen Region Sindh) leben seit ca. 600 Jahren in Deutschland. Roma (von „Rom": Mann) sind Stämme vor allem aus Südosteuropa. Entgegen aller Vorurteile: Die Mehrheit der Sinti und Roma war und ist sesshaft.

1. *Erstelle eine Tabelle zur Entwicklung der Mitgliederzahlen der NSDAP.*
2. *Erkläre die Entwicklung der NSDAP-Mitglieder mit deinem Wissen zum historischen Kontext.*
3. *Untersuche M3 im Hinblick darauf, welche Bevölkerungsgruppen überproportional stark in der NSDAP vertreten waren.*
4. *Untersuche (nach dem bekannten Vorgehen, siehe S. 52 f.) das Foto M1 und weise nach, dass es sich um ein Propagandafoto handelt.*
5. *Erkläre mit eigenen Worten die Begriffe „Antisemitismus", „Sozialdarwinismus", „Lebensraumideologie" und „Volksgemeinschaft".*
6. *Erläutere, wie die mit diesen Begriffen verbundenen Vorstellungen bereits die Vernichtung anderer Menschen und die Eroberung durch Krieg in den Mittelpunkt der NS-Ideologie stellen.*
7. *Hitler hat seine ideologischen Vorstellungen und politischen Ziele in seinem Buch „Mein Kampf" dargelegt. Wegen seines menschenverachtenden Inhaltes durfte es in Deutschland bislang nicht gedruckt werden. Erörtere, ob das richtig ist.*

Die Sturmabteilung (SA) wird gegründet
Die NSDAP hat 6 000 Mitglieder
Adolf Hitler wird als „Führer" bezeichnet
Hitler verfasst seine politisch-ideologische Programmschrift „Mein Kampf"
Die Schutzstaffel (SS) wird eingerichtet; Die NSDAP hat 27 000 Mitglieder
Die NSDAP hat 85 000 Mitglieder

1920 1925 1930 1935

M 5 „Am Anfang war das Wort“
Ölgemälde (192 x 271 cm) von Otto Hoyer, 1937 (Ausschnitt)

M 6 Wer darf Staatsbürger sein?

In dem 25-Punkte-Programm der NSDAP vom Februar 1920 heißt es:

4. Staatsbürger kann nur sein, wer Volksgenosse ist. Volksgenosse kann nur sein, wer deutschen Blutes ist, ohne Rücksichtnahme auf Konfession. Kein Jude kann daher Volksgenosse sein. [...]
6. Das Recht, über Führung und Gesetze des Staates zu bestimmen, darf nur dem Staatsbürger zustehen. Daher fordern wir, dass jedes öffentliche Amt, gleichgültig welcher Art, gleich ob im Reich, Land oder Gemeinde, nur durch Staatsbürger bekleidet werden darf. [...]
8. Jede weitere Einwanderung Nicht-Deutscher ist zu verhindern.

Zit. nach: Günter Wollstein, Das „Dritte Reich“ 1933-1945, Darmstadt 2013, S. 69

M 7 „Sünde wider Blut und Rasse“

Adolf Hitlers Propagandaschrift „Mein Kampf“ (1925/27) wird noch vor der staatlich gelenkten Verbreitung über eine Million Mal verkauft. Zur Rassenlehre heißt es darin:

Die Sünde wider Blut und Rasse ist die Erbsünde dieser Welt und das Ende einer sich ihr ergebenden Menschheit. [...] Demgegenüber erkennt die völkische Weltanschauung die Bedeutung der Menschheit in deren rassischen Urelementen. [...] Sie glaubt somit keinesweg an eine Gleichheit der Rassen, sondern erkennt mit ihrer Verschiedenheit auch ihren höheren oder minderen Wert und fühlt sich durch diese Erkenntnis verpflichtet, [...] den Sieg des Besseren, Stärkeren zu fördern, die Unterordnung des Schlechteren und Schwächeren zu verlangen.

Adolf Hitler, Mein Kampf. Zwei Bände in einem Band, München [469-473] 1939, S. 272 und 420f.

M 8 Lebensraum

Dazu schreibt Adolf Hitler in „Mein Kampf“:

Nur ein genügend großer Raum auf dieser Erde sichert einem Volke die Freiheit des Daseins. [...] Die nationalsozialistische Bewegung muss versuchen, das Missverhältnis zwischen unserer Volkszahl und unserer Bodenfläche [...], zwischen unserer historischen Vergangenheit und der Aussichtslosigkeit unserer Ohnmacht in der Gegenwart zu beseitigen. Sie muss sich dabei bewusst bleiben, dass wir als Wahrer höchsten Menschentums auf dieser Erde auch an eine höchste Verpflichtung gebunden sind, und sie wird umso mehr dieser Verpflichtung zu genügen vermögen, je mehr sie dafür sorgt, dass das deutsche Volk rassisch zur Besinnung gelangt und sich außer der Zucht von Hunden, Pferden und Katzen auch des eigenen Blutes erbarmt. [...]
Staatsgrenzen werden durch Menschen geschaffen und durch Menschen geändert. [...]
Deutschland wird entweder Weltmacht oder überhaupt nichts sein. Zur Weltmacht braucht es jene Größe, die ihm in der heutigen Zeit die notwendige Bedeutung und seinen Bürgern das Leben gibt. [...]
Wenn wir aber heute in Europa von neuem Grund und Boden reden, können wir in erster Linie nur an Russland und die ihm untertanen Randstaaten denken.

Adolf Hitler, Mein Kampf, a. a. O., S. 728, 732, 740 und 742

1. *Der Titel des Gemäldes (M5) ist ein Zitat. Recherchiere, woher es stammt, und beurteile, warum der Maler es ausgewählt hat.*
2. *Interpretiere das Gemälde (M5).*
3. *Erläutere anhand von M6 bis M8 die im Verfassertext auf S. 119 vorgestellten Kennzeichen der NS-Ideologie.*
4. *Nimm zu der NS-Ideologie Stellung.*

Der 30. Januar 1933 in eurer Region

In Stadtarchiven lässt sich anhand von Zeitungen und anderen Quellen gut erforschen, wie die „Machtübergabe" in eurer Region ablief.

- Verschafft euch anhand vorhandener lokalgeschichtlicher Veröffentlichungen einen Überblick.
- Stellt fest, welche Zeitungen einzusehen sind, welche anderen Quellen (Polizeiberichte, Plakate, Aufrufe, Tagebücher, Fotos) ihr auswerten könnt. Prüft, welche Dokumente ihr kopieren oder fotografieren (lassen) möchtet.
- Notiert die Quellenangaben (Daten, Fundstellen, Signaturen) genau.
- Informiert euch über die ausgewerteten Zeitungen und deren Redakteure („Schriftleiter") sowie die Verfasser der Materialien und ihre historische Einstellung.

Jedes gelesene Zeitungsblatt weitergeben!

Rheinische Zeitung

Hauptorgan der Sozialdemokratischen Partei für den Bezirk „Obere Rheinprovinz"

Köln (August-Bebel-Haus) Montag den 30. Januar 1933 42. Jahrgang – Nr. 25

Hitler – Reichskanzler!

Der Herrenklub hat im Bunde mit den Osthilfe-Nutznießern Hitler zum Reichskanzler erhoben! – Polizeigewalt in Nazi-Händen – SA soll mit Staatsmitteln finanziert werden!

M1 Schlagzeile vom 30. Januar 1933

M2 Aus dem „Völkischen Beobachter"

Alfred Rosenberg kommentiert den 30. Januar 1933 im „Kampfblatt" der NSDAP:

Der 30. Januar 1933 wird einmal eingehen in die Geschichtsschreibung als ein Tag, der einen historischen Umschwung der deutschen Entwicklung darstellt. Nach 14 Jahren unerhörtester Opfer und Arbeit steht Adolf Hitler heute an jener Stelle, die ihm seit Langem gebührte. Ein Gefühl unbändigen Stolzes geht durch alle Millionen jener, deren Sehnsucht, Kampf und Hingabe diese Jahre über im Zeichen des Willens stand, die Schande vom 9. November 1918 zu sühnen. [...] Das ganze junge Deutschland rechnet es dem greisen Reichspräsidenten von Hindenburg ehrfurchtsvoll zu hoher Ehre an, dass er [...] die Zukunft seines Volkes im neuen Reichskanzler Adolf Hitler gegrüßt hat.

Zit. nach: Wieland Eschenhagen (Hrsg.), Die „Machtergreifung". Tagebuch einer Wende nach Presseberichten vom 1. Januar bis 6. März 1933, Darmstadt 1982, S. 116 f.

M3 „Aus dem „Hanauer Anzeiger"

Am 31. Januar 1933 heißt es in der Zeitung:

Die Ernennung Hitlers zum Reichskanzler und die Bildung des neuen Reichskabinetts [...] bedeutet, richtig gesehen, den Versuch einer Zusammenballung aller der Kräfte, die seit Jahren unleugbar im Volke angewachsen sind und an Stärke zugenommen haben. Ihre Stimmen konnten nicht länger überhört werden, umso weniger, als es sich bei der sonstigen parteipolitischen Einstellung doch ohne Zweifel um Millionen handelte, deren Bekenntnis zum Vaterland und Deutschtum über jeden Zweifel erhaben war, die auch wirtschaftlich sich nicht dem Bolschewismus verschrieben haben, obwohl sie zu großen Teilen sich in schwerster wirtschaftlicher Not befinden.

Hanauer Anzeiger Nr. 26 vom 31. Januar 1933, S. 1

M4 Aus dem „Vorwärts"

Im sozialdemokratischen Parteiblatt steht am 31. Januar 1933:

Die Arbeiterklasse, die Demokratie und der Sozialismus sind nicht geschlagen. [...] Wenn es gestern Leute gegeben hat, die zähneklappernd zu Bett gegangen sind, so waren es bestimmt keine Sozialdemokraten. [...] Den meisten Grund, zähneklappernd zu Bett zu gehen, hatte aber der neue Reichskanzler selbst, der nun alle Versprechungen erfüllen soll, die er gemacht hat. Wer möchte da in seiner Haut stecken? [...] Heute Generalstreik machen, hieße die Munition der Arbeiterklasse zwecklos in die leere Luft verschießen! Auf die Einigung aller Feinde der Arbeiterklasse gibt es nur eine Antwort: Einigung der Arbeiterklasse!

Zit. nach: Wieland Eschenhagen (Hrsg.), Die „Machtergreifung", a. a. O., S. 120 f.

1. *Informiere dich über die politische Situation und den Einfluss der NSDAP in Rheinland-Pfalz seit 1930 (siehe auch die Ergebnisse der Reichstagswahlen auf S. 104).*
2. *Vergleiche die Aussagen der Artikel (M1 bis M4) und bewerte sie.*
3. *Sucht weitere Kommentare zum 30. Januar 1933 in Zeitungen eures Wohn- oder Schulortes im Archiv und berichte darüber in der Klasse.*

Die Nationalsozialisten bauen ihre Macht aus

M 1 Der „Tag von Potsdam"
Foto, 21. März 1933
Es handelt sich nicht um eine bewusst gestellte Aufnahme, sondern um einen „Schnappschuss" von Theodor Eisenhart, der für die Zeitung „New York Times" arbeitete.

Der Reichstag brennt

Hitler wollte alleine regieren und nicht dauerhaft auf seine konservativen Bündnispartner und die Zustimmung des Reichspräsidenten angewiesen sein. Daher sollten Neuwahlen seiner Partei eine Mehrheit im Parlament verschaffen.

Am Abend des 27. Februar 1933, gut eine Woche vor dem Wahltermin, brannte das Reichstagsgebäude in Berlin. Die Polizei verhaftete vor Ort den holländischen Kommunisten Marinus van der Lubbe, der die Brandstiftung gestand. Historiker zweifeln jedoch daran, dass der schwer sehbehinderte Mann für den Großbrand alleine verantwortlich war.

Die Nationalsozialisten nutzten die Gelegenheit, um gegen alle ihre Widersacher vorzugehen. Sie behaupteten, dass die Kommunisten einen Bürgerkrieg entfachen wollten, und setzten nur einen Tag nach dem Brand die Notverordnung „Zum Schutz von Volk und Staat" durch. Darin wurden die wichtigsten Grundrechte der Weimarer Verfassung außer Kraft gesetzt. Diese „Reichstagsbrandverordnung" gab damit den Nationalsozialisten die entscheidende gesetzliche Grundlage an die Hand, politische Gegner zu verhaften oder mit schonungslosem Terror zu verfolgen.

In dieser Atmosphäre fanden am 5. März 1933 die Reichstagswahlen statt. Der Reichspropagandaleiter der NSDAP, **Joseph Goebbels**, nutzte den staatlich überwachten Rundfunk und die Parteipresse für einen aufwändigen Wahlkampf. Trotzdem verpasste die NSDAP mit 43,9 Prozent der Stimmen die absolute Mehrheit.

Der „Tag von Potsdam"

Mit einem feierlichen Staatsakt wurde drei Wochen später der neue Reichstag in der Garnisonkirche in Potsdam eröffnet. Dort lag der Preußenkönig Friedrich der Große begraben. Durch solche Propagandaauftritte errangen die Nationalsozialisten Zustimmung im konservativen Lager.

Das „Ermächtigungsgesetz"

Mit einem „**Ermächtigungsgesetz**" wollten die Nationalsozialisten nun die alleinige Herrschaft an sich reißen. Die bürgerlichen Parteien wurden hierzu durch falsche Versprechungen und offene Drohungen gefügig gemacht. Die Kommunisten sowie Teile der SPD waren von der Abstimmung ausgeschlossen. Viele von ihnen waren zuvor schon verhaftet worden oder untergetaucht. Dadurch kam die notwendige Zwei-Drittel-Mehrheit im Reichstag zustande. Das „Ermächtigungsgesetz" ermöglichte der nationalsozialistischen Reichsregierung, Gesetze zu verabschieden, auch wenn diese von der Reichsverfassung abwichen. Gegen diese „Selbstauflösung des Parlaments" stimmten lediglich 94 mutige SPD-Abgeordnete unter dem Einsatz ihres Lebens.

Mit der „Reichtagsbrandverordnung" und dem „Ermächtigungsgesetz" waren der Rechts- und Verfassungsstaat beseitigt und die Grundlage für die nationalsozialistische **Diktatur** gelegt worden.

1. *Entwickle begründete Hypothesen, welche Motive die Nationalsozialisten für das Anzünden des Reichstages gehabt haben können.*
2. *Erkläre, welche Absichten die Nationalsozialisten mit dem „Tag von Potsdam" verfolgten. Warum stellten sie sich in eine Reihe mit dem Preußenkönig und mit dem Reichspräsidenten?*
3. *Beim Foto M1 wurde zu Propagandazwecken nachträglich der Hintergrund abgeschwächt. Nenne mögliche Gründe. Beschreibe, wie sich dadurch die Wirkung des Bildes verändert.*

Joseph Goebbels* „Ermächtigungsgesetz"* Diktatur

M2 Verordnung „Zum Schutz von Volk und Staat“

Am 28. Februar 1933, einen Tag nach dem Reichstagsbrand, setzt Hitler eine Notverordnung durch, die der „Abwehr kommunistischer staatsgefährdender Gewaltakte“ dienen soll:

Die Artikel 114, 115, 117, 118, 123, 124 und 153 der Verfassung des Deutschen Reiches werden bis auf Weiteres außer Kraft gesetzt. Es sind daher Beschränkungen der persönlichen Freiheit, des Rechts der freien Meinungsäußerung, einschließlich der Pressefreiheit, des Vereins- und Versammlungsrechts, Eingriffe in das Brief-, Post-, Telegrafen- und Fernsprechgeheimnis, Anordnungen von Haussuchungen und von Beschlagnahme sowie Beschränkungen des Eigentums auch außerhalb der sonst hierfür bestimmten gesetzlichen Grenzen zulässig.

Zit. nach: Walther Hofer (Hrsg.), Der Nationalsozialismus. Dokumente 1933-1945, Frankfurt am Main [50]2011, S. 55

M3 „Gesetz zur Behebung der Not von Volk und Reich“

Das sogenannte „Ermächtigungsgesetz“ wird am 23. März 1933 von einer Mehrheit des Reichstages angenommen. Darin heißt es:

Art. 1: Reichsgesetze können außer in dem in der Reichsverfassung vorgesehenen Verfahren auch durch die Reichsregierung beschlossen werden. [...]

Art. 2: Die von der Reichsregierung beschlossenen Reichsgesetze können von der Reichsverfassung abweichen, soweit sie nicht die Einrichtung des Reichstages und des Reichsrates als solche zum Gegenstand haben. Die Rechte des Reichspräsidenten bleiben unberührt. [...]

Art. 4: Verträge des Reiches mit fremden Staaten, die sich auf Gegenstände der Reichsgesetzgebung beziehen, bedürfen für die Dauer der Geltung dieser Gesetze nicht der Zustimmung der an der Gesetzgebung beteiligten Körperschaften.

Zit. nach: Walther Hofer (Hrsg.), Der Nationalsozialismus. Dokumente 1933-1945, Frankfurt am Main [50]2011, S. 58

M4 „Der Brandstifter“

Das „New York World-Telegram“ veröffentlichte diese Karikatur am 23. März 1933. Im Rauch der Fackeln sind die Worte „race hatred“ (Rassenhass) und „repression“ (Unterdrückung) zu erkennen.

Internettipps:

- Rede von Otto Wels gegen das Ermächtigungsgesetz im Reichstag: Siehe Mediencode 31022-31
- Zur Auswanderung aus Rheinland-Pfalz während der NS-Zeit siehe Mediencode 31022-32
- Über die NS-Zeit in den Regionen des heutigen Rheinland-Pfalz siehe Mediencode 31022-33

M5 Ewigkeitsklausel

Im Grundgesetz der Bundesrepublik Deutschland, gültig seit 1949, heißt es in Art. 79,3:

Eine Änderung dieses Grundgesetzes, durch welche die Gliederung des Bundes in Länder, die grundsätzliche Mitwirkung der Länder bei der Gesetzgebung oder die in den Artikeln 1 und 20 niedergelegten Grundsätze berührt werden, ist unzulässig.

1. *Interpretiere die Karikatur M4. Berücksichtige dabei deine Ergebnisse aus Frage 1 von S. 122.*
2. *Erkläre mithilfe des Grundgesetzes Art. 79,3 (M5), weshalb die Verordnung „Zum Schutz von Volk und Staat“ (M2) mit unseren heutigen Staatsgrundsätzen nicht vereinbar wäre.*
3. *Beurteile, ob man im Zusammenhang mit dem „Ermächtigungsgesetz“ (M3) auch von einer „Selbstauflösung des Reichstages“ sprechen kann.*

27.02.: Der Reichstag brennt
28.02.: „Reichstagsbrand-Verordnung“
03.03.: Die NSDAP verpasst bei der Reichstagswahl die absolute Mehrheit
23.03.: „Ermächtigungsgesetz“

1. Feb. 1933 | 1. März 1933 | 31. März 1933

„Ein Volk, ein Reich, ein Führer" – nationalsozialistische Gleichschaltungsmaßnahmen

M 1 **Hitlerporträt an der Porta Nigra, Trier**
Foto vom April 1938

Der Begriff „Gleichschaltung"

Unmittelbar nach der Regierungsübernahme leiteten die Nationalsozialisten Maßnahmen ein, um ihren Leitsatz „Ein Volk, ein Reich, ein Führer" umzusetzen. Überall sollte der Wille des Führers durchgesetzt werden. Ihre Methode nannten die Nationalsozialisten **„Gleichschaltung"**. Dieser Begriff verdeutlicht, dass die neuen Machthaber alle Bereiche des gesellschaftlichen und politischen Lebens kontrollieren wollten. Meinungsvielfalt oder gar Widerstand sollte es in der „Volksgemeinschaft" nicht geben.

„Gleichschaltung" der Länder und Gemeinden

Mit einem Gesetz verloren am 31. März 1933 die Länderparlamente ihre Eigenständigkeit. Dies machte die NSDAP in allen Ländern zur stärksten Partei. Ein „Reichsstatthalter" kontrollierte von nun an alle Behörden und Einrichtungen der Länder und Gemeinden. Außerdem wurden die Hoheitsrechte der Länder auf das Reich übertragen.
In den Städten und Gemeinden ersetzten die Nationalsozialisten unliebsame Bürgermeister durch eigene „Parteigenossen".

Ende der Gewerkschaften und der Parteien

Den 1. Mai 1933 hatte Hitler zum „Tag der nationalen Arbeit" und erstmals zum gesetzlichen Feiertag erklärt. Dies wurde von den Gewerkschaften als wohlwollendes Entgegenkommen angesehen. Doch schon einen Tag später stürmten die Nationalsozialisten deren Häuser, eigneten sich das Gewerkschaftsvermögen an und verhafteten führende Vertreter. Die Mitglieder der freien Gewerkschaften wurden zwangsweise in die „Deutsche Arbeitsfront" (DAF) eingegliedert.
Ein ähnliches Schicksal widerfuhr den Parteien. Die SPD und die KPD wurden verboten, während die bürgerlichen und konservativen Parteien zur Selbstauflösung gezwungen wurden. Von diesem Zeitpunkt an gab es nur noch eine Partei, die NSDAP.

Mörderisches Vorgehen

Ohne Rücksicht ging Hitler auch gegen Ernst Röhm, den Stabschef der SA, der Kampforganisation der NSDAP, vor. Von dem früheren Weggefährten drohte Hitler Gefahr, weil der SA-Führer teilweise andere Vorstellungen vom Fortgang der „nationalen Revolution" hatte und zudem über eine schlagkräftige Armee verfügte. Deshalb ließ Hitler ihn – wie 200 weitere politische Gegner – in der Nacht zum 30. Juni 1934 ermorden. Als Vorwand gaben die Nationalsozialisten an, Röhm habe einen Putsch geplant.

Vereidigung der Wehrmacht auf Hitler

Als Reichspräsident Hindenburg am 2. August 1934 starb, übernahm Hitler dessen Macht. Er nannte sich fortan „Führer und Reichskanzler". Hitler befehligte nun auch die Reichswehr. Deren Soldaten mussten ihm unbedingten Gehorsam schwören.

1. *Erstelle mithilfe der vorangehenden Seiten eine Zeitleiste der Ereignisse von der Ernennung Hitlers zum Reichskanzler bis zum Tod Hindenburgs.*
2. *Begründe, warum die Nationalsozialisten nicht sofort auch den Reichspräsidenten Hindenburg entmachtet haben.*

M2 Absetzung eines Oberbürgermeisters

Die Historikerin Petra Weiß erzählt, wie die Nationalsozialisten die Macht im Rathaus von Koblenz übernommen haben:

Wie im gesamten Deutschen Reich kam es auch in Koblenz in den nächsten Tagen zu illegalen Hissungen der Hakenkreuzfahne auf öffentlichen Gebäuden. [...] Der Andrang der Schaulustigen war groß, den Schulkindern war zur Feier der „geschichtlichen Wende“ schulfrei beschert worden. [...] Oberbürgermeister Rosendahl [Zentrum] habe sich noch morgens geweigert, die Flaggenhissung zuzulassen und der SA den Zutritt zum Rathaus verweigert. Erst mittags habe er seinen Widerstand aufgegeben, jedoch gegen die Aktion protestiert. [...] Gleichzeitig musste Rosendahl eingestehen, dass ihm polizeiliche Unterstützung nicht zur Verfügung stehe. Dieses Eingeständnis der eigenen Schwäche wuchs sich zur faktischen Kapitulation aus, als Rosendahl den städtischen Botenmeister anwies, der SA die technischen Vorrichtungen für die Flaggenhissung zu erklären. Auch dem Wunsch des NSDAP-Stadtverordneten Carius, den Parteimitgliedern unter den städtischen Bediensteten die Teilnahme während der Dienstzeit zu gestatten, kam Rosendahl nach, offensichtlich in dem Bemühen, jede unnötige Eskalation von vornherein zu vermeiden.
Während vor dem Rathaus die Kundgebung begann, befand sich Rosendahl in einer Besprechung mit Firmenvertretern über den Umbau der Pfaffendorfer Brücke. Zwei SA-Unterführer kamen ins Sitzungszimmer und forderten ihn auf, an der Kundgebung teilzunehmen, andernfalls würde er unter Gewaltanwendung dazu gezwungen werden. Rosendahl lehnte die Teilnahme ab. Kurz darauf erschien Gaupropagandaleiter Meyer zusammen mit bewaffneten SA-Männern unangemeldet im Sitzungszimmer und wiederholte die Forderung. Als Rosendahl erklärte, er wolle die nationalsozialistische Bewegung nicht brüskieren, könne aber nicht anders handeln, entgegnete Meyer, jetzt müsse die SA als Exekutive ihres Amtes walten. Rosendahls Versuch, telefonisch Schutzpolizei anzufordern, verhinderte die SA durch die Besetzung des Telefons. Als die SA tatsächlich Anstalten machte, ihn mit Gewalt aus seinem Dienstzimmer zu führen, beugte Rosendahl sich der bewaffneten Übermacht und ging durch den mit weiteren bewaffneten SA-Leuten besetzten Flur in den großen Sitzungssaal.

Petra Weiß, Die Stadtverwaltung Koblenz im Nationalsozialismus, 2011, online: http://deposit.fernuni-hagen.de/2873/1/Dissertation_Petra_Weiss.pdf, S. 69ff.

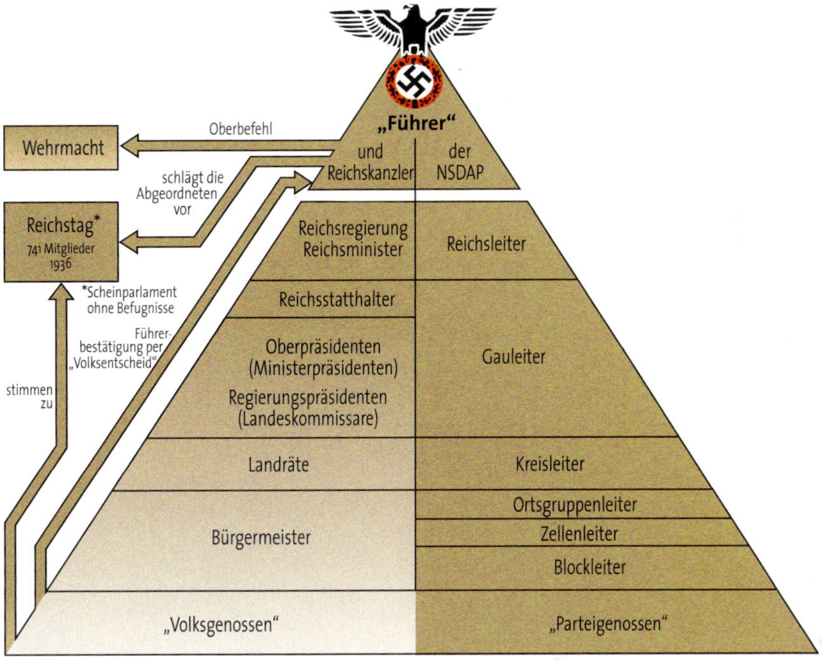

M3 Der Aufbau des „Führerstaates“ ab 1934

M4 Führereid

Ab August 1934 müssen Soldaten der deutschen Armee folgenden Eid schwören:

„Ich schwöre bei Gott diesen heiligen Eid, dass ich dem Führer des Deutschen Reiches und Volkes, Adolf Hitler, dem Oberbefehlshaber der Wehrmacht, unbedingten Gehorsam leisten und als tapferer Soldat bereit sein will, jederzeit für diesen Eid mein Leben einzusetzen.“

1. *Untersuche den Handlungsspielraum des Koblenzer Oberbürgermeisters (M2).*
2. *Rosendahl wurde kurz darauf durch einen von Göring ernannten neuen Oberbürgermeister ersetzt. Nimm Stellung zu Rosendahls Verhalten.*
3. *Beschreibe die Doppelstruktur des NS-Staates (M3). Erkläre, welche möglichen Folgen dies hat.*
4. *Erläutere, warum der NS-Staat auch als „Führerstaat“ bezeichnet wird (M3).*
5. *Vergleiche den Führereid (M4) mit dem Gelöbnis, das Soldaten der Bundeswehr heute leisten müssen.*

31.03.: Länderparlamente verlieren ihre Eigenständigkeit
01.05.: Der 1. Mai wird „Tag der nationalen Arbeit“
02.05.: Auflösung der Gewerkschaften, Gründung der „Deutschen Arbeitsfront“
30.06.: Ermordung Ernst Röhms und anderer oppositioneller SA-Mitglieder
02.08.: Tod Hindenburgs; Hitler wird „Führer und Reichskanzler“
1933 — 1934 — 1935

Überall Propaganda: Kontrolle über Kunst, Kultur und Wissenschaft

M1 „Der Führer spricht“
Ölgemälde von Paul M. Padua, 1939 (Ausschnitt)
Im Auftrag des Propagandaministeriums wurde 1933 der „Volksempfänger“ entwickelt. Dieses Radio war für alle erschwinglich. Besaßen 1933 erst 25 Prozent der Haushalte Rundfunkgeräte, waren es 1941 bereits 65 Prozent. Diese Entwicklung konnte die NSDAP für sich nutzen, da sie den Rundfunk kontrollierte.

Künstler ordnen sich unter …

Im September 1933 wurde die Reichskulturkammer gegründet, um Kunst und Kultur zu kontrollieren. Schriftsteller, Journalisten, Musiker, Filmregisseure, Maler und Architekten mussten Mitglieder der NSDAP werden. Die Reichskulturkammer wachte darüber, dass nur erwünschte „Kunst“ verbreitet wurde. Sie diente der Vermittlung zentraler ideologischer Botschaften des Nationalsozialismus: Verherrlichung von Heldentum und Kriegstod, Unterordnung und Aufopferung des Einzelnen für Partei und Nation, vorgegebene Rollenbilder von gesellschaftlichen Gruppen wie Frauen, Bauern oder Arbeitern.

… oder werden verboten

Juden sowie Künstler, die für kommunistische, liberale, demokratische oder pazifistische Ideen eintraten, bekamen Berufsverbot. Viele Werke der neueren Literatur (u. a. von Brecht, Kästner, Tucholsky, Thomas und Heinrich Mann), moderner Musik (Jazz, Zwölftonmusik), zeitgenössischer Malerei und Bildhauerkunst (Kubismus, Expressionismus[1]) erklärte die Reichskulturkammer zu „Ausgeburten des Wahnsinns“: Sie durften weder angeschafft, aufgeführt oder ausgestellt werden.

„Entartete Kunst“?

Höhepunkt der Kampagne gegen moderne Malerei und Bildhauerkunst war die Ausstellung „Entartete Kunst“ 1937 in München, die als Wanderausstellung bis 1941 in zahlreichen anderen Städten zu sehen war. Werke international anerkannter Künstler wie Grosz, Kandinsky, Marc oder Dix wurden mit dem rassistischen Begriff „entartet“ gebrandmarkt. Zahlreiche Besucher kamen, von denen die meisten die ablehnende Haltung teilten.

„Wissenschaftliche“ Begründung der NS-Ideologie

Die Nationalsozialisten gliederten auch die Universitäten in ihr System ein. Wissenschaftler aus den oben bereits für Künstler genannten Gruppen verloren ihre Stellen.

Die Wissenschaften waren nicht mehr frei, sondern hatten die Aufgabe, dem nationalsozialistischen Deutschland zu dienen. Dies geschah zum Beispiel durch Begründung der NS-Ideologie in Fächern wie Geschichte, Biologie oder Erdkunde, aber auch in konkreter Kriegsvorbereitung vor allem in den Natur- und Ingenieurswissenschaften.

1. *Skizziere die Rolle von Kunst und Wissenschaft in der Vorstellung der Nationalsozialisten.*
2. *Im Juni 2015 fragte die Tageszeitung „Die Welt“ in einem Artikel: Darf man Nazi-Kunst schön finden? Nimm dazu Stellung.*
   Hinweis: Den Artikel findest du unter folgendem Mediencode: 31022-34
3. *Argumentiere, warum viele Wissenschaftler sich nach 1933 in den Dienst der NS-Ideologie stellten.*
4. *Erläutere, inwiefern das Gemälde (M1) dem nationalsozialistischen Kunst- und Gesellschaftsverständnis entsprach.*

[1] Siehe S. 30.

M 2 Bücher werden verbrannt
Foto vom Berliner Opernplatz (heute Bebelplatz) vom 10. Mai 1933
Von März bis Oktober 1933 fanden in Deutschland über 90 Bücherverbrennungen statt. Organisiert wurden sie in der Regel vom „Nationalsozialistischen Deutschen Studentenbund" unter dem Motto „Kampf ... gegen Schmutz und Schund".

Lesetipp:
Alois Prinz, Der Brandstifter: Die Lebensgeschichte des Joseph Goebbels, Weinheim und Basel 2011

Internettipps:
- Zur Rolle von Kunst und Kultur im NS-Regime siehe Mediencode 31022-35
- Zum Thema „NS-Ideologie" mit einem Auszug aus einem Geschichtsbuch von 1941 siehe Mediencode 31022-36

M 3 Die Wirkung von Propaganda

Joseph Goebbels über die Errichtung des Reichspropagandaministeriums am 15. März 1933:

Wir haben ein Ministerium für Volksaufklärung und Propaganda begründet. Diese beiden Titel drücken nicht dasselbe aus. Volksaufklärung ist im Wesen etwas Passives. Propaganda dagegen etwas Aktives. Wir können uns nicht damit begnügen, dem Volke zu sagen, was wir wollen, und Aufklärung darüber zu geben, wie wir es machen. Wir müssen dieser Aufklärung vielmehr eine aktive Regierungspropaganda zur Seite stellen, eine Propaganda, die darauf hinzielt, Menschen zu gewinnen. Es genügt nicht, die Menschen mit unserem Regiment mehr oder weniger auszusöhnen, sie zu bewegen, uns neutral gegenüberzustehen, sondern wir wollen die Menschen so lange bearbeiten, bis sie uns verfallen sind, bis sie auch ideenmäßig einsehen, dass das, was sich heute in Deutschland abspielt, nicht nur hingenommen werden muss, sondern auch hingenommen werden kann.

Zit. nach: Wolfgang Michalka, Deutsche Geschichte 1933-1945. Dokumente zur Innen- und Außenpolitik, Frankfurt am Main [2]1996, S. 78 f.

M 4 „Entartete Musik"
Titelblatt einer Ausstellungsbroschüre von 1939
Verfasser der Broschüre war der thüringische Staatsrat und Generalintendant des Deutschen Nationaltheaters in Weimar, Dr. Hans Severus Ziegler.

1. *Erkundigt euch, ob in eurer Stadt oder Region Bücherverbrennungen stattfanden (M2). Findet dabei heraus, ob und wie daran heute erinnert wird. Präsentiert eure Rechercheergebnisse in der Klasse.*
2. *Arbeite heraus, wer, was und wie mit dem Titelbild (M4) verunglimpft wurde.*
3. *Vergleiche Goebbels' Darstellung von „Aufklärung" (M3) mit dem Verständnis der historischen Bewegung der Aufklärung.*

- Gründung der Reichskulturkammer
  März-Oktober 1933: In Deutschland finden über 90 Bücherverbrennungen statt
- Eröffnung der Wanderausstellung „Entartete Kunst"

1930 — 1940

Orte und Gelegenheiten der Ideologievermittlung

M 1 „Wehrmachtsverbände" am Deutschen Eck in Koblenz
Foto von Anton Dillmann, 7. März 1936
Anlass war der Einmarsch der Wehrmacht in die entmilitarisierte Zone.

Nationalsozialistische Heilslehre

Für die nationalsozialistische Propaganda war es nicht entscheidend, ein Publikum mit Argumenten oder gar von der Richtigkeit seiner Ideen und Weltsicht zu überzeugen. Der Zuhörer oder Zuschauer sollte vielmehr durch das Erlebnis der Massenbegeisterung mitgerissen und in den Bann der nationalsozialistischen „Bewegung" und ihres „Führers" gezogen werden.

Gigantische Spektakel: die Reichsparteitage

Die Nationalsozialisten entwickelten ihren eigenen pseudoreligiösen Kult, bei dessen Inszenierung Raum und Architektur sowie Rituale und Symbole eine wichtige Rolle spielten. Die Selbstdarstellung fand ihren Höhepunkt auf den Reichsparteitagen, die von 1933 bis 1938 jährlich in Nürnberg stattfanden. Die mehrtägigen Veranstaltungen standen jedes Jahr unter einem anderen Motto. Massenaufmärsche, Appelle, Fahnenweihen, Fackelzüge, Reden und Treuegelöbnisse bestimmten ihren Ablauf. Im Mittelpunkt des Massenspektakels stand Hitler als „Erlöser". Die Eindrücke der Zuschauer sollten gezielt durch eine aufwändige Inszenierung mit Musik, Lichteffekten und Kulissen gelenkt werden.

Gebäude zeigen Macht

Auch die Architektur diente der Ideologievermittlung: Kernelemente der Ideologie wurden durch Figuren, Bilder und Symbole an den Gebäuden dargestellt. Dazu dienten viele Bauten auch als Kulisse für Veranstaltungen. Höhe und Größe sollten beeindrucken und die Macht von Partei und Staat demonstrieren. Der Einzelne sollte sich klein fühlen.

Nichts dem Zufall überlassen: „neue" Medien als Mittel der Propaganda

In allen Medien herrschte Zensur. Das Propagandaministerium gab der Presse vor, welche Nachrichten wie zu veröffentlichen waren und welche nicht. Die Nationalsozialisten bedienten sich gezielt besonders der damals neuen Medien, um ihre Propaganda zu verbreiten. Dabei setzten sie besonders auf Radio und Film und nutzten geschickt dessen Möglichkeiten. So wurde zum Beispiel die Inszenierung der Olympischen Spiele 1936 in Berlin und Garmisch-Partenkirchen über die „Wochenschau" im Kino und über den Rundfunk in alle Welt verbreitet. Dem Regime gelang es auf diese Weise, ein positives Bild von Deutschland zu vermitteln.

Ein neuer Festkalender

Nach der Machtübernahme 1933 gingen die Nationalsozialisten daran, den Kalender der Feiertage im Jahreskreis neu zu schreiben. An die Stelle der traditionellen kirchlichen Festtage sollten neue nationale Feiertage sowie Gedenktage der Partei treten. Die Gestaltung der Feierlichkeiten wurde zentral geregelt, ihr vorgeschriebener Ablauf durfte nicht abgeändert werden. Zu diesen reichsweiten Festtagen kam eine Vielzahl von lokalen Kundgebungen, Aufmärschen und Gedenkstunden. Trotz des großen Aufwandes bei der Organisation einer neuen Festkultur gelang es ihnen jedoch nicht, die christlichen Feiertage in ihrer Bedeutung zu verdrängen.

1. *Liste Orte und Formen der Ideologievermittlung im Nationalsozialismus auf.*
2. *Im Verfassertext ist die Rede von „Heilslehre" und einer Inszenierung Hitlers als „Erlöser". Stelle fest, auf was sich diese Begriffe beziehen und bewerte, ob ihre Verwendung mit Bezug zum Nationalsozialismus gerechtfertigt ist.*
3. *Stellt mithilfe des Verfassertextes und M2 Vermutungen an, warum sich der neuen NS-Festkalender nicht durchsetzen ließ.*
4. *Gestalte ein Plakat zum Thema: „Warum ist es wichtig, dass Medien verschiedene Meinungen verbreiten?"*

Internettipps:
- Die Homepage des Dokumentationszentrums Reichsparteitagsgelände Nürnberg ist zu finden unter Mediencode 31022-37
- Zu Informationen über die Olympischen Spiele 1936 in Berlin führen Mediencode 31022-38 und 31022-39

M2 Der nationalsozialistische Feiertagskalender

30. Januar	Jahrestag der „Machtergreifung“
24. Februar	Jahrestag der Gründung der NSDAP
16. März	„Heldengedenktag“ und „Tag der Wehrfreiheit“
20. April	„Führers Geburtstag“ (zu diesem Anlass am Vorabend Vereidigung politischer Leiter und feierliche Übertrittsveranstaltungen in den nationalsozialistischen Jugendorganisationen)
1. Mai	„Nationaler Feiertag des deutschen Volkes“ (1933 von Hitler als „Tag der nationalen Arbeit“ ins Leben gerufen)
zweiter Maisonntag	„Gedenk- und Ehrentag der deutschen Mütter“ (Muttertag)
23. Juni	Sonnwendfeier zur Sommersonnenwende
Anfang September	Reichsparteitage in Nürnberg
Anfang Oktober	Erntedankfest auf dem Bückeberg in Hameln
9. November	Gedenktag für die „Gefallenen der Bewegung“ (Gedenken an den Hitler-Putsch von 1923)

Nach: Kurt Bauer, Nationalsozialismus. Ursprünge, Anfänge, Aufstieg und Fall, Wien / Köln / Weimar 2008, S. 265-270

M3 Totenehrung in der Luitpoldarena in Nürnberg während eines Appells der SA und der SS
Foto vom 10. September 1934; Fotograf unbekannt
Die Zeremonie wurde während des 5. Reichsparteitages der NSDAP vorgenommen.
Bei den Personen, die in der Bildmitte oben stehen (dem Fotografen zugewandt) handelt es sich um Adolf Hitler (Mitte), den Chef des Stabes der SA Viktor Lutze und den Reichsführer der SS Heinrich Himmler.

Internettipp:
Zur Bedeutung von Bildern für die NS-Propaganda siehe Mediencode 31022-40

1. *Untersuche den Bildaufbau eines der beiden Fotos (M1 oder M3) im Hinblick auf intendierte Wirkung von Ort und Inszenierung.*
2. *Nenne die Bereiche, aus denen die Nationalsozialisten die Feiertage für ihren Kalender (M2) nahmen.*
3. *Recherchiere, in welchen Ländern Masseninszenierungen heute noch zur politischen Selbstdarstellung dienen. Beurteile, ob sie ein geeignetes Mittel darstellen, um Menschen auf Dauer an einen Machthaber oder ein Regime zu binden!*

Alltag im NS-Staat

M 1 „Mutter und Kind"
Ölgemälde von Alfred Bernert aus dem Jahr 1933

Vereinnahmung durch den Staat

„In Deutschland gibt es keine Privatsache mehr." Das sagte Robert Ley, der Leiter der „Deutschen Arbeitsfront" (DAF)[1], nachdem die Nationalsozialisten auch das Alltagsleben der Bürger „gleichgeschaltet" hatten. Als Kinder und Jugendliche mussten die Deutschen die staatlichen Jugendorganisationen besuchen.[2] Anschließend leisteten sie ihren Arbeits- bzw. Wehrdienst ab und waren auch fortan in NS-Verbänden organisiert.

Der „deutsche Gruß" mit ausgestrecktem rechten Arm und den Worten „Heil Hitler" drückte die Verbundenheit mit dem Regime aus. Wer ihn offenkundig verweigerte, machte sich verdächtig. Verpflichtend waren auch Eintopfessen an bestimmen Sonntagen. Was sie dadurch gespart hatten, mussten die Bürger für das „Winterhilfswerk", eine Hilfsorganisation für Bedürftige, spenden. Der Einsatz für Notleidende sollte das Ansehen des NS-Regimes in der Bevölkerung erhöhen.

Programm für die „Volksgemeinschaft"

Die Organisation „Kraft durch Freude" (KdF), ein Unterverband der DAF, kümmerte sich um die Freizeit- und Urlaubsgestaltung vieler Menschen. Man lud zu Theatervorstellungen und Konzerten ein und ermöglichte Urlaubsfahrten zu erschwinglichen Preisen. Dennoch konnten sich Arbeiter die Reisen meist nicht leisten. Die besser bezahlten Angestellten bildeten daher die größte Teilnehmergruppe bei den KdF-Reisen. Während solcher Fahrten gab es für die Teilnehmer politische Schulungen, in denen die Bürger im nationalsozialistischen Sinne beeinflusst wurden.

Die Rolle der Frau

Der NS-Staat schrieb Frauen eine klare Rolle zu: Mutter zu sein und dem deutschen Volk Soldaten zu gebären.

Verheiratete Ehepaare konnten ein „Ehestandsdarlehen" beantragen, falls die Frau nach der Hochzeit nicht mehr ihren Beruf ausübte. Kinderreiche Mütter wurden mit „Mutterkreuzen" und Urkunden ausgezeichnet.

Überwachung und Unterdrückung

Der NS-Staat strebte die vollständige Kontrolle über seine Untertanen an. Dafür wurde die „Geheime Staatspolizei" (Gestapo) gegründet. Diese erhielt weitreichende Machtbefugnisse zur Bespitzelung und Überwachung verdächtiger Personen. Vermeintliche Gegner des Regimes wurden in „Schutzhaft" genommen, das heißt in **Konzentrationslager** eingewiesen. Bald wurden auch andere missliebige Menschen wie Gewohnheitsverbrecher, Angehörige religiöser Minderheiten oder Homosexuelle eingesperrt.

Die meisten Deutschen schwiegen aus Gleichgültigkeit oder Angst um sich und ihre Familien. Viele billigten aber auch die Verfolgung Andersdenkender oder von Minderheiten.

Das NS-Regime bot dem, der sich ihm unterwarf, Arbeit und wirtschaftlichen Aufschwung sowie das Gefühl, „Volksgenosse" einer aufstrebenden Nation zu sein. Ruhe und Ordnung und der versprochene Wohlstand rechtfertigten für viele ein hartes Durchgreifen gegen „Störenfriede". Dass die Herrschenden grundlegende Rechte missbrauchten und dass man auch durch Wegschauen und Schweigen Schuld auf sich lud, sahen die meisten Deutschen nicht.

1. *Erkläre, inwiefern die Darstellung „Mutter und Kind" (M1) dem nationalsozialistischen Ideal entsprach.*
2. *Diskutiert mögliche Handlungsspielräume der Menschen im NS-Staat.*
3. *Ein Buch des Historikers Hans-Ulrich Thamer zur NS-Zeit trägt den Titel „Verführung und Gewalt". Erläutere den Zusammenhang.*

[1] Deutsche Arbeitsfront: Nach dem Verbot der freien Gewerkschaften war sie der Einheitsverband der Arbeitnehmer und Arbeitgeber.

[2] Dazu ausführlich S. 132 f.

Konzentrationslager*

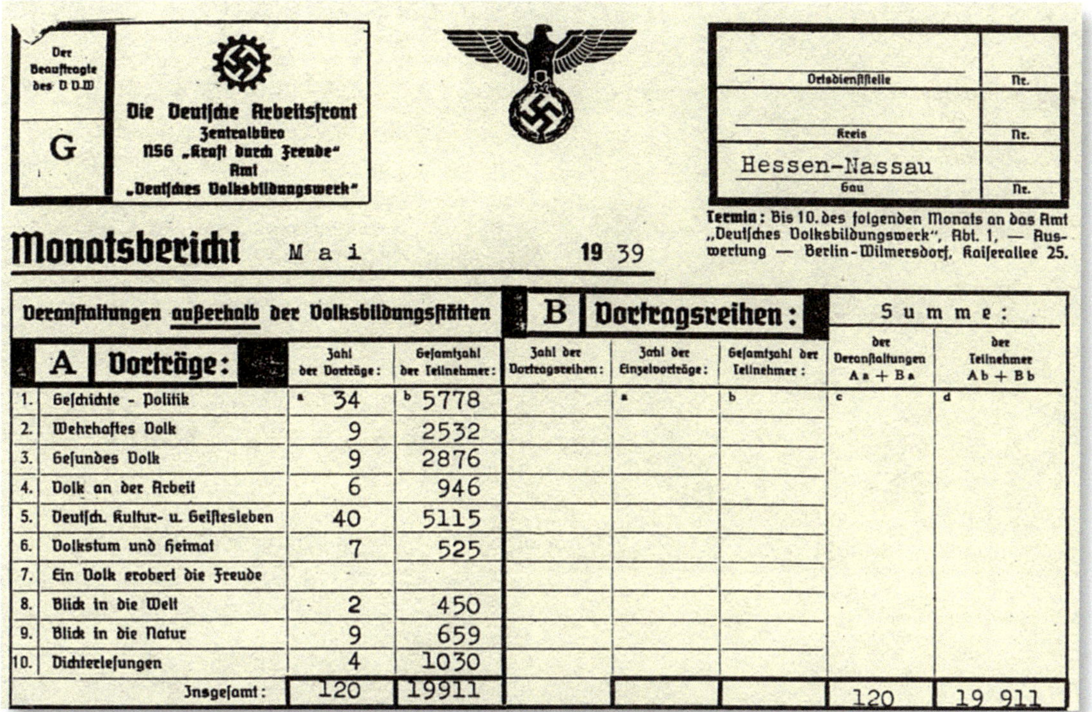

Der Beauftragte des D.V.W.

G

Die Deutsche Arbeitsfront
Zentralbüro
NSG „Kraft durch Freude“
Amt
„Deutsches Volksbildungswerk“

Ortsdienststelle — Nr.
Kreis — Nr.
Hessen-Nassau
Gau — Nr.

Termin: Bis 10. des folgenden Monats an das Amt „Deutsches Volksbildungswerk“, Abt. 1, — Auswertung — Berlin-Wilmersdorf, Kaiserallee 25.

Monatsbericht Mai 1939

Veranstaltungen außerhalb der Volksbildungsstätten

	A Vorträge:	Zahl der Vorträge:	Gesamtzahl der Teilnehmer:	B Vortragsreihen: Zahl der Vortragsreihen:	Zahl der Einzelvorträge:	Gesamtzahl der Teilnehmer:	Summe: der Veranstaltungen Aa + Ba	Summe: der Teilnehmer Ab + Bb
1.	Geschichte - Politik	a 34	b 5778		a	b	c	d
2.	Wehrhaftes Volk	9	2532					
3.	Gesundes Volk	9	2876					
4.	Volk an der Arbeit	6	946					
5.	Deutsch. Kultur- u. Geistesleben	40	5115					
6.	Volkstum und Heimat	7	525					
7.	Ein Volk erobert die Freude	-						
8.	Blick in die Welt	2	450					
9.	Blick in die Natur	9	659					
10.	Dichterlesungen	4	1030					
	Insgesamt:	120	19911				120	19 911

M 2 Schulungen der DAF-Organisation „Kraft durch Freude“
Monatsbericht des Gaus Hessen-Nassau vom Mai 1939

M 3 Eintopfsonntag
Plakat, um 1939

Von Oktober bis März soll an einem Sonntag im Monat in allen deutschen Haushalten nur Eintopf gegessen werden. Die Ersparnis gegenüber dem normalen Sonntagsessen wird pauschal mit 50 Pfennig veranschlagt und von den Blockwarten der NSDAP eingesammelt. Die „Spenden“ kommen dem Winterhilfswerk zugute.

M 4 „Volksweihnachtsfeier“

In einem Rundschreiben des Kreispropagandaleiters der NSDAP-Kreis Groß-Frankfurt am Main vom 17. Dezember 1934 heißt es:

Die Reichspropagandaleitung wünscht, dass innerhalb der Volksgenossen [...] vorbereitet wird, dass alleinstehende Personen ohne Rücksicht auf ihre wirtschaftliche Lage von Familien mit Kindern eingeladen werden. Ferner ist durch geeignete Propaganda zu erreichen, dass Junggesellen zu armen Familien gehen und mit diesen den Heiligen Abend feiern. Umgekehrt sollen arme und alleinstehende Volksgenossen und Familien von wohlhabenden Familien eingeladen werden.

Zit. nach: Wolfgang Wippermann, Das Leben in Frankfurt zur NS-Zeit III. Der Alltag, Frankfurt am Main 1986, S. 104

Lesetipp:
Gudrun Pausewang, Ich war dabei: Geschichten gegen das Vergessen, Hamburg 2007

Internettipp:
Zum Alltagsleben im NS-Staat siehe Mediencode 31022-41

1. *Erläutere, welche unterschiedlichen Zwecke der „Eintopfsonntag“ erfüllen sollte (M3).*
2. *Diskutiert, welche Vor- und Nachteile die Anordnung einer „Volksweihnachtsfeier“ mit sich brachte (M4).*
3. *Wie würdest du heute zu Anordnungen wie der „Volksweihnachtsfeier“ (M4) oder dem „Eintopfsonntag“ (M3) stehen? Nimm Stellung.*
4. *Erläutere mithilfe des Verfassertextes und von M2, welchen Zweck die Freizeitunternehmungen der NS-Organisation „Kraft durch Freude“ zu erfüllen hatten.*

Die Erziehung der Jugend

M 1 **Der „Führer" braucht Soldaten**
„Wehrertüchtigung" in der HJ (Aufnahmedatum und -ort unbekannt)

Der Kampf um die Jugend

Für die Nationalsozialisten war es sehr wichtig, die Heranwachsenden für sich zu gewinnen. Denn die jungen Menschen sollten die Zukunft des NS-Staates sichern und gestalten. Zudem waren sie leicht zu beeinflussen und zu gewinnen. Dazu mussten sie Elternhaus, Kirche und Schule entzogen werden. Das NS-Regime warb mit allen Mitteln um Mitglieder für seine Jugendorganisationen. Viele schlossen sich wegen der Vorteile (z. B. Unterrichtsausfall) und wegen des Drängens von Freunden freiwillig an.
Andere Jugendverbände wurden bis 1938 nach und nach verboten. Kritische Eltern standen unter einem enormen Druck, ihre Kinder bei den NS-Organisationen anzumelden.

NS-Jugendorganisationen

Jungen sollten ab dem 10. Lebensjahr dem „Deutschen Jungvolk" beitreten. Beim Eintritt mussten sie dem „Führer" Liebe und Treue schwören. Mit 14 Jahren wechselten sie dann in die **Hitler-Jugend** (HJ). Dort wurden sie nach der Schule und in den Ferien politisch und militärisch ausgebildet.
Zeltlager und Fahrten dienten auch der militärischen Ausbildung. Deshalb standen Gelände-, Orientierungs- und Gepäckmärsche ebenso auf der Tagesordnung wie brutale Kampfspiele. Diese sollten die Jugendlichen auf den Krieg vorbereiten.
Mädchen konnten sich als Zehnjährige den „Jungmädeln" anschließen. Im Alter zwischen 14 und 18 Jahren kamen sie dann in den **Bund Deutscher Mädel** (BDM), wo viel Sport getrieben wurde. Dadurch sollten sie später gesunde Kinder auf die Welt bringen. Außerdem erlernten sie hauswirtschaftliche Fertigkeiten wie Handarbeit und Säuglingspflege, die im anschließenden Arbeitsdienst[1] vertieft wurden. Dies alles sollte sie auf ihre Rolle als Hausfrau und Mutter vorbereiten.

NS-Schulpolitik

Auch in der Schule nahmen die Nationalsozialisten Einfluss auf die junge Generation. Insbesondere in den Fächern Deutsch und Geschichte wurden „vaterländische Erfolge" und „heldenhafte Taten" thematisiert. Der Biologieunterricht nahm Rassekunde und Vererbungslehre in den Lehrplan auf. Die Lehrer sollten keinen Wert auf kritisches Denken legen. Wichtig war Sport – zur körperlichen Ertüchtigung. Gegrüßt wurde in der Schule mit dem Hitlergruß. Die NS-Rituale wie Fahnenappelle sollten die Treue zu Führer und Vaterland deutlich machen.

Nicht alle passten sich an

Trotz des Drucks, den das Regime, aber auch die Mehrheit in der Schule und im Bekanntenkreis ausübte, lebte ein Teil der Jugendlichen nach eigenen Vorstellungen. Ein Beispiel dafür sind die Edelweißpiraten. Sie hatten einen eigenen Stil, was Kleidung und Auftreten betrifft. Mit den Mitgliedern der Hitler-Jugend lieferten sie sich oft gewalttätige Auseinandersetzungen.
Auch die Swing-Jugend unterschied sich bewusst durch ihr Äußeres, ihr Verhalten und ihre Vorlieben. Kennzeichen dafür waren ein lässiges Auftreten, längeres Haar und modische Kleidung. Die Vorliebe für Jazz und Swing, von den Nationalsozialisten als „entartet" abgelehnt, gab dieser Gruppe von Jugendlichen den Namen.

1. *Erkläre, warum es für einzelne Kinder und Jugendliche schwer war, sich anders zu verhalten, als es die Nationalsozialisten wünschten.*
2. *Informiere dich über die heutigen Jugendgruppen. Wodurch unterscheiden sie sich von NS-Organisationen?*

[1] Arbeitsdienst: Junge Männer und Frauen mussten für einen bestimmten Zeitraum verpflichtend eine schlecht bezahlte Arbeitsstelle annehmen, die als „Dienst am deutschen Volk" angesehen wurde.

Hitler-Jugend* Bund Deutscher Mädel*

M2 Erinnerungen eines „Jungmädels"

Die 19-jährige Ursula G. blickt im Jahre 1946 auf die ersten Jahre im BDM zurück:

Ich habe, vielleicht weil ich einziges Kind bin, stets die Gemeinschaft Gleichaltriger gesucht und fühlte mich sowohl zum Kameradinnenkreis der Schule als auch zu dem der nationalsozialistischen Jugendbewegung sehr hingezogen. Viele Lager und Fahrten machte ich mit, darunter auch einige Schulungslehrgänge. Ich hatte jedes Mal das Glück, wahrhafte „Führerinnen" zu haben. [...] Es waren Menschen, die – soweit ich es beurteilen kann – wirkliches Verständnis für uns Mädel hatten und die tatsächlich Vorbild waren. Aber nicht nur an ernsthaften Aussprachen mit Kameradinnen nahm ich gerne teil, sondern auch an Spiel, Sport, Lagerleben, an ernsten und fröhlichen Feierstunden.

Zit. nach: Gisela Miller-Kipp (Hrsg.), „Auch du gehörst dem Führer". Die Geschichte des Bundes Deutscher Mädel (BDM) in Quellen und Dokumenten, München 2001, S. 315

M3 Das Selbstbild des BDM

Die BDM-Reichsreferentin Dr. Jutta Rüdiger äußert sich 1939 in Berlin:

Wir wissen heute alle, [...] dass jeder seine Pflicht seiner Art gemäß im Volk zu erfüllen hat. Die Jungen werden zu politischen Soldaten und die Mädel zu starken und tapferen Frauen erzogen, die diesen politischen Soldaten Kameradinnen sein sollen – und unsere nationalsozialistische Weltanschauung später in ihrer Familie als Frauen und Mütter leben und gestalten – und so wieder großziehen eine neue Generation der Härte und des Stolzes.

Zit. nach: Arno Klönne, Jugend im Dritten Reich. Die Hitler-Jugend und ihre Gegner, Köln [3]2008, S. 87

M4 Hitler-Jugend und Schule

Ein Regierungspräsident schreibt am 25. August 1935 an die Kreisschulräte und die Leiter der öffentlichen Schulen:

1. Sämtliche Lehrkräfte haben sich unter vollem Einsatz ihrer Persönlichkeit für die restlose Zuführung aller Kinder über 10 Jahre zur Hitler-Jugend aufklärend und werbend einzusetzen. [...]
2. In jeder Schule und Klasse sind Werbeplakate für die Hitler-Jugend anzubringen, die die nationale Notwendigkeit der Einheit der deutschen Jugend sinnfällig in die Augen springen lassen. [...]
4. Widersätzliche Eltern sind vorzuladen und aufzuklären, dass ihr Verhalten gegen die Anweisung und die Zucht der Schule verstößt. [...]
6. Lehrkräfte, die es an dem notwendigen Eifer für diesen Zusammenschluss der Jugend mangeln lassen, sind mir durch die Kreisschulräte zur disziplinaren Ahndung wegen mangelnder Pflichterfüllung zu melden.

Zit. nach: Arno Klönne, Jugend im Dritten Reich a. a. O., S. 49f.

M5 Der geplante Lebensweg der Heranwachsenden im NS-Staat

Hitler äußert sich am 4. Dezember 1938 über die Jugendlichen: „Und sie werden nicht mehr frei, ihr ganzes Leben."

1. *Begründe, warum viele Jugendliche begeistert an den Aktionen der Hitler-Jugend und des Bundes Deutscher Mädel teilnahmen (Verfassertext, M2, M3).*
2. *Erkläre, welche zukünftigen Aufgaben den Jugendlichen im NS-Staat zugewiesen wurden (M1, M3).*
3. *Erläutere mithilfe der Grafik, was Hitler mit dem unter M5 genannten Zitat ausdrücken wollte. Könntest du dir Freiräume vorstellen, die die damaligen Jugendlichen nutzen konnten?*
4. *Beschreibe, wie sich die Nationalsozialisten einen idealen Lehrer vorgestellt haben könnten (Verfassertext, M4).*
5. *Erörtere, warum sich Lehrer heute nicht so verhalten sollten, wie es der nationalsozialistischen Ideologie entspricht.*

Lesetipps:

- Jürgen Seidel, Blumen für den Führer, München 2012
- Elisabeth Zöller, Wir tanzen nicht nach Führers Pfeife, München 2012
- Dirk Reinhardt, Edelweißpiraten, Berlin 2012
- Barbara Yelin, Irmina, Berlin 2014 (Graphic Novel)

Internettipps:

- Zu Kindheit im NS-Staat siehe Mediencode 31022-42
- Informationen zu Jugend in der Weimarer Republik und im NS-Staat siehe Mediencode 3102-43

Bürger werden entrechtet

M 1 Ortsansicht von Rheinbrohl
Foto von 1935
Ähnliche Schilder und Transparente gab es während der NS-Zeit in vielen deutschen Städten und Dörfern.

Ausgegrenzt und schikaniert

Die Nationalsozialisten waren überzeugt von der Vorstellung, dass die Juden das Übel der Welt seien. Das hatten sie nie verheimlicht. Um 1933 lebten etwa 525 000 Deutsche jüdischen Glaubens, etwa 0,76 Prozent der Bevölkerung.

Die erste reichsweite Aktion gegen Juden fand am 1. April 1933 statt. SA und SS versperrten den Zugang zu jüdischen Geschäften, Anwaltskanzleien und Arztpraxen. Schaufenster wurden mit Sprüchen wie „Juden raus!" beschmiert. Die Mehrheit der Deutschen nahm diesen Anschlag auf die Menschenwürde ohne öffentlichen Widerspruch hin.

Das Gesetz zur Wiederherstellung des Berufsbeamtentums vom 7. April 1933 ermöglichte die Entlassung „nichtarischer" Beamter. Jüdische Künstler wurden aus dem Kulturleben verdrängt, das Schriftleitergesetz verbot die Tätigkeit in Presseberufen. Bis April 1934 verloren mehrere hundert jüdische Professoren, 2 000 Beamte und ebenso viele Schauspieler ihre Arbeitsplätze. Hinzu kamen Ausgrenzungen: Juden wurde das Betreten vieler Dörfer und öffentlicher Schwimmbäder verboten. Ihren Kindern blieben die höheren Schulen versperrt.

Die „Nürnberger Gesetze"

Auf dem Nürnberger Reichsparteitag von 1935 wurde ein Reichsbürgergesetz und ein Blutschutzgesetz verkündet. Diese beiden „Nürnberger Gesetze" und deren Ausführungsverordnungen machten die Juden zu Bürgern minderen Rechts. Sie verloren das Wahlrecht und durften kein öffentliches Amt übernehmen. Außerdem verbot man Ehen zwischen Juden und Christen. Sogar Freundschaften zwischen Juden und Christen wurden nun offen als „Rassenschande" verfolgt.

Die Ausgrenzungen gehen weiter

Während der Olympischen Spiele von 1936 verbargen die Nazis die Ausgrenzungen vor der internationalen Öffentlichkeit. Ein Jahr später nahmen sie keine Rücksicht mehr. Jüdischen Haushalten wurden Gas und Strom abgesperrt. Juden mussten ihre Vermögen anmelden, jüdische Ärzte, Rechtsanwälte und andere freie Berufsgruppen durften nicht mehr ungehindert arbeiten. Ab Oktober 1938 kennzeichneten die Behörden die Reisepässe von Juden mit einem „J". Bis zum 31. Dezember 1938 musste sie Kennkarten mit einem eingedruckten „J" beantragen. Danach wurden ihnen die Zwangsnamen „Sara" beziehungsweise „Israel" als zweite Vornamen verpasst.

Auch Sinti und Roma werden ausgegrenzt

Auch für die etwa 30 000 im Deutschen Reich lebenden Sinti und Roma wurde das Überleben nach 1933 immer schwerer. Schrittweise wurden sie ganz aus dem öffentlichen Leben ausgegrenzt und ihrer Bürgerrechte beraubt. Sie erhielten Berufsverbote und ihre Kinder durften bald in keine öffentliche Schule mehr gehen. Getarnt als vorbeugende Verbrechensbekämpfung wurden sie verhaftet, in Lager gesperrt und zu Zwangsarbeit verurteilt. Darüber hinaus wurden tausende Sinti und Roma zwangsweise unfruchtbar gemacht. Ab 1936 unterwarf man sie den Bestimmungen der „Nürnberger Gesetze" und erklärte sie wie die Juden zur „artfremden Rasse". Ab März 1939 durften sie sich nicht mehr frei bewegen und mussten „Rasseausweise" bei sich tragen.

1. *Erkläre den Zusammenhang dieser Maßnahmen mit der Propaganda-Vorstellung einer „Volksgemeinschaft".*
2. *Beurteile, welche Rolle die Idee der „Volksgemeinschaft" für die Akzeptanz dieser Maßnahmen gegen Minderheiten durch die Mehrheit in Deutschland spielte.*

M2 „Nürnberger Gesetze“

a) In dem „Gesetz zum Schutz des deutschen Blutes und der deutschen Ehre“ vom 15. September 1935 heißt es:

Durchdrungen von der Erkenntnis, dass die Reinheit des deutschen Blutes die Voraussetzung für den Fortbestand des Deutschen Volkes ist, und beseelt von dem unbeugsamen Willen, die deutsche Nation für alle Zukunft zu sichern, hat der Reichstag einstimmig das folgende Gesetz beschlossen, das hiermit verkündet wird: […]

§ 1 (1) Eheschließungen zwischen Juden und Staatsangehörigen deutschen oder artverwandten Blutes sind verboten. Trotzdem geschlossene Ehen sind nichtig, auch wenn sie zur Umgehung dieses Gesetzes im Ausland geschlossen sind. […]

§ 2 Außerehelicher Verkehr zwischen Juden und Staatsangehörigen deutschen oder artverwandten Blutes ist verboten.

§ 3 Juden dürfen weibliche Staatsangehörige deutschen oder artverwandten Blutes unter 45 Jahren in ihrem Haushalt nicht beschäftigen.

b) Eine Verordnung vom 14. November 1935 stellt fest:

§ 5 (1) Jude ist, wer von mindestens drei der Rasse nach volljüdischen Großeltern abstammt.

Zit. nach: Ingo von Münch (Hrsg.), Gesetze des NS-Staates. Dokumente eines Unrechtssystems, Paderborn ³1994, S. 119, 120 und 122, und Romani Rose (Hrsg.), „Den Rauch hatten wir täglich vor Augen.“ Der nationalsozialistische Völkermord an den Sinti und Roma, Heidelberg 1999, S. 34

M3 „An die Gemeindemitglieder“

Der Vorstand der israelitischen Gemeinde in Frankfurt veröffentlicht am 30. März 1936 im Gemeindeblatt folgenden Aufruf:

Nichts kann uns die tausendjährige Verbundenheit mit unserer deutschen Heimat rauben, keine Not und Gefahr kann uns dem von unseren Vätern ererbten Glauben abspenstig machen. In Besonnenheit und Würde wollen wir für unsere Sache einstehen. […]

Verzagt nicht! Schließt die Reihen! Kein ehrenhafter Jude darf in dieser Zeit fahnenflüchtig werden. Helft uns, das Vätererbe zu bewahren, und wenn die Not der Zeit den Einzelnen hart anfasst, so gedenkt der Worte, die wir am bevorstehenden Pessachfest, dem Fest der Befreiung, von alters her sprechen: „Von Geschlecht zu Geschlecht sind sie gegen uns aufgestanden, uns zu vernichten. Aber der Heilige, gelobt sei Er, hat uns aus ihrer Hand errettet.“

Frankfurter Israelitisches Gemeindeblatt, 11. Jg., Nr. 8, April 1936, S. 1

M4 Warnung für „Volksgenossen“
Klebezettel zum 1. April 1933

M5 Gegen Sinti und Roma

Am 6. Juni 1936 wendet sich der Reichsführer SS Heinrich Himmler mit folgendem „Runderlass“ an alle Behörden:

Die unstet im Lande umherziehenden, hauptsächlich von Diebstahl, Betrug und Bettel lebenden Zigeuner bilden […] noch immer eine Plage. Es fällt schwer, das beim deutschen Volkstum fremde Zigeunervolk an ein geordnetes und gesittetes, auf ehrlichem Erwerb beruhendes Leben zu gewöhnen. Gleichwohl dürfen die Bemühungen der Behörden […], der Zigeunerplage Herr zu werden, nicht erlahmen. […]

A. Ausländische Zigeuner sind am Übertritt auf deutsches Gebiet zu hindern, in Deutschland angetroffene ausländische Zigeuner sind auszuweisen.

B. Bei inländischen Zigeunern und nach Zigeunerart umherziehenden Landfahrern muss das Bestreben der Behörden darauf gerichtet sein, sie […] sesshaft zu machen. Die polizeiliche Überwachung wird dadurch erleichtert und das Vagabundieren erschwert.

Zit. nach: Eva von Hase-Mihalik, „Du kriegst auch einen schönen Wohnwagen“: Internierungslager für Sinti und Roma während des Nationalsozialismus in Frankfurt am Main, Frankfurt am Main 1990, S. 45

Internettipp:
Zum Verzeichnis von KZ-ähnlichen Lagern und Haftstätten sowie von Institutionen und Betrieben, in denen Zwangsarbeit geleistet wurde, siehe Mediencode 31022-44

1. *Erkläre die Folgen der Bestimmungen (M2 - M5) für die Betroffenen.*
2. *Erörtere die Haltung der israelitischen Gemeinde (M3).*
3. *Wurden auch an deinem Schul- oder Wohnort nach 1936 „Zigeunerlager“ eingerichtet? Informiere dich über Entstehungszeit, Größe und Alltag in den Lagern (z. B. anhand von „Lagerordnungen“).*
   Tipp: Unterstützung bietet der Mediencode 31022-45.

1933: Boykott gegen jüdische Geschäfte • Gesetz zur „Wiederherstellung des Berufsbeamtentums“ Verdrängung jüd. Künstler und Professoren aus ihren Berufen
1935: „Nürnberger Gesetze“: Juden, Sinti und Roma werden Bürger minderen Rechts
1938: Juden werden gezwungen, ihre Geschäfte zu Spottpreisen zu verkaufen • Reichspogromnacht • Kennzeichnung der Reisepässe von Juden „Rasseausweise“ für Sinti und Roma

1933 | 1934 | 1935 | 1936 | 1937 | 1938 | 1939 | 1940

Der Terror nimmt ständig zu

M 1 **Parkbank**
Foto von 1938

Internettipp:
Zur Ausreise von Kindern 1938/39 siehe Mediencode 31022-46

Lesetipps:
- Anne Frank, Tagebuch, Frankfurt am Main [2]2011
- Anne C. Voorhoeve, Liverpool Street, Ravensburg [6]2013
- Marcel Griesang, Vom Boykott zur Enteignung: die wirtschaftliche und gesellschaftliche Ausschaltung der Juden im Gebiet des heutigen Rhein-Hunsrück-Kreises, Laufersweiler 2010

Die Novemberpogrome

Ziel der Politik wurde, die Juden aus Deutschland zu vertreiben. Ende Oktober 1938 schoben die Behörden etwa 17000 Juden, die mit polnischen Pässen in Deutschland lebten, nach Polen ab. Unter ihnen die Eltern von Herschel Grynszpan. Der 17-jährige Herschel war der Ausweisung zuvorgekommen und nach Paris gegangen. Bei Ernst vom Rath, einem Mitarbeiter der deutschen Botschaft, den er kannte, bemühte sich Herschel um eine Aufenthaltsgenehmigung. Als dieser sie ihm verweigerte, schoss er am 7. November auf ihn. Noch am Tag des Attentates kam es im Reich zu ersten Ausschreitungen gegen jüdische Einrichtungen. Und die Nazis machten aus der Tat sofort einen Anschlag des „internationalen Weltjudentums" gegen das „Dritte Reich". Als vom Rath am 9. November seinen Verletzungen erlag, rief Goebbels mit Hitlers Einverständnis die in München versammelte NS-Führung zu „Rache- und Vergeltungsaktionen" auf. Wenige Stunden später steckten Mitglieder von Organisationen der NSDAP überall im Reich etwa 1400 Synagogen in Brand, schändeten Grabsteine, zerstörten und plünderten etwa 7500 Geschäfte und zahlreiche Wohnungen. Rund 400 Juden wurden während der Novemberpogrome ermordet oder starben an den Folgen der Misshandlungen. Nach dem 10. November verschleppten die Gestapo und örtliche Polizei auf Anordnung des Reichsführers der SS **Heinrich Himmler** über 30000 meist wohlhabende jüdische Männer in die Konzentrationslager[1] Buchenwald, Dachau und Sachsenhausen, um von ihnen Lösegeld zu erpressen und sie aus Deutschland zu vertreiben. Etwa 1000 Häftlinge kamen bis 1939 in den Lagern um.

Für den „öffentlichen Schaden" und die „Wiederherstellung des Straßenbildes" mussten die Juden auch noch bezahlen. Ihre „Sühneleistung" legten die Nazis auf eine Milliarde Reichsmark fest. Dies trieb viele Familien in den Ruin.

Aus dem Wirtschaftsleben vertrieben

Schon vor den Novemberpogromen hatten Partei und Industrie- und Handelskammern Juden gezwungen, ihre Geschäfte und Gewerbebetriebe zu Spottpreisen zu veräußern. Nach den Novemberpogromen wurde die „Arisierung" fortgesetzt. Juden mussten nicht nur ihre Betriebe aufgeben, sondern auch Wertpapiere, Schmuck und Kunstgegenstände weit unter Wert an den Staat verkaufen.

Flucht als Überlebenschance?

Die Flucht in die Tschechoslowakei, nach Holland, Frankreich, Belgien und Dänemark war nach 1933 für viele Juden die erste Möglichkeit, um dem Terror zu entfliehen. Doch abgesehen davon, dass viele Deutsche nicht in ein fremdes Land gehen wollten, raubte der NS-Staat durch die Beschlagnahmung von Vermögen und hohe Abgaben den Menschen das Geld für die Auswanderung. Dazu kam, dass viele Länder eine zurückhaltende Aufnahmepolitik betrieben und an mittellosen Einwanderern nicht interessiert waren. Großbritannien öffnete zum Beispiel erst nach den Novemberpogromen seine Grenzen für Juden. Bis September 1939 nahm das Land etwa 75000 Flüchtlinge auf – darunter 10000 Kinder. Auch in Nord- und Südamerika sowie Palästina fanden nun Juden Aufnahme. Bis Ende 1939 suchten etwa 260000 deutsche Juden in der Fremde Schutz (Asyl).

1. *Arbeite aus dem Text die Gründe heraus, warum viele Juden trotz der sich verschlimmernden Situation nicht auswanderten.*
2. *Stelle begründete Vermutungen an, welche weiteren Gründe es gegen die Auswanderung gab, die nicht im Text genannt sind.*
3. *Diskutiert, welcher Begriff besser passt: Auswanderung oder Flucht.*

[1] Vgl. dazu S. 140ff.

Heinrich Himmler*

M2 Ein Fernschreiben

Am 9. November 1938 ergeht folgendes Fernschreiben des Geheimen Staatspolizeiamtes an alle Leiter der Staatspolizeistellen des Reiches:

1. Es werden in kürzester Frist in ganz Deutschland Aktionen gegen Juden, insbesondere gegen Synagogen, stattfinden. Sie sind nicht zu stören. Jedoch ist im Benehmen mit der Ordnungspolizei sicherzustellen, dass Plünderungen und sonstige besondere Ausschreitungen unterbunden werden können. [...]

3. Es ist vorzubereiten die Festnahme von etwa 20 - 30 000 Juden im Reiche. Es sind auszuwählen vor allem vermögende Juden. Nähere Anordnungen ergehen noch im Laufe dieser Nacht. [...]

4. [...] Zu den Gesamtaktionen können herangezogen werden Verfügungstruppen der SS sowie Allgemeine SS. [...]

Zit. nach: Reinhard Rürup (Hrsg.), Topographie des Terrors. Gestapo, SS und Reichssicherheitshauptamt auf dem „Prinz-Albrecht-Gelände". Eine Dokumentation, Berlin [12]2000, S. 114 f.

M3 Rollkommandos

Aus einem Bericht zum 10. November 1938:

In vielen Orten, so auch in Oberwesel und St. Goar fanden die Übergriffe erst am 10. November statt. Dies hat damit zu tun, dass die Befehle aus München sehr spät über Telefon vermittelt wurden und daher in kleineren Orten nicht mehr in die Tat umgesetzt werden konnten. In Oberwesel musste der Synagogenvorsteher mit ansehen, wie SA-Männer das Synagogeninventar in einen naheliegenden Bach warfen. Die SA-Männer kannte er nicht, was dafür spricht, dass dies größtenteils ortsfremde SA-Trupps waren. Man nannte diese Einheiten Rollkommandos.

In St. Goar war bis zum Abend des 10. November noch nichts geschehen. Dort machte sich dann aber eine einzelne Person auf, die Synagoge zu verwüsten. Er hatte gesehen, was in Boppard passiert war. Bei seiner Tat unterstützten ihn weitere NSDAP-Mitglieder. Ein Grund, warum einige Synagogen nicht niedergebrannt wurden, war die enge Bebauung und die damit verbundene Angst vor Schäden an den Nachbarhäusern.

Jüdisches Leben auf dem Lande. Texte, Fotos und Dokumente zum jüdischen Leben im Rhein-Hunsrück-Kreis, hrsg. vom Förderkreis Synagoge Laufersweiler, Laufersweiler [2]2013, S. 140 ff. (leicht gekürzt und verändert)

M5 Löscharbeiten an der Synagoge in Worms

Foto vom 10. November 1938

Die Synagoge wurde niedergebrannt, mehr als elf jüdische Geschäfte wurden zerstört, 130 Privatwohnungen verwüstet und 46 jüdische Männer nach Buchenwald deportiert.

M4 Wer machte mit?

Alan E. Steinweis, Professor für Geschichte und Direktor des Center for Holocaust Studies in Vermont, in einem 2009 veröffentlichten Buch:

Deutsche Jugendliche spielten eine zentrale Rolle bei der Gewalt in der Kristallnacht. In vielen Fällen gingen die Übergriffe gegen die Juden und ihr Eigentum zu einem guten Teil auf das Konto männlicher Teenager. Oft wurden sie von Schuldirektoren, Lehrern oder Funktionären der HJ in Bewegung gesetzt. Doch in vielen Fällen handelten sie auch spontan, angestachelt von ihren Freunden, Eltern und anderen Erwachsenen. Manchmal gingen die Jugendlichen genauso brutal vor wie die älteren SA-Männer.

Alan E. Steinweis, Kristallnacht 1938. Ein deutscher Pogrom, Stuttgart 2011, S. 87 (übers. von Karin Schuler)

▸ ***Geschichte In Clips:*** Zu den Novemberpogromen siehe Clip-Code 31022-47

1. *Begründe, warum die NS-Führung sicher sein konnte, am Abend des 9. November schnell viele alkoholisierte und daher zusätzlich gewaltbereite SA-Männer in ganz Deutschland mobilisieren zu können.*
   Tipp: Schlage nach auf S. 129.
2. *Entwickle Hypothesen, warum die Nationalsozialisten die Reichspogromnacht als angeblich spontane Massenerhebung inszenierten.*
3. *Beschreibe das Foto (M5). Beachte das Verhalten der Wormser Bürger.*
4. *Der Historiker Alan E. Steinweis hat die These aufgestellt, dass die Zerstörungskraft des Pogroms „in der Bereitschaft zehntausender Deutscher" lag, „ihren jüdischen Nachbarn Gewalt anzutun". Diskutiert diese Auffassung. Berücksichtigt dabei M4.*

Autobiografien als historische Quellen

Was ist eine Autobiografie?

Unter dem Begriff Autobiografie versteht man eine Beschreibung der eigenen Lebensgeschichte. Häufig erzählt der Verfasser/die Verfasserin rückblickend von einem Lebensabschnitt, den er/sie für wichtig hält.

Eine Sonderform der Autobiografie stellt das Tagebuch dar. Es enthält regelmäßige Einträge, manchmal Tag für Tag, die nach ihrem Entstehungsdatum zeitlich geordnet sind. Der Inhalt ist in den meisten Fällen privater Natur. Der Verfasser/die Verfasserin hält darin aktuelle Aktivitäten, Erlebnisse und Stimmungen fest.

Leitfragen, wenn Autobiografien als geschichtliche Quelle genutzt werden:

- Wer ist der Verfasser/die Verfasserin?
- Inwiefern beeinflussen die politischen Verhältnisse das Leben des Schreibers/der Schreiberin?
- Was erzählt der Verfasser/die Verfasserin über den Alltag? Sind diese Erfahrungen typisch für die historische Situation?
- Sollten die Aufzeichnungen nur privat verwahrt werden oder sollten auch andere darin lesen?
- Wer veröffentlicht den Text? Welches Anliegen verfolgt der Herausgeber?
- Welche Wirkung erzielt der Text bei den Lesern?

Beispiel: Das Tagebuch der Anne Frank

Zu den berühmtesten Autobiografien der Weltliteratur zählt zweifellos „Das Tagebuch der Anne Frank". Anne, ein deutsches Mädchen jüdischen Glaubens, wanderte 1934 mit ihren Eltern von Frankfurt am Main nach Holland aus, um der NS-Herrschaft zu entkommen. In Amsterdam besuchte sie Kindergarten und Schule. Der Vater Otto Frank betrieb eine Firma. Doch als die Nationalsozialisten im Jahre 1940 die Niederlande einnahmen, gab es auch in Holland Diskriminierungen der Juden. Als im Juli 1942 Annes Schwester in ein Arbeitslager deportiert werden sollte, tauchte die Familie unter. Sie lebte fortan gemeinsam mit Freunden im Hinterhaus von Otto Franks Firma. Hier wurden sie von der Sekretärin der Firma mit dem Nötigsten versorgt.

In ihrem Versteck ging es sehr beengt zu. Langeweile und Streitereien prägten den Alltag. Die 13-jährige Anne versuchte sich abzulenken, indem sie über ihr Leben im Versteck Tagebuch führte. Dabei richtete sie ihre Einträge an eine erfundene Freundin namens „Kitty". Ihre zunächst nur für die private Verwendung gedachten Aufzeichnungen gewannen für sie immer größere Bedeutung, insbesondere als sie im Rundfunk hörte, dass die holländische Exilregierung (Regierung eines Landes, die sich im Ausland befindet) um Berichte über die deutsche Besatzungszeit bat. Daraufhin schrieb sie Teile ihres Tagebuches noch einmal um.

Nach zwei Jahren im Versteck wurde die Familie Frank verraten. Anne wurde in die Konzentrationslager Auschwitz und Bergen-Belsen gebracht, wo sie im März 1945 starb. Durch glückliche Umstände gelangte ihr Tagebuch nach dem Krieg in die Hände ihres Vaters, der es veröffentlichte. Er ließ sich dabei von Annes Wunsch leiten, einmal eine berühmte Schriftstellerin zu werden. Ihr Tagebuch kommt insbesondere bei jungen Lesern sehr gut an, weil sich die Ansichten und Gedanken einer „ganz normalen Jugendlichen" darin finden.

M 1 Versteck in Amsterdam
Foto von 1994
Die Räume, in denen sich die Familie Frank verstecken musste, sind heute noch im Anne-Frank-Haus zugänglich. Zu sehen ist der Waschraum.

M2 „Ich habe Lust zu schreiben“

Am 20. Juni 1942 hält Anne in ihrem Tagebuch fest:

Es ist für jemanden wie mich ein eigenartiges Gefühl, Tagebuch zu schreiben. Nicht nur, dass ich noch nie geschrieben habe, sondern ich denke auch, dass sich später keiner, weder ich noch ein anderer, für die Herzensergüsse eines dreizehnjährigen Schulmädchens interessieren wird. Aber darauf kommt es eigentlich nicht an, ich habe Lust zu schreiben und will mir vor allem alles Mögliche gründlich von der Seele reden.

Anne Frank, Tagebuch. Fassung von Otto H. Frank und Mirjam Pressler, Frankfurt am Main 1988, S. 18

M3 Die Aufzeichnungen gewinnen an Bedeutung

Am 29. März 1944 schreibt Anne Frank in ihr Tagebuch:

Liebe Kitty!

Gestern Abend sprach Minister Bolkestein[1] im Sender Oranje darüber, dass nach dem Krieg eine Sammlung von Tagebüchern und Briefen aus dieser Zeit herauskommen soll. Natürlich stürmten alle gleich auf mein Tagebuch los. Stell Dir vor, wie interessant es wäre, wenn ich einen Roman vom Hinterhaus herausgeben würde. [...] Es muss ungefähr zehn Jahre nach dem Krieg schon seltsam erscheinen, wenn erzählt wird, wie wir Juden hier gelebt, gegessen und gesprochen haben.

Anne Frank, Tagebuch, a. a. O., S. 233f.

M4 Mit Anne Frank begann die Erinnerung

Der Journalist Jacques Schuster beschreibt am 5. Juni 1999 in der „Welt“ die Bedeutung des Tagebuches:

Kaum ein anderes Buch über das „Dritte Reich“ hat die Deutschen mehr bewegt. [...] Erstmals erreichte ein Buch über das Schicksal einer jüdischen Familie die breite Bevölkerung, ergriff sie und führte zu der Form des Gedenkens, die Michael Wolffsohn einmal mit den „vier W“ der Aufarbeitung zu umschreiben versucht hat: [...] dem Wissen, was geschah, dem Werten der Taten als Verbrechen, dem Weinen über die Opfer und dem Wollen, dem Streben nach einer moralisch besseren Gesellschaft. [...] Anne Franks Tagebuch löste den ersten großen Erinnerungsschub in Deutschland aus. Plötzlich gedachten viele ihrer ehemaligen Landsleute der Vergangenheit und setzten sich mit der eigenen Rolle in den zwölf düsteren Jahren auseinander.

Die Welt, Ausgabe vom 5. Juni 1999

M5 Anne Frank
Die Fotografie zeigt Anne Frank im Mai 1942 kurz vor ihrem 13. Geburtstag.

M6 Das Tagebuch
Zu ihrem 13. Geburtstag am 12. Juni 1942 erhielt Anne Frank von ihren Eltern ein kleines Notizbuch, das sie fortan als Tagebuch benutzte.

Lesetipps:

- Sharon Dogar, Prinsengracht 263, Stuttgart 2011
- Mirjam Pressler, Ich sehne mich so: Die Lebensgeschichte der Anne Frank, Neuausgabe, Weinheim und Basel 2011

Internettipps:

- Link zum Anne-Frank-Zentrum unter Mediencode 31022-48
- Zur Homepage des Anne Frank Hauses in Amsterdam mit einem deutschsprachigem Angebot, u. a. einem 3D-Rundgang durch das Haus und Zeitleiste zum Leben von Anne Frank siehe Mediencode 31022-49

Exkursionstipp:

Jugendbegegnungsstätte Anne Frank, Frankfurt am Main

1. *Erkläre, weshalb die Rundfunkrede des holländischen Erziehungsministers Bolkestein Annes Sicht auf ihr Tagebuch verändert hat (M2, M3).*
2. *Beschreibe die Wirkung des Tagebuches insbesondere für die Zeitzeugen des „Dritten Reiches“ (M4).*
3. *Arbeite mithilfe der Inhaltsangabe Antworten auf die weiteren Leitfragen auf der linken Seite heraus.*
4. *Erläutere, welche Probleme Historiker in Zukunft haben werden, wenn sie den geschichtlichen Nutzen von sogenannten Weblogs (Blogs) ermitteln wollen.*
5. *Heutzutage wird der Büchermarkt mit Autobiografien überschwemmt. Erläutere die Motive der (prominenten) Verfasserinnen und Verfasser. Welche Unterschiede kannst du dabei zum „Tagebuch der Anne Frank“ erkennen?*

[1] Gerrit Bolkestein: Minister der holländischen Exilregierung

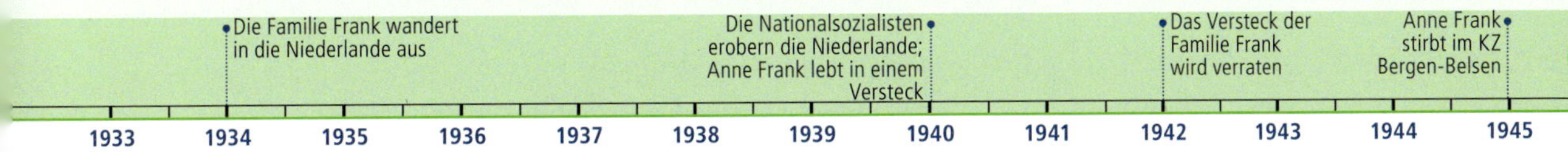

Konzentrationslager auf dem Gebiet des heutigen Rheinland-Pfalz

M 1 Ansicht des KZ Osthofen
Foto von April 1933
Das KZ Osthofen lag an der viel befahrenen Bahnstrecke Mainz – Worms. Eine ähnliche Aufnahme konnte im Lager als Ansichtskarte erworben werden.

Orte des Terrors

Schon wenige Wochen nach der Machtübernahme der Nationalsozialisten entstanden im Reich erste Konzentrationslager (KZ), zunächst in Dachau nahe München und in Oranienburg bei Berlin. Seit Anfang März 1933 wurden politische Gegner, vor allem Sympathisanten und Mitglieder der KPD und der SPD, ohne jegliches Gerichtsverfahren in sogenannte „Schutzhaft" genommen und in die Lager eingewiesen. Dort wurden sie unter dem Deckmantel der „Umerziehung" von SA und SS zur Arbeit gezwungen und gefoltert, viele auch ermordet.

Nach dem Vorbild der „frühen" Lager entstanden weitere KZs, zum Beispiel in Sachsenhausen bei Berlin (1936), in Buchenwald bei Weimar (1937), in Flossenbürg in der Oberpfalz (1938) und in Ravensbrück (1939). Hierher brachte man ab 1935 nicht nur politische Gegner, sondern alle Personengruppen, die das NS-Regime generell zu „Volksschädlingen" erklärt hatte, etwa religiöse Minderheiten wie die Zeugen Jehovas, „Arbeitsscheue" oder Homosexuelle und vor allem seit 1938 jüdische Mitbürger sowie Sinti und Roma. In den Lagern wurden die Menschen misshandelt und zu Sklavenarbeit gezwungen; hunderttausende kamen dabei ums Leben.[1]

Während des Zweiten Weltkrieges wurden in den von den Deutschen besetzten Gebieten Osteuropas und der Sowjetunion große Massenvernichtungslager errichtet.[2] Von diesen sind die Konzentrationslager zu unterscheiden.

Das KZ Osthofen

Seit März 1933 bestand in Osthofen bei Worms ein Konzentrationslager. Wie andere „frühe" Lager hatte es zum Ziel, politische Gegner auszuschalten und die Bevölkerung einzuschüchtern. Dabei half die regionale Presse: Fast täglich berichteten Zeitungen, wer verhaftet und nach Osthofen gebracht worden war.

Zunächst wurden fast ausschließlich Kommunisten und Sozialdemokraten inhaftiert. Ab Sommer 1933 kamen auch Mitglieder des Zentrums, Vertreter der Kirchen sowie aus politischen Gründen verhaftete jüdische Mitbürger hinzu, die im Lager besonderen Schikanen ausgesetzt waren. In der Regel dauerte die Haft vier bis sechs Wochen. Todesfälle gab es in Osthofen nicht. Jedoch waren die Häftlinge Misshandlungen und Folter, Demütigungen, harter Arbeit, Hunger, Kälte und unerträglichen hygienischen Verhältnissen ausgesetzt.

Bereits im Juli 1934 wurde das Lager wieder geschlossen. Während der 17 Monate waren dort 3 000 Menschen eingesperrt gewesen. Die wenigen verbliebenen „Schutzhäftlinge" wurden ins Staatsgefängnis nach Darmstadt oder entfernte Lager verlegt. Die meisten jüdischen Häftlinge wurden später in einem der Vernichtungslager im Osten ermordet.

Das KZ Hinzert

Das zweite KZ auf dem Gebiet des heutigen Rheinland-Pfalz war das SS-Sonderlager/KZ Hinzert bei Trier im Hunsrück. Es wurde kurz nach Beginn des Zweiten Weltkrieges im Oktober 1939 ursprünglich als Haft- und „Arbeitserziehungslager" eingerichtet, diente aber bald als Konzentrationslager für ausländische Gefangene, vor allem Widerstandskämpfer aus Westeuropa und Zwangsarbeiter aus Osteuropa.

Das KZ bestand bis Kriegsende 1945. In diesen fünfeinhalb Jahren waren mehr als 13 000 Männer einem grausamen Haftsystem aus harter Zwangsarbeit bei Kälte und Hitze, Hunger und Krankheit, brutaler Gewalt und Willkür durch die SS-Wachmannschaft ausgesetzt. Viele Häftlinge wurden zu Tode misshandelt, erschossen oder mit tödlichen Injektionen ermordet.

1. *Informiere dich über die Bedeutung des Begriffes „Schutzhaft" während der NS-Zeit und erkläre ihn mit eigenen Worten.*
2. *Arbeite die Unterschiede zwischen den KZs Osthofen und Hinzert heraus.*

[1] Siehe auch S. 155.
[2] Vgl. dazu S. 158 ff.

M 2 Gründe für die „Schutzhaft“

In einem Schreiben des Kreisamtes Alzey vom 13. September 1933 an den Leiter des KZ Osthofen, den SS-Mann Karl d'Angelo, werden die Gründe für die Inhaftierung des Schutzhäftlings Eugen Kahn genannt:

Betreffend: Den Schutzhäftling Eugen Kahn, geb. am 20.9.1904 in Wöllstein

I. An Herrn d'Angelo, Osthofen, Konzentrationslager.

Unter Bezug auf die telefonische Besprechung des Regierungsrats Uebel mit Herrn d'Angelo bestätigen wir ergebenst, dass der Kahn bis auf Weiteres noch im Konzentrationslager verbleiben soll. Nach Mitteilung der Ortsleitung der NSDAP, Herrn Jungk in Wöllstein, soll angeblich Kahn in der Gastwirtschaft Leineweber in Wöllstein fotografische Aufnahmen aus dem Konzentrationslager Osthofen dritten Personen gezeigt haben, auf denen Prügelszenen aus dem Lager Osthofen von Schutzhäftlingen festgehalten sind. Wie wir schon telefonisch gebeten haben, bitten wir eine gründliche Visitation des Kahn selbst vorzunehmen. Unsere Ermittlungen in Wöllstein sind im Gange. Wir werden Sie benachrichtigen.

Zit. nach: Angelika Arenz-Morch, Das Konzentrationslager Osthofen 1933/34, in: Hans-Georg Meyer und Hans Berkessel (Hrsg.), Die Zeit des Nationalsozialismus in Rheinland-Pfalz, Bd. 2, Mainz 2000, S. 38

M 3 „... schwarz und blau von den Schlägen“

In einem Ausstellungskatalog wird aus Berichten ehemaliger Häftlinge zitiert:

Einen Transport von ca. 10 bis 15 Antifaschisten habe ich beobachten können. Sie wurden im Lager Osthofen abgeladen, mussten sich ausziehen und wurden in einen Waschraum gebracht [...]. Ihre Körper waren schwarz und blau von den Schlägen. [...]

Besonderen Hass hatte die Lager-SS in Osthofen gegen zwei Juden aus Mainz [...], die fast jeden Tag geschlagen und misshandelt wurden. Beide lagen im großen Schlaf- und Aufenthaltsraum neben mir. Bevor sie von der Misshandlung zurückkamen, lockerten wir ihre Strohsäcke auf, damit sie besser liegen konnten.

Walter Deeg, Gießen

Schmutzige und besonders unhygienische Arbeiten musste der frühere Chefredakteur der sozialistischen Offenbacher Zeitung, Konrad Rodemann, verrichten. Mit blanken Händen musste er den Menschenkot aus der verstopften Toilette unter Aufsicht der SA- und SS-Bewacher herausholen.

Christoph Weitz, Bürstadt

Zit. nach: Landeszentrale für politische Bildung (Hrsg.), Verfolgung und Widerstand in Rheinland-Pfalz 1933 - 1945, Bd. 1: Gedenkstätte KZ Osthofen – Ausstellungskatalog, Mainz 2008, S. 68

M 4 Häftlinge aus den Reihen der Kommunisten und Sozialdemokraten auf dem Weg in das KZ Osthofen
Foto aus Worms, März 1933

M 5 Die als Schlafsaal genutzte Fabrikhalle in Osthofen
Foto von 2010
Anfangs mussten die Häftlinge in der kalten und feucht-zugigen Halle auf dem nackten Betonboden und etwas Stroh schlafen. Viele wurden krank, litten an Blasen- und Nierenleiden. Auch selbst gebaute Öfen und Stockbetten halfen nicht gegen die Kälte.

Gründung des ersten Konzentrationslagers im heutigen Rheinland-Pfalz (Osthofen)
Errichtung von „frühen“ Konzentrationslagern v. a. für politische Häftlinge
das NS-Regime inhaftiert immer mehr sog. „Volksschädlinge“
Eröffnung des SS-Sonderlagers/KZ Hinzert
ab 1941: Vernichtungs- und Todeslager entstehen
ca. 2,5 bis 3 Mio. Menschen werden während der NS-Zeit in KZs inhaftiert

1933 1934 1935 1936 1937 1938 1939 1940 1941 1942 1943 1944 1945

M6 Schlaf- und Aufenthaltsraum im Obergeschoss des Hauptgebäudes im KZ Osthofen
Foto von 1933
Das quer durch den Raum gespannte Banner trägt den Schriftzug „Ordnung ist des Hauses Zierde". Bereits kurz vor der offiziellen Errichtung des KZs erschienen regionale Presseberichte mit Fotos. Die Fotos wurden vor der Veröffentlichung zensiert. Wer heimlich im KZ fotografierte, dem drohte ein Sondergerichtsverfahren.

M7 „Sinn und Zweck dieses Lagers"

Am 23./24. April 1933 erscheint in der Zeitung „Niersteiner Rheinwarte" ein ganzseitiger Artikel mit Bildern zum KZ Osthofen:

Im Konzentrationslager Osthofen werden verwilderte Marxisten zu anständigen Menschen erzogen [...] Über den Sinn und den Zweck dieses Lagers hat man schon Vieles und meistens Falsches gesprochen. Allerlei Lügen wurden in die Öffentlichkeit gebracht, aber wer die SA- und SS-Führer kennt, der weiß, dass allen Schutzhäftlingen niemals ein Haar gekrümmt wurde, wenn sie sich anständig betragen haben. Wenn wir Gleiches mit Gleichem vergelten wollten, dann wären diese roten Helden von einst nicht erst nach einem Lager, und dazu noch in ein derart gut eingerichtetes, gebracht worden. Um an ihnen Rache zu nehmen, wären nicht Wochen notwendig gewesen, sondern nur Stunden. Aber dass dies nicht geschah, ist ein Zeichen, dass wir in diesen Menschen nur verführte Volksgenossen erkennen und gewillt sind, sie der Volksgemeinschaft wieder zuzuführen. [...] Allen wird klar gemacht, was der Nationalsozialismus und sein Führer Adolf Hitler will. [...] Von Haft oder Gefängnis kann man eigentlich nicht reden. [...] Nichts war für uns erhebender, als bei den Leuten festzustellen, dass sie den Weg zum Volke wieder gefunden und bereit sind, sich fernerhin ordentlich zu benehmen. Viele haben das Lager als andere, bessere Menschen verlassen!

Zit. nach: Landeszentrale für politische Bildung (Hrsg.), Verfolgung und Widerstand in Rheinland-Pfalz 1933-1945, a.a.O., S. 40

[1] Während der NS-Zeit gehörten große Teile des heutigen Rheinland-Pfalz und damit auch Osthofen zum damaligen Volksstaat Hessen. Das Bundesland Rheinland-Pfalz entstand erst nach dem Zweiten Weltkrieg. Zur Gründung von Rheinland-Pfalz siehe ausführlich S. 202 f.

M8 KZ mit „Erziehungscharakter"

Am 6. Mai 1933 berichtet die Zeitung „Landskrone" für Oppenheim und Umgebung über den Besuch der hessischen[1] Presse im KZ Osthofen:

Im Polizeipräsidium Worms begrüßte der Staatskommissar für das hessische Polizeiwesen, Dr. Best, die zahlreich erschienenen Journalisten, worauf die Fahrt nach dem Lager angetreten wurde. [...] Dr. Best betonte, er habe versucht, [...] die polizeilichen und staatlichen Notwendigkeiten und die Forderungen nach einer gewissen Menschlichkeit in Einklang zu bringen. Durch die Verordnung des Reichspräsidenten vom 28.2.33 erhalte die Polizei eine fast unbeschränkte Machtbefugnis [...]. Auf dieser Verordnung beruhe die Polizeihaft [...]. In einem Teil der Fälle war die Schutzhaft nötig, um den Betreffenden selbst vor Angriffen und Verletzungen zu schützen [...]. In anderen Fällen war es eine Präventivmaßnahme, um Zusammenstöße und Reibungen zu verhindern, wenn die Betreffenden, die aus der nationalen Revolution noch nichts gelernt hatten, versuchen, durch Wühlereien und Hetzereien die Staatsordnung zu untergraben. In einer Reihe von Fällen war eine gewisse Erziehung angebracht. Das einzige hessische Konzentrationslager trägt ausgeprägten Erziehungscharakter.

Zit. nach: Paul Grünewald, KZ Osthofen. Material zur Geschichte eines fast vergessenen Konzentrationslagers, Frankfurt am Main 1979, S. 56

1. *Überprüfe mithilfe von S. 122 die Begründung für die Errichtung des Lagers Osthofen in M8 anhand von M2, M3 und M7.*
2. *Erkläre die Behandlung der jüdischen Häftlinge in Osthofen (Verfassertext, M3).*
3. *Erläutere die Inhaftierung Eugen Kahns (M2) vor dem Hintergrund von M7 und M8.*
4. *Arbeite heraus, wie das KZ Osthofen in der regionalen Presse dargestellt wird (M7, M8).*
5. *Beurteile die Aufgabe der Berichterstattung für das NS-Regime.*
6. *Nehmt in Partnerarbeit Stellung zu dem Satz „Viele haben das Lager als andere, bessere Menschen verlassen!" (M7). Bewertet den Satz vor dem Hintergrund von Art. 1 Grundgesetz. Präsentiert eure Ergebnisse vor der Klasse.*

Besuch der KZ-Gedenkstätten Osthofen und Hinzert

Der Besuch eines ehemaligen Konzentrationslagers ist keine Exkursion wie jede andere. Sie muss besonders sorgfältig vorbereitet werden. Es ist ein historischer Ort, an dem wir etwas über Opfer und Täter der NS-Zeit erfahren. Zugleich handelt es sich um eine Stätte des Gedenkens an das Leid und den Tod vieler unschuldiger Menschen. Gedenken erfordert Respekt vor den Opfern und Wissen über sie. Dazu gehören auch Kenntnisse der Weltanschauung und Herrschaftspraxis des Nationalsozialismus.

Mögliche Themen zur Vorbereitung, Durchführung und Nachbereitung des Besuches:

- Aufbau und Topografie der Lager
- Sonderlager und Außenkommandos
- die Vorgeschichte, die zur Errichtung der Lager geführt hat
- die Schicksale einzelner Häftlinge und ganzer Häftlingsgruppen
- Lagerleben, Haftbedingungen, Häftlingssolidarität, Fluchtversuche
- das Lager Osthofen und die Weltliteratur: Anna Seghers, „Das siebte Kreuz"
- Täter: Lagerleitung und Wachmannschaft
- Taten: Misshandlungen, Verbrechen und Mordaktionen
- Wissen der Bevölkerung über die Lager
- Auflösung der Lager
- die strafrechtliche Verfolgung der Täter
- der Weg zur Errichtung der Gedenkstätten
- Vergleich der Geschichte und der historischen Bedeutung der Lager Osthofen und Hinzert
- die Bedeutung von Osthofen und Hinzert als Erinnerungs- und Gedenkorte
- die Grundprinzipien der Ausstellungsgestaltung
- Möglichkeiten der Informationsbeschaffung und des Lernens an den Gedenkstätten

Lesetipps:

- Landeszentrale für politische Bildung (Hrsg.), Verfolgung und Widerstand in Rheinland-Pfalz 1933-1945, Bd. 1: Gedenkstätte KZ Osthofen – Ausstellungskatalog, Mainz 2008, S. 16-151 (KZ Osthofen und Hinzert)
- Hans-Georg Meyer und Hans Berkessel (Hrsg.), Die Zeit des Nationalsozialismus in Rheinland-Pfalz, Bd. 2: „Für die Außenwelt seid ihr tot", Mainz 2000, S.32-51 (Osthofen), S. 116-135 (Hinzert)

M 1 Gedenkstätte KZ Osthofen
Fotos von 2011
Im Mittelpunkt der Ausstellung stehen die beiden KZs Osthofen und Hinzert; weiterer Schwerpunkt ist das Thema „Verfolgung und Widerstand" im heutigen Rheinland-Pfalz.

Internettipps:
Viele Informationen, Anregungen und Projektvorschläge findet ihr unter dem Mediencode 31022-50

1. *Erarbeitet einzeln oder in Gruppen eine Auswahl der angegebenen Themen. Präsentiert sie als Referat, Poster oder PowerPoint-Präsentation.*
2. *Gedenken braucht Wissen und Respekt. Erörtert die Aussage.*
3. *Diskutiert die Frage, ob es angemessen ist, eine Gedenkstätte auf einem „Täterort" einzurichten.*
4. *„Erinnerung braucht Orte, die das Verstehen ermöglichen, […] KZ-Gedenkstätten wie Osthofen sind Lernorte. Sie sind ein kostbares Gut. Sie sind authentisch und nicht ersetzbar durch Monumente oder Museen. Als lebendiger Ort der Auseinandersetzung mit unserer Geschichte sind diese Orte unverzichtbar" (Wolfgang Benz, Auschwitz begann in Osthofen, 1998). Nehmt Stellung zu dieser Aussage. Diskutiert dabei die Frage, warum überhaupt noch an die Verbrechen der NS-Zeit erinnert werden soll.*

Wirtschaftliche Erfolge?

M1 **Eröffnung der ersten Teilstrecke der Reichsautobahn**
Propaganda-Foto von Heinrich Hoffmann, 19. Mai 1935

Arbeit wird beschafft

„Binnen vier Jahren muss die Arbeitslosigkeit endgültig überwunden sein", versprach Hitler in seiner Regierungserklärung am 1. Februar 1933. In den folgenden Jahren konnte die NS-Regierung auf Maßnahmen zurückgreifen, die bereits frühere Regierungen eingeleitet hatten. Dazu zählte der Autobahnbau. Schon 1932 war die erste Autobahn von Köln nach Bonn in Betrieb genommen worden. Auch das Beschäftigungsprogramm des Reichsarbeitsdienstes (RAD) setzte ab 1935 nur um, was während der Weimarer Republik erarbeitet worden war. Alle Männer ab 18 mussten ein halbes Jahr beim Straßenbau oder in der Landwirtschaft arbeiten oder wurden zu Hilfsdiensten für die Wehrmacht herangezogen. Auch für junge Frauen richteten die Nazis einen freiwilligen Arbeitsdienst ein. Zugleich betonten sie aber die Rolle der Frau im Haushalt und bei der Kindererziehung und verdrängten Frauen aus akademischen Berufen.

Ein „Wirtschaftswunder"?

Um 1938 gab es im Deutschen Reich offiziell keine Arbeitslosigkeit mehr – und Hitler galt für viele Menschen als „Retter aus schlimmster Not". Doch die Zahlen waren geschönt. Tatsächlich war der Tiefpunkt der Weltwirtschaftskrise bereits durchschritten, als Hitler 1933 die Regierung übernahm. Auch die Bereitschaft der Unternehmer war wieder gestiegen, im Inland zu investieren.
Im Gegensatz zu früheren Regierungen waren die Nationalsozialisten aber bereit, alle Arbeitsbeschaffungsmaßnahmen, Investitionsförderungen und Sozialleistungen durchzusetzen. Auf die dadurch immer größer werdende Verschuldung des Staates wurde dabei keine Rücksicht genommen. Außerdem: Die Erwerbstätigen mussten länger arbeiten und erhielten niedrigere Löhne als zuvor.
Gleichzeitig ließ die Regierung neues Geld drucken und vergrößerte so die Gefahr einer neuen Inflation.

Aufrüstung

Die Maßnahmen zur Arbeitsbeschaffung und Wirtschaftsbelebung sowie die **Wirtschaftslenkung** dienten von Anfang an der Aufrüstung. Inflation und Staatsschulden wurden in der Hoffnung auf Kriegsbeute und Gebietsgewinne in Kauf genommen. Der Anteil der Rüstungsausgaben an den öffentlichen Ausgaben stieg stark an. Von 1934 bis zum Frühjahr 1939 gab der NS-Staat etwa 60 Milliarden Reichsmark für die Rüstung aus. Zum Vergleich: Die Aufwendungen für die Arbeitsbeschaffungsmaßnahmen beliefen sich auf etwa sieben Milliarden Reichsmark.
Im August 1936 legte Hitler ein Programm zur Kriegsvorbereitung vor. Ziel war es, möglichst rasch eine hohe Selbstversorgung bei Rohstoffen und Industriegütern zu erreichen. Dazu sollte weniger eingeführt und mehr im Inland hergestellt werden. Benzin und Gummi sollten künstlich erzeugt werden.
Auch in der Landwirtschaft strebte die Regierung eine Unabhängigkeit von Importen an. Trotz beeindruckender Erfolge ließen sich Versorgungsengpässe sowohl für rüstungswirtschaftliche Rohstoffe als auch für Lebensmittel nicht vermeiden.

1. *Analysiere die Wirkung des Fotos (M1).*
   Tipp: Siehe dazu auch die S. 52 f.
2. *Erkläre den Zusammenhang von NS-Wirtschaftspolitik und Kriegsvorbereitung.*
3. *Fasse die Folgen der NS-Wirtschaftspolitik für die Bevölkerung zusammen.*
   Tipp: Berücksichtige dabei u. a. längere Arbeitszeiten, niedrigere Löhne, Geldentwertung, Engpässe bei der Lebensmittelversorgung.
4. *Arbeite die Bedeutung der einzelnen Produktionszweige heraus.*

M2 Hitlers Haltung zu den Staatsfinanzen

Der Finanzminister Lutz Graf Schwerin von Krosigk berichtet über die Grundhaltung des „Führers“ bezüglich des Staatshaushaltes:

Bei den ersten Vorträgen, die ich Hitler in Etatangelegenheiten zu halten hatte, stieß ich auf eine merkwürdige Befangenheit. Sie stammte wohl daher, dass er mich noch nicht kannte und allen finanziellen Fragen eine ausgesprochene Abneigung entgegenbrachte. Er nannte mich „Herr Reichsminister“ und ist dabei bis 1945 geblieben. Seine Unsicherheit verbarg er hinter langen Monologen, durch die er den Augenblick, in dem über unangenehme Dinge gesprochen werden musste, möglichst weit hinausschob. Anfänglich zeigte er noch ein gewisses Verständnis dafür, dass man mit öffentlichen Geldern sparsam umgehen müsse. Aber er sagte mir auch sehr bald, es sei zwar meine Pflicht, Warnungen zu äußern, doch werde er seine Pläne nie an Mangel an Geld scheitern lassen. [...] Als es ihm später immer unangenehmer wurde, sich von Warnern unbequeme Wahrheiten sagen zu lassen, ließ er sie nicht mehr vor oder ließ sie nicht zu Worte kommen.

Lutz Graf Schwerin von Krosigk, Staatsbankrott. Die Geschichte der Finanzpolitik des Deutschen Reiches von 1920-1945, Göttingen 1974, S. 189f.

	Reichsausgaben insgesamt	*Zivilausgaben insgesamt*	*über den Reichshaushalt finanzierte Wehrmachts- und Rüstungsausgaben*
in Mrd. Reichsmark und in Prozent der gesamten Reichsausgaben			
1933/34	8,1 (100 %)	6,2 (76,5 %)	1,9 (23,4 %)
1934/35	10,4 (100 %)	8,5 (81,7 %)	1,9 (18,3 %)
1935/36	12,8 (100 %)	8,8 (68,7 %)	4,0 (31,2 %)
1936/37	15,8 (100 %)	10,0 (63,3 %)	5,8 (36,7 %)
1937/38	20,1 (100 %)	11,9 (59,2 %)	8,2 (40,8 %)
1938/39	31,8 (100 %)	13,4 (42,1 %)	18,4 (57,9 %)
1939/40	52,1 (100 %)	19,8 (38,0 %)	32,3 (62,0 %)

M3 Die Ausgaben des Reiches in den Rechnungsjahren 1933/34 bis 1939/40

Nach: Kurt G. A. Jeserich u. a. (Hrsg.), Deutsche Verwaltungsgeschichte, Bd. 4, Stuttgart 1985, S. 805

M4 „Wirtschaftswunder“?

Immer wieder wird in der historischen Literatur auf die wirtschaftspolitischen Leistungen des NS-Regimes in den ersten Jahren hingewiesen. Manche Autoren sprechen sogar von einem „Wirtschaftswunder“. Der Wirtschaftshistoriker Christoph Buchheim schreibt dazu 2001:

[Es ist] verfehlt, unkritisch von einem „Wirtschaftswunder“ in den dreißiger Jahren zu sprechen. Denn erstens erhöhte sich der Lebensstandard der breiten Bevölkerung nicht, vielmehr stagnierte er wohl bestenfalls – natürlich abgesehen von den Arbeitslosen, die wieder Beschäftigung gefunden hatten. Das ist aber höchst ungewöhnlich für Perioden rascher wirtschaftlicher Aufwärtsentwicklung.

Zum zweiten war die private Investitionstätigkeit trotz mit dem Boom einhergehender großer Gewinne gering, was ebenfalls unüblich und sehr erstaunlich ist. Und zum dritten waren die Produktivitätssteigerungen insgesamt nur relativ mäßig, der Unterschied zur Weltspitze, repräsentiert durch die USA, vergrößerte sich in der NS-Zeit noch.

Das Dritte Reich war also keinesfalls eine Periode normalen Wachstums, sondern es handelte sich um eine Zeit stark deformierten Wachstums ohne die typischen Folgen von wirtschaftlichem Fortschritt. [...]

Interessant ist dagegen die Frage, was die Alternative zum deformierten NS-Wachstum gewesen wäre. Die Antwort auf diese [...] Fragestellung ist allerdings bis zu einem gewissen Grade spekulativ und deshalb nicht unumstößlich durch den Hinweis auf Fakten belegbar. Aber es spricht doch einiges dafür, dass auch ohne Hitler die Krise überwunden worden und es zu einer durchgreifenden wirtschaftlichen Erholung gekommen wäre.

Christoph Buchheim, Die Wirtschaftsentwicklung im Dritten Reich – mehr Desaster als Wunder. Eine Erwiderung auf Werner Abelshauser, in: Vierteljahrsheft für Zeitgeschichte, 49. Jg. (2001), S. 662f.

1. *Beurteile Hitlers Einstellung zu finanzpolitischen Fragen (M2).*
2. *Analysiere die Ausgabenentwicklung (M3).*
3. *Der Historiker Hans-Ulrich Wehler stellte 2003 fest, dass Hochkonjunktur und Vollbeschäftigung mit enormen Kosten erkauft wurden. Erläutere die Aussage mit M3 und M4.*

1933 – Hitler verspricht, die Arbeitslosigkeit zu bekämpfen
1936 – Hitler legt ein Programm zur Kriegsvorbereitung vor
1938 – offiziell gibt es keine Arbeitslosen mehr

1933 1934 1935 1936 1937 1938 1939 1940

Der Weg in den Krieg

M 1 Hauptstraße einer westdeutschen Kleinstadt
Foto, um 1935

Hitlers doppeldeutige Außenpolitik

In seinem Buch „Mein Kampf" hatte Hitler folgende außenpolitische Ziele genannt:

- Änderung (**Revision**) des Versailler Vertrages,
- Zusammenschluss aller Deutschen zu einem „Großdeutschland" und
- Eroberung neuen „Lebensraumes" im Osten.

Seine Vorstellungen trug Hitler den Generälen der Reichswehr gleich nach der „Machtübergabe" vor. In der Öffentlichkeit betonte er dagegen seinen Friedenswillen, denn er wusste, das die Bevölkerung keinen neuen Krieg wollte. Im März 1933 schloss er sogar mit England, Frankreich und Italien einen Vertrag, der den Frieden in Europa für Jahre sichern sollte. Die NS-Propaganda verbreitete seine friedlichen Absichten.

Aus dem Völkerbund

Im Oktober 1933 kündigte Hitler die Mitgliedschaft des Deutschen Reiches im Völkerbund, da Frankreich sich gegen die geforderte militärische Gleichberechtigung Deutschlands gestellt hatte. Das „Dritte Reich" zog sich damit gezielt aus der internationalen Gemeinschaft zurück. Innenpolitisch ließ Hitler sich diesen Schritt durch eine Volksabstimmung bestätigen. Sie erbrachte 93 Prozent Ja-Stimmen.

Die „Heimkehr" des Saarlandes

Am 13. Januar 1935 fand die im Versailler Vertrag vorgesehene Volksabstimmung über die Zukunft des Saargebietes statt. Nach massiver Propagandakampagne stimmten fast 91 % der Saarländer für die „Heimkehr" ins Deutsche Reich. Da die Abstimmung rechtmäßig war, erkannten die französische Regierung und der Völkerbund das Ergebnis an. Das hinderte die nationalsozialistische Propaganda nicht, dies als Sieg gegen die Ordnung von 1918 zu feiern.

Der Versailler Vertrag wird ausgehöhlt

Bald darauf wagte das NS-Regime die offene Verletzung des Versailler Vertrages: Am 16. März 1935 wurde die Wiedereinführung der Wehrpflicht und eine künftige Friedensstärke der Wehrmacht von 550 000 Mann verkündet.
Zwar kündigten Frankreich, Großbritannien und Italien im April 1935 an, sich „mit allen geeigneten Mitteln jeder einseitigen Aufkündigung von Verträgen zu widersetzen". Doch bereits drei Monate danach schloss Großbritannien mit dem Deutschen Reich ein Flottenabkommen ab.

Einmarsch ins Rheinland

1935 überfiel der italienische Diktator Mussolini das afrikanische Kaiserreich Abessinien. Der Völkerbund verbot daraufhin Waffenlieferungen nach Italien und verhängte Kredit- und Rohstoffsperren. Diese internationale Krise nutzte das NS-Regime, um eine weitere Bestimmung des Versailler Vertrages zu kündigen. Am 7. März 1936 ließ es die Wehrmacht ins entmilitarisierte Rheinland einmarschieren.

Bündnisse gegen den Kommunismus

Im Oktober 1936 schlossen Hitler und Mussolini einen Freundschaftsvertrag zur gemeinsamen Abwehr des Kommunismus. Noch im selben Jahr vereinbarte das Deutsche Reich auch mit Japan ein Bündnis gegen die „kommunistische Zersetzung". Diesem Antikomintern-Pakt trat auch Italien bei.

Der „Anschluss" Österreichs

1919 hatten die Siegermächte den von der österreichischen Nationalversammlung beschlossenen „Anschluss" an das Deutsche Reich verboten. Österreichische Nationalisten forderten deshalb immer

Revision*

wieder die Vereinigung beider Staaten. Doch Bundeskanzler Engelbert Dollfuß wollte Österreichs Selbstständigkeit erhalten. Am 12. März 1938 marschierten deutsche Soldaten in Österreich ein. Am 10. April ließ er sich den „Anschluss" vom Volk bestätigen. Die NS-Propaganda sprach nun vom Großdeutschen Reich. Das Ausland verurteilte das deutsche Vorgehen, erkannte das Ergebnis jedoch letztlich stillschweigend an.

Die Sudetenkrise

Das nächste Opfer wurde die Tschechoslowakei. In dem demokratisch regierten Staat lebten sechs Millionen Tschechen, drei Millionen Slowaken, drei Millionen Sudetendeutsche und kleinere Volksgruppen wie Ungarn, Ukrainer und Polen. Die von vielen als ungerecht empfundene Minderheitenpolitik der Tschechen, der Wunsch nach Autonomie und wirtschaftliche Probleme sorgten für Konflikte.
Sprachrohr der deutschen Forderungen wurde die von der NS-Regierung bezahlte Sudetendeutsche Partei. Ihre Führung strebte den Zerfall der Tschechoslowakei an.

Die Konferenz von München

Auf dem Höhepunkt der Sudetenkrise flog der britische Regierungschef Neville Chamberlain im September 1938 nach München, um Hitler von einem Einmarsch in die Tschechoslowakei abzubringen. Er hatte zwar einerseits Verständnis für die Interessen der Sudetendeutschen und den Wunsch nach einer weiteren Revision des Versailler Vertrages, andererseits aber machte er Hitler deutlich, dass seine Appeasement-Politik (dt. Beschwichtigungspolitik) dort ihre Grenzen finde, wo die bestehende europäische Ordnung weiter gefährdet werde. Notfalls sei sein Land auch zum Krieg gegen Deutschland bereit.
Die Münchener Konferenz vom 29./30. September 1938 wendete einen Krieg noch einmal ab. Ohne die tschechische Regierung und die mit ihr verbündete Sowjetunion anzuhören, einigten sich der britische, französische und italienische Regierungschef mit Hitler auf eine Abtretung des Sudetengebietes an das Deutsche Reich. Für den Rest des tschechoslowakischen Staates gaben Großbritannien und Frankreich Bestandserklärungen ab.

Die Wehrmacht in Prag

Hitler war von Anfang an entschlossen, auch die „Resttschechei" zu zerschlagen. Am 15. März 1939 marschierten deutsche Truppen in Böhmen und Mähren ein. Der slowakische Teil der Tschechoslowakei blieb als von Deutschland abhängiger Rumpfstaat erhalten.

M 2 Der deutsch-sowjetische Nichtangriffsvertrag ist unterschrieben
Foto vom 23. August 1939
Außenminister Joachim von Ribbentrop (links), Wjatscheslaw Molotow (rechts), in der Mitte Josef W. Stalin.

Kriegsvorbereitung gegen Polen

Dieser Wortbruch Hitlers beendete die Appeasement-Politik. Polen musste als nächstes Land deutsche Ansprüche fürchten, da Hitler die Rückgabe Danzigs und einen Gebietsstreifen für eine Auto- und Eisenbahn nach Ostpreußen forderte.
London und Paris reagierten Ende März mit einer Garantie für die Unabhängigkeit Polens. Als Warschau Verhandlungen mit dem Deutschen Reich ablehnte, kündigte Hitler den vor fünf Jahren abgeschlossen Nichtangriffspakt mit Polen und das deutsch-britische Flottenabkommen von 1935.

Ein Pakt mit Stalin

Großbritannien und Frankreich hatten die Sowjetunion nicht zur Münchener Konferenz eingeladen. Daraufhin leitete Moskau eine neue Außenpolitik ein. Am 23. August 1939 gelang dem Deutschen Reich, was Großbritannien und Frankreich nicht erreicht hatten: ein Bündnis mit der Sowjetunion. Die Nationalsozialisten, die bisher keine Gelegenheit ausgelassen hatten, Stalin und den Bolschewismus zu bekämpfen, einigten sich zur Verwunderung der ganzen Welt mit der Sowjetunion auf einen Nichtangriffspakt. Die wichtigsten Abmachungen dieses Hitler-Stalin-Paktes standen in einem geheimen Zusatzprotokoll: Gemeinsam wollten sie Ost- und Südosteuropa nach ihren Vorstellungen umgestalten.

1. Nenne *Gründe für Hitlers doppeldeutige Politik.*
2. Fasse zusammen, *welche Bestimmungen des Versailler Vertrages das NS-Regime missachtete.* Tipp: Lies nochmals S. 77 f.
3. Erörtere, *warum Hitler mit seiner Strategie erfolgreich sein konnte.*

Vertrag mit England, Frankreich und Italien • Deutsches Reich kündigt Mitgliedschaft im Völkerbund • Saargebiet Teil des Deutschen Reiches • Wiedereinführung der Wehrpflicht • Einmarsch ins entmilitarisierte Rheinland • Bündnisse Deutschlands mit Italien und Japen gegen den Bolschewismus („Antikomintern-Pakt") • „Anschluss" Österreichs • „Münchener Konferenz" • Annektierung der Tschechoslowakei • „Hitler-Stalin-Pakt"

1933 1934 1935 1936 1937 1938 1939 1940

M 3 Die Erweiterung des deutschen Machtbereiches bis März 1939

M 4 Ein „Problem des Raumes"?

Über eine geheime Besprechung Hitlers mit den militärischen und politischen Führern am 5. November 1937 berichtet Oberst Friedrich Hoßbach:

Das Ziel der deutschen Politik sei die Sicherung und die Erhaltung der Volksmasse und deren Vermehrung. Somit handele es sich um das Problem des Raumes. [...]

Wenn die Sicherheit unserer Ernährungslage im Vordergrund stände, so könne der hierfür nötige Raum nur in Europa gesucht werden, nicht aber [...] in der Ausbeutung von Kolonien. [...]

Zur Lösung der deutschen Frage könne es nur den Weg der Gewalt geben [...].

An sich glaube der Führer, dass mit hoher Wahrscheinlichkeit England, voraussichtlich aber auch Frankreich die Tschechei bereits im Stillen abgeschrieben und sich damit abgefunden hätten, dass diese Frage eines Tages durch Deutschland bereinigt würde.

Zit. nach: Wolfgang Michalka (Hrsg.), Deutsche Geschichte 1933 - 1945. Dokumente zur Innen- und Außenpolitik, Frankfurt am Main [10]1999, S. 140ff.

M 5 „Gegen Russland"

Hitler erläutert seine Ziele am 11. August 1939 Carl Jakob Burckhardt, dem Schweizer Völkerbundkommissar für Danzig:

Alles, was ich unternehme, ist gegen Russland gerichtet; wenn der Westen zu dumm und zu blind ist, um dies zu begreifen, werde ich gezwungen sein, mich mit den Russen zu verständigen, den Westen zu schlagen, und dann nach seiner Niederlage mich mit meinen versammelten Kräften gegen die Sowjetunion zu wenden. Ich brauche die Ukraine, damit man uns nicht wieder wie im letzten Krieg aushungern kann.

Zit. nach: Wolfgang Michalka (Hrsg.), Deutsche Geschichte 1933 - 1945, a. a. O., S. 166

M 6 Geheimes Zusatzprotokoll

Deutschland und die Sowjetunion vereinbarten am 23. August 1939 in einem geheimen Zusatz des Nichtangriffpaktes u. a.:

1. Für den Fall einer territorial-politischen Umgestaltung in den zu den baltischen Staaten (Finnland, Estland, Lettland, Litauen) gehörenden Gebieten bildet die nördliche Grenze Litauens zugleich die Grenze der Interessensphäre Deutschlands und der UdSSR. [...]

2. Für den Fall einer [...] Umgestaltung der zum polnischen Staate gehörenden Gebiete werden die Interessensphären Deutschlands und der UdSSR ungefähr durch die Linie der Flüsse Narew, Weichsel und San abgegrenzt. [...]

3. Hinsichtlich des Südostens Europas wird von sowjetischer Seite das Interesse an Bessarabien betont. Von deutscher Seite wird das völlige politische Desinteresse an diesen Gebieten erklärt.

Zit. nach: Wolfgang Michalka (Hrsg.), Deutsche Geschichte 1933 - 1945, a. a. O., S. 171

1. *Erläutere, welche Folgerungen die Militärs aus Hitlers Reden ziehen mussten (M4 und M5).*
2. *Zähle in einer Liste die Gebiete auf, die das NS-Regime bis März 1939 unter seine Herrschaft gebracht hat (Verfassertext, M3).*
3. *Verfasse einen Dialog zwischen einem deutschen und einem sowjetischen Vertreter, die darüber diskutieren, ob die Vereinbarungen des Zusatzprotokolls geheimgehalten werden sollen.*
4. *Der Staatssekretär im Auswärtigen Amt, Ernst von Weizsäcker, sagte einen Tag vor dem deutschen Angriff auf Polen zum Oberbefehlshaber des Heeres: „Die Verantwortung vor der Geschichte, in diesen Krieg [...] hineinzugehen, liege nunmehr beim Militär [...]." Diskutiert diese Aussage.*

Internettipp:
Zum vollständigen Text der Hoßbach-Niederschrift (M4) siehe Mediencode 31022-51

Der Krieg in Europa

Polen wird zerschlagen

Das Deutsche Reich begann den Krieg gegen Polen mit einer Täuschung – nicht mit einer Kriegserklärung. Am 31. August 1939 inszenierte die SS einen polnischen Angriff auf die deutsche Rundfunkstation Gleiwitz in Oberschlesien. Er lieferte die propagandistische „Rechtfertigung" für den Einmarsch der Wehrmacht in Polen am 1. September 1939. Zwei Tage später erklärten Großbritannien und Frankreich, die Bündnispartner Polens, dem Deutschen Reich den Krieg. Sie verzichteten aber darauf, aktiv in den Krieg einzugreifen, obwohl Deutschland nicht der Forderung nachkam, sich aus Polen zurückzuziehen.

Die Wehrmacht rückte in Polen mit 1,5 Millionen Soldaten ein. Das Heer wurde von der Luftwaffe unterstützt. Sofort nach dem Einmarsch ermordeten SS-Einsatzgruppen massenhaft polnische Lehrer, Offiziere, Gutsbesitzer und Ärzte, um die polnische Führungsschicht sowie Juden zu vernichten.

Am 17. September drang die Rote Armee von Osten nach Polen ein. Ende September war das Land – wie im Zusatzprotokoll des „Hitler-Stalin-Paktes" vereinbart – zwischen Deutschland und der Sowjetunion aufgeteilt. Moskau hatte Ostpolen übernommen. Danzig, Westpreußen, Pommern und Schlesien wurden ins deutsche Staatsgebiet eingegliedert und das restliche Gebiet zum „Generalgouvernement" erklärt, um es wie eine Kolonie auszubeuten.

Krieg gegen Westeuropa

Im Frühjahr 1940 eroberten und besetzten die deutschen Armeen weite Teile Nord- und Westeuropas: Bis zum 22. Juni 1940 kapitulierten Dänemark, Norwegen, die Niederlande, Belgien und Frankreich. Der Süden Frankreichs blieb unbesetzt, da die neue französische Regierung des Marshalls Philippe Petain mit Hitler zusammenarbeitete. Nach diesen schnellen Kriegserfolgen wurde Hitler in der NS-Propaganda als „größter Feldherr aller Zeiten" gefeiert. Selbst bei Nazigegnern fanden seine militärischen Erfolge Anerkennung.

Einen ersten Rückschlag bedeutete die gescheiterte Invasion Großbritanniens Ende 1940. An der erfolgreichen Verteidigung bei der „Luftschlacht um England" hatten polnische Piloten, die nach der Besetzung Polens hatten fliehen müssen, einen großen Anteil. Mit den Bomben auf Coventry, London und zahlreiche Küstenstädte löste Hitler schwere Vergeltungsschläge der Briten aus: Die Royal Air Force flog ihren ersten Großangriff auf Hamburg. Der Widerstandswille der Briten wuchs unter ihrem konservativen Premierminister **Winston Churchill**, der Chamberlain abgelöst hatte.

M 1 Die Kathedrale von Coventry
Foto vom Dezember 1940

Gegen die Sowjetunion

Seit Sommer 1940 hatte Hitler Pläne für den Angriff gegen die Sowjetunion ausarbeiten lassen, um mehr „Lebensraum" zu erobern. Am 22. Juni 1941 begann der Angriff unter dem Tarnnamen „Barbarossa": Rund drei Millionen Soldaten, fast 3600 Panzer und 2000 Flugzeuge griffen die Sowjetunion ohne Kriegserklärung an. Unterstützt wurde die deutsche Offensive von verbündeten finnischen, slowakischen, ungarischen, rumänischen und italienischen Truppen.

M 2 Karte der deutschen Feldzüge und Eroberungen in Europa und Nordafrika bis zur größten Ausdehnung 1942

Vernichtungskrieg im Osten

Dem Angriff auf die Sowjetunion folgte ein Rasse- und Vernichtungskrieg, der die slawische und jüdische Bevölkerung zum Opfer fiel. Wurden zunächst jüdische Männer, Sinti und Roma sowie Kommunisten ermordet, nahmen die Mordaktionen zu, als der schnelle Kriegserfolg gegen die UdSSR ausblieb. Ein Völkermord (Genozid) begann: die gezielte Auslöschung von Männern, Frauen und Kindern. SS- und Polizeieinheiten, aber auch die Wehrmacht beteiligten sich daran. Bis März 1942 waren in den besetzten sowjetischen Gebieten bereits 600 000 Juden durch Massenerschießungen ermordet worden. Weitere Massaker folgten. Bis zum Frühjahr 1942 starben darüber hinaus rund 1,8 Millionen sowjetische Kriegsgefangene. Sie waren entweder erschossen worden oder aufgrund der besonders schlechten Behandlung in Kriegsgefangenenlagern gestorben.

Internettipp:
Feldpostbriefe aus Stalingrad siehe Mediencode 31022-52

Leningrad soll ausgehungert werden

Die deutschen Besatzer ließen in den besetzten Gebieten Millionen Menschen einfach verhungern. Eine Form des Hungerkrieges war die Blockade Leningrads (heute St. Petersburg). Ab September 1941 wurde die Stadt 900 Tage lang beschossen und bombardiert, aber absichtlich nicht eingenommen. Die Einwohner, darunter 400 000 Kinder, litten unter Hunger, Kälte und Seuchen.

Als die Rote Armee Leningrad im Januar 1944 befreite, waren mehr als 660 000 Menschen gestorben. Andere schätzen die Zahl der Opfer auf eine Million.

Grenzen des Eroberungskrieges

Die Sowjetunion sollte innerhalb weniger Wochen besiegt werden. Aber Nachschubprobleme, die Weite des Landes und die schlechte Vorbereitung der Wehrmacht stoppten den deutschen Vormarsch bald. Im Dezember 1941 zwang die gut organisierte Rote Armee die Deutschen erstmals zum Rückzug und trug zugleich dazu bei, dass die Besatzer immer grausamer wurden.

Die Wehrmacht war der Roten Armee auf Dauer nicht gewachsen. Das zeigte sich spätestens in Stalingrad (heute Wolgograd). Ab August 1942 hatten deutsche Truppen die Industriestadt belagert, um die Bevölkerung auszuhungern. Im Winter war es aber der Roten Armee gelungen, die deutschen Linien zu durchbrechen und 200 000 Soldaten einzuschließen. Da Hitler jeden Ausbruchsversuch verboten hatte und nur 25 000 Mann ausgeflogen werden konnten, verhungerten viele Soldaten. Anfang Februar 1943 kapitulierte die 6. Armee. 100 000 Soldaten gerieten in Gefangenschaft, davon kehrten nur etwa 6 000 wieder heim, die letzten in den 1950er-Jahren.

1. *Der Zeitraum von September 1939 bis zum deutschen Angriff im Mai 1940 wird in Frankreich auch als „drôle de guerre" („seltsamer, komischer Krieg") bezeichnet. Erkläre, warum.*
2. *Beschreibe den Verlauf des Zweiten Weltkrieges (Verfassertext, M2).*
3. *Nenne die Opfergruppe der deutschen Kriegsführung und die Gründe für ihre Ermordung.*

M3 Hitlers Kriegsziele in Polen

Auszug aus der Mitschrift einer Rede Hitlers vor Wehrmachtsbefehlshabern vom 22. August 1939:

Vernichtung Polens im Vordergrund. Ziel ist die Beseitigung aller lebendigen Kräfte, nicht die Erreichung einer bestimmten Linie. Auch wenn im Westen Krieg ausbricht, bleibt Vernichtung Polens im Vordergrund. [...]

Ich werde propagandistischen Anlass zur Auslösung des Krieges geben, gleichgültig, ob glaubhaft. Der Sieger wird später nicht danach gefragt, ob er die Wahrheit gesagt hat oder nicht. Bei Beginn und Führung des Krieges kommt es nicht auf das Recht an, sondern auf den Sieg.

Herz verschließen gegen Mitleid. Brutales Vorgehen. 80 Millionen Menschen müssen ihr Recht bekommen. Ihre Existenz muss gesichert werden. Der Stärkere hat das Recht.

Der Prozess gegen die Hauptkriegsverbrecher vor dem Internationalen Militärgerichtshof Nürnberg, Bd. XXVI, Nürnberg 1948, S. 523

M4 Der „Kommissarbefehl"

Der Chef des Oberkommandos der Wehrmacht gibt am 6. Juni 1941 folgende Richtlinien bekannt:

Im Kampf gegen den Bolschewismus ist mit einem Verhalten des Feindes nach den Grundsätzen der Menschlichkeit oder des Völkerrechts nicht zu rechnen. Insbesondere ist von den politischen Kommissaren[1] aller Art als den eigentlichen Trägern des Widerstandes eine hasserfüllte, grausame und unmenschliche Behandlung unserer Gefangenen zu erwarten. Die Truppe muss sich bewusst sein:

1. In diesem Kampf ist Schonung und völkerrechtliche Rücksichtnahme diesen Elementen gegenüber falsch. Sie sind eine Gefahr für die eigene Sicherheit und die schnelle Befriedung der eroberten Gebiete.
2. [...] Sie [die politischen Kommissare] sind daher, wenn im Kampf oder Widerstand ergriffen, grundsätzlich sofort mit der Waffe zu erledigen.

Zit. nach: www.dhm.de/lemo/html/dokumente/kommissarbefehl (Zugriff: 12. August 2013)

M5 Aus dem „Jäger-Bericht"

Nach dem Einmarsch der Wehrmacht in die Sowjetunion beginnt die massenhafte Erschießung von Juden mit Maschinengewehren. Getötet werden auch Roma, Geisteskranke und Kommunisten. In Litauen zeichnet dafür der Kommandeur des Einsatzkommandos 3 [EK. 3] der Einsatzgruppe A, der SS-Offizier Karl Jäger, verantwortlich. Er liefert dem Reichssicherheitshauptamt in Berlin am 1. Dezember 1941 eine genaue Aufstellung der vom 4. Juli bis zum 25. November getöteten 137 346 Männer, Frauen und Kinder und schreibt dazu:

Ich kann heute feststellen, dass das Ziel, das Judenproblem für Litauen zu lösen, vom EK. 3 erreicht worden ist. In Litauen gibt es keine Juden mehr, außer den Arbeitsjuden incl. ihrer Familien. [...] Diese [etwa 34 500] Arbeitsjuden incl. ihrer Familien wollte ich ebenfalls umlegen, was mir jedoch scharfe Kampfansage der Zivilverwaltung (dem Reichskommissar) und der Wehrmacht eintrug und das Verbot auslöste: Diese Juden und ihre Familien dürfen nicht erschossen werden! [...]

Die Durchführung solcher Aktionen ist in erster Linie eine Organisationsfrage. Der Entschluss, jeden Kreis systematisch judenfrei zu machen, erforderte eine gründliche Vorbereitung jeder einzelnen Aktion und Erkundung der herrschenden Verhältnisse in dem betreffenden Kreis. Die Juden mussten an einen Ort oder an mehreren Orten gesammelt werden. Anhand der Anzahl musste der Platz für die erforderlichen Gruben ausgesucht und ausgehoben werden. [...] Sämtliche Führer und Männer meines Kommandos [...] haben an den Großaktionen in Kauen[2] teilgenommen. [...]

Ich bin der Ansicht, dass sofort mit der Sterilisation der männlichen Arbeitsjuden begonnen wird, um eine Fortpflanzung zu verhindern. Wird trotzdem eine Jüdin schwanger, so ist sie zu liquidieren.

Zit. nach: www.holocaust-history.org/works/jaegerreport/htm/img009.htm (Zugriff: 12. August 2013)

Lesetipp:
Uri Orlev, Lauf Junge, lauf. Roman, Weinheim [9]2013

[1] Politkommissar: militärischer Rang in der Roten Armee der Sowjetunion mit der Aufgabe, die Soldaten im Sinne des Marxismus-Leninismus zu erziehen und zu kontrollieren

[2] Kauen: deutsche Bezeichnung für Kaunas, nach der polnischen Eroberung von Vilnius von 1920 bis 1940 provisorische Hauptstadt Litauens

1. *Arbeite aus M3, M4 und M5 heraus, welches Feindbild und welches Verständnis von Krieg darin deutlich werden.*
2. *Recherchiere, welche völkerrechtlichen Bestimmungen zur damaligen Zeit im Krieg galten.*
3. *Beurteile die deutsche Kriegsführung vor diesem Hintergrund.*

1939 – Überfall auf Polen
1940 – Einmarsch in Nord- und Westeuropa; Die Invasion in Großbritannien scheitert
1941 – Angriff auf die UdSSR; Vernichtungskrieg im Osten
1942
1943 – Kapitulation der 6. Armee in Stalingrad
1944
1945

Der globale Krieg

M1 Die Anti-Hitler-Koalition
Plakat (51 x 67 cm) einer US-Behörde von 1943

Die US-Regierung zögert

Die Regierung der USA war grundsätzlich gegen eine direkte Einmischung in die europäische Politik. Ihre Einstellung änderte sich allmählich, denn eine Niederlage Großbritanniens hätte auch die Vereinigten Staaten bedroht. Die nationalsozialistische Weltanschauung widersprach den Vorstellungen der USA von Selbstbestimmung, Freiheit und einem offenen Weltmarkt. Darüber hinaus hätte ein Europa unter deutscher Vorherrschaft die Rolle der USA als Weltmacht bedrohen können.

US-Präsident Franklin D. Roosevelt, der 1940 für eine dritte Amtszeit kandidierte, hatte im Wahlkampf versprochen, die USA nicht in „irgendeinen fremden Krieg" zu führen. Nach seiner Wahl setzte er aber doch eine Mobilmachung der Wirtschaft durch und forderte am 6. Januar 1941 im Kongress die weltweite Anerkennung von Rede- und Meinungsfreiheit, Religionsfreiheit, Freiheit von Not und Hunger sowie die Freiheit von Angst und Bedrohung („Vier Freiheiten"). Im März 1941 setzte er das sogenannte Leih- und Pachtgesetz durch, um vor allem Großbritannien mit Kriegsmaterial zu unterstützen.

Internettipp:
Zum Zweiten Weltkrieg siehe Mediencode 31022-53

Die „Anti-Hitler-Koalition" entsteht

Der deutsche Angriff auf die Sowjetunion trug zur Annäherung zwischen Großbritannien und der Sowjetunion bei. Trotz verschiedener Gesellschaftssysteme vereinbarten am 12. Juli 1941 beide Staaten ein Abkommen über gegenseitige Hilfe.

Anfang August 1941 trafen sich der britische Premierminister Churchill und Präsident Roosevelt auf dem Schlachtschiff „Prince of Wales" im Atlantik. Das Ergebnis war die am 14. August 1941 veröffentlichte Atlantik-Charta. Sie wurde zur Grundlage der Anti-Hitler-Koalition und des gemeinsamen Kampfes gegen die „Nazityrannei".

Zur Atlantik-Charta bekannten sich die Sowjetunion, China und 22 andere Staaten. Ziel der Anti-Hitler-Koalition wurde der Kampf gegen das Deutsche Reich, Italien, Japan und deren Verbündete. Als vorrangiges Kriegsziel erklärten die USA und Großbritannien den Sieg über das Deutsche Reich („Germany-first"-Strategie).

Vom europäischen zum globalen Krieg

Den Kriegseintritt der USA löste Japan aus. Es hatte bereits 1937 begonnen, chinesische Küstengebiete zu erobern. Als Roosevelt den Verzicht auf weitere Eroberungen forderte und ein Ölembargo verhängte, griffen japanische Soldaten am 7. Dezember 1941 die US-Pazifikflotte im Hafen Pearl Harbor auf Hawaii an. Sie versenkten elf Kriegsschiffe und töteten etwa 2400 Amerikaner. Einen Tag später erklärten die USA und Großbritannien Japan den Krieg.

Ohne durch ein Bündnis mit Japan dazu verpflichtet zu sein, reagierte Hitler am 11. Dezember mit einer Kriegserklärung an die USA. Mussolini folgte Hitlers Beispiel. Zugleich beschlossen die „Achsenmächte" Deutschland, Italien und Japan eine gemeinsame Kriegsführung. Darin verpflichteten sie sich, keinen Sonderfrieden mit den USA und Großbritannien abzuschließen.

1. *Interpretiere das Plakat (M1).*
2. *Analysiere die Statistik (M2). Welche militärischen Konsequenzen hätte die NS-Führung deiner Meinung nach daraus 1941/42 ziehen müssen?*
3. *Diskutiert, ob der Beginn des Zweiten Weltkrieges nicht mit dem japanischen Überfall auf China am 7. Juli 1937 angesetzt werden müsste.*

	Dt. Reich	GB	USA	UdSSR	Japan
Angaben in Mio. Soldaten					
1939	3,1	0,5	0,6	1,6	1,6
1940	6,1	2,3	0,7	4,2	1,7
1941	7,2	3,4	1,9	4,2	2,4
1942	8,3	4,1	4,8	10,9	2,8
1943	9,5	4,8	11,1	11,0	3,8
1944	9,4	5,0	14,8	11,2	5,3

M2 Stärke der Streitkräfte
Nach: Der Große Ploetz. Die Enzyklopädie der Weltgeschichte, Freiburg [35]2008, S. 802

M3 Vier Freiheiten

Vor dem Eintritt der USA in den Zweiten Weltkrieg verkündet der amerikanische Präsident Roosevelt am 6. Januar 1941 in einer Rede das Programm, wofür die USA bereit sind, in den Krieg zu gehen. Inhaltlich knüpft Roosevelt an Wilsons 14 Punkte von 1918 an (siehe S. 79), geht aber darüber hinaus:

In der Zukunft, die wir jetzt zu sichern versuchen, hoffen wir eine Welt schaffen zu können, die sich auf vier wesentliche menschliche Freiheiten gründet.

Erstens – Redefreiheit, und zwar in der ganzen Welt.

Zweitens – Freiheit für jeden Einzelnen, Gott auf seine Weise zu verehren, und zwar überall in der Welt.

Drittens – Freiheit von aller Not – das bedeutet, international gesehen, wirtschaftliche Abkommen, die in jedem Lande den Einwohnern gesunde Friedensverhältnisse sichern –, und zwar überall in der Welt.

Viertens – Freiheit von aller Angst – das bedeutet, international gesehen, eine weltumfassende Abrüstung, so gründlich und bis zu einem solchen Grade, dass kein Land mehr in der Lage ist, irgendeines seiner Nachbarländer gewaltsam anzugreifen –, und zwar überall in der Welt.

Das sind nicht etwa Träume von einem fernen tausendjährigen Reiche. Das ist eine bestimmte Grundlage für eine Welt, wie wir sie in unserer Zeit und in unserer Generation schaffen können. Eine solche Welt ist der genaue Gegensatz zu der sogenannten Neuordnung der Tyrannei, die die Diktatoren mit dem Getöse ihrer Bomben zu schaffen versuchen.

Dieser Neuordnung stellen wir einen größeren Gedanken entgegen, die moralische Ordnung. Eine wohlgeordnete Gesellschaft wird ohne Furcht allen Weltherrschaftsplänen und fremden Revolutionen begegnen können.

Zit. nach: Herbert Schambeck u. a. (Hrsg.), Dokumente zur Geschichte der Vereinigten Staaten von Amerika, Berlin [2]2007, S. 476 (übers. von Marcus Bergmann und Helmut Widder)

M4 Wer will die Weltherrschaft?

Am 11. Dezember 1941 erklärt Hitler in einer Reichstagsrede den USA den Krieg:

Ich habe daher heute dem amerikanischen Geschäftsträger die Pässe zustellen lassen und ihm Folgendes eröffnen lassen: Im Verfolg der immer weiteren Ausdehnung einer auf unbegrenzte Weltherrschaftsdiktatur gerichteten Politik des Präsidenten Roosevelt sind die Vereinigten Staaten von Amerika im Verein mit England vor keinem Mittel zurückgewichen, um dem deutschen, dem italienischen und auch dem japanischen Volk die Voraussetzungen ihrer natürlichen Lebenserhaltung zu bestreiten. Die Regierungen Englands und der Vereinigten Staaten von Amerika haben sich aus diesem Grunde nicht nur für die Gegenwart, sondern auch für alle Zukunft jeder berechtigten Revision[1] zur Herbeiführung einer besseren Neuordnung der Welt entgegengesetzt.

Zit. nach: Max Domarus, Hitler. Reden und Proklamationen 1932 - 1945, kommentiert von einem Zeitgenossen, Bd. II: Untergang (1939 - 1945), Neustadt a. d. Aisch 1963, S. 1809f.

M5 „Rächt Pearl Harbor“
Amerikanisches Propagandaplakat, 1942

[1] Revision: Änderung

1. *Vergleiche Roosevelts Programm (M3) mit Wilsons Rede von 1917 (siehe M3, S. 79).*
2. *Erkläre, welchen Zweck das amerikanische Propagandaplakat (M5) erfüllen sollte.*
3. *Prüfe Hitlers Vorwürfe gegenüber den USA (M4).*
4. *Verfasse eine Antwort Roosevelts auf Hitlers Kriegserklärung (M4).* Tipp: Berücksichtige M3.

06.01.: US-Präsident Roosevelt verkündet die „Vier Freiheiten“
14. August: Die USA und Großbritannien unterzeichnen die „Atlantik-Charta“ als Grundlage der Anti-Hitler-Koalition
07.12.: Angriff Japans in Pearl-Harbour; Kriegserklärung der USA an Japan
11.12.: Hitler erklärt den USA den Krieg
Deutschland, Italien und Japan bilden eine „Achse“
1939 1940 1941 1942 1943 1944 1945

Überall Gewalt und Not

	„Zivilarbeiter"	Kriegsgefangene
Im August 1944 befanden sich im Deutschen Reich aus:		
Belgien	203 262	50 386
Frankreich	654 782	599 967
Italien	158 099	427 238
Niederlande	270 304	–
Sowjetunion	2 126 753	631 559
Polen	1 659 764	28 316
Sonstige	648 919	193 521
Insgesamt	5 721 883	1 930 987

M 1 Ausländische Arbeitskräfte im Reich

Nach: Ulrich Herbert, Geschichte der Ausländerpolitik in Deutschland, München 2001, S. 148 f.

Ausbeutung und Versklavung

Die Devise der deutschen Besatzer lautete: beherrschen – verwalten – ausbeuten. Im Vordergrund stand die wirtschaftliche Ausbeutung. Je länger der Krieg dauerte, desto mehr war die deutsche Bevölkerung auf Einfuhren angewiesen. Nahrung, Kohle, Öl und Maschinen wurden rücksichtslos aus den besetzten Gebieten abtransportiert. Zugleich holte man auch Millionen Frauen und Männer ins Reich – in der Regel mit Gewalt. 1944 arbeiteten im Deutschen Reich rund 7,6 Millionen Zwangsarbeiter aus ganz Europa, darunter auch Kinder. Sie lebten meist in Lagern unter unwürdigen Bedingungen. Kriegsgefangene und Zwangsarbeiter ersetzten die in die Wehrmacht eingezogenen Deutschen, produzierten Waffen und sorgten dafür, dass die Deutschen nicht hungerten.

In Osteuropa sollte „Lebensraum" für deutsche Bauern geschaffen werden. Die NS-Führung setzte ein skrupelloses Ausbeutungs-, Versklavungs- und Vernichtungsprogramm um. 31 Millionen Bewohner Polens und der sowjetischen Westgebiete sollten vertrieben oder vernichtet werden. In Polen ermordeten Einsatzgruppen der SS unmittelbar nach dem Einmarsch in wenigen Tagen etwa 50 000 polnische Lehrer, Offiziere, Beamte, Ärzte, Gutsbesitzer und Geistliche. Die Polen sollten ihrer Führungsschicht beraubt werden und künftig dem „Großgermanischen Reich" nur noch als Arbeitssklaven dienen. Gleichzeitig wurde das begonnene Programm zur Vernichtung und Versklavung der Juden fortgesetzt.

Menschen in Ghettos

In den besetzten Gebieten Osteuropas richteten die Deutschen mehr als 1 000 **Ghettos** ein, die teilweise nur für kurze Zeit bestanden. Das waren in der Regel abgesonderte oder abgesperrte Wohnbezirke, in die Juden ziehen mussten, soweit sie nicht schon dort wohnten. Ab Oktober 1941 wurden auch Juden aus dem Deutschen Reich mit Sammeltransporten in Ghettos verschleppt (deportiert). Das größte Ghetto wurde 1940 in Warschau eingerichtet. Dort wurden auf engstem Raum bis zu einer halben Million Juden untergebracht. Für die Verwaltung der Ghettos waren „Judenräte" zuständig, die gezwungen wurden, mit den deutschen Besatzern zusammenzuarbeiten. Die Lebens- und Arbeitsbedingungen in den Ghettos waren grausam und verschlimmerten sich mit dem Krieg. Allein im Warschauer Ghetto starben zwischen 1940 und 1942 etwa 100 000 Menschen an Hunger, Misshandlungen und Krankheiten. Schon bald wurden diese Ghettos für die Juden zu Zwischenstationen auf dem Weg in die Vernichtungslager[1].

Gemeinsame Sache

In den west- und nordeuropäischen Staaten bemühten sich die deutschen Besatzer um Zusammenarbeit mit den einheimischen, meist nationalkonservativen Führungsschichten. In Ländern wie Belgien, Frankreich, Holland und Norwegen arbeiteten auch faschistische Gruppen mit den Besatzern zusammen. In Osteuropa wurden deutsche Truppen in den erst 1940 von der Sowjetunion eroberten baltischen Gebieten sowie in der Ukraine als „Befreier" begrüßt. Doch die Bereitschaft vieler Balten und Ukrainer zur Zusammenarbeit endete, als sie erkannten, dass ihre Hoffnung auf Freiheit und Unabhängigkeit nicht erfüllt wurde. Die Deutschen als Besatzer beuteten auch diese Länder aus.

[1] Siehe dazu S. 158 ff.

Ghetto*

Widerstand gegen die Besatzer

In allen besetzten Gebieten gab es von Anfang an Widerstand. Im besetzten Frankreich bildete sich beispielsweise die Résistance. Sie erhielt starken Zulauf, als die Besatzer den Zwangsarbeitsdienst einführten.

Mit Flugblättern, Streiks, Sabotage wie der Zerstörung von Eisenbahnanlagen und Brücken sowie Anschlägen auf den deutschen Nachschub versuchten Widerstandsgruppen, die Fremdherrschaft zu schwächen. Dabei nahmen sie brutale Gegenmaßnahmen in Kauf: Partisanen[2] wurden erschossen oder gehenkt. Orte wie Oradour-sur-Glane in Frankreich, Lidice in der Tschechoslowakei oder Kalavryta und Lyngiades in Griechenland, in denen Partisanen angeblich oder tatsächlich Unterschlupf gefunden hatten, machten die Deutschen dem Erdboden gleich und brachten ihre Bewohner um.

Probleme und „Gefälligkeiten"

Das NS-Regime ließ in den eroberten Gebieten ganze Völker hungern, mutete der eigenen Bevölkerung aber keine größeren Versorgungsengpässe zu. Sogar nach der Wende des Krieges 1942 verpflichtete die Partei- und Staatsführung nur zögernd mehr Frauen zur Fabrikarbeit. Die NSDAP und ihre Führer wollten auch im Krieg die Zustimmung der Bevölkerung nicht verlieren.

Hitler und seine Gefolgschaft erkauften sich die Zustimmung oder wenigstens die Gleichgültigkeit der großen Mehrheit der Deutschen durch Steuervergünstigungen, den Einsatz von Zwangsarbeitern, die Ausbeutung der besetzten Gebiete und den Verkauf des Eigentums der verfolgten und ermordeten Juden.

	1939	1940	1941	1942	1943	1944	1945
Fleisch und Fisch	163	137	131	111	105	96	96
Butter	23	25	27	25	24	25	21
Fett	43	29	24	20	16	16	15
Kartoffeln	486	458	542	577	697	595	573

M 2 Tagesverbrauch pro Kopf in Gramm

Nach: Friedrich Zipfel, Krieg und Zusammenbruch, in: Eberhard Aleff (Hrsg.), Das Dritte Reich, Hannover 1983, S. 210

M 3 Öffentlicher Anschlag von 1943

Überwachung und Terror

Seit Kriegsbeginn überwachten Gestapo und Sicherheitsdienst verstärkt die Bevölkerung. Mit Druck und Gewalt reagierte das Regime auf Kritik. Ab August 1939 konnten Menschen wegen „Zersetzung der Wehrkraft" angeklagt und verurteilt werden. Eine Verordnung drohte zum Beispiel für das Hören ausländischer Sender Haftstrafen an. Die NS-Führung griff noch stärker in die Arbeit der Gerichte ein und verschärfte Urteile aus politischen Gründen. Außerdem entstanden immer mehr „Sondergerichte": Gab es 1938 erst 27, waren es Ende 1942 bereits 74. Diese Gerichte wandten das Gesetz gegen heimtückische Angriffe auf Staat und Partei an. Danach wurde beispielsweise die Äußerung „Der Krieg ist sowieso verloren …" mit Gefängnis geahndet.

Der Volksgerichtshof

Große Bedeutung gewann seit 1934 der Volksgerichtshof als oberstes politisches Strafgericht. Roland Freisler, NSDAP-Mitglied seit 1942, wurde Präsident des Gerichts. Vor ihm waren Angeklagte rechtlos. Seine Urteile sollten abschrecken. Von 1938 bis zum August 1944 sprachen Gerichte für das Reichsgebiet fast 12 000 Todesurteile aus. In den letzten Kriegsmonaten schnellte die Zahl der teilweise von „fliegenden Standgerichten" verhängten und vollstreckten Todesurteile dramatisch in die Höhe.

[2] Partisanen: bewaffnete Widerstandskämpfer in den besetzten Gebieten

Lesetipps:
- Uri Orlev, Die Bleisoldaten. Roman, Weinheim ^{2}2011
- Elisabeth Zöller, Anton oder Die Zeit des unwerten Lebens, Frankfurt am Main ^{4}2006

Filmtipp:
Der Pianist, Regie: Roman Polanski, 2002 (DVD 2004)

Internettipps:
- Zum Thema Justiz und Nationalsozialismus siehe Mediencode 31022-54
- Informationen zu Gedenkstätten in Rheinland-Pfalz bietet Mediencode 31022-55

M 4 **Jacke eines KZ-Häftlings**
Das rote Dreieck auf der Brust kennzeichnete den Träger als politischen Gefangenen.

Die Konzentrationslager im Reich

Unter der Leitung der SS entstand im Reich ein System von Konzentrationslagern (KZ). Die Zahl der Häftlinge in den Konzentrationslagern stieg nach Kriegsbeginn an. Das KZ-System wuchs nach der Kriegswende 1943 enorm. Eingewiesen wurden nun vor allem Ausländer. 1944 gab es im Deutschen Reich 20 Lager mit 165 angeschlossenen Arbeitslagern. Über 700 000 Menschen waren dort 1945 inhaftiert, davon etwa 200 000 Frauen.

Die Lagerinsassen wurden zu Arbeitszwecken ausgebeutet, vor allem für die gigantischen Bauvorhaben und die kriegswichtige Industrie. In vielen Lagern führten SS-Ärzte grauenvolle medizinische Experimente an Häftlingen durch. Sie endeten oft tödlich.

Etwa 500 000 Menschen fielen dem Terror in den deutschen Konzentrationslagern bis zur Befreiung im Jahr 1945 zum Opfer. Hinzu kommen die Toten der Vernichtungslager in den besetzten Gebieten.[1]

„Aktion T4"

Schon 1935 hatte Hitler gegenüber dem Reichsärzteführer Gerhard Wagner angedeutet, er beabsichtige, die „unheilbar Geisteskranken zu beseitigen". Der Krieg verschaffte den Nazis den Vorwand, „lebensunwertes Leben" und arbeitsunfähige Menschen zu töten. Sie verschleierten dies mit dem griechischen Begriff „**Euthanasie**" (dt. schöner, leichter Tod).

Unter dem Tarnnamen Aktion T4, benannt nach der Adresse ihrer Zentrale in Berlin, Tiergartenstraße 4, wurde das „Euthanasieprogramm" begonnen.

Die ersten Opfer waren geisteskranke Kinder. Man ließ sie einfach verhungern. Ab Anfang 1940 wurden Behinderte, Patienten mit unheilbaren Krankheiten und altersschwache Menschen in verschiedenen Anstalten ermordet. Als dies bekannt wurde, regte sich in der Bevölkerung kein aktiver Widerstand. In den Anstalten lehnten nur wenige Ärzte und Krankenschwestern die Zusammenarbeit mit den zuständigen Dienststellen ab.

Lediglich in den Kirchen kam es zu offenen Protesten. Einer der Wortführer wurde der Bischof von Münster, **Clemens August Graf von Galen**. Mit seinen Predigten trug er dazu bei, dass Hitler die „Euthanasie" im August 1941 offiziell stoppte. Doch im Geheimen lief das Morden weiter. Die Zahl der Opfer wird auf etwa 200 000 geschätzt.

Zwischen der „Euthanasie" und der „Endlösung"[2] bestanden enge Verbindungen. Dem Wahn der nationalsozialistischen Rassenlehre folgend, sollte die Gesellschaft von „defekten" und arbeitsunfähigen Elementen ebenso „gesäubert" werden wie von Juden, Sinti und Roma. Die für die „Euthanasie" entwickelten Techniken und Verfahren wurden für den Völkermord genutzt.

Internettipps:
Weitere Informationen über die Tötungsanlagen findest du unter dem Mediencode 31022-56.

1. *Prüfe, welche Elemente der NS-Ideologie durch den Krieg umgesetzt werden sollten.*
   Tipp: Lies dazu nochmals S. 118 ff.
2. *Nenne die Gründe dafür, dass Gruppen in anderen Ländern mit den deutschen Besatzern zusammenarbeiteten.*
3. *Arbeite den Wandel der Ernährung heraus (M2).*
4. *Erkundigt euch im Internet über die deutschen Kriegsverbrechen Ordour-sur-Glane, Lidice, Kalavryta und Lyngiades.*
5. *Erkläre den Zweck der Bekanntmachung (M3).*

M 5 **Die Tötungsanstalt Hadamar**
Heimlich gemachte Aufnahme des Krematoriums von 1941 (Ausschnittvergrößerung)
Hadamar war eine der Tötungsanstalten, in der Menschen im Rahmen der „Aktion T4" ermordet wurden.

[1] Siehe dazu S. 159.
[2] Siehe dazu S. 158.

M 6 Zwangsarbeiterinnen aus Osteuropa montieren Motoren

Foto von 1943

Im Mai 1944 arbeiteten im Hauptwerk des Volkswagenwerkes in Wolfsburg über 6 000 Zwangsarbeiterinnen und -arbeiter sowie KZ-Häftlinge aus 13 Nationen. Die aus Osteuropa verschleppten Arbeiterinnen und Arbeiter stellten davon mehr als die Hälfte. Um 1944 waren nur noch etwa 30 Prozent der Gesamtbelegschaft Deutsche. Die Initiative bei der Einstellung der Zwangsarbeiter ging in aller Regel von der Geschäftsleitung aus.

M 7 Über den Umgang mit den Zwangsarbeitern

Ein „Merkblatt für deutsche Betriebsführer" vom September 1943 nennt folgende Beschränkungen für „Zivilarbeiter polnischen Volkstums":

1. der Zwang, ein stets sichtbares, mit der jeweiligen Kleidung fest verbundenes Abzeichen (P) auf der rechten Brustseite zu tragen,
2. das Verbot, den Aufenthaltsort ohne besondere Genehmigung der Ortspolizeibehörde zu verlassen,
3. ein Ausgehverbot für die Nachtstunden,
4. das Verbot der Benutzung von öffentlichen Verkehrsmitteln oder Fahrrädern ohne ortspolizeiliche Erlaubnis,
5. das Verbot der Benutzung des Fernsprechers,
6. das Verbot des Besuchs von Theatern, Kinos, Gaststätten u. a., gemeinsam mit der deutschen Bevölkerung,
7. das Verbot des Fotografierens [...],
8. das Verbot des geselligen und insbesondere des intimen Verkehrs mit Deutschen.

Zit. nach: „... so viel an Arbeitsleistung herauszuholen, als nur irgend möglich ist". Zwangsarbeiterinnen und Zwangsarbeiter in Darmstadt und Südhessen 1939 - 1945. Dokumente aus dem Hessischen Staatsarchiv Darmstadt und dem Stadtarchiv Darmstadt, Darmstadt 2002, S. 24

M 8 „Frierend, hungrig und todmüde ..."

Aus einem Bericht über Erika L.:

Erika L. wurde am 2. September 1943 wegen Arbeitsverweigerung in Bielefeld von der Gestapo verhaftet. Nach acht Monaten im Polizeigefängnis kam sie in ein Außenlager des Konzentrationslagers Ravensbrück bei Magdeburg. Dort befand sich ein Rüstungsbetrieb 600 Meter unter Tage, wo Wiener und Berliner Firmen (z. B. Siemens) mit einer Belegschaft von 10 000 Personen, darunter 4 000 weibliche und 1 000 männliche Häftlinge, Teile für Flugzeuge herstellten. Im Lager neben dem Bergwerk, wo die weiblichen Häftlinge untergebracht waren, herrschten die SS-Aufseherinnen mit unvorstellbarer Brutalität. Wegen des geringsten Anlasses prügelten sie einzelne Gefangene mit Gummiknüppeln. Als zwei Polinnen aus dem Lager flüchteten, mussten alle Häftlinge sechs Stunden lang zur Strafe stehen. Als die beiden wieder eingefangen worden waren, wurden sie von verrohten Häftlingen halb tot geschlagen. Am nächsten Tag mussten sie wieder arbeiten.

Wolfgang Benz und Barbara Distel (Hrsg.), Frauen – Verfolgung und Widerstand. Dachauer Hefte, Nr. 3 (1987), S. 63ff.

Internettipps:

- Informationen über NS-Zwangsarbeit findest du unter den Mediencodes 31022-57 und 31022-58

1. *Erläutere, weshalb die Menschen nicht wie normale Arbeitskräfte behandelt wurden (M7 und M8).*
2. *Versetze dich in die Zwangsarbeiter auf dem Foto (M6) und gestalte Sprech- oder Denkblasen.*
3. *Recherchiere, ob es Zwangsarbeiter in deinem Wohn- oder Schulort gab.*
   Tipp: Nutze dafür das Archiv in der nächstgrößeren Stadt.
4. *Informiere dich über die Entschädigungsleistungen für Zwangsarbeit und berichte über die Bedingungen und den Umfang. Nutze dazu die unter den Mediencodes angegebenen Internettipps.*

Einrichtung des „Volksgerichtshofes"
Beginn des sog. „Euthanasieprogramms"
Beendigung des „Euthanasieprogramms" nach Protesten in der Bevölkerung
Verurteilungen wegen „Zersetzung der Wehrkraft"
Verschleppung von Juden in Ghettos
rund 7,6 Millionen Zwangsarbeiter aus ganz Europa in Deutschland
Es gibt im Dt. Reich 20 KZs mit 165 angeschlossenen Arbeitslagern

1933 1934 1935 1936 1937 1938 1939 1940 1941 1942 1943 1944 1945

Der Holocaust

M 1 Kennzeichnung jüdischer Bürger
Ab Herbst 1939 mussten alle Juden im besetzten Generalgouvernement einen „Davidstern" an ihrer Kleidung tragen. Im Reichsgebiet wurde diese Kennzeichnung im September 1941 eingeführt, als die Massendeportationen in die Ghettos und Konzentrations- und Vernichtungslager einsetzten.

Vorbereitung und Entscheidung

Die NS-Führung hatte zwischen 1939 und 1941 Pläne für eine „territoriale Endlösung der Judenfrage" ausgearbeitet. Sie sahen vor, alle Juden in die besetzten Gebieten im Osten, auf die Insel Madagaskar oder andere entfernte Orte zu deportieren. Als sich im August/September 1941 abzeichnete, dass ein schneller Sieg über die Sowjetunion nicht zu erreichen war, wurden diese Pläne fallengelassen.

SS-Führer Heinrich Himmler befahl, wahrscheinlich 1941, sich nach neuen Methoden umzusehen, mit denen Massentötungen vorgenommen werden konnten. Er wollte damit die psychische Belastung der Männer der Erschießungskommandos beseitigen. Höchstwahrscheinlich auf Initiative des rassistischen Fanatikers Odilo Globocuik, eines Freundes von Himmler, wurde im Generalgouvernement Polen das erste Vernichtungslager gebaut.

Verwaltung und Ausführung

Am 20. Januar 1942 trafen sich in einer Villa am Berliner Wannsee hohe Beamte, SS-Offiziere und Staatssekretäre aus dem Innen-, Justiz- und Außenministerium mit Reinhard Heydrich. Der Leiter des Reichssicherheitshauptamtes, das für die „praktische Durchführung der Endlösung" zuständig war, informierte die Teilnehmer über die bereits begonnenen Maßnahmen gegen die elf Millionen Juden in Europa. Der Kontinent sollte nun systematisch „von Westen nach Osten durchkämmt" und „judenfrei" gemacht werden.

Von Berlin aus organisierte SS-Führer Adolf Eichmann, der Leiter des Judenreferates im Reichssicherheitshauptamt, die Massendeportationen der Opfer aus allen europäischen Staaten. Schon während des Transportes wurden viele ermordet oder sie verhungerten. In den Vernichtungslagern wurden die Menschen fast ausnahmslos sofort nach ihrer Ankunft getötet. Das erste Vernichtungslager war Ende 1941 in Kulmhof (Chelmno) an der Weichsel errichtet worden. Dort brachte man die Opfer in umgebauten Lastwagen mit Abgasen um. Große Vernichtungslager entstanden in den folgenden Monaten in Belzec, Sobibor und Treblinka im Generalgouvernement. Um die Jahreswende 1942/43 wurde Auschwitz bei Krakau im Süden des heutigen Polen zum zentralen Tötungsort für die Juden. Neben dem seit 1940 bestehenden Stammlager, vor allem für die polnischen Häftlinge, entstand 1941/42 in Auschwitz-Birkenau ein riesiges Barackenlager für Zwangsarbeiter. Seit August/September 1941 kam es im Stammlager zu Massenmorden mit dem Giftgas Zyklon B. Ab Ende Juni 1942 begannen in Auschwitz „Selektionen": Wer bei seiner Ankunft der SS nicht arbeitsfähig erschien, wurde sofort in den Gaskammern umgebracht. Das galt für etwa 75 Prozent der Ankömmlinge. Die anderen vernichtete man durch Zwangsarbeit. Die Lebenserwartung der Häftlinge betrug in Auschwitz etwa fünf bis sechs Monate.

Kein Widerstand?

Widerstand war in den Vernichtungslagern und in den Ghettos fast unmöglich. Denn zu dem menschenverachtenden System der SS gehörte es, dass sie die Opfer zwang, sie bei der Umsetzung ihrer Ziele zu unterstützen. Wer am Leben bleiben wollte, konnte dies oft nur auf Kosten von Mitgefangenen erreichen.

Wer war für den Holocaust verantwortlich?

Insgesamt wurden etwa sechs Millionen Juden aus rund 20 Staaten ermordet, darunter mehr als 1,5 Millionen Kinder. Die meisten Opfer stammten aus Polen (ca. drei Millionen) und aus der Sowjetunion (etwa eine Million). Aus Deutschland kamen ungefähr 165 000 Ermordete.

Für diesen systematischen Völkermord (Genozid) wird heute der Begriff **Holocaust** benutzt. Die Juden verwenden dafür die hebräische Bezeichnung **Shoa**. Die Vernichtung von Frauen, Männern und Kindern funktionierte, weil zahllose Politiker, Diplomaten, Offiziere und Beamte sie organisierten und einige Hunderttausend deutsche und ausländische Hilfskräfte sie ausführten.

M2 Orte des Terrors
Im von Deutschland besetzten Europa gab es über 40 000 Zwangsarbeits- und Kriegsgefangenenlager, Ghettos, Konzentrations- und Vernichtungslager.

Geheimhaltungsbemühungen

Die Nationalsozialisten sprachen nicht über ihr Konzept der „Endlösung der Judenfrage". Zwar kündigte Hitler wiederholt die „Vernichtung der jüdischen Rasse in Europa" an. Doch die Propaganda schwieg über die Art und Weise, wie dieser Massenmord vollzogen werden sollte. Wer Gerüchte darüber verbreitete, musste mit einer harten Bestrafung rechnen. Trotzdem gelangten Informationen über die Massaker durch folgende Quellen ins Deutsche Reich:

- Soldaten berichteten über Massenerschießungen in den besetzten Ostgebieten.
- Informationen kamen auch durch Flugblätter und ausländische Radiosender in deutscher Sprache.
- Viele Deutsche arbeiteten in der Nähe der Vernichtungslager: Beamte in den besetzten Gebieten, Firmenmitarbeiter der Fabriken oder für Anlagen in den Lagern sowie Personal der Reichsbahn, das die Züge in die Vernichtungslager begleitete. Diese behielten ihr Wissen trotz Geheimhaltungsvorschriften nicht immer für sich.

Wissen um den Massenmord

Man geht in der neuesten Forschung davon aus, dass ein Großteil der Bevölkerung vom Massenmord an Juden Kenntnis besaß. Allerdings wussten wohl nur wenige Einzelheiten. Es sickerten jedoch immer wieder Informationen durch, dass der Völkermord nicht nur durch Erschießungen, sondern auch mithilfe von Abgasen und Giftgas erfolgte.

Doch viele Deutsche wollten davon nichts wissen. Natürlich spielte dabei die Angst vor dem NS-Terror eine Rolle. Wir wissen heute, dass erst die Gleichgültigkeit der Bevölkerung die führenden Nationalsozialisten darin bestärkte, immer massiver gegen Juden und andere Minderheiten vorzugehen.

1. *Liste die Ortsnamen der im Darstellungstext genannten Lager auf und finde mithilfe der Karte M2 heraus, wo sie liegen.*
2. *Untersuche die Karte M2: Was stellt sie dar? Was lässt sie weg? Welche Aussage soll die Karte vermitteln?*
3. *Diskutiert, ob man auch durch Gleichgültigkeit mitverantwortlich werden kann für Verbrechen, von denen man weiß, dass sie verübt werden, aber nichts dagegen unternimmt.*

Juden müssen „Davidstern" tragen
„Wannsee-Konferenz" entscheidet über die Durchführung der „Endlösung"
Befreiung des KZ Auschwitz durch die Rote Armee
Pläne für die „territoriale Endlösung der Judenfrage"
Vernichtungslager
Massenerschießungen
1939 1940 1941 1942 1943 1944 1945

M 3 „Vernichtung des Judentums"

Joseph Goebbels berichtet am 13. Dezember 1941 in seinem Tagebuch über eine Rede Hitlers bei der Reichs- und Gauleitertagung vom Vortag:

Bezüglich der Judenfrage ist der Führer entschlossen, reinen Tisch zu machen. Er hat den Juden prophezeit, dass, wenn sie noch einmal einen Weltkrieg herbeiführen würden, sie dabei ihre Vernichtung erleben würden.[1] Der Weltkrieg ist da, die Vernichtung des Judentums muss die notwendige Folge sein. Diese Frage ist ohne jede Sentimentalität zu betrachten. Wir sind nicht dazu da, Mitleid mit den Juden, sondern nur Mitleid mit unserem deutschen Volk zu haben.

Die Tagebücher von Joseph Goebbels, hrsg. von Elke Fröhlich, Teil II, Bd. 2, München u. a. 1996, S. 498f.

M 4 Aufzeichnungen eines Häftlings

Ein aus Kulmhof (Chelmno) geflüchteter Häftling berichtet vom Frühjahr 1942:

Das Gasauto hielt gewöhnlich etwa 100 Meter von dem Massengrab entfernt, aber zweimal hielt es in einem Abstand von ungefähr 20 Metern von der Grube: einmal an diesem Donnerstag, das war das erste Mal; das zweite Mal am Mittwoch, dem 11. Januar, mit Juden. Wie uns die Kameraden von den acht Grubenleuten sagten, befindet sich in der Fahrerkabine ein besonderer Apparat mit Knöpfen, der durch zwei Rohre mit dem Innern des Fahrzeuges verbunden ist. Der Fahrer (es waren zwei für zwei Exekutionsautos, immer dieselben) drückte einen Knopf und stieg aus dem Auto. Dann drangen aus dem Auto Schreie, verzweifeltes Stöhnen und Hämmern an die Wand nach draußen. Das dauerte ungefähr 15 Minuten, wonach der Fahrer in die Kabine zurückkehrte, wo er mit einer elektrischen Lampe durch eine Scheibe in das Innere leuchtete, um zu prüfen, ob die Menschen schon tot waren, und fuhr mit dem Auto bis auf eine Entfernung von ungefähr fünf Metern an die Grube heran. [...]

Vier Grubenleute warfen die Leichen heraus, natürlich von Schlägen und Schreien angetrieben. Die Leichen wurden durcheinander auf einen Stoß geworfen, zwei andere zogen die Leichen weiter zu der Grube und warfen sie hinein.

Zit. nach: Ruta Sakowska, Die zweite Etappe ist der Tod, Berlin 1993, S. 166f.

M 5 „Sie wissen nun Bescheid ..."

Heinrich Himmler ist als Reichsführer der SS und Reichsminister des Innern (ab August 1943) der zweitmächtigste Mann im „Dritten Reich". Am 6. Oktober 1943 hält er in Posen vor Reichs- und Gauleitern folgende Rede:

Der Satz „Die Juden müssen ausgerottet werden" mit seinen wenigen Worten, meine Herren, ist leicht ausgesprochen. Für den, der durchführen muss, was er fordert, ist es das Allerhärteste und Schwerste, was es gibt. [...]

Ich bitte Sie, das, was ich Ihnen in diesem Kreise sage, wirklich nur zu hören und nie darüber zu sprechen. Es trat an uns die Frage heran: Wie ist es mit den Frauen und Kindern? – Ich habe mich entschlossen, auch hier eine ganz klare Lösung zu finden. Ich hielt mich nämlich nicht für berechtigt, die Männer auszurotten – sprich also umzubringen oder umbringen zu lassen – und die Rächer in Gestalt der Kinder für unsere Söhne und Enkel groß werden zu lassen. Es musste der schwere Entschluss gefasst werden, dieses Volk von der Erde verschwinden zu lassen. Für die Organisation, die den Auftrag durchführen musste, war es der schwerste, den wir bisher hatten. Er ist durchgeführt worden, ohne dass – wie ich glaube sagen zu können – unsere Männer und unsere Führer einen Schaden an Geist und Seele erlitten hätten. Diese Gefahr lag sehr nahe. [...]

Die Judenfrage in den von uns besetzten Ländern wird bis Ende dieses Jahres erledigt sein. Es werden nur Restbestände von einzelnen Juden übrig bleiben, die untergeschlüpft sind. Die Frage der mit nichtjüdischen Teilen verheirateten Juden und die Frage der Halbjuden werden sinngemäß und vernünftig untersucht, entschieden und dann gelöst. [...]

Damit möchte ich die Judenfrage abschließen. Sie wissen nun Bescheid, und Sie behalten es für sich. Man wird vielleicht in ganz später Zeit sich einmal überlegen können, ob man dem deutschen Volke etwas mehr darüber sagt.

Zit. nach: Bradley F. Smith und Agnes F. Peterson (Hrsg.), Heinrich Himmler. Geheimreden 1933 bis 1945 und andere Ansprachen, Frankfurt am Main, Berlin/Wien 1974, S. 169-171

[1] Schon am 30. Januar 1939 hatte Hitler vor dem Reichstag die „Vernichtung der jüdischen Rasse in Europa" angekündigt.

M 6 „Wir kamen gegen ein Uhr morgens ...“

Die Historikerin Debórah Dwork interviewt im Dezember 1986 den Holocaust-Überlebenden Alexander Ehrmann. Er ist im Frühjahr 1944 im Alter von 18 Jahren in das Vernichtungslager Auschwitz-Birkenau gekommen.

Wir kamen gegen ein Uhr morgens auf einem Gelände mit Lampen, Scheinwerfern und Gestank an. Wir sahen Flammen, hohe Schornsteine. Wir wollten immer noch nicht wahrhaben, dass es Auschwitz war. [...] Der Zug hielt. Draußen stank es, und wir hörten allerlei Geräusche, eine Sprache und Befehle, die wir nicht verstanden. Es war Deutsch, aber wir wussten nicht, was es bedeutete. Hunde bellten. Die Türen wurden geöffnet und wir sahen seltsam uniformierte Männer in gestreifter Kleidung. Sie begannen uns in dem Jiddisch polnischer Juden anzuschreien: „Schnell! Raus!“ Wir fragten sie: „Wo sind wir?“ Sie antworteten: „Raus, raus, raus!“ Es gab Wachmannschaften mit Hunden, und sie schrien uns ebenfalls an. „Macht schnell!“ Wir stiegen aus, und sie befahlen uns, in Fünferreihen anzutreten und alles Gepäck zurückzulassen. Wir fragten einen der Leute: „Sag mir, sag mir, wohin gehen wir?“ „Dort, geht“, und er zeigte in Richtung der Flammen. Wir mussten weitergehen. So formierten wir uns nach alter Familientradition, die beiden Eltern, die älteste Schwester und die nächstälteste Schwester und das Kind an der Hand meiner Schwester. Meine Mutter bat sie: „Lass mich ihn tragen“, den Zweieinhalbjährigen. Sie sagte: „Nein, ich kümmere mich selber um meinen Sohn.“ So marschierten die drei Schwestern und meine beiden Eltern in der einen Reihe und die beiden Jungen mit drei anderen Leuten in der nächsten.

Zit. nach: Robert-Jan van Pelt und Debórah Dwork, Auschwitz. Von 1270 bis heute, Zürich/München 1998, S. 374f. (übers. von Klaus Rupprecht)

M 7 „Wag es nicht ...“

Am 22. August 1944 kommt die noch nicht 15-jährige Esther mit ihrer Familie von Lodz nach Auschwitz-Birkenau. Sie überlebt. Viele Jahre später erinnert sie sich an den Selektionsvorgang:

Alles ging sehr schnell. Als Mengele[3] kam, begann er mit der Selektion. Meine Tante mit ihrem kleinen Jungen stand vorn, dann meine Mutter mit dem kleinen Mädchen an der Hand und mein Bruder, und ich war die Letzte. Meine Tante und ihr kleiner Sohn wurden nach links beordert, und als er meine Mutter fragte, ob das kleine Mädchen ihr Kind sei, und sie nickte, schickte er sie nach links. Da mein Bruder damals erst zwölf war, schickte er ihn auch nach links, mich winkte er nach rechts. Ich begriff, dass meine Mutter auf der anderen Seite war, und wollte zu ihr laufen, ich wollte bei ihr sein. Eine Jüdin, die dort arbeitete, fing mich in der Mitte ab und sagte auf Polnisch: „Wag es nicht, dich von hier wegzurühren!“ Sie wusste, dass ich in die Gaskammer kommen würde, wenn ich auf der anderen Seite stünde. Und sie wollte mich nicht loslassen.

Zit. nach: Debórah Dwork, Kinder mit dem gelben Stern. Europa 1933-1945, München 1994, S. 215 (übers. von Gabriele Krüger-Wirrer)

M 8 „Aussortierung“
Das Bild vom Mai 1944 stammt vermutlich von SS-Unterscharführer Ernst Hoffmann und trägt im Original die Überschrift „Aussortierung“. Es dokumentiert die Selektion ungarischer Juden an der Rampe des Vernichtungslagers Auschwitz-Birkenau.

[3] Josef Mengele war als SS-Arzt auch für grausame medizinische Versuche, die fast immer tödlich endeten, mitverantwortlich.

1. *Beurteile auf der Grundlage von M3 und dem Verfassertext (S. 158f.) Hitlers Verantwortung für den Völkermord.*
2. *Nimm Stellung dazu, ob Hitlers Verantwortung andere Täter entlastet.*
3. *Vergleiche die Vernichtung in Kulmhof (M4) mit den „Euthanasie“-Verbrechen (siehe S. 156).*
4. *Begründe, warum einerseits strengste Geheimhaltung bezüglich der Judenvernichtung galt, aber andererseits so viele Parteifunktionäre darüber informiert waren (M5).*
5. *Beschreibe Alexanders Ankunft in Auschwitz (M6). Was kann das Foto (M8) nicht dokumentieren?*
6. *Gib den geschilderten Selektionsvorgang wieder (M7).*
7. *Diskutiert, wer für den Selektionsvorgang die Verantwortung trug.*
8. *Recherchiere, ob Mengele später für seine Taten zur Verantwortung gezogen werden konnte. Berichte darüber in der Klasse.*

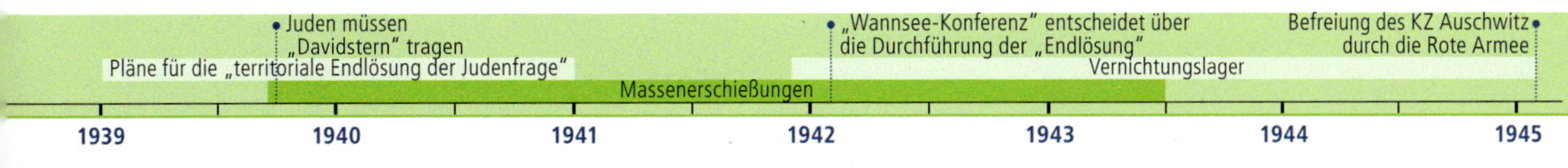

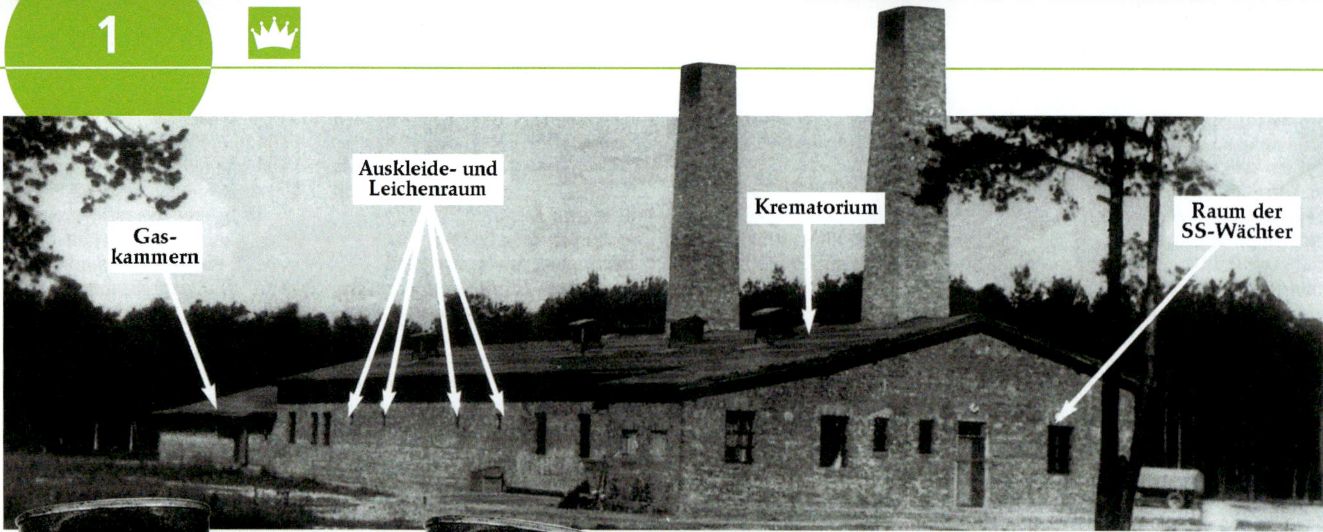

M 10 Eine von mehreren Gaskammern mit Krematorien (Leichenverbrennungsanlagen) in Auschwitz-Birkenau
Foto von 1943
Die Leichenverbrennungsöfen und die Gaskammer-Lüftungstechnik wurden von der Erfurter Firma Topf & Söhne gefertigt.
Links: Auf dem Lagergelände gefundene Dosen des Giftgases Zyklon B.

M 9 „Die Schreie, die man hören konnte ..."

Dr. André Lettich, ein französischer Arzt, der im Juli 1942 nach Auschwitz deportiert worden ist, berichtet über die Art und Weise, wie die Menschen in die Gaskammern getrieben und umgebracht worden sind:

Mehr als fünfhundert Meter weiter befanden sich zwei Baracken: Auf der einen Seite standen Männer, auf der anderen Frauen. Sehr höflich und liebenswürdig hielt man ihnen eine kleine Ansprache: „Ihr kommt von der Reise, Ihr seid schmutzig, Ihr werdet ein Bad nehmen, zieht Euch schnell aus." Man verteilte Handtücher und Seife, und plötzlich erwachten die Rohlinge und zeigten ihr wahres Gesicht: Mit starken Hieben zwang man diese Menschenherde, diese Männer und Frauen, sommers wie winters nackt herauszugehen und so die paar hundert Meter Entfernung bis zum „Duschraum" zurückzulegen. Über der Eingangstür stand das Wort „Brausebad". An der Decke konnte man sogar Duschbrausen bemerken, die verkittet waren, jedoch niemals Wasser durchlaufen ließen.

Diese armen Unschuldigen waren zusammengepfercht, die einen gegen die anderen gepresst, und da brach Panik aus: Denn endlich begriffen sie, welches Schicksal sie erwartete, jedoch stellten Kolbenschläge und Revolverschüsse schnell die Ruhe wieder her, und alle betraten schließlich die Todeskammer. Die Türen wurden geschlossen, und zehn Minuten danach war die Temperatur hoch genug, um die Verflüchtigung der Blausäure zu begünstigen, denn mit Blausäure wurden die Verurteilten vergast. Dies war eben das „Zyklon B", mit 20 Prozent Blausäure getränkter Kieselgur, das von der deutschen Barbarei verwendet wurde. Durch eine kleine Luke warf sodann SS-Unterscharführer Moll das Gas ein. Die Schreie, die man hören konnte, waren fürchterlich; aber einige Augenblicke später herrschte vollständige Stille. Zwanzig bis fünfundzwanzig Minuten darauf wurden Türen und Fenster zur Lüftung geöffnet und die Leichen sofort in Gruben zum Verbrennen geworfen; aber die Zahnärzte hatten vorher jeden Mund nachgeprüft, um die Goldzähne auszuziehen. Man vergewisserte sich auch, ob die Frauen nicht etwa in ihren intimen Körperteilen Schmuck versteckt hatten, und ihr Haar wurde abgeschnitten und für industrielle Zwecke methodisch zusammengebündelt.

Zit. nach: Eugen Kogon u. a. (Hrsg.), Nationalsozialistische Massentötungen durch Giftgas. Eine Dokumentation, Frankfurt am Main 1983, S. 210f.

M 11 „Es lebe die Freiheit!“

In der polnischen Hauptstadt Warschau leben vor dem deutschen Einmarsch etwa 350 000 Juden. Aus dem jüdischen Viertel, wo die meisten von ihnen wohnen, machen die Nazis im November 1939 ein Ghetto und bringen alle Juden aus der Umgebung Warschaus dorthin. Mehr als 400 000 Juden müssen dort, zusammengepfercht und von Mauern und Stacheldraht umgeben, leben und für die deutschen Besatzer arbeiten. Als immer mehr Juden aus dem Ghetto in Lager deportiert werden, entsteht die „Jüdische Kampforganisation“.
In einem Flugblatt vom 23. April heißt es:

Schmerz und Tränen des Mitgefühls, dass Ihr mit Bewunderung und Sorge den Ausgang dieses Krieges verfolgt, den wir seit vielen Tagen gegen den grausamen Besatzer führen.
Doch sollt Ihr auch wissen, dass jedes Haus des Ghettos wie bisher, so auch weiterhin eine Festung sein wird; dass wir vielleicht alle in diesem Kampf umkommen werden, uns aber nicht ergeben werden; dass wir wie Ihr nach Vergeltung und Bestrafung unseres gemeinsamen Feindes dürsten.
Der Kampf geht um Eure und unsere Freiheit. Um Eure und unsere menschliche, soziale, nationale Ehre und Würde. Wir werden die Verbrechen von Auschwitz, Treblinka, Belzec, Majdanek rächen. Es lebe die Waffen- und Blutsbrüderschaft des kämpfenden Polen! Es lebe die Freiheit! Tod den Henkern und Henkersknechten! Es lebe der Kampf auf Leben und Tod gegen den Besatzer!

Die Jüdische Kampforganisation

Zit. nach: Georg Heuberger (Hrsg.), Im Kampf gegen Besatzung und „Endlösung“. Widerstand der Juden in Europa 1939 - 1945, Frankfurt am Main 1995, S. 172

M 12 Anweisung

Heinrich Himmler schreibt am 22. April 1943 an die Warschauer SS- und Polizeiführer:

Die Durchkämmung des Ghettos in Warschau ist mit größerer Härte und unnachsichtiger Zähigkeit zu vollziehen. Je härter zugepackt wird, umso besser ist es. Gerade die Vorfälle zeigen, wie gefährlich diese Juden sind.

Zit. nach: Arno Lustiger, Zum Kampf auf Leben und Tod. Vom Widerstand der Juden 1933 - 45, Köln 1994, S. 130

M 13 Überlebende des Warschauer Ghettoaufstandes werden von der SS abgeführt
Foto (Ausschnitt) aus einem Bericht des SS-Gruppenführers und Generalmajors der Polizei, Jürgen Stroop, vom 16. Mai 1943
Der Aufstand endete, nachdem die SS die Häuser im Ghetto in Brand gesetzt hatte. Von den 56 000 gefangengenommenen Juden erschoss die SS sofort 7 000. Die Überlebenden deportierte sie in Arbeits- und Vernichtungslager.

M 14 Ein Wunder

Ein Widerstandskämpfer berichtet:

Ich [wurde] dem Gefechtsstand in der [Straße] Nalewiki 33 zugeteilt. Wir waren dort 23 Jungen und Mädchen. Unsere Ausrüstung bestand aus je einer Pistole, selbst gebastelten Handgranaten und Bomben sowie aus Molotowcocktails. Bei Tageslicht konnte ich die großen Massen der deutschen Soldaten, die von Kopf bis Fuß bewaffnet waren, feststellen. Ihnen gegenüber standen unsere 22 Gruppen, die wie meine ausgerüstet waren. [...] Die Deutschen betraten in geschlossenen Kolonnen das Ghetto, eine Kampfgruppe nach der anderen. Anfangs ließ man sie passieren, bis in den Bereich unserer Feuerlinie. Anschließend wurde das Feuer auf sie eröffnet, und siehe da ein Wunder: Die Deutschen, die bisher ganz Europa besetzten, flohen nun vor einigen hundert jüdischen Jungen und Mädchen. Das erste Gefecht endete also mit dem Sieg der Kämpfer. Die Deutschen flohen und ließen diesmal einige Tote und Verwundete liegen. Das war das erste Mal, dass in den Straßen von Warschau deutsches Blut vergossen wurde.

Zit. nach: Wolfgang Scheffler und Helge Grabitz, Der Ghettoaufstand 1943 aus der Sicht der Täter und Opfer in Aussagen vor deutschen Gerichten, München 1993, S. 47

Diskutiert die anhaltende Bedeutung des Warschauer Ghettoaufstandes für die Juden (M11 bis M14).

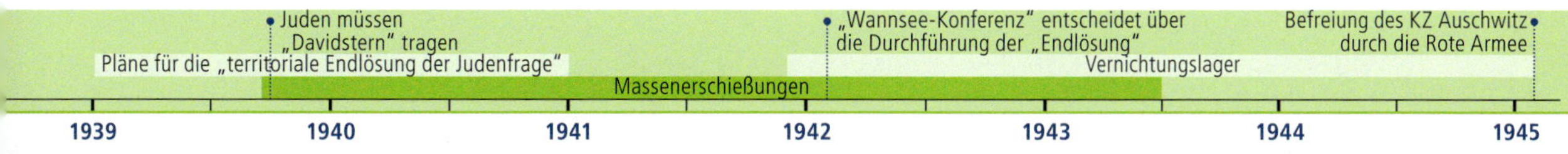

Verweigerung und Widerstand im „Dritten Reich"

M 1 Alfred Delp
Foto aus dem Jahre 1943
Delp war katholischer Priester. In seinen Predigten kritisierte er das „Dritte Reich" als Unrechtsstaat und setzte sich aktiv für verfolgte Juden ein.

M 2 Wilhelm Leuschner
Der sozialdemokratische Politiker Wilhelm Leuschner war während der Weimarer Republik hessischer Innenminister. Schon früh hatte er vor den Gefahren des Nationalsozialismus gewarnt. Nach der Machtübernahme engagierte sich Leuschner trotz Haftstrafen für den gewerkschaftlichen Widerstand. Nach seiner Verhaftung wurde Leuschner hingerichtet.

Der Mut weniger

Nur wenige hatten den Mut, Maßnahmen der NS-Herrschaft zu kritisieren, sie nicht zu befolgen oder Unrecht öffentlich anzuklagen, Verfolgte vor Gestapo oder SS zu verstecken oder ihnen zur Flucht zu verhelfen. Das Handeln dieser mutigen Frauen und Männer aller Altersgruppen und Gesellschaftsschichten nennen wir **Widerstand**. Die Motive waren ebenso vielfältig wie die des Mitmachens oder Wegschauens.

Der Widerstand schwindet

Kommunisten, Sozialdemokraten und Gewerkschafter hatten schon vor 1933 gegen die Nazis gekämpft. Am Tag der „Machtübergabe", dem 30. Januar 1933, riefen die Kommunisten vergeblich zum Generalstreik (gleichzeitige Arbeitsniederlegung aller Beschäftigten in einem Land) auf. Eine gemeinsame Abwehrfront der Arbeiterbewegung blieb aus. Die Gegensätze zwischen KPD und SPD waren zu groß. Mit Parolen wie „Nieder mit Hitler!", Flugblättern und Broschüren versuchten ihre Mitglieder, die NS-Propaganda zu entlarven und einen Stimmungsumschwung herbeizuführen. Doch den Nationalsozialisten gelang es bis Ende 1937, den Widerstand aus der Arbeiterbewegung fast ganz zu unterdrücken.

Gegen das Regime

Der Tischler **Georg Elser** aus Württemberg war ein Einzelgänger. Er plante seit Herbst 1938, Hitler umzubringen, und glaubte, so den drohenden Krieg verhindern zu können. Sein Bombenanschlag am 8. November 1939 im Münchener Bürgerbräukeller scheiterte, ebenso wie rund vierzig weitere Versuche anderer, Hitler zu beseitigen.

Gegen den Strom

Nach Kriegsbeginn und vor allem nach dem Angriff auf die Sowjetunion im Juni 1941 lebte der Widerstand aus der Arbeiterbewegung wieder auf. Sozialdemokraten und Kommunisten fanden sich in einigen kleinen Gruppen zusammen. Sie verteilten Flugblätter, halfen Verfolgten und planten die Zeit nach dem „Dritten Reich".

Zahlreiche Frauen und Männer verweigerten den „Hitler-Gruß" („Heil Hitler") oder murmelten ihn nur undeutlich; manche wagten, offen gegen einzelne Missstände zu protestieren.

Einige Jugendliche entzogen sich der Hitler-Jugend. Beispiele dafür sind die „Edelweißpiraten" und die „Swing-Jugend".[1]

Die „Weiße Rose"

Der Freundeskreis „Weiße Rose" um **Hans und Sophie Scholl** forderte angesichts des Kriegsverlaufes und der Judenmorde ab Juni 1942 die Menschen mit Flugblättern zum passiven Widerstand auf. Nach der Niederlage von Stalingrad hofften die Mitglieder der Münchener Gruppe, die Sympathisanten in Saarbrücken, Ulm, Stuttgart und Hamburg hatte, auf einen Stimmungsumschwung in der Bevölkerung und auf das Ende Hitlers.

Am 18. Februar 1943 wurden die Geschwister Scholl beim Verteilen von Flugblättern in der Münchener Universität vom Hausmeister gestellt und der Gestapo übergeben. Vier Tage nach ihrer Verhaftung verurteilte der „Volksgerichtshof" sie und ihren Freund Christoph Probst zum Tode. Das Urteil wurde noch am selben Tag vollstreckt. In den folgenden Monaten ließ die Nazi-Justiz weitere zehn Menschen aus dem Umfeld der „Weißen Rose" hinrichten.

[1] Siehe S. 132.

▸ ***Geschichte In Clips:***
Zum Elser-Attentat siehe Clip-Code 31022-59

Filmtipp:
Sophie Scholl – Die letzten Tage, Regie: Marc Rothermund, 2005 (DVD 2008)

Der „Kreisauer Kreis"

Seit 1940 fanden sich Hitler-Gegner aus unterschiedlichen politischen und weltanschaulichen Lagern im „Kreisauer Kreis" zusammen. Dazu gehörten adlige Gutsbesitzer, hohe katholische und evangelische Würdenträger, Diplomaten, Militärs, aber auch Sozialdemokraten und Gewerkschafter wie Julius Leber und Wilhelm Leuschner. Treibende Kraft war Helmuth James Graf von Moltke. Sein Gut Kreisau in der Nähe von Breslau und seine Berliner Wohnung gehörten zu den geheimen Treffpunkten. Im Vordergrund der Pläne stand die geistige, politische und soziale Neuordnung Deutschlands und Europas nach Hitlers Sturz. Einige Teilnehmer waren bereit, sich an Aktionen zu seiner Absetzung zu beteiligen.

Die „Rote Kapelle"

Ein weiterer Widerstandskreis war die „Rote Kapelle". Die Bezeichnung wurde von der Gestapo geprägt. Der Grund: Ihre Mitglieder hatten schon im Frühjahr 1941 sowjetische Stellen vor dem deutschen Angriff gewarnt. Angesichts der nationalsozialistischen Verbrechen gaben ihre Mitglieder Informationen an verschiedene Geheimdienste weiter – auch an den sowjetischen –, um Deutschland militärisch zu schwächen und den Krieg zu beenden. Zwischen August 1942 und Frühjahr 1943 wurde die etwa 130 Mitglieder zählende Gruppe von der Gestapo zerschlagen.

Das Attentat vom 20. Juli 1944

Mitglieder des „Kreisauer Kreises" nahmen über Ludwig Beck Kontakt mit Offizieren der Wehrmacht auf. Der ehemalige Generalstabschef hatte 1938 seine Stellung aufgegeben, nachdem er zuvor vergeblich Teile der Generalität zum Widerstand gegen die Kriegspläne Hitlers aufgefordert hatte. Danach war Beck zum Mittelpunkt der militärisch-bürgerlichen Opposition geworden.

Die Wende des Krieges brachte weitere Offiziere dazu, einen Anschlag auf Hitler zu riskieren. Zu den Verschwörern gehörten Henning von Tresckow und **Claus Schenk Graf von Stauffenberg**, seit 1944 Chef des Stabes beim Ersatzheer. Stauffenberg entschloss sich im Sommer 1944, das Attentat auszuführen und mit ihm einen Staatsstreich einzuleiten.

M3 Vor dem Hauptquartier „Wolfsschanze" in der Nähe von Rastenburg in Ostpreußen, im heutigen Polen
Foto vom 15. Juli 1944
Links Oberst Claus Schenk Graf von Stauffenberg, in der Mitte Adolf Hitler und rechts Generalfeldmarschall Wilhelm Keitel, Chef des Oberkommandos der Wehrmacht.

Am 20. Juli 1944 brachte er zu einer Lagebesprechung in seiner Aktentasche eine Bombe mit und stellte sie in Hitlers Nähe auf. Danach verließ er den Raum. Wenige Minuten später erfolgte die Explosion. Elf Männer wurden schwer verletzt, vier starben. Im sicheren Glauben, Hitler sei tot, flog Stauffenberg nach Berlin, um die Übernahme der Regierung durch Beck zu sichern. Aber Hitler war nur leicht verletzt, und der Staatsstreich scheiterte.

Reaktionen auf das Attentat

Stauffenberg und drei Offiziere wurden noch am Abend des 20. Juli erschossen. Beck wurde aufgefordert, Selbstmord zu begehen. Als dies misslang, erschoss ein Feldwebel den bereits schwer verletzten Mann.

Der versuchte Staatsstreich fand im Volk kaum Verständnis. Nach dem 20. Juli überrollte das Deutsche Reich eine „Säuberungswelle": Etwa 7000 Personen wurden verhaftet, 5000 verurteilt und mehr als 200 direkt oder indirekt an der Erhebung vom 20. Juli 1944 Beteiligte gehenkt.

Lesetipps:
- Anne C. Voorhoeve, Einundzwanzigster Juli, Ravensburg 2008

Internettipps:
- Informationen zum Widerstand gegen das „Dritte Reich" und den Nationalsozialismus findest du unter Mediencode 31022-60
- Homepage der internationalen Jugendbegegnungsstätte Krzyzowa/Kreisau siehe Mediencode 31022-61

1. *Ordne die Widerstandsgruppen in einer Tabelle politischen und gesellschaftlichen Gruppen zu und nenne ihre jeweiligen Ziele.*
2. *Diskutiert die Möglichkeiten und Gefahren des Widerstandes im „Dritten Reich".*
3. *Erörtert die heutige Bedeutung des Widerstandes und der Erinnerung daran.*

M4 Denkmal in der Berliner Rosenstraße
Foto von 1995
Das Denkmal von Ingeborg Hunzinger wurde am 18. Oktober 1995 eingeweiht.

Internettipp:
Informationen und Lektüretipps zur Rosenstraße siehe unter Mediencode 31022-62

M5 Proteste in der Rosenstraße

Im Februar 1943 demonstrieren in der Berliner Rosenstraße bis zu 1 000 nichtjüdische Frauen mehrere Tage gegen die Internierung ihrer jüdischen Ehemänner. Ihr Protest ist erfolgreich. An die 2 000 Berliner Juden können wieder zu ihren Familien zurückkehren. Das Kulturmagazin „aspekte" erinnert am 14. März 2003 in einem Beitrag von Daniela Schmidt-Langels daran:

Um die Bedeutung der Protestaktion ist unter Historikern eine Kontroverse ausgebrochen. Bislang ging man davon aus, dass der tagelange Protest der Frauen das NS-Regime offensichtlich beeindruckte. Doch nach dem Studium neuer Aktenfunde kommt der Historiker Wolf Gruner zu der Ansicht: „Die Quellen beweisen, dass das Reichssicherheitshauptamt die Juden aus ‚Mischehen' zu diesem Zeitpunkt nicht abtransportieren wollte. Auch ist kein Deportationsplan wegen der Proteste der Angehörigen in der Rosenstraße aufgegeben worden.

In der Rosenstraße zeigten Menschen in der allerletzten Phase der Massendeportationen Zivilcourage. Sie protestierten allerdings nicht gegen die Transporte generell, sondern wollten ihre jüdischen Angehörigen retten […]. Eine Opposition gegen die antijüdischen Maßnahmen – mit Aussicht auf Erfolg – hätte sich jedoch viel früher und breiter formieren müssen: 1933."

Dagegen meint Wolfgang Benz, Leiter des Berliner Zentrums für Antisemitismusforschung: Die Geschichte müsse nicht neu geschrieben werden. Denn es handle sich unverändert um ein mutiges Aufbegehren, das in der Zeit des Nationalsozialismus seinesgleichen suche.

www.zdf.de/ZDFde/inhalt/21/0,1872,2037589,00.html (Zugriff: 12. Mai 2008; stark gestrafft)

M6 „Aufruf an alle Deutschen!"

Im Januar 1943 wird dieses Flugblatt der „Weißen Rose" in mehreren hundert Exemplaren in der Münchener Universität ausgelegt. Es ist das vorletzte von insgesamt sechs Flugblättern der Widerstandsgruppe:

Der Krieg geht seinem sicheren Ende entgegen. […] Hitler kann den Krieg nicht gewinnen, nur noch verlängern! Seine und seiner Helfer Schuld hat jedes Maß unendlich überschritten. Die gerechte Strafe rückt näher und näher!

Was aber tut das deutsche Volk? Es sieht nicht und es hört nicht. Blindlings folgt es seinen Verführern ins Verderben. Sieg um jeden Preis, haben sie auf ihre Fahne geschrieben. […]

Deutsche! Wollt Ihr und Eure Kinder dasselbe Schicksal erleiden, das den Juden widerfahren ist? Wollt Ihr mit dem gleichen Maße gemessen werden wie Eure Verführer? Sollen wir auf ewig das von aller Welt gehasste und ausgestoßene Volk sein? Nein! Darum trennt Euch von dem nationalsozialistischen Untermenschentum! Beweist durch die Tat, dass Ihr anders denkt! Ein neuer Befreiungskrieg bricht an. Der bessere Teil des Volkes kämpft auf unserer Seite. Zerreißt den Mantel der Gleichgültigkeit, den Ihr um Euer Herz gelegt!

Entscheidet Euch, eh' es zu spät ist! […]

Freiheit der Rede, Freiheit des Bekenntnisses, Schutz des einzelnen Bürgers vor der Willkür verbrecherischer Gewaltstaaten, das sind die Grundlagen des neuen Europa.

Unterstützt die Widerstandsbewegung, verbreitet die Flugblätter!

Inge Scholl, Die Weiße Rose, Frankfurt am Main 1993, S. 96ff.

M7 Der geplante Aufruf

Nach Stauffenbergs Anschlag sollte folgender Aufruf verkündet werden:

Unser Ziel ist die wahre, auf Achtung, Hilfsbereitschaft und soziale Gerechtigkeit gegründete Ge-

meinschaft des Volkes. Wir wollen Gottesfurcht anstelle von Selbstvergottung, Recht und Freiheit anstelle von Gewalt und Terror, Wahrheit und Sauberkeit anstelle von Lüge und Eigennutz. Wir wollen unsere Ehre und damit unser Ansehen in der Gemeinschaft der Völker wiederherstellen. Wir wollen mit besten Kräften dazu beitragen, die Wunden zu heilen, die dieser Krieg allen Völkern geschlagen hat, und das Vertrauen zwischen ihnen wieder neu beleben. [...]
Wir wollen der Hoffnungslosigkeit, dass dieser Krieg noch unendlich weitergehen müsse, ein Ende machen. Wir erstreben einen gerechten Frieden, der an die Stelle der Selbstzerfleischung und Vernichtung der Völker friedliche Zusammenarbeit setzt. Ein solcher Friede kann sich nur auf Achtung vor der Freiheit und der Gleichberechtigung aller Völker gründen. [...]
Helfe jeder mit, das Vaterland zu retten!

Zit. nach: Gerd R. Ueberschär, Für ein anderes Deutschland, Frankfurt am Main ²2006, S. 391f.

M 8 „Soeben höre ich ...“

Eine Frau aus Wien schreibt am 20. Juli 1944 um 19:00 Uhr an Goebbels:

Soeben höre ich die furchtbare Nachricht über den verbrecherischen Anschlag auf das Leben unseres geliebten Führers. Hass, tiefster unauslöschlicher Hass gegen unsere Feinde. Diese niedrigsten Kreaturen! Ist ihm wirklich nichts geschehen? Mein Führer! Er ist ja alles, was ich noch habe auf der Welt. Ich hatte ein einziges Kind; mein Bub ist in Russland gefallen [...].

Heil unserem geliebten Führer!

Zit. nach: Beatrice und Helmut Heiber (Hrsg.), Die Rückseite des Hakenkreuzes, München ³1995, S. 176

M 9 Auftrag und Vorbild

Seit 1951 finden Gedenkfeiern zu den Jahrestagen des 20. Juli 1944 statt. 1984 hält Klaus von Dohnanyi, Sohn eines 1945 von den Nationalsozialisten ermordeten Widerstandskämpfers, die Ansprache:

Die wenigen weitsichtigen und mutigen Offiziere, die zum Teil seit 1933, spätestens aber seit 1937 die Katastrophe sahen, blieben einsam.
Es ist diese Einsamkeit, die wir bedenken müssen, wenn wir vom Widerstand sprechen. Denn Widerstand in Deutschland forderte eine andere Haltung als Widerstand in den [...] von uns besetzten Ländern. Dort kämpfte man gegen den äußeren Feind, hier gegen die eigene Regierung; dort wurde man getragen von der Zustimmung des Volkes, hier aber war der Widerstandskämpfer unendlich einsam.

Informationszentrum Berlin (Hrsg.), Der 20. Juli 1944. Reden zu einem Tag der deutschen Geschichte, Berlin 1984, S. 207f.

M 10 Rekrutengelöbnis im Bendlerblock
Foto vom 20. Juli 2007
Der Bendlerblock in Berlin war im „Dritten Reich“ der Sitz des Allgemeinen Heeresamtes und des Oberbefehlshabers des Ersatzheeres. Nach dem Attentat war dort die Einsatzzentrale des Umsturzkommandos unter Oberst Stauffenberg. Heute befindet sich dort der Dienstsitz des Verteidigungsministers.

1. *Arbeite heraus, weshalb die Bewertung des Protestes in der Rosenstraße (M5) umstritten ist.*
2. *Nimm Stellung zum letzten Satz von M5.*
3. *Nenne die Vorwürfe, die dem NS-Regime in dem Flugblatt (M6) gemacht werden.*
4. *Bewerte die Motive der Verfasser des Flugblattes (M6).*
5. *Erläutere, mit welchen Konsequenzen Offiziere rechnen mussten, die sich wie Stauffenberg entschlossen, im Krieg Widerstand gegen die Staatsführung zu leisten (Verfassertext, M7).*
6. *Verfasse aus verschiedenen Perspektiven eine Antwort auf die Zeilen der Wienerin (M8).*
   Tipp: Berücksichtige dabei auch Gruppen, die zwar regimekritisch sind, aber einen gewaltsamen Umsturz ablehnen.
7. *Erörtere Dohnanyis Aussage über den Widerstand (M9).*
8. *Seit Jahren gibt es eine rege Diskussion, ob das feierliche Gelöbnis der Bundeswehr am 20. Juli vor dem Reichstag oder im Bendlerblock (M10) stattfinden soll. Begründe, welchen Standort du für geeigneter hältst.*

30.01.: vergeblicher Aufruf der Kommunisten zum Generalstreik
Georg Elsers Anschlag auf Hitler misslingt
20.07.: Staufenbergs Attentat auf Hitler scheitert
Aktionen der Mitglieder der „Weißen Rose“
Mitglieder des Kreisauer-Kreises planen eine Absetzung Hitlers

1933 1934 1935 1936 1937 1938 1939 1940 1941 1942 1943 1944 1945

Was haben die Menschen gewusst?

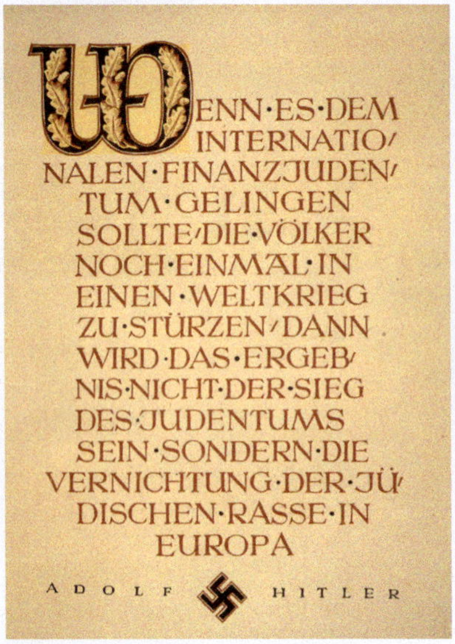

M1 „Parole der Woche"
Schmuckblatt einer Wandzeitung für die Woche vom 7. bis 13. September 1941
Hitlers Prophezeiung vom 30. Januar 1939 hing in verzierter Form in vielen Privatwohnungen und Amtsstuben, hier als Wandzeitung der Aktion „Parole der Woche", die das Propagandaministerium z. B. mit Auszügen von Hitler-Reden herausgab.

Scheinbare Unwissenheit

„Davon haben wir nichts gewusst!" – Diese Aussage hörte man nach dem Ende des Zweiten Weltkrieges oft, wenn es um das Thema Judenverfolgung und Holocaust ging. Viele beteuerten, dass die Judenverfolgung das Werk eines kleinen Kreises gewesen sei und die „Normalbevölkerung" keine Kenntnis von den schrecklichen Ereignissen gehabt hätte.

Es ist heute nur schwer zu sagen, wie viele Deutsche vom Holocaust wussten. Man geht in der neuesten Forschung jedoch davon aus, dass ein Großteil der Bevölkerung vom Massenmord an jüdischen Mitbürgerinnen und Mitbürgern wusste – tatsächlich allerdings nur eine Minderheit über Einzelheiten Kenntnis besaß.

In der Tat sprachen die Nationalsozialisten nicht über ihr Konzept der „Endlösung der Judenfrage". Zwar kündigte Hitler – wie in seiner berüchtigten Reichstagsrede vom 30. Januar 1939 – wiederholt die „Vernichtung der jüdischen Rasse in Europa" an. Doch die nationalsozialistische Propaganda schwieg über die Art und Weise, wie dieser Massenmord vollzogen werden sollte. Wer Gerüchte darüber verbreitete, musste mit einer harten Bestrafung rechnen. Es sickerten jedoch immer wieder Informationen durch.

Informationsquellen

Ausgrenzung, Entrechtung und Verfolgung fanden in aller Öffentlichkeit statt. Man konnte die immer gewaltsameren Aktionen, die Vertreibung oder Deportation seiner Nachbarn, Arbeitskollegen oder Schulkameraden mit eigenen Augen sehen. Oft wurden Informationen über das weitere Schicksal durch Berichte von Augenzeugen bekannt.

Informationen über die Massaker gelangten durch folgende Quellen ins Deutsche Reich:

- Soldaten berichteten in Feldpostbriefen oder in ihrem Heimaturlaub über Massenerschießungen in den besetzten Ostgebieten.
- Ausländische Radiosender (wie die BBC[1]) brachten auch in deutscher Sprache Nachrichten über die zahllosen Morde.
- Viele Deutsche arbeiteten in der Nähe der Vernichtungslager. Angehörige der deutschen Besatzungsbehörden in Polen, Arbeiter in der Nähe der KZs oder Reichsbahnpersonal, das die Züge in die Vernichtungslager begleitete, behielten ihr Wissen trotz Geheimhaltungsvorschriften nicht immer für sich.

Damit verkehrt sich die Frage, wie viel der Einzelne wissen konnte, in die Frage, wie viel der Einzelne wissen wollte.

M2 Deportation aus Birkenfeld
Foto vom Februar 1942
Die Deportationen fanden wie hier meist am Tage statt. In der Regel hatten sich die Juden vor der Abfahrt an öffentlichen Sammelstellen einzufinden, das konnte der Marktplatz, die öffentliche Turnhalle oder der örtliche Bahnhof sein. Die Vorbereitungen der Deportation verursachten dementsprechend viel Unruhe und Aufsehen in der Stadt.

[1] BBC (British Broadcasting Corporation): britische Rundfunkanstalt, die während des Zweiten Weltkrieges ein deutschsprachiges Programm sendete. Zwar war das Abhören von „Feindsendern" verboten, doch nutzte vermutlich die Hälfte aller Bürger die Möglichkeit, sich auf diesem Wege zu informieren.

M3 Informationen über den Massenmord

Friedrich Kellner, ein hessischer Beamter, hält in seinem Tagebuch am 28. Oktober 1941 fest:

Ein in Urlaub befindlicher Soldat berichtet als Augenzeuge fürchterliche Grausamkeiten in dem besetzten Gebiet in Polen. Er hat gesehen, wie nackte Juden u. Jüdinnen, die vor einem langen, tiefen Graben aufgestellt wurden, auf Befehl der SS von Ukrainern in den Hinterkopf geschossen wurden u. in den Graben fielen. Der Graben wurde dann zugeschaufelt. Aus den Gräben drangen oft noch Schreie!!

Friedrich Kellner, „Vernebelt, verdunkelt sind alle Hirne". Tagebücher 1939-1945, Bd. 1, Göttingen 2011, S. 191 f.

M4 Das Wissen der Opfer

Georges Wellers ist seit 1941 in Lagern interniert, bleibt aber als jüdischer Ehepartner einer sogenannten „Mischehe" zunächst von der Deportation verschont. Nach dem Krieg erklärt er:

Es mag erstaunlich scheinen, aber bis zum Schluss wussten wir im Lager so gut wie nichts über das Schicksal der Deportierten. Wir wussten, dass Radio London über die Schrecken der Gaskammern und anderer Methoden der Vernichtung von Juden berichtete, aber wir konnten es nicht glauben. Wir hielten diese Dinge für Übertreibungen der englischen Propaganda und schenkten ihnen keine große Beachtung.

Zitiert nach: Ahlrich Meyer, Das Wissen um Auschwitz. Täter und Opfer der „Endlösung" in Westeuropa, Paderborn 2010, S. 158

M5 Schweigen

Eine 1943 in die Stadt Auschwitz versetzte deutsche Lehrerin beschreibt in ihren Erinnerungen die Hemmungen, die Informationen über die Geschehnisse im Vernichtungslager weiterzugeben:

Es erschien mir immer als unangezweifelte Selbstverständlichkeit, den Mitteilungsdrang zu beherrschen und zu schweigen, da ich nichts, aber auch gar nichts daran ändern konnte. Irgendwann einmal musste die Wahrheit ja herauskommen, irgendwann einmal die Missetaten gesühnt werden. Nur jetzt, während des Krieges – jetzt –, wo alles auf dem Spiel stand, wo alles davon abhing, dass die Front und die Heimat durchhielten, durfte das Bild der Führung nicht beschmutzt, nicht der Kampfgeist geschwächt werden. Es ging ja um Deutschland! Nur jetzt nichts sagen. Nichts davon würde ich meinem Bruder, nichts den Freunden schreiben, die die schwersten Kämpfe zu bestehen hatten. [...] Ein Weitererzählen hätte damals nur noch mehr Leute unglücklich gemacht, sie in größte Gefahr gebracht.

Zitiert nach: Norbert Frei: 1945 und wir. Das Dritte Reich im Bewusstsein der Deutschen, München 2005, S. 158

M6 Öffentliche Versteigerung von Hausrat deportierter Juden

Foto einer Bilderserie zu Versteigerungen aus Lörrach vom Winter 1940

In den Kriegsjahren fanden fast täglich Versteigerungen von jüdischem Besitz statt, der bei den Deportationen zurückgelassen werden musste. Wie dieses und die anderen Bilder der Fotoserie zeigen, herrschte offenbar eine ausgelassene Stimmung. Die Beteiligten wussten, dass sie fotografiert werden. Einige schauen direkt in die Kamera und lachen.

Lesetipp:
Peter Longerich, „Davon haben wir nichts gewusst!" Die Deutschen und die Judenverfolgung 1933-1945, München ³2007

Projektvorschlag

Arbeitet zunächst mit den Materialien dieser Seite. Nutzt eure Ergebnisse anschließend zur Vorbereitung für eine Recherche in den Bibliotheken oder Archiven eures Heimat- oder Schulortes zum Thema: „Was haben die Menschen in (Name des Ortes) gewusst?" Sammelt Fotos, Briefe, Zeitungsartikel, Zeitzeugenberichte und andere Quellen, die Auskunft darüber geben. Erstellt daraus eine kleine Ausstellung für euer Schulfoyer. Bereitet die Ausstellung mit allen nötigen Hintergrundinformationen auf, damit auch die jüngeren Mitschülerinnen und Mitschüler alles verstehen und richtig einordnen können.

1. *Arbeitet aus dem Verfassertext und den Materialien M1 bis M6 heraus, was die Deutschen über die Massenmorde an Juden wissen konnten und wie sie damit umgingen.*
2. *Nehmt auf der Grundlage der Materialien Stellung zum letzten Satz des Verfassertextes.*
3. *Bewertet die Gründe, die die Lehrerin in M5 anführt, ihr Wissen über den Holocaust für sich zu behalten. Überlegt, welche weiteren Gründe es gegeben haben könnte, über das Wissen zu schweigen? Lest dazu auch noch einmal die vorigen Seiten im Buch.*
4. *Informiert euch in Archiven und Bibliotheken eures Ortes sowie im Internet (z.B. Onlinebestände der Landesarchive; www.archivdatenbank.lha-rlp.de): Wer konnte wann und wie etwas über den Holocaust erfahren? Um welche Informationen handelt es sich? Wie ging man mit dem Wissen um? Welche Einstellungen werden deutlich?*

Das Deutsche Reich im „totalen Krieg“

M1 Das zerstörte Dresden
Foto von Walter Hahn, 1945
Rechts eine Statue des Rathausturms, die die Bombardierung vom Februar 1945 überstanden hat. Die Figur ist kein Engel, sondern symbolisiert die Tugend der Güte.

Ausbeutung und Zerstörung

Als Besatzer beuteten die Deutschen die eroberten Gebiete aus. Sie transportierten Nahrungsmittel, Rohstoffe und Maschinen ins Reich. Als sich die deutschen Truppen im Osten immer weiter zurückziehen mussten, zerstörten sie Nahrungsreserven, Industrieanlagen sowie ganze Dörfer und Städte. Die Taktik der „verbrannten Erde“ zielte darauf ab, den vorrückenden Sowjets ein völlig verwüstetes Land zu hinterlassen.

Der Bombenkrieg

Deutsche Fliegerverbände hatten schon früh ausländische Städte bombardiert, so vor allem in Großbritannien und den Niederlanden. Ab März 1942 flogen nun auch amerikanische und britische Bombereinheiten Luftangriffe. Durch die Zerstörung von Industrieanlagen und wichtigen Verkehrsverbindungen sollte Deutschland geschwächt werden. Im Gebiet des heutigen Rheinland-Pfalz waren beispielsweise Bitburg, Mainz, Koblenz und Ludwigshafen besonders betroffen. Das Ziel, die Zivilbevölkerung zu demoralisieren („moral bombing“), erreichten die Alliierten allerdings nicht. Trotz geschätzter 600 000 Toter und großer Zerstörungen wurde der Durchhaltewille vielmehr gestärkt.

Goebbels Rede im Sportpalast

Ab dem Jahr 1943 war die deutsche Wehrmacht in der Defensive. Sie verlor den Kampf um Stalingrad. Hunderttausende waren bei dieser Schlacht gestorben oder gerieten anschließend in Kriegsgefangenschaft. Auch an den anderen Kriegsschauplätzen wie zum Beispiel in Nordafrika wurde die Überlegenheit der alliierten Verbände immer deutlicher. In dieser Situation ließ Reichspropagandaminister Joseph Goebbels im Berliner Sportpalast tausende fanatische Parteimitglieder versammeln. Er nahm ihnen – stellvertretend für die ganze Nation – das Versprechen ab, an den deutschen „Endsieg“ und Hitlers Führungsqualitäten zu glauben. Goebbels forderte von den Deutschen unermüdliche Arbeits- und Kampfbereitschaft.

Mobilisierung aller Kräfte

Im „totalen Krieg“ mussten Frauen die Aufgaben der gefallenen oder an der Front stationierten Männer übernehmen. Sie arbeiteten meist in der Rüstungsindustrie oder in der Landwirtschaft. Im „Volkssturm“[1] zogen die Nationalsozialisten auch Minderjährige zum Militär ein. Häufig wurden sie in den Stellungen der Flieger-Abwehr-Kanonen (Flak) als Helfer eingesetzt.

1. *Erkläre, was mit dem Begriff „totaler Krieg“ gemeint war.*
2. *Arbeite die Folgen der Kriegsführung für die Zivilbevölkerung heraus.*
3. *Vergleiche mit der ersten Kriegshälfte. Stelle fest, für wen sich nun etwas änderte.*
4. *Das Foto M1 gilt als eine „stumme“ Klage bzw. Anklage. Erörtert diese Positionen.*

[1] Volkssturm: regionale militärische Verbände, in denen Männer im Alter von 16 bis 60 Jahren dienten, die nicht zur Wehrmacht eingezogen waren. Das „letzte Aufgebot“ brachte nur sehr eingeschränkten militärischen Nutzen.

M2 „Warum wir das tun?“

1942 wendet sich der Oberbefehlshaber der Britischen Kampfflugzeuge, Arthur Harris, in einem Flugblatt an das deutsche Volk. Er begründet die Bombenangriffe wie folgt:

Nicht aus Rachsucht – obwohl wir Warschau, Rotterdam, Belgrad, London, Plymouth, Coventry nicht vergessen. Wir bomben Deutschland, eine Stadt nach der anderen, immer schwerer und schwerer, um euch die Fortführung des Krieges unmöglich zu machen. Das ist unser Ziel. Wir werden es unerbittlich verfolgen. Stadt für Stadt: Lübeck, Rostock, Köln, Emden, Bremen, Wilhelmshaven, Duisburg, Hamburg – und die Liste wird immer länger. Lasst euch von den Nazis mit ins Verderben reißen, wenn ihr wollt. Das ist eure Sache.

Zit. nach: www.amaot.de/bunker/raf-flugblatt.htm (Zugriff: 16. Juli 2013)

M3 Im Schutz der Wälder

In Antweiler an der Oberahr ziehen sich viele Familien ins Limbachtal zurück. Agnes Gillig berichtet darüber:

Das Limbachtal ist tief eingeschnitten und eng. Wegen dieser besonderen Lage konnten die Flugzeugpiloten es kaum einsehen. Im Schutz der Wälder hatten sich die Familien kleine Holzhütten errichtet. Wenn Flugzeuge nahten, begab man sich ins frühere Kupferbergwerk. [...] Manche übernachteten sogar dort, denn die Eisenbetten aus dem Duisburger Schullandheim dienten als Ruhelager. [...] Eine der Kammern im Bergwerk „bewohnte“ Pastor Franz Steffens. Im Bergwerksstollen übte er weiterhin seine seelsorgerische Tätigkeit aus. Auch die Sonntagsmesse fand nach einer schweren Beschädigung der Pfarrkirche durch Bombenabwürfe einige Male im Bergwerk statt. Außer dem Stollen im Limbachtal existierten noch andere, meist private Schutzräume in ortsnäheren Bereichen. Dann konnte man nach der Entwarnung schneller wieder an die Arbeit in Haus und Hof zurück.

Zit. nach: Leonhard Janta und Günther Schmitt, Zum Kriegsende im Kreis Ahrweiler 1945. Gedenkveranstaltungen, Literatur, Zeitzeugenberichte 60 Jahre danach, in: Heimatjahrbuch des Kreises Ahrweiler 2006, S. 192-195

M4 „Immer wieder um die Mittagszeit“

Marlis Föhr berichtet über die Situation in Remagen, wo am zweiten Weihnachtstag 1944 der erste schwere Bombenangriff erfolgt ist:

Es gab Tote zu beklagen, viele Häuser wurden zerstört. [...] Wenige Tage später, am 2. Januar 1945 und an den folgenden sieben Tagen kamen immer wieder um die Mittagszeit feindliche Flugzeuge mit ihrer tödlichen Fracht und zerstörten, was von Remagen noch übrig geblieben war. Die Zahl der Toten und Verletzten stieg von Tag zu Tag. Viele Bewohner der Stadt zogen früh am Morgen, angeführt von Dechant Peters, in den nahen Wald und hielten dort aus, bis sie gegen 17 Uhr den Heimweg antraten. Danach begann ein bescheidenes Leben in der Stadt. Das Rathaus war geöffnet, Lebensmittel konnten an wenigen Verteilungsstellen besorgt werden. Tote mussten begraben werden. [...]

Zit. nach: Leonhard Janta und Günther Schmitt, Zum Kriegsende im Kreis Ahrweiler 1945. a. a. O., S. 195-197

M5 Bitte Mutti, bring mich weg
Plakat der Propagandaleitung der NSDAP im Gau Moselland, 1944

Lesetipp:
Klaus Kordon, Der erste Frühling, Weinheim und Basel 2013
(Comic über ein in Berlin lebendes Mädchen, das im Frühjahr 1945 die Schrecken des „totalen Krieges“ am eigenen Leib zu spüren bekommt.)

1. Das Flugblatt (M2) änderte die Einstellung der meisten Deutschen zum Krieg nicht. Erörtere die möglichen Gründe.
2. Überlege dir Fragen, die du den beiden Überlebenden der Bombenangriffe gerne stellen würdest (M3 und M4).
3. Nenne das Ziel, das mit dem Plakat (M5) erreicht werden soll.
4. Analysiere die gestalterischen Elemente, mit denen dieses Ziel erreicht werden soll (M5).

Die deutsche Niederlage

M 1 Soldaten der Roten Armee hissen die Sowjetflagge auf dem Reichstag
Fotomontage des russischen Armeefotografen Jewgenij Chaldej vom 2. Mai 1945
Das Bild zeigt nicht den historischen Moment am Abend des 30. April 1945. Der russische Armeefotograf hat für das Bild zwei Fotos übereinandergelegt. Das Hissen der Flagge wurde nachgestellt. Außerdem wurde ein Foto mit den dunklen Rauchschwaden verwendet.

Die Kapitulation

Hitler hatte inzwischen sein Hauptquartier in die Reichskanzlei nach Berlin verlegt. Allerdings war er nicht bereit zu kapitulieren. Wer seinen sinnlosen Durchhalteparolen nicht folgte, wurde streng bestraft. Am 30. April beging er Selbstmord. In seinem Testament hatte er Großadmiral Karl Dönitz zu seinem Nachfolger bestimmt. Dieser musste nun die **bedingungslose Kapitulation** des Deutschen Reiches annehmen, die die Alliierten gefordert hatten. Am 8. Mai 1945 trat sie in Kraft. Damit war der Krieg in Europa beendet. Japan kapitulierte erst am 2. September, nachdem die Amerikaner Atombomben auf Hiroshima und Nagasaki abgeworfen hatten.

Die Landung der Alliierten in der Normandie

Um die Rote Armee zu entlasten, hatte Stalin die Westalliierten dazu gedrängt, eine zweite Front zu eröffnen. Die Regierungschefs der „Großen Drei" (USA, Großbritannien, Sowjetunion) trafen eine Vereinbarung über den Invasionsplan „Overlord". Am 6. Juni 1944, dem sogenannten D-Day[1], begann die Landung westalliierter Verbände in der nordfranzösischen Normandie. In den folgenden Monaten rückten die westlichen Truppen immer weiter Richtung Deutsches Reich vor. Im März 1945 setzten die Briten und Amerikaner, die auch von französischen Verbänden unterstützt wurden, über den Rhein.

Vormarsch der Roten Armee

Im Juni 1944 hatte die Rote Armee die deutsche Ostfront durchbrochen und in der Folge ihre verloren gegangenen Gebiete zurückerobert. Am 27. Januar 1945 befreiten sowjetische Truppen das Konzentrationslager Auschwitz. Aus Angst vor Gewalttaten russischer Soldaten flohen viele Ostpreußen, Schlesier und Pommern vor der heranrückenden Roten Armee nach Westen.

Bilanz des Krieges

Wie vielen Menschen der Weltkrieg das Leben kostete, ist nur schwer zu bestimmen. Man kann davon ausgehen, dass insgesamt etwa 60 Millionen Menschen umgekommen sind, allein 20 Millionen in der Sowjetunion. Ungefähr die Hälfte aller Opfer gehörte der Zivilbevölkerung an. Viele Häuser und Wohnungen waren durch die Kampfhandlungen komplett zerstört. Allein in Deutschland waren 20 Millionen Menschen obdachlos. Die Wirtschaft der vom Krieg betroffenen Länder lag vollkommen am Boden.

1. *Informiert euch in Kleingruppen über*
   a) das Kriegsende in Japan,
   b) die Entwicklung und den Einsatz der Atombombe und
   c) die Bedingungen der Kapitulation Japans.
   Tauscht eure Ergebnisse in Expertengruppen aus.
2. *Nenne Gründe, warum der Fotograf das Hissen der Flagge nachgestellt hat und warum er nachträglich die Rauchschwaden eingefügt hat (M1).*

[1] D-Day: englischer Code-Name für den Stichtag der Invasion der Alliierten. Wofür „D" steht, ist nicht sicher (evtl. „decision day": Tag der Entscheidung).

bedingungslose Kapitulation*

M2 Brücke von Remagen
Foto vom 7. März 1945
Es zeigt die noch unversehrte Brücke kurz vor ihrer Einnahme durch US-Truppen. Rechts im Bild ist ein amerikanischer Soldat zu sehen.

M3 Gewalttaten sowjetischer Soldaten

Der Bauer Karl Tiffert aus Lossen in Niederschlesien erinnert sich sieben Jahre nach Kriegsende an den Einfall der sowjetischen Armee:

Am 4. Februar 1945, Sonntag, nachdem die Russen über die Oder gesetzt waren, kam es in und um Lossen zu Gefechten [...]. Als die ersten russischen Panzer mit Infanterie ankamen, waren wir sofort Uhren, Ringe und andere Sachen los. Kurz darauf kam Infanterie an, und da war der Teufel los. Sofort wurden die ersten Frauen vergewaltigt, von Kindern von 12 Jahren bis zur Greisin über 80 Jahre, was ich selbst aus nächster Nähe gesehen habe. Mein zweites Dienstmädchen, Helene T., wurde von den Russen dreizehnmal hintereinander gebraucht. [...] Setzte sich ein Mann für sie ein, wurde er erschossen oder erschlagen. [...] Es gab fast keine Frau, die nicht geschändet wurde. Eine Greisin, Frau Rahn, viermal gebraucht. Frau Schneidermeister Pfeifer aus Jeschen erhängte aus Verzweiflung ihre drei Kinder im Alter von acht bis dreizehn Jahren und sich dann selbst.

Aus dem Dorf Jeschen wurden fast restlos alle männlichen Personen verschleppt und sind verschollen, ebenso aus Lossen, die da waren. Die meisten sind verschollen. [...] Das Vieh war im Ganzen in einigen Stunden alles raus, sodass alle Wirtschaften bis auf einige Katzen leerstanden. Sämtliches Inventar wurde demoliert. Die evangelische Kirche war total ausgeräumt, in der katholischen Tabernakel[1] erbrochen und sämtliche kirchlichen Sachen lagen verstreut im Park und Dorf im Dreck. Viele Gebäude angezündet.

Zit. nach: Theodor Schieder (Hrsg.), Dokumentation der Vertreibung der Deutschen aus Ost-Mitteleuropa, Bd. I/1: Die Vertreibung der Deutschen aus den Gebieten östlich der Oder-Neiße, Bonn 1954, S. 432

M4 Hitlers geänderte Einstellung zu „seinem Volk“

In seinen Erinnerungen schreibt Heinz Guderian, zeitweiliger Chef des Generalstabs des Heeres, über Hitlers Denkweise am Kriegsende:

Wenn der Krieg verlorengeht, wird auch das Volk verloren sein. Dieses Schicksal ist unabwendbar. Es ist nicht notwendig, auf die Grundlagen, die das Volk zu einem primitiven Weiterleben braucht, Rücksicht zu nehmen. Im Gegenteil ist es besser, selbst diese Dinge zu zerstören, denn das Volk hätte sich als das schwächere erwiesen und dem stärkeren Ostvolk gehöre dann ausschließlich die Zukunft. Was nach dem Kampf übrigbleibt, sind ohnehin nur die Minderwertigen, denn die Guten sind gefallen.

Zit. nach: Walther Hofer (Hrsg.), Der Nationalsozialismus. Dokumente 1933-1945, Frankfurt am Main [50]2011, S. 260

[1] Tabernakel: Dort sind in katholischen Kirchen die geweihten Hostien aufbewahrt.

Lesetipp:
Karl Bruckner, Sadako will leben, Wien 1961 (Die 4-jährige Sadako überlebt die Atombombenexplosion über Hiroshima. Das Buch schildert, wie das Mädchen danach den schmerzlichen Alltag zu meistern versucht.)

1. *Recherchiere die Geschichte der Brücke von Remagen am Ende des Zweiten Weltkriegs und präsentiere deine Ergebnisse in der Klasse.*
2. *Erläutere, inwiefern Hitlers veränderte Denkweise immer noch seiner Rassentheorie entsprach (M4).*
3. *Nenne Argumente gegen Hitlers Standpunkt (M4).*
4. *Informiere dich über Berichte zu den letzten Kriegstagen in deinem Wohn- oder Schulort.*
5. *Nimm Stellung dazu, ob du den 8. Mai 1945 für die Deutschen als Tag der Besatzung durch feindliche Mächte oder als Tag der Befreiung von der Naziherrschaft einschätzt. Begründe.*

Zeitleiste:
- Die Rote Armee durchbricht die deutsche Ostfront; Landung alliierter Truppen in der Normandie
- 27.01.: Sowjetische Truppen befreien das KZ Auschwitz
- Alliierte Truppen setzen über den Rhein
- 30. April: Selbstmord Hitlers
- 08.05.: Die bedingungslose Kapitulation Deutschlands tritt in Kraft

1944 1945 1946

Epochenjahr 1945

M 1 Siegesparade in Moskau
Foto vom 7. Mai 2015
Alljährlich wird in Moskau der Sieg der sowjetischen „Roten Armee" im „Großen Vaterländischen Krieg" mit Truppenparaden gefeiert. Neben vielen Zuschauern aus der Bevölkerung ist auch die russische (bzw. bis 1990 die sowjetische) Staatsführung anwesend. Das Foto zeigt eine Übung zur Vorbereitung der Parade am Jahrestag zwei Tage später.

Bedingungslose Kapitulation

„Die deutschen Streitkräfte zu Lande, zu Wasser und in der Luft sind vollständig geschlagen und haben bedingungslos kapituliert, und Deutschland, das für den Krieg verantwortlich ist, ist nicht mehr fähig, sich dem Willen der siegreichen Mächte zu widersetzen. Dadurch ist die bedingungslose Kapitulation Deutschlands erfolgt, und Deutschland unterwirft sich allen Forderungen, die ihm jetzt oder später auferlegt werden." Mit den einleitenden Sätzen ihrer Berliner Erklärung vom 5. Juni 1945 kündigten die Siegermächte knapp einen Monat nach Kriegsende in Europa die Übernahme der Regierungsgewalt in Deutschland an. Das 1871 gegründete Deutsche Reich hörte damit auf zu existieren. Wenig später, im August 1945, erklärte Japan unter dem Eindruck der fürchterlichen Vernichtungskraft der Atombomben von Hiroshima und Nagasaki seine Bereitschaft zur bedingungslosen Kapitulation.

Deutschland 1945 – eine „Stunde Null"?

Angesichts der vernichtenden Niederlage Deutschlands, des herrschenden Chaos und der Zerstörung, sowie unter dem Eindruck immer neuer Bilder, die Umfang und Ausmaß des nationalsozialistischen Terrors und der Verbrechen in ganz Europa belegten, schien Deutschland moralisch und materiell auf dem absoluten Tiefpunkt angekommen. Das Schlagwort von der „Stunde Null" kam auf. Es spiegelt die Vorstellung bzw. Hoffnung wider, dass nach dem totalen Zusammenbruch ein Neuanfang im Schatten der „deutschen Katastrophe" möglich ist.

Alliierte Siegesfeiern – damals und heute

Zwei Drittel aller Staaten der Erde und drei Viertel der Weltbevölkerung waren von den Ereignissen des Zweiten Weltkrieges direkt oder indirekt betroffen. Etwa 50 Staaten hatten den Achsenmächten bis 1945 den Krieg erklärt. Entsprechend groß war die Erleichterung und Freude in vielen Teilen der Welt, als die Nachrichten von der Kapitulation Deutschlands und Japans bekannt wurden. In vielen Städten feierten die Menschen im Mai und August 1945 das Ende des Krieges. Bis heute begehen zahlreiche Regierungen das Kriegsende 1945 mit offiziellen Feierlichkeiten und Paraden und dem Gedenken an die Toten des Krieges.

Bekenntnis zu einer neuen Weltordnung: die UNO

Zwei große Kriege hatten in der ersten Hälfte des 20. Jh. Tod, Leid und Zerstörung über die Völker gebracht. Entschlossener als 1918 verfolgten die Siegermächte, allen voran die Vereinigten Staaten, das Ziel, eine durchsetzungsstarke Weltorganisation zu gründen, deren Ziel die Achtung und Wahrung von Frieden und Menschenrechten sein sollte. Am 26. Juni 1945 unterzeichneten 50 Staaten, darunter auch die Sowjetunion die Charta der Vereinten Nationen (engl. United Nations Organization: UNO[1]), den Gründungsvertrag der neuen Staatengemeinschaft. Feierlich erklärten die Gründungsmitglieder, die „kommenden Generationen vor der Geißel des Krieges" bewahren zu wollen. An die Stelle des gewaltsamen Konfliktaustrages sollte die friedliche Streitschlichtung treten.[2]

1. *Der Historiker Friedrich Meinecke äußerte sich in seinem 1946 erschienenen Buch „Die deutsche Katastrophe" folgendermaßen: „Die Frage nach den tieferen Ursachen der furchtbarsten Katastrophe, die über Deutschland hereingebrochen ist, wird noch die kommenden Jahrhunderte beschäftigen […]." Diskutiert darüber.*
2. *Begründe, warum 1945 ein Epochenjahr ist.*
   Tipp: Unterscheide zwischen Einschnitten für Deutschland und für die Weltgemeinschaft.

[1] Zur UNO vgl. S. 184.
[2] Siehe auch S. 184.

M 2 „Stunde Null"?

Der Historiker Christoph Kleßmann begründet, warum seiner Meinung nach der Begriff der „Stunde Null" der Situation Deutschlands nicht gerecht wird:

[Seit] die Waffen schwiegen und sich das unglaubliche soziale Chaos als Folge des Krieges notdürftig gelichtet hatte, wurden die Brücken erkennbar, die aus der Kriegs- in die Nachkriegszeit führten. Weder war die Niederlage so total und die Zerstörung so umfassend, dass die Deutschen als Volk um ihr physisches Überleben fürchten mussten, noch gab es eine gesellschaftliche Tabula rasa[1], die einen völligen Neuanfang ohne Bindungen an tradierte Strukturen ermöglicht hätte. Dennoch ist das nicht zuletzt visuell vermittelte Bild vom Kriegsende und Ausmaß der Zerstörung, das mit der Metapher von der „Stunde Null" erfasst wird, punktuell richtig. Das betrifft vor allem die großen Städte. Berlin glich nach der Kapitulation einer Ruinenlandschaft. „Mondlandschaft" war ebenfalls eine beliebte Umschreibung zeitgenössischer Beobachter. Unter den ersten Eindrücken vom völlig zerstörten Berlin glaubten viele gar nicht mehr daran, dass man die Stadt überhaupt wiederaufbauen könne, und meinten – ähnlich wie für Warschau –, man solle einen anderen Platz suchen. Diese zeitgenössisch verbreitete Perspektive, so selektiv sie auch ist, bleibt wichtig zur Erfassung der damals vielfach dominierenden Vorstellungen.

Christoph Kleßmann, 1945 – welthistorische Zäsur und „Stunde Null", Version: 1.0, in: Docupedia-Zeitgeschichte, 15. 10. 2010, URL: http://docupedia.de/zg/1945 (Zugriff: 12. August 2015)

M 4 „... Shall Not Have Died in Vain"
Karikatur des US-Amerikaners Daniel Robert Fitzpatrick, 1945

M 3 Nicht nur Wendepunkt der deutschen Geschichte

Der Historiker Wilfried Loth betrachtet 1945 auch aus europäischer Perspektive:

Der 8. Mai 1945 war freilich nicht nur ein Wendepunkt der deutschen Geschichte. Mit dem Zweiten Weltkrieg endete auch die Dominanz des europäischen Staatensystems, die seit der Entstehung der neuzeitlichen Weltgesellschaft gegolten hatte und vom Prinzip des Gleichgewichts zwischen den Großmächten geprägt gewesen war. [...] Der wirtschaftliche und politische Substanzverlust der europäischen Nationen beschleunigte zudem den Emanzipationsprozess der bis dahin von Europa abhängigen kolonialen Länder. [...] Mit den Vereinten Nationen, deren Charta am 25. Juni 1945 auf der Gründungskonferenz von San Francisco verabschiedet wurde, erhielten die kolonisierten Völker ein Forum, das die Befreiung der Kolonialgebiete Afrikas und Asiens auf seine Fahnen geschrieben hatte. [...]
Europa büßte mit alledem nicht nur seine traditionelle Führungsrolle in der Weltpolitik ein, es verlor überhaupt die Fähigkeit zur Formulierung autonomer Politik. Die Sicherheit der europäischen Nationen hing nun in erster Linie von der Ausgestaltung des Verhältnisses zwischen den beiden Haupt-Siegermächten ab [...]. An die Stelle des europäischen Gleichgewichtssystems trat die Polarisierung zwischen den beiden Hauptsiegern des Krieges.

Wilfried Loth, Epochenjahr 1945 – Zäsuren und Optionen, in: Praxis Geschichte 2 (2005), S. 4ff.

[1] Tabula rasa: „leere tafel", „unbeschriebenes Blatt"

1. *Arbeite heraus, warum die Bezeichnung „Stunde Null" verwendet wurde und warum sie nach Meinung von Kleßmann unpassend ist (M2).*
2. *Erkläre den Zusammenhang zwischen oberer und unterer Bildhälfte in der Karikatur von Fitzpatrick (M4).*
3. *Fasse zusammen, warum Loth 1945 als „Wendepunkt" sieht (M3).*
4. *Beurteile, welche Gemeinsamkeiten und Unterschiede es zwischen dem Ende des Ersten und des Zweiten Weltkrieges gibt.*

08.05.: Die bedingungslose Kapitulation Deutschlands tritt in Kraft
05.06.: Die Alliierten kündigen die Übernahme der Regierungsgewalt in Deutschland an
26.06.: 50 Staaten unterzeichnen die Charta der Vereinten Nationen
1945 | 1946

Gegen das Vergessen

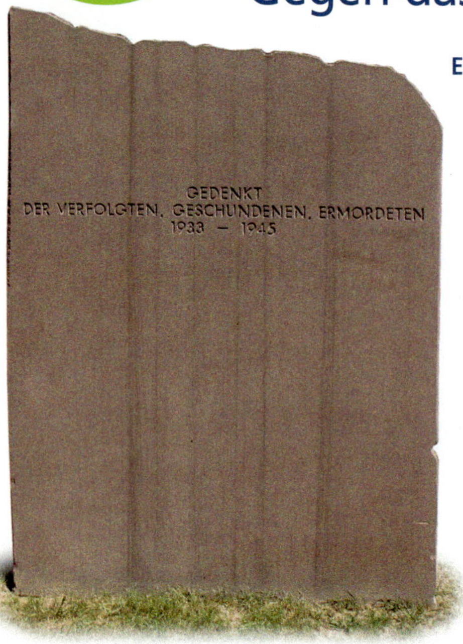

M 1 Teil des Mahnmals in Koblenz
Foto von 2011
Das Mahnmal wude am 23. August 2001 eingeweiht.

Internettipps:
- Zu einer Stolpersteine-App siehe Mediencode 31022-63
- Stolpersteine „zum Hören" sind zu finden unter Mediencode 31022-64

M 2 Stolpersteine in Trier
Foto von 2011

Eine Gedenkkultur

Die Zeit des Nationalsozialismus ist zweifelsohne das dunkelste Kapitel in der deutschen Geschichte. Warum ist es auch für die nachfolgenden Generationen notwendig, sich mit dieser Zeit auseinanderzusetzen und an sie zu erinnern, auch wenn sie keine Schuld an den damaligen Verbrechen haben?

Ein zentraler Grund dafür ist, in der Zukunft zu verhindern, dass es je wieder eine Politik gibt, die Menschen drangsaliert und tötet – Menschen in anderen Ländern und aus dem eigenen Land.

In den ersten Jahrzehnten nach dem Untergang des „Dritten Reiches" fiel es vielen Deutschen aus Schuld und Uneinsichtigkeit schwer, sich mit diesem Teil ihrer Vergangenheit auseinanderzusetzen. Heute besteht die Gefahr, dass diese Zeit immer mehr in Vergessenheit gerät.

Es gibt unterschiedliche Formen und Möglichkeiten, an die Zeit des Nationalsozialismus zu erinnern. Beispiele dafür werden auf diesen Seiten vorgestellt.

Gedenktage und Gedenkstätten

Am 27. Januar 1945 befreite die Rote Armee das Konzentrationslager Auschwitz. Der 27. Januar ist ein internationaler, in Deutschland gesetzlich verankerter Gedenktag. An öffentlichen Gebäuden werden Fahnen auf Halbmast gesetzt.

An diesem Tag sollen unter anderem Gedenkfeiern, Gottesdienste und Schweigemärsche an alle Opfer des NS-Regimes erinnern.

An vielen historischen Orten mit Bezug zum Nationalsozialismus, besonders zu den Gewaltverbrechen, gibt es Gedenkstätten. Besucher können sich dort informieren, aber auch innehalten und in sich gehen.

Denkmäler

Es gibt unzählige Denkmäler in verschiedenen Formen, die an den Nationalsozialismus erinnern. Das berühmteste, jedoch auch umstrittenste ist das „Denkmal für die ermordeten Juden Europas" in Berlin. In der Nähe des Brandenburger Tores wurden auf einer 19 000 m^2 großen Fläche 2 711 Betonstelen aufgestellt.

Das unterirdische Museum, ein „Ort der Information", enthält unter anderem eine Liste mit den Namen aller bekannten Holocaust-Opfer.

Aktion Stolpersteine

Stolpersteine sind ein Projekt des Künstlers Gunter Demnig. In vielen Städten werden vor den letzten frei gewählten Wohnsitzen von NS-Opfern quadratische Betonsteine mit einer Kantenlänge von 10 cm verlegt. Auf der Oberseite befindet sich eine glänzende Messingplatte, auf der der Name des Betroffenen, sein Geburtsjahr, das Deportationsjahr und der Todesort festgehalten sind.

1. *Erstellt eine Liste mit weiteren Formen der Auseinandersetzung mit dem Nationalsozialismus heute.*
2. *Prüft, ob es sich dabei auch um Formen der Erinnerungskultur handelt.*
3. *Projekt: Geht zu den Stolpersteinen in eurem Wohn- oder Schulort. Informiert euch über die Biografien der Menschen. Gestaltet eine Ausstellung in eurer Schule oder eine Gedenkveranstaltung.*

M3 Blick auf die Stelen des Denkmals für die ermordeten Juden Europas

Foto von Paul Langrock, Dezember 2004

Am 10. Mai 2005 wurde in Berlin das Denkmal eingeweiht – 60 Jahre nach der Befreiung von Auschwitz. Bauherren waren der Bund, das Land Berlin und der „Förderkreis zur Errichtung eines Denkmals für die ermordeten Juden Europas e. V.“. Die Journalistin Lea Rosh und der Historiker Eberhard Jäckel hatten das Projekt 1988 angeregt. 1994 wurde ein erster Wettbewerb für die Gestaltung ausgeschrieben. 1997 startete eine zweite Runde. Der Bundestag einigte sich 1999 auf einen Entwurf des amerikanischen Architekten Peter Eisenman (siehe auch Verfassertext links).

M4 Anlass und Ziel

Folgende Ziele des Denkmalwettbewerbs werden in der ersten Ausschreibung von 1994 genannt:

- der Wahrheit nicht auszuweichen, sie nicht dem Vergessen preiszugeben,
- die jüdischen Ermordeten Europas zu ehren,
- ihrer in Trauer und Scham zu gedenken,
- die Last deutscher Geschichte anzunehmen,
- ein Zeichen zu setzen für ein neues Kapitel menschlichen Zusammenlebens, in dem kein Unrecht an Minderheiten möglich sein darf.

Zit. nach: Ute Heimrod u. a. (Hrsg.), Die Debatte um das „Denkmal für die ermordeten Juden Europas“. Der Denkmalstreit – das Denkmal? Eine Dokumentation, Berlin 1999, S. 177

M5 Ein Ort des Gedenkens

Zur Eröffnung des Denkmals hält Wolfgang Thierse (SPD) am 10. Mai 2005 in seiner Funktion als Bundestagspräsident und Vorsitzender des Kuratoriums „Stiftung Denkmal für die ermordeten Juden Europas“ eine Rede; darin heißt es:

Der Holocaust berührt die „Grenze unseres Verstehens“, so ist zutreffend gesagt worden. [...] Es ist der Ausdruck für die Schwierigkeit, eine künstlerische Form zu finden, die dem Unfassbaren, der Monstrosität[1] der nationalsozialistischen Verbrechen, dem Genozid an den europäischen Juden überhaupt irgend angemessen sein könnte. Es verwischt die Grenze nicht zwischen einer Erinnerung, die auf keinerlei Weise „bewältigt“ werden kann, und jener Erinnerung, die für Gegenwart und Zukunft Bedeutung haben muss. [...]

Dieses Denkmal – mit dem Ort der Information – kann uns Heutigen und den nachfolgenden Generationen ermöglichen, mit dem Kopf und mit dem Herzen sich dem unbegreiflichen Geschehenen zu stellen.

Was heute noch in großer Eindringlichkeit Zeitzeugen erzählen können, müssen in Zukunft Museen, muss die Kunst vermitteln. Wir sind gegenwärtig in einem Generationenwechsel, einem Gezeitenwechsel, wie manche sagen: Nationalsozialismus, Krieg und organisierter Völkermord werden immer weniger lebendige Erfahrung von Zeitzeugen bleiben und immer mehr zu Ereignissen der Geschichte; sie wechseln von persönlicher, individuell beglaubigter Erinnerung in das durch Wissen vermittelte kollektive Gedächtnis. Das Denkmal ist Ausdruck dieses Überganges.

Zit. nach: www.bundestag.de/aktuell/presse/2005/pz_0505101.html (Zugriff: 4. Juli 2008)

[1] Monstrosität: Ungeheuerlichkeit

1. *Diskutiert, ob das Denkmal (M3) die in M4 genannten Ziele erfüllt. Berücksichtigt dabei die Bildlegende und M5.*
2. *In der Diskussion um die Errichtung des Denkmals wurde vor allem ein Einwand immer wieder erhoben: Es sollte nicht – wie die Bundesregierung 1992 entschieden hatte – nur den Juden gewidmet sein, sondern allen Opfern der Nazi-Herrschaft. Erörtert diesen Einwand.*
3. *In der Eröffnungsrede (M3) werden die Begriffe „individuelle Erinnerung“ und „kollektives Gedächtnis“ benutzt. Erkläre die beiden Begriffe. Arbeite die Unterschiede heraus.*
4. *Entwickelt Vorschläge für den Umgang mit dem Holocaust-Gedenktag an eurer Schule.*

27.01.: Sowjetische Truppen befreien das Konzentrationslager Auschwitz

08.05.: Die bedingungslose Kapitulation Deutschlands tritt in Kraft

1945 1946

Kompetenzen überprüfen

M 1 Am Abend des 30. Januar 1933 in Berlin
Nachgestellte Szene für einen im Sommer 1933 produzierten NS-Film
Die Berliner SA marschiert mit Pauken und Trompeten durch das Brandenburger Tor.

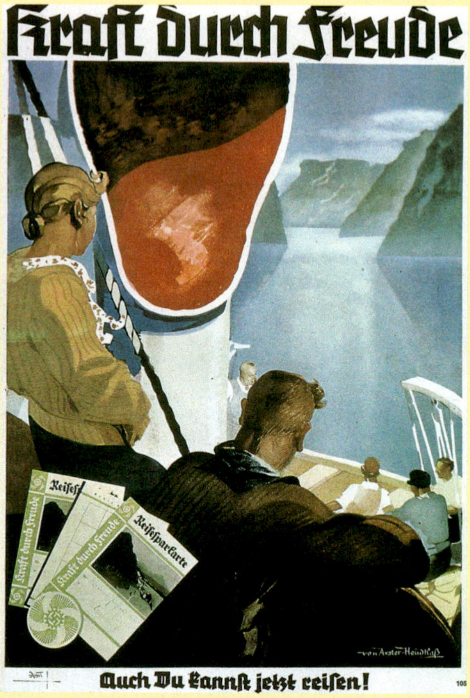

M 3 Reisewerbung
Plakat von 1934

M 2 Wie sich die NS-Herrschaft entwickelte

M 4 Loyalität und Mitarbeit

Der Historiker Paul Nolte stellt 2012 die Behauptung auf:

Ohne die Loyalität[1] und Mitarbeit von Teilen der Bevölkerung ist eine Diktatur nicht vorstellbar, schon gar nicht eine moderne des 20. Jahrhunderts. Denn sie kann weder hinter die politische Massenmobilisierung noch hinter die technisch ermöglichte Präsenz[2] eines Massenpublikums zurückfallen; die Nationalsozialisten haben sich beides sogar auf besondere und manchmal innovative[3] Weise zunutze gemacht.

Paul Nolte, Was ist Demokratie? Geschichte und Gegenwart, München 2012, S. 271

[1] Loyalität: Treue (hier: gegenüber der Regierung)
[2] Präsenz: Anwesenheit
[3] innovativ: etwas Neues schaffend

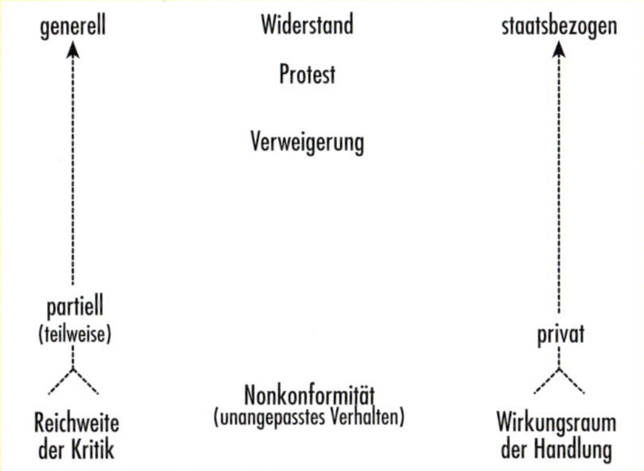

M5 Abweichendes Verhalten oder Widerstand?
Der Historiker Detlev Peukert hat Formen abweichenden Verhaltens geordnet. Als Widerstand definiert er nur die Verhaltensformen, in „denen das NS-Regime als Ganzes abgelehnt wurde und Maßnahmen zur Vorbereitung des Sturzes des NS-Regimes im Rahmen der Handlungsmöglichkeiten des jeweils einzelnen Subjektes“ getroffen wurden.
Nach: Detlev Peukert, Volksgenossen und Gemeinschaftsfremde, Köln 1982, S. 97

M6 Erinnerung an den 20. Juli 1944
Sonderbriefmarken der Deutschen Bundespost von 1964

M7 Abweichendes Verhalten
Foto von 1936 (Ausschnitt)
Auf diesem Foto sind Arbeiter und Angestellte einer Hamburger Werft zum Stapellauf eines Schiffes am Hafen versammelt. Fast alle haben den Arm zum „Deutschen Gruß“ erhoben. Nur ein Mann hat seine Arme demonstrativ verschränkt.

M9 Auf praktisch gelebte Verantwortung angewiesen
Der Leiter der Gedenkstätte Buchenwald, Volkhard Knigge, schreibt 1999:
Was einmal möglich gewesen ist, kann sich wiederholen, ganz oder teilweise oder so ähnlich. Nicht nur die Weltgeschichte, sondern auch die europäische Geschichte nach 1945 belegen dies. Freiheit, Rechtsstaatlichkeit, Toleranz, mitmenschliche Solidarität, die entschiedene Verneinung von Antisemitismus, Rassismus und Feindschaft den angeblich Fremden gegenüber und schließlich Menschenrechte sind auf praktisch gelebte politische und individuelle Verantwortung angewiesen. Sonst existieren sie nicht.
Volkhard Knigge, Statt eines Vorworts: Vorgeschichte einer Ausstellung, in: Harry Stein, Konzentrationslager Buchenwald 1937-1945. Begleitband zur ständigen historischen Ausstellung, Göttingen [8]2011, S. 14

M8 Auschwitz-Häftlinge am Tag der Befreiung
Foto vom 27. Januar 1945

1. *Vergleiche das Foto (M1) mit dem Foto auf S. 103. Welchen Zweck verfolgt die Nachstellung der Szene?*
2. *Schildere mithilfe der Abbildungen (M2), wie sich die NS-Herrschaft entwickelte. Du kannst auch dir wichtig erscheinende Ereignisse ergänzen.*
3. *Erörtere, wie die NS-Herrschaft funktionieren konnte. Beziehe in deine Argumentation M1, M3 und M4 ein.*
4. *Stelle an mehreren Beispielen aus unterschiedlichen Zeiten und Ländern dar, wie eine Ideologie das Leben der einzelnen Menschen beeinflusst.*
5. *Prüfe die Aussage: Der Zweite Weltkrieg ist ein Beispiel für die Auseinandersetzung von Ideologien.*
6. *Beschreibe den Wandel von Familie, Jugend und Freizeit in Kaiserreich, Weimarer Republik und Nationalsozialismus.*
7. *Untersuche, ob sich im Hinblick auf die Entwicklung der Lebensbedingungen vom Kaiserreich bis zum Nationalsozialismus von Fortschritt sprechen lässt.*
8. *Erkläre das Schaubild (M5) und setze dich mit Peukerts Definition auseinander. Bewerte sie unter Berücksichtigung von M6 und M7.*
9. *„Es gab nicht nur den 20. Juli!“ Nimm Stellung zu dieser Aussage und den Briefmarken (M6).*
10. *Das Foto M7 gilt heute als Sinnbild für Zivilcourage. Erkläre!*
11. *Erläutere den menschenverachtenden Spruch über dem Eingang des KZ Auschwitz (M8). Begründe, weshalb alljährlich am 27. Januar weltweit an die Opfer des Holocaust erinnert wird.*
12. *Nimm Stellung zu M9 und leite Forderungen aus dem Text ab.*

2

Die Welt nach 1945

M 1 Schwerter zu Pflugscharen
Foto von 2008
Diese Skulptur ist ein Geschenk der Sowjetunion 1959 an die UNO. Sie steht vor dem UN-Hauptquartier in New York.

M 2 Konfrontation
Foto vom August 1961 (Ausschnitt)
Sowjetische und amerikanische Panzer stehen sich am Checkpoint Charlie, an der Grenze zwischen West- und Ost-Berlin, gegenüber.
Die Vorgeschichte zu dem Foto: Nachdem die DDR den freien und unkontrollierten Zugang der Westalliierten (USA, Großbritannien, Frankreich) nach Ost-Berlin infrage gestellt hatte, marschierten amerikanische Panzer auf. Wenig später standen sie in wenigen hundert Metern Entfernung sowjetischen gegenüber.

M 3 Gipfeltreffen
Foto vom 1. November 1985
Der sowjetische Parteichef der KPdSU, Michail Gorbatschow und US-Präsident Ronald Reagan treffen sich bei der ersten ihrer fünf Gipfelkonferenzen. Die beiden führenden Politiker der beiden Supermächte verhandelten über Abrüstung.

Nach dem Zusammenbruch des Deutschen Reiches standen die Menschen vor gewaltigen Herausforderungen und kämpften ums bloße Überleben. Die Infrastruktur des Landes, ein großer Teil der Wohngebäude und Industrieanlagen waren zerstört. Wer als verfolgte Minderheit, als Zwangsarbeiter oder Kriegsgefangener die während des Nazi-Regimes begangenen Verbrechen und Gräuel überlebt hatte, hatte ein ungewisses Schicksal. Millionen von Deutschen waren auf der Flucht oder wurden vertrieben.
Das Deutsche Reich war in den Händen der Siegermächte. Wie es mit Deutschland politisch und wirtschaftlich weiterging, hing entscheidend davon ab, ob sich die Anti-Hitler-Koalition einigen konnte. Sehr schnell wurde jedoch deutlich, dass der Interessengegensatz zwischen den USA und der UdSSR als den beiden mächtigsten Staaten der Erde zu groß war. Zwei Systemblöcke bildeten und verfestigten sich, hochgerüstet auch mit Atomwaffen. Deren Grenze verlief entlang der beiden deutschen Staaten, die sich 1949 gründeten – im Westen die Bundesrepublik, im Osten die DDR.
Etwa vierzig Jahre später, nach der Auflösung des Ostblocks, war die Hoffnung auf eine friedliche Weltordnung groß. Eine bedeutende Rolle sollte dabei unter anderem die europäische Gemeinschaft haben, der nun auch Staaten des ehemaligen Warschauer Paktes beitraten. Aber neue Herausforderungen entstanden, alte Konflikte brachen auf. Die Globalisierung beschleunigte sich nochmals und droht, die Kluft zwischen den reich industrialisierten Staaten und den armen Ländern der Erde, von denen der größte Teil ehemalige Kolonien sind, zu vergrößern.

1. *Informiere dich, woher das Schlagwort „Schwerter zu Pflugscharen" stammt (M1).*
2. *Erkläre, inwiefern diese Skulptur das Anliegen der UNO widerspiegelt (M1). Welche Bedeutung hat dabei die Tatsache, dass die Sowjetunion diese Plastik der Weltorganisation zum Geschenk gemacht hat, die vor allem auf Initiative des US-Präsidenten Roosevelt am Ende des Zweiten Weltkrieges entstand.*
3. *Begründe, warum das Foto M2 oft für die Darstellung des Konfliktes zwischen den Machtblöcken USA und der UdSSR verwendet wird.*
4. *Stellt in der Klasse zusammen,*
   - *von welchen Ereignissen der deutschen und internationalen Geschichte zwischen 1945 und heute ihr schon gehört oder gelesen habt,*
   - *an welche historischen Ereignisse ihr eigene Erinnerungen habt.*

   Ordnet die Ereignisse nach den euch bekannten Kategorien, recherchiert im Internet nach dazu passenden Bildern und gestaltet eine Wandzeitung.
   Vergleicht im Laufe des Unterrichts, welche dieser Ereignisse dort besprochen werden und welche noch hinzukommen.
5. *Erstellt eine Liste von Personen aus eurer Familie oder eurem Bekanntenkreis, die ihr zu Ereignissen der Geschichte seit 1945 befragen könnt.*

Orientierung gewinnen: Deutschland und die geteilte Welt nach 1945

Gründe für die Uneinigkeit der siegreichen Anti-Hitler-Koalition waren nicht nur die unterschiedlichen politisch-wirtschaftlichen Systeme und Ideologien. Auch die westlichen Alliierten behandelten zunächst ihre Besatzungszonen unterschiedlich. Durch den entstehenden Ost-West-Gegensatz bekamen die Besatzungszonen aber auch eine machtpolitische Bedeutung.
Angefangen bei den Städten und Gemeinden begann die politische Neuordnung Deutschlands von unten. Ab 1946 entstanden mit Erlaubnis der Alliierten Länder wie zum Beispiel Rheinland-Pfalz. Die beiden 1949 gegründeten deutschen Staaten, die Bundesrepublik Deutschland und die Deutsche Demokratische Republik, hatten unterschiedliche politische und wirtschaftliche Systeme. Sie gehörten zu den „Frontstaaten" im Kalten Krieg und standen dadurch oft im Mittelpunkt der Weltpolitik.

Die weltpolitische Lage nach 1945 wird oft mit den Schlagworten „bipolare Welt" und „Nord-Süd-Konflikt" bezeichnet. Der erste Begriff bezieht sich auf die Konfrontation der Blöcke in Ost und West und damit auch der beiden deutschen Staaten. Der zweite bezeichnet den Gegensatz zwischen den Industriestaaten und den armen Staaten der Erde, die meist ehemalige Kolonien sind. Wie formierten sich die neuen politische Strukturen? Wie wirkte sich die Einbindung der Bundesrepublik und der DDR in die neuen Machtblöcke auf Politik und Gesellschaft aus? Welchen Gestaltungsspielraum hatten die deutschen Politiker in den entstehenden deutschen Staaten? Welche Zusammenschlüsse von Staaten entstanden neben den militärischen Bündnissen? In welchem Zusammenhang standen politische Blockbildung und wirtschaftliche Zusammenarbeit in Europa? Wie kam es dazu, dass viele Kolonien die Unabhängigkeit erreichten?

Nach dem Zweiten Weltkrieg mussten die Menschen in den vom Krieg zerstörten Ländern gewaltige Herausforderungen bewältigen und sich an neue gesellschaftliche Strukturen gewöhnen. Sozialismus im Osten und Liberalismus im Westen definierten die Rolle der Menschen in der Gesellschaft und zentrale Begriffe wie Freiheit, Mitbestimmung und Solidarität unterschiedlich. Wie gestaltete sich das (Zusammen-)Leben der Menschen nach den Zerstörungen durch den Zweiten Weltkrieg? Welche Vorstellungen von einer idealen Gesellschaft und von der Rolle des Einzelnen herrschten in den gegensätzlichen Systemblöcken? Inwiefern gab es Abweichungen von dieser Idealvorstellung? Wie gelang es, die Vertriebenen in der Bundesrepublik zu integrieren? Wie entwickelte sich das neu gegründete Bundesland Rheinland-Pfalz im Nachkriegsdeutschland?

Ein zentraler Bereich, auf dem die Rivalität der beiden Machtblöcke ausgetragen wurde, war auch der Wettstreit zwischen den jeweiligen wirtschaftlichen Systemen, Planwirtschaft und Marktwirtschaft. Inwiefern waren die unterschiedlichen Wirtschaftsformen eng mit dem politischen System der jeweiligen Seite verknüpft? Welche Kritik gab es an dem Wirtschaftssystem der Gegenseite? Wie wirkten sich die Wirtschaftsformen in der Bundesrepublik und in der DDR auf die Lebenswelten der Menschen aus? Wie entwickelten sich ehemalige Kolonien?

Deutschland in vier Besatzungszonen aufgeteilt
Bundesrepublik Deutschland
Deutsche Demokratische Republik

1945
bedingungslose Kapitulation des Deutschen Reiches
Gründung der UNO
Indien und Pakistan werden unabhängig
1950
Gründung der NATO
Die Montanunion ist die erste Etappe der europäischen Integration
Volksaufstand in der DDR

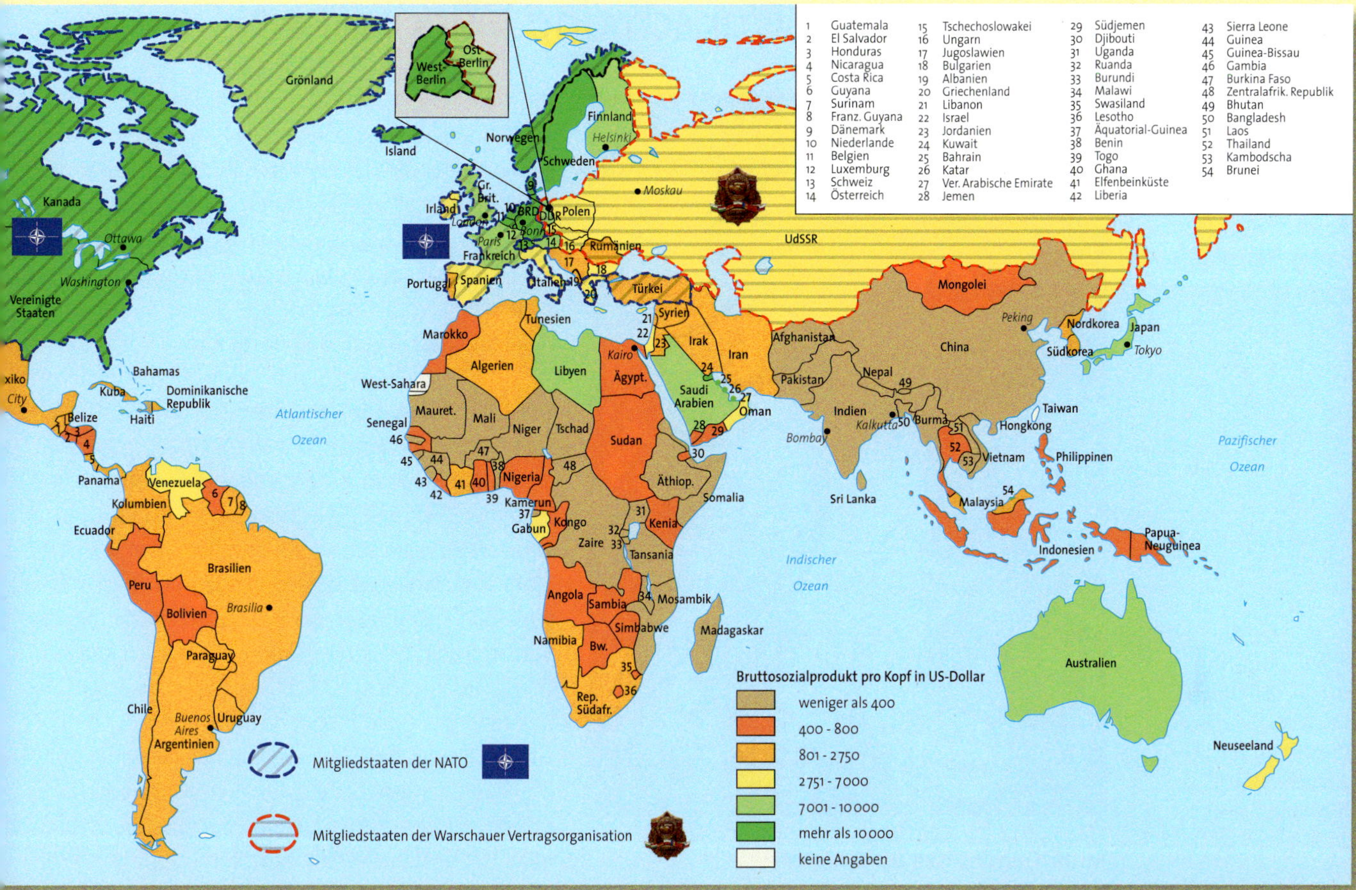

M Die Welt in den 1980er-Jahren

Der ideologische Wettstreit um das „freiheitliche" bzw. das sozialistische Gesellschaftssystem wurde weltweit ausgetragen. Für das Westbündnis um die USA stellte sich dabei die Frage, inwiefern auch autoritäre System, die Werte wie Menschenrechte und freie Mitbestimmung in ihren Ländern nicht gewähren, im Kampf gegen den Kommunismus unterstützt werden sollten. Was sind die Kennzeichen der jeweiligen Gesellschaftssysteme? Wie wirkten sich die unterschiedlichen Menschenbilder in demokratischen und autoritären Herrschaftssystemen auf das Leben der Menschen aus? Welche Werte und Überzeugungen hatten bei der beginnenden europäischen Einigung eine große Bedeutung?

1. *Beschreibe die „Aufteilung der Welt" im Kalten Krieg (M).*
2. *Stelle Vermutungen an, warum die beiden Verteidigungsbündnisse, die sich im Kalten Krieg feindlich gegenüber standen, nur Mitgliedstaaten aus der nördlichen Erdhalbkugel umfassen (M).*
3. *Nenne Gründe, warum die Staaten der Südhalbkugel von Armut besonders betroffen sind.*

1955 – Warschauer Pakt wird gegründet
Aufstände in Polen und Ungarn
1960 – Ruanda wird unabhängig
1963

„Eine Welt" – Wunsch und Wirklichkeit

M1 „Time to Bridge the Gulch"
Karikatur von Bruce Russell für die „Los Angeles Times", November 1945

Mehr Gegensätze als Einigkeit

Am Ende des Zweiten Weltkrieges war bereits deutlich geworden, dass die Weltgeschichte künftig vor allem von zwei Mächten bestimmt werden würde: den Vereinigten Staaten von Amerika und der Sowjetunion. In der Nachkriegszeit versuchten die beiden kriegsentscheidenden Mächte, ihren politischen und wirtschaftlichen Einfluss auf Europa und die übrige Welt durchzusetzen. Die beiden Weltmächte trennten aber tief greifende weltanschauliche Unterschiede. Die Vereinigten Staaten vertraten eine freiheitliche, demokratische Ordnung, in der

- die Freiheit des Einzelnen durch Grundrechte und eine unabhängige Rechtsprechung garantiert wird,
- politische Macht nur durch regelmäßige freie Wahlen errungen werden kann,
- Meinungsvielfalt herrscht und
- freier privater Wettbewerb die Grundlage der Wirtschaftsordnung ist.

Zur Absicherung der sowjetischen Machtposition in Europa und Asien wollte Stalin die kommunistische Gesellschafts- und Wirtschaftsordnung durch eine „sozialistische Weltrevolution" auf andere Länder ausdehnen. Er strebte eine Ordnung an, in der

- die Interessen der Gesellschaft (wie sie die Kommunistische Partei verstand) grundsätzlich über die Grundrechte des Einzelnen gestellt sind,
- die Produktionsmittel verstaatlicht sind
- und eine vom Staat gelenkte Wirtschaft die ökonomische Ordnung bestimmt.

Die Gründung der Vereinten Nationen

Trotz des entstehenden Ost-West-Gegensatzes zwischen den beiden entgegengesetzten (bipolaren) Systemen hielten die Mächte an dem Plan fest, eine neue Weltorganisation zu gründen. Am 25. Juni 1945 – in Japan dauerte der Krieg noch an – beschlossen in San Francisco 50 Staaten einstimmig die Satzung der Vereinten Nationen (engl. United Nations Organization: **UNO**). Feierlich erklärten die Staaten, die „kommenden Generationen vor der Geißel des Krieges" bewahren zu wollen.

Die Hauptverantwortung für den Weltfrieden und mögliche Maßnahmen gegen Friedensstörer wurde dem UN-Sicherheitsrat übertragen. Ihm gehörten und gehören noch immer die fünf Großmächte USA, Sowjetunion (ab 1990 Russland), Großbritannien, Frankreich und Republik China (ab 1971 Volksrepublik China) als ständige Mitglieder an. Hinzu kommen weitere zehn Staaten für jeweils zwei Jahre. Die Satzung räumt jedem ständigen Mitglied des Sicherheitsrates das Recht ein, eine Entscheidung durch sein Nein zu verhindern (Vetorecht).

1. *Erkläre, warum die beiden Großmächte USA und Sowjetunion nach dem Ende des Zweiten Weltkrieges zu Gegnern wurden.*
2. *Erläutere, wie der Zeichner das Verhältnis UdSSR – USA sieht (M1).*
3. *Stelle Vermutungen an, warum die genannten fünf Staaten den UN-Sicherheitsrat bildeten.*
4. *Beurteile, ob diese Zusammensetzung des Sicherheitsrates für die Durchsetzung des Friedens durch die UNO vorteilhaft oder hinderlich war.*

M2 Aus der Charta der UNO

Die Charta (Grundgesetz) tritt am 24. Oktober 1945 in Kraft, nachdem die fünf Großmächte China, Frankreich, Großbritannien, UdSSR und USA sowie die Mehrheit der übrigen Unterzeichnerstaaten die Ratifikationsurkunden[1] bei der US-Regierung hinterlegt haben.

Artikel 1

Die Vereinten Nationen setzen sich folgende Ziele:

1. den Weltfrieden und die internationale Sicherheit zu wahren und zu diesem Zweck wirksame Kollektivmaßnahmen[2] zu treffen, um Bedrohungen des Friedens zu verhüten und zu beseitigen, Angriffshandlungen und andere Friedensbrüche zu unterdrücken und internationale Streitigkeiten oder Situationen, die zu einem Friedensbruch führen könnten, durch friedliche Mittel nach den Grundsätzen der Gerechtigkeit und des Völkerrechts zu bereinigen oder beizulegen;
2. freundschaftliche, auf der Achtung vor dem Grundsatz der Gleichberechtigung und Selbstbestimmung der Völker beruhende Beziehungen zwischen den Nationen zu entwickeln und andere geeignete Maßnahmen zur Festigung des Weltfriedens zu treffen;
3. eine internationale Zusammenarbeit herbeizuführen, um internationale Probleme wirtschaftlicher, sozialer, kultureller und humanitärer Art zu lösen und die Achtung vor den Menschenrechten und Grundfreiheiten für alle ohne Unterschied der Rasse, des Geschlechts, der Sprache oder der Religion zu fördern und zu festigen.

Artikel 2

[...] 3. Alle Mitglieder legen ihre internationalen Streitigkeiten durch friedliche Mittel so bei, dass der Weltfriede, die internationale Sicherheit und die Gerechtigkeit nicht gefährdet werden. [...]

7. Aus dieser Charta kann eine Befugnis der Vereinten Nationen zum Eingreifen in Angelegenheiten, die ihrem Wesen nach zur inneren Zuständigkeit eines Staates gehören, [...] nicht abgeleitet werden [...].

Artikel 41

Der Sicherheitsrat kann [...] die vollständige oder teilweise Unterbrechung der Wirtschaftsbeziehungen [...] und den Abbruch der diplomatischen Beziehungen beschließen.

M3 „A fine team – but could do with a dash of unity ..."
Karikatur des britischen Zeichners David Low, Juni 1945
Die „Spieler" sind (von links nach rechts): der sowjetische Partei- und Staatschef Josef W. Stalin, der britische Premierminister Winston S. Churchill, der amerikanische Präsident Harry S. Truman und der französische Ministerpräsident Charles de Gaulle. Die Spielregel (Kasten oben links) lautet: „All players to play together, but not so as to cramp any player's style. (That would be unrealistic.)"

Artikel 42

Ist der Sicherheitsrat der Auffassung, dass die in Artikel 41 vorgesehenen Maßnahmen unzulänglich sein würden oder sich als unzulänglich erwiesen haben, so kann er mit Luft-, See- oder Landstreitkräften die zur Wahrung oder Wiederherstellung des Weltfriedens und der internationalen Sicherheit erforderlichen Maßnahmen durchführen. Sie können Demonstrationen, Blockaden und sonstige Einsätze der Luft-, See- oder Landstreitkräfte von Mitgliedern der Vereinten Nationen einschließen.

Zit. nach: Peter J. Opitz und Volker Rittberger (Hrsg.), Forum der Welt. 40 Jahre Vereinte Nationen, Bonn 1986, S. 318ff.

[1] Ratifikation: Bestätigung eines von einer Regierung abgeschlossenen Vertrages durch das Parlament

[2] Kollektivmaßnahmen: gemeinsame Maßnahmen

1. *Die UN-Charta wurde beeinflusst von der Entstehung und dem Verlauf des Zweiten Weltkrieges. Arbeite die Bestimmungen heraus, die dies deutlich machen (M2).*
2. *Diskutiert, welche Probleme sich aus Artikel 2 für die Wirksamkeit der UNO ergeben (M2).*
3. *Erläutere Lows Haltung zur Gründung der UNO (M3).*

Die Teilung der Welt

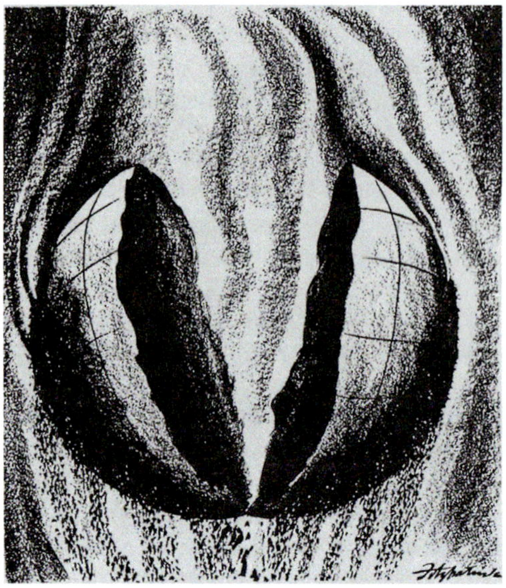

M 1 Die Illusion des „One-World-Gedankens“
Karikatur aus dem „St. Louis Post-Dispatch“ vom 12. März 1946

Der „Eiserne Vorhang“

Stalin betrachtete Ostmitteleuropa als sowjetisches Einflussgebiet. Estland, Lettland und Litauen sowie Teile Finnlands, Polens, Rumäniens, Ostpreußens und der östlichen Tschechoslowakei waren von sowjetischen Truppen besetzt und wurden nun sowjetischer Verwaltung unterstellt. Damit wurden etwa 23 Millionen Menschen in die Sowjetunion eingegliedert.

Moskau beeinflusste die Zusammensetzung der Regierungen in Polen, Ungarn, Rumänien und Bulgarien. Nichtkommunistische Parteien wurden unterdrückt oder verboten, Wahlergebnisse verfälscht. Nach dem sowjetischen Vorbild enteigneten die Kommunisten in diesen Ländern die Bauern, verstaatlichten die wichtigsten Industrien und Banken und führten eine zentral gelenkte Planwirtschaft[1] ein. All diese Staaten mussten die Führungsrolle der UdSSR anerkennen.

Der britische Premierminister sprach damals vom „Eisernen Vorhang“, der von den Sowjets „quer durch den Kontinent“ gezogen worden sei.

„Lager“ und „Blöcke“ entstehen

Die Ausweitung des sowjetischen Einflusses machte auch vor Ländern im Fernen und Nahen Osten sowie in Vorderasien nicht halt. Der amerikanische Präsident Harry S. Truman reagierte mit der **Containment-Politik** (dt. Eindämmungspolitik). Er versprach im März 1947 jeder Nation, die sich für die demokratische Lebensweise entscheide, amerikanische Unterstützung (Truman-Doktrin).

Und im Juni 1947 kündigte der US-Außenminister George C. Marshall ein umfangreiches Programm zum wirtschaftlichen Wiederaufbau Europas an (**Marshall-Plan**).

Aus Lagern werden Blöcke

Ein weiteres Mittel, das sowjetische Machtstreben einzudämmen, war der militärische Zusammenschluss. Am 4. April 1949 wurde in Washington die Nordatlantische Verteidigungsgemeinschaft (engl. North Atlantic Treaty Organization: **NATO**) gegründet. Die zwölf Gründungsmitglieder erklärten es zu ihrem Ziel, gemeinsam „Frieden und Sicherheit im nordatlantischen Raum zu schützen und Stabilität und Wohlstand dort zu entwickeln“. Die UdSSR antwortete darauf erst im Jahr 1955, indem sie die von ihr abhängigen Staaten im östlichen Europa im **Warschauer Pakt** militärisch zusammenschloss.

Bereits vor der Gründung der NATO hatten die kommunistisch regierten Staaten die Teilung der Welt in „zwei Lager“ verkündet. Und auf die amerikanische Eindämmungspolitik und den Marshall-Plan reagierte die UdSSR Anfang 1949 mit der Errichtung des **Rates für Gegenseitige Wirtschaftshilfe** (RGW). Die Mitgliedstaaten mussten sich vom kapitalistischen Westen abgrenzen und ihre Wirtschaftspläne mit der Sowjetunion abstimmen.

Der Kalte Krieg

Kennzeichen der damit vollzogenen **Blockbildung** war ein **Kalter Krieg**: ein von Misstrauen und Propaganda bestimmter Konkurrenzkampf zwischen der westlichen (parlamentarisch-demokratischen) und östlichen (kommunistischen) Welt. Nach 1945 setzte die Sowjetunion alles daran, die atomare Überlegenheit der USA auszugleichen. Ein Wettrüsten setzte ein. Die jeweilige Fähigkeit zur totalen Zerstörung des Gegners veränderte die Außenpolitik der Atommächte. Sie verlagerten ihre offenen Feindseligkeiten aus dem industrialisierten Mitteleuropa in die politisch zerbrechlichen und wirtschaftlich schwachen Staaten.

1. *Skizziere, wodurch die beiden Blöcke gekennzeichnet sind.*
2. *Erkläre den Unterschied zwischen den Blöcken mit den Bündnissystemen vor dem Ersten Weltkrieg.*
3. *Nimm Stellung, ob die Bezeichnung „Kalter Krieg“ passend ist.*

[1] Vgl. dazu S. 214.

Containment-Politik* Marshall-Plan* NATO* Warschauer Pakt*
Rat für Gegenseitige Wirtschaftshilfe* Blockbildung Kalter Krieg

M2 Die Truman-Doktrin

In einer Rede vor dem Kongress fordert US-Präsident Truman am 12. März 1947 die Bereitstellung von 400 Millionen Dollar zur Unterstützung Griechenlands und der Türkei. Dadurch will er verhindern, dass kommunistische Kräfte im griechischen Bürgerkrieg die Macht an sich reißen. Die Begründung dieser Forderung wird heute als theoretische Grundlage der amerikanischen Eindämmungspolitik bezeichnet.

Im gegenwärtigen Abschnitt der Weltgeschichte muss fast jede Nation ihre Wahl in Bezug auf ihre Lebensweise treffen. Nur allzu oft ist es keine freie Wahl. Die eine Lebensweise gründet sich auf den Willen der Mehrheit und zeichnet sich durch freie Einrichtungen, freie Wahlen, Garantie der individuellen Freiheit, Rede- und Religionsfreiheit und Freiheit vor politischer Unterdrückung aus.

Die zweite Lebensweise gründet sich auf den Willen einer Minderheit, der der Mehrheit aufgezwungen wird. Terror und Unterdrückung, kontrollierte Presse und Rundfunk, fingierte Wahlen und Unterdrückung der persönlichen Freiheiten sind ihre Kennzeichen.

Ich bin der Ansicht, dass es die Politik der Vereinigten Staaten sein muss, die freien Völker zu unterstützen, die sich der Unterwerfung durch bewaffnete Minderheiten oder durch Druck von außen widersetzen.

Ich glaube, dass wir den freien Völkern helfen müssen, sich ihr eigenes Geschick nach ihrer eigenen Art zu gestalten. [...]

Die Saat der totalitären Regime gedeiht in Elend und Mangel. Sie verbreitet sich und wächst in dem schlechten Boden von Armut und Kampf. Sie wächst sich vollends aus, wenn in einem Volk die Hoffnung auf ein besseres Leben ganz erstirbt. Wir müssen diese Hoffnung am Leben erhalten. Die freien Völker der Erde blicken auf uns und erwarten, dass wir sie in der Erhaltung der Freiheit unterstützen.

Zit. nach: Herbert Michaelis u. a. (Hrsg.), Ursachen und Folgen. Vom deutschen Zusammenbruch 1918 und 1945 bis zur staatlichen Neuordnung in der Gegenwart, Bd. 25, Berlin o. J., S. 148 ff. (übers. von Ernst Schraepler)

M3 Ausdehnung des sowjetischen Herrschaftsbereiches in Europa

M4 Die „zwei Lager"

Die Aufgabe des im September 1947 gegründeten Kommunistischen Informationsbüros soll die Anleitung der kommunistischen Bewegung unter der Führung der KPdSU sein. Auf der Gründungstagung erklärt die Kominform zur internationalen Entwicklung:

Die Meinungsverschiedenheiten in der Zielsetzung des Krieges und der Aufgaben der Nachkriegsgestaltung haben sich in der Nachkriegszeit vertieft. Es bildeten sich zwei einander entgegengesetzte politische Richtungen heraus: auf dem einen Pol die Politik der UdSSR und der demokratischen Länder, die auf Überwindung des Imperialismus und Festigung der Demokratie gerichtet ist, auf dem anderen die Politik der USA und Großbritanniens, die auf Stärkung des Imperialismus und Drosselung der Demokratie abzielt. [...] Auf diese Weise entstanden zwei Lager.

Zit. nach: Archiv der Gegenwart, XVI./XVII. Jg. (1946/47), S. 1207 f. (überarbeitet)

1. *Erläutere die Ziele der Truman-Doktrin (M2) und der Kominform (M4).*
2. *Vergleiche, wie in M2 und M4 die politische Lage der Nachkriegszeit beurteilt wird.*
3. *Nimm Stellung zur politischen Haltung der Autoren in M2 und M4.*
4. *Beschreibe die Lage der europäischen Staaten und besonders Deutschlands innerhalb der Blöcke (M3).*

Überleben in Ruinen

M 1 Notwohnung
Foto vom November 1946

Das Trümmerfeld

Weite Teile Europas lagen 1945 in Trümmern. Not und Hunger gehörten zum Alltag der Überlebenden. In den früher von Deutschen besetzten Gebieten der Sowjetunion und den Staaten Ostmitteleuropas waren die Schäden gewaltig. Deutschland schien im Mai 1945 nicht mehr zu bestehen. Millionen Deutsche waren bei Kriegsende unterwegs. Familien waren zerrissen, Frauen suchten ihre Männer, Eltern ihre Kinder, Kinder ihre Angehörigen. Flüchtlinge, Vertriebene und Ausgebombte waren auf der Suche nach einem Dach über dem Kopf. Kleine und große Nazis bemühten sich unterzutauchen. Hinzu kamen zehn bis zwölf Millionen Displaced Persons. Das waren unter anderem die ausländischen Zwangsarbeiter und Kriegsgefangenen, die während des Krieges ins Deutsche Reich verschleppt worden waren, um in der Rüstungsindustrie und in der Landwirtschaft zu arbeiten, und nun in ihre Heimat zurückkehren wollten. Straßen, Schienen und Brücken waren zerstört, Flüsse nicht passierbar, zahllose Lokomotiven, Waggons und Kraftfahrzeuge unbrauchbar.

Not und Hunger

In den zerbombten Städten herrschte Wohnungsnot. Kohle, Gas, Wasser und Strom fehlten. Die Hauptlast in dieser unmittelbaren Nachkriegszeit trugen die Frauen. Viele Männer waren gefallen. Elf Millionen deutsche Soldaten befanden sich bei Kriegsende in Gefangenschaft. Die Frauen mussten nicht nur für die Kinder und Alten sorgen, sondern auch die Trümmer beseitigen.
Die Bevölkerung konnte nur unzureichend mit Lebensmitteln versorgt werden. Lebensmittelkarten und Bezugsscheine gab es in Deutschland seit Kriegsbeginn. War die durchschnittliche Kalorienration einer Person kurz vor Kriegsende bereits von 3000 auf etwa 2000 Kalorien abgesunken, halbierte sie sich bis Mitte 1946 noch einmal. Für einen „Normalverbraucher" hieß dies beispielsweise, dass er täglich mit zwei Scheiben Brot, etwas Margarine, einem Löffel Milchsuppe und zwei Kartoffeln auskommen musste. Fehlende Maschinen und Düngemittel bewirkten schlechte Ernten. Bis 1948 machten viele Männer und Frauen mit Hungermärschen und -streiks auf ihre Not aufmerksam. Die Einfuhr von Nahrung und Kohle durch die Besatzungsmächte rettete vielen das Leben.

Der Schwarze Markt

Güter waren knapp, weil die Hersteller sie für Ersatzgeschäfte benötigten: Sie tauschten sie gegen Rohstoffe oder Lebensmittel für sich und ihre Belegschaften ein. Neben diesem „grauen" entstand der verbotene „schwarze" Markt. Dort wurden vor allem knappe Lebensmittel zu hohen Preisen verkauft oder gegen Wertsachen getauscht. So hätte ein Facharbeiter beispielsweise einen Monatslohn von etwa 250 Reichsmark hergeben müssen, um ein Pfund Butter zu erhalten. Mit Zigaretten hingegen konnte man auf dem Schwarzen Markt fast alles bekommen.

Lesetipps:
- Willi Fährmann, Die Stunde der Lerche, Würzburg 2010
- Klaus Kordon, Ein Trümmersommer. Roman, Weinheim [18]2013

1. *Fasse zusammen, mit welchen Problemen Frauen unmittelbar nach Ende des Zweiten Weltkrieges zu kämpfen hatten.*
2. *Schreibe einen Brief aus Sicht eines der Kinder, das in der Notwohnung leben musste (M1). Darin schildert es seinen Tagesablauf.*

M 2 „Trümmerfrauen"
Foto von Herbert Hensky aus dem Berliner Stadtbezirk Prenzlauer Berg von 1945
Die Behörden zogen seit Sommer 1945 die arbeitsfähige Bevölkerung zur Beseitigung der Trümmer heran. In einigen Besatzungszonen wurden die Frauen zu Aufräumungsarbeiten verpflichtet.

M 4 Verteilung von CARE-Paketen
Foto, um 1946/47
Im November 1945 wurde in den USA eine Vereinigung zur Organisation von Hilfssendungen (engl. Cooperative for American Remittance to Europe; abgekürzt CARE) zur Linderung der Nachkriegsnot in den europäischen Ländern gegründet. Von 1946 bis 1949 wurden rund fünf Millionen CARE-Pakete in die westlichen Zonen geschickt, um Not und Hunger zu lindern.

M 3 „Eindruck völliger Hoffnungslosigkeit"

Angela Limerick vom Britischen Roten Kreuz berichtet in einem Reisetagebuch aus Berlin:

Dienstag, 13. November 1945: Wir begannen unsere Tour in der Stadtmitte, die wirklich einen traurigen Anblick bietet. [...] Linkerhand sahen wir den ausgebrannten Reichstag und fuhren dann durch das große Brandenburger Tor, den Eingang zur Russischen Zone. [...] Man fragt sich, wann die Straßen und Plätze wohl jemals geräumt sein werden. Nazifrauen werden zu dieser Arbeit gezwungen, aber ohne richtiges Werkzeug und Transportmittel ist es eine unlösbare Aufgabe. Die Frauen bilden eine Kette, reichen die Eimer voll Schutt von Hand zu Hand, oder sie laden ihn in kleine Handwagen, da es sonst keine Transportmittel gibt. [...] Die Gesichter der Leute auf der Straße vermitteln den Eindruck völliger Hoffnungslosigkeit und Depression. [...] Auf dem Rückweg passieren wir den Schwarzmarkt, auf dem Menschenmassen öffentlich jede Art von Ware zu exorbitanten[1] Preisen kaufen und verkaufen. Ab und zu gibt es eine Razzia, aber der Markt öffnet immer wieder schnell.

Zit. nach: Mike Dennis und Johannes Steinert, Deutschland 1945-1990. Von der bedingungslosen Kapitulation zur Vereinigung, Schwalbach/Ts. 2005, S. 51 f.

Internettipp:
Zur Nachkriegszeit siehe Mediencode 31022-65

[1] exorbitant: gewaltig übertrieben

1. *Erläutere, warum die Sowjetunion die Nachkriegsnot in der SBZ nicht in dem Umfang lindern konnte wie die Vereinigten Staaten (M4, S. 172 f.).*
2. *Informiere dich über die unmittelbare Nachkriegssituation in deinem Schul- oder Wohnort. Schreibe einen Bericht.*
3. *Unterscheide, welche Probleme beim Kampf ums Überleben die Bevölkerung (zum Teil) selbst bewältigen konnte und bei welchen sie auf Unterstützung von außen angewiesen war (M1 - M4, Verfassertext).*

08.05.: Die bedingungslose Kapitulation Deutschlands tritt in Kraft

Not und Hunger herrschen im besiegten Deutschland

1945 — 1950

Deutschland unter alliierter Herrschaft

M 1 Die Alliierten in Berlin
Foto vom Juni 1945

Die Konferenz von Potsdam

Im Sommer 1945 kamen die Regierungschefs der USA, der UdSSR und Großbritanniens in Potsdam zusammen, um über die Zukunft Deutschlands zu entscheiden. Ihr Hauptziel war es, „Deutschland daran zu hindern, je wieder eine Bedrohung des Weltfriedens zu werden". Darüber hinaus hielten die „Großen Drei" an folgenden gemeinsamen Besatzungszielen fest:

- die Entwaffnung und Entmilitarisierung,
- den Abbruch bzw. Abbau kriegswichtiger Industrieanlagen (Demontage),
- die Entlassung von Nationalsozialisten aus Ämtern in Staat und Gesellschaft (Entnazifizierung) und die Verurteilung von Kriegsverbrechern,
- die Demokratisierung des politischen Lebens (z. B. Zulassung von Parteien, Wiederaufbau der lokalen Selbstverwaltung nach demokratischen Grundsätzen) sowie
- die Dezentralisierung (Aufteilung) der bisherigen zentralen Verwaltung und Zerschlagung der großen Konzerne.

Gemeinsame Interessen?

Einig waren die Siegermächte bei der Entmilitarisierung. Es sollte kein deutsches Militär mehr geben und alle Kriegswaffen mussten an die Siegermächte abgegeben werden. Einig war man sich auch darin, vorläufig keine deutsche Zentralregierung einzurichten.

Bei anderen Punkten hatten die Sieger jedoch ganz unterschiedliche Vorstellungen. So konnte nach Ansicht der UdSSR ein Land, in dem Wirtschaftsunternehmen und Banken großen Einfluss besitzen, keine Demokratie sein. Zur Demokratisierung gehörte für sie daher unbedingt die Verstaatlichung großer Konzerne. In einer westlichen Demokratie hingegen soll der Mensch seine Persönlichkeit in Gesellschaft und Wirtschaft frei entfalten. Besonders wichtig sind daher freie Wahlen. Diese gab es im sowjetischen Machtbereich nicht. In einer sozialistischen „Volksdemokratie" sollte die kommunistische Partei die „wahren Interessen" der Menschen durchsetzen, notfalls gegen eine Mehrheit und mit Gewalt.

Streit um Land

Streit drohte in Potsdam auch wegen der Festlegung neuer Grenzen in Europa. Bereits auf den Kriegskonferenzen hatten die Westmächte akzeptiert, dass die Sowjetunion die 1939 eroberten Teile Polens und das Gebiet um Königsberg übernehmen und Polen auf Kosten des Deutschen Reiches entschädigt werden sollte. Eine genaue Bestimmung der polnischen Westgrenze war offengeblieben. Inzwischen hatte die Sowjetunion vollendete Tatsachen geschaffen und die Gebiete östlich von Oder und Görlitzer Neiße (Oder-Neiße-Linie) Polen übertragen.

Auf der Konferenz kam es zu einem Kompromiss: Die Oder-Neiße-Linie sollte „bis zur endgültigen Festlegung" durch einen zukünftigen Friedensvertrag mit Deutschland als polnische Westgrenze anerkannt werden. Gleichzeitig billigten die Siegermächte damit die bereits begonnene „wilde" Ausweisung der deutschen Bevölkerung aus den inzwischen russischen und polnischen Gebieten sowie aus Ungarn und der Tschechoslowakei.

Die Herrschaft der Sieger

Offiziell übernahmen die Siegermächte mit der Berliner Erklärung vom 5. Juni 1945 die „oberste Regierungsgewalt in Deutschland, einschließlich aller Befugnisse der deutschen Regierung, des Oberkommandos der Wehrmacht und der Regierungen, Verwaltungen oder Behörden der Länder, Städte und Gemeinden". Nach der Konferenz von Potsdam wurde Frankreich in den Kreis der Siegermächte aufgenommen. Die jetzt vier Befehlshaber der Siegerstreitkräfte bildeten den Alliierten Kontrollrat in Berlin, die oberste Regierungsbehörde. Alle ganz Deutschland betreffenden Maßnahmen sollten hier einstimmig festgelegt werden.

Jede Besatzungsmacht richtete in ihrer Zone eine eigene Militärregierung ein. Berlin, die Hauptstadt des ehemaligen Deutschen Reiches, wurde in vier Sektoren geteilt. Sie sollte von den Besatzungsmächten gemeinsam verwaltet werden.

Entnazifizierung

Die wichtigsten noch lebenden Vertreter des NS-Regimes stellten die Alliierten 1945 im Nürnberger „Hauptkriegsverbrecherprozess" gemeinsam vor Gericht. Als problematisch erwies sich dagegen eine Verurteilung der zahlreichen „kleinen Nazis" und Mitläufer, weil ihre Arbeitskraft für den Wiederaufbau genutzt werden sollte. Es blieben kaum Richter, Unternehmer, Polizisten oder Lehrer übrig, wenn man alle ehemaligen Mitglieder der NSDAP ins Gefängnis steckte.

Briten, Amerikaner und Franzosen verzichteten daher auf eine umfangreiche Entnazifizierung. Stattdessen setzten die Westalliierten auf „Umerziehung". Durch Maßnahmen wie das Anschauen von Filmen und den Besuch von Konzentrationslagern sollten die Deutschen über die nationalsozialistischen Verbrechen aufgeklärt werden und sich zu Demokraten wandeln.

In der sowjetischen Zone dagegen wurden die Nazis viel konsequenter verfolgt und bestraft. Die Russen nutzten die umfassende Entnazifizierung auch dafür, missliebige Personen auszuschalten und in die wichtigen Positionen in Verwaltung und Wirtschaft moskautreue Kommunisten einzusetzen.

M2 Alliierte Einigkeit? Die Teilnehmer der Potsdamer Konferenz
Foto vom 17./18. Juli 1945 (Ausschnitt)

1. *Fasse zusammen, in welchen Fragen es bei der Behandlung Deutschlands Uneinigkeit zwischen den Großmächten gab.*
2. *Erkläre, welche Gründe es für die Meinungsverschiedenheiten gab.*
3. *Begründe, warum die westlichen Alliierten die Entnazifizierung weniger konsequent verfolgten als die Sowjetunion.*
4. *Diskutiert die verschiedenen Auffassungen von „Demokratie" in Ost und West.*

Konferenz der alliierten Sieger in Potsdam
ab November: Beginn des „Hauptkriegsverbrecherprozesses" in Nürnberg
1945 — 1950

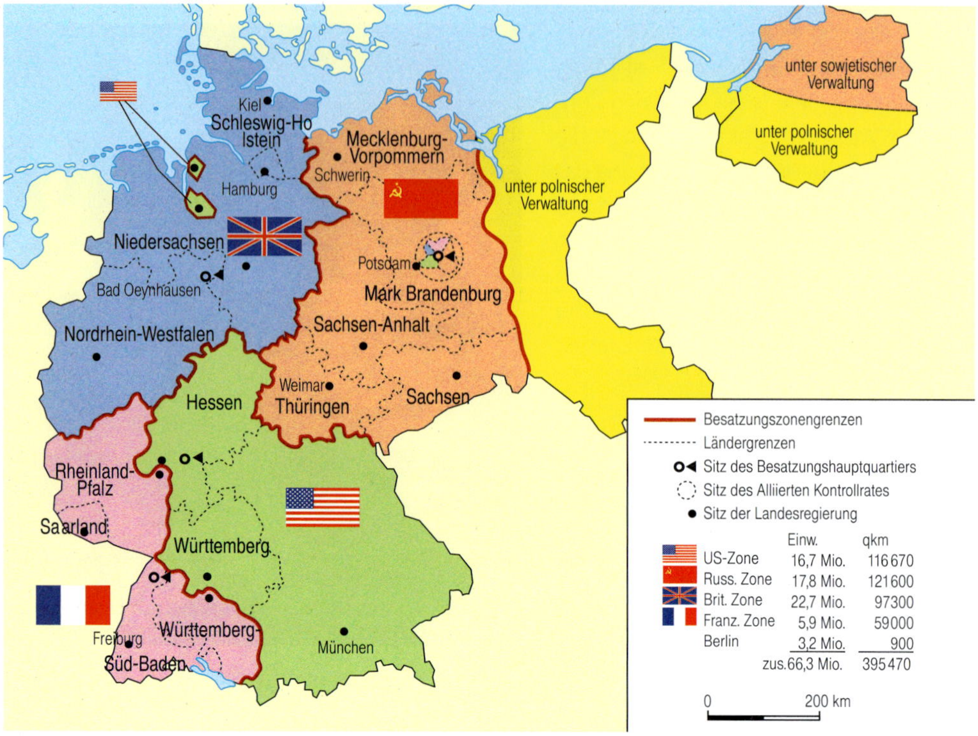

M 3 Die Besatzungszonen
Die Karte zeigt schon die Grenzen der bis Januar 1957 gebildeten deutschen Länder. Lies dazu S. 198.

M 4 Ziele der Besetzung

In einer Richtlinie der amerikanischen Regierung vom April 1945 für den Militärgouverneur und Oberbefehlshaber der US-Streitkräfte, General Dwight D. Eisenhower, heißt es:

Deutschland wird nicht besetzt zum Zwecke seiner Befreiung, sondern als ein besiegter Feindstaat. [...] Ziel ist nicht die Unterdrückung, sondern die Besetzung Deutschlands, um gewisse wichtige alliierte Absichten zu verwirklichen. Bei der Durchführung der Besetzung und Verwaltung müssen Sie gerecht, aber fest und unnahbar sein. Die Verbrüderung mit deutschen Beamten und der Bevölkerung werden Sie streng unterbinden.

Zit. nach: Herbert Michaelis u. a. (Hrsg.), Ursachen und Folgen. Vom deutschen Zusammenbruch 1918 und 1945 bis zur staatlichen Neuordnung in der Gegenwart, Bd. 24, Berlin o. J., S. 26 f.

M 5 Neue Vorgaben für den (Geschichts-)Unterricht

Im Kontrollrat sitzen Vertreter aller vier Siegermächte und legen gemeinsam Bestimmungen für alle vier Zonen fest. Auszüge aus der Kontrollratsdirektive Nr. 54 vom 25. Juni 1947:

5. Alle Schulen müssen es sich besonders angelegen sein lassen, den Sinn für staatsbürgerliche Verantwortung zu entwickeln, und das Schwergewicht auf die demokratische Weltanschauung legen, und zwar durch die Auswahl der Schulbücherprogramme und des Unterrichtsmaterials sowie durch die Schulorganisation selbst.
6. Die Schulprogramme müssen sich zum Ziel setzen, Achtung und Verständnis gegenüber anderen Nationen zu entwickeln.

Zit. nach: Klaus-Jörg Ruhl (Hrsg.), Neubeginn und Restauration, München 1982, S. 316

1. *Verfasse eine Rede, in der du amerikanischen Soldaten die Richtlinie (M4) erläuterst.*
2. *Nenne die vier Grundsätze der Alliierten in Potsdam.*
3. *Erkläre, warum die Alliierten neue Schulbücher einführten (M5).*
4. *Beurteile, welche Bereiche in Schule und Verwaltung für eine Umerziehung sonst noch geändert werden müssen.*
5. *In der Sowjetischen Besatzungszone gabe es trotz der gemeinsamen Kontrollratsdirektive ganz andere Schulbücher als in den Westzonen. Erkläre diese Entwicklung.*

Flucht und Vertreibung

Millionen verlieren ihre Heimat

Die Nationalsozialisten hatten im Krieg etwa neun Millionen Menschen in den von ihnen beherrschten Teilen Europas „eingedeutscht", „umgevolkt" oder verschleppt. Allein 1,2 Millionen Polen mussten ihre Heimat verlassen und ins „Generalgouvernement" übersiedeln. Auch die Sowjets hatten ganze Volksgruppen um tausende Kilometer verschoben, so die Krimtataren oder die Wolgadeutschen.

Mit dem Ende des Zweiten Weltkrieges begann eine neue, noch gewaltigere Vertreibungswelle. Sie bedeutete für viele Millionen Polen, Tschechen, Slowaken, Ukrainer, Weißrussen, Litauer, Ungarn und Deutsche den Verlust der Heimat. Für zwölf bis 14 Millionen Deutsche wurden Flucht und Vertreibung zum bitteren Schicksal. Es wird geschätzt, dass ein bis zwei Millionen Menschen dabei ums Leben kamen und etwa eine Million in die Sowjetunion deportiert wurde.

Misshandelt und vertrieben

Schon vor Kriegsende waren über fünf Millionen Menschen aus den deutschen Ostgebieten vor der Roten Armee geflohen. Angesichts der deutschen Kriegsverbrechen, der zerstörten Heimat und der Millionen ziviler Opfer riefen viele russische Offiziere zu Rache und Vergeltung auf. Zahllose Zivilisten wurden getötet, verschleppt, misshandelt und vergewaltigt. Raub und Plünderungen waren üblich.

Auf Flucht und „wilde" Vertreibungen folgten von Behörden angeordnete Ausweisungen und Zwangsumsiedlungen von Deutschen aus ihren Heimatgebieten östlich von Oder und Neiße sowie aus anderen Siedlungsgebieten Ost- und Südosteuropas.

Auf der Potsdamer Konferenz war zwar im Juli 1945 vereinbart worden, dass die „Ausweisungen" in „ordnungsgemäßer und humaner Weise erfolgen" sollten, trotzdem kam es weiterhin zu vielen gewaltsamen Vertreibungen. Erst 1947 mündeten sie in eine „geordnete Umsiedlung". Die Flüchtlinge und Vertriebenen besaßen nur noch das, was sie auf dem Leib trugen oder mitschleppen konnten. Für die Aufnahmegebiete bedeutete dieser Zustrom von Menschen eine Verschärfung der schon katastrophalen Ernährungs- und Wohnsituation. Deshalb lehnte dort die Bevölkerung anfangs die Eingliederung der Flüchtlinge und Vertriebenen ab.

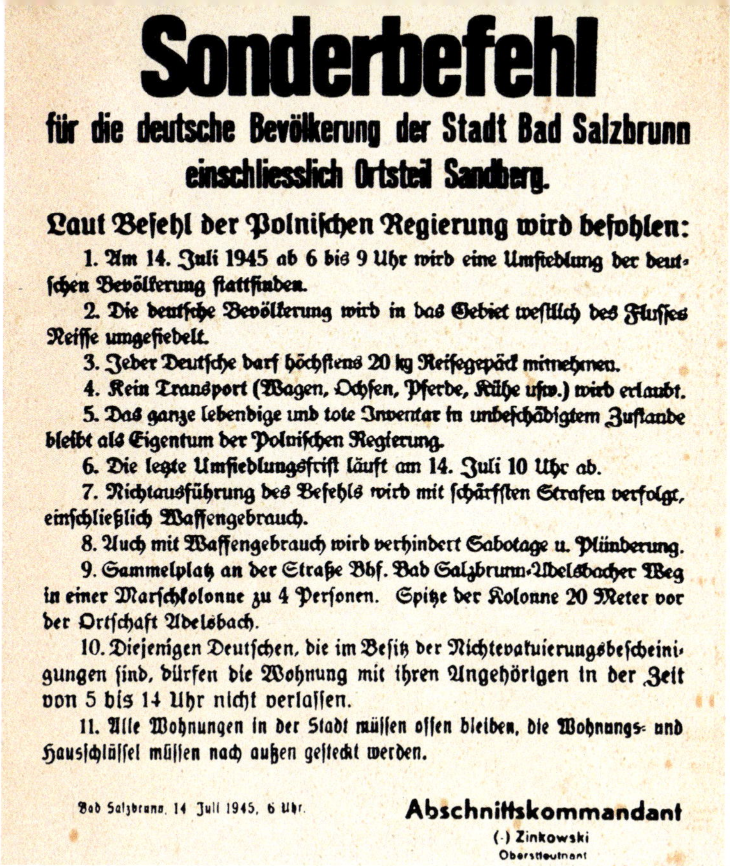

Sonderbefehl

für die deutsche Bevölkerung der Stadt Bad Salzbrunn einschliesslich Ortsteil Sandberg.

Laut Befehl der Polnischen Regierung wird befohlen:

1. Am 14. Juli 1945 ab 6 bis 9 Uhr wird eine Umsiedlung der deutschen Bevölkerung stattfinden.
2. Die deutsche Bevölkerung wird in das Gebiet westlich des Flusses Neiße umgesiedelt.
3. Jeder Deutsche darf höchstens 20 kg Reisegepäck mitnehmen.
4. Kein Transport (Wagen, Ochsen, Pferde, Kühe usw.) wird erlaubt.
5. Das ganze lebendige und tote Inventar in unbeschädigtem Zustande bleibt als Eigentum der Polnischen Regierung.
6. Die letzte Umsiedlungsfrist läuft am 14. Juli 10 Uhr ab.
7. Nichtausführung des Befehls wird mit schärfsten Strafen verfolgt, einschließlich Waffengebrauch.
8. Auch mit Waffengebrauch wird verhindert Sabotage u. Plünderung.
9. Sammelplatz an der Straße Bhf. Bad Salzbrunn-Adelsbacher Weg in einer Marschkolonne zu 4 Personen. Spitze der Kolonne 20 Meter vor der Ortschaft Adelsbach.
10. Diejenigen Deutschen, die im Besitz der Nichtevakuierungsbescheinigungen sind, dürfen die Wohnung mit ihren Angehörigen in der Zeit von 5 bis 14 Uhr nicht verlassen.
11. Alle Wohnungen in der Stadt müssen offen bleiben, die Wohnungs- und Hausschlüssel müssen nach außen gesteckt werden.

Bad Salzbrunn, 14 Juli 1945, 6 Uhr.

Abschnittskommandant
(-) Zinkowski
Oberstleutnant

M1 „Sonderbefehl" vom 14. Juli 1945
Die Form des Anschlages lehnte sich an die deutschen Anordnungen aus der Besatzungszeit an, die sich an die polnische Bevölkerung richteten.

Von den Flüchtlingen und Vertriebenen, die um 1950 in der Bundesrepublik und der DDR lebten, kamen aus

– den ehemals deutschen Gebieten östlich von Oder und Neiße	etwa 7,00 Mio.
– der Tschechoslowakei	etwa 3,00 Mio.
– dem Polen der Vorkriegsgrenzen	etwa 1,40 Mio.
– der bis 1939 unter der Verwaltung des Völkerbundes stehenden Freien Stadt Danzig	etwa 0,30 Mio.
– Jugoslawien	etwa 0,30 Mio.
– Ungarn	etwa 0,20 Mio.
– Rumänien	etwa 0,13 Mio.

M2 Herkunft der deutschen Flüchtlinge und Vertriebenen
Nach: Klaus J. Bade u. a. (Hrsg.), Enzyklopädie Migration in Europa, Paderborn

▸ ***Geschichte In Clips:*** Zu Flucht, Vertreibung und Umsiedlung im Umfeld des Zweiten Weltkrieges siehe Clip-Code 31022-66

1. *Erkläre, warum Millionen von Menschen aus unterschiedlichen Volksgruppen unter Flucht und Vertreibung litten.*
2. *Stelle dar, worunter konkret diejenigen zu leiden hatten, die ihre Heimat verloren.*
3. *Mit euren Familien seht ihr den Aushang mit dem „Sonderbefehl" (M1). Was bedeuten die Anweisungen für euch? Wie reagiert ihr darauf? Spielt die Szene nach.*

Die Alliierten beschließen in Potsdam „Ausweisungen" Deutscher in „ordnungsgemäßer und humaner Weise"

Beginn einer „geordneten Umsiedlung"

1945 | 1950

M 3 Handwagen aus Schlesien
Auf diesem Wagen transportierte eine vertriebene deutsche Familie 1946 ihre ganze Habe.

M 4 Ausweisungsbescheid

Die Sudetendeutschen aus Radisch, Kreis Kaplitz, erhalten im April 1946 folgenden Ausweisungsbescheid:

Sie sind zum Transfer in Ihre Heimat (d. h. heim ins Reich) bestimmt worden und werden am 21. 2. 46 um 10 Uhr in die Sammelstelle in Kaplitz abtransportiert.

Zum Mitnehmen sind: 2 Decken, 4 Wäschegarnituren, 2 gute Arbeitsanzüge, 2 Paar gute Arbeitsschuhe, 1 guter Arbeitsmantel (Winterrock), 1 Essschale, 1 Tasse und 1 Essbesteck, 2 Handtücher und Seife, Nähzeug (Nadel und Zwirn), Lebensmittelkarten und die amtlichen Personenausweise und Dokumente.

Weiter können Sie Gegenstände Ihres Personenbedarfes, etwa unverderbliche Lebensmittel und Ähnliches mitnehmen. Alle Ihre Sachen dürfen das Gesamtgewicht von 50 kg pro Person nicht überschreiten.

Sämtlicher Schmuck, Wertgegenstände, Geld und Einlagebücher (außer der Reichsmark) schreiben Sie auf und geben Sie in einem Sack mit Ihrem Namen und der Anschrift an dem Ort der Zusammenkunft ab. [...]

Es wird dringendst darauf hingewiesen, dass nichts von Ihrem Eigentum verkauft, verschenkt, geborgt oder sonst wie veräußert werden darf. Die Nichtbefolgung dieser Anordnung wird bestraft.

Zit. nach: Rolf Messerschmidt, „Wenn wir nur nicht lästig fallen ...". Aufnahme und Eingliederung der Flüchtlinge und Vertriebenen in Hessen (1945 - 1955), Frankfurt am Main 1991, S. 41

M 5 Vertreibung aus Oberschlesien

Ein Pfarrer aus Leobschütz (Oberschlesien) berichtet um 1950 über die Praxis der „Umsiedlung":

Am 26. September 1945, frühmorgens gegen 5:00 Uhr, begann die Razzia gegen die Deutschen. Die polnische Miliz drang in die Häuser ein und jagte alle Deutschen auf die Straße. Die wenigsten hatten noch Zeit und Gelegenheit, etwas von ihren wenigen Habseligkeiten mitzunehmen. [...] Nachdem man 70 bis 80 Personen wie Vieh in einem Wagen zusammengepfercht hatte, begann die Fahrt gegen 8:00 Uhr abends. Die polnische Miliz war dem Transport als Bewachung beigegeben. Niemand wusste, wohin die Fahrt geht. Am 28. September 1945 kam der Transport in Neiße O/S an und wurde vier Tage auf einem toten Gleis stehen gelassen. Da keine Lebensmittel mitgenommen waren, sich auch so niemand um die Verpflegung kümmerte, schrien die Menschen vor Hunger nach Brot. Aber keiner gab es ihnen. Soweit die Wagen von der polnischen Miliz geöffnet wurden, konnten die hungernden Menschen heraus und suchten sich Rüben und Kartoffeln auf den nächstliegenden Feldern. Dabei wurden viele, besonders alte Frauen, von der polnischen Miliz mit Gummiknüppeln geschlagen. Pater Ludwig begrub in den Wällen der Festung Neiße die ersten sieben Toten. Sie waren buchstäblich verhungert.

Auf der 15-tägigen Fahrt starben 88 Menschen am Hunger und durch Erschöpfung, weitere 280 Personen starben an den Folgen der Ausweisung wenige Wochen später.

Zit. nach: Bundesministerium für Vertriebene (Hrsg.), Dokumentation der Vertreibung der Deutschen aus Ost-Mitteleuropa, Bd. I/2, bearbeitet von Theodor Schieder (1954), Neudruck München 1984, S. 708 f.

1. *Erläutere den „Sonderbefehl" (M1) und die in M4 und M5 genannten Maßnahmen. Setze dich mit den Folgen für die Betroffenen auseinander.*
2. *Recherchiere, ob und wie in deinem Wohn- oder Schulort an die Herkunft der Flüchtlinge und Vertriebenen erinnert wird.*
3. *In Berlin soll ein „Zentrum gegen Vertreibungen" entstehen. Informiere dich über die Ziele und die aktuellen Planungen.*

Internettipp:
Informationen zu Flucht und Vertreibung findest du unter Mediencode 31022-67

Lesetipps:
- Gudrun Pausewang, Auf einem langen Weg, Ravensburg [8]2009
- Elisabeth Zöller, Wir hatten trotzdem Glück. Die Geschichte einer Flucht, Frankfurt am Main 2010

Filmtipp:
Die Flucht; Regie: Kai Wessel, 2007

Flucht und Vertreibung auf Karten

Geschichtskarten fassen auf den ersten Blick ähnlich wie Statistiken historische Sachverhalte objektiv zusammen. Sie stellen dabei ein Thema für eine bestimmte Zeit und für einen festgelegten Raum dar.
Die Unterschiede zwischen Geschichtskarten zu einem Thema in verschiedenen Büchern oder Atlanten scheinen zunächst nur ästhetischer oder gestalterischer Art zu sein. Aber der Eindruck kann trügen, wie die beiden Karten zum Thema „Flüchtlinge und Vertriebene" zeigen. Beachte bei einem Vergleich:

- Legende und Karteneinträge (Informationsgehalt)
- Aufbau und Struktur der Karte
- Farbgebung und Übersichtlichkeit (grafische Gestaltung)

M 1 Deutsche Flüchtlinge und Vertriebene 1945 bis 1950

Karte nach: Haus der Heimat des Landes Baden-Württemberg (Hrsg.), Umsiedlung, Flucht und Vertreibung der Deutschen als internationales Problem, Stuttgart 2005, S. 73

M 2 Flucht und Vertreibung

Aus dem Begleittext zu der Karte

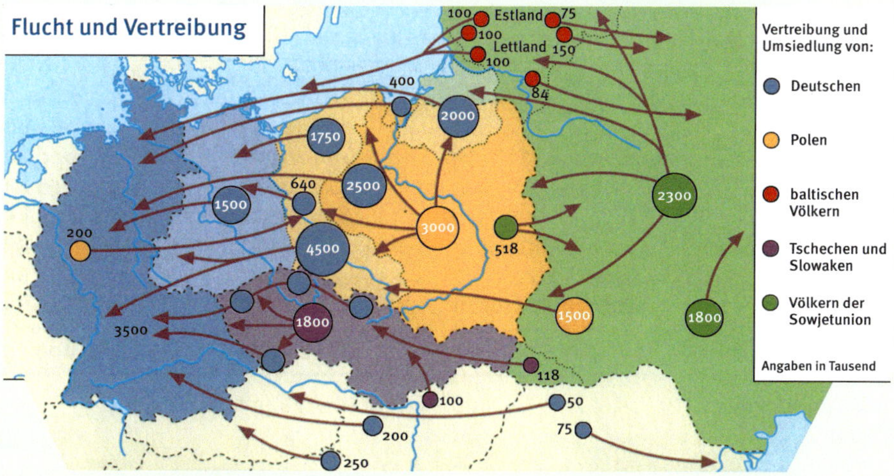

Die Potsdamer Konferenz sanktionierte 1945 die Vertreibung der Deutschen aus den ehemaligen deutschen Ostgebieten, der Tschechoslowakei (Sudetenland) und Ungarn. Von den Potsdamer Absprachen nicht gedeckt, verschob die UdSSR zur Korrektur ihrer eigenen Westgrenze von 1921 bis 1939 unter Annexion polnischer Ostgebiete das polnische Staatsgebiet auf Kosten der deutschen Ostgebiete nach Westen. Die angestammte Bevölkerung wurde vertrieben.
[...]
Auch in Jugoslawien (1946/47), in Bulgarien und der Türkei (1950-1952) kam es zur Vertreibung nationaler Minderheiten. Insgesamt 30 Millionen Europäer verloren in diesem Zuge ihre bisherige Heimat (60 Prozent davon Deutsche).

Karte und Text aus: Ernst Bruckmüller und Peter Claus Hartmann (Hrsg.), Putzger. Historischer Weltatlas, Berlin [103]2001, S. 176f.

Lesetipp:
Zwangsumsiedlung, Flucht und Vertreibung 1939-1959. Atlas zur Geschichte Ostmitteleuropas, Bonn 2009

1. *Vergleiche die beiden Karten (M1 und M2). Wie wird das Thema „Flucht und Vertreibung" jeweils dargestellt? Welche inhaltlichen Schwerpunkte werden gesetzt?*
2. *Recherchiere nach älteren Karten zum Thema „Flucht und Vertreibung" und vergleiche sie mit M1. Achte darauf, ob die Karten mit „dramatischen Gesten" wie dicken Pfeilen und auffallenden Farben arbeiten.*
3. *Prüfe, ob die Karten die Herkunftsländer der Opfer nennen.*

Heimat verloren – Heimat gewonnen: Flüchtlinge und Vertriebene in Rheinland-Pfalz

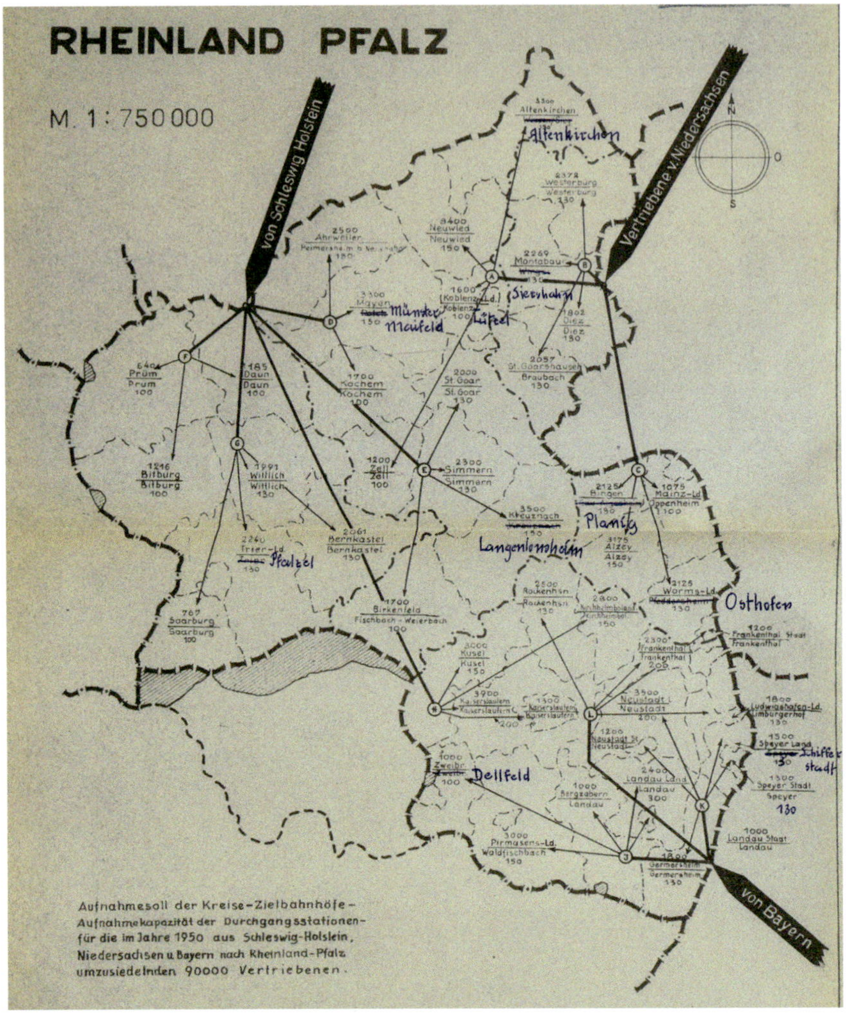

M 1 Kapazitäten und Zielbahnhöfe in Rheinland-Pfalz für 90 000 Flüchtlinge und Vertriebene (1950)

Frankreich sträubt sich

Bis 1950 kamen fast acht Millionen Flüchtlinge und Vertriebene in die Bundesrepublik und 4,4 Millionen in die DDR. Die französische Besatzungsmacht sträubte sich lange dagegen, Flüchtlinge und Vertriebene in das neu gegründete Bundesland Rheinland-Pfalz aufzunehmen. Zum einen mit der Begründung, Frankreich sei bei den entsprechenden Beratungen in Potsdam nicht dabei gewesen. Zum anderen, da die Region unter schweren Kriegszerstörungen litt und wirtschaftlich unterentwickelt war. Vor allem aber aus eigenen Interessen: Man wollte kein von Deutschen dicht besiedeltes Gebiet direkt an den eigenen Landesgrenzen und in der Nachbarschaft des französisch besetzten Saarlandes. Und man fürchtete, dass nach dem Zuzug vieler entwurzelter und mittelloser Menschen weniger Reparationen aus der Besatzungszone nach Frankreich fließen würden.

Flüchtlingsland Rheinland-Pfalz

Erst nach zähen Verhandlungen mit den Vertretern Großbritanniens und der USA und weil Frankreich auf die Mittel aus dem Marshall-Plan angewiesen war, stimmte es im Sommer 1949 zu, Umsiedler aus Bayern, Niedersachsen und Schleswig-Holstein aufzunehmen. Hinzu kam, dass das zwischenzeitlich ausgearbeitete Grundgesetz allen Vertriebenen die deutsche Staatsbürgerschaft zuerkannte.

Auf diese Weise wurde Rheinland-Pfalz verpflichtet, im Jahr 1950 90 000 Flüchtlingen und Vertriebenen Zuflucht zu gewähren. Am 15. April 1950 traf der erste Transport mit 439 Vertriebenen, bestehend aus elf Personenwagen und 23 Güterwagen, in Landau ein.

Die Eingliederung der Flüchtlinge und Vertriebenen verlief nicht reibungslos. Es fehlten Verpflegung, Wohnraum, Hausrat, Kleidung und Arbeitplätze. Auch das gegenseitige Verständnis zwischen Einheimischen und Neubürgern musste sich erst noch entwickeln.

1. *Arbeite heraus, mit welchen Argumenten die französische Besatzungsmacht sich weigerte, Vertriebene und Flüchtlinge in Rheinland-Pfalz aufzunehmen.*
2. *Nenne die Gründe, die dazu führten, dass Frankreich seine Haltung änderte.*
3. *Verfasse aus der Sicht der USA und Großbritanniens eine Stellungnahme zur Haltung Frankreichs.*

M 3 Ausgabe von Lebensmittelpaketen durch das Rote Kreuz im Landesdurchgangslager Osthofen (um 1955)

M 2 Über die Aufnahme von Flüchtlingen und Vertriebenen

Auf einer Ministerpräsidetenkonferenz am 5. August 1949 in Wiesbaden versucht der Ministerpräsident von Rheinland-Pfalz, Peter Altmeier, seine Kollegen davon zu überzeugen, das sein Land keine zusätzlichen Vertriebenen verkraften könne:

Wenn ich die Frage vom Standpunkt des Landes Rheinland-Pfalz aus beurteile [..] so kann ich nur feststellen, dass wir wohnungs- und arbeitsmäßig zurzeit keine Möglichkeit hätten, eine so große Zahl von Flüchtlingen aufzunehmen. [...] Wir haben in unserem Land 13 Stadt- und Landkreise, das ist der vierte Teil des Landes, die durch den Krieg zerstört sind. Das ganze Westwallgebiet ist heute eine Wüste. Die Leute, die dort wohnten, wo Hunderte von Gemeinden zerstört sind, wohnen heute zum großen Teil in Erdlöchern und Viehställen, genauso menschenunwürdig wie die Flüchtlinge in anderen Gebieten.

Die „Westerwälder Zeitung" vom 3. Mai 1950:

Die Bevölkerung nahm sich der Flüchtlinge in einer Weise an, die einfach rührend war. Die Wohnungen waren so eingerichtet, dass die Familien gleich den brennenden Herd fanden, Lebensmittel, Küchengewürze zur Hand in Töpfen, die Töpfe in den Schränken. Kinder brachten mit einem Gruß von der Mutter Butter und Eier, die Flüchtlinge waren des Lobes voll. Und doch packten einige von ihnen sofort nach der Ankunft im kleinen Dorf ihre Habe wieder auf den Wagen und fuhren in den nächstgrößeren Ort oder zum Sitz des Amtsbürgermeisters zurück. Der Grund: Sie fanden nicht das vor, was man ihnen im Abgabeland in Schleswig-Holstein versprochen hatte. [...] Warum hat man den Leuten solche Versprechungen gemacht? Nur um sie loszuwerden? Das wäre eine Rücksichtslosigkeit sondersgleichen. Der „Erfolg" ist der, dass sich viele Flüchtlinge nun noch mehr als Ausgestoßene betrachten [...].

Beide Texte zit. nach: www.lha-rlp.de/index.php?id=485 (Zugriff: 19. Oktober 2015)

1. *Vergleiche die Argumentationen des Ministerpräsidenten mit der Haltung der französischen Besatzungsmacht (M2).*
2. *Arbeite heraus, welche Absichten der Zeitungsartikel der Regierung in Schleswig-Holstein unterstellt.*

15.04.: Die ersten Flüchtlinge und Vertriebenen treffen in Rheinland-Pfalz ein

Frankreich stimmt der Aufnahme von Flüchtlingen und Vertriebenen in Rheinland-Pfalz zu

1945 1950

Neubeginn unter den Besatzungsmächten

M 1 **Auszug zur Landverteilung**
Foto vom September 1945
In der sowjetischen Besatzungszone verloren durch die Bodenreform etwa 7 000 Großgrundbesitzer ihr Land, ohne dafür eine Entschädigung zu erhalten. Das Land wurde an etwa 500 000 Landarbeiter, landlose Bauern, Flüchtlinge und Vertriebene verteilt.

▸ *Geschichte In Clips:* Zur Gründung der SED siehe Clip-Code 31022-68

Gründung von Ländern

Um die eigene Verwaltung zu entlasten, übergaben die Alliierten in ihren Zonen bald auch wieder politische Verantwortung an Deutsche. Diese mussten sich aber an die Vorgaben der jeweiligen Besatzungsmacht halten. Schon 1945 wurden in den Besatzungszonen „Länder" als Verwaltungseinheiten geschaffen, aus denen die heutigen Bundesländer hervorgingen. Am 30. August 1946 wurde von der französischen Militärregierung das Bundesland Rheinland-Pfalz geschaffen. Es setzte sich aus den bis dahin bestehenden Verwaltungsgebieten Hessen-Pfalz (Pfalz und Rheinhessen) und Rheinland-Hessen-Nassau (Regierungsbezirke Koblenz, Trier und Montabaur) zusammen. Die neue Verfassung für Rheinland-Pfalz wurde am 18. Mai 1947 per Volksentscheid angenommen.[1]

Parteigründungen

Auch politische Parteien der Deutschen wurden von den Alliierten wieder zugelassen. Die SPD knüpfte an ihre Tradition in der Weimarer Republik an. Die anderen politischen Richtungen formierten sich in neuen Parteien. Konservative und christliche Politiker versammelten sich in der Christlich Demokratischen Union (CDU) bzw. in Bayern in der Christlich Sozialen Union (CSU), die Liberalen im Westen in der Freien Demokratischen Partei (FDP), im Osten in der Liberal-Demokratischen Partei Deutschlands (LDPD).

Entwicklung der SBZ

In der sowjetischen Zone wollte die russische Besatzungsmacht die Rolle der KPD stärken und erzwang 1946 die Vereinigung von KPD und SPD zur **SED** (Sozialistische Einheitspartei Deutschlands). Bald zeichnete sich dann in der Sowjetischen Besatzungszone (SBZ) jene Entwicklung ab, die sich schon in Ungarn, Rumänien und der Tschechoslowakei angekündigt hatte. Alle wesentlichen Machtpositionen wurden von den Russen an moskautreue SED-Mitglieder übergeben. Ein großer Teil der Industriebetriebe wurde verstaatlicht und schon 1945 wurde in einer Bodenreform landwirtschaftlicher Großgrundbesitz enteignet. Die CDU in der SBZ und die LDPD wurden in eine Koalition unter Führung der SED gedrängt.

Unterschiedliche Besatzungspolitik

Die Sowjetunion forderte eine Wiedergutmachung ihrer enormen Kriegsschäden. Diese sollte vor allem durch Demontagen erfolgen. Dieser Politik stellten sich die USA entgegen. Die Amerikaner erkannten bald nach Kriegsende, dass eine weitere Schwächung Deutschlands nicht in ihrem Interesse lag: Deutschland war mit seiner großen Bevölkerung und seiner starken Wirtschaft ein bedeutender Handelspartner. Die Westzonen bekamen deshalb auch Hilfe aus dem Marshall-Plan[2]. In der SBZ wurden dagegen Industrieanlagen abgebaut und in die Sowjetunion gebracht.

1. *Beschreibe das unterschiedliche Vorgehen der USA und der UdSSR in ihren Zonen.*
2. *Arbeite Unterschiede und Gemeinsamkeiten mit der Weimarer Republik heraus bezüglich Parteien und Ländern.*
3. *Begründe, warum der Marshall-Plan auch den Vereinigten Staaten nützte.*

[1] Siehe auch S. 202.
[2] Siehe S. 186.

M2 Die SPD fordert

Aus dem Aufruf der SPD vom 15. Juni 1945:

Wiederaufbau der Wirtschaft unter Mitwirkung der kommunalen Selbstverwaltung und der Gewerkschaften. [...] Verstaatlichung der Banken, Versicherungsunternehmungen und der Bodenschätze, Verstaatlichung der Bergwerke und der Energiewirtschaft. Erfassung des Großgrundbesitzes und der lebensfähigen Großindustrie und aller Kriegsgewinne für die Zwecke des Wiederaufbaus. Beseitigung des arbeitslosen Einkommens aus Grund und Boden und Mietshäusern. [...] Anpassung des Rechts an die antifaschistisch-demokratische Staatsauffassung. Staatlichen Schutz der Person. Freiheit der Meinungsäußerung in Wort, Bild und Schrift unter Wahrung der Interessen des Staates und der Achtung des einzelnen Staatsbürgers. Gesinnungsfreiheit und Religionsfreiheit.

Zit. nach: Ossip K. Flechtheim (Hrsg.), Dokumente zur parteipolitischen Entwicklung in Deutschland seit 1945, Bd. III, Berlin 1963, S. 1 - 4

M4 Vereinigungsparteitag von KPD und SPD
Foto vom 21. April 1946
Wilhelm Pieck hält die Fahne der SED, rechts neben ihm steht Otto Grotewohl. An der Wand (von links nach rechts) die Bilder von Friedrich Engels, August Bebel und Karl Marx.

M5 Postenbesetzung in der SBZ

Im Mai 1945 werden deutsche Exilkommunisten unter der Führung von Walter Ulbricht aus der Sowjetunion nach Berlin geschickt, um dort beim Aufbau der Verwaltung zu helfen. Wolfgang Leonhard ist einer von ihnen und erinnert sich später:

Ulbricht erklärte uns: „Die Bürgermeister sollen in den Arbeiterbezirken in der Regel Sozialdemokraten sein. In den bürgerlichen Vierteln [...] müssen wir an die Spitze einen bürgerlichen Mann stellen. [...] [Er] muss aber gleichzeitig auch ein Antifaschist sein und ein Mann, mit dem wir gut zusammenarbeiten können. [...] Und nun zu unseren Genossen. Der erste stellvertretende Bürgermeister, der Dezernent für Personalfragen und der Dezernent für Volksbildung – das müssen unsere Leute sein. Dann müsst ihr noch einen ganz zuverlässigen Genossen in jedem Bezirk ausfindig machen, den wir für den Aufbau der Polizei brauchen. [...] In klassischem Sächsisch gab er uns die letzte abschließende Direktive: „Es ist doch ganz klar: Es muss demokratisch aussehen, aber wir müssen alles in der Hand haben."

Wolfgang Leonhard, Die Revolution entläßt ihre Kinder, Frankfurt am Main o. J., S. 356-358

M3 Ziele der CDU

1. *Arbeite Gemeinsamkeiten und Unterschiede der Ziele von SPD und CDU heraus (M2 und M3).*
2. *Erkläre die Strategie der deutschen Exilkommunisten unter Walter Ulbricht (M5).*
3. *Beschreibe die Mittel, mit denen auf dem Foto M4 die Vereinigung von SPD und KPD zur SED dargestellt wird.*

Beginn der Neugründung von Ländern und Parteien in den Besatzungszonen
30.08.: Gründung des Bundeslandes Rheinland-Pfalz
18.05.: Verfassung für Rheinland-Pfalz
Erzwungene Vereinigung von KPD und SPD zur SED
Marshall-Plan
Gründung RGW
1945
1950

Eine trennende Entwicklung

M 1 „Freie Bahn …“
Plakat (71 x 51 cm), um 1949

M 2 „Hinaus!“
Plakat (61 x 42 cm) von 1948

Filmtipp:
Willkommen, Mr. Marshall; Regie: Luis García Berlanga, Spanien 1952

Vorentscheidungen

Während die westlichen Besatzungsmächte eine freie Wirtschafts- und Eigentumsordnung wollten, wurden in der SBZ mit Unterstützung vieler Bürger schon im Herbst 1945 die Weichen für eine sozialistische Entwicklung gestellt. 7000 Großgrundbesitzern wurde ihr Land entschädigungslos entzogen und an 500000 Landarbeiter, landlose Bauern, Flüchtlinge und Vertriebene verteilt. Ein Drittel des enteigneten Bodens erhielten die Länder, Kreise und Gemeinden. Gleichzeitig setzte die entschädigungslose Verstaatlichung von etwa 9000 Unternehmen ein.

Demontagen

In der Frage der Demontage großer Industriebetriebe und Reparationsleistungen entwickelten die Alliierten keine einheitliche Linie. Die Sowjets wiederum, die ihr zerstörtes Land aufbauen mussten, pochten auf rasche und hohe Wiedergutmachungsleistungen sowie einen dauerhaften Einfluss auf die deutsche Wirtschaft. Die Franzosen, die im 20. Jh. zweimal von deutschen Truppen überfallen worden waren, wollten Deutschland langfristig schwächen. Amerikaner und Briten hingegen wollten die Selbstversorgung Deutschlands wiederherstellen und so die Bezahlung der Besatzungskosten erreichen. Sie stellten daher eine rasche Ankurbelung der Wirtschaft in ihren Zonen über ihre Reparationsansprüche. Die Demontage von Industriebetrieben wurde bald verringert und 1951 ganz eingestellt. Den amerikanischen Wandel kündigte US-Außenminister James F. Byrnes in einer Rede am 6. September 1946 in Stuttgart an. Darin bot er dem deutschen Volk erstmals öffentlich Hilfe an.

„Aus drei mach' eins!“

Um die katastrophale Wirtschaftslage zu bessern, forderten die Amerikaner im Alliierten Kontrollrat die Verschmelzung der eigenen Besatzungszone mit einer oder mehreren anderen Zonen. Nur die Briten stimmten einem Zusammenschluss zu.

Am 1. Januar 1947 trat das britisch-amerikanische Abkommen über die Bildung des „Vereinigten Wirtschaftsgebietes“ (Bizone) in Kraft. Dort wurden neue Verwaltungen u. a. für Wirtschaft, Ernährung, Finanzen unter deutscher Leitung eingerichtet. Wenig später floss Geld aus dem Marshall-Plan in die Bizone. Es führte dazu, dass sich die Wirtschaft dort rascher von den Kriegsfolgen erholte.

Die Annahme des amerikanischen Wiederaufbauprogramms durch Frankreich band die französische Zone enger an die westlichen Besatzungsmächte. Im Frühjahr 1948 wurde so aus der Bizone eine Trizone. Stalin lehnte den Marshall-Plan ab. Er befürchtete eine politische und wirtschaftliche Einmischung der USA. Daher zwang er die unter seinem Einfluss stehenden Staaten in Ostmitteleuropa und die Verantwortlichen in der SBZ, dieses Angebot abzulehnen.

1. *Gib die unterschiedlichen Absichten der Alliierten bei der Gestaltung der Wirtschaft wieder.*
2. *Erkläre, was den Zusammenschluss der westlichen Besatzungszonen begünstigte.*
3. *Beurteile, ob die Befürchtung Stalins, der Marshall-Plan bedeute eine Einmischung der USA, gerechtfertigt ist.*

M3 Amerikanischer Kurswechsel

Am 6. September 1946 sagt der amerikanische Außenminister Byrnes in Stuttgart:

Wir haben gelernt, dass Frieden und Wohlergehen unteilbar sind und dass Frieden und Wohlergehen in unserem Land nicht auf Kosten des Friedens und Wohlergehens eines anderen Volkes erkauft werden können. [...]

Es liegt weder im Interesse des deutschen Volkes noch im Interesse des Weltfriedens, dass Deutschland eine Schachfigur oder ein Teilnehmer in einem militärischen Machtkampf zwischen dem Osten und dem Westen wird. [...] Gleich den Völkern anderer verwüsteter Länder sollte das deutsche Volk den Wiederanfang mit einer Friedenswirtschaft machen, die nicht imstande ist, ihm mehr als den durchschnittlichen europäischen Lebensstandard zu gewähren. [...]

Dieses war der Grundsatz der Reparationen, wie Präsident Truman ihm in Potsdam zugestimmt hat. [...]

Während wir darauf bestehen werden, dass Deutschland die Grundsätze des Friedens, der gutnachbarlichen Beziehungen und der Menschlichkeit befolgt, wollen wir nicht, dass es der Vasall irgendeiner Macht oder irgendwelcher Mächte wird oder unter einer in- oder ausländischen Diktatur lebt. Das amerikanische Volk hofft, ein friedliches und demokratisches Deutschland zu sehen, das seine Freiheit und Unabhängigkeit erlangt und behält. [...]

Die Vereinigten Staaten können Deutschland die Leiden nicht abnehmen, die ihm der von seinen Führern angefangene Krieg zugefügt hat. Aber die Vereinigten Staaten haben nicht den Wunsch, diese Leiden zu vermehren oder dem deutschen Volk die Gelegenheit zu verweigern, sich aus diesen Nöten herauszuarbeiten, solange es menschliche Freiheit achtet und vom Wege des Friedens nicht abweicht.

Das amerikanische Volk wünscht, dem deutschen Volk die Regierung Deutschlands zurückzugeben. Das amerikanische Volk will dem deutschen Volk helfen, seinen Weg zurückzufinden zu einem ehrenvollen Platz unter den freien und friedliebenden Nationen der Welt.

Zit. nach: Hans-Dieter Kreikamp (Hrsg.), Quellen zur staatlichen Neuordnung Deutschlands 1945-1949, Darmstadt 1994, S. 133, 135, 140 und 142

	Angaben in Milliarden Dollar
Großbritannien	3,44
Frankreich	2,81
Italien	1,52
Westzonen/Bundesrepublik	1,41
weitere 13 Staaten erhielten	4,73
insgesamt	13,91

M4 Marshall-Plan-Hilfe 1948 - 1952

Nach: Bundesminister für den Marshall-Plan (Hrsg.), Wiederaufbau im Zeichen des Marshall-Planes 1948 - 52, Bonn 1953, S. 158

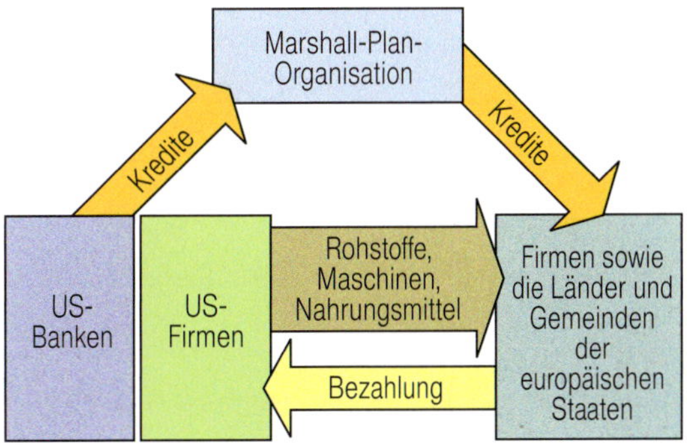

M5 Der Marshall-Plan

CD-ROM-Tipp:
Geschichte zum Hören. Der Weg in die Zweistaatlichkeit 1945-1949, Köln: Deutschlandradio 2009

1. *Erläutere, was Byrnes meint, wenn er sagt, dass von der „erfolgreichen Lösung" der Probleme in Deutschland „nicht nur das künftige Wohlergehen Deutschlands, sondern auch Europas" abhänge (M3). Ziehe auch M4 hinzu.*
2. *Diskutiert, welche Schlüsse westdeutsche Politiker aus Byrnes' Rede ziehen konnten (M3).*
3. *Erläutere mit der Grafik die Funktion des Wiederaufbauprogramms (M5).*

Rheinland-Pfalz – ein Nachkriegsbundesland entwickelt sich

M1 Wappen des Landes Rheinland-Pfalz
Festgelegt in Ausführung des Artikels 74 der Landesverfassung durch das Gesetz vom 10. Mai 1948

Gründung auf Befehl

Im August 1946 ordnete der Befehlshaber der französischen Zone die Gründung des Landes Rheinland-Pfalz an. Mainz wurde als Landeshauptstadt bestimmt. Die Stadt war jedoch so stark zerstört, dass die provisorische Regierung ihren Sitz zunächst nach Koblenz verlegte. Ab November erarbeitete dort auch eine Beratende Landesversammlung eine Verfassung. Am 18. Mai 1947 stimmten die Bürger über die Verfassung ab und wählten zugleich den ersten Landtag. Insgesamt sprachen sich 53 % der Wähler für den Entwurf aus. Allerdings lag die Zustimmung in Rheinhessen nur bei 46,8 %, in der Pfalz sogar nur bei 40,3 %.

Einseitig von der Besatzungsmacht ins Leben gerufen, bestand Rheinland-Pfalz aus den Resten traditioneller Einheiten, die getrennt worden waren. Das Land wurde als eine Übergangslösung bewertet. Historisch gewachsene Einheiten wurden auseinandergerissen, es fehlte an einem Zusammengehörigkeitsgefühl. Gemäß französischer Vorgabe sollten Regierung, Parlament und Ministerien nach Mainz wechseln. Mainz sollte dem Ausgleich zwischen den historisch, politisch und wirtschaftlich unterschiedlichen Landesteilen dienen. Doch erst 1950 fand sich dafür eine Mehrheit im Landtag.

Rheinland-Pfalz entwickelt sich

Mit der Gründung der Bundesrepublik entstanden Bewegungen zur Abspaltung von Landesteilen. Insgesamt gab es in Rheinland-Pfalz fünf Volksbegehren über die Angliederung von einzelnen Regionen an andere Bundesländer. Die Abstimmungen wurden jedoch ausgesetzt und erst 1975 durchgeführt. Zu diesem Zeitpunkt interessierte sich niemand mehr dafür. Das „Bindestrichland" Rheinland-Pfalz hatte sich trotz aller Unterschiede zu einer Einheit entwickelt.

Diese Erfolgsgeschichte spiegelt sich auch in der Wirtschaftsentwicklung wider. Die Nachkriegsjahre waren noch von großen wirtschaftlichen Schwierigkeiten geprägt: Es fehlte an Industrie, die Infrastruktur war unterentwickelt. Die dynamische Wirtschaftsentwicklung setzte dann aber nach der Währungsreform 1948 mit regionalen Unterschieden auch in Rheinland-Pfalz ein und kann an den BASF-Werken nachvollzogen werden. Nach starken Zerstörungen im Zweiten Weltkrieg erfolgte in den Nachkriegsjahren deren Wiederaufbau. Und durch den Kunststoffboom ab Mitte der 1960er-Jahre entwickelte sich die BASF schnell zu einem internationalen Unternehmen. Heute ist sie mit über 35 000 Mitarbeitern in Rheinland-Pfalz der größte Arbeitgeber im Land.

1. *Jedes Jahr am 18. Mai feiert Rheinland-Pfalz das Verfassungsfest. Diskutiert Gründe für und gegen ein solches Fest.*
2. *Informiere dich über Ablauf und Inhalte des Verfassungsfestes in diesem Jahr.*
3. *Führt in eurer Klasse eine Umfrage durch: Welche Bedeutung hat es für euch, in Rheinland-Pfalz zu leben?*
   Tipp: Berücksichtigt vergleichend auch die Bedeutung anderer staatlicher oder regionaler Gliederungen (wie z. B. Dorf/Stadt, Nationalstaat, Kontinent).

M2 Erklärung zur Gründung des Landes Rheinland-Pfalz

Der Oberbefehlshaber der französischen Militärregierung in Deutschland, General Pierre-Marie Koenig, erklärt am 30. August 1946:

Die Absicht, die deutsche Bevölkerung so weit als möglich mit der Verwaltung ihres Landes innerhalb genügend großer Gebietsteile zu betrauen, hat mich dazu veranlasst, die Vereinfachung des verwaltungsmäßigen Aufbaues der französischen Besatzungszone sowohl auf dem rechten wie auch auf dem linken Rheinufer ins Auge zu fassen. Im Zuge dieses Planes und von dem Willen beseelt, der rheinischen und pfälzischen Bevölkerung Gelegenheit zu geben, ihre Freiheiten und ihr wirtschaftliches Leben harmonisch zu entwickeln, habe ich insbesondere die Schaffung eines Landes beschlossen, dessen Hauptstadt Mainz sein und das die gegenwärtig zu den Oberpräsidien Hessen-Pfalz und Rheinland-Hessen-Nassau gehörenden Regierungsbezirke umfassen wird.

Landesarchivverwaltung Rheinland-Pfalz, Vor 60 Jahren. Der 30. August 1946. Die Verordnung Nr. 57. Die Gründung des Landes Rheinland-Pfalz; zit. nach: www.lha-rlp.de/index.php?id=329 (Zugriff: 12. Januar 2015)

M4 „Keinen Ewigkeitswert“

Peter Altmeier, Ministerpräsident von Rheinland-Pfalz von 1947 bis 1969, äußert sich am 25. April 1947 in der Beratenden Landesversammlung vor der abschließenden Abstimmung über die Verfassung folgendermaßen:

Wir haben zu wiederholten Malen in den Verhandlungen in dem Verfassungsausschuss, bei Eröffnung der Landesversammlung und auch gestern wieder in der Generaldiskussion darauf hingewiesen, dass dieses Land nicht aus dem Willen des Volkes geboren ist, sondern ein Ergebnis der Zonen- und Besatzungspolitik darstellt. Für uns hat das Land Rheinland-Pfalz also durchaus keinen Ewigkeitswert. Die Neuordnung der staatsrechtlichen Verhältnisse Deutschlands ist ja noch mitten im Fluss. Das Ergebnis dieser Neuordnung bleibt abzuwarten, aber bis zum Zeitpunkt dieser Neuordnung ist das Land Rheinland-Pfalz für uns eine gegebene politische Tatsache.

Landesarchivverwaltung Rheinland-Pfalz, a. a. O.

Exkursions- und Internettipps:
- Zum Landtag Rheinland-Pfalz in Mainz siehe Mediencode 31022-69
- Geocaches zur frühen Geschichte des Bundeslands RLP in Koblenz: siehe Mediencode 31022-70

Filmtipp:
Zur SWR-Sendereihe „Wer hat Rheinland-Pfalz gemacht?“ siehe Mediencode 31022-71

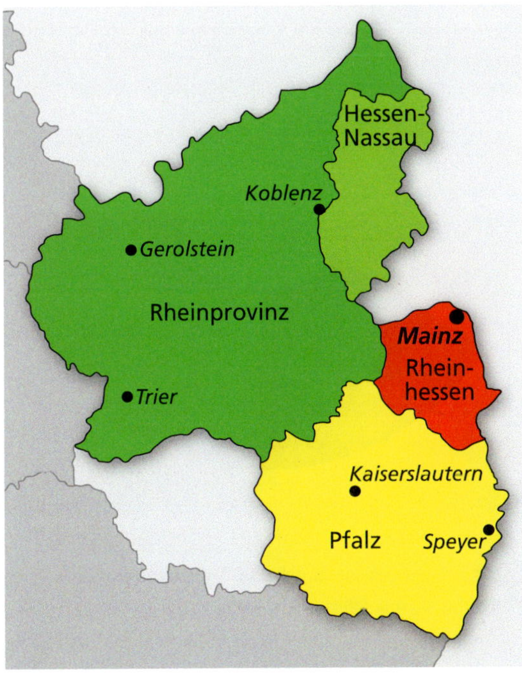

M3 Zusammensetzung des Bundeslandes Rheinland-Pfalz

1. *Stelle fest, für welche ehemaligen Territorien die Elemente des Wappens von Rheinland-Pfalz stehen (M1 und M3).*
2. *Recherchiere weitere ehemalige Territorien (vor 1789 oder nach 1815), die heute zu Rheinland-Pfalz gehören, aber nicht in das Wappen aufgenommen wurden.*
3. *Beurteile, was die Art der Gründung des Landes über die Rolle der Besatzungsmacht aussagt (M2 und M4).*
4. *Erkläre, was das Abhalten der Beratenden Landesversammlung u. a. im Koblenzer Rathaus über die Gründungsjahre des Bundeslandes aussagt (M4, Verfassertext).*
5. *Fasse Peter Altmeiers Position von 1947 (M4) zur Zukunft von Rheinland-Pfalz mit eigenen Worten zusammen und nimm dazu aus damaliger und heutiger Sicht begründet Stellung.*
6. *Informiere dich über die Mitglieder der Beratenden Landesversammlung und präsentiere die Biografie einer Person.*

30.08.: Gründung des Bundeslandes Rheinland-Pfalz
18.05.: Verfassung für Rheinland-Pfalz
wirtschaftlicher Wiederaufbau und Aufschwung
Regierung, Parlament und Ministerien wechseln nach Mainz
1945 1950 1955 1960

Aus vier Zonen werden zwei Staaten

M 1 **Die „Mütter des Grundgesetzes“**
Foto von 1949
Hätte es im Parlamentarischen Rat nicht diese vier Frauen gegeben, so wäre der heutige Artikel 3 des Grundgesetzes: „Männer und Frauen sind gleichberechtigt“ vielleicht nicht angenommen worden. Das Bild zeigt von links nach rechts: Helene Wessel (Zentrum), Helene Weber (CDU), Friederike Nadig (SPD) und Elisabeth Selbert (SPD) bei ihren Beratungen zum Gleichberechtigungsartikel, in denen sie über Parteigrenzen hinweg zusammenarbeiteten.

Internettipp:
Informationen zum Parlamentarischen Rat findest du unter Mediencode 31022-72

Währungsreform und Berlin-Blockade

Vor allem die USA wollten einen raschen Wiederaufbau der deutschen Wirtschaft. Daher führten die Westmächte ohne Abstimmung mit der UdSSR in der Trizone 1948 eine neue Währung ein (Währungsreform): die D-Mark. Die UdSSR protestierte gegen diese Verletzung ihrer Rechte als Siegermacht und führte in ihrer Besatzungszone eine eigene Währung ein.

Darüber hinaus sperrte die UdSSR alle Zufahrtswege nach West-Berlin. So sollten die Westalliierten unter Druck gesetzt und zu Verhandlungen gezwungen werden. Aber die 2,2 Millionen West-Berliner wurden unter größten Anstrengungen von Briten und Amerikanern aus der Luft versorgt. Im Mai 1949 brach die Sowjetunion die Blockade ab.

Der Weg zur Bundesrepublik

Im selben Zeitraum trieben Großbritannien und die USA die Gründung eines deutschen Weststaates voran. Am 1. Juli 1948 erhielten die elf Regierungschefs der westlichen Besatzungszonen von den drei Militärgouverneuren den Auftrag, eine Verfassung für einen westdeutschen Staat ausarbeiten zu lassen. Dieser sollte nach dem Muster der westlichen Demokratien Grundsätze berücksichtigen wie Volkssouveränität, parlamentarische Demokratie, Rechtsstaatlichkeit, Bundesstaatlichkeit und Gewaltenteilung und den Bürgern Grundrechte garantieren.

Eine Gruppe von Sachverständigen erstellte den Verfassungsentwurf. Er wurde in einem durch die Länderparlamente gewählten „Parlamentarischen Rat“ diskutiert und schließlich genau vier Jahre nach der Kapitulation des Deutschen Reiches verabschiedet. Nachdem er von den Militärgouverneuren genehmigt worden war, trat er am 23. Mai 1949 als „**Grundgesetz** für die Bundesrepublik Deutschland“ in Kraft. Damit war der westdeutsche Staat gegründet. Nach der ersten Bundestagswahl am 14. August wurde **Konrad Adenauer** von der Christlich Demokratischen Union (CDU) Bundeskanzler. Erster Bundespräsident wurde Theodor Heuss von der Freien Demokratischen Partei (FDP). Aus den westlichen Besatzungszonen war ein Staat unter alliierter Aufsicht geworden.

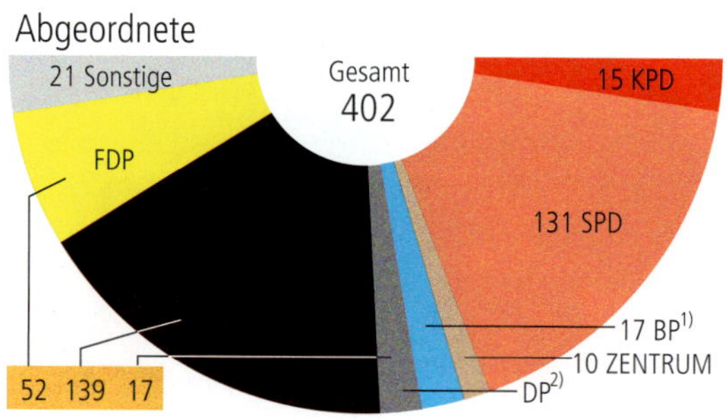

[1] Bayernpartei
[2] Deutsche Partei

M 2 **Das Ergebnis der ersten Bundestagswahl vom 14. August 1949**
Obwohl rund 65 Prozent aller Wahlberechtigten Frauen waren, wurden nur 28 Frauen in den ersten Bundestag gewählt.

M 3 Fackelzug zur Gründung der DDR in Ost-Berlin
Foto von Erich Zühlsdorf vom 7. Oktober 1949 (Ausschnitt)

Eingeschränkte Souveränität

Die Besatzungsherrschaft war damit noch nicht beendet. Die bisherige Militärregierung der Siegermächte wurde durch die Alliierte Hohe Kommission ersetzt. Sie sollte die Bundes- und Landesregierungen kontrollieren und war auch zuständig für die Außen- und Sicherheitspolitik.

Ein „neues Deutschland"?

Am 29. und 30. Mai 1949, drei Wochen nach der Veröffentlichung des westdeutschen Grundgesetzes, wurde die Verfassung der Deutschen Demokratischen Republik (DDR) verabschiedet. Für die Herrschaftspraxis der SED hatte diese Verfassung keine Bedeutung. Auf die verbrieften Freiheitsrechte (z. B. die Meinungsfreiheit) konnte sich kein DDR-Bürger berufen. Ihre Macht sicherte sich die SED-Führung durch

- die Steuerung der Blockparteien und die Festschreibung der Verteilung der Volkskammersitze unabhängig von Wahlen;
- die fehlende Unabhängigkeit der Justiz gegenüber der unumschränkt herrschenden SED (und der Regierung);
- die Strafandrohung wegen „Boykotthetze gegen demokratische Einrichtungen und Organisationen", eine Verfassungsbestimmung, mit der die SED unbequeme Kritiker mundtot machen konnte.

Moskaus Einfluss

Stalin wartete mit der bis in alle Einzelheiten vorbereiteten ostdeutschen Staatsgründung noch die ersten Wahlen und die Regierungsbildung in der Bundesrepublik ab, um dem Westen die „Schuld" an der Teilung Deutschlands geben zu können.

Nach einer langen Besprechung führender SED-Funktionäre mit dem sowjetischen Diktator in Moskau wurde Anfang Oktober 1949 verkündet, dass „mit der Bildung der volksfeindlichen Separatregierung in Bonn [...] in Deutschland eine neue Lage entstanden" sei, die zum Handeln zwinge. Am 7. Oktober 1949 erklärte sich ein aus gefälschten Wahlen hervorgegangener Deutscher Volksrat zur Provisorischen Volkskammer. Dieses Scheinparlament beauftragte Otto Grotewohl mit der Regierungsbildung. Der damit gegründete zweite deutsche Staat, die DDR, blieb unter sowjetischer Vormundschaft. Wichtige Entscheidungen wurden in Moskau getroffen, die sowjetische Geheimpolizei verfolgte wirkliche und vermeintliche Gegner des stalinistischen Herrschaftssystems im Osten Deutschlands.

Internettipp:
Informationen zur Entstehung beider deutscher Staaten siehe unter Mediencode 31022-73

1. *Skizziere den Weg bis zur Gründung der beiden deutschen Staaten.*
2. *Beurteile, wie groß jeweils der Anteil an demokratischer Mitbestimmung bei den Gründungen war.*
3. *Informiere dich darüber, warum die Verfassung für den deutschen Weststaat „Grundgesetz" genannt wurde.*
4. *Untersuche das Foto M3 nach dem auf S. 52 vorgestellten Schema.*

Einführung der D-Mark in den drei Westzonen
23.05.: Verabschiedung des Grundgesetzes
29./30.05.: Verabschiedung der Verfassung der DDR
Berlin-Blockade
1945
1950

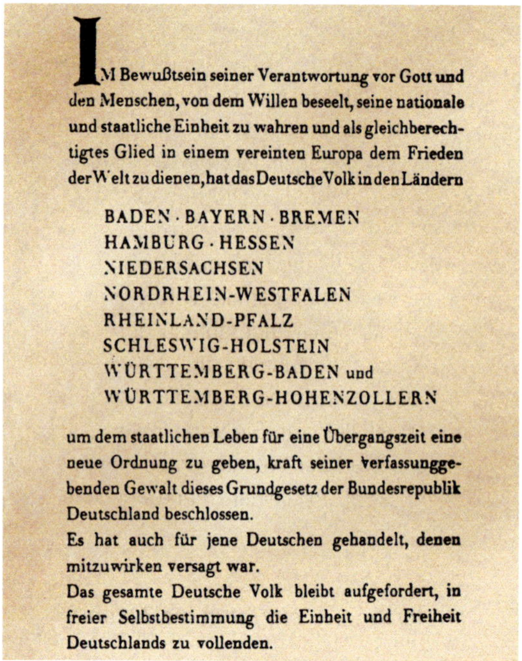

IM Bewußtsein seiner Verantwortung vor Gott und den Menschen, von dem Willen beseelt, seine nationale und staatliche Einheit zu wahren und als gleichberechtigtes Glied in einem vereinten Europa dem Frieden der Welt zu dienen, hat das Deutsche Volk in den Ländern

BADEN · BAYERN · BREMEN
HAMBURG · HESSEN
NIEDERSACHSEN
NORDRHEIN-WESTFALEN
RHEINLAND-PFALZ
SCHLESWIG-HOLSTEIN
WÜRTTEMBERG-BADEN und
WÜRTTEMBERG-HOHENZOLLERN

um dem staatlichen Leben für eine Übergangszeit eine neue Ordnung zu geben, kraft seiner verfassunggebenden Gewalt dieses Grundgesetz der Bundesrepublik Deutschland beschlossen.
Es hat auch für jene Deutschen gehandelt, denen mitzuwirken versagt war.
Das gesamte Deutsche Volk bleibt aufgefordert, in freier Selbstbestimmung die Einheit und Freiheit Deutschlands zu vollenden.

M4 Präambel des Grundgesetzes
Verkleinerte Wiedergabe des Originals von 1949

M5 Auszug aus dem Besatzungsstatut

Im Besatzungsstatut regeln die Westalliierten 1949 das Verhältnis der Bundesrepublik zu den Besatzungsbehörden der Siegermächte. Auszüge daraus:

3. […] Die Besatzungsbehörden behalten sich jedoch das Recht vor, entsprechend den Weisungen ihrer Regierungen die Ausübung der vollen Gewalt ganz oder teilweise wieder zu übernehmen, wenn sie dies für unerlässlich erachten für die Sicherheit oder zur Aufrechterhaltung der demokratischen Ordnung in Deutschland, oder um den internationalen Verpflichtungen ihrer Regierungen nachzukommen. [...]
4. Die Bundesrepublik Deutschland und die [Bundes-]Länder haben die Befugnis, nach ordnungsmäßiger Mitteilung an die Besatzungsbehörden [...] Gesetze zu erlassen und Maßnahmen zu ergreifen, es sei denn, dass die Besatzungsbehörden ausdrücklich anders bestimmen oder dass solche Gesetze oder Maßnahmen mit den [von den] Besatzungsbehörden selbst getroffenen Entscheidungen oder Maßnahmen unvereinbar sind.

Johannes Hohlfeld (Hrsg.), Dokumente der deutschen Politik und Geschichte, Bd. VI, Berlin/München o.J., S. 343ff.

M6 Die Bundesregierung erklärt

Die Ausgangslage seiner Politik beschreibt Bundeskanzler Adenauer am 20. September 1949 in seiner ersten Regierungserklärung:

Der Fortschritt gegenüber den Verhältnissen, die seit 1945 bei uns bestanden, auch gegenüber den Zuständen des nationalsozialistischen Reiches, ist groß. Zwar müssen wir uns immer bewusst sein, dass Deutschland und das deutsche Volk noch nicht frei sind, dass es noch nicht gleichberechtigt neben den anderen Völkern steht, dass es – und das ist besonders schmerzlich – in zwei Teile zerrissen ist. Aber wir erfreuen uns doch einer wenigstens relativen staatlichen Freiheit. Unsere Wirtschaft ist im Aufstieg. Wir haben vor allem aber wieder den Schutz der Persönlichkeitsrechte. Niemand kann bei uns, wie das im nationalsozialistischen Reich der Fall war und wie es jetzt noch in weiten Teilen Deutschlands, in der Ostzone, zu unserem Bedauern der Fall ist, durch Geheime Staatspolizei oder ähnliche Einrichtungen der Freiheit und des Lebens beraubt werden. Diese Güter: Rechtsschutz, Schutz der persönlichen Freiheit, die wir lange Jahre nicht besaßen, sind so kostbar, dass wir trotz allem, was uns noch fehlt, uns darüber freuen müssen, dass wir diese Persönlichkeitsrechte wieder besitzen.

Zit. nach: Jürgen Weber (Hrsg.), Das Jahr 1949 in der deutschen Geschichte. Die doppelte Staatsgründung, Landsberg 1997, S. 237 und 243

M7 Rückseite der 50-Pfennig-Münze (Bundesrepublik)

M8 Die SED und die Macht

In einer Sitzung des SED-Parteivorstandes sagt das Berliner Vorstandsmitglied Gerhart Eisler am 4. Oktober 1949:

[Als] Marxisten müssen wir wissen: Wenn wir eine Regierung gründen, geben wir sie niemals wieder auf, weder durch Wahlen noch andere Methoden. (*Walter Ulbricht: Das haben einige noch nicht verstanden!*) – Daher müssen wir ihnen zeigen, dass die Massen bei uns sind, wenn wir eine Regierung bilden, jene Massen, die wollen, dass sie an der Regierung sind, und die sehr ungehalten gegen jene Leute sind, die das verhindern wollen. (*Beifall.*)

Zit. nach: Siegfried Suckut, Die Entscheidung zur Gründung der DDR. Die Protokolle der Beratungen des SED-Parteivorstandes am 4. und 9. Oktober 1949, in: Vierteljahrshefte für Zeitgeschichte, 39. Jg. (1991), S. 161

M9 „Verfassung der deutschen demokratischen Republik / Durch das Volk / Mit dem Volk / Für das Volk“
Plakat vom März 1949

M10 Propagandaplakat zur ersten Volkskammerwahl in der DDR am 15. Oktober 1950
In der Einheitsliste der „Nationalen Front“ waren alle Parteien und Massenorganisationen vereinigt. Die Führung hatte die SED.

M11 Aus der DDR-Verfassung

Die Verfassung vom 7. Oktober 1949 beginnt mit folgenden Worten:

Von dem Willen erfüllt, die Freiheit und die Rechte des Menschen zu verbürgen, das Gemeinschafts- und Wirtschaftsleben in sozialer Gerechtigkeit zu gestalten, dem gesellschaftlichen Fortschritt zu dienen, die Freundschaft mit allen Völkern zu fördern und den Frieden zu sichern, hat sich das deutsche Volk diese Verfassung gegeben.

Art. 1: Deutschland ist eine unteilbare demokratische Republik; sie baut sich auf den deutschen Ländern auf. [...] Es gibt nur eine deutsche Staatsangehörigkeit.

Art. 2: Die Farben der Deutschen Demokratischen Republik sind Schwarz-Rot-Gold. Die Hauptstadt der Republik ist Berlin.

1. *Arbeite heraus, welche Grenzen das Besatzungsstatut der Bundesrepublik setzt (M5).*
2. *Nenne die in M4 und M8 genannten Ziele. Erkläre die Unterschiede.*
3. *Bewerte Adenauers Regierungserklärung (M6) aus Sicht der Bundesrepublik und der entstehenden DDR.*
4. *Erkläre, was das Münzbild über den neuen Staat aussagen sollte (M7).*
5. *Bewerte, ob die Aussagen des SED-Parteivorstandes (M8) mit den Zielen der DDR-Verfassung (M11) vereinbar waren.*
6. *Zeige auf, inwiefern die „Nationale Front“ dazu beitragen konnte, dass die SED ihre Herrschaft stabilisierte (M9).*
7. *Analysiere das Plakat (M10).*

Nach sowjetischem Vorbild: die DDR

M 1 „Von den Sowjetmenschen lernen …"
Das Plakat wurde vom „Amt für Information der DDR" nach sowjetischen Vorlagen um 1952 herausgegeben.

„Die Partei hat immer recht!"

Nach der Gründung der DDR setzte die SED unter der Führung von **Walter Ulbricht** den eingeschlagenen undemokratischen Weg fort. Die SED-Spitze wollte den Staatsapparat zentral lenken. Dazu löste sie im Juli 1952 Länder und Landtage auf. Die DDR wurde in Bezirke gegliedert. Das Ergebnis war eine „Volksdemokratie": ein sozialistischer Zentralstaat nach sowjetischem Muster.

Die Blockparteien durften bestehen bleiben, um demokratische Verhältnisse vorzutäuschen. Doch ihre Parteibüros, Zeitungen und Mitgliederentwicklung wurden kontrolliert.

Wahlen in der DDR waren Propagandaveranstaltungen: Die Wähler erhielten eine von der SED vorbereitete Kandidatenliste, die sie nur mit „Ja" oder „Nein" entweder bestätigen oder ablehnen konnten. Eine Auswahl war nicht möglich. Gewählt wurde meist offen und ohne Benutzung der Wahlkabinen. Wer nicht oder geheim wählte, machte sich verdächtig. So verzeichnete die SED stets hohe „Wahlerfolge".

Auch in der SED selbst wurden „Abweichungen" nicht zugelassen. In der ersten großen „Säuberungsaktion" mit öffentlichen Schauprozessen gegen frühere Sozialdemokraten wurden aus der SED etwa 150 000 Parteimitglieder ausgeschlossen.

Aufbau des Sozialismus

1950 trat die DDR dem Rat für Gegenseitige Wirtschaftshilfe (RGW) bei. Die Wirtschaftspläne waren damit abhängig von den Vorgaben Moskaus.

Nach sowjetischem Vorbild wurde die Güterproduktion von der Regierung zentral geplant und durch Fünfjahrespläne gelenkt, die Mengen und Preise festsetzten und Rohstoffe zuteilten. Dabei hatten die Konsumbedürfnisse der Menschen hinter dem Aufbau der Schwerindustrie, der chemischen Industrie und der Energiewirtschaft zurückzustehen. Folge des starren Systems waren ständige Engpässe in der Belieferung der Industrie (z. B. mit Ersatzteilen) sowie in der Versorgung der Bevölkerung mit Gütern des täglichen Lebens.

Die nach 1945 einsetzende Verstaatlichung von Industrie und Handel wurde vorangetrieben. Die „Volkseigenen Betriebe" erwirtschafteten 1947 etwas über ein Drittel, 1950 bereits mehr als die Hälfte aller Güter und Dienstleistungen, später über 90 Prozent.

Um die Produktivität zu erhöhen, wurden die Bauern aufgefordert, ihr Land, ihre Maschinen und Viehbestände in Landwirtschaftliche Produktionsgenossenschaften (LPG) einzubringen. Wer gegen diese Form der Enteignung war, wurde massiv unter Druck gesetzt.

Ohne Opposition

In der DDR gab es von Anfang an Widerstand gegen die rücksichtslose Politik der Parteiführung, aber keine eigentliche Opposition – weder in der Volkskammer noch außerhalb. Dazu fehlte die „vierte Gewalt": freie und unabhängige Medien. Presse, Funk und Fernsehen wurden zentral gelenkt und zensiert.

Walter Ulbricht* Ministerium für Staatssicherheit*

M 2 Stacheldrahtzäune entlang der innerdeutschen Grenze
Foto vom Juli 1952 aus dem Harz
1952 wurde entlang der Zonengrenze eine fünf Kilometer breite, militärisch gesicherte Sperrzone eingerichtet, um die anhaltende Fluchtbewegung zu stoppen. Die genaue Zahl der Opfer an dieser Grenze bis zum 12. August 1961 ist unbekannt. Die Angaben schwanken zwischen 101 und 407 Todesopfern.

Die SED-Führung versuchte, das Fehlen der Opposition so zu rechtfertigen: Ihre Politik, die allein dem Wohl des Volkes diene, brauche keinen Widerspruch. Eine Opposition sei letztlich verbrecherisch, da sie in der DDR nur gegen diejenigen Kräfte gerichtet sein könne, die die „wahren" Interessen der Bevölkerung kennen und vertreten würden: die Partei- und Staatsführung.

Umgang mit Andersdenkenden

Um Opposition von vornherein auszuschließen, wurden die Menschen so früh wie möglich in die von der SED kontrollierten Parteien und Massenorganisationen eingebunden und vom 1950 eingerichteten **Ministerium für Staatssicherheit** (MfS) überwacht, eingeschüchtert und bestraft. Die Stasi, so die Abkürzung für die Geheimpolizei, die auch geheimdienstliche Aufgaben (Spionage) im Ausland betrieb, unterstand allein der SED-Spitze. Eine parlamentarische Kontrolle bestand nicht. Dies unterschied das MfS von den Sicherheitsdiensten in demokratisch regierten Staaten. Wer Kritik an den politischen Entscheidungen und wirtschaftlichen Maßnahmen der SED übte oder Flugblätter gegen Missstände verteilte, riskierte schlimmste Strafen. Allein 1950 wurden in der DDR über 78 000 Menschen wegen politischer Vergehen verurteilt, in einigen Fällen sogar zum Tode.

Die Justiz war in diesen Fällen ein willfähriges Instrument der SED. Opposition wurde bestraft. Richter wurden zu Befehlsempfängern der SED.

Im Mai 1952 beschloss der DDR-Ministerrat, ein Sperrgebiet an der innerdeutschen Grenze einzurichten. Nur die Grenze in Berlin blieb wegen der gemeinsamen Kontrolle der Stadt durch vier Siegermächte durchlässig. Trotzdem ließen der anhaltende politische Druck auf die Bevölkerung und die sich verschlechternden Lebensbedingungen zwischen Januar 1951 und April 1953 etwa 450 000 (von 18 Millionen) Menschen aus der DDR in den Westen fliehen.

1. *Arbeite die Maßnahmen heraus, die belegen, dass in der DDR eine Diktatur errichtet wurde.*
2. *Vergleiche die Maßnahmen mit den Aussagen des Plakats M9 auf S. 207.*
3. *Informiere dich über die Grundrechte der Meinungs- und Pressefreiheit in der Bundesrepublik.*

Beginn der Verstaatlichung von Industrie, Handel und Landwirtschaft in der SBZ
Gründung des Ministeriums für Staatssicherheit (MfS)
SED löst Länder und Landtage auf; Ziel: ein sozialistischer Zentralstaat
Einrichtung eines Sperrgebietes an der Grenze zur Bundesrepublik

1945 | 1950 | 1955 | 1960

M 3 „Stalin, das ist der Frieden“
Das Plakat (83,3 x 58,5 cm) wurde 1952 vom „Amt für Informationen“ herausgegeben.

M 4 „Unser Gruß dem Genossen Stalin …“

Der Vorstand der SED verkündet zum 70. Geburtstag von Stalin am 14. Dezember 1949 u. a. folgende Losungen für die Parteiarbeit:

- Es lebe Stalin, der beste Freund des deutschen Volkes!
- Die Deutsche Demokratische Republik dankt Stalin für sein Vertrauen!
- Das deutsche Volk grüßt Stalin, den bewährten Führer der Weltfriedensbewegung!
- Stalin ist unser großer Helfer im Kampf um die Einheit Deutschlands und einen gerechten Frieden!
- Stalin lehrte uns höchste Wachsamkeit gegenüber allen Agenten der Volksfeinde!
- Wir danken Stalin für seine großzügige Hilfe beim Aufbau der deutschen Friedenswirtschaft!

Zit. nach: Ernst Deuerlein (Hrsg.), DDR 1945 - 1970. Geschichte und Bestandsaufnahme, München 1971, S. 105 f.

M 5 Aufgaben des MfS

In den Richtlinien für die Stasi heißt es:

§1 Das Ministerium für Staatssicherheit (MfS) […] gewährleistet […] die staatliche Sicherheit und den Schutz der Deutschen Demokratischen Republik. […]

§2 Die Hauptaufgaben des MfS zum Schutz der Souveränität, bei der allseitigen politischen, militärischen, ökonomischen und kulturellen Stärkung der Deutschen Demokratischen Republik, der Sicherung der sozialistischen Errungenschaften und der Staatsgrenze bestehen darin:

a) Feindliche Agenturen zu zerschlagen […] und andere politisch-operative Maßnahmen gegen die Zentren des Feindes durchzuführen […];

c) Straftaten, insbesondere gegen die Souveränität der Deutschen Demokratischen Republik, den Frieden, die Menschlichkeit und Menschenrecht […] aufzudecken, zu untersuchen und vorbeugende Maßnahmen auf diesem Gebiet zu treffen […];

e) Die staatliche Sicherheit in der Nationalen Volksarmee und den bewaffneten Organen zu gewährleisten;

f) […] die Staatsgrenze mit spezifischen Mitteln und Methoden zu schützen und […] den grenzüberschreitenden Verkehr zu sichern. […]

Zit. nach: Matthias Judt (Hrsg.), DDR-Geschichte in Dokumenten, Berlin 1997, S. 467 f.

M 6 Den Vater „abgeholt“

Joachim Gauck, früher Pfarrer in Rostock, von 1990 bis 2000 Leiter der Bundesbehörde für die Unterlagen des ehemaligen Staatssicherheitsdienstes der DDR und seit 2012 Bundespräsident, erinnert sich an das Schicksal seines Vaters:

Meinem Vater wurde angelastet, dass er zeitweise zu einer Schiffsbesatzung gehört hatte, von der ein Kollege in den Westen geflohen war, dem die Russen Geheimdienstkontakte unterstellten. Weil dieser ehemalige Kollege zu einigen Mitgliedern der Schiffsbesatzung wieder Kontakt aufgenommen hatte, wurden alle Mannschaftsmitglieder festgenommen, die man noch finden konnte. Jetzt musste man ihnen nur etwas anhängen. Bei einer Hausdurchsuchung fanden die Russen bei meinem Vater eine legal aus Hamburg eingeführte Fachzeitschrift für Fragen der Schifffahrt.

Dem russischen Richter in Schwerin reichte das Wort „Hamburg“ für einen Schuldspruch von zweimal 25 Jahren Zwangsarbeit in Sibirien. Davon ahnte meine Mutter, die mit ihren vier Kindern zurückgeblieben war, nichts. […]
Erst nach zweieinhalb Jahren erhielten wir das erste Lebenszeichen von meinem Vater – eine Postkarte, wie sie Kriegsgefangene schickten. Er war in einem Lager in der Nähe des Baikalsees und arbeitete als Sklavenarbeiter im Wald.

Joachim Gauck, Die Stasi-Akten. Das unheimliche Erbe der DDR, Hamburg 1991, S. 42 ff. (gekürzt)

M8 Propagandaplakat an einer Hausmauer in Ost-Berlin
Foto von 1952
„Neues Deutschland“ war die offizielle Tageszeitung der SED.

M7 Eintritt in die Genossenschaft

Führende Vertreter der Bezirksorganisation Gera schreiben am 6. April 1960 an Walter Ulbricht:

Mit großer Freude können wir Ihnen heute mitteilen, dass sich mit dem heutigen Tage alle Bauern des Bezirkes Gera für den Weg der genossenschaftlichen Produktion und des sozialistischen Lebens entschieden haben. Der freiwillige Zusammenschluss unserer Bauern zu vollgenossenschaftlichen Dörfern, ihr Schritt in die sozialistische Zukunft ist eine eindeutige Absage an das Adenauer-Regime, ist die unmissverständliche Antwort der Bauern unseres Grenzbezirkes auf die Bonner Blitzkriegsstrategie.
Der ehemalige Einzelbauer Willi R. aus R. […] sagte bei seinem Eintritt in die Genossenschaft: „Dem Adenauer und seinen Blitzkriegern müssen auch wir Bauern die richtige Antwort geben. Unsere Antwort heißt: LPG[1] – Sozialismus – Frieden! […] Und wenn Adenauer und seine Minister […] meinen, wir wären in die LPG gezwungen worden, dann sollen sie einmal nach R. kommen. Wir werden ihnen schon den Marsch blasen, damit ihnen ihre Kriegs- und Eroberungsgelüste für immer vergehen.“ […]
Mit Freude und Stolz schauen unsere Genossenschaftsbauern einer gesicherten und reichen sozialistischen Perspektive entgegen. Sie haben den festen Willen, die großen Ziele des Siebenjahrplanes zu erreichen, um auf diesem Weg den deutschen Militarismus zu bändigen und den Sozialismus zum Siege zu führen.

Zit. nach: Matthias Judt (Hrsg.), DDR-Geschichte in Dokumenten. Beschlüsse, Berichte, interne Materialien und Alltagszeugnisse, Berlin 1997, S. 119 f.

1. *Erläutere, was die SED mit dem Plakat und den Losungen (M3 und M4) erreichen wollte.*
2. *Bewerte die Aufgaben des Ministeriums für Staatssicherheit (M5) im Hinblick auf die Selbstbezeichnung der DDR als Demokratie.*
3. *Zeige die Absicht der Propaganda an der Hausmauer (M8) auf und beschreibe die Mittel dafür.*
4. *Arbeite heraus, wie die Bundesrepublik Deutschland in dem Brief (M7) beschrieben wird.*
5. *Stelle Vermutungen an, warum der Brief verfasst wurde (M7).*
6. *Entgegen der Darstellung in dem Brief haben sich einige Bauern nur unter Druck der LPG angeschlossen. Nenne mögliche Gründe dafür.*
7. *Erkläre den Begriff „Willkürherrschaft“ mithilfe der Erinnerungen (M6).*

[1] LPG: Landwirtschaftliche Produktionsgenossenschaft

- Beginn der Verstaatlichung von Industrie, Handel und Landwirtschaft in der SBZ
- Gründung des Ministeriums für Staatssicherheit (MfS)
- SED löst Länder und Landtage auf; Ziel: ein sozialistischer Zentralstaat
  Einrichtung eines Sperrgebietes an der Grenze zur Bundesrepublik

1945 1950 1955 1960

Der 17. Juni 1953

M 1 Steine gegen sowjetische Panzer
Foto von Wolfgang Albrecht vom 17. Juni 1953
Ort: Ost-Berlin, Leipziger Straße / Potsdamer Platz; links im Hintergrund die Ruine des Kaufhauses Wertheim, rechts das Gebäude des Preußischen Landtages (heute: Sitz des Bundesrates).

Volksaufstand

Nachdem Stalin am 5. März 1953 gestorben war, erwarteten viele Menschen in der DDR eine Verbesserung der Lage. Doch die Hoffnungen sanken, als die Verantwortlichen im Mai 1953 die Arbeitsnormen in den „Volkseigenen Betrieben" um zehn Prozent erhöhten. Bei gleichem Lohn sollte also mehr gearbeitet werden. Daraufhin kam es zu Unruhen unter den Arbeitern.

Obwohl die Partei- und Staatsführung die Arbeitsnormerhöhung kurzfristig zurücknahm, legten Berliner Bauarbeiter am 16. Juni ihre Arbeit auf den Baustellen in der Stalinallee nieder. Aus dem Streik entwickelte sich ein Volksaufstand. Am 17. Juni und den folgenden Tagen demonstrierten und streikten die Menschen im gesamten Land. Sie forderten „Nieder mit der SED", „Freie Wahlen", „Freilassung aller politischen Häftlinge", „Rücktritt der Regierung", „Abzug der Besatzungstruppen aus Deutschland" und „Wiedervereinigung".

Die in der DDR stationierten sowjetischen Soldaten sicherten der SED die Herrschaft. Die Sowjets verhängten in 167 von 217 Stadt- und Landkreisen den Ausnahmezustand. Es galt das Kriegsrecht. Panzer fuhren auf und öffentliche Versammlungen wurden verboten. Unterstützt von Volkspolizei und Staatssicherheitsdienst schlugen die sowjetischen Soldaten den Aufstand nieder.

Die Bilanz des Aufstandes

Zwischen dem 16. und 21. Juni 1953 beteiligten sich rund eine Million Menschen in mehr als 700 Orten an Streiks, Demonstrationen oder Kundgebungen. In über 1 000 Betrieben und Genossenschaften ruhte die Arbeit. Aus zwölf Haftanstalten wurden etwa 1 500 Häftlinge befreit.

Bei den Unruhen kamen zwischen 40 und 50 Menschen ums Leben. Etwa 15 000 Personen wurden festgenommen. Bis Ende Januar 1954 wurden über 1 500 Demonstranten verurteilt, davon zwei zum Tode.[1]

Die SED machte für den Aufstand „westliche Kriegstreiber" verantwortlich. Dagegen protestierte die Bundesregierung. Sie und die Westmächte hatten sich während des Aufstandes zurückgehalten, weil sie einen Krieg vermeiden wollten. Nur wenige Wochen nach dem Ereignis erklärten die Abgeordneten des Deutschen Bundestages auf Anregung der SPD den 17. Juni zum Tag der deutschen Einheit. Bis 1990 hielt man an dem Gedenktag fest.

1. *Erkläre, warum aus der Unzufriedenheit über schlechtere Arbeitsbedingungen ein politischer Aufstand wurde.*
2. *Von dem Foto M1 werden oft nur Ausschnittvergrößerungen (siehe Unterlegungen) veröffentlicht. Beschreibe, wie sie die Wirkung des Bildes verändern.*
3. *Begründe, warum der Volksaufstand die Schwäche des Regimes offenlegte.*

[1] Die DDR schaffte die Todesstrafe erst im Juli 1987 ab.

▸ ***Geschichte In Clips:*** Zum „Volksaufstand" siehe Clip-Code 31022-74

Internettipp:
Informationen und Materialien zum 17. Juni 1953 siehe unter Mediencode 31022-75

Lesetipp:
Erich Loest, Sommergewitter, Göttingen 2005

CD-ROM-Tipp:
17. Juni 1953. Zeitzeugen berichten, Köln: Deutschlandradio 2003

M 2 Aufgebrochene Gefängnistore in Jena
Foto vom 17. Juni 1953
Am Vormittag des 17. Juni waren etwa 1 500 Menschen in die Jenaer Untersuchungshaftanstalt eingedrungen und hatten 61 Häftlinge befreit.

M 3 „Es lebe die Junirevolution"

Ein Höhepunkt der Kundgebung vom 17. Juni auf dem Görlitzer Marktplatz ist folgende Ansprache:

Görlitzer! Die meisten von Euch werden mich kennen. Ich bin der alte Latt. Seit 1904 habe ich der Sozialdemokratischen Partei angehört und ich habe in meinem Leben nun drei Revolutionen mitgemacht: die Revolution von 1918, die von 1945 und heute die Revolution vom 17. Juni 1953.
Görlitzer, ich muss offen bekennen, das ist die größte Freude meines Lebens, dass ich diesen Tag erleben durfte. Acht Jahre lang waren wir gefesselt und geknebelt, acht Jahre lang durften wir nicht so sprechen, wie wir dachten. Nun ist das alles vorbei. Die Stunde der Freiheit hat geschlagen: [...] die SED und ihre Funktionäre sollen sich aus dem Staube machen, bevor sie der gerechte Zorn der 18 Millionen trifft. Görlitzer, es lebe die Junirevolution von 1953.

Zit. nach: www.17juni53.de/forum/forum/dach.html (Zugriff: 29. September 2009)

M 4 Agenten und Provokateure

In einem DDR-Geschichtsbuch von 1983 für die Klasse 10 heißt es:

Am 17. Juni 1953 gelang es Agenten verschiedener imperialistischer Geheimdienste, die von West-Berlin aus zahlreich in die Hauptstadt und einige Bezirke der DDR eingeschleust worden waren, in der Hauptstadt und in verschiedenen anderen Orten der Republik einen kleinen Teil der Werktätigen zu zeitweiligen Arbeitsniederlegungen und Demonstrationen zu bewegen. In einigen Städten plünderten Gruppen von Provokateuren und Kriminellen. Sie legten Brände, rissen Transparente herunter, misshandelten und ermordeten Funktionäre der Arbeiterbewegung, holten verurteilte Kriegsverbrecher aus Gefängnissen und forderten den Sturz der Arbeiter-und-Bauern- Macht.
Doch der junge sozialistische Staat bestand unter Führung der Partei auch diese Belastungsprobe. Die Mehrheit der Arbeiterklasse und der Bevölkerung stand zu ihrem Staat. [...] Durch das entschlossene Handeln der fortgeschrittensten Teile der Arbeiterklasse und ihrer Verbündeten gemeinsam mit sowjetischen Streitkräften und bewaffneten Organen der DDR brach der konterrevolutionäre Putsch innerhalb von 24 Stunden zusammen. Der Versuch, die DDR und den Sozialismus auf deutschem Boden gewaltsam zu beseitigen, war gescheitert.

Rudolf Dau u. a., Geschichte. Lehrbuch für Klasse 10, Berlin (Ost) 1983, S. 129f.

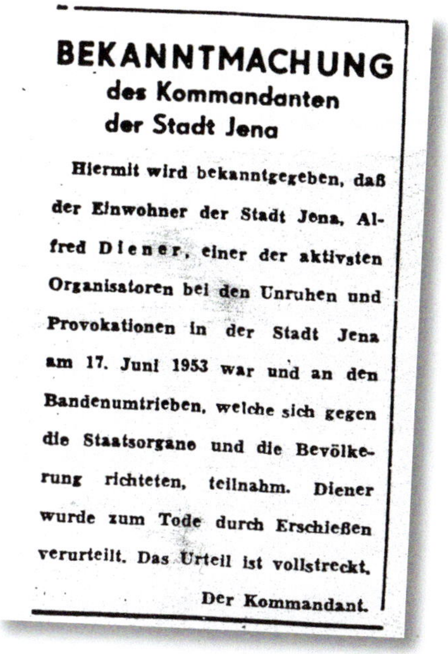

BEKANNTMACHUNG
des Kommandanten der Stadt Jena

Hiermit wird bekanntgegeben, daß der Einwohner der Stadt Jena, Alfred Diener, einer der aktivsten Organisatoren bei den Unruhen und Provokationen in der Stadt Jena am 17. Juni 1953 war und an den Bandenumtrieben, welche sich gegen die Staatsorgane und die Bevölkerung richteten, teilnahm. Diener wurde zum Tode durch Erschießen verurteilt. Das Urteil ist vollstreckt.

Der Kommandant.

M 5 Der Kommandant der Stadt Jena gibt bekannt
Die Bekanntmachung erschien am 20. Juni 1953 in der Jenaer „Volkswacht" und wurde auch in anderen Zeitungen verbreitet.

1. *Die Rede M3 macht deutlich, worum es den Aufständischen ging. Nenne die zentralen Forderungen.*
2. *Der Redner (M3) bezeichnet die Ereignisse vom 17. Juni als „Revolution". Erläutere sein Revolutionsverständnis und beurteile es. Berücksichtige dabei auch M2.*
3. *Erläutere die Motive für die Bekanntmachung (M5).*
4. *Prüfe die Darstellung zum 17. Juni im DDR-Lehrbuch (M4). Beachte dabei auch die Wortwahl.*
5. *Erläutere die Absicht des Textes (M4).*

Welche Wirtschaftsordnung schafft Wohlstand?

M 1 Ein alternativer Blick auf das Wirtschaftswunder
Karikatur aus der DDR, 1967

Konkurrenz der Wirtschaftsordnungen

In der UdSSR gab es kein Privateigentum an wichtigen Produktionsmitteln. Alle Fabriken sollten dem Staat gehören, der in einer **Planwirtschaft** bestimmte, was – in welcher Stückzahl – produziert werden soll. Die Bezahlung der Menschen richtete sich im Wesentlichen nach ihrer Arbeitszeit und den Bedürfnissen ihrer Familien (z. B. Kinder). Große Einkommensunterschiede sollte es nicht geben.

In der westlichen Welt herrschte die Marktwirtschaft, in der die Unternehmer frei entscheiden können, was sie in ihren Fabriken produzieren wollen. Über ihren Erfolg entscheidet der von Konkurrenz geprägte „**Markt**". Nur wer seine Produkte mit Gewinn verkaufen kann, verdient Geld und kann seine Arbeiter bezahlen.

Soziale Marktwirtschaft

In der Bundesrepublik gab es ab 1951 einen rasanten Wirtschaftsaufschwung. Er war kein „Wirtschaftswunder", wie er genannt wurde. Gründe für den Aufschwung waren, dass die Alliierten und die deutsche Regierung die Wirtschaftsbetriebe förderten, die Gewerkschaften nur maßvolle Löhne forderten und die Menschen etwas leisten wollten. 1960 herrschte in der Bundesrepublik praktisch Vollbeschäftigung: Die Arbeitslosenquote lag bei nur 1,3 Prozent (zum Vergleich Juli 2015: 6,4 Prozent). Die Vollbeschäftigung ging mit einem nie dagewesen Wohlstand einher.

Dafür sorgte auch die **Soziale Marktwirtschaft**. Neben den Prinzipien der Marktwirtschaft gilt hier, dass der Staat und Sozialversicherungen die Menschen gegen Alter, Krankheit und Arbeitslosigkeit absichern. Wichtig für den wirtschaftlichen Aufschwung der Nachkriegsjahre waren aber auch der Zustrom gut ausgebildeter Flüchtlinge aus der DDR, das Anwerben ausländischer „Gastarbeiter" sowie die Vorteile des zollfreien Warenverkehrs innerhalb der Europäischen Gemeinschaften (EGKS, EU).[1]

Planwirtschaft

In der DDR lag die Arbeitslosenquote nahezu bei null Prozent. In der dortigen Planwirtschaft wurde jede Arbeitskraft eingesetzt. Verglichen mit den kapitalistischen Staaten im Westen mussten sich die Menschen in der DDR und Osteuropa jedoch mit einem deutlich niedrigeren Lebensstandard zufrieden geben. Importierte „Luxus"-Produkte wie Kaffee, Schokolade und Bananen gab es fast gar nicht zu kaufen, für andere Waren des täglichen Bedarfs musste man mitunter stundenlang Schlange stehen.

1. *Benenne die Unterschiede zwischen Planwirtschaft und Marktwirtschaft.*
2. *Stelle Vermutungen an, warum der Aufschwung in der Bundesrepublik als „Wirtschaftswunder" bezeichnet wurde, und informiere dich anschließend darüber im Internet.*
3. *Die DDR-Regierung hat es immer als Vorteil ihres Wirtschaftssystems ausgegeben, dass es keine Arbeitslosigkeit gibt. Diskutiert darüber.*

[1] Siehe S. 220 f.

	Kapitalismus	sozialistische Planwirtschaft
Grundidee	Von einer unsichtbaren Hand (dem Markt) gelenkt, führen Privateigentum und Wettbewerb zum Wohl der Gesellschaft. Dabei herrschen das Konkurrenzprinzip und das Ziel der Gewinnmaximierung. Staatliche Eingriffe bringen diese Ordnung aus dem Gleichgewicht.	Das Risiko von Fehlinvestitionen und Arbeitslosigkeit ist dank Planung minimal. Indem man sich auf gesamtwirtschaftliche Ziele wie den Bau von Wohnungen konzentriert, erreicht man diese – theoretisch – schneller.
Einflussnahme durch den Staat	Der Staat schafft lediglich die Rahmenbedingungen, etwa für den Außenhandel.	Der Staat plant die Produktion, z.B. in Fünfjahresplänen (fünf Jahre im Voraus).
Steuerung	Der Markt steuert sich selbst (Marktwirtschaft): Die Nachfrage bedingt das Angebot von Waren und Arbeitskraft.	durch die Staatliche Plankommission in Berlin, die zentrale Planbehörde
Produktionsmittel (Fabriken usw.)	in Privateigentum	in Staatseigentum

M2 Kapitalismus und sozialistische Planwirtschaft im Vergleich

Nach: Manfred Schwarz, Die DDR zwischen Mauer, Trabi und Club-Cola, Hamburg 2009, S. 36

M3 Reichtum?

Werbefoto aus der Bundesrepublik von 1958

M4 Wirtschaftliche und staatliche Zwänge

In einem Vermerk über den Einfluss der Preisfestsetzungen auf die Produktion industrieller Konsumgüter in Karl-Marx-Stadt (DDR) vom 15. November 1960 heißt es unter anderem:

[Eine Privatfirma] hatte vor […] der Lohnerhöhung Kaffeetöpfe aus Porzellan hergestellt, für die ein Industrieabgabepreis von 0,60 DM bis 0,63 DM festgelegt ist. Nach den Lohnerhöhungen kann dieser Betrieb den gleichen Artikel nur für 0,70 DM bis 0,71 DM fertigen. Dieser Preis wurde aber nicht genehmigt. Die GHG[1] bekommen keine Kaffeetöpfe [mehr] aus diesem Betrieb. [Ein anderer Privatbetrieb] stellt Herrenhosenträger […] her. Bei der Produktion entstehen bei den Gummibändern Abschnitte, die für Kinderhosenträger verwendet werden können, für die großer Bedarf besteht. […] Das Zentralreferat erklärt, dass [nur] der gleiche Preis wie für Herrenhosenträger genehmigt werden kann, weil der „Gebrauchswert" der gleiche wäre. […] Zu diesem Preis will der Betrieb die Träger nicht herstellen, weil er meint, dass das Betrug ist. Es wurde dem Betrieb empfohlen, anstelle Kinderhosenträgern Sockenhalter zu fertigen.

Zit. nach: Matthias Judt (Hrsg.), DDR-Geschichte in Dokumenten. Beschlüsse, Berichte, interne Materialien und Alltagszeugnisse, Berlin 1997, S. 134

[1] GHG: Großhandelsgesellschaft

▸ ***Geschichte In Clips:*** Zur Wirtschaft in der Frühphase der DDR siehe Clip-Code 31022-76

Lesetipp:
Inge Barth-Grözinger, Stachelbeerjahre, Stuttgart 2011 (Zeitgeschichtlicher Roman, der rückblickend über das Jahr 1962 erzählt.)

1. *Erkläre, welche Entscheidungsbefugnisse zu den Schwierigkeiten in M4 führen.*
2. *Vergleiche M4 mit einem Wirtschaftsbetrieb in einer Marktwirtschaft.*
3. *Nennt Kritikpunkte jeweils zu Kapitalismus und sozialistischer Planwirtschaft (M2).*
4. *Erklärt, inwiefern sich die Soziale Marktwirtschaft der Bundesrepublik vom Kapitalismus unterscheidet, wie er in M2 beschrieben wird.*
5. *Beurteile M3: Ist das Foto Ausdruck von Reichtum?*
6. *Begründe, warum ein derartiges Werbefoto der sozialistischen Ideologie in der DDR widersprochen hätte (M3).*

Karikaturen als gezeichnete Kommentare

Hinweis: Die Überschrift spielt auf ein Theaterstück des Briten John Osborne von 1956 an.

Geburtstagstorte mit zehn Kerzen. Hinweis auf das Jahr 1958.

Fotoalbum

Ein lachender und gutgenährter Junge mit Pausbacken deutet auf sein „Foto“ von 1948. Hinweis: Die Zipfelmütze kennzeichnet den Jungen als „typischen Deutschen“ („Deutscher Michel“).

Ein lachendes und gutgenährtes Mädchen mit Pausbacken zeigt auf ihr „Foto“ von 1948. Hinweis: Der Kopf sieht wie eine 1-D-Mark-Münze (Eichenlaub und Ziffer) aus.

Ein dicker Mann mit einer Zigarre im Mund hält zwei Kinder im Arm. Hinweis: Die Person stellt Wirtschaftsminister Ludwig Erhard dar; er gilt als der „Vater“ des westdeutschen „Wirtschaftswunders“.

Name des Zeichners und Hinweis auf das Entstehungsjahr der Karikatur: 1958

M „Blick zurück – nicht im Zorn“
„Och, guck' mal, Onkel Ludwig, das waren wir, vor zehn Jahren!“ Karikatur von Hanns-E. Köhler aus der Wochenzeitung „Die Zeit“ vom 19. Juni 1958.

Was wollen Karikaturen?

Sie kommentieren und bewerten politische oder gesellschaftliche Ereignisse, Zustände und Entwicklungen. Sie spitzen Meinungen zu und beziehen Stellung. Da sie in zeitlicher Nähe zu einem bestimmten Geschehen entstehen, sind sie historische Quellen. Worüber die Zeitgenossen lachten oder sich ärgerten, was ihnen gefiel oder was sie ablehnten, erkennen wir aber später selten auf Anhieb. Einerseits, weil die Zeichner gerne Symbole und Zeichen benutzen, die es zu entschlüsseln gilt. Andererseits, weil sie ohne Wissen über den historischen Kontext nicht angemessen verstanden werden können.

Um die Aussage einer Karikatur zu begreifen, muss sie analysiert werden. Dabei helfen Antworten auf folgende Fragen:

- Wer hat die Karikatur gezeichnet, wann und wo wurde sie erstmals veröffentlicht?
- Welche Symbole, Zeichen und Personifikationen verwendet der Zeichner? Was beabsichtigt er damit?
- Auf welches Ereignis, welche Entwicklung und/oder welche Personen bezieht sich die Karikatur?
- Welche Absicht verfolgt der Zeichner?
- Wie bewertest du die Aussage der Karikatur?

Beschreibung

Siehe die Hinweise an der Karikatur.

Erste Hinweise zur Analyse

Die Karikatur stammt vom 19. Juni 1958. Die westdeutsche Bevölkerung feiert den zehnten Geburtstag der „D-Mark“. Die Überschrift deutet die Skepsis von 1948 gegenüber der Sozialen Marktwirtschaft an. Der „Deutsche Michel“ und die „D-Mark“ blicken mit Ludwig Erhard auf die Entwicklung von 1948 bis 1958 zurück – „nicht im Zorn“. Alle drei sind fröhlich, geht es ihnen doch viel besser als vor zehn Jahren. Sie sind wohlgenährt und machen einen rundum zufriedenen Eindruck.

1. *Recherchiere (z. B. im Internet) über den Zeichner und die politische Haltung der Zeitung, in der die Karikatur veröffentlicht wurde.*
2. *Skizziere die wirtschaftliche Entwicklung zwischen 1948 und 1958.*
3. *Interpretiere die Karikatur. Wie beurteilt der Zeichner die Entwicklung von 1948 bis 1958? Wie bewertest du die Aussage? Berücksichtige dabei alle dir vorliegenden und recherchierten Informationen.*

Die Bundesrepublik wird Partner in Westeuropa

Aussöhnung und Zusammenarbeit

Bundeskanzler Konrad Adenauer war überzeugt, dass die Bundesrepublik Deutschland nur als Teil der westeuropäischen Staatengemeinschaft überleben könne. Die Berlin-Blockade hatte ihn darin bestätigt.[1]

In der engen Verbindung mit den Westmächten – besonders mit den USA – sah Adenauer die Chance, für Westdeutschland eine größere Eigenständigkeit zu gewinnen und die seit dem Zerfall der Viermächte-Verwaltung bestehende Teilung Deutschlands zu beseitigen und damit die deutsche Frage zu lösen.

Zu den wichtigsten Zielen des ersten Bundeskanzlers gehörte die Überwindung des deutsch-französischen Gegensatzes. Er wusste, dass eine Aussöhnung nur möglich war, wenn die Bundesrepublik auf das Sicherheitsbedürfnis Frankreichs Rücksicht nahm.

Der französische Außenminister Robert Schuman unterstützte Adenauers Politik. Er schlug am 9. Mai 1950 vor, die Montan-Industrie (Bergbau, Eisen- und Stahlproduktion) beider Staaten einer gemeinsamen Behörde zu unterstellen. Zugleich sollte dieser Zusammenschluss weiteren westeuropäischen Staaten offenstehen. Die Bemühungen führten 1951 zur Gründung der Europäischen Gemeinschaft für Kohle und Stahl (EGKS; auch **Montanunion** genannt[2]). Mitglieder der Gemeinschaft wurden Frankreich, Italien, Belgien, Luxemburg, die Niederlande und die Bundesrepublik Deutschland.[3]

M1 Konrad Adenauer vor dem Kapitol in Washington, D. C.
Foto vom 9. April 1953
Adenauers Besuch in den USA wurde als Zeichen der Wiederaufnahme Deutschlands in die „Völkergemeinschaft der freien Welt" gewertet.

Wiederbewaffnung und Souveränität

Ohne sein Kabinett vorab zu informieren, bot Adenauer den Amerikanern 1952 die Wiederbewaffnung der Bundesrepublik im Rahmen eines westlichen Bündnisses an. Als Gegenleistung erwartete er von den drei westlichen Siegermächten die Aufhebung des Besatzungsstatuts sowie eine Sicherheitsgarantie. Um eine weitere kommunistische Machtausdehnung in Europa und Fernost zu verhindern, waren die Amerikaner bereit, die Wiederbewaffnung des ehemaligen Kriegsgegners zu akzeptieren. Im Mai 1952 wurden die Weichen für das Ende des Besatzungsstatuts und die Wiederbewaffnung gestellt. Die Bundesrepublik sollte einer Europäischen Verteidigungsgemeinschaft (EVG) beitreten. Im Gegenzug gab der Vertrag über die Beziehungen zwischen der Bundesrepublik Deutschland und den Drei Mächten (Deutschlandvertrag) der Bundesrepublik die Souveränität.

[1] Siehe S. 204.
[2] Siehe dazu S. 220.
[3] Siehe S. 220 f.

M2 „Großmutter, was machst du für verlockende Angebote? – ... Damit ich dich besser fressen kann“
Karikatur aus der Gewerkschaftszeitung „Welt der Arbeit“ vom 10. Mai 1952
Beschriftung: „Bundes-Republik“ (links), „Sowjetische Vorschläge: Souveränität – Abzug aller Besatzungstruppen – eigene Wehrmacht“

Die Stalin-Noten

Kurz vor der Unterzeichnung des Deutschland- und EVG-Vertrages schlug Stalin am 10. März 1952 den westlichen Siegermächten vor, einen Friedensvertrag abzuschließen und eine gesamtdeutsche Regierung zu bilden. Dabei nannte er eine Bedingung: Ein vereintes Deutschland dürfe kein militärisches Bündnis eingehen. Dem ersten Angebot folgten weitere.
Auf Stalins Vorschläge reagierten die Westmächte mit der Forderung nach freien Wahlen, aus denen eine gesamtdeutsche Regierung hervorgehen sollte. Außerdem lehnten sie und alle politischen Kräfte in der Bundesrepublik ein neutrales Gesamtdeutschland ab. Ihrer Meinung nach wäre es der Sowjetunion schutzlos ausgeliefert gewesen.

Die letzten Schritte zur Souveränität

Frankreich teilte die Furcht vor der Sowjetunion, war aber gegen westdeutsche Truppen. Die Mehrheit der französischen Nationalversammlung lehnte daher im August 1954 den EVG-Vertrag ab. Die Frage des deutschen Verteidigungsbeitrages und die Eingliederung der Bundesrepublik in den Westen waren wieder offen.
Das Ende dieser Krise brachten nach zähen Verhandlungen die sogenannten Pariser Verträge. Sie sahen die Aufnahme der Bundesrepublik in die NATO und das Ende der Besatzungsherrschaft vor. Gleichzeitig sollte Bonn sich mit der Stationierung westlicher Truppen auf deutschem Boden einverstanden erklären und auf atomare, biologische oder chemische Massenvernichtungswaffen verzichten.
Darüber hinaus verpflichtete sich die Bundesrepublik, die Wiedervereinigung oder eine Änderung bestehender Grenzen nicht gewaltsam anzustreben. Trotz des Widerstandes in der Bevölkerung gegen die Wiederbewaffnung wurden die Pariser Verträge vom Bundestag angenommen. Am 5. Mai 1955 traten sie in Kraft. Im Jahr darauf wurde die allgemeine Wehrpflicht wieder eingeführt.

1. *Arbeite die Grundüberzeugungen und politischen Richtlinien Bundeskanzler Adenauers heraus.*
2. *Stellt in Partnerarbeit die Argumente für und gegen die Annahme der Vorschläge Stalins 1952 gegenüber.*
3. *Bewertet, welche Argumente eurer Meinung nach schwerer wiegen.*
4. *Interpretiere die Karikatur (M2). Welche Gefahren werden beschworen? Hinweise zur Analyse findest du auf S. 216.*

M 3 Integration Europas

Bundeskanzler Konrad Adenauer in einer Rede vor dem Deutschen Bundestag am 12. Juli 1951 zur EGKS:

Man hat [...] erkannt, dass man die Integration Europas nicht mit Reden, mit Erklärungen herbeiführen kann, sondern dass man sie nur herbeiführen kann durch gemeinsame Interessen und durch gemeinsames Handeln. Darin liegt die ganz große Bedeutung dieses Vertrages. Dieser Vertrag nötigt die europäischen Länder, die ihm angehören, zusammen zu handeln. [...] Das ist – ich betone das nachdrücklich –, wie mir scheint, ein Vorgang von welthistorischer Bedeutung, ein Vorgang, der das Ende des Nationalismus in all diesen Ländern bedeutet. Ich bin der festen Überzeugung, dass, wenn dieser Anfang einmal gemacht worden ist, wenn hier sechs europäische Länder, wie ich nochmals betone: freiwillig und ohne Zwang einen Teil ihrer Souveränität auf ein übergeordnetes Organ übertragen, man dann auch auf anderen Gebieten diesem Vorgang folgen wird und dass damit wirklich der Nationalismus, der Krebsschaden Europas, einen tödlichen Stoß bekommen wird.

Verhandlungen des Deutschen Bundestags, I. Wahlperiode 1949, 161. Sitzung vom 12. Juli 1951, Stenographische Berichte, Bd. 8, S. 6499ff.

M 4 „... zurzeit die sicherste Lösung"

Der britische Staatsminister im Foreign Office schreibt am 22. Juni 1953 an den Premierminister Winston Churchill:

Deutschland ist der Schlüssel zum Frieden in Europa. Ein geteiltes Europa bedeutet ein geteiltes Deutschland. Deutschland wiederzuvereinigen, solange Europa geteilt ist, ist – selbst wenn dies machbar wäre – gefahrvoll für uns alle. Deshalb fühlen alle – Dr. Adenauer, die Russen, die Amerikaner, die Franzosen und wir selbst – im Grunde ihres Herzens, dass ein geteiltes Deutschland zurzeit die sicherste Lösung ist. Aber keiner von uns wagt dies, wegen seiner Auswirkungen auf die öffentliche Meinung in Deutschland, auch offen zuzugeben. Deshalb unterstützen wir alle öffentlich ein vereintes Deutschland, jeder allerdings aufgrund seiner eigenen Bedingungen.

Zit. nach: Manfred Görtemaker, Geschichte der Bundesrepublik Deutschland, München 1999, S. 323

M 5 „Vereinte Abwehr"
Plakat, um 1952
Herausgegeben hat das Plakat ein privates „Komitee ‚Sichert Heimat und Freiheit'".

1. *Nenne Adenauers Argumente für die europäische Einigung (M3).*
2. *Erörtere, warum viele führende Politiker die Wiedervereinigung zum damaligen Zeitpunkt ablehnten (M4).*
3. *Begründe, ob das Propagandaplakat (M5) aus West- oder Ostdeutschland stammt.*
4. *Stellt die Positionen für und gegen Westintegration und Wiederbewaffnung in einem Streitgespräch gegenüber.*
5. *Verfasse Schlagzeilen zum NATO-Beitritt der Bundesrepublik in ost- und westdeutschen Zeitungen.*

Gründung der Montan-Union
Pläne für eine Europäische Verteidigungsgemeinschaft (EVG)
Stalin-Noten
Scheitern der EVG am Widerstand Frankreichs
Pariser Verträge
1950
1955

Auf dem Weg in ein neues Europa

M 1 **Zerstörung der Grenzschranken**
Foto vom 7. August 1950
300 Studenten aus acht europäischen Ländern trafen sich an der deutsch-französischen Grenze, zerbrachen die Grenzschranken zwischen Wissembourg und St. Germanshof und verbrannten sie. Sie forderten ein europäisches Parlament und eine europäische Regierung.

Die Motive

Wenige Jahre nach dem Kriegsende meint der amerikanische Außenminister John Foster Dulles: „Europa muss sich vereinigen oder untergehen." Die Gründe für diesen Meinungswandel nach dem Krieg waren:

- die Einsicht der Siegermächte, dass das zerstörte Europa nur gemeinsam wiederaufgebaut werden könne
- der beginnende Kalte Krieg
- das Interesse Großbritanniens und Frankreichs, Deutschland in eine westeuropäische Ordnung einzubinden, um neue Sonderwege zu verhindern
- die Hoffnung, ein einiges Westeuropa könne zu einer „dritten Kraft" zwischen den USA und der Sowjetunion werden

Die Zukunftspläne wurden beeinflusst von Europavorstellungen der Zwischenkriegszeit und der Widerstandskämpfer gegen die NS-Herrschaft. Ein Zusammenschluss der Staaten blieb aber zunächst aus, weil die Regierungen nach 1945 ihre nationale Unabhängigkeit nicht für eine vage Europa-Idee aufgeben wollten. Hinzu kam, dass die Form einer künftigen Verbindung umstritten war: Sollte es ein europäischer Bundesstaat oder ein Staatenbund werden? Diese Frage erweist sich bis in die Gegenwart als Schlüsselproblem des Vereinigungsprozesses.

Start mit dem Europarat

Der erste politische Zusammenschluss westeuropäischer Staaten nahm Ende der 1940er-Jahre konkretere Formen an. Im August 1949 fand dann die Gründungssitzung des Europarates in Straßburg statt. Großbritannien, Frankreich, Irland, Italien, Dänemark, Norwegen, Schweden und die drei Beneluxstaaten hatten Politiker ihrer Parlamente entsandt.[1]
Der Europarat sollte die politische und kulturelle Einigung Westeuropas vorantreiben. Da er aber keine Gesetzgebungsrechte erhielt, blieb ihm nur die Möglichkeit, freiwillige zwischenstaatliche Abkommen (Konventionen) zu verabschieden. Zu den wirkungsvollsten Abkommen der ersten Jahre zählten:

- die Europäische Konvention zum Schutz der Menschenrechte und Grundfreiheiten (1950) und
- die Sozialcharta (1961).

Europa einigt sich wirtschaftlich

1951 einigten sich Frankreich und die Bundesrepublik sowie Italien und die Beneluxstaaten auf die Montanunion. Durch eine gemeinsame Kontrolle der Kohle- und Stahlindustrie hoffte man, militärische Konflikte in Westeuropa auszuschließen. Denn: ohne Kohle kein Stahl, ohne Stahl keine Panzer. Damit gaben europäische Staaten erstmals wirtschaftliche Zuständigkeiten an eine supranationale europäische Behörde ab. Es war der erste große Schritt bei der **Europäischen Integration**.
Der Erfolg veranlasste die Mitglieder, die Gemeinschaft auszubauen. Am 25. März 1957 unterschrieben sie in Rom die Verträge über die Europäische Wirtschaftsgemeinschaft (EWG) und die Europäi-

[1] Die Türkei und Griechenland wurden 1949, die Bundesrepublik Deutschland 1951 Mitglieder des Europarates.

sche Atomgemeinschaft (EURATOM). Vereinbart wurden in den Römischen Verträgen

- eine gemeinsame Politik in der Landwirtschaft, der Fischerei und im Verkehr,
- die schrittweise Abschaffung der Zölle bei der Ein- und Ausfuhr von Waren sowie der Kontrollen und Beschränkungen für den Personen-, Dienstleistungs- und Kapitalverkehr,
- eine gemeinsame Zoll- und Handelspolitik gegenüber Staaten außerhalb der EWG sowie
- die Zusammenarbeit bei der friedlichen Nutzung der Atomenergie.

1967 wurden EGKS, EURATOM und EWG zur Europäischen Gemeinschaft (EG) zusammengefasst.

„Lokomotive" der Einigung

Voraussetzung für die europäische Einigung war die deutsch-französische Verständigung. Der französische Staatspräsident **Charles de Gaulle** und der deutsche Bundeskanzler Adenauer trieben sie voran. Sie schufen seit Ende der 1950er-Jahre ein Vertrauensverhältnis. Beide erhofften sich aber auch außenpolitische Vorteile. De Gaulle, der eine Atomstreitmacht aufbauen wollte und gegen den Beitritt Großbritanniens zur EWG war, wünschte sich eine Stärkung Frankreichs auf dem europäischen Kontinent. Adenauer sah in der Verbindung einen zusätzlichen Schutz gegen die kommunistische Bedrohung aus dem Osten.

Höhepunkt der zweiseitigen Beziehungen war der am 22. Januar 1963 in Paris unterzeichnete deutsch-französische Freundschaftsvertrag (Elysée-Vertrag). Er sah nicht nur regelmäßige Beratungen der Staats- und Regierungschefs sowie der Minister beider Länder vor, sondern auch die Zusammenarbeit in der Bildungs-, Kultur- und Jugendpolitik. Kurze Zeit später entstand das Deutsch-Französische Jugendwerk. Es hat zwischen 1964 und 2002 über sechs Millionen Schülern und Studenten Besuche im Nachbarland ermöglicht. Diese enge deutsch-französische Zusammenarbeit entwickelte sich zur „Lokomotive der europäischen Integration", wie der Historiker Edgar Wolfrum urteilt.

M2 Geste der Aussöhnung
Foto vom 8. Juli 1962
Staatspräsident Charles de Gaulle und Bundeskanzler Konrad Adenauer nehmen an einem Gottesdienst in der Kathedrale von Reims teil.

Internettipp:
Zum Deutsch-Französischen Jugendwerk siehe Mediencode 31022-77

M3 „Von höherer Warte betrachtet"
Karikatur von Fritz Behrendt, 1962

1. *Erläutere, warum der gemeinsame Besuch des Gottesdienstes als „Versöhnungsgeste" verstanden wurde (M2). Berücksichtige dabei die Jahre 1792-1815, 1870/71, 1914-1918 und 1939-1945.*
2. *Analysiere die Karikatur (M3). Wer betrachtet hier die „Versöhnungsgeste"?*
   Tipp: In der Mitte ist ein ehemaliger Herrscher Frankreichs dargestellt, daneben zwei Persönlichkeiten aus Preußen.
3. *Informiert euch im Netz über das Deutsch-Französische Jugendwerk (siehe Internettipp) und diskutiert die Ziele des deutsch-französischen Schüler- und Studentenaustausches.*
4. *Begründe, inwiefern die Einrichtung der ersten europäischen Institutionen der Friedenssicherung dienten.*

Zeitleiste:
- 1949: Gründung des Europarates
- 1951: Gründung der Montan-Union
- 1957: Römische Verträge; Gründung EWG und EURATOM
- 1963: Elysée-Vertrag
- 1963: Deutsch-Französisches Jugendwerk
- 1967: Montanunion, EURATOM und EWG zu EG zusammengefasst

1950 1955 1960 1965 1970

M 4 Europafahne
Der Europarat einigte sich 1953 auf diese Fahne. Seit 1986 wird sie auch für die Europäische Union verwendet.

M 5 „Europas Tragödie"

Winston Churchill hält am 19. September 1946 in der Universität Zürich folgende Rede:

Ich möchte heute über Europas Tragödie zu Ihnen sprechen. Dieser edle Kontinent, der alles in allem die schönsten und kultiviertesten Gegenden der Erde umfasst und ein gemäßigtes, ausgeglichenes Klima genießt, ist die Heimat aller großen Muttervölker der westlichen Welt. Hier sind die Quellen des christlichen Glaubens und der christlichen Ethik. Hier liegt der Ursprung fast aller Kulturen, Künste, philosophischen Lehren und Wissenschaften des Altertums und der Neuzeit. Wäre jemals ein vereintes Europa imstande, sich in das gemeinsame Erbe zu teilen, dann genössen seine drei- oder vierhundert Millionen Einwohner Glück, Wohlstand und Ehre in unbegrenztem Ausmaße. Jedoch brachen gerade in Europa, entfacht durch die teutonischen Nationen in ihrem Machtstreben, jene Reihe entsetzlicher nationalistischer Streitigkeiten aus, welche wir [...] den Frieden zerstören und die Hoffnungen der gesamten Menschheit verderben sahen. [...]

Ich sage Ihnen jetzt etwas, das Sie erstaunen wird. Der erste Schritt zu einer Neuschöpfung der europäischen Völkerfamilie muss eine Partnerschaft zwischen Frankreich und Deutschland sein. Nur so kann Frankreich seine moralische und kulturelle Führerrolle in Europa wiedererlangen. Es gibt kein Wiederaufleben Europas ohne ein geistig großes Frankreich und ein geistig großes Deutschland. Wenn das Gefüge der Vereinigten Staaten von Europa gut und richtig gebaut wird, so wird die materielle Stärke eines einzelnen Staates weniger wichtig sein. Kleine Nationen werden genau soviel zählen wie große, und sie werden sich ihren Rang durch ihren Beitrag für die gemeinsame Sache sichern. Die alten Staaten und Fürstentümer Deutschlands, in einem föderalistischen System zum gemeinsamen Vorteil freiwillig zusammengeschlossen, könnten innerhalb der Vereinigten Staaten von Europa ihre individuellen Stellungen einnehmen. [...] Darum sage ich Ihnen: Lassen Sie Europa entstehen!

Zit. nach: www.europarl.europa.eu/brussels/website/media/Basis/Geschichte/bis1950/Pdf/Churchill_Rede_Zuerich.pdf (Zugriff: 21. 10. 2015)

M 6 Keine andere Wahl

Konrad Adenauer wirbt im Mai 1950 für den Beitritt zum Europarat:

Das deutsche Volk ist durch den Zustand, in dem es sich befindet, gezwungen, Anlehnung an andere Mächte zu suchen. Dies können nach Lage der Dinge nur die Völker sein, deren sittliche, wirtschaftliche und soziale Lebensformen den unseren wesensverwandt sind, also die demokratischen und freiheitlichen Völker Europas. [...]
Der Zusammenschluss Europas auf föderativer Grundlage ist im Interesse aller europäischen Länder, insbesondere auch der Bundesrepublik Deutschland, notwendig. Der Europarat ist der Anfang eines solchen Zusammenschlusses.

Zit. nach: Gerhard Brunn, Die Europäische Einigung von 1945 bis heute, Stuttgart 2002, S. 365

M 7 Der Elysée-Vertrag

In dem am 22. Januar 1963 zwischen Frankreich und Deutschland geschlossenen Vertrag heißt es unter anderem:

A. Auswärtige Angelegenheiten

Die beiden Regierungen konsultieren sich vor jeder Entscheidung in allen wichtigen Fragen der Außenpolitik und in erster Linie in den Fragen von gemeinsamem Interesse, um so weit wie möglich zu einer gleichgerichteten Haltung zu gelangen. Diese Konsultation betrifft unter anderem folgende Gegenstände:
Fragen der Europäischen Gemeinschaften und der europäischen politischen Zusammenarbeit;
Ost-West-Beziehungen sowohl im politischen als auch im wirtschaftlichen Bereich;
Angelegenheiten, die in der Nordatlantikvertragsorganisation und in den verschiedenen internationalen Organisationen behandelt werden [...].
[...]
Die beiden Regierungen prüfen gemeinsam die Mittel und Wege dazu, ihre Zusammenarbeit im Rahmen des Gemeinsamen Marktes in anderen wichtigen Bereichen der Wirtschaftspolitik, der Energiepolitik, der Verkehrs- und Transportfragen, der industriellen Entwicklung ebenso wie der Ausfuhrkreditpolitik, zu verstärken.

M 8 Bundeskanzler Adenauer und Staatspräsident de Gaulle nach der Unterzeichnung des deutsch-französischen Freundschaftsvertrages
Foto vom 22. Juni 1963

B. Verteidigung

I. Auf diesem Gebiet werden nachstehende Ziele verfolgt:

Auf dem Gebiet der Strategie und der Taktik bemühen sich die zuständigen Stellen beider Länder, ihre Auffassungen einander anzunähern, um zu gemeinsamen Konzeptionen zu gelangen. Es werden deutsch-französische Institute für operative Forschung errichtet.

Der Personalaustausch zwischen den Streitkräften wird verstärkt; er betrifft insbesondere die Lehrkräfte und Schüler der Generalstabsschulen; der Austausch kann sich auf die zeitweilige Abordnung ganzer Einheiten erstrecken.

[...]

C. Erziehungs- und Jugendfragen

[...]

a) Sprachunterricht

Die beiden Regierungen erkennen die wesentliche Bedeutung an, die der Kenntnis der Sprache des anderen in jedem der beiden Länder für die deutsch-französische Zusammenarbeit zukommt. Zu diesem Zweck werden sie sich bemühen, konkrete Maßnahmen zu ergreifen, um die Zahl der deutschen Schüler, die Französisch lernen, und die der französischen Schüler, die Deutsch lernen, zu erhöhen.

[...]

b) Frage der Gleichwertigkeit der Diplome

Die zuständigen Behörden beider Staaten sollen gebeten werden, beschleunigt Bestimmungen über die Gleichwertigkeit der Schulzeiten, die Prüfungen, der Hochschultitel und -diplome zu erlassen.

c) Zusammenarbeit auf dem Gebiet der wissenschaftlichen Forschung

Die Forschungsstellen und die wissenschaftlichen Institute bauen ihre Verbindungen untereinander aus [...].

[...]

Es wird ein Austausch- und Förderungswerk der beiden Länder errichtet [...]. Diesem Werk wird ein deutsch-französischer Gemeinschaftsfonds zur Verfügung gestellt, der der Begegnung und dem Austausch von Schülern, Studenten, jungen Handwerkern und jungen Arbeitern zwischen beiden Ländern dient.

Zit. nach: www.kas.de/upload/dokumente/Elysee-Vertrag.pdf (Zugriff: 08. 12. 2015)

1. *Stelle fest, in welcher Funktion Churchill seine Rede hielt (M5). Beurteile, inwiefern das für die Interpretation der Rede wichtig ist.*
2. *Erkläre zunächst den Begriff „Föderalismus" und fasse Churchills und Adenauers Vorstellungen thesenartig zusammen (M5 und M6).*
3. *Informiere dich über die Symbolik der Europafahne (M4).*
4. *Erkläre, warum im Elysée-Vertrag viele Bestimmungen zur politischen Zusammenarbeit vage gehalten sind (M7).*
5. *Begründe, warum die Anerkennung von Schulabschlüssen für die Verbesserung von Beziehungen zwischen Staaten wichtig ist (M7).*

Gründung des Europarates
Gründung der Montan-Union
Römische Verträge; Gründung EWG und EURATOM
Elysée-Vertrag
Deutsch-Französisches Jugendwerk
Montanunion, EURATOM und EWG zu EG zusammengefasst
1950 1955 1960 1965 1970

Städtepartnerschaften zwischen Geschichte, Europa und Globalisierung

Das Beispiel Koblenz

Der politische, wirtschaftliche und kulturelle Austausch von Menschen aus den Städten und Gemeinden fördert und festigt die Beziehung zwischen Staaten.

Im Folgenden wird die Entwicklung von Koblenzer Städtepartnerschaften stichpunktartig wiedergegeben. Chronologisch eingefügt werden kursiv Entwicklungen auf Landes- und Bundesebene:

1953 *Erste Kontakte zwischen Rheinland-Pfalz und Burgund in Frankreich auf politischer Ebene; erste Kontakte im schulischen Bereich und zwischen Universitäten*

26. Juni 1956 *Beurkundung der ältesten rheinland-pfälzischen Städtepartnerschaft von Neustadt/Weinstraße mit Mâcon*

5. September 1956 *Gründung des Freundschaftskreises Rheinland-Pfalz/Burgund als Trägerverein für den Austausch zwischen den Regionen*

26. Juni 1962 *Offizielle Bestätigung und Beurkundung dieser ersten binationalen, regionalen Partnerschaft durch die Landesregierung von Rheinland-Pfalz und die höchsten politischen Repräsentanten Burgunds*

22. Januar 1963 *Deutsch-Französischer Freundschaftsvertrag (Elysée-Vertrag) unterzeichnet von Adenauer und de Gaulle*

24. Juni 1963 Städtepartnerschaft zwischen Koblenz und Nevers

5. Juli 1963 *Gründung des Deutsch-Französischen Jugendwerks*

11. Juli 1967 Benennung einer Straße in Nevers nach der Partnerstadt: Rue de Coblence

16. Dezember 1968 Gründung des Freundschaftskreises Koblenz – Nevers (seit 1993 zugleich Deutsch-Französische Gesellschaft)

Januar 1969 Gründung eines Freundschaftskreises (Amicale) in Nevers

6. Juli 1969 Benennung einer Straße in Koblenz nach der Partnerstadt Nevers. Einweihung mit einem großen Volksfest

1974 Erste Schulpartnerschaft zwischen dem Gymnasium auf der Karthause und dem Lycée Jules Renard

1980er-Jahre Höhepunkte der Städtepartnerschaft Koblenz-Nevers: zahlreiche Verbindungen zwischen den beiden Städten, getragen von unterschiedlichsten Gruppen wie Lions-Club, Philatelisten, Polizei, Fanfarenzüge, Rotes Kreuz, politische Parteien, Sportvereine, Chöre usw.

1987 Partnerschaftsabkommen zwischen dem Landtag Rheinland-Pfalz und dem Conseil régional de Bourgogne

1987 Rekordjahr: Teilnahme von 3 280 Bürgern, davon 1 620 Schülern, an Austauschmaßnahmen und Begegnungen zwischen Koblenz und Nevers

2014 *existieren (noch) 114 Städtepartnerschaften zwischen Rheinland-Pfalz und Burgund, die Zahl ist allerdings abnehmend.*

2015 Anfang des Jahres Schreiben des Präsidenten des Freundschaftskreises Koblenz-Nevers, der für die Mitgliederversammlung im Herbst die Auflösung des Vereins in Aussicht stellt.

Koblenz hat noch Partnerschaften mit Haringey/England (1969), Norwich/England (1978), Maastricht/Niederlande (1978), Novara/Italien (1991), Austin/Texas (1992), Petah Tikva/Israel (2000), Varazdin/Kroatien (2007)

1. *Erzähle die Geschichte/Entwicklung der Städtepartnerschaft zwischen Koblenz und Nevers anhand der Daten.*
2. *Ordne die Städtepartnerschaft in die Entwicklung der deutsch-französischen Beziehungen und den Prozess der Europäischen Einigung nach dem Zweiten Weltkrieg ein.*
3. *Recherchiere die Geschichte einer Schul- oder Städtepartnerschaft deines Schul- oder Wohnortes und präsentiere sie in einer kleinen Ausstellung.*
4. *Erörtere die Frage, ob bilaterale Städtepartnerschaften in einer globalisierten Welt noch eine Zukunft haben.*

M1 Einstellungswandel

Anlässlich des 50. Jahrestages der Städtepartnerschaft Koblenz-Nevers 2013 äußert sich Alain Frémont:

Meine Laufbahn als Oberstufenschüler hat mich zur Teilnahme am allerersten Schüleraustausch zwischen Nevers und Koblenz geführt. 1963 war ich 17 Jahre alt und ging auf das Lycée Jules-Renard. [...] In dieser Zeit verlangte man von den Franzosen einen Einstellungswandel. 50 Jahre später hat diese veränderte Einstellung weiterhin ihre ganze Bedeutung. Es ist wichtig, dass die Partnerschaft fortbesteht, denn die Beziehung zwischen beiden Ländern ist eine Beziehung zwischen ihren Städten und Einwohnern.

Zit. nach: www.lejdc.fr/nievre/actualite/pays/grand-nevers/2015/01/25/preparation-et-temoignage_1443168.html (übers. von Daniel Bernsen)

M2 Ein Erfahrungsbericht

Marie-France Poulin, ehemalige Deutschlehrerin und seit 1996 Präsidentin der Amicale (Freundschaftskreis) Nevers-Coblence, erinnert sich:

Ich bin das erste Mal mit 13 Jahren nach Deutschland gefahren. Mein Großvater, der im Krieg war, hat mir das Geld für die Fahrt gegeben. Das war 1965. [...] Nur in Frankreich spürt man die Last der Geschichte, das ist lächerlich. Der Krieg entspringt dem Wahnsinn eines Menschen, eines Regimes, nicht eines Volkes. Mein Großvater war sich dessen bewusst, er hasste nicht das deutsche Volk, sondern nur den Nationalsozialismus.

Zit. nach: www.lejdc.fr/nievre/actualite/2013/01/22/dans-la-nievre-des-liens-toujours-forts-avec-lallemagne_1415003.html (übers. von Daniel Bernsen)

M3 Schüleraustausch

Hans Kuhn schreibt in einem 2011 verfassten Bericht über den erstmaligen Besuch von Schülerinnen und Schülern des Koblenzer Görresgymnasiums in Nevers im Jahr 1964:

Das am 5. Juli 1963 ins Leben gerufene Deutsch-Französische Jugendwerk ermöglichte [...], eine Fahrt nach Burgund zu starten und knapp fünf Monate später einen Gegenbesuch der französischen Jugendlichen in Koblenz zu verwirklichen. Dass die Städte Nevers, Hauptstadt des Départements Nièvre, und Koblenz erst am 24. Juni 1964 eine offizielle Partnerschaft schlossen, spielte für die Unternehmung keine Rolle.
Der damalige geistliche Leiter der Koblenzer [...] Gruppe [...] verstand es sofort, die Schüler [...] für ein solches Unternehmen zu begeistern. Ein einziger Brief an die Jeunesse Etudiante Chrétienne in Nevers genügte, um den Kontakt herzustellen. [...]
Der Einstieg und die konkreten Vorbereitungen verliefen natürlich nicht problemlos, zumal die französische Gruppe, aus Jungen und Mädchen bestehend, nicht dieselbe organisatorische Stabilität aufwies wie die deutsche. [...] Für die meisten Jungen aus Koblenz, vielleicht sogar für alle Teilnehmer, war es der erste Frankreichaufenthalt überhaupt, ein erlebnisreiches Unternehmen. Die Begegnung mit den französischen Jugendlichen stand natürlich im Mittelpunkt. Gemeinsame Spiele und heute kaum mehr vorstellbares „gemeinsames" Singen gehörten einfach zum Programm.

Hans Kuhn, 2011 (sprachlich leicht verändert und gekürzt)

M4 50 Jahre Städtepartnerschaft Koblenz – Nevers
Foto von Clemens Faust, 9. November 2013
Feierliche Unterzeichnung des Freundschaftsvertrages durch die beiden Bürgermeister Florent Sainte Fare Garnot und Joachim Hofmann-Göttig am 9. November 2013 in Nevers

Internettipps:
- Partnerschaftsverband Rheinland-Pfalz/Burgund e. V. siehe Mediencode 31022-78
- Zum Haus Burgund in Mainz siehe Mediencode 31022-79
- Haus Rheinland-Pfalz in Dijon/Burgund unter Mediencode 31022-80

1. *Arbeite die Erwartungen und Befürchtungen der Zeitzeugen (M1 - 3) in Bezug auf ihren ersten Besuch im Nachbarland heraus.*
2. *Beurteile, welche Rolle die Geschichte, besonders die der zwei Weltkriege, bei den ersten Begegnungen gespielt hat.*
3. *Diskutiert, welche Bedeutung Geschichte für euch heute bei Auslandsreisen oder einem Schüleraustausch hat.*

Gründung des Europarates
Gründung der Montan-Union
Römische Verträge; Gründung EWG und EURATOM
Elysée-Vertrag
Deutsch-Französisches Jugendwerk
Montanunion, EURATOM und EWG zu EG zusammengefasst
1950 1955 1960 1965 1970

USA und UdSSR – Konkurrenz zweier Supermächte

Von Stalin zu Chruschtschow

1953 starb Stalin. Sein Nachfolger **Nikita Chruschtschow** verurteilte die Verbrechen des Stalinismus und entließ einen Großteil der politischen Häftlinge aus den sibirischen Lagern. In der Sowjetunion und in der Welt erhofften sich die Menschen größere Freiheit und ein Ende des Kalten Krieges. Die Diktatur in der UdSSR blieb aber bestehen und auch der **Rüstungswettlauf** ging weiter.

Wettlauf um die Eroberung des Weltalls

1957 schickten sowjetische Ingenieure den Sputnik als den ersten Satelliten ins All. Die Trägerraketen waren stark genug, um auch Atomwaffen zu tragen. Sie konnten somit westliche Länder bedrohen. Deshalb löste die technische Meisterleistung der Sowjets in der westlichen Welt einen Schock aus. Sollte sich im Kampf der politischen Systeme am Ende etwa doch die UdSSR durchsetzen?

Die Amerikaner reagierten auf die Sputnik-Herausforderung mit riesigen Anstrengungen in der Raumfahrt. Sie wurden am 21. Juli 1969 von Erfolg gekrönt: Als erster Mensch betrat Neil Armstrong, ein Amerikaner, den Mond.

M 1 „Sputnik" – der erste Satellit
Foto von 1957
Das russische Wort Sputnik heißt auf deutsch „Weggenosse". Der Satellit hatte eine Umlaufzeit um die Erde von 96 Minuten und funktionierte 92 Tage lang.

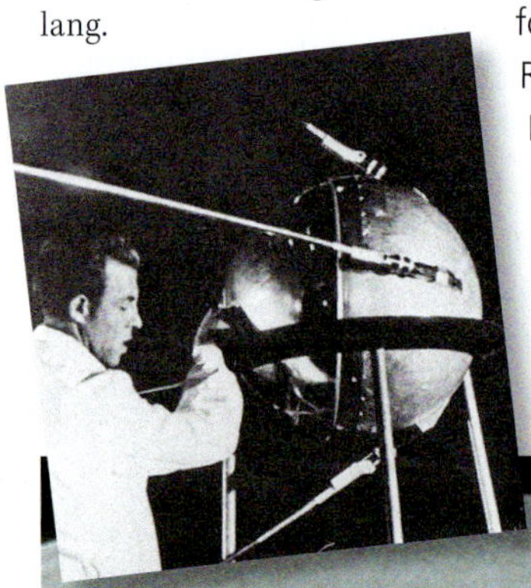

Systemkonkurrenz

Sowohl die USA als auch die UdSSR wollten möglichst viele Menschen und Länder von den Vorzügen ihrer jeweiligen Systeme überzeugen. Beide Supermächte wollten in Afrika, Südamerika und Asien neue Bündnispartner gewinnen und unterstützten diese mit Wirtschaftshilfe und Waffenlieferungen. Ihre Überlegenheit wollten sie nicht nur durch ihre Macht und ihre wirtschaftliche Stärke beweisen, sondern auch auf anderen Gebieten, z. B. bei internationalen Sportwettkämpfen.

Beim Lebensstil der westlichen Länder übernahmen die USA eine Führungsrolle. Ein Großteil der beliebtesten Musiker, Filme und Marken wie zum Beispiel Coca-Cola stammten aus den USA. Die Regierungen in den Ostblockstaaten versuchten, ihre Länder vom angeblich verderblichen Einfluss der westlichen Kultur fernzuhalten.

Die USA: Vorreiter für Demokratie und Menschenrechte?

Obwohl in den USA **Menschenrechte** und demokratische Mitbestimmung offiziell seit ihrer Gründung einen hohen Stellenwert hatten, wurden nichtweiße Staatsangehörige noch lange Zeit benachteiligt. Sie durften bestimmte Schulen nicht besuchen, man verweigerte ihnen Wohnungen oder auch Arbeitsplätze. Im Süden der USA gab es auf Parkbänken oder in Bussen immer wieder das Schild „For Whites Only". Erst 1964 wurden die Afroamerikaner den Weißen zumindest rechtlich gleichgestellt.

M 2 Die ersten Menschen auf dem Mond

1. *Begründe, warum die technologische Überlegenheit für die USA und die UdSSR nicht nur eine Frage des Prestiges war.*
2. *Erkläre, weshalb die Sportförderung in Ost und West eine höchst politische Angelegenheit war.*
3. *Recherchiere, welche fünf Staaten bei den Olympischen Spielen der 1960er- bis 80er-Jahre jeweils die meisten Medaillen gewannen. Suche dabei nach Erklärungen für die außergewöhnlichen Medaillenspiegel von 1980 und 1984 (siehe Internettipp auf S. 227).*
4. *Nimm Stellung, ob die USA für sich das Recht in Anspruch nehmen durften, die UdSSR für Menschenrechtsverletzungen zu kritisieren.*

Nikita Chruschtschow* Rüstungswettlauf Menschenrechte

M3 „Friedliche Koexistenz“?

1956 erläutert Nikita Chruschtschow seine Politik der „friedlichen Koexistenz“:

Es gibt zwei, tatsächlich nur zwei Wege: entweder die friedliche Koexistenz oder den furchtbarsten Vernichtungskrieg der Geschichte. Einen dritten Weg gibt es nicht. Wir sind der Ansicht, dass Länder mit verschiedenen sozialen Systemen nicht nur einfach nebeneinander bestehen können, sondern darüber hinaus eine Verbesserung der Beziehungen, eine Festigung des Vertrauens und eine Zusammenarbeit anstreben müssen.

Martin Hoffmann u. a., Aufstieg und Zerfall einer Weltmacht. Die Sowjetunion von 1917 bis 1991, Bamberg 1994, S. 193

M4 Tauwetter?

Boris Jefimov, „Wie ein Bergarbeiter“, Pravda, 1. Januar 1960

Links Nikita Chruschtschow; auf dem Hut stehen die Worte „Kalter Krieg“.

M5 „Marsch auf Washington“

Am 28. August 1963 demonstrierten in Washington rund 200 000 Amerikaner gegen die Diskriminierung der Afroamerikaner in den USA. Angeführt wurde der Protest von Martin Luther King (erste Reihe, fünfter von links).

Lesetipp:
Arnulf Zitelmann, „Keiner dreht mich um“. Die Lebensgeschichte des Martin Luther King, Weinheim/Basel 2013

Internettipp:
Zur Nationenwertung bei Olympischen Spielen siehe Mediencode 31022-81

Waffe	USA	UdSSR
Atombombe	1945	1949
Wasserstoffbombe	1952	1953
Langstreckenbomber	1953	1957
Interkontinentalrakete[1]	1955	1962
mit Atomwaffen bestückte U-Boote	1959	1959

M6 Wer ist der Erste? – der Rüstungswettlauf

1. *Erkläre, inwiefern die Rede Chruschtschows einen Bruch mit seinem Vorgänger Stalin darstellt (M3, M4 und Verfassertext).*
2. *Erläutere die Tabelle M6. Erkläre dabei auch, welche Bedeutung die einzelnen Waffensysteme hatten.*
3. *Übersetze und erkläre die Forderungen auf den Transparenten in M5.*

[1] Interkontinentalrakete: Langstreckenrakete (wörtlich: Rakete zwischen den Kontinenten)

Tod Stalins · Sputnik-Schock · Mondlandung der USA

1950 · 1955 · 1960 · 1965 · 1970

Entkolonialisierung

M1 Unabhängigkeitsfeierlichkeiten in Ghana
Foto von Marc Kauffmann vom 6. März 1957 (Ausschnitt)
Der erste Staatspräsident von Ghana, Kwame Nkrumah, tanzte mit der Herzogin von Kent, die die britische Königin bei den Feierlichkeiten vertrat. Die frühere britische Kolonie Goldküste war das erste afrikanische Land südlich der Sahara, das seine staatliche Unabhängigkeit erlangte.

Kolonialisierung

Noch heute leiden viele Länder in Afrika und Asien unter den Folgen des Kolonialismus. Lange Zeit mussten sie den Interessen der Kolonialmächte dienen und vor allem Bodenschätze und Pflanzenprodukte liefern (z. B. Kaffee, Tee, Zucker). Die einheimische Bevölkerung war entweder versklavt oder musste für geringe Löhne arbeiten.

Entkolonialisierung

In Mittel- und Südamerika hatten Spanien und Portugal, die beiden größten Kolonialmächte im 16. Jh., ihre meisten Kolonien bereits im 19. Jh. verloren.
Durch den Zweiten Weltkrieg (1939-1945) waren alle beteiligten Staaten stark geschwächt. Auch die Siegermächte Großbritannien und Frankreich hatten viele Soldaten verloren und ihre Bevölkerung litt unter Not und Hunger. Auch deshalb konnten sie auf Dauer nicht verhindern, dass die Menschen in den Kolonien ihre Herrschaft abschüttelten und eigenständig wurden. Schon 1947 wurde die britische Kronkolonie Indien unabhängig.[1] Danach erreichten immer mehr Kolonien ihre Unabhängigkeit, oft erst nach kriegerischen Auseinandersetzungen.
Die Entkolonialisierung war bis auf wenige Ausnahmen Ende der 1980er-Jahre abgeschlossen.

Nord-Süd-Konflikt

Nach der Entkolonialisierung gelang es den meisten neuen Staaten nicht, eine starke Wirtschaft aufzubauen. Der Gegensatz zwischen dem industrialisierten Norden und dem armen Süden auf der Erdkugel wuchs weiter. Dafür gab es mehrere Gründe:

- Um einen Staat mit Verwaltung, Wirtschaft und Militär aufzubauen, hatten die neuen Staaten meist keine andere Möglichkeit, als bei wohlhabenden Staaten Kredite aufzunehmen. Wegen der daraus entstehenden Schulden gerieten sie erneut in Abhängigkeit.
- Den Ländern fehlten oft ausgebildete Arbeitskräfte, die eine funktionierende Wirtschaft aufbauen konnten.
- Für ihre Rohstoffe und landwirtschaftlichen Produkte bekamen die Länder immer weniger. Das lag an der weltweiten Überproduktion und an den hohen Zöllen, mit denen sich die reichen Staaten vor der Konkurrenz aus der „Dritten Welt" schützten.
- Gleichzeitig stiegen aber die Preise für neue Kredite und Importe aus den Industriestaaten (Waffen, Maschinen, Medikamente, Dünger).
- Viele Staaten wurden von autoritären Herrschern regiert. Staatliche Gelder verwendeten sie nicht für den Aufbau des Staates, sondern für das Militär und die eigene Macht.
- Zahlreiche Bürgerkriege oder Auseinandersetzungen zwischen Regierungen und Opposition stürzten die Staaten in noch größeres Elend.

1. *Beschreibe die Entwicklung der Entkolonialisierung mit Hilfe der Karte M2.*
2. *Begründe, warum die Hauptphase der Entkolonialisierung nach 1945 einsetzte.*
3. *Argumentiere, welche Gründe für die weiter wachsende Kluft zwischen Nord und Süd dir besonders wichtig scheinen.*

[1] Siehe S. 230.

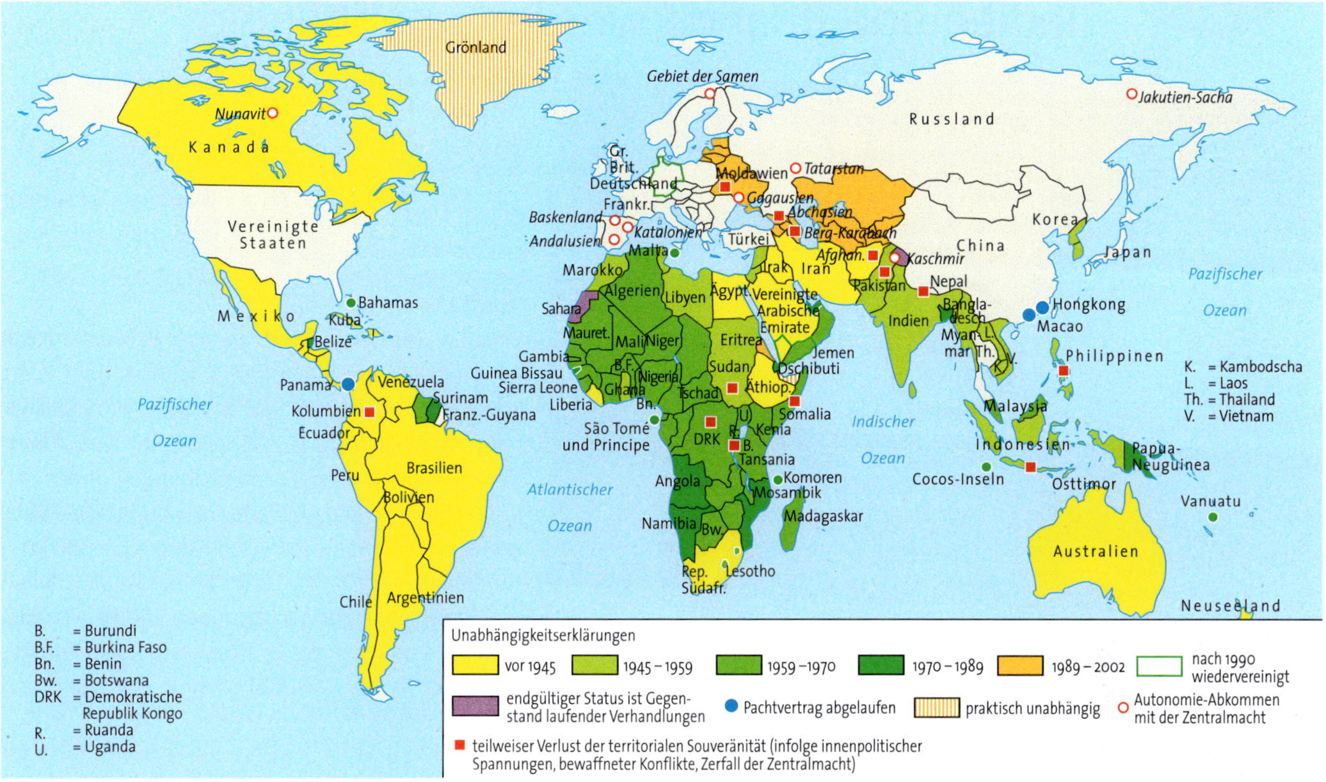

M 2 Die Auflösung der Kolonialreiche

M 3 „Wir sind entschlossen ..."

Seit 1919 gibt es eine panafrikanische Bewegung für ein neues Selbstbewusstsein aller Afrikaner. Auf dem fünften Panafrikanischen Kongress im Oktober 1945 wird folgende Erklärung veröffentlicht:

Wir sind entschlossen, frei zu sein. Wir wollen Bildung. Wir wollen das Recht auf ein bescheidenes Einkommen; das Recht, unsere Gedanken und Gefühle auszudrücken, Schönheit anzunehmen und zu gestalten. [...]

Wir schämen uns nicht, jahrhundertelang geduldig gewesen zu sein. Wir sind weiter zu Opfern und Mühen bereit. Aber wir sind nicht länger bereit, zu hungern und die Packesel der Welt zu sein, um durch unsere Armut und Unwissenheit eine falsche Aristokratie und einen überholten Imperialismus zu unterstützen. [...]

Wir werden mit allen uns zur Verfügung stehenden Mitteln für Freiheit, Demokratie und soziale Verbesserungen kämpfen.

Zit. nach: Lutz van Dijk, Die Geschichte Afrikas, Frankfurt am Main/New York 2004, S. 118f.

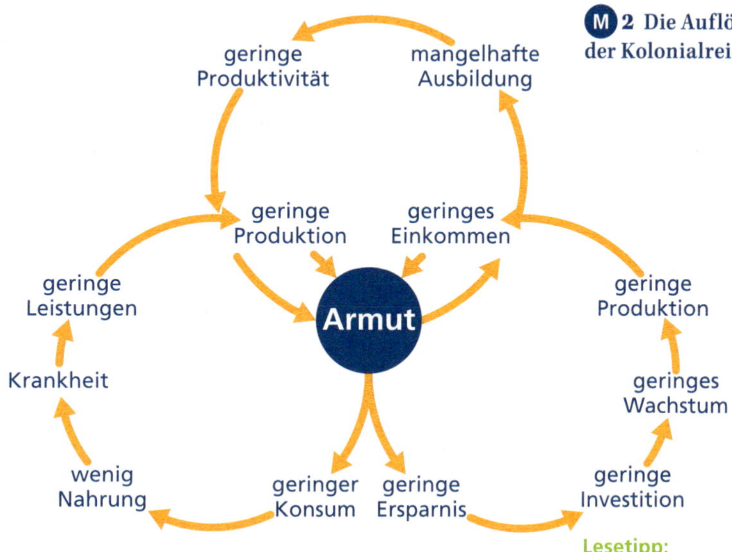

M 4 „Teufelskreis der Armut."

Nach: Uwe Andersen, Der Nord-Süd-Konflikt, Informationen zur Politischen Bildung, Nr. 196, Bonn 1982

Lesetipp:
Lutz van Dijk, Die Geschichte Afrikas, Frankfurt am Main [2]2008

1. Erörtere, ob und wie der „Teufelskreis" durchbrochen werden kann (M4).
2. Ehemalige Kolonialmächte mischen sich zum Teil noch immer in die Politik ihrer ehemaligen Kolonien ein. Nenne mögliche Gründe dafür.
3. Erkläre, welche konkreten Forderungen in den Zeilen 1 bis 5 in M3 stehen.

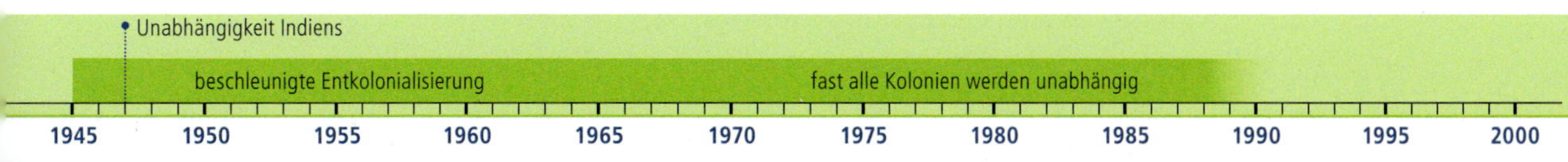

Indien und Ruanda werden unabhängig

M 1 Nationalflagge der Republik Indien seit 1947
Das Hauptelement auf der Flagge ist das Cakra (Rad). Für die Buddhisten bedeutet es die Unausweichlichkeit des Seins: „Dharmacakra", das Rad des Gesetzes. Die Farben symbolisieren Mut und Opferbereitschaft (Orange), Frieden und Wahrheit (Weiß) und Glauben und Edelmut (Grün).

Die Unabhängigkeitsbewegung

Am 15. August 1947 um Mitternacht erhielten zwei Staaten die Unabhängigkeit von Großbritannien: die Indische Union und Pakistan. Das war der erste Höhepunkt der weltweiten Entkolonialisierung und die Krönung des Lebenswerkes von **Gandhi**, dem das indische Volk den Ehrentitel „Mahatma" verliehen hatte, was so viel heißt wie „große Seele".
Bereits vor dem Ersten Weltkrieg war in Indien eine Unabhängigkeitsbewegung gegen die britische Kolonialherrschaft entstanden. Sie blieb jedoch weitgehend erfolglos. Außerdem war die Bevölkerung durch soziale und religiöse Gegensätze zerrissen. Nachdem die Inder die Briten im Ersten Weltkrieg unterstützt hatten, hofften sie, in die Unabhängigkeit entlassen zu werden. Aber anstelle der geforderten Selbstregierung erhielt Indien 1919 nur ein beschränktes Mitspracherecht in der Provinzverwaltung. Im selben Jahr rief Gandhi, der einflussreiche Führer der Unabhängigkeitsbewegung, die Inder zum Generalstreik auf. Mit Entsetzen stellte er fest, dass der Streik von zahlreichen gewalttätigen Aktionen seiner Landsleute begleitet wurde. Als die Briten wenig später in Amritsar fast 400 Inder erschossen, breitete sich eine Welle der Gewalt über das Land aus. Abgestoßen von dieser Entwicklung, verkündete Gandhi, der 1920 die Führung der indischen Kongresspartei übernommen hatte, sein Programm des zivilen Ungehorsams.

Konflikte

Indien wurde durch Großbritannien mit in den Zweiten Weltkrieg hineingezogen. Die Briten fragten die indischen Politiker nicht, sie ordneten die Kriegsbeteiligung einfach an. Gandhi und seine Parteifreunde sprachen auf Massenveranstaltungen gegen den Krieg. Sie wurden dafür verhaftet und ins Gefängnis gesteckt. Zur selben Zeit erschütterten gewalttätige Auseinandersetzungen zwischen Hindus, Muslimen und anderen religiösen Gruppen Indien. Gandhi ging auch dagegen vor. Er strebte ein unabhängiges Indien an, in dem alle **Religionen** in Frieden und Toleranz zusammenleben sollten.

Das Land wird geteilt

Nach dem Zweiten Weltkrieg galt die Hauptsorge der britischen Regierung der eigenen Großmachtstellung. Sie sollte durch die Mitgliedschaft eines politisch unabhängigen Indien im Commonwealth of Nations[1] gesichert werden. In den Unabhängigkeitsverhandlungen folgte Großbritannien gegen den Widerstand Gandhis und anderer führender Politiker den Wünschen der Muslime nach einem eigenen Staat. Nach hektischen Verhandlungen, die von bürgerkriegsähnlichen Auseinandersetzungen zwischen den religiösen Gruppen begleitet wurden, teilten die Briten das Land in zwei Staaten: die Indische Union (vorwiegend Hindus) und Pakistan (vorwiegend Muslime). Infolge von Grenzstreitigkeiten mit Pakistan und der Umsiedlung von etwa 8,4 Millionen Menschen zwischen beiden Staaten kamen über eine Million Menschen bei Unruhen ums Leben. Mit einer Fastenaktion erzwang Gandhi die Beendigung der blutigen Ausschreitungen in Kalkutta. Nachdem die 566 indischen Fürstenstaaten in die Indische Union eingegliedert worden waren, trat im Januar 1950 eine Verfassung in Kraft. Indien wurde parlamentarische Republik mit einer bundesstaatlichen Ordnung.

[1] Commonwealth of Nations: offizielle Bezeichnung der Völkergemeinschaft unabhängiger Staaten, die die britische Krone als Symbol ihrer „freien Vereinigung" betrachten. Die Mitgliedstaaten – vor allem ehemalige britische Kolonien – erkennen den britischen Monarchen entweder als Staatsoberhaupt oder Generalgouverneur an. Ziel der Vereinigung, deren Vorläufer um 1931 entstand, ist die Förderung politischer, wirtschaftlicher und kultureller Zusammenarbeit der Mitgliedstaaten.

Lesetipp:
Chantal Portillo, Mahatma Ghandi: Nein zur Gewalt, Köln 2012

Filmtipp:
Gandhi; Regie: Richard Attenborough, 1982

Ruanda unter kolonialer Herrschaft

Auf dem Gebiet des heutigen Ruanda gab es seit dem 15. Jh. eine Monarchie. Einwohner waren die Hutu und Tutsi. Während die Hutu überwiegend als Bauern gearbeitet haben, waren die Tutsi die Angehörige der Elite des Königreiches und vor allem Viehzüchter. Sie sprachen aber dieselbe Sprache, bewohnten dieselben Gebiete und heirateten untereinander.

Im Ersten Weltkrieg eroberte Belgien Ruanda und erhielt das Gebiet als Mandat des Völkerbundes übertragen. Französisch wurde Amtssprache. Die Europäer kooperierten vor allem mit den Tutsi. Sie definierten Hutu und Tutsi allerdings neu als ethnische Gruppen. Die belgische Kolonialverwaltung ließ diesen Unterschied als Merkmal auch in die Pässe der Ruander einschreiben.

Der Weg in die Unabhängigkeit

In den 1950er-Jahren kam es zunehmend zu Spannungen, ab 1959 zu gewaltsamen Aufständen von Hutu gegen die Tutsi-Herrschaft. 1962 wurde Ruanda schließlich unabhängig und in eine Republik umgewandelt. Die Anfangsjahre der ersten Republik waren geprägt von Flucht, Vertreibungen und Massakern von Tutsi durch die Hutu-Mehrheit im Land, die auch die neue gewählte Regierung stellte.

Bürgerkrieg und Völkermord

Die geflohenen und vertriebenen Tutsi organisierten sich vor allem im Nachbarland Uganda in der Ruandischen Patriotischen Front (RPF) und begannen einen Angriffskrieg auf Ruanda. 1994 verübten die Hutu Massaker an Tutsi und oppositionellen Hutu, denen ca. 800 000 bis 1 000 000 Menschen zum Opfer fielen. Vorbereitet wurden die massenhaften Morde durch eine Ideologie, die das Zusammenleben von Hutu und Tutsi als Verrat betrachtete. Die zur Überwachung des Friedens entsandte UN-Mission erhielt kein Mandat zum Eingreifen und musste deshalb tatenlos zusehen.

Beendet wurde der Genozid durch die Eroberung des Landes durch die RPF. Hunderttausende Hutu, besonders auch die politischen und militärischen Führer, flohen ins Ausland, viele in den Ostkongo.

M 2 Nationalflagge Ruandas seit 2001
Die Flagge Ruandas besteht aus drei Farben, die für Hoffnung auf Wohlstand und die nachhaltige Nutzung der Ressourcen des Landes (grün), wirtschaftliche Entwicklung (gelb) und Glück und Frieden (blau) stehen. Die Sonne in einem leicht anderen Gelbton erleuchtet das Volk. Das Licht soll Symbol für Einheit, Wissen und Transparenz sein.

Ab 1994 begannen der Wiederaufbau und die Neuorganisation Ruandas unter Führung der RPF. Seit 1994 prägt **Paul Kagame**, zunächst als Vize-Präsident, seit 2000 als Präsident, wesentlich die Entwicklung Ruandas. Sein Ziel ist die Einheit des Landes, die Aufarbeitung des Genozids sowie eine forcierte Modernisierung.

Filmtipp:
Hotel Ruanda; Regie: Terry George, 2004 (DVD 2009)

1. *Mahatma Gandhi wurde berühmt wegen seines erfolgreichen Einsatzes für die indische Unabhängigkeit. Sammelt Bilder von ihm und beschreibt, welchen Eindruck er auf euch macht.*
2. *Diskutiert in der Klasse anhand der Beispiele Indien und Ruanda das Problem der Idee des „Selbstbestimmungsrechts der Völker“.*
3. *Bewerte die Bedeutung der Kolonialherrschaft für die Entwicklung der Länder nach der Unabhängigkeit. Berücksichtige dabei besonders die Konflikte zwischen unterschiedlichen Bevölkerungsgruppen.*

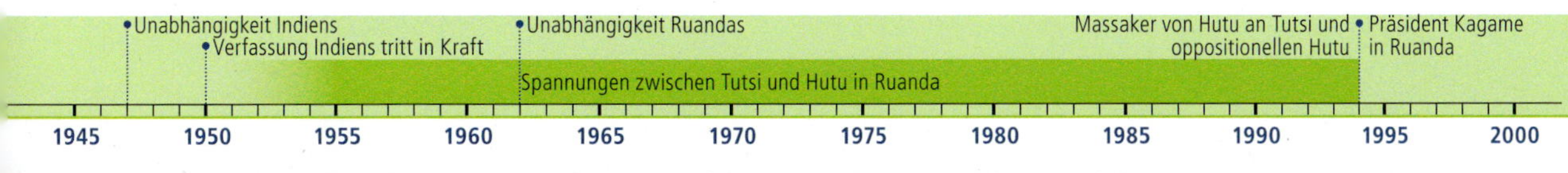

M3 Extrem heterogen

Der Volkswirtschaftler Michael Hauff beleuchtet in einer 1998 erschienenen Publikation die Entwicklung und Perspektiven der Wirtschaft Indiens:

Indien zählt zu den Entwicklungsländern mit einer extrem heterogenen Wirtschaftsstruktur und einer großen Ungleichverteilung der Einkommen und Vermögen. Neben hochmodernen Wachstumsbranchen wie Computer-Soft- und Hardware, Elektronik, Unterhaltungselektronik und Nachrichtentechnik, gibt es neben einer Reihe von stagnierenden Branchen besonders viele Unternehmen mit veralteten Maschinenanlagen und einer geringen Produktivität. [...]

Ein weiteres wesentliches Strukturmerkmal ist, dass nur ca. 10 % der Erwerbstätigen im sogenannten formellen bzw. organisierten Sektor tätig sind. Diese Erwerbstätigen haben einen Arbeitsvertrag und haben entsprechend den Gesetzen gewisse Rechtsansprüche und Pflichten. [...] Im informellen Sektor sind die Hauptbeschäftigungsformen die Selbstbeschäftigung (Rikschafahrer, Straßenküchen, Obst- und Gemüseverkäufer auf den Straßen etc.) und Gelegenheitsarbeit. Das erklärt auch die hohe Armutsquote. [...] 1993 betrug die städtische Armutsquote 39,1 % und die ländliche Armutsquote 40,1 %. [...] Die indische Wirtschaft zeichnet sich einerseits durch ein großes Entwicklungspotenzial und andererseits durch einen hohen Grad an Krisenanfälligkeit aus.

Zit. nach: www.lpb-bw.de/publikationen/indien/indien_7.htm (Zugriff: 6. November 2015)

M4 Aktuelle wirtschaftliche Lage Ruandas

Aus dem Bericht des Auswärtigen Amtes vom 12. Februar 2015:

Die Wirtschaft Ruandas wächst weiterhin schnell. Für 2014 wird das Wachstum auf 6,8 Prozent geschätzt. [...] Die Inflationsrate lag 2014 bei rund 3,5 Prozent. [...] Ruanda beabsichtigt, längerfristig zweistellige Wirtschaftswachstumsraten zu erzielen, und setzt auf massive Investitionen in den Transport- und Energiesektoren (Wasserkraft, Erdwärme, Methangas [...] und Solarenergie), in die Modernisierung der Landwirtschaft und die Förderung der Industrie sowie den Ausbau des Tourismus. [...] Auch hinsichtlich der Verbreitung von Korruption steht Ruanda im afrikanischen, aber auch weltweiten Vergleich gut da.

Trotz solcher Fortschritte bleiben für Ruanda große Herausforderungen zu meistern: Mangel an installierter Energie (nur 17 Prozent der Bevölkerung haben Zugang zur Stromversorgung) und an ausgebildeten Fachkräften, hohes Bevölkerungswachstum (von 2,6 Prozent), Landknappheit, vermehrte Auswirkungen des Klimawandels (Dürren, Starkregen).

Die Binnenlage sowie die schwachen Kapazitäten zur Deckung der Bedarfe des eigenen Binnenmarktes machen Ruanda zu einem der Länder mit den weltweit höchsten Transportkosten.

Die Böden sind infolge der intensiven Landwirtschaft von Erosion bedroht. [...]

Ruanda gehörte auch 2014 zu den ärmsten Ländern weltweit [...]. Der Anteil der Bevölkerung, die unterhalb der Armutsgrenze leben, konnte in 5 Jahren um 12 Prozentpunkte auf 44 Prozent gesenkt werden. Die Abschlussrate in der Grundbildung wurde von 52 Prozent in 2005 auf über 80 Prozent erhöht. Deutlich verbessert wurde auch der Zugang zu sauberem Trinkwasser.

Zit. nach: www.auswaertiges-amt.de/DE/Aussenpolitik/Laender/Laenderinfos/Ruanda/Wirtschaft_node.html (Zugriff: 6. November 2015)

1. *Liste die Erfolge der Entwicklung Ruandas und Indiens auf (Verfassertext, M3, M4).*
2. *Stelle den Zielen der Entwicklungsstrategie in Indien und Ruanda vorhandene Probleme und Hindernisse gegenüber (M3 und M4).*
3. *Vergleiche die Strategien und Entwicklung in Indien und Ruanda.*
4. *Beurteile, ob die Entwicklungsstrategien in Indien und Ruanda geeignet sein können, den „Teufelskreis der Armut" zu durchbrechen.*

Ruanda und Rheinland-Pfalz – Verantwortung für ein ehemaliges Kolonialgebiet?

M 1 Homepage von Partnerschaft Ruanda – RLP

M 2 Bilanz einer Partnerschaft

Der Politikwissenschaftler Peter Molt schreibt in einem Beitrag unter der Überschrift „20 Jahre Entwicklungspartnerschaft Rheinland-Pfalz – Ruanda" im Jahr 2002:

Ende der 70er-Jahre wurde deutlich, dass die Entwicklungshilfe in der bisherigen Form nicht wirksam war. Die Hoffnungen, vor allem in Afrika, durch Industrialisierung und Modernisierung der Landwirtschaft die Entwicklung voranzubringen, waren nicht in Erfüllung gegangen. Vor allem in den ärmsten Ländern war die Armut der Bevölkerung größer als zur Zeit der Unabhängigkeit, wurden Hunger und Krankheit zur täglichen Bedrohung.

Neue Anstrengungen und Hilfsansätze für diese Länder wurden allseits für notwendig gehalten. [...] Die Konferenz der Wirtschaftsminister der Bundesländer beschloss am 2. Juli 1979 und erneut am 7. September 1981, dass die Bundesländer die Entwicklungshilfe des Bundes [...] noch intensiver als bisher unterstützen sollten. Dabei sollte mehr Gewicht auf die bessere Mitwirkung der Bevölkerung und die Einbeziehung von Nichtregierungsorganisationen gelegt werden. Man hoffte, dadurch die arme Bevölkerung vor Ort besser zu erreichen und eine Entwicklung von unten in Gang zu bringen.

Diese Beschlüsse veranlassten die Landesregierung von Rheinland-Pfalz zu Überlegungen, in welcher Weise das Land einen größeren Beitrag zur Entwicklungshilfe leisten könnte. Bis dahin hatte es sich nämlich, anders als die großen Bundesländer, entwicklungspolitisch nur wenig engagiert [...].

Um die Wahl des Partnerlandes gab es wegen unterschiedlicher Präferenzen längere Diskussionen. Ministerpräsident Dr. Bernhard Vogel gab schließlich selbst die Kriterien vor: das Partnerland sollte in Größe und Einwohnerzahl mit Rheinland-Pfalz vergleichbar sein, es sollte ein afrikanisches Land und wegen der Nachbarschaft zu Frankreich möglichst auch französischsprachig sein, es sollte zur Gruppe der am wenigsten entwickelten Länder gehören und schließlich sollte es auch die für eine derartige Form der Zusammenarbeit erforderliche politische Offenheit aufweisen. Die Wahl fiel schließlich auf das zentralafrikanische Land Ruanda [...].

Ministerium des Innern und für Sport (Hrsg.), Partnerschaft Rheinland-Pfalz/Ruanda, Bad Kreuznach 2002, S. 27f.

Internettipp:
Zur Partnerschaft Ruanda – RLP siehe Mediencode 31022-82

Filmtipps:
Zum Genozid 1994:
- Shooting Dogs (FSK 12, aufgrund der Gewaltdarstellungen eher ab 16)
- Gleichfalls empfehlenswert, beide ab frühestens 16 und nur im englischen Originalton mit deutschen Untertiteln verfügbar: Dokumentarfilm „Shakehands with the devil"
  Spielfilm „Sometimes in April"

Lesetipps:
- Esther Mujawayo, Ein Leben mehr. Wie ich der Hölle Ruandas entkam, Wuppertal 2005
- Gudrun Honke, Als die Weißen kamen. Ruanda und die Deutschen 1885-1919, Wuppertal 1990

1. *Schlage die Begriffe und Institutionen nach: Weltbank, Internationaler Währungsfonds und Strukturanpassungsprogramm.*
2. *Erkläre den Wandel von der Entwicklungshilfe zur Entwicklungszusammenarbeit anhand der Partnerschaft von Rheinland-Pfalz mit Ruanda.*
3. *Prüfe, ob die Tatsache, dass Ruanda eine ehemalige deutsche Kolonie war, für die Partnerschaft eine Rolle gespielt hat.*
4. *Diskutiert in der Klasse, ob ihr eine Partnerschaft zwischen eurer Schule und einer Schule in Ruanda anregen wollt. Wenn es bereits eine solche Partnerschaft gibt: Gestaltet eine Wandzeitung, bei der ihr eine Bilanz zieht.*

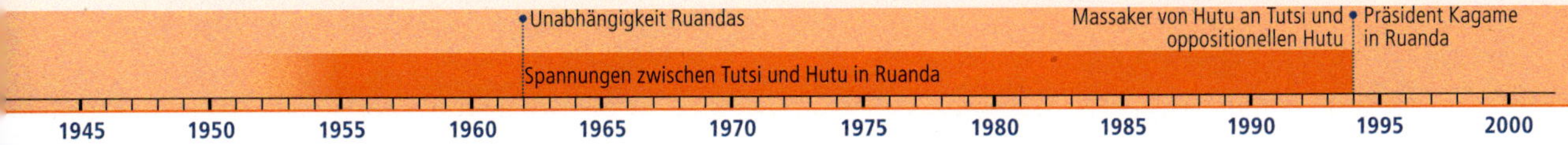

Kompetenzen überprüfen

M 1 Eine Straße wird umbenannt
Foto vom 12. Mai 1945 aus Trier

5. Juni 1945	„Berliner Erklärung“
ab Juni 1945	Parteien werden wieder zugelassen
Juli - Aug. 1945	Potsdamer Konferenz
20. Nov. 1945	Der Nürnberger Prozess beginnt
1. Jan. 1947	Die Bizone wird gegründet
12. März 1947	Truman-Doktrin
5. Juni 1947	Marshall-Plan wird angekündigt
20. Juni 1948	Währungsreform im Westen
23. Juni 1948	Währungsreform im Osten
24. Juni 1948	Die Berlin-Blockade beginnt
23. Mai 1949	...
7. Okt. 1949	...

M 3 Kleine Chronik der Teilung Deutschlands

M 2 Soldatengräber an der Havel in Berlin
Foto von 1945

M 4 „Wiedervereinigung! Neutralität! Nationalarmee!“
Karikatur aus „Der deutsche Eisenbahner“ vom 20. Mai 1952
Die Zeilen rechts unten („Ich weiß nicht, was soll es bedeuten ...?“) sind der Beginn eines Gedichtes von Heinrich Heine über die sagenhafte Loreley, die beim Kämmen ihrer langen blonden Haare die Rheinreisenden mit ihrem Gesang so in ihren Bann zog, dass ihre Schiffe am Felsen zerschellten.

M 5 Ohne Worte
Karikatur aus der „Hannoverschen Allgemeinen Zeitung“ vom 7. Mai 1955

M 6 17. Juni 1953
Briefmarke der Deutschen Post von 2003

M 7 „Orte der Erinnerung“

2002 fordert eine Initiative von Politikern und Persönlichkeiten des öffentlichen Lebens in einem „Aufruf“:

Der Volksaufstand im Juni 1953 gehört zu den herausragenden demokratischen Massenbewegungen der deutschen Geschichte. Deshalb wollen wir Bürgerinnen und Bürger, vor allem in den Kommunen, dazu ermutigen, in ihren Regionen den Volksaufstand vom 17. Juni 1953 „vor Ort“ zu erforschen und zu diskutieren. Wenn in der Folge im eigenen Ort an herausragender Stelle Straßen und Plätze nach Aktivisten des Volksaufstandes benannt werden, könnte so dauerhaft die Erinnerung an den 17. Juni und seine Akteure wachgehalten werden.

Zit. nach: Bernd Eisenfeld, Ilko-Sascha Kowalczuk und Ehrhart Neubert, Die verdrängte Revolution. Der Platz des 17. Juni 1953 in der deutschen Geschichte, Bremen 2004, S. 804

Preis 60 Pfg.
SIMPLICISSIMUS
Jahrgang 1956, Nummer 20 — Herausgegeben von Olaf Iversen — München, den 19. Mai 1956

Das Veto der Bombe

„Es wird hier dauernd vom Frieden gesprochen — meine Herren, der Friede bin ich!“

M 8 „Das Veto der Bombe“
„Es wird hier dauernd vom Frieden gesprochen – meine Herren, der Friede bin ich!“ Titelblatt der Satirezeitschrift „Simplicissimus“ vom 10. Mai 1956.

1. *Erläutere, was das Foto M1 ausdrückt – und was es nicht deutlich macht (siehe dazu S. 170 ff. und 190 ff.). Recherchiere, ob nach dem 8. Mai 1945 Straßen und Plätze in deinem Wohn- oder Schulort umbenannt wurden.*
2. *Ordne das Foto M2 in den Kontext des Nachkriegsalltags ein (siehe hier S. 193 ff.).*
3. *Nenne die fehlenden Angaben in der Chronik (M3). Fasse die historischen Fakten zu einer sinnvollen Geschichte über die Teilung Deutschlands nach 1945 zusammen. Beurteile, ob alle Daten für deine Erzählung wichtig sind.*
4. *Erläutere den historischen Kontext der Karikatur (M4). Welche Haltung nimmt der Zeichner ein?*
5. *Gib der Karikatur M5 einen Titel und begründe deine Entscheidung.*
6. *Nenne den Grund für die Veröffentlichung der Briefmarke (M6). Begründe, warum das Motiv verwendet wurde.*
7. *Nimm Stellung zu dem Aufruf (M7). Was setzte er politisch voraus?*
8. *Interpretiere das Titelblatt (M8) im historischen Kontext. Vergleiche die Aussage mit Abb. 4 auf S. 227.*
9. *Skizziere, wie sich das Verhältnis von „Freund und Feind“ von 1945 bis 1963 verändert hat. Unterscheide dabei zwischen Ost und West.*
10. *Charakterisiere die Spaltung der Welt nach 1945 unter Berücksichtigung von Nord-Süd- und Ost-West-Gegensätzen sowie verschiedener Dimensionen (politisch/militärisch, gesellschaftlich, ideologisch, wirtschaftlich).*

Orientierung gewinnen: Höhepunkte des Kalten Krieges und die beiden deutschen Staaten

Nach dem Tod des sowjetischen Diktators Josef Stalin blieb die zunächst erhoffte Annäherung zwischen Ost und West aus. Es folgte vielmehr ein Auf und Ab von Entspannungsbemühungen und neuen Konflikten, die auch in sogenannten Stellvertreterkriegen ausgetragen wurden. Da die „deutsche Frage" nach wie vor an die weltpolitische Lage geknüpft war, wirkte sich der Verlauf des Kalten Krieges auch auf die Beziehungen beider deutscher Staaten aus. Sie entwickelten sich politisch, gesellschaftlich und wirtschaftlich weiter auseinander.

Die Politik der beiden Bündnissysteme bewegte sich in einem Spannungsfeld: Einerseits wollte man keinen (Atom-)Krieg bewusst oder fahrlässig herbeiführen. Andererseits waren beide Seiten bestrebt, Stärke zu zeigen und ihren Einfluss zu sichern und auszubauen. Einige Jahre nach dem Bau der Mauer begann die politische Annäherung zwischen West- und Ostdeutschland.
Welche Zuspitzungen des Kalten Krieges gab es? Inwiefern konnten Stellvertreterkriege auch innenpolitische Auswirkungen im eigenen Land haben? Wie wurde das politische System in der Bundesrepublik gesichert? Wie sicherte die SED in der DDR ihre Macht?

In der Bundesrepublik herrschten trotz der liberalen Grundordnung und der im Grundgesetz festgeschriebenen Gleichberechtigung der Geschlechter noch lange Zeit konservative Vorstellungen vor. Die „68er-Bewegung" stellte bisherige Lebensmodelle und Einstellungen infrage. In der DDR waren die Vereinbarkeit von Beruf und Familie und die Gleichberechtigung der Geschlechter von Anfang an ein gesellschaftliches Ziel.
Welche Ursachen hatten gesellschaftliche Konflikte und wie veränderten sie die Gesellschaft in der Bundesrepublik und in der DDR? Wie entwickelte sich das Alltagsleben im Spannungsfeld von staatlicher Sicherheit und gesellschaftlicher Freiheit? Wie veränderte sich die Rolle der Familie in beiden deutschen Staaten? Wurde die völlige Gleichberechtigung der Geschlechter in der DDR Realität? In welcher Weise trugen sportliche Großereignisse zur Identitätsbildung in Ost und West bei?

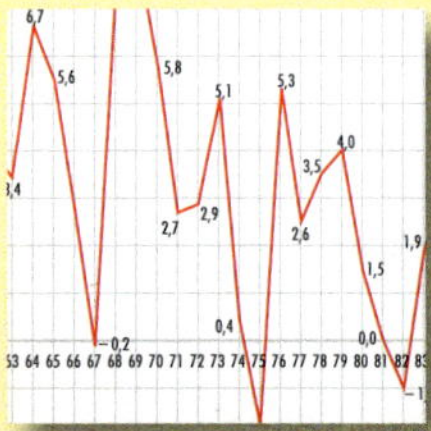

Die Wirtschaftssysteme unterschieden sich nicht nur, was die Organisation der Arbeit und die Produktionsprozesse betraf. Zentrale Herausforderungen waren die Versorgung der Bevölkerung mit Gütern, die Entwicklung neuer Produkte und die Arbeitslosigkeit.
Wie wirkten sich sozialistische Planwirtschaft und Soziale Marktwirtschaft auf die Lebenswelten der Menschen aus? Welche Kennzeichen und Folgen hatte der Wandel von Industriegebieten zu industriellen Ballungsräumen? Welche Unterschiede gab es in den Konsumgesellschaften in Ost und West?

Ein immer höherer Lebensstandard und die Versorgung mit Luxusgütern trugen in Westdeutschland wesentlich zur Stabilisierung der Demokratie und zur Zufriedenheit der Menschen bei. Auch die Führung der DDR wollte die Zustimmung zum sozialistischen Gesellschaftsmodell durch eine bessere Versorgung der Bevölkerung verbessern. Immer mehr setzten sich auch in der Bundesrepublik neue Vorstellungen vom Verhältnis der Geschlechter und von der Rolle der Menschen in der Gesellschaft durch.
Wie wichtig waren Wohlstand und die eigene Rolle im Wirtschaftsleben für die Grundüberzeugungen der Menschen? Wie wirkten sich die unterschiedlichen Menschenbilder in demokratischen und autoritären Herrschaftssystemen auf die persönliche Lebensführung aus? Inwiefern hängen die Gleichberechtigung von Mann und Frau und die weltweite Geltung der Menschenrechte zusammen?

„68er-Bewegung"
Die USA beteiligen sich militärisch am Vietnam-Krieg

1960
DDR-Regierung lässt um West-Berlin die Mauer errichten
Kuba-Krise
1965
Truppen des Warschauer Paktes beenden den „Prager Frühling"
erste Bundesregierung unter Führung der SPD

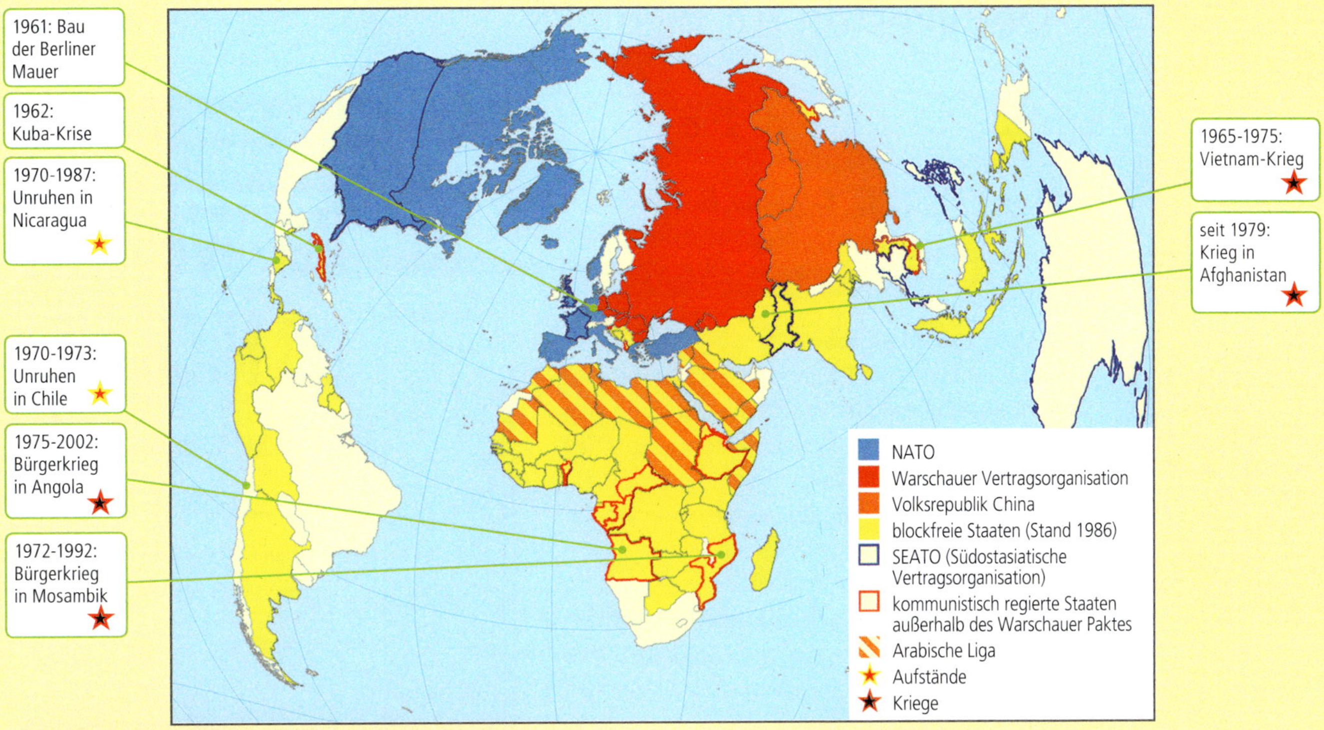

M1 Die „bipolare Welt" in den 1960er- und 80er-Jahren
Die angegebenen Ereignisse sind eine Auswahl aus Konflikten zwischen den beiden Blöcken. „Heiß" wurden die Konflikte nur in den Stellvertreterkriegen in der „Dritten Welt".

M2 Willy Brandts Kniefall in Warschau vom 14. Dezember 1970
Die Szene, der das Gemälde zugrunde liegt, fand vor dem Ehrenmal für die Helden des Warschauer Ghettos statt.

1. *Vergleiche die Karte M1 mit der Karte auf S. 187 (Machtblöcke im Kalten Krieg).*
2. *Fasse die Grundzüge der Politik von CDU-geführten Regierungen seit Gründung der Bundesrepublik bis 1969 zusammen.*
3. *Interpretiere Symbole und Elemente des Gemäldes M2, soweit sie dir bekannt sind.*
4. *Erkläre, welche Bedeutung dabei der Aufstand im Warschauer Ghetto 1943 hat. Blättere noch einmal zurück auf S. 163.*

1975 | 1980

Grundlagenvertrag: Die Bundesrepublik Deutschland und die DDR erkennen sich als gleichberechtigte Staaten an

1970: Die sozialliberale Regierung beginnt die Neue Ostpolitik

„Der Westen tut nichts!"

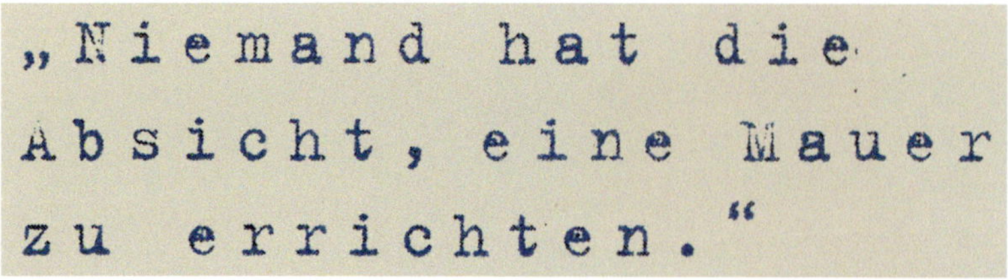

„Niemand hat die Absicht, eine Mauer zu errichten."

M1 Der DDR-Staatsratsvorsitzende Walter Ulbricht am 15. Juni 1961 auf einer internationalen Pressekonferenz in Ost-Berlin

▸ *Geschichte In Clips:* Zum „Mauerbau" siehe Clip-Code 31022-83

Der Weg zum Mauerbau

Seit 1952 hatte die DDR ihre Grenze zur Bundesrepublik gesichert. In Berlin war der Übergang vom sowjetischen Sektor in den Westen dagegen offen geblieben. Er bot vielen Ostdeutschen ein „Schlupfloch" in den Westen. Als die steigende Abwanderung für die DDR zu einem wachsenden wirtschaftlichen und sozialen Problem wurde, plante die SED-Führung den Bau einer **Berliner Mauer**, um die Fluchtbewegung zu stoppen. Anfang August 1961 stimmten die Sowjetunion und die übrigen Ostblockstaaten zu.

M2 Abgeriegelt
Foto, August 1961
Mit Straßensperren und Befestigungen begann am 13. August der Mauerbau. An der Berliner Mauer starben bis 1989 mehr als 130 Menschen.

Bau der Berliner Mauer

In der Nacht zum 13. August 1961, einem Sonntag, ließ die DDR-Regierung entlang der Berliner Sektorengrenze Stacheldrahtverhaue und Steinwälle hochziehen. Unter militärischer Bewachung errichteten Bautrupps eine Mauer quer durch die Wohngebiete.

Mittwoch, 16. August 1961 • 10 Pf

Bild Zeitung

Der Osten handelt – was tut der Westen?

...denn Zigarren raucht der Mann!

Der Westen tut NICHTS!

Enttäuscht

Präsident Kennedy schweigt...

Macmillan geht auf die Jagd...

... und Adenauer schimpft auf Willy Brandt

Mehr über das Thema Berlin auf der letzten Seite

für moderne menschen temagin ein modernes schmerzmittel

Blaue Gillette EXTRA ein völlig neues Rasiergefühl

M3 Titelblatt vom 16. August 1961

Reaktion der Westmächte

Die Westmächte protestierten und ließen sogar Panzer auffahren, doch sie ergriffen keine Gegenmaßnahmen. Wegen der Gefahr eines Atomkrieges respektierten die USA und die Sowjetunion in Berlin gegenseitig ihre jeweiligen Einflussbereiche.

1. *Die Flucht aus der DDR wurde eine Abstimmung mit den Füßen genannt. Erkläre die Aussage.*
2. *Arbeite heraus, wie die Zeitung die Situation darstellt (M3).*
3. *Prüfe, ob die Vorwürfe in M3 berechtigt waren.*
4. *Diskutiert, ob weitergehende Maßnahmen des Westens sinnvoll gewesen wären.*
5. *Die DDR-Führung durfte den Bau der Mauer erst nach der Zustimmung der Sowjetunion durchführen. Erkläre, warum.*

M4 Einzelheiten zum „Mauerbau"

Am 1. August 1961 treffen sich Ulbricht und Chruschtschow in Moskau und besprechen folgende Einzelheiten der Sperrung der Sektorengrenze in Berlin:

Chruschtschow: „Ich habe eine technische Frage: Wie wird die Kontrolle an den Straßen verwirklicht, deren eine Seite sich in der DDR befindet und die andere in West-Berlin?" Ulbricht: „Wir haben einen bestimmten Plan. In den Häusern, die einen Ausgang nach West-Berlin haben, werden wir diesen Ausgang zumauern. An den anderen Orten werden wir Sperren aus Stacheldraht errichten. Der Draht ist schon herangeschafft worden. Das alles kann man sehr schnell machen. Schwieriger ist es mit dem Transportwesen. Wir bauen die Bahnsteige der S- und U-Bahn um für das Umsteigen nach West-Berlin." Chruschtschow: „Aber wer wird dann denn umsteigen?" Ulbricht: „Jener Teil der Bevölkerung, der die Genehmigung zum Überschreiten [der Grenze] erhält. Beispielsweise wohnen etwa 14 Tausend Leute, unter ihnen viele Vertreter der Intelligenz, in West-Berlin, arbeiten aber bei uns." Chruschtschow: „Ich habe noch eine Frage. Wenn Sie Ihren Leuten erlauben, in West-Berlin zu wohnen, werden dann dort Personen, die bei Ihnen wohnen, arbeiten können?" Ulbricht: „Nein, das wird nicht erlaubt, das ist etwas anderes. Jedoch gibt es bei uns einige Tausend Kinder [...], die in Ost-Berlin wohnen und in West-Berliner Schulen lernen." Chruschtschow: „Das ist zu unterbinden." Ulbricht: „Ja, wir werden sie nicht mehr lassen."

Zit. nach: Manfred Wilke, Ulbricht und der Mauerbau, in: K.-D. Henke (Hrsg.), Die Mauer. Errichtung, Überwindung, Erinnerung, München 2011, S. 49-66, hier S. 58f.

M5 Sprung in die Freiheit
Foto von Peter Leibing vom 15. August 1961 (Ausschnitt)
Ein 19-jähriger Volkspolizist flüchtet von Ost- nach West-Berlin.

M6 Letzter Ausweg
Foto vom 24. September 1961
Die 77-jährige Frieda Schulze flieht aus dem 1. Stock ihres Wohnhauses, das unmittelbar an der Grenze steht.

M7 Tod an der Berliner Mauer
Foto von Wolfgang Bera vom 17. August 1962
Der 18-jährige Peter Fechter wird auf der Flucht von Volkspolizisten niedergeschossen. Er verblutet an der Grenze, da ihm niemand hilft.

M8 Nicht der Nabel der Welt?

Die 28-jährige DDR-Schriftstellerin Brigitte Reimann notiert unter dem 19. und 24. August 1961 in ihr Tagebuch:

Übrigens haben wir nicht geweint über diese neue Maßnahme, die eigentlich schon längst fällig gewesen wäre. Warum sollten wir nicht auch mal die Zähne zeigen? [...]
Es wäre schon viel gewonnen, wenn wir uns nicht immer für den Nabel der Welt hielten und die Politik etwas nüchterner betrachteten. Man sollte in größeren Kategorien denken. Es wäre absurd, wenn zwei Weltsysteme übereinander herfielen [...], nur weil die Herren Deutschen nicht mehr nach Belieben durchs Brandenburger Tor spazieren können.

Brigitte Reimann, Die geliebte, die verfluchte Hoffnung. Tagebücher und Briefe 1947-1972, hrsg. von Elisabeth Elten-Krause und Walter Lewerenz, Darmstadt 1984, S. 128

1. *Beschreibe die Planungen (M4). Welche Folgen werden berücksichtigt, welche nicht?*
2. *Diskutiert, wer für den Mauerbau verantwortlich war: Ulbricht oder Chruschtschow (M4)?*
3. *Bewerte die Aussage der Schriftstellerin (M8).*

13.08.: Bau der Mauer in Berlin
DDR sichert die Grenzen zur Bundesrepublik
1950 1955 1960 1965 1970

Wenn Zeitzeugen sich erinnern

M1 Erinnerung als Verantwortung
Umschlag einer Veröffentlichung von 2003

Ein Zeitzeugeninterview führen

Erlebnisse, Erfahrungen, Gedanken und Gefühle von Menschen kannst du durch mündliche Befragungen ermitteln. Diese „oral history" genannte Methode liefert dir neue lebensgeschichtliche Quellen. Zeugen bestimmter Ereignisse findest du vielleicht in der Familie, unter Nachbarn oder Bekannten. Du kannst sie auch in Vereinen, Verbänden und Parteien suchen.

Ein Zeitzeugeninterview musst du gut vorbereiten. Du benötigst Grundkenntnisse deines Themas. Ein Zettel mit persönlichen Angaben zum Interviewten und einigen Leitfragen kann dir helfen, die neuen Informationen während des Gesprächs aufzunehmen und zu ordnen. Fotos aus der zu besprechenden Zeit sind ergiebige Gesprächsanlässe. Wichtig ist es, gut zuzuhören und an der richtigen Stelle gleich nachzufragen. Nur so kannst du den Dingen auf den Grund gehen.

Ein Hilfsmittel für Befragungen sind Tonaufnahmen. Sie halten alles fest, was gesagt wurde. Aber du kannst in ihnen leicht „ertrinken", das heißt, du musst aus vielen allgemeinen Aussagen die für dein Thema wichtigen mühsam heraussuchen. Eine andere Möglichkeit ist es, Stichworte per Hand oder Laptop mitzuschreiben und erst später auszuformulieren. Dabei kann dir allerdings auch etwas entgehen. Deinen Text solltest du deinem Interviewpartner zur Durchsicht und Korrektur vorlegen.

Beachte: Jeder Gesprächspartner kann dir nur subjektiv berichten, also aus seiner persönlichen Sicht. Dazu kommt, dass Ereignisse nicht so im Gedächtnis bleiben, wie sie einmal erlebt worden sind, sondern die Erinnerung durch später Gehörtes, Gelesenes und Gesehenes beeinflusst wird. Da es in der Erinnerung keine objektive Wahrheit gibt, bleibt dir nur, weitere Zeitzeugen zu den Ereignissen zu befragen und die Aussagen mit anderen Quellen zu vergleichen.

Direkt dabei gewesen?

Noch vor einigen Jahren standen Befragungen von Zeitzeugen nach ihren Erinnerungen an das „Dritte Reich" und die Nachkriegszeit im Mittelpunkt des Interesses. Heute leben nur noch wenige Menschen, die verlässlich über das damalige Geschehen erzählen können. Deshalb solltest du für Zeitzeugenbefragungen ein Thema aus jüngerer Zeit wählen.

Ausweg Erinnerungen

Wenn du keine Gesprächspartner für eine Befragung findest, kannst du auch auf veröffentlichte Erinnerungen (Memoiren) von Zeitzeugen zurückgreifen. Dabei musst du beachten, dass in Erinnerungen immer wieder der Versuch gemacht wird, das eigene Handeln zu entschuldigen. Deshalb hilft auch hier oft nur der Vergleich. Suche daher Aussagen zum selben Ereignis in anderen Memoiren. So kannst du eine „Gesprächsrunde" herstellen, die dir eine vielschichtige Darstellung der Vergangenheit eröffnet.

Themen für Zeitzeugenbefragungen

Auf den folgenden Seiten findest du Zeitzeugenberichte über den Bau der Berliner Mauer vom 13. August 1961.

Zur historischen Einordnung der Ereignisse lies entsprechende Kapitel im Lehrbuch nach.

1. *Untersucht die Materialien auf den folgenden Seiten in Gruppenarbeit. Recherchiert weitere Zeitzeugenaussagen zu den Ereignissen. Notiert dazu auch Fragen an eure Großeltern, Eltern und Verwandten.*
Ordnet dann nach folgenden Fragen:
- *Wie beurteilen die Zeitzeugen das historische Ereignis?*
- *Worin unterscheiden sich die Zeitzeugenaussagen?*

2. *Stellt eure Ergebnisse in der Klasse vor, vergleicht sie und diskutiert die Bedeutung von Zeitzeugenberichten als historische Quellen.*

Internettipps:
Äußerungen von Zeitzeugen findest du unter dem Mediencode 31022-84

M 2 Woran sich ein Arzt und ein Politiker erinnern

Ein Ost-Berliner Arzt, der am 14. August 1961 in den Westen flieht, bekennt:

Am 13. August habe ich Tränen gesehen bei Männern, die ich noch nie hatte weinen sehen. Der Schlag traf hart und furchtbar. Die Reaktion war nicht etwa die Weckung eines unmittelbaren Widerstandswillens, sondern regelrechte Depression.

Willy Brandt, 1961 regierender Bürgermeister von West-Berlin, notiert 1976:

Es wurde mir schwer, ruhig und beherrscht zu bleiben. [...] Dies war seit der Blockade von 1948 die ernsteste Herausforderung – keine kriegerische und unmittelbare Bedrohung, denn nicht wir wurden von der Außenwelt abgeschnitten wie damals, ein Regime schloss vielmehr sich und seine Bürger gegen uns ab. Dennoch, die fieberhaft betriebene Arbeit der Abriegelung, die waffenstarrenden Wachkommandos an den Grenzen – das war ein Bild der Drohung.

Erster Text: Hermann Hertle, Die Berliner Mauer // The Berlin Wall. Monument des Kalten Krieges // Monument oft the Cold War, Bonn 2007, S.34; zweiter Text: Willy Brandt, Begegnungen und Einsichten. Die Jahre 1960-1975, Hamburg 1976, S. 10

M 4 Briefmarke von 1971
Im August 1971 gab die Post der DDR diese Sondermarke heraus. Mit ihr frankierte Briefe wurden von der Bundespost ins Ursprungsland zurückverfrachtet, weil sie gegen die Postordnung verstießen.

M 3 Gerda Langosch

Die Berlinerin Gerda Langosch (geb. 1923) erinnert sich am 19. April 2000 an den Mauerbau:

Am 13. August 1961, einem Sonntag, hörten mein Mann und ich am frühen Morgen die Nachricht im Radio, dass die in der Sowjetischen Besatzungszone und im sowjetischen Sektor Berlins regierende kommunistische Partei (SED) die von den Westalliierten besetzten Gebiete Deutschlands und Sektoren von Berlin durch einen sogenannten „antifaschistischen Schutzwall“ getrennt hat. [...]
Wir erfuhren dann von meiner Mutter, dass sie nach dem Aufstehen beim Frühstückzubereiten aus dem Küchenfenster geschaut hatte und gar nicht begriff, was sie da zu sehen bekam, nämlich die über Nacht aufgestellten sogenannten „Spanischen Reiter“, das waren mit Dornen versehene Drahtrollen, die als vorläufige Grenzbefestigungsanlagen dienten. [...]
Mein Mann begleitete [am Nachmittag einen Bekannten], um auszuprobieren, wie weit er als Ostsektorenbewohner kommen würde. Erstaunlicherweise gelangte er [...] unbehelligt auf die westliche Seite der Boyenstraße, die durch die auf dem Fahrdamm noch sehr durchlässigen „Spanischen Reiter“ in Ost und West geteilt war. In diesem Moment wurde meinem Mann bewusst, dass dies die letzte Chance war, in West-Berlin zu bleiben. Weil ich aber unser erstes Kind erwartete (im 5. Monat schwanger) und ich nicht bei ihm war, kam er – auch ungehindert – wieder zurück und blieb Bürger des Ostsektors bzw. der Deutschen Demokratischen Republik.
Nach dem 13.08.1961 wurden die „Spanischen Reiter“ sehr schnell durch eine bewachte undurchlässige Befestigungsanlage (Betonmauer) ersetzt, durch die es, ohne in Lebensgefahr zu geraten, kein Durchkommen weder von Ost- nach West-Berlin noch umgekehrt gab.

Zit. nach: www.dhm.de/lemo/forum/kollektives_gedaechtnis/081/index.html (Zugriff: 20. März 2007)

Kalter Krieg – heißer Krieg

M 1 Reichweite der sowjetischen Atomraketen auf Kuba

Am Rande des Atomkrieges

Präsident **John F. Kennedy** geht im Oktober 1962 im Oval Office, seinem Arbeitszimmer im Weißen Haus, umher und fragt sich: „Will Chruschtschow, der sowjetische Staatschef, nur meine Entschlossenheit auf die Probe stellen? Wird er nachgeben, wenn ich energisch auftrete? Oder riskiere ich einen neuen Weltkrieg, diesmal mit Atomwaffen?"

Was war geschehen?

In der Nähe der USA liegt die Insel Kuba. Sie hat seit 1959 eine kommunistische Regierung. Deswegen wollten die Amerikaner den kubanischen Staatschef Fidel Castro 1961 gewaltsam stürzen. Sie stellten eine Truppe aus Exilkubanern zusammen, die auf Kuba landete, aber schnell besiegt wurde. Im Oktober 1962 entdeckten amerikanische Spionageflugzeuge, dass die Sowjetunion auf Kuba Abschussvorrichtungen baute und bereits Raketen für Atomsprengköpfe geliefert hatte.

M 2 Reichweite der amerikanischen Atomraketen in der Türkei

Kennedy verlangte ultimativ den Abzug der Raketen. Die Lage wurde dramatisch, als Kennedy am 24. Oktober eine Seeblockade gegen Kuba anordnete und drei Tage später ein amerikanisches Spionageflugzeuge über Kuba abgeschossen wurde. Castro forderte die Sowjetunion auf, sofort Atomwaffen einzusetzen. Aber Chruschtschow befahl, die Raketen wieder abzubauen.

„Heißer Draht"

Chruschtschow und Kennedy hatten miteinander verhandelt und sich geeinigt. Die USA verzichteten auf einen Angriff gegen Kuba und versprachen, Raketen beim NATO-Partner Türkei abzuziehen. Diese hatten die Sowjetunion direkt bedroht. Um künftig besser miteinander verhandeln zu können, richteten die Regierungschefs eine direkte Telefonverbindung ein, den „heißen Draht". Gemeint ist eine direkte Telefonverbindung zwischen den Staatschefs der USA und der UdSSR, um Konflikte direkt und schnell zu lösen.

Vietnam-Krieg

Einige Jahre später setzten die USA tatsächlich ihre Armee ein, in Vietnam, einem Land in Südostasien. Vietnam war in zwei Staaten geteilt. Nordvietnam mit seiner kommunistischen Regierung wurde von der Sowjetunion und China unterstützt. Die USA dagegen halfen dem diktatorischen Regime in Südvietnam, um eine Ausbreitung des Kommunismus zu verhindern.
Der Vietcong, eine kommunistische Organisation, von Guerillakämpfern, unterwanderte den Süden und versuchte die dortige Regierung zu stürzen. Nach mehreren Niederlagen der südvietnamesischen Armee bombardierten die USA 1965 Nordvietnam. Zudem kamen nun immer mehr amerikanische Soldaten nach Südvietnam, um die Vietcong zu bekämpfen.

Rückzug und Niederlage

Aber auch die 550 000 US-Soldaten konnten den Vietcong im Dschungel- und Partisanenkrieg nicht besiegen. Im Mai 1968 wurden Friedensverhandlungen begonnen. Da die Proteste im eigenen Land und weltweit immer heftiger wurden, zog Präsident Richard Nixon immer mehr amerikanische Truppen ab und versuchte dafür die südvietnamesische Armee aufzurüsten. 1973 vereinbarten die USA und Nordvietnam einen Waffenstillstand, der aber nicht lange hielt. Zwei Jahre später endete der Krieg mit einem Sieg Nordvietnams.

1. *Stellt in Gruppenarbeit die gegensätzlichen Ziele Kennedys und Chruschtschows vor der Lösung der Kuba-Krise zusammen.*
2. *Diskutiert, ob die Lösung der Kuba-Krise für die USA oder für die UdSSR günstiger war.*
3. *Der Einsatz in Vietnam belastet die USA noch heute. Nenne Gründe dafür und recherchiere dazu im Internet.*

John F. Kennedy*

M3 „Warum sind wir in Südvietnam?“

Der amerikanische Präsident Lyndon B. Johnson sagt am 7. April 1965 zum Einsatz in Vietnam:

Seit 1954 hat jeder amerikanische Präsident dem Volk von Südvietnam Hilfe angeboten. Wir haben geholfen aufzubauen, wir haben geholfen zu verteidigen. Durch viele Jahre hindurch haben wir versprochen, Südvietnams Unabhängigkeit verteidigen zu helfen. Und ich beabsichtige, dieses nationale Versprechen zu halten. [...]

Wir sind auch dort, um die Weltordnung zu stärken. Rund um die Erde, von Berlin bis Thailand, leben Völker, deren Wohlergehen zum Teil auf dem Glauben beruht, dass sie auf uns zählen können, wenn sie auch angegriffen würden. Vietnam seinem Schicksal zu überlassen, würde das Vertrauen aller dieser Völker in den Wert einer amerikanischen Verpflichtung erschüttern. [...]

Die wichtigste Lehre unserer Zeit ist, dass der Appetit der Aggression niemals befriedigt ist. Rückzug von einem Schlachtfeld bedeutet nur Vorbereitung des nächsten. [...] Es gibt Leute, die sich fragen, warum wir dort Verantwortung tragen. Nun, wir haben dort aus demselben Grund Verantwortung wie in Europa. Im Zweiten Weltkrieg kämpften wir sowohl in Europa als auch in Asien, und als er endete, fanden wir uns in fortdauernder Verantwortung für die Verteidigung der Freiheit.

Zit. nach: Helmut Krause und Karlheinz Reif (Bearb.), Die Welt seit 1945. Geschichte in Quellen, München 1980, S. 601 f.

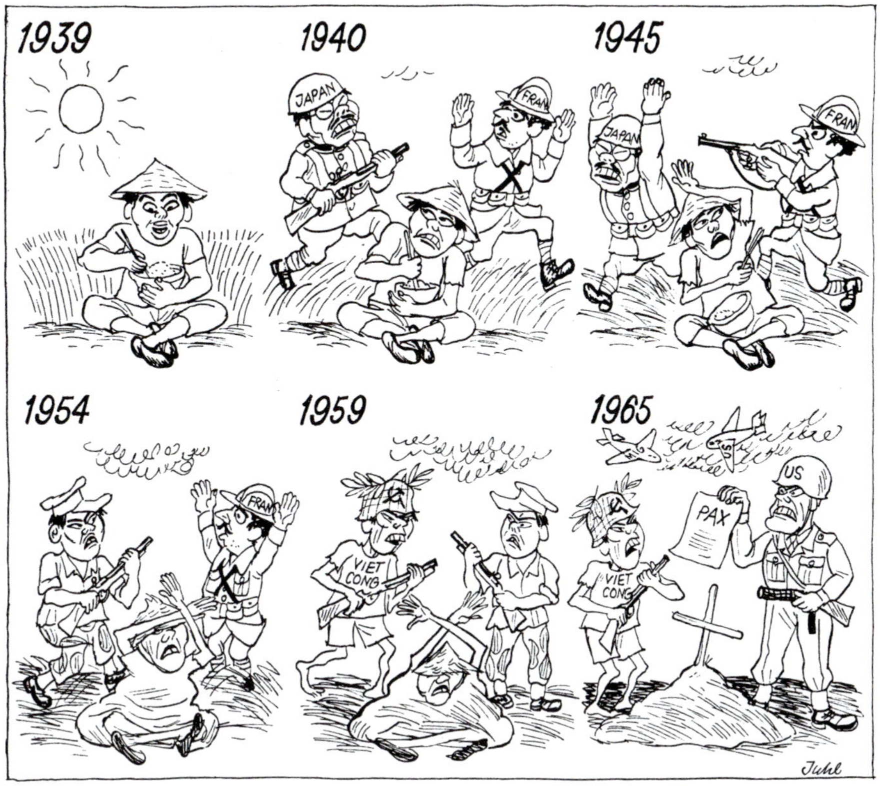

M5 „Es gibt kein Happy-End“

Karikatur des dänischen Zeichners Mogens Juhl aus dem Jahr 1965

Vietnam stand lange unter französischem Einfluss; im Zweiten Weltkrieg wurde es von Japan besetzt.

M4 Ho Chi Minh fordert Selbstbestimmung

Ho Chi Minh, der Präsident des kommunistischen Nordvietnam (Demokratische Republik Vietnam), antwortet am 13. Februar 1967 auf einen Friedensappell des Papstes:

Sie [die Amerikaner] haben die furchtbarsten Waffen wie Napalm, chemische Produkte und giftige Gase benutzt, um unsere Landsleute zu töten und unsere Dörfer, Pagoden[1], Kirchen, Krankenhäuser und Schulen niederzubrennen. [...] Um seine Unabhängigkeit und seinen Frieden zu verteidigen, kämpft das vietnamesische Volk entschlossen gegen die Aggressoren. Es vertraut darauf, dass die Gerechtigkeit triumphieren wird. Die US-Imperialisten müssen ihre Aggression gegen Vietnam beenden, bedingungslos und endgültig der Bombardierung und allen anderen Kriegshandlungen [...] ein Ende setzen, [...] und das vietnamesische Volk seine Angelegenheiten selbst bestimmen lassen. Nur unter solchen Bedingungen kann der Friede in Vietnam wiederhergestellt werden.

Zit. nach: Helmut Krause und Karlheinz Reif (Bearb.), Die Welt seit 1945, a.a.O., S. 602

[1] Pagode: turmartiges Bauwerk, das sich v. a. in Ostasien findet

1. **Erzähle** anhand der sechs Bilder der Karikatur M5 die Geschichte Vietnams.
2. **Arbeite** anhand der Rede von Johnson (M3) **heraus**, welche außenpolitischen Grundsätze seine Regierung hat.
3. **Vergleiche**, wofür sich Johnson und Ho Chi Minh einsetzen (M3 und M4). Welche Ziele stimmen überein?
4. **Begründe**, warum die USA in Vietnam, aber nicht in Berlin 1961 (siehe S. 238) militärisch eingegriffen haben.

Von der Konfrontation zur Entspannung

M 1 Ende des Rüstungswettlaufs? Karikatur des amerikanischen Zeichners David Horsey aus dem Jahr 1983

Angst vor dem Atomkrieg

Die Kuba-Krise[1] machte deutlich, dass aus dem Kalten Krieg ein heißer Krieg zwischen den Supermächten werden konnte. Die USA und die Sowjetunion besaßen so viele Atomwaffen, dass sie dadurch das Leben auf der Erde mehrfach vernichten konnten. Und beide Seiten wussten, dass ein Angriff sofort massive Gegenschläge zur Folge haben würde.

Verhandlungen

Deshalb waren die 1970er-Jahre gekennzeichnet von einer deutlichen **Entspannungspolitik**. Seit 1969 führten die Supermächte die ersten Abrüstungsgespräche (SALT: Abkürzung für Strategic Arms Limitation Talks). Dabei ging es um eine Reduzierung von Interkontinentalraketen. Mit der Unterzeichnung des ABM-Sperrvertrages 1972 (ABM: Abkürzung für Anti-Ballistic Missiles) einigten sich die UdSSR und die USA dann auf eine Begrenzung ihrer Raketenbestände.

Die Gründe für die Verbesserung des Verhältnisses zwischen der Sowjetunion und den USA waren:

- Die Sowjetunion wollte vom großen technischen Fortschritt in den USA profitieren.
- Zwischen der Sowjetunion und dem ebenfalls kommunistischen China kam es zu Konflikten. Obwohl Mao Zedong, Vorsitzender der Kommunistischen Partei Chinas und chinesischer Staatschef von 1948 bis 1959, die USA bisher als Todfeind angesehen hatte, bemühte er sich um bessere Beziehungen und hoffte auf wirtschaftliche Hilfe aus Amerika. 1972 lud er Richard Nixon als ersten amerikanischen Präsidenten zu einem Besuch in das „Reich der Mitte" ein.

„Helsinki"

Auch in Europa entspannte sich die Lage. 1975 kam es nach zweijährigen Beratungen zum Abschluss der Konferenz über Sicherheit und Zusammenarbeit in Europa (**KSZE**)[2] in Helsinki. Es war eine kleine Sensation, dass sich die Staaten aus beiden Militärbündnissen einigen konnten:
Die west- und osteuropäischen Staaten sowie die USA verpflichteten sich zu einer friedlichen Regelung aller Streitfälle und zur Einhaltung der Grund- und Menschenrechte.
Als problematisch erwies sich jedoch, dass die Freiheitsrechte in den Warschauer-Pakt-Staaten nicht vor Gericht einklagbar waren. Trotzdem war auch in dieser Hinsicht der KSZE-Vertrag nicht folgenlos, denn die Oppositionellen in Osteuropa fühlten sich ermutigt. Außerdem mussten die Regierungen darauf achten, dass Verletzungen der Menschenrechte nicht bekannt wurden.

1. *Fasse zusammen, was die Annäherung zwischen den beiden Machtblöcken begünstigte.*
2. *Erkläre, warum die Einhaltung der Grund- und Menschenrechte zuvor ein Hindernis für die Verständigung zwischen Ost und West war.*
3. *Begründe, warum der Zeichner die Szene der Karikatur auf den Bäumen stattfinden lässt (M1).*

[1] Siehe S. 242.
[2] Die erste Konferenz fand 1973 statt. Es nahmen 35 Regierungschefs von NATO-, Warschauer-Pakt- und neutralen Staaten teil.

M 2 Die zehn KSZE-Prinzipien

Alle zehn Prinzipien sind von grundlegender Bedeutung, keines darf ohne die anderen ausgelegt werden:

I. Souveräne Gleichheit [...].
II. Enthaltung von der Androhung oder Anwendung von Gewalt [...].
III. Unverletzlichkeit der Grenzen [...].
IV. Territoriale Integrität der Staaten [...].
V. Friedliche Regelung von Streitfällen [...].
VI. Nichteinmischung in die inneren Angelegenheiten [...].
VII. Achtung der Menschenrechte und Grundfreiheiten, einschließlich der Gedanken-, Gewissens-, Religions- oder Überzeugungsfreiheit [...].
VIII. Gleichberechtigung und Selbstbestimmungsrecht der Völker [...].
IX. Zusammenarbeit zwischen den Staaten [...].
X. Erfüllung völkerrechtlicher Verpflichtungen nach Treu und Glauben [...].

Europa-Archiv, 30. Jg. (1975), S. D 438ff.

M 3 Erfolg für die sozialistische Gemeinschaft?

Das DDR-Außenministerium bewertet am 28. Juli 1975 die KSZE-Schlussakte:

Der große Erfolg für die Staaten der sozialistischen Gemeinschaft ist die Ausarbeitung und Aufnahme des Prinzips der Unverletzlichkeit der Grenzen als selbstständiges Prinzip. [...]
Von weitreichender Bedeutung ist die klare Ausgestaltung des Prinzips der Nichteinmischung in die inneren und äußeren Angelegenheiten. [...]
Im Bereich der Kontakte, insbesondere bei familiären Begegnungen, Familienzusammenführungen, Eheschließungen und Reisen aus persönlichen und beruflichen Gründen wurde die Verpflichtung übernommen, jeweilige Anträge „wohlwollend" zu behandeln. Das innerstaatliche Genehmigungsverfahren bleibt unberührt.

Zit. nach: Matthias Judt (Hrsg.), DDR-Geschichte in Dokumenten. Beschlüsse, Berichte, interne Materialien und Alltagszeugnisse, Berlin 1998, S. 518f.

M 5 KSZE-Schlusskonferenz
Foto vom 1. August 1975
Bundeskanzler Helmut Schmidt (vorne rechts) spricht mit dem DDR-Staatsratsvorsitzenden Erich Honecker.

M 4 Versprechen einlösen

Auszug aus einem offenen Brief kirchlich engagierter DDR-Bürger an die Teilnehmer der kommunistischen Weltjugendspiele im Juli 1985:

Für uns in der DDR ist die Durchsetzung folgender Rechte eine wichtige Aufgabe:

- Recht auf freie Meinungsäußerung
- Recht auf freie Information
- Recht auf Freizügigkeit
- Recht auf uneingeschränkte Reisefreiheit
- Recht auf Versammlungs- und Vereinigungsfreiheit
- Chancengleichheit in der Bildung, unabhängig von Religion und Weltanschauung. [...]

Wir möchten mit diesem Brief nicht eine gegen die DDR gerichtete Propaganda unterstützen, sondern möchten konstruktiv[1] an der Gestaltung der gesellschaftlichen Verhältnisse in unserem Lande mitarbeiten.

Frankfurter Allgemeine Zeitung vom 18. Juli 1985

[1] konstruktiv: aufbauend

1. *Ordne die Punkte der KSZE-Prinzipien (M2). Welche drei Punkte hältst du für die wichtigsten?*
2. *Diskutiert eure Rankings in Vierergruppen. Einigt euch auf drei zentrale Prinzipien und erläutert der Klasse eure Entscheidung.*
3. *Erläutere, welche Vertragspunkte den westlichen Staaten und den sozialistischen Staaten besonders wichtig waren (M3). Begründe, warum.*
4. *Erkläre, inwiefern die KSZE-Schlussakte die Oppositionellen in der DDR unterstützte (M4, Verfassertext).*
5. *Beurteile die Erfolge der Entspannungspolitik. Berücksichtige dabei auch die Karikatur von 1983 (M1).*

ABM-Sperrvertrag
Abrüstungsgespräche (SALT)
Konferenz für Sicherheit und Zusammenarbeit (KSZE)
1960 1965 1970 1975 1980

Doch keine Entspannung?

M 1 Friedensdemonstration im Bonner Hofgarten
Foto vom 10. Oktober 1981
Die von zahlreichen Organisationen aus dem In- und Ausland organisierte Demonstration in der damaligen Hauptstadt der Bundesrepublik richtete sich gegen die Stationierung neuer Mittelstreckenraketen durch die NATO. Sie stand unter dem Motto „Gegen die atomare Bedrohung gemeinsam vorgehen". An der Abschlusskundgebung nahmen etwa 250 000 Menschen teil. Weitere Großdemonstrationen, an denen zum Teil noch mehr Menschen teilnahmen, folgten.

Rückschritte statt Fortschritte

Nach der Kuba-Krise nahm die Zahl der innenpolitischen Gegner Chruschtschows zu. Im Oktober 1964 wurde er gestürzt. An seine Stelle trat für die folgenden 18 Jahre Leonid I. Breschnew. Er kehrte teilweise zu stalinistischen Methoden zurück.

Trotz der Entspannungspolitik verhinderte die UdSSR jeden Versuch, in einem Land des Warschauer Paktes mehr Demokratie einzuführen, notfalls mit militärischer Gewalt: So im August 1968 in der ČSSR. Hier wollte ein Teil der herrschenden Kommunisten im Frühjahr 1968 eine Demokratisierung einleiten. Dieser sogenannte **„Prager Frühling"** wurde nach Einmarsch der Warschauer Paktes gewaltsam beendet. Als Grund für den Einmarsch wurde ein „Hilferuf" anonymer „Persönlichkeiten der Partei und des Staates" genannt. In Wirklichkeit stand dahinter die Breschnew-Doktrin. Sie verbot jedem Mitglied der kommunistischen Staatengemeinschaft, „vom Weg des Sozialismus" abzuweichen.

Und trotz der Entspannungspolitik bemühte sich die Sowjetunion, ihre Einflusszonen auszubauen – vor allem in Afrika, im Fernen und im Mittleren Osten. Ende Dezember 1979 marschierten, unter Berufung auf einen 1978 abgeschlossenen sowjetisch-afghanischen Vertrag über gegenseitige Hilfeleistung und Freundschaft, sowjetische Truppen in Afghanistan ein. Moskau wollte damit die Macht einer im Lande umstrittenen prosowjetischen Führungsgruppe sicherstellen. Die Rote Armee verstrickte sich – wie die Amerikaner zuvor in Vietnam – in einen militärisch nicht zu lösenden Konflikt. Der Einmarsch in Afghanistan führte zu einer neuen Phase der Ost-West-Konfrontation und einer Verschärfung der bereits bestehenden inneren Probleme.

Die Konfrontation nimmt zu

In der zweiten Hälfte der 1970er-Jahre stationierte die UdSSR neue Atomraketen mit einer Reichweite bis zu 5 000 km, die jedes Ziel in Europa erreichen konnten. Es drohte eine militärische Überlegenheit der UdSSR in Europa. Daher fasste die NATO im Dezember 1979 einen Doppelbeschluss: Von Ende 1983 an sollten neue nukleare Mittelstreckenraketen in Westeuropa stationiert werden, falls die UdSSR nicht Zugeständnisse in den Abrüstungsverhandlungen machen würde. Obwohl die UdSSR gegen neue Mittelstreckenraketen protestierte und es vor allem in der Bundesrepublik zu Massendemonstrationen kam, wurde die Stationierung durchgeführt.

1. *Fasse in eigenen Worten die Grundlinien der sowjetischen Außenpolitik zusammen.*
2. *Kritiker von Protesten und Demonstrationen in der Bundesrepublik Deutschland wie im Bonner Hofgarten (M1) meinten, dass solche Kundgebungen die eigene Regierung schwächten und im Gegenzug der Sowjetunion nützten. Nimm Stellung dazu.*

„Prager Frühling"*

M2 Aus dem Manifest der 2 000 Worte

Im Juni 1968 erscheint auf Anregung von Wissenschaftlern in der Presse ein Aufruf, der sich „an die Arbeiter, Bauern, Angestellten, Künstler, Wissenschaftler, Techniker und an alle" richtet. Er beeinflusst die Diskussion um die Demokratisierung der ČSSR maßgeblich.

Die Kommunistische Partei, die nach dem Krieg das große Vertrauen der Menschen genoss, tauschte dieses Vertrauen allmählich gegen Ämter ein. […] Die Tätigkeit des Staates und der Wirtschaftsorganisationen unterlagen keiner Kritik. Das Parlament verlernte zu beraten, die Regierung zu regieren und die Direktoren zu leiten. Die Wahlen hatten keine Bedeutung; die Gesetze verloren ihr Gewicht. […]
Die persönliche und die gemeinsame Ehre verfiel. Ehrlich währte nicht am längsten, und von irgendeiner Bewertung nach Fähigkeiten konnte nicht die Rede sein. Darum verloren die meisten Leute das Interesse für öffentliche Dinge und kümmerten sich nur um sich selbst und ums Geld […].
Für den heutigen Zustand sind wir alle verantwortlich; mehr jedoch die Kommunisten unter uns. Die Hauptverantwortung aber tragen jene, die Teilhaber oder Instrument der unkontrollierten Macht waren. Es war dies die Macht einer starrsinnigen Gruppe, die ihren Einfluss mithilfe des Parteiapparates von Prag aus bis in jeden Bezirk und in jede Gemeinde ausdehnte. […] Der große Betrug dieser Herrschsüchtigen war es, dass sie ihre Willkür für den Willen der Arbeiterschaft ausgaben. […] Kein vernünftiger Mensch wird selbstverständlich an eine solche Schuld der Arbeiterschaft glauben. Wir alle wissen, insbesondere jeder Arbeiter, dass die Arbeiterschaft praktisch über nichts entscheiden konnte. Während viele Arbeiter meinten, sie regierten, regierte in ihrem Namen eine eigens erzogene Schicht von Funktionären des Partei- und Staatsapparates. Diese nahm faktisch den Platz der gestürzten Klasse ein und wurde selber zur neuen Obrigkeit.

Zit. nach: Otfrid Pustejovsky, In Prag kein Fenstersturz, München 1968, S. 128ff.

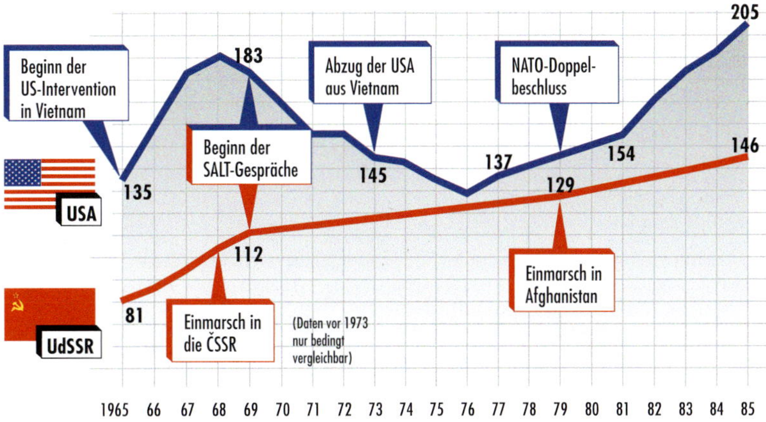

M3 Verteidigungsausgaben der Supermächte
In Mrd. Dollar (in Preisen von 1980)

M4 Aus der Breschnew-Doktrin

Unter Leitung des sowjetischen Staats- und Parteichefs Breschnew verfassen die Parteiführer Bulgariens, Ungarns, der DDR und Polens am 15. Juli 1968 einen Brief an die KP-Führung der ČSSR, in dem erstmals die „Breschnew-Doktrin" formuliert wird. In dem Brief heißt es:

Wir können […] nicht damit einverstanden sein, dass feindliche Kräfte Ihr Land vom Weg des Sozialismus stoßen und die Gefahr einer Lostrennung der Tschechoslowakei von der sozialistischen Gemeinschaft heraufbeschwören. Das sind nicht mehr nur Ihre Angelegenheiten. Das sind die gemeinsamen Angelegenheiten aller kommunistischen und Arbeiterparteien und aller durch Bündnis, durch Zusammenarbeit und Freundschaft vereinten Staaten.

Zit. nach: Boris Meissner, Die „Breshnew-Doktrin", Köln 1969, S. 47f.

M5 Protest gegen den Einmarsch
Foto von Ladislav Bielik vom 21. August 1968 aus Bratislava
Mit 1 000 Flugzeugen, 7 500 Panzern, 300 000 Soldaten und Spezialkräften der Geheimdienste fielen sowjetische, bulgarische, polnische und ungarische Truppen in die Tschechoslowakei ein.

1. *Arbeite heraus, was die Verfasser des Manifestes (M2) kritisieren und was sie fordern.*
2. *Das Foto M5 wurde zu einem Symbol für die „Macht der Ohnmächtigen". Erkläre die Aussage.*
3. *Bewerte die Breschnew-Doktrin (M4).*
4. *Erkundigt euch bei euren Großeltern, inwieweit die Ereignisse von 1968 ihre politischen Einstellungen beeinflussten.*

Protestbewegungen in West und Ost

M 1 Demonstration in West-Berlin
Foto vom 18. Februar 1968
Mit Plakaten und Postern ihrer Vorbilder protestierten viele Studenten gegen den Krieg in Vietnam. Die Bilder zeigen (von links nach rechts) den nordvietnamesischen Präsidenten Ho Chi Minh, die sozialistische Politikerin Rosa Luxemburg, den kubanischen Revolutionär Che Guevara und den Begründer des Sowjetkommunismus Lenin.

▸ *Geschichte In Clips:*
Zur Herrschaft Honeckers in der DDR siehe Clip-Code 31022-85

Lesetipp:
Sabine Carbon und Barbara Lücker, Willy – Die spannende Geschichte eines deutschen Bundeskanzlers, Berlin 2007

Aufruhr in vielen Ländern

In den 1960er-Jahren lehnte sich ein großer Teil junger Menschen, meist Studentinnen und Studenten, gegen die politischen Zustände und die Elterngeneration auf. Die ersten Proteste gab es in den USA. Dort wollten Afroamerikaner, aber auch viele Weiße die Benachteiligung von dunkelhäutigen Menschen im Beruf und im öffentlichen Leben nicht mehr hinnehmen. Gesetze sollten nun endlich für die Gleichberechtigung aller Menschen sorgen. Heftig protestiert wurde auch gegen den Krieg der USA in Vietnam[1]. Es gab aber nicht nur lautstarke Proteste: Pop-Musik, lange Haare und Wohngemeinschaften, auch ohne Ehe, prägten einen neuen Lebensstil, den die Älteren ablehnten.
Einen Höhepunkt erreichte die Bewegung 1968, was zur Bezeichnung **„68er-Bewegung"** führte.

Proteste in der Bundesrepublik

Auch in der Bundesrepublik stellte die Jugend in den 1960er-Jahren kritische Fragen. Vor allem wollte sie von den Eltern und Großeltern wissen: „Wie habt ihr euch eigentlich im Krieg und während der nationalsozialistischen Herrschaft verhalten?" Die jungen Westdeutschen kritisierten, dass es den meisten nur um ein angenehmes Leben und Wohlstand gehe. Außerdem seien viele, die im NS-System hohe Positionen innehatten, nicht bestraft worden. Den älteren Generationen in der Bundesrepublik warfen die Jüngeren vor, dass sie noch immer unterwürfig wären und ihre Kinder auch zu blindem Gehorsam erziehen würden.
Aus gewalttätigen Gruppen der „68er-Bewegung" ging die RAF (Abkürzung für Rote Armee Fraktion), eine Vereinigung linksextremer Terroristen, hervor. Sie verübte bis in die 1990er-Jahre Terroranschläge.[2]

Machtwechsel in der Bundesrepublik

1969 kam es zum Machtwechsel: Als erster Sozialdemokrat wurde **Willy Brandt** Kanzler. Die SPD wollte mehr Mitbestimmung der Bürger und gleiche Chancen für alle durchsetzen. Deshalb wollte sie vor allem die Jugend, die Arbeiter und die Frauen unterstützen.
1970 beschloss der Bundestag, das Wahlmindestalter von 21 auf 18 Jahre herabzusetzen. Gesamtschulen sollten Kinder aus allen gesellschaftlichen Schichten gleichermaßen fördern.
Allein zwischen 1970 und 1975 verdoppelten sich die Sozialausgaben. Gründe dafür waren vor allem Kindergeld[3] und höhere finanzielle Unterstützung für Schüler und Studenten aus weniger wohlhabenden Familien.

Machtwechsel in der DDR

1971 wurde Walter Ulbricht als mächtigster Mann von der SED-Führung gestürzt. Nun regierte **Erich Honecker**. Er wollte den Bürgerinnen und Bürgern mehr Wohlstand und mehr Konsumgüter bieten. Der Staat ließ mehr Wohnungen bauen und erhöhte die Renten. Durch diese Maßnahmen stiegen aber die Staatsschulden stark an.

[1] Siehe S. 242.
[2] Siehe S. 313.
[3] Die Eltern bekommen für jedes Kind einen festen Betrag überwiesen, bis die Ausbildung des Kindes abgeschlossen ist.

„68er-Bewegung"* **Willy Brandt*** **Erich Honecker*** **Emanzipation**

Die Atomkraft – eine saubere Energie?

Nach dem Zweiten Weltkrieg setzte ein Großteil der Menschen noch große Hoffnungen in die Atomkraft. In der Bundesrepublik – wie auch in der DDR – errichtete man zahlreiche Atomkraftwerke, kurz AKWs. Sie lieferten große Mengen an Energie und waren relativ billig. Die Gefahren und die Folgen (z. B. Atommüll, der viele Jahrtausende strahlt) wurden unterschätzt. Nach 1970 aber wuchs die Zahl der Menschen, die auf die Risiken der Kernenergie hinwiesen. Nach der Reaktorkatastrophe von Tschernobyl 1986 nahmen die Proteste zu.[1]

Bürgerbewegungen

In den 1970er-Jahren bildeten sich in der Bundesrepublik neben der Anti-AKW-Bewegung weitere Bürgerbewegungen: Die Friedensbewegung forderte Abrüstung und eine Welt ohne Gewalt, die Umweltschützer protestierten gegen die wachsende Umweltverschmutzung in den Industriestaaten und die Frauenbewegung setzte sich für die völlige Gleichberechtigung von Mann und Frau (**Emanzipation**) ein. Im Oktober 1981 kamen in der bislang größten Demonstration in der Bundesrepublik rund 300 000 Menschen in der damaligen Hauptstadt Bonn zusammen, um gegen das atomare Wettrüsten der Supermächte zu demonstrieren.[2]

Die Politik reagiert

Viele Anhänger der Bürgerbewegungen schlossen sich 1980 der neu gegründeten Partei „Die Grünen" an, um ihre Ziele auf parlamentarischem Wege zu erreichen.
Nach und nach reagierten auch die anderen Parteien auf den Bewusstseinswandel. Besonders umstritten war die Nutzung der Kernenergie.

Umweltbewusstsein – auch in der DDR?

Auch in der DDR entwickelte sich seit Ende der 1970er-Jahre langsam ein Umweltbewusstsein. Die Umwelt- und Friedensbewegung wurde aber unterdrückt. Demonstrationen ohne staatliche Genehmigung etwa waren strikt untersagt. Denn die Staatspartei SED behauptete von sich, dass sie sich ausreichend um das Wohl der Bevölkerung kümmere und sich immer für den Frieden einsetze. Die großen Probleme wurden „unter den Teppich gekehrt".

M2 Erste Fahrraddemonstration in Ost-Berlin
Foto vom 4. Juli 1982
Die Demonstration organisierten Jugendliche. Sie wollten auf die zunehmende Umweltzerstörung und Luftverschmutzung aufmerksam machen.

Es bildeten sich kleine oppositionelle Gruppen und Diskussionskreise, oft unter dem Schutz der evangelischen Kirche. Ihre Mitglieder galten als „Staatsfeinde" und wurden zum Teil von Stasi-Mitarbeitern ausspioniert.

1. *Vergleiche die neuen politischen Grundhaltungen, die junge Menschen zum großen Teil ab Ende der 1960er-Jahre hatten, mit den vorher in der Bundesrepublik vorherrschenden.*
2. *Zeige an den Beispielen M1 und im Verfassertext, welche Auswirkungen das auf den Politikstil hatte.*
3. *Joschka Fischer war von 1998 bis 2005 deutscher Außenminister. Als junger Mensch hat er an „68er"-Demonstrationen teilgenommen. Er sagte: „Wir wurden verdroschen, aber wir haben auch kräftig ausgeteilt. Ich habe da nie etwas verschwiegen." Diskutiert darüber, ob jemand, der sich an gewaltsamen Auseinandersetzungen beteiligt hat, einen hohes politisches Amt bekommen darf.*
4. *Vergleiche die Mittel und Möglichkeiten von oppositionellen Gruppen in der DDR und der Bundesrepublik.*

[1] Bei dem Unfall in der Ukraine im Jahr 1986 handelte es sich um den ersten GAU („Größter anzunehmender Unfall") in einem Atomkraftwerk.
[2] Siehe S. 246, M1.

M3 „Volksempfinden“

Ein Leserbrief von 1967:

Wir, die arbeitende Bevölkerung, haben es satt, uns von den dummen Jungen, die erst einmal hinter den Ohren trocken werden sollen, terrorisieren zu lassen. Wann greift die Polizei endlich mit einem harten Besen durch? Diese Lümmel, die auf Kosten der Steuerzahler ein nicht gerade schlechtes Leben führen, sollte man einmal für ein Jahr ins Arbeitshaus sperren, damit sie wieder zur Vernunft kommen. [...] Sie [die Studenten] sind nichts, sie haben nichts (außer einem wirren Kopf) und wollen uns beibringen, was Demokratie ist. Ich habe in der Bekanntschaft einen Studenten, der am Sonnabend auch seinen Mund groß aufmachen musste. Er will Lehrer werden. Gott behüte meine Kinder vor solchen Pädagogen.

Kai Hermann, Die Revolte der Studenten, Hamburg 1967, S. 133

Lesetipp:
Friedrich Christian Delius, Amerikahaus und der Tanz der Frauen, Frankfurt am Main 1999

Internettipp:
Zur „68er-Bewegung“ siehe Mediencode 31022-86

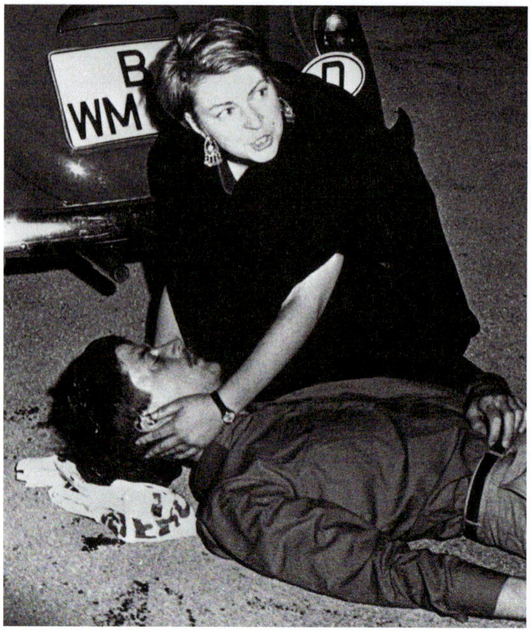

M6 Benno Ohnesorg
Bild vom 2. Juni 1967
Das Foto zeigt den von einem Polizisten erschossenen Studenten Benno Ohnesorg und eine Studentin, die zu Hilfe geeilt ist. Bei Protesten gegen den autoritär regierenden Schah von Persien war es zu gewaltsamen Auseinandersetzungen zwischen Demonstranten und der Polizei gekommen.

M4 Kommune 1 in Berlin
Foto von 1968
Die Wohngemeinschaft bildeten sechs Männer und drei Frauen. Sie war eine Alternative zur Kleinfamilie und bestand von Januar 1967 bis November 1969.

M5 Generationskonflikte in der Familie

Die Autorin Sabine Bode berichtet über ihre Jugend in den 1960er-Jahren:

In vielen Familien liefen die Generationskonflikte verblüffend gleichförmig ab. Es war kein Witz, sondern eines Vaters tiefer Ernst, wenn er beim Abendbrot die Worte ausstieß: „Solange du die Füße unter meinen Tisch stellst ...“ Was dann folgte, war eine Anordnung in der Art:

„... wirst du dir die Haare schneiden lassen“ (zum Sohn).

„... bist du pünktlich um Mitternacht zu Hause“ (zur Tochter).

„... nimmst du an keiner Demonstration teil“ (zu beiden).

Was einem drohte, wenn man nicht gehorchte, musste er gar nicht erst aussprechen. Dann gab es kein Geld mehr. Für mich war es eine leere Drohung, ich brauchte sein Geld nicht, weshalb er seine Autorität mit dem Satz untermauerte: „Wenn es dir nicht passt, dann geh doch nach drüben!“ Unter solchen Bedingungen ist es leicht, Nestflüchter zu werden.

Sabine Bode, Die deutsche Krankheit – German Angst, München [2]2008, S. 129

1. *Ordne die Ziele und Proteste der „68er“ nach Gruppen (M1 - M6, Verfassertext).*
2. *Gestaltet Plakate mit Parolen, die für die Ziele der „68er“ werben.*
3. *Verfasse eine Antwort auf den Leserbrief (M3) aus der Sicht eines politisch aktiven Studenten.*

M7 Frieden schaffen ohne Waffen?

Bundeskanzler Helmut Kohl äußert am 13. Oktober 1982 in seiner Regierungserklärung vor dem Deutschen Bundestag zur Frage der Abrüstung sowie zur Verhandlungsstrategie der NATO-Staaten gegenüber der UdSSR:

Frieden schaffen ohne Waffen[1]: Das ist ein verständlicher Wunsch, ein schöner Traum, aber er ist vor allem eine lebensgefährliche Illusion. Frieden schaffen nur durch Waffen: Das wäre eine tödliche Verblendung. Frieden schaffen mit immer weniger Waffen: Das ist die Aufgabe unserer Zeit. Wir unterstützen deshalb die im Bündnis[2] abgestimmten Initiativen, die in ihrer Gesamtheit das bisher umfassendste Rüstungskontrollangebot an die sowjetische Seite darstellen. [...] Nur wenn die Sowjetunion weiß, daß sie mit einer Stationierung amerikanischer [Raketen-]Systeme ab Ende 1983 in Europa fest rechnen muß, kann mit ihrer Bereitschaft gerechnet werden, zu guten Verhandlungsergebnissen beizutragen.

Zit. nach: www.1000dokumente.de/index.html?c=dokument_de&dokument=0144_koh&object=translation&st=FRIEDEN&l=de (Zugriff: 20. Dezember 2013)

M8 „Wenn es regnet, siehst du das Gift“

Die 20-jährige Lydia äußert sich Anfang der 1980er-Jahre in einem Interview zum Einsatz von Gift in der Landwirtschaft. Dieses Gespräch darf in der DDR nicht veröffentlicht werden. Es erscheint später in der Bundesrepublik.

Was uns auch immer aufregt, ist, dass sie nicht an die Umwelt denken. Wenn wir Gift spritzen, gegen Insekten, Schorf und was es so gibt, geht das nur nach Leistung, also wie viel du gespritzt hast. Du musst am Tag deine zweitausend Liter spritzen, also immer voll auf die Düse! sonst schaffst du das nicht. Obwohl für den Fleck vielleicht ein Viertel von dem Gift reichen würde. Und das Gift geht in den Boden, ins Grundwasser, und dann schluckst du das selber. Wenn's regnet, siehst du das Gift richtig langlaufen. Darüber macht sich in unserer Betriebsleitung keiner Gedanken. Hauptsache, die Menge ist weg!

Lydia, 20, Traktorist, in: Gabriele Eckart. So sehe ick die Sache, Köln 1984, S. 36

M9 „Schwerter zu Pflugscharen“

Gusseiserne Nachbildung der Bronzeskulptur von Jewgeni Wutschetitsch von 1959 (siehe S. 180), DDR 1980er-Jahre

Dieses Protestsymbol trugen viele Anhänger der Friedensbewegung in der DDR als Aufnäher an ihrer Kleidung.

[1] „Frieden schaffen ohne Waffen“ war eine Parole der Friedensbewegung.

[2] Gemeint ist die NATO.

M10 „Die Grünen“

Wahlplakat von 1982

In Seveso ereignete sich 1976 ein schwerer Unfall in einer Chemiefabrik; in der Nähe des Ortes Gorleben befindet sich ein Atommülllager.

Lesetipps:
- Katja Hildebrandt, Zwischen uns die Mauer, Stuttgart 2006
- Susanne Buddenberg und Thomas Henseler, Grenzfall, Berlin 2011

Internettipps:
- Zu den Anfängen der Umweltschutzbewegung siehe Mediencode 31022-87
- Zur Jugendopposition in der DDR siehe Mediencode 31022-88

1. *Fasse zusammen, mit welchen Argumenten Kohl für die Nachrüstung plädiert (M7).*
2. *Erkläre, was M8 über das Wirtschaftssystem der DDR verrät.*
3. *Erörtere, warum das Motiv der Bronzeskulptur M9 in der DDR so populär war.*
4. *Erstelle eine Liste mit den größten Sorgen und Problemen, die dich und deine Klassenkameraden heute bewegen. Vergleiche dann mit den 1970er- und 80er-Jahren.*
5. *„Manchmal muss man protestieren!“ Nimm Stellung zu dieser Aussage.*
6. *Analysiere die Wirkung, die das Plakat auf den Leser ausüben soll (M10). Beachte dabei besonders die verwendeten Farben.*

Höhepunkt der Protestbewegung („68er-Bewegung“)
Willy Brandt wird Bundeskanzler
Erich Honecker entmachtet Walter Ulbricht
Gründung der Partei „Die Grünen“
wachsender Widerstand gegen Atomenergie
1960 1965 1970 1975 1980

Identitätsbildung durch sportliche Großereignisse

M1 „Wunder von Bern“ (1954)
Das Foto entstand, als Helmut Rahn im Endspiel zwischen Deutschland und Ungarn den Ausgleich zum 2:2 erzielte. Danach erzielte derselbe Spieler auch den Siegtreffer für die deutsche Nationalmannschaft.

Wir gegen die Anderen

Auch im Sport sollte sich in der Zeit des Kalten Krieges die Überlegenheit der eigenen Weltanschauung und des eigenen „Lagers“ zeigen. Sportliche Erfolge sollten aber auch dazu beitragen, dass die Menschen auf ihren Staat stolz waren und sich mit ihm und seiner Weltanschauung identifizierten. Auf beiden Seiten des „Eisernen Vorhangs“ registrierte man daher z. B. bei Weltmeisterschaften oder Olympischen Spielen aufmerksam, wer die meisten Medaillen errungen hatte. Leistungssport und Spitzensportler wurden gefördert, um eine positive Bilanz erzielen zu können.

Immer wieder gerieten internationale Sportwettkämpfe ins Fahrwasser außenpolitischer Konflikte. Um das eigene Lager und seine Identität zu stärken, boykottierte man dann auch sportliche Großereignisse, die in Städten des feindlichen Blocks ausgetragen wurden. So fuhren z. B. 1980 nach dem Einmarsch der UdSSR in Afghanistan die Mannschaften aus 65 nichtkommunistischen Nationen nicht zu den Olympischen Spielen in Moskau. Die UdSSR revanchierte sich 1984, indem sie und 13 weitere sozialistische Staaten den Spielen in Los Angeles fernblieben.

Eine besondere Form der Identitätsstiftung auf beiden Seiten von Grenze und Mauer waren immer auch die sportlichen Vergleiche zwischen den Mannschaften der DDR und der Bundesrepublik. Hier gab es obendrein eine Besonderheit: Die Regierungen der Bundesrepublik verhinderten bis 1972 erfolgreich, dass aus der DDR Mannschaften mit eigener Hymne und Flagge sowie den Staatssymbolen der DDR (Hammer und Sichel) antraten. Auf diese Weise sollte eine gesamtdeutsche Identität möglichst lange aufrechterhalten werden.

Vom Wunder zum Sommermärchen

Auch für das Selbstbewusstsein der Bundesrepublik spielten sportliche Erfolge und Großereignisse eine wichtige Rolle. Als 1954 Deutschland die Fußballweltmeisterschaft gewann, sprach man nicht nur von einem „Wunder“, weil der sportliche Außenseiter den Favoriten schlug. Nur neun Jahre nach dem Ende des Zweiten Weltkrieges hatten viele (West-) Deutsche auch wieder das Gefühl: „Wir sind wieder wer!“ und gleichzeitig die Hoffnung, trotz NS-Zeit, Holocaust, Weltkrieg und Niederlage jetzt „wieder dazuzugehören“.

Die Olympischen Sommerspiele in München nutzte die Bundesrepublik 1972, ein völlig anderes Bild von „den Deutschen“ zu zeigen als 1936 in Berlin zur Nazi-Zeit. Es sollten heitere Spiele sein, ohne kämpferische Selbstdarstellung. Das zeigten bereits die allseits gelobten Sportstätten und das olympische Dorf. Zwar überschattete ein Attentat palästinensischer Terroristen auf die israelische Mannschaft die Spiele, doch das Bild von einem „anderen, neuen, friedlichen Deutschland“ blieb und erfüllte auch viele Bundesbürger mit Stolz. Die Fußballweltmeisterschaft 2006 wurde gar zum „Sommermärchen“, als die Deutschen mit ihrem weltoffenen Patriotismus, ihrer Gastfreundschaft und ihrer Begeisterungsfähigkeit in anderen Ländern viel Sympathien gewannen.

1. *Stelle dar, welchen Anteil die Organisatoren und das Publikum am Gelingen von sportlichen Großveranstaltungen haben.*
2. *In den letzten Jahren wurde die Möglichkeit diskutiert, Großveranstaltungen in Ländern, in denen Menschenrechte missachtet werden, zu boykottieren. Beurteile, ob das sinnvoll ist und ob sportliche Großveranstaltungen unpolitisch sind.*

M 2 Gesamtdeutsche Identität im internationalen Leistungssport

1955 Die Bundesregierung protestiert gegen die provisorische Aufnahme der DDR in das Internationale Olympische Komitee (IOC).

1956 Die Bundesregierung setzt durch, dass künftig zu Olympischen Spielen und anderen internationalen Sportwettkämpfen eine gemeinsame deutsche Mannschaft fährt; man einigt sich auf die „Ode an die Freude" als gemeinsame Hymne.

1959 Polizei verhindert, dass Athleten aus der DDR bei der internationalen Vier-Schanzen-Tournee mit den Emblemen der DDR (Hammer und Sichel) an den Start gehen. Die Mannschaften der UdSSR, ČSSR und DDR protestieren und reisen ab.

1960 Die Bundesregierung verhindert, dass die DDR bei den Olympischen Sommerspielen in Rom ihre Staatsflagge hisst. Die gemeinsame deutsche Mannschaft trägt die Flagge „Schwarz-Rot-Gold mit den olympischen Ringen".

1961 Nach dem Bau der Berliner Mauer bricht das westdeutsche Nationale Olympische Komitee alle innerdeutschen Sportbeziehungen ab. Der Deutsche Sportbund verbietet seinen Mitgliedern, in die DDR zu reisen oder Sportler aus der DDR zu empfangen.

1965 Die DDR wird Vollmitglied des IOC.

1968 Bei den Olympischen Sommerspielen in Mexiko treten erstmals zwei deutsche Mannschaften an, allerdings immer noch mit der Hymne von 1956 und unter der Olympiaflagge von 1960.

1972 Bei den Olympischen Winterspielen in Sapporo/Japan treten erstmals zwei deutsche Mannschaften mit jeweils eigenen Fahnen, Hymnen und Emblemen an.

M 3 Olympia-Stadion München 1972

Medaillenspiegel					
Platz	Land	Gold	Silber	Bronze	Gesamt
1	Sowjetunion	55	31	46	132
2	Deutsche Demokr. Republik	37	35	30	102
3	Vereinigte Staaten	36	31	27	94
4	Südkorea	12	10	11	33
5	BR Deutschland	11	14	15	40

M 4 Medaillenbilanz der Olympischen Sommerspiele 1988, Seoul

1. *Sportliche Großereignisse und internationale Wettkämpfe können ein Mittel der Identitätsstiftung sein. Stelle Belege für diese These aus Darstellung und Materialien zusammen und beurteile dieses Phänomen.*
2. *Boykott internationaler Wettkämpfe? Führt eine Pro-Kontra-Diskussion.*
3. *„Wunder von Bern" – „Olympische Spiele 1972 in München": Setzt das „Sommermärchen" der Fußballweltmeisterschaft 2006 diese Reihe fort? Recherchiere und argumentiere für deine Beweisführung.*

Krisen in Ost- und Westdeutschland

M 1 Titelblatt des Nachrichtenmagazins „Der Spiegel" vom 6. Dezember 1982
Noch nie seit 1954 waren in der Bundesrepublik so viele arbeitslos: 2,03 Millionen Menschen.

Stimmungswechsel

Der Nahost-Konflikt führte nach 1973 zu einer ersten Ölkrise.[1] Folge der gestiegenen Energiekosten waren Wachstumsschwächen der Wirtschaft (Stagnationen). Die Bürger in Ost und West forderten von der Politik, die soziale Sicherheit und den Massenkonsum weiter zu garantieren.

In der Bundesrepublik erreichte das Haushaltsdefizit vor allem wegen erhöhter Sozialausgaben eine Rekordhöhe. Die Aufgabe der Stabilisierung fiel dem Finanzminister **Helmut Schmidt** (SPD) ab 1974 als neuem Bundeskanzler zu. Er verstand sich als „Krisenmanager", der den Staat durch schwierige Zeiten zu führen hatte, darunter den Terrorismus der RAF[2]. Da sich die Konjunktur trotz weiterer Staatsverschuldung nicht verbessern ließ, wurden die Sozialleistungen gekürzt und gleichzeitig den Unternehmern Steueranreize für Investitionen gegeben. Dennoch stieg ab 1980 die Arbeitslosenzahl über eine Million.

Die „Wende" in Bonn

Der FDP fiel die Reformpolitik nicht entschlossen genug aus. Sie forderte Kürzungen der Ausbildungsförderung und der Arbeitslosenhilfe sowie die Reform der Krankenversicherung. Außerdem wollte sie die Altersgrenze für Rentner anheben.

Als die SPD-Basis diesen Kurswechsel nicht mittrug und ihrem Kanzler Schmidt auch wegen des von ihm angeregten NATO-Doppelbeschlusses[3] das Vertrauen entzog, entschied sich die FDP zum Koalitionswechsel. Am 1. Oktober 1982 bestimmte der Deutsche Bundestag erstmals in seiner Geschichte durch ein konstruktives Misstrauensvotum[4] einen neuen Kanzler. Gewählt wurde der CDU-Vorsitzende **Helmut Kohl**. Er verkündete eine „Wende", um die Beschäftigungskrise zu überwinden.

Durch stärkeres Sparen und noch mehr Investitionsanreize für die Unternehmer strebte die CDU/FDP-Regierung Erfolge an. Trotz weltwirtschaftlicher Erholung gelang ihr dies nur teilweise. Im Februar 1985 wurden 2,6 Millionen Arbeitslose gezählt. Die Ursachen lagen in der steigenden Zahl der Erwerbsfähigen, die auf den Arbeitsmarkt drängten, sowie in der weiteren Modernisierung der Betriebe. Durch die Rationalisierung, u. a. durch verstärkten Einsatz von Maschinen, wurden weniger Arbeitskräfte benötigt. Trotz zwei Millionen neuer Arbeitsplätze sank die Zahl der Arbeitslosen kaum.

Auch die notwendigen Reformen der Renten- und Krankenversicherung unterblieben. Und trotz aller Einsparungen im sozialen Bereich stiegen die Staatsausgaben und wuchsen die Staatsschulden.

Die DDR erstarrt

Auch die DDR musste höhere Preise für das von der Sowjetunion bezogene Erdöl zahlen und steigerte deshalb den umweltschädlichen Abbau heimischer Braunkohle. Für Honecker kam es aber nicht infrage, den Massenkonsum durch drastisches Sparen einzuschränken. Fehlende Investitionen in die Produktionsanlagen und technologischer Rückstand (Computerindustrie) waren die Folge. Die DDR fiel immer weiter hinter den Westen zurück. Viele Ostdeutsche resignierten und stellten trotz Repressalien Ausreiseanträge.

---

[1] Im Oktober führten Ägypten, Syrien und weitere arabische Staaten Krieg gegen Israel. Dadurch dass mehrere der wichtigsten Erdöl liefernden arabischen Staaten ihre Fördermengen drosselten, setzten sie pro-israelische Staaten wie die Bundesrepublik unter Druck. Die Preise für Erdöl stiegen enorm.

[2] Siehe S. 313.

[3] Siehe S. 246.

[4] Bei einem konstruktiven Misstrauensvotum entscheidet der Bundestag, ob der/die amtierende Bundeskanzler/in oder ein/eine Gegenkandidat/-in Regierungschef bleibt bzw. wird.

Lesetipp:
Barbara Bollwahn, Der Klassenfeind + ich, Hamburg 2009

Helmut Schmidt* Helmut Kohl*

Die wirtschaftliche Krise vergrößerte die Staatsverschuldung. 1983 half die Bundesregierung der DDR mit einem Milliardenkredit aus der Schuldenklemme heraus, wofür sie einen Teil der Sicherungsanlagen an der Grenze abbaute. 1989 mussten die ostdeutschen Ökonomen die Zahlungsunfähigkeit ihres Staates eingestehen. Das taten sie natürlich nicht öffentlich.

Druck erzeugt Gegendruck

Der Machtanspruch der SED nahm keine Rücksicht auf Menschen- und Bürgerrechte – trotz ihrer Verankerung in der Verfassung. Zensur, Wahlbetrug, Reisebeschränkungen sowie Eingriffe in das Post- und Fernmeldegeheimnis waren alltäglich.
„Schild und Schwert" der Partei war das Ministerium für Staatssicherheit (MfS) unter Erich Mielke. Die Stasi kontrollierte, überwachte und schüchterte die Bevölkerung ein.
Offener Widerspruch gegen die SED war in der DDR immer gefährlich. Regimekritiker wie der international anerkannte Naturwissenschaftler Robert Havemann und der Liedermacher Wolf Biermann – überzeugte Kommunisten – wurden in den 1970er-Jahren wegen ihres öffentlichen Eintretens für die Meinungsfreiheit mit Berufsverbot bestraft, ständig überwacht und bedroht und im Fall Biermann auch in die Bundesrepublik ausgebürgert (1976). Künstler und Schriftsteller, die dagegen protestierten, wurden teilweise genauso behandelt oder kamen ins Gefängnis.
Nach der Unterzeichnung der KSZE-Schlussakte 1975[1] entstanden in der DDR neue Gruppen von Regimekritikern. Sie organisierten sich in Friedensseminaren, Umweltschutz-, Frauen- und Menschenrechtsinitiativen. Häufig trafen sie sich im Schutz der evangelischen Kirche, die ihre Räume zur Verfügung stellte.
Immer dringlicher und mutiger forderten die Gruppen in den 1980er-Jahren von der SED mehr Rechte. Bürgerrechtler, kritische Marxisten, Anhänger der Friedens- oder Umweltbewegung, engagierte Christen und Übersiedlungswillige, aber auch unangepasste Jugendliche wie Punks – alle galten in der DDR als „Staatsfeinde". Stasi-Mitarbeiter versuchten sie zu zermürben und auszuschalten. Personen wurden verhaftet und gegen ihren Willen ausgebürgert.

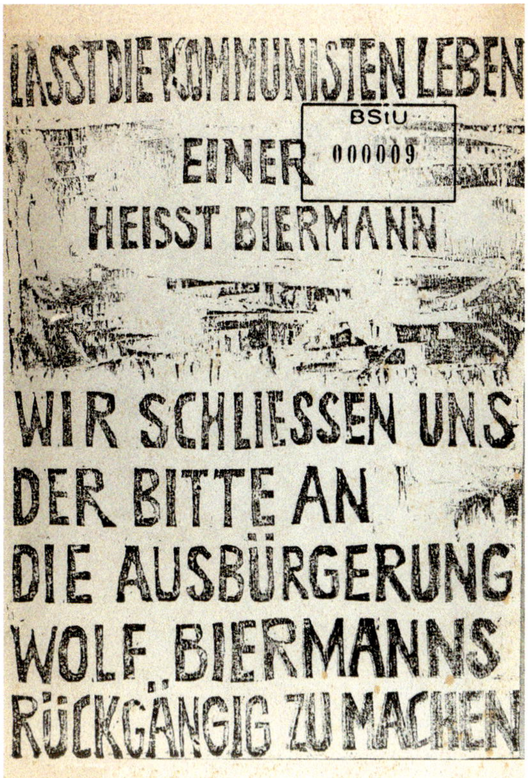

M 2 Vom MfS beschlagnahmtes Flugblatt
Flugblatt von 1976
Die Ausbürgerung Wolf Biermanns im November 1976 löste eine Protestwelle aus. Zwölf namhafte Schriftsteller der DDR unterschrieben eine Petition dagegen; 400 weitere DDR-Bürger solidarisierten sich mit ihnen. Als Folge der Ausbürgerung registrierte das MfS: 1 096 Flugblätter, 101 vorläufig festgenommene Personen und 180 Aktionen in den Bezirken Halle, Potsdam, Gera, Dresden, Karl-Marx-Stadt (heute: Chemnitz), Berlin und Leipzig.

Überall wurden Spitzel in Gruppen eingeschleust. Verdächtige verloren ihren Arbeitsplatz, wurden bei Freunden in Misskredit gebracht, bedroht und erpresst. Dennoch: Die Zahl der Oppositionellen und Sympathisanten wuchs ständig.

1. *Fasse zusammen, welche Ursachen die Krisen in der Bundesrepublik hatten.*
   Tipp: Unterscheide zwischen internationalen Ursachen und innenpolitischen Problemen.
2. *Begründe, warum Honecker trotz schwieriger Lage den Massenkonsum in der DDR nicht einschränken wollte.*

[1] Siehe S. 244.

Internettipp:
Informationen zum MfS siehe unter Mediencode 31022-89

Filmtipps:
- Das Leben der Anderen; Regie: Florian Henckel von Donnersmarck, 2006
- Das Haus; Regie: Thomas Heise, 1984/85 (DVD 2011)
- Volkspolizei; Regie: Thomas Heise, 1984/85 (DVD 2011)

Erste Ölkrise
Helmut Schmidt wird Bundeskanzler
KSZE-Schlussakte
Zulauf für Oppositionelle in der DDR
Helmut Kohl wird durch konstruktives Misstrauensvotum Bundeskanzler

1970 1975 1980 1985 1990

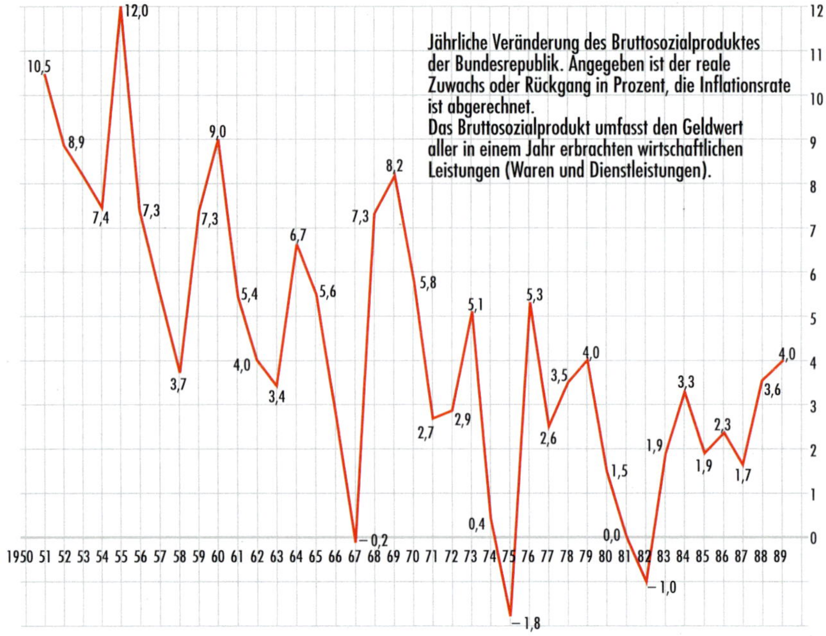

M 3 Das Wirtschaftswachstum der Bundesrepublik Deutschland

Daten nach: Bundesministerium für Wirtschaft (Hrsg.), Leistung in Zahlen bzw. Wirtschaft in Zahlen, verschiedene Jahrgänge

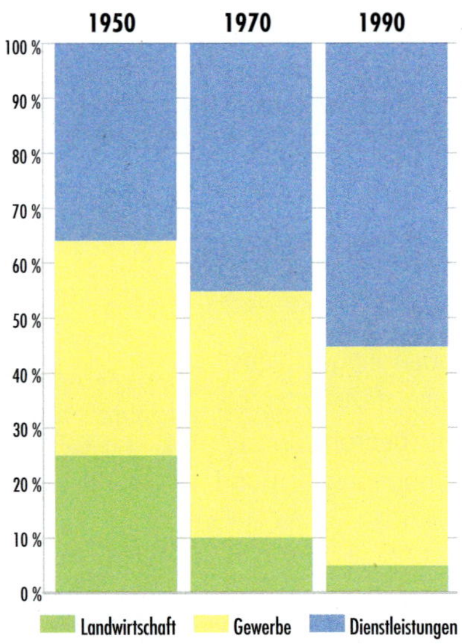

M 4 Erwerbstätige nach Wirtschaftsbereichen in der Bundesrepublik Deutschland

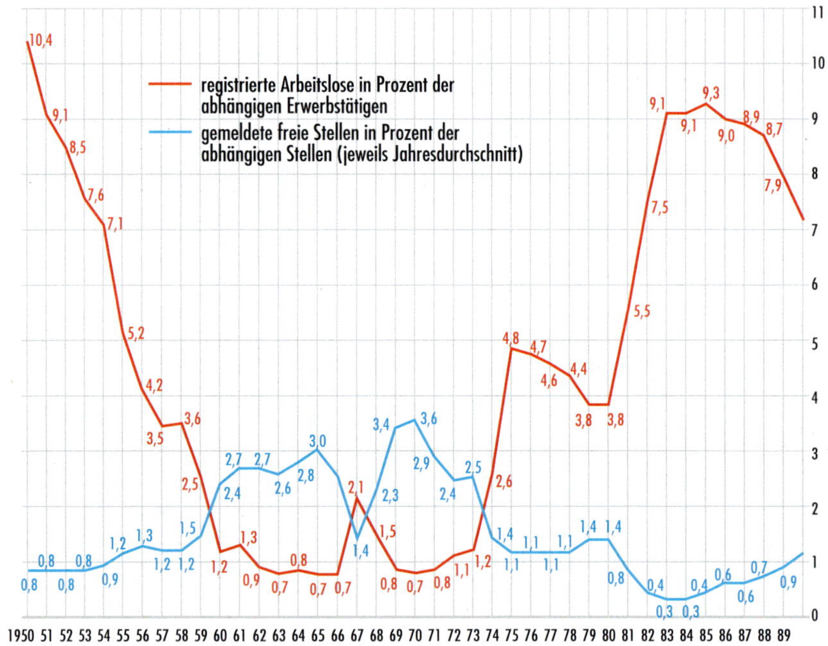

M 5 Der Arbeitsmarkt in der Bundesrepublik Deutschland

Daten nach: Jahresgutachten 1979, Tab. 9 und Bundesministerium für Wirtschaft (Hrsg.), Wirtschaft in Zahlen, Jg. '87 und '92

„Frieden schaffen ohne Waffen“

„DDR – eingesperrt“

„DDR – KZ“

„Wir sind mündig, doch wir haben nichts zu sagen“

„Das Leben hat doch keinen Sinn, wenn ich Kanonenfutter bin“

M 6 Losungen aus Rostock

In der Nacht vom 2. auf den 3. September 1985 stellt die Rostocker Polizei diese in signalroter Farbe geschriebenen Losungen auf Plakatwänden, Mauern, Schaufenstern und an Straßenbahnhaltestellen fest. Nach der Spurensicherung werden sie umgehend beseitigt. Gleichzeitig beginnen umfangreiche Ermittlungen.

M 7 Aus den Akten des MfS

In einem Bericht des Staatssicherheitsdienstes vom 22. Oktober 1985 heißt es zu dem Vorfall (siehe M6):

Die seit dem 3. September 1985 durchgeführten Ermittlungen der Kriminalpolizei im Zusammenwirken mit der KD Rostock [Kreisdienststelle des MfS] und der Abt. XX konzentrierten sich vorwiegend auf den Personenkreis, der am 1. 9. 1985 am Ehrenmal beim HdA [Haus der Armee] eine Demonstration durchführte. Durch die DVP [Deutsche Volkspolizei] wurden ca. 90 Befragungen durchgeführt. Den befragten Personen wurden grundsätzlich Schriftproben abverlangt. Weiterhin wurden von 16 verdächtigen Personen Geruchskonserven angefertigt. Die Vergleichsarbeit des Schriftsachverständigen der DVP erbrachte keine Hinweise auf einen möglichen Täter. Die Auswertung der Geruchskonserven ist noch nicht abgeschlossen.

In einer Broschüre der Bundesbeauftragten für die Unterlagen des Staatssicherheitsdienstes der ehemaligen DDR zu den Stasi-Akten wird das weitere Vorgehen des MfS beschrieben, das aus den Unterlagen rekonstruiert werden kann.

Um die Täter zu identifizieren, werden demnach mehr als zehn Inoffizielle Mitarbeiter (IM) eingesetzt, Verdächtige beobachtet, abgehört und überwacht. Der Verdacht richtet sich bald gegen die Bauzeichnerin und „Hausfrau“ Ute (geb. 1966), die Studentin Dörte (geb. 1968) und den Tankwart Gunnar (geb. 1966) aus dem Kreis der Evangelischen Andreas-Kirchengemeinde Rostock-Evershagen. Ute erhält eine Freiheitsstrafe von einem Jahr und sechs Monaten, ihre beiden „Komplizen“ Bewährungsstrafen; Dörte wird außerdem nach Inkrafttreten des Urteils von der Medizinischen Fachschule ausgeschlossen.

Ausschlaggebend für das Strafmaß gegen Ute ist ihr Antrag auf Ausreise aus der DDR vom 6. Juni 1985.

Während der U-Haft nimmt das MfS „operativen Kontakt“ zu Gunnar auf, um ihn als IM zu gewinnen. Unter den Bedingungen der Haft und dem Druck des MfS erklärt er sich zunächst „auf der Basis der Wiedergutmachung“ dazu bereit. Das MfS will ihn im Bereich der Andreas-Kirchengemeinde einsetzen. Es kommt nicht dazu. Gunnar verweigert sich dem MfS wie auch den „Erziehungsmaßnahmen“ und lehnt eine angepasste Lebensweise ab. Er stellt einen Übersiedlungsantrag in die Bundesrepublik Deutschland. Am 11. Dezember 1986 kommt er zum zweiten Mal in Haft und wird wegen „staatsfeindlicher Hetze“ zu einer Strafe von drei Jahren verurteilt. Am 12. August 1987 wird er in den Westen entlassen.

Zit. nach: Der Bundesbeauftragte für die Unterlagen des Staatssicherheitsdienstes der ehemaligen DDR (Hrsg.), „DDR – eingesperrt“. Jugendliche im Stasi-Visier am Beispiel des Operativen Vorgangs (OV) „Signal“. Quellen für die Schule 3, 5. korrigierte Aufl., Berlin 2013, S. 15

M 8 Geruchsprobe

Foto aus dem Archiv der Behörde, die die Akten und den Nachlass der Stasi verwaltet

In solchen Gläsern verwahrte die Stasi Gegenstände, anhand derer Hunde die gesuchten Personen aufspüren konnte.

Internettipp:
Zur Stasi siehe Mediencode 31022-90

1. *Beschreibe den Konjunkturverlauf (M3).*
2. *Vergleiche die Entwicklung mit M5.*
3. *Informiere dich über den Wandel der Wirtschaftsstruktur in deiner Region. Setze dich mit den Folgen auseinander.*
4. *Erörtere die Inhalte der einzelnen Losungen (M6).*
5. *Das MfS legte allein für diesen „Operativen Vorgang“ 16 Aktenbände mit 2 727 Seiten an. Nimm zu diesem Vorgehen des MfS, den Strafmaßen und den betroffenen Personen Stellung (M6 und M7).*
6. *Recherchiert in Arbeitsgruppen nach weiteren Beispielen von Verfolgungen Jugendlicher durch das MfS und verfasst entsprechende Berichte. Informationen findet ihr auch unter Mediencode 31022-91.*

Zwei deutsche Konsumgesellschaften

M 1 VW 1300
Modell von 1967
Der Volkswagen wurde von 1938 bis 2003 stetig weiterentwickelt, ohne seine Grundform zu verändern. Ende der 1960er-Jahre kostete der VW in der Bundesrepublik etwa fünf Bruttomonatsgehälter eines Industriefacharbeiters.

M 2 Trabant P 60
Modell von 1962
Der Trabi wurde von Mitte der 1950er-Jahre bis 1990 kaum verändert produziert. Der Preis entsprach etwa dem Jahreseinkommen eines DDR-Industriefacharbeiters.

Gegensätzliche Wirtschaftssysteme

Beide deutsche Staaten waren fortgeschrittene Konsumgesellschaften, in denen das jahrzehntelange Wachstum der Industrie einen hohen Wohlstand ermöglichte. Dabei erwies sich die marktwirtschaftliche Bundesrepublik der planwirtschaftlichen DDR als klar überlegen. Technische Erneuerungen wurden im Westen schneller und effektiver umgesetzt als im Osten. Während sich der Export ostdeutscher Waren auf den Ostblock konzentrieren musste, exportierte der Westen in die ganze Welt.

Soziale Sicherheit in der DDR

In der DDR gab es keine direkte Arbeitslosigkeit, obwohl hier die Erwerbstätigkeit der Frauen bedeutend höher war als in der Bundesrepublik. Doch die Arbeitskräfte wurden hier oft nicht produktiv eingesetzt – und deutlich geringer bezahlt als im Westen. Durch teure Subventionen der Preise im Grundbedarf wie für Brot und Mieten wollte die SED-Führung den Bürgern soziale Sicherheit vermitteln.

Die Bundesrepublik – ein „Modell"?

In der Bundesrepublik wuchs die Produktivität[1] der Arbeitnehmer, und die Einkommen der gut ausgebildeten Erwerbstätigen stiegen. Aber Mitte der 1960er-Jahre sank das Wirtschaftswachstum und die Zahl der Arbeitslosen stieg. Nach dem Willen der regierenden Großen Koalition aus SPD und CDU/CSU sollten Regierung, Opposition, Bundesrat, Banken, Gewerkschaften und Arbeitgeberverbände sowie Vertreter der Städte und Gemeinden, zusammenarbeiten, um die Probleme zu lösen. So sollten soziale Sicherheit und wirtschaftliches Wachstum gleichzeitig gesichert werden. Durch gezielte Unterstützung und Förderung der Arbeitslosen und sozial Schwachen wurde ein hoher sozialer Standard erzielt. Die Kehrseite der positiven sozialen Atmosphäre war allerdings eine wachsende Staatsverschuldung.

Die DDR – ein diktatorischer Wohlfahrtsstaat?

Glaubte man der SED, wurde „alles getan für das Wohl der Menschen, für das Glück des Volkes, für die Interessen der Arbeiterklasse und aller Werktätigen" (Sozialpolitisches Programm von 1972).

[1] Produktivität: Wirtschaftsleistung im Verhältnis zu den Kosten

M 3 Plattenbausiedlung in Schwedt an der Oder
Foto von 1971

Unter Honecker versuchte die SED, den Bedürfnissen nach Konsum und sozialer Sicherheit besser als bisher gerecht zu werden. Die Mindestlöhne und Renten stiegen, Urlaub wurde verlängert und bis 1990 sollte es endlich genug Wohnungen geben. Doch blieb das Warenangebot immer hinter den Wünschen zurück. Verfallende Häuser in den historischen Innenstädten, Warteschlangen vor den Geschäften und zeitweilige Unterversorgung mit Konsumgütern kennzeichneten den „real existierenden Sozialismus".

Privater Konsum im Vergleich

In der Ausstattung mit hochwertigen Konsumgütern wie Autos oder Unterhaltungselektronik behielt der Westen einen deutlichen Vorsprung, auch wenn der Osten meist im Abstand einiger Jahre nachzog. Noch 1989 mussten Ostdeutsche allerdings bis zu zwölf Jahre auf ein neues, aber technisch rückständiges Auto warten. Urlaubsreisen wurden seit den 1960er-Jahren üblich. Die Bundesbürger konnten ihre Ferienorte je nach Einkommen frei wählen. Dagegen blieb der Horizont der Ostdeutschen begrenzt: Für Reisen in den Westen gab es kaum Genehmigungen. Während in der Bundesrepublik der „Traum vom Eigenheim" vom Staat gefördert wurde, lebten die meisten DDR-Bürger in beengten Hochhauswohnungen („Plattenbauten") oder unsanierten Altbauten zur Miete.

Grenze der Leistungsfähigkeit

Die DDR lebte seit den 1970er-Jahren ständig über ihre finanziellen Verhältnisse. Zu den Subventionen für die „sozialistischen Errungenschaften" kamen die gewaltigen Ausgaben für das Militär und den Sicherheitsapparat zur Überwachung und Einschüchterung der Bevölkerung. Die zentral gelenkte Planwirtschaft war immer weniger in der Lage, auf die steigenden Rohstoffpreise und die beschleunigte technische Entwicklung (z. B. im Bereich der Mikroelektronik) zu reagieren. Wirtschaftliche Einbußen und Rückstände waren die Folge.
Die hohen Staatsschulden konnten in der DDR nur notdürftig gedeckt werden: durch Waffenexporte und Müllimporte, Kredite aus dem Westen sowie geheim gehaltene Einnahmen für die Freilassung politischer Gefangener. Für etwa 34 000 Häftlinge zahlte die Bundesrepublik von 1963 bis 1989 3,56 Mrd. DM (= 1,8 Mrd. Euro) an die DDR.

1. *Erkläre die Zusammenhänge zwischen Leistungsfähigkeit der Wirtschaft, Arbeitslosigkeit und Wohlstand der Bevölkerung.*
2. *Diskutiert, wie wichtig hoher Konsum für die Akzeptanz eines Staates bzw. einer Regierung ist bzw. sein sollte.*

M4 Preisunterschiede 1985

	DDR (Mark)	Bundesrepublik (DM)
Miete	75,00[1]	411,00[2]
Strom (75 kWh)	7,50	31,60
Straßenbahn/Bus	0,20	2,07
Brot (1 kg)	0,52	3,17
Rinderbraten (1 kg)	9,80	17,19
Kartoffeln (5 kg)	0,85	4,94
Kaffee (500 g)	35,00	8,93
Damenstrumpfhose	14,00	5,23
Kühlschrank	1 425,00[3]	559,00[4]
Radio-Recorder	1 160,00	194,00
Farbfernseher	4 900,00[5]	1 593,00[6]
Waschmaschine	2 300,00	981,00
Taschenrechner	123,00	25,00

[1] 2-Zimmer-Wohnung; [2] 3-Zimmer-Wohnung; [3] 125 l; [4] 160 l; [5] 51 cm; [6] 66 cm

Nach: Ulrich Bongertmann, Deutschland 1949 - 1990, in: Praxis Geschichte 3/2005, S. 14

M5 Ausstattung privater Haushalte mit langlebigen Gebrauchsgütern

	1960 *DDR*	1962 *Bundesrepublik*	1965 *DDR*	1973 *Bundesrepublik*	1975 *DDR*	1988 *Bundesrepublik*	1988 *DDR*
Von je 100 Haushalten besaßen:							
PKW	3	27	8	55	26	68	52
Kühlschränke	6	52	26	93	85	104	99
Gefrierschränke	–	3	–	28	4	72	43
Fernsehgeräte	17	36	49	89	82	97	96
Farbfernsehgeräte	–	–	–	15	3	87	52

Angaben auf- bzw. abgerundet nach: Klaus Schroeder, Der SED-Staat. Geschichte und Strukturen der DDR, München 1998, S. 577; Statistisches Bundesamt (Hrsg.), Statistisches Jahrbuch 1988, passim; Statistisches Bundesamt (Hrsg.), Datenreport 1992, München 1992, S. 130

M6 Preise in der DDR von 1989

Die Preise hatten nichts mit den Kosten für die Herstellung oder die Bereitstellung von Gütern und Leistungen zu tun.

M7 Verbrauchsausgaben 1989

Von den Verbrauchsausgaben einer vierköpfigen Arbeitnehmerfamilie mit mittlerem Einkommen sind bestimmt für:

	in der Bundesrepublik Deutschland	*in der DDR*
Angaben in %		
Miete, Heizung, Strom, Gas	24	6
Ernährung	20	30
Genussmittel	6	11
Verkehr, Auto, Post	16	9
Möbel, Hausrat	8	11
Bildung und Unterhaltung	8	12
Bekleidung und Schuhe	8	12
Persönliche Ausstattung	7	6
Körper- und Gesundheitspflege	3	3

Angaben nach: Globus Infografik 8008

M 8 Neue Kaufhalle in Berlin-Hellersdorf (Ostberlin)
Foto vom Februar 1986

M 9 Beschwerden

1987 teilt ein Bürger dem Ministerium für Handel und Versorgung in Ost-Berlin mit:

Wegen eines beabsichtigten Kaufes eines Waschvollautomaten [...] suchten meine Frau und ich die einschlägigen Verkaufseinrichtungen [...] unter Verwendung von zwei Urlaubstagen vergeblich auf. Die in den Verkaufseinrichtungen ausgestellten Geräte stellen nur Beratungsmuster dar. Wie uns von den mit dem Verkauf beauftragten Mitarbeitern übereinstimmend mitgeteilt wurde, werden zu unbestimmbaren Zeiträumen lediglich 4 - 5 Maschinen angeliefert, die natürlich sofort verkauft sind. Alle Menschen, die tagsüber ehrlich ihrer Arbeit nachgehen, haben so ständig das Nachsehen.

Zit. nach: Annette Kaminsky, Wohlstand, Schönheit, Glück. Kleine Konsumgeschichte der DDR, München 2001, S. 150

M 10 „Heute keine Ware“
Schild eines DDR-Blumenladens, 1975

1. *In der DDR wurde folgender Witz erzählt: „Warum kostet eine S-Bahn-Fahrkarte bei uns 20 Pfennig und im Westen 2 Mark?“ „Bei uns musst du zehnmal fahren, um etwas zu kriegen.“ Erkläre die Pointe.*
2. *Eine durchschnittliche DDR-Arbeitnehmerfamilie hatte 1989 – nach Kaufkraft in DM umgerechnet – ein Nettoeinkommen von rund DM 2 000,00; eine vierköpfige Arbeitnehmerfamilie kam in der Bundesrepublik mit allen Nebeneinnahmen, Gratifikationen und Kindergeld auf etwa DM 4 000,00 netto. Vergleiche vor diesem Hintergrund die Preisunterschiede (M4), die Ausstattung privater Haushalte (M5) und die Verbrauchsausgaben (M7).*
3. *Erläutere, was M4 und M6 über das Wirtschaftssystem der DDR aussagen.*
4. *Vergleiche das Foto M8 mit den anderen Quellen und Materialien zur Versorgungslage in der DDR. Stelle daraufhin Vermutungen über den Zweck des Fotos an.*

Alltag und Familie im Westen

M 1 Waschmittelwerbung aus den 1960er-Jahren

Medien

Das Radio war bis Anfang der 60er-Jahre das wichtigste Medium der Bundesbürger. 1960 besaßen fast 63 % von ihnen ein Radiogerät. Sendungen wurden oft gemeinsam im Familienkreis verfolgt. Besonders beliebt waren damals Hörspiele, die teils von namhaften zeitgenössischen Autoren verfasst worden waren. Das Endspiel der Fußballweltmeisterschaft in Bern 1954, dessen Sieg für das Selbstbewusstsein des jungen deutschen Staates von großer Bedeutung war[1], verfolgten die meisten an den Radiogeräten und nur eine Minderheit an den insgesamt 20000 Fernsehern, die es damals gab. Bevor die überwiegende Mehrheit der bundesdeutschen Haushalte mit TV-Geräten ausgestattet war – 1969 waren es 84 % –, boomten Kinos. Die dort gezeigten Filme sollten vorwiegend eine Gegenwelt zur schwierigen Zeit nach dem Weltkrieg und in den ersten Jahren des „Wirtschaftswunders" schaffen. Es dominierten Heimatfilme, Komödien und Krimis. Beliebt waren auch synchronisierte ausländische Filme, vor allem aus den USA.
Das Fernsehen wirkte sich tief greifend auf das Familienleben, Freizeit- und Konsumverhalten der Deutschen aus. Es wurde zur wichtigsten Freizeitbeschäftigung. Was im TV zu sehen war, bestimmte Moden und die Einstellung der Menschen.

Unerfüllte Forderungen

Das Grundgesetz von 1949 schreibt die Gleichberechtigung von Mann und Frau sowie den Schutz von Ehe und Familie fest. Trotzdem hatten Frauen im Vergleich zu Männern schlechtere Ausbildungschancen, waren ihre Gehälter bei gleichen Leistungen niedriger, ihre Pflichten als Ehefrauen im Haushalt größer als die der Männer und ihre Rechte in der Ehe geringer. Mitverantwortlich für diese Verhältnisse war ein althergebrachtes Frauen- sowie Ehe- und Familienverständnis, das von einer kinderreichen Familie und einer nicht berufstätigen Ehefrau ausging. Erwerbstätigkeit verheirateter Frauen wurde in der Bundesrepublik in den 1950er- und 60er-Jahren gesellschaftlich nur akzeptiert, wenn das Einkommen des Mannes zum Unterhalt der Familie nicht ausreichte.

Familie und Beruf

Andererseits war Wirtschaftswachstum ohne Frauen nicht möglich: Sie wurden als qualifizierte Arbeitskräfte und als Mitverdienende gebraucht. Die Durchschnittsfamilie benötigte das zusätzliche Einkommen, um sich die gestiegenen Konsumansprüche – von der Urlaubsreise über das Auto bis zum Eigenheim – erfüllen zu können. In diesem Zusammenhang wurden die Verantwortlichen in der Gesellschaft verstärkt aufgefordert, die Berufstätigkeit von Müttern durch die Einrichtung von mehr Kindergärten und Ganztagsschulen möglich zu machen.

[1] Siehe S. 252

Eine neue Frauenbewegung entsteht im Westen

Parallel zur „68er-Bewegung" pochten Frauen in der westlichen Welt stärker auf ihre Gleichberechtigung (Emanzipation) und die Verbesserung ihrer schulischen und beruflichen Möglichkeiten. Ihre Forderungen fanden nur allmählich Gehör in der Politik. Dazu trug die Anfang der 1970er-Jahre in der Bundesrepublik entstandene autonome, von Parteien und Verbänden unabhängige Frauenbewegung bei. Sie nutzte die Medien, um Missstände anzuprangern. Besondere Resonanz fand 1971 die Aktion zur Abschaffung des Abtreibungsverbotes (§ 218 Strafgesetzbuch). Zahlreiche Frauen bekannten öffentlich, abgetrieben zu haben. Sie forderten mehr Aufklärung und das Recht auf Schwangerschaftsabbruch. Viele Christen und besonders die katholische Kirche lehnen dies bis heute ab. In der DDR wurde 1972 die Abtreibung innerhalb der ersten zwölf Schwangerschaftswochen nach dem Willen der Frau freigegeben.

Erste Reformen

1977 trat eine Reform des Ehe- und Scheidungsrechts in der Bundesrepublik in Kraft. Erst jetzt durften Ehefrauen eine Berufstätigkeit aufnehmen, ohne zuvor den Ehemann um Erlaubnis zu fragen. Eheliche Rechte und Pflichten wurden weitgehend geschlechtsneutral geregelt und damit das überlieferte Leitbild der Hausfrauenehe rechtlich aufgegeben. Ehescheidungen sind seitdem vom Verschulden des Einzelnen abgekoppelt, es gilt das „Zerrüttungsprinzip". Außerdem wurde das Namensrecht reformiert: Erstmals war es Eheleuten möglich, den Namen der Frau als Familiennamen zu führen.
Die Diskussion um die Emanzipation und Verbesserung der Situation der Frau ist seitdem nicht mehr verstummt. Trotz weiterer Verbesserungen klafft bis heute zwischen dem Bekenntnis zu mehr Gleichberechtigung und den tatsächlichen Verhältnissen eine Lücke.

M 2 „Wir haben abgetrieben"
Titelblatt einer westdeutschen Illustrierten vom 6. Juni 1971
In der Zeitschrift bekannten 374 Frauen öffentlich, dass sie abgetrieben hatten. Angeregt hatte diese Aktion gegen das geltende Abtreibungsrecht die Journalistin Alice Schwarzer nach französischem Vorbild. Sie wurde mit der 1977 gegründeten Frauenzeitschrift „Emma" zur bekanntesten Vertreterin der neuen deutschen Frauenbewegung.

1. *Diskutiert, welche Rolle Radio und Fernsehen heute haben und vergleicht mit deren Bedeutung früher.*
2. *Fasse zusammen, welche konkreten Forderungen für eine soziale und rechtliche Besserstellung von Frauen erhoben wurden. Welche wurden umgesetzt?*
3. *Erörtere, was die Gründe und Voraussetzungen dafür waren, dass die Frauenbewegung entstand.*

Das Grundgesetz schreibt die Gleichberechtigung von Mann und Frau fest
In beiden deutschen Staaten bleibt – trotz Erwerbstätigkeit der Frauen in der DDR – das traditionelle Frauen- und Familienverständnis vorherrschend
Emanzipationsbewegung, Diskussion um Abtreibungsrecht in der Bundesrepublik
Reform des Ehe- und Scheidungsrechts in der Bundesrepublik
1945 1950 1955 1960 1965 1970 1975 1980 1985

M3 Die Küche – das Reich der Hausfrau?

Wer in den 1950ern heiratet, bekommt in vielen Standesämtern das „Hausbuch für die deutsche Familie" als Geschenk. Dieses Nachschlagewerk enthält eine Reihe von Tipps zu Erziehung und Haushaltsführung, die uns heute eine Menge über die damalige Zeit verraten:

Die Küche ist das eigentliche Reich der Hausfrau. Damit man rasch und ohne zu großen Kraftverbrauch darin arbeiten kann, muss sie zweckmäßig eingerichtet sein. Sie soll auch freundlich wirken, da die Hausfrau einen guten Teil des Tages in ihr verbringt. [...] In einer kalten Küche bewährt sich ein Kohleherd, besonders wirtschaftlich ist ein Dauerbrandherd. Man kombiniert den Kohleherd mit Gas und Strom. [...] Wenn Strom oder Stadtgas nicht vorhanden sind, kocht man billig mit Propangas. Die Herde haben heute fast alle Backöfen. Eine große Erleichterung sind Backöfen mit Temperaturregler. Man hat meist 8 Einstellungsmöglichkeiten, und auch dem Ungeübten gelingt mit ihrer Hilfe der Kuchen.

Hausbuch für die deutsche Familie, ohne Autor, Frankfurt am Main 1956, S. 109f.

M4 Emma

Titelbild der ersten Ausgabe vom Januar/Februar 1977

Die zweite Frau von links ist die Begründerin der Zeitschrift, Alice Schwarzer.

M5 Das „Recht" der Frau

Das westdeutsche Bürgerliche Gesetzbuch (BGB) führt in seiner bis 1977 gültigen Fassung zum Ehe- und Familienrecht an:

§ 1355. Der Ehe- und Familienname ist der Name des Mannes. Die Frau ist berechtigt, durch Erklärung gegenüber dem Standesbeamten dem Namen des Mannes ihren Mädchennamen hinzuzufügen; die Erklärung muss öffentlich beglaubigt werden. § 1356. Die Frau führt den Haushalt in eigener Verantwortung. Sie ist berechtigt, erwerbstätig zu sein, soweit dies mit ihren Pflichten in Ehe und Familie vereinbar ist. Jeder Ehegatte ist verpflichtet, im Beruf oder Geschäft des anderen Ehegatten mitzuarbeiten [...].

M6 Weibliche Erwerbsquote in der Bundesrepublik Deutschland

Anteil der Erwerbspersonen an 100 Frauen*

1950	1960	1970	1980
31,3	33,6	30,2	32,6

* In der Bundesrepublik werden als „Erwerbspersonen" sowohl die „Erwerbstätigen" als auch die „Erwerbslosen" gezählt.

Nach: Statistisches Bundesamt (Hrsg.), Datenreport 2002, Bonn ²2003, S. 89

1. *Schreibt in Partnerarbeit den Text M3 so um, dass er heutigen gängigen Vorstellungen entspricht.*
2. *Verfasse einen Artikel, wie wohl der ideale Familienvater der 1950er-Jahre war.*
3. *Begründe, warum die Bestimmungen zum Eherecht (M5) nicht mit heutigen Vorstellungen übereinstimmen. Ändere die Paragrafen nach deinen Vorstellungen. Recherchiere heute geltende Paragrafen und vergleiche.*
4. *Stelle Vermutungen an, warum für die Erstausgabe der „Emma" dieses Titelbild gewählt wurde (M4).*
5. *Stellt in einem Rollenspiel eine klassische familiäre Konfliktsituation in den 1950er-Jahren dar. Diskutiert anschließend in der Klasse, ob sich das Leben von Mädchen und Frauen heute verbessert hat.*
6. *Recherchiere, wie sich die weibliche Erwerbsquote (M6) weiter entwickelt hat.*

Alltag und Familie im Osten

M 1 Zum Internationalen Frauentag 1980
Ausschnitte aus einem Werbedruck

Weibliche Erwerbstätigkeit

Der „Aufbau des Sozialismus" sollte auch die Gleichberechtigung der Frau ermöglichen. Dazu zählte die Eingliederung der Frauen in den Arbeitsprozess. Aus dem in der DDR-Verfassung garantierten „Recht auf Arbeit" wurde bald die „Pflicht zur Arbeit".

Die Erwerbstätigkeit der Frauen war in der DDR wirtschaftlich notwendig. Ehefrauen mussten erwerbstätig sein, weil das durchschnittliche Einkommen der Männer so niedrig war, dass Familien davon kaum leben konnten.

Zahlreiche sozialpolitische Maßnahmen machten die Erwerbstätigkeit der Frauen möglich. Zum Beispiel wurden kostenlose Einrichtungen zur Kinderbetreuung unterhalten, Familiengründungen finanziell gefördert und in den 1970er-Jahren ein voll bezahltes „Babyjahr" eingeführt. Diese Regelungen sollten den Frauen helfen, Beruf und Familie miteinander zu vereinbaren und eine ausreichende Geburtenrate sichern.

Fehlende Gleichberechtigung

Alle Maßnahmen brachten den Frauen in der DDR keine wirkliche Gleichberechtigung. Die Männer überließen den meist voll berufstätigen Ehefrauen rund drei Viertel der Hausarbeit. Das durchschnittliche Monatseinkommen der Frauen lag – wie im Westen – um 25 bis 30 Prozent unter dem der Männer.

Die Führungspositionen in Partei und Staat blieben Frauen ebenfalls weitgehend verschlossen. Von den 26 Mitgliedern des Politbüros waren 1988 nur zwei Frauen, lediglich eine leitete ein Ministerium: Margot Honecker stand an der Spitze des „Ministeriums für Volksbildung".

Das Grundgesetz schreibt die Gleichberechtigung von Mann und Frau fest

In beiden deutschen Staaten bleibt – trotz Erwerbstätigkeit der Frauen in der DDR – das traditionelle Frauen- und Familienverständnis vorherrschend

Emanzipationsbewegung, Diskussion um Abtreibungsrecht in der Bundesrepublik

Reform des Ehe- und Scheidungsrechts in der Bundesrepublik

1945 | 1950 | 1955 | 1960 | 1965 | 1970 | 1975 | 1980 | 1985

M2 Feier der Jugendweihe in Ost-Berlin
Foto vom 15. April 1979
Lehrer gratulieren den Schülern der 8. Klasse der Karl-Grünberg-Oberschule in der Kongresshalle am Alexanderplatz zur Jugendweihe.
Während die in der DDR schwach vertretene katholische Kirche eine Teilnahme von Kommunionsempfängern ablehnte, konnten evangelische Jugendliche sowohl zur Konfirmation als auch zur Jugendweihe gehen.

Radio, Film und Fernsehen in der DDR

Wie in der Bundesrepublik war auch in Ostdeutschland das Radio in den 1950er-Jahren das wichtigste Massenmedium. Das SED-Regime kontrollierte Radio und TV, die es bald aktiv als politische Medien nutzte. Aber das Westfernsehen prägte die Meinung, denn trotz Verbot und Störsendern wurde es fast überall gesehen.

Auch der Film unterstand staatlicher Aufsicht. Seit 1952 kontrollierte ein Staatliches Komitee für Filmwesen die Drehbücher, die Herstellung und den Vertrieb von Kinoproduktionen, die Filmwerbung sowie sämtliche Filmtheater der DDR. Die wichtigste Produktionsfirma war die 1946 gegründete DEFA (Deutsche Film-AG). Der DEFA wurden Themen verordnet, die vom Sozialismus und von der Arbeiterbewegung handeln sollten. Das Publikum bevorzugte dagegen Filmklassiker aus der Vorkriegszeit, Produktionen aus der Bundesrepublik und später aus den USA, aber auch Filme aus den übrigen Ostblockländern.

„Nischengesellschaft"

Trotz bescheidener Fortschritte gelang es der SED nie, die Mehrheit der Bevölkerung für sich zu gewinnen. Freie Wahlen blieben daher undenkbar. Die von der Partei unter dem Motto „Arbeite mit, plane mit!" ständig geforderten Aktivitäten, entsprachen nicht dem Willen der Mehrheit. Die Menschen passten sich allerdings an, um persönliche Nachteile zu vermeiden. In der Öffentlichkeit „beteten" sie die Parolen der SED nach, insgeheim dachten viele anders. Die Familien schauten oft Westfernsehen, doch durften die Kinder darüber in der Schule nicht sprechen. So entstand allmählich eine „Nischengesellschaft". Man zog sich in die Privatsphäre, in den Freundeskreis und die Schrebergärten („Datschen") zurück. Weitere „Ausweichräume" boten ansonsten nur noch die Kirchen. In diesen „Nischen" lebten die DDR-Bürger ohne Risiko, oft in gegenseitiger Hilfe solidarisch und „geborgen".

1. *Arbeite Unterschiede und Gemeinsamkeiten heraus bei der Rolle der Frau in der Bundesrepublik und der DDR.*
2. *Erkläre, warum die Versuche des DDR-Regimes, die Medien zu kontrollieren, scheiterten.*
3. *Erörtere, ob der Begriff „Nischengesellschaft" passend ist. (Eine Nische ist eine kleine Einbuchtung in einer Wand.)*
4. *Erläutere, warum die Jugendweihe der DDR-Staatsordnung diente (M2).*

M3 „Gleiche Leistung – gleicher Lohn“
SED Plakat, 1954

M4 Ideal und Wirklichkeit in der DDR

Die westdeutsche Journalistin Ulrike Petzold schreibt 1983 über die Gleichberechtigung in der DDR:

Die arbeitende Frau und Mutter ist das Gleichberechtigungsideal in der DDR. Emanzipation, so erklärt „Für Dich“[1], sei Befreiung der Arbeit vom Kapital; folglich kann die Gleichberechtigung der Frau nur durch ihre Teilnahme am Produktionsprozess gewährleistet werden.

„Für Dich“ ist bemüht, dieses Ideal von Blaumann, Arbeitsfreude, Verantwortung, Mutterschaft und Friedensliebe zu pflegen. Einer Leserin, die Zweifel anmeldete und vorschlug, Mütter für die ersten drei Jahre von der Arbeit freizustellen, werden die Leviten gelesen[2]: Sie sei wohl der „bürgerlich-kapitalistischen Apologetik“[3] aufgesessen, mahnt ein „kampferprobter Kommunist und erfahrener Journalist“. Für immer mehr Frauen sei die Arbeit nämlich zu einem echten Bedürfnis geworden, weil sie sich „in der Weite des Arbeitskollektivs voller entfalten können“.

Ulrike Petzold, Für dich, Genossin, in: Die Zeit, Nr. 30 vom 22. Juli 1985

M5 Ein anderes Frauenbild
Bronzestatue (Höhe: 98 cm) von 1971
Die Fischwerkerin Anni Paaz wurde mit diesem Denkmal im Fischkombinat Rostock als vorbildliche Werktätige geehrt.

[1] Für Dich: eine in der DDR verlegte illustrierte Frauenzeitschrift
[2] Leviten lesen: jemanden tadeln
[3] Apologetik: Rechtfertigung einer Lehre oder Anschauung

(in Prozent)*		
1955	1970	1980
52,5	66,1	73,2

M6 Anteil der weiblichen Erwerbstätigen an der weiblichen Bevölkerung in der DDR

Nach: Gunnar Winkler (Hrsg.), Frauenreport '90, Berlin 1990, S. 63

* Die Mitarbeiter der Armee, Polizei, Staatssicherheit, Parteien und sonstigen Organisationen wurden nicht berücksichtigt.

1. *Vergleiche den Anspruch, den das Plakat ausdrückt, mit der Wirklichkeit, die der Verfassertext schildert.*
2. *Analysiere die westliche Sicht auf das Ideal der Gleichberechtigung in der DDR (M4).*
3. *Erkläre, warum die Notwendigkeit, Beruf und Familie miteinander zu vereinbaren, Frauen in der DDR stärker betraf als in der Bundesrepublik. (M4 und M5).*
4. *Begründe, weshalb man Anni Paaz dieses Denkmal gesetzt hat (M5).*

Jugend in Deutschland nach 1945

M 1 „Die Halbstarken"
Filmplakat von 1956

M 2 Schulbeginn in der „Wilhelm-Pieck-Schule" in Ost-Berlin
Foto vom 4. September 1951

„Wer die Jugend gewinnt, dem gehört die Zukunft"

Schon vor der Gründung der beiden deutschen Staaten im Mai und Oktober 1949 wurden die Weichen für zwei unterschiedliche Gesellschaftssysteme gestellt. In den westlichen Besatzungszonen setzten die Verantwortlichen auf „Demokratie", „Freiheit" und einen raschen wirtschaftlichen Aufbau (u. a. durch den Marshall-Plan), in der sowjetischen dagegen auf eine neue kommunistische Gesellschaft. Die Erziehung der Jugend sollte diesen Zielen dienen.

Erziehung zum Sozialismus

In der DDR wurden die Schüler auf die kommunistische Weltanschauung und die deutsch-sowjetische Freundschaft eingeschworen. Die Erziehung zur „sozialistischen Persönlichkeit" gehörte seit 1952 zum offiziellen Erziehungsziel der Schule. Alle Unterrichtsfächer hatten dieser Vorgabe zu folgen. Zugleich bemühte sich das SED-Regime, die jungen Menschen dem familiären Einfluss zu entziehen, sie politisch zu manipulieren und für ihre Zwecke zu benutzen. Dazu diente die Ganztagsschule sowie die einzig zugelassene Jugendorganisation in der DDR: die Freie Deutsche Jugend. Sie war die „Kampfreserve der SED", und ihr gehörten 98 Prozent aller Schüler an. Wer ihr fernblieb, verbaute sich seine Zukunft. Von den jungen Leuten wurde eine öffentliche Parteinahme für den sozialistischen Staat gefordert. Nicht nur bei Wahlen[1], sondern auch bei der Jugendweihe oder den 1. Mai-Demonstrationen. Die Einstellung zum eigenen Staat sollte „Hass und Verachtung gegen über den westdeutschen Imperialisten und Militaristen" einschließen, wie es in einer Schrift von 1971 hieß. Der 1978 eingeführte Wehrkundeunterricht diente diesem Ziel.
Vergleichbare Instrumentalisierungen gab es im Westen nicht. Hier konnten sich die Jugendlichen freiwillig in kirchlichen Einrichtungen (Kolpingfamilien, kath. Jugend, ev. Gemeindejugend, Pfadfinder) zusammenfinden oder in den Jugendorganisationen der Parteien engagieren.

[1] Das Wahlalter lag in der DDR seit 1949 bei 18 Jahren, in der Bundesrepublik wurde es erst 1970 von 21 auf 18 gesenkt.

M3 Die „Beatles" in München
Foto von Gerhard Rauchwetter vom 23. Juni 1966

▸ ***Geschichte In Clips:***
Zu Jugend in der DDR siehe Clip-Code 31022-92

„Trau keinem über 30!"

Die im Westen stationierten Soldaten und das „Wirtschaftswunder" prägten die Lebenswelt der Jugendlichen in der jungen Bundesrepublik. Dabei kamen Rundfunk und Kino besondere Bedeutung zu. Amerikanische Filme beeinflussten die „Halbstarkenbewegung" der 1950er-Jahre. Sie rebellierte gegen die bürgerliche und spießig empfundene Gesellschaft. Zum Entsetzen der älteren Generation fand dann auch noch Rock'n'Roll als Musik- und Tanzstil zahlreiche jugendliche Anhänger. In den 1960er-Jahren wurde die Jeans zum beliebtesten Kleidungsstück. Sie vermittelte ebenso wie die Musik der Beatles und Rolling Stones ein neues Lebensgefühl. Während die Eltern- und Großelterngeneration über den sittlichen Verfall der Jugend klagte, schlossen sich Schüler und Studenten den Protestbewegungen an. Später setzten sich viele junge Leute für mehr Frauenrechte und den Umweltschutz ein. Einige flüchteten sich auch in die Hippie-Bewegung, wieder andere schlossen sich religiösen Sekten an. In den 1970er-Jahren wurde diese „Mode" überlagert von der Punk-Bewegung, die aus den britischen Industrierevieren stammte und ursprünglich ein Protest gegen Jugendarbeitslosigkeit und soziale Ungerechtigkeit war. Mit dem Schlagwort „No Future" definierte sich die Jugendbewegung in den 1980er-Jahren. Sie fand ihren Ausdruck in Musikstilen wie Techno und Rave.

Ein „gespaltenes Leben"

Obwohl das DDR-Regime sich um eine lückenlose Kontrolle der Jugend bemühte, gelang es ihm nicht, sie auf Dauer für sich zu gewinnen. Während der Aufbauphase des sozialistischen Staates fand es noch den Rückhalt bei denen, die dem neuen Arbeiter- und Bauernstaat ihren sozialen Aufstieg verdankten. Spätere Generationen erlebten dann den Widerspruch zwischen dem in der Schule verkündeten und dem real existierenden Sozialismus. Sie sahen ihre Handlungsmöglichkeiten durch die ständige Bevormundung beschnitten und verlangten mehr Selbstständigkeit und Reisefreiheit. Viele lebten, wie der DDR-Schriftsteller Werner Heiduczek beobachtete, ein „gespaltenes Leben" – ein offizielles und ein privates. Die Jugendkultur in der DDR folgte den westlichen Leitbildern und Modeströmungen. Der „Wohlfahrtsstaat" schaffte es nicht, die Konsumbedürfnisse der Jugend zu befriedigen. Die SED empfand sogar bestimmte Trends als Bedrohung: In den 1960er-Jahren verfolgte sie die Beat-Bewegung und in den 80er-Jahren die Punker. Trotz Überwachung und Gängelung konnte sich eine alternative Kultur- und Musikszene entwickeln. Darüber hinaus bot die evangelische Kirche seit den 1970er-Jahren den Jugendlichen den Freiraum, sich in Friedens-, Umwelt-, Menschenrechts- und Dritte-Welt-Gruppen zu engagieren.

M4 Karikatur von Heinz Behling auf dem Titelblatt der DDR-Satire-Zeitschrift „Eulenspiegel", 1989
Der Schüler hält ein Zeugnis in der Hand (in allen Fächern Note „1").

Schule und Bildung nach 1945

1945 waren etwa 71 Prozent der Lehrer Angehörige der NSDAP.

In der Sowjetischen Besatzungszone wurden diese Lehrer mehrheitlich entlassen. Etwa 40 000 „Neulehrer" wurden in Schnellkursen von vier bis acht Monaten ausgebildet und holten später zum Teil das Studium nach.

In den westlichen Besatzungszonen blieben die alten Lehrer größtenteils im Dienst; ersetzt wurden meist nur die Lehrbücher mit nationalsozialistischen Inhalten.

Vorschulische Bildung und Erziehung

Während in der Bundesrepublik die Mütter ihre Kinder meist bis zu deren Einschulung betreuten, gingen die Kinder in der DDR schon früh in Betreuungseinrichtungen. Dadurch konnten die Eltern berufstätig sein.[1] Außerdem sollten die Kinder in den Einrichtungen schon früh zu guten DDR-Bürgern erzogen werden. Sie sollten vor allem gegenseitiges Helfen und die Anpassung an die Normen der Gruppe lernen.

Die meisten Kinder gingen bereits ein halbes Jahr nach der Geburt in die Krippe. Ab dem vierten Lebensjahr wurde im Kindergarten auf die Schule vorbereitet. Vermittelt wurden dabei auch politische Inhalte. Ziel war die Bindung an Partei und Staat.

Schule und Freizeit in der DDR

Während ihrer Schulzeit war die Mehrheit der Kinder und Jugendlichen Mitglied in den staatlichen Massenorganisationen, zunächst bei den „Pionieren", ab dem 14. Lebensjahr dann bei der Freien Deutschen Jugend (FDJ). Beide Verbände waren auch an den Schulen tätig und übernahmen die Nachmittags- bzw. Freizeitbetreuung. Zum Schulalltag gehörte Arbeit in der Industrie und in der Landwirtschaft.

Schule und Freizeit in der Bundesrepublik

In der Bundesrepublik gab es keine staatlichen Massenorganisationen, die die Kinder und Jugendlichen kontrollierten. Ein Großteil der Kinder und Jugendlichen war in (Sport-)Vereinen aktiv. Ansonsten konnten sie über ihre Freizeitgestaltung selbst bestimmen, sofern die Eltern zustimmten.

Im Laufe der Zeit änderte sich der Erziehungsstil. In den 1950er- und 60-Jahren erzogen die Eltern, auch mithilfe von Schlägen, ihre Kinder meist dazu, christliche Moralvorstellungen und bürgerliche Tugenden zu befolgen, und erwarteten meist unbedingten Gehorsam. Ab den 1970er-Jahren wurde dieser autoritäre Stil zunehmend abgelehnt.

Schule und Studium

Nicht jeder konnte studieren: In beiden Staaten zählte dabei nicht nur die Leistung. Die DDR wollte schon früh, die Bundesrepublik besonders ab den 1970er-Jahren, dass mehr Kinder aus einfachen sozialen Verhältnissen studieren konnten. Dennoch kam die Mehrzahl der Studierenden aus einem wohlhabenden oder gebildeten Elternhaus. In der DDR durften Jugendliche, die gegenüber Staat und Regierung kritisch eingestellt waren, nicht studieren.

M5 Wehrunterricht
Jungen der 10. Klasse in einem Ausbildungslager.

1. *Erkläre, warum der DDR-Regierung die Erziehung der jungen Menschen so wichtig war.*
2. *Arbeite heraus, warum es der DDR-Regierung nicht gelang, den Großteil der Jugendlichen für ihre Vorstellungen zu gewinnen.*
3. *Erkläre die Zunge(n) in M4.*
4. *Beschreibe, wie Jugendliche in Ost und West ihre Ablehnung von Vorstellungen von Staat und Eltern ausdrückten.*
5. *Nenne Gemeinsamkeiten und Unterschiede im Verhalten von Jugendlichen früher und heute.*

[1] Siehe S. 265.

M 6 Kampf um die Jugend

Der Funktionär Paul Verner stellt im April 1948 auf einer Tagung des SED-Parteivorstandes fest:

Die Jugendpolitik unserer Partei und der Freien Deutschen Jugend muss sich in drei Richtungen bewegen, wenn Demokratie und Fortschritt eine noch wesentlich breitere Basis in der Jugend finden sollen. Einmal in der Richtung der politischen Aufklärung und Erziehung, zweitens in der Richtung der stärkeren Einbeziehung der Jugend für die Lösung der Aufgaben des wirtschaftlichen Aufbaus […]. Drittens in der Richtung der wesentlich breiteren Entfaltung der kulturellen Tätigkeit […]. Dem reaktionären Gedankengut müssen wir stärker als bisher das neue, das bessere und erstrebenswertere Ideal gegenüberstellen, um das Sehnen der Jugend zu entfachen und ihnen einen neuen Weg zu zeigen. Das Bessere und Höhere, das wir vor sie stellen müssen, kann nur unsere sozialistische Weltanschauung, unser Weltbild sein.

Zit. nach: Ulrich Mählert und Gerd-Rüdiger Stephan, Blaue Hemden – Rote Fahnen. Die Geschichte der Freien Deutschen Jugend, Opladen 1996, S. 62 f.

M 7 Unter amerikanischem Einfluss

Der Historiker Arne Andersen schreibt über die 1950er-Jahre in Westdeutschland:

Die US-Soldaten hatten ihr Image in den Besatzungsjahren durch Kaugummis, Süßigkeiten, Schokolade, Lebensmittel und Zigaretten geprägt […]. Bei der jungen Generation bildete sich in den ersten Nachkriegsjahren eine deutlich positive Haltung zu den USA heraus. Daran hatten auch die vielen amerikanischen Jugendclubs in der Besatzungszone nicht unerheblichen Anteil, die mit Ausflügen, Tanzveranstaltungen und Sportkursen den deutschen Jugendlichen wieder ein umfangreiches Freizeitprogramm anboten. Nichts war mehr von oben verordnet, und die amerikanischen Beigaben bei Veranstaltungen wie Kakao und Schokolade erhöhten den Reiz der Mitgliedschaft in diesen Clubs beträchtlich.

Arne Andersen, Der Traum vom guten Leben. Alltags- und Konsumgeschichten vom Wirtschaftswunder bis heute, Frankfurt am Main 1997, S. 213 f.

M 9 Freizeit
Foto von Josef H. Darchinger, 1959
Mopeds, Rockmusik und Sport interessierten die Jugendlichen in Ost und West.

M 8 Jugendpolitik des Bundes

Im Oktober 1957 äußert sich Bundesinnenminister Gerhard Schröder (CDU) über das Verhältnis von Jugend und Staat:

Die untergründigen Nachwirkungen unserer jüngsten Vergangenheit machen es einer staatlichen Hilfe für die Jugend schwieriger als zu anderen Zeiten. Zwar konnten im wirtschaftlichen Bereich die Aufgaben schnell angepackt und gelöst werden. Aber bei allen anderen Fragen, die den jungen Menschen aus ihrem Lebensbereich aufgetragen sind, konnte nur sehr behutsam eine Hilfestellung gegeben werden. Für die kameradschaftliche Erziehung und Selbsterziehung etwa oder für die Entwicklung eines eigenen Lebensbildes sollten die Jugendlichen selbst Weg und Gangart wählen. Denn es liegt uns ja völlig fern, eine „Staatsjugend“ heranzuziehen. […] Unser Staat wird stets zur Initiative ermuntern, er wird für jedes Anliegen ein offenes Ohr haben, er wird anregen und fördern – aber er wird seine Sorge für die Jugend selbstverständlich nie in die Formen der Reglementierung kleiden dürfen, die ihr von totalitären Systemen gegeben werden. Ein anderer als der von uns mit Erfolg beschrittene Weg ist für eine freiheitliche Demokratie nicht gangbar.

Zit. nach: Werner Bührer (Hrsg.), Die Adenauer-Ära. Die Bundesrepublik Deutschland 1949-1963, München 1993, S. 258

M 10 Zelten am Gardasee (Oberitalien)
Foto von 1955

M 13 Besucher des Konzerts von Bruce Springsteen in Ost-Berlin
Foto von Harald Hauswald vom 19. Juli 1988
SED und FDJ versuchten, die Jugendlichen mit Konzerten von westlichen Rockbands für sich zu gewinnen. Nicht ohne Risiko: Auf dem von 160 000 Menschen besuchten Konzert äußerte Bruce Springsteen beispielsweise die Hoffnung, „dass eines Tages alle Mauern fallen“.

M 11 Unterschiede zwischen Ost und West?

Ein Schüler aus dem Westen erzählt 1982 nach einem Besuch in der DDR:

In diesen Unterhaltungen zeigte sich bald, dass die Jugendlichen dort genauso sind wie wir, dass sie nur murrend ihre „freiwilligen“ Einsätze ableisten und sich gern davor drücken; dass sie in Gegenwart des FDJ-Leiters die richtigen Sätze abspulen und zu Hause oder unter Freunden über ganz anderes reden, die Politik weglassen oder auch mal abweichende Meinungen haben.

Zit. nach: Juliane Köhler, Wie in einem alten Film. Eindrücke einer Klassenfahrt in der DDR; in: Die Zeit Nr. 3 vom 15. Januar 1982, S. 4

M 12 Erfüllte Träume

Horst Hertel (geb. 1936) aus der damaligen DDR berichtet von seiner ersten Jeans:

Eine Jeans war für mich zunächst einmal ein unerfüllter Traum. [...] Anfang der 50er-Jahre, als ich 16 war, bin ich mit meinen Freunden immer nach West-Berlin gefahren. In der Woche vier-, fünfmal, wenn nicht jeden Tag. [...] Da sind wir ins Kino gegangen, für 25 Pfennig[1] West. [...] Jeans waren ja eine richtige Welle. Die kamen aus Amerika, dort waren Cowboys, und die hatten ja auch alle Levi's- oder Lee-Jeans an. Und die Cowboys hatten wir im Film gesehen. [...] Irgendwann hatte ich mir die Jeans zusammengespart, jedenfalls hatte ich sie als Erster. Für mich durfte das nicht irgendeine sein, sondern sie musste schwarz und mit Kupfernieten beschlagen sein [...], und als ich sie endlich hatte, bin ich aus der Hose nicht mehr ausgestiegen, weder am Tage noch nachts. [...] Ich wollte mit den Hosen etwas darstellen. Heute trägt die ja jeder, aber damals war das eindeutig westlich. Je mehr ich bestaunt wurde, desto mehr bin ich innerlich gewachsen, und alle waren neidisch in der Clique.

Zit. nach: Rebecca Menzel, Jeans in der DDR. Vom tieferen Sinn einer Freizeithose, Berlin 2004, S. 12 f.

Lesetipps:
- Kirsten Boie, Monis Jahr, München 2009
- Sebastian Dehnhardt, Das Wunder von Bern. Die wahre Geschichte, München 2004

Internettipps:
- Eine kurze Geschichte des Fernsehens ist zu finden unter Mediencode 31022-93
- Zum Schulwesen in der DDR siehe Mediencode 31022-94

[1] D-Mark und Pfennig waren bis 2002 die Währung in der Bundesrepublik.

1. *Nenne die Faktoren, die Kindheit und Jugend in den 1950er-Jahren beeinflussten. (M6 bis M9)*
2. *Vergleiche die jugendpolitischen Vorstellungen (M6 und M8) und nimm dazu Stellung.*
3. *Erkläre, inwiefern ein Zelturlaub in Oberitalien für junge Menschen in den 1950er-Jahren etwas ganz Besonderes war (M10).*
4. *Arbeite heraus, warum die Jeanshose eine so große Bedeutung hatte (M12).*
5. *Erläutere, in welchen Bereichen sich das Leben Jugendlicher in Ost und West unterschied (M11, M12, Verfassertext).*
6. *Erörtere, wie sich der Alltag Jugendlicher heute von dem Leben junger Menschen in den 1950er-Jahren unterscheidet.*

Die Neue Ostpolitik

„Wandel durch Annäherung“

Die Entspannungspolitik nach der Kuba-Krise von 1962 machte es auch den westdeutschen Politikern möglich, das Verhältnis zu den kommunistisch regierten Staaten neu zu gestalten (**Neue Ostpolitik**). Bundeskanzler Willy Brandt und Außenminister Walter Scheel (FDP) schlossen zwischen 1970 und 1973 die sogenannten Ostverträge mit der Sowjetunion, Polen und der Tschechoslowakei ab. Dabei betonte die Bundesregierung, dass sie „auf einen Zustand des Friedens in Europa hinwirken“ wolle, „in dem das deutsche Volk in freier Selbstbestimmung seine Einheit wiedererlangen“ könne. Brandt und Scheel bestätigten in diesen Verträgen die Nachkriegsordnung, um so den „Eisernen Vorhang“ durchlässiger zu machen. Langfristig sollte ein „Wandel durch Annäherung“ zur Überwindung der deutschen und europäischen Teilung beitragen.

Als Gegenleistung erkannte die Sowjetunion nach Verhandlungen mit den Vereinigten Staaten, Großbritannien und Frankreich 1971 im Viermächte-Abkommen die besondere Bindung West-Berlins an die Bundesrepublik an und bestätigte die Viermächte-Verantwortung für ganz Berlin.

Deutsch-deutsche Beziehungen

Da der DDR frei gewählte politische Einrichtungen fehlten, beanspruchten die westdeutschen Regierungen, das ganze deutsche Volk völkerrechtlich zu vertreten. Dieser Alleinvertretungsanspruch war von den Westalliierten bekräftigt worden.

Mit den Ostverträgen wurde eine neue Politik der Bundesrepublik gegenüber der DDR notwendig. Erste Gespräche zwischen Bundeskanzler Brandt und dem Vorsitzenden des DDR-Ministerrates, Willi Stoph, fanden 1970 in Erfurt und Kassel statt. Mit den Begegnungen kam Bewegung in die deutsch-deutschen Beziehungen. 1971 wurde eine Vereinbarung getroffen, die den Verkehr zwischen der Bundesrepublik und West-Berlin erleichterte (Transitabkommen). Es war das erste Abkommen zwischen den beiden deutschen Regierungen.

M1 Willy Brandt in Erfurt
Foto vom 19. März 1970
Vor dem Tagungshotel hatten sich tausende DDR-Bürger versammelt. Sie riefen „Willy, Willy!“ und „Brandt ans Fenster!“.

Der Grundlagenvertrag

Im Mai 1973 billigte der Bundestag nach heftigen Diskussionen den am 21. Dezember 1972 unterschriebenen Grundlagenvertrag. Teile von CSU und CDU glaubten, dass mit ihm die Interessen der Bundesrepublik verraten würden und eine Wiedervereinigung unwahrscheinlicher würde.

Die beiden deutschen Staaten erkannten sich als gleichberechtigte Staaten an. Die Bundesregierung wies aber auf das Recht des deutschen Volkes hin, seine Einheit in „freier Selbstbestimmung“ anzustreben, und stellte fest, dass beide Seiten füreinander kein Ausland waren.

1. *Fasse zusammen, worin der Kurswechsel in der Außenpolitik der Regierung unter Bundeskanzler Willy Brandt bestand.*
2. *Bewerte, ob durch die Ostverträge die Interessen der Bundesrepublik verraten wurden.*
3. *Nenne mögliche Gründe für das Verhalten der Bevölkerung (M1).*

M 2 „Die Unterschrift des Jahres“
Karikatur von Hanns-Erich Köhler aus der „Frankfurter Allgemeinen Zeitung“ vom 8. Dezember 1970
Am 7. Dezember 1970 wurde der „Warschauer Vertrag“ unterschrieben. Die Bundesrepublik und Polen stellten darin fest, dass „die bestehende Grenzlinie, deren Verlauf im Kapitel IX der Beschlüsse der Potsdamer Konferenz vom 2. August 1945 […] festgelegt worden ist, die westliche Staatsgrenze der Volksrepublik Polen bildet“ (Artikel 1).

M 3 Aus dem „Moskauer Vertrag“

Am 12. August 1970 akzeptieren Vertreter der Bundesregierung und der Sowjetunion folgende Punkte:

- Sie verpflichten sich, die territoriale Integrität[1] aller Staaten in Europa in ihren heutigen Grenzen uneingeschränkt zu achten;
- sie erklären, dass sie keine Gebietsansprüche gegen irgendjemand haben und solche in Zukunft auch nicht erheben werden;
- sie betrachten heute und künftig die Grenzen aller Staaten in Europa als unverletzlich, wie sie am Tage der Unterzeichnung dieses Vertrages verlaufen, einschließlich der Oder-Neiße-Linie, die die Westgrenze der Volksrepublik Polen bildet, und der Grenze zwischen der Bundesrepublik Deutschland und der Deutschen Demokratischen Republik.

Zit. nach: Dieter Blumenwitz, Denk ich an Deutschland – Antworten auf die Deutsche Frage. Dokumentenband, München 1989, S. 76

[1] Integrität: Unversehrtheit, Unverletzlichkeit

M 4 Aus dem Grundlagenvertrag

Am 21. Dezember 1972 wird der „Vertrag über die Grundlagen der Beziehungen zwischen der Bundesrepublik Deutschland und der Deutschen Demokratischen Republik“ abgeschlossen.

Artikel 1

[Sie] entwickeln normale gutnachbarschaftliche Beziehungen zueinander auf der Grundlage der Gleichberechtigung. […]

Artikel 3

[Sie] bekräftigen die Unverletzlichkeit der zwischen ihnen bestehenden Grenze jetzt und in der Zukunft und verpflichten sich zur uneingeschränkten Achtung ihrer territorialen Integrität.

Artikel 4

[Sie] gehen davon aus, dass keiner der beiden Staaten den anderen international vertreten oder in seinem Namen handeln kann. […]

Artikel 6

[Sie] respektieren die Unabhängigkeit und Selbstständigkeit jedes der beiden Staaten in seinen inneren und äußeren Angelegenheiten. […]

Artikel 7

[Sie] erklären ihre Bereitschaft, im Zuge der Normalisierung ihrer Beziehungen praktische und humanitäre Fragen zu regeln. Sie werden Abkommen schließen, um auf der Grundlage dieses Vertrages und zum beiderseitigen Vorteil die Zusammenarbeit auf dem Gebiet der Wirtschaft, der Wissenschaft und Technik, des Verkehrs, des Rechtsverkehrs, des Post- und Fernmeldewesens, des Gesundheitswesens, der Kultur, des Sports, des Umweltschutzes und auf anderen Gebieten zu entwickeln und zu fördern.

Zit. nach: Dieter Blumenwitz, Denk ich an Deutschland, a. a. O., S. 103f.

1. *Willy Brandt fasste seine Politik gegenüber der DDR in der Formel „zwei Staaten, eine Nation“ zusammen. Erläutere seine Position mithilfe des Grundlagenvertrages (M4).*
2. *Begründe, warum es wichtig war, dass die Bundesrepublik Deutschland der Volksrepublik Polen eine vom eigenen Territorium weit entfernte Grenze garantierte.*
3. *Bewerte die historische Bedeutung der Ostverträge (M2 und M3).*

Vier-Mächte-Abkommen
Transitabkommen
Grundlagenvertrag
Ostverträge
1970 1975 1980

Gesten als historische Handlung

Das Foto vom Kniefall des Bundeskanzlers Willy Brandt in Warschau von 1970 steht für die Aussöhnung mit dem östlichen Nachbarn. Das Bild von Staatspräsident François Mitterrand und Bundeskanzler Helmut Kohl in Verdun von 1984 ist ein weiteres Beispiel für symbolisches Handeln.
Um beide Gesten deuten zu können, ist es erforderlich, sich über den jeweiligen Ort, die Umstände, die Vorgeschichte und die Reaktion in der Öffentlichkeit zu informieren, beispielsweise in den Erinnerungen der beteiligten Politiker und ihren Biografien. Darüber hinaus ist zu prüfen, mit welchen Mitteln die Fotos die Ereignisse hervorheben.

M 1 Bundeskanzler Willy Brandt am Ehrenmal für die Helden des Warschauer Ghettos
Foto von Sven Simon (d. i. Axel Springer jr.) vom 7. Dezember 1970

M 2 Titelblatt der Wochenzeitung „Der Spiegel" vom 14. Dezember 1970

M 3 Bundeskanzler Helmut Kohl und Staatspräsident François Mitterrand in Verdun
Foto vom 22. September 1984
Die beiden Staatsmänner standen minutenlang auf dem Soldatenfriedhof von Douaumont vor dem mit der deutschen und französischen Fahne bedeckten Sarg.

Lesetipps:
- Willy Brandt, Erinnerungen, Frankfurt am Main 1989
- Adam Krzeminski, Der Kniefall, in: Etienne François und Hagen Schulze (Hrsg.), Deutsche Erinnerungsorte. Eine Auswahl, München 2005, S. 431 - 446
- Michael Wolffsohn und Thomas Brechenmacher, Denkmalsturz? Brandts Kniefall, München 2005
- Helmut Kohl, Erinnerungen. 1982 - 1990, Bd. 2, Stuttgart 2005
- Hans-Peter Schwarz, Helmut Kohl. Eine politische Biographie, Stuttgart ^{3}2012

1. *Das Titelblatt (M2) hat die Aussage des Fotos (M1) verändert. Erkläre.*
2. *Vergleiche die Gesten der Politiker (M1/2 und M3). Informiere dich über die Motive des Verhaltens. Stelle fest, ob die Gesten spontan oder geplant waren.*
3. *Arbeite die Symbolik der Gesten (M1/2 und M3) heraus.*

Kompetenzen überprüfen

M 1 Zwei Weltanschauungen

„Der einzige Weg zur restlosen Befreiung der Menschen", behauptete 1960 Nikita Chruschtschow, Nachfolger Stalins im Kreml, sei der „Weg des Kommunismus". Der damalige US-Präsident John F. Kennedy hielt dagegen: „Die Zukunft gehört denjenigen, die sich für die Freiheit des Einzelnen einsetzen."

Zit. nach: Georg Bönisch und Klaus Wiegrefe, Am Abgrund, in: Norbert F. Pötzl und Rainer Traub, Der Kalte Krieg, München 2009, S. 19

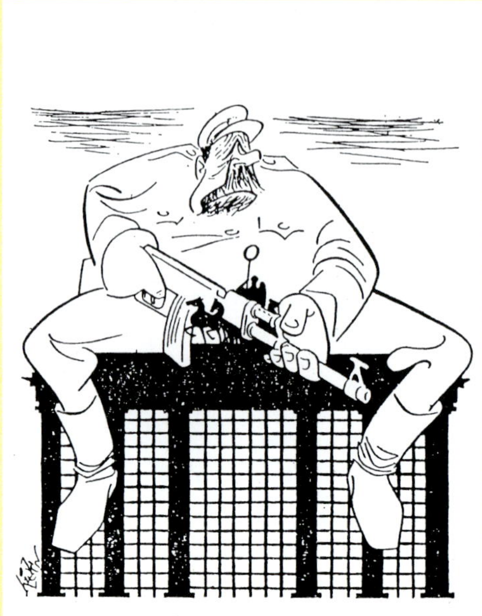

M 2 Mauerbau

Karikatur aus der westdeutschen Zeitung „Die Welt" vom 14. August 1961
Die Figur stellt Walter Ulbricht dar.

M 3 Nach dem Mauerbau

Karikatur aus dem „Neuen Deutschland", dem Zentralorgan der SED, vom 23. August 1961

Atomwaffen – Berliner Mauer – Demokratie – Diktatur –
Entspannungspolitik – Freiheit – Kapitalismus –
Kommunismus – Konsumbedürfnisse – Kuba-Krise –
freie Marktwirtschaft – NATO – Planwirtschaft –
Vietnam-Krieg – Warschauer Pakt – Wettrüsten

M 4 Stichwörter zu den Höhepunkten des Kalten Krieges

M 5 „O.k., Mr. President, wir reden miteinander."

Karikatur aus der britischen Zeitung „Daily Mail" von 1962
Das „H" auf den Bomben ist das Zeichen für Wasserstoff. Links Chruschtschow, rechts Kennedy.

M 6 „Gewiss nicht komfortabel, aber statt des Seils doch immerhin schon ein Brett"

Karikatur aus den „Stuttgarter Nachrichten" vom 11. November 1971
Egon Bahr, der die Ostpolitik der SPD maßgeblich mitgestaltet hat, zeigt dem „deutschen Michel" den Weg.

M 7 „Jeder zweite Abgeordnete ist eine Frau“
Plakat von Klaus Staeck von 1976

M 8 Frauen in Ost und West

Die westdeutsche Reporterin Eva Windmöller berichtet um 1980:

Wir waren dabei, als zwei junge uneheliche Mütter aus West- und Ost-Berlin, beide Grafikerinnen, einen Abend lang Erfahrungen austauschten. Am Ende war die West-Berlinerin, die mit Baby, Beruf und Privatleben nicht zurande kam, so beeindruckt davon, wie die Ost-Berlinerin ihr Leben schmiss: der Junge in einer Wochenkrippe für 1,40 Mark am Tag versorgt, dazu noch Kraft für den Freundeskreis, das Wochenende intensiv mit dem Kind – dass sie ernsthaft überlegte, ob sie in der DDR nicht besser dran wäre.

Zit. nach: Eva Windmöller und Thomas Höpker, Leben in der DDR, Hamburg 1980, S. 197

M 9 Gedenktafel an der ehemaligen MfS-Untersuchungshaftanstalt in Erfurt
Das Gefängnis ist heute die „Bildungs- und Gedenkstätte Andreasstraße“. An der Mauer vor dem Haupteingang befindet sich die abgebildete Bronzetafel von 1992.

1. *Erkläre die in M1 zitierten Weltanschauungen. Erörtere ihre Bedeutung für den Kalten Krieg.*
2. *Die „Berliner Mauer“ galt als ein Symbol des Kalten Krieges. Erläutere diese Behauptung. Analysiere die Sichtweisen der Karikaturen (M2 und M3).*
3. *Erstelle mit den Stichwörtern in M4 ein Schaubild zum Kalten Krieg. Gehe von den weltanschaulichen (siehe M1) und militärischen Voraussetzungen aus, nenne dann die Herrschafts- und die Wirtschaftsformen und zähle zuletzt einige innen- und außenpolitischen Folgen auf.*
4. *Interpretiere die Karikatur M5. Berücksichtige den historischen Kontext.* Tipp: Lies dazu S. 242.
5. *Historiker haben behauptet, das „Gleichgewicht des Schreckens“ habe die Atommächte berechenbarer gemacht. Beurteile diese Aussage. Berücksichtige dabei die „heißen“ Kriege mit Millionen von Toten.*
6. *Analysiere die Karikatur M6. Beachte, dass der Grundlagenvertrag (siehe S. 273 f.) Teil der Ostpolitik war, die sich um einen „Wandel durch Annäherung“ bemühte. Wie interpretiert der Zeichner die Chancen für die deutsch-deutschen Beziehungen?*
7. *Interpretiere die Aussage des Plakates (M7). Tipp: Es bezieht sich ironisch auf ein Grundrecht. Nimm Stellung: Ist die Aussage von 1976 immer noch aktuell?*
8. *Erläutere, wozu du der West-Berlinerin geraten hättest (M8). Begründe deine Meinung.*
9. *Diskutiert, ob es einen Zusammenhang zwischen dem Kalten Krieg, der „Stasi“ und den politischen Häftlingen in der DDR gibt. Was bedeutet das für das Gedenken an die Opfer der SED-Herrschaft (M9)?*

Orientierung gewinnen: Neuordnungen der Welt und Deutschlands Wiedervereinigung – Auf dem Weg zur „Einen Welt“?

Noch Mitte der 1980er-Jahre gingen die wenigsten Zeitgenossen davon aus, dass der Ost-West-Konflikt schon bald Geschichte sein würde. Noch weniger haben sie vorhergesehen, dass es 1991 keine Sowjetunion und keinen Warschauer Pakt mehr geben und dass sich die EU und die NATO nach Ostmitteleuropa ausdehnen würden.

In den 1980er-Jahren wurden die Forderungen nach Selbstbestimmung, Mitbestimmung und einem Ende der Repression in den Staaten des Warschauer Paktes immer lauter. Seit 1985 versuchte Michail Gorbatschow den Kommunismus in der Sowjetunion zu reformieren. Die Machthaber in den Bündnisstaaten sahen jedoch ihre Macht gefährdet und hielten den neuen Kurs für einen Verrat am Sozialismus. Wie stark jedoch der gesellschaftliche Druck von unten war, zeigte sich in Polen, in den baltischen Ländern und in der DDR, wo friedliche Proteste 1989 zum Fall der Mauer und schließlich zur Wiedervereinigung Deutschlands führten.
Wie entwickelte sich der gesellschaftliche Druck von unten in den Staaten des Warschauer Paktes? Welche Gruppen waren maßgeblich daran beteiligt? Was waren die Voraussetzungen dafür, dass es in kurzer Zeit zu einer friedlichen Vereinigung der beiden deutschen Staaten kommen konnte? Wie änderte sich die internationale Machtkonstellation nach 1990? Und warum kam es nach dem Ende der bipolaren Welt nicht zu einer unipolaren Welt unter Führung der USA?

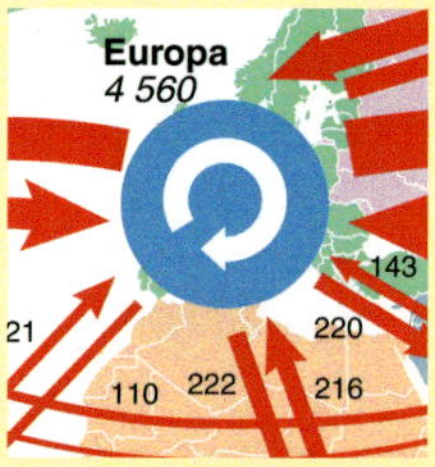

Welche Rolle wirtschaftliche Gründe für die Politik spielten, zeigte der Zusammenbruch des Ostblocks. Die wirtschaftliche Krise verschärfte sich in der Sowjetunion und den mit ihr verbündeten Staaten und mündete in eine demokratische Umgestaltung von Gesellschaft, Politik und Wirtschaft. Die Entwicklung der Europäischen Gemeinschaft zur Europäischen Union ist eine Folge daraus.
Ab den 1980er-Jahren beschleunigte sich die Globalisierung. Deutlich zeigte sich nun, welchen Preis wirtschaftliches Wachstum und welche Folgen die weltweiten Zusammenhänge und daraus resultierenden Abhängigkeiten haben können – nicht nur für die Weltwirtschaft, sondern auch für die Kommunikation, Umwelt und die Internationale Politik.
Wann begann die Globalisierung? Was sind ihre Kennzeichen? Welche neuen Herausforderungen haben die führenden Industrienationen zu bewältigen? Welche Zusammenhänge bestehen zwischen Weltwirtschaft und internationaler Politik?

The New York Times
U.S. ATTACKED
HIJACKED JETS DESTROY TWIN TOWERS AND HIT PENTAGON IN DAY OF TERROR
President Vows to Exact Punishment for 'Evil'

Für die maßgeblichen Politiker der frühen europäischen Integration waren Christentum, Menschenrechte und Demokratie der weltanschauliche Kern. Der sich stetig erweiternden europäischen Integration schlossen sich nach dem Zusammenbruch des Ostblocks auch zahlreiche osteuropäische Länder an. Während sich die Europäische Union um die friedliche Durchsetzung ihrer Anliegen, auch weltweit einsetzt, waren und sind terroristische Gruppen und Organisationen, die ihre Ideologien gewaltsam durchsetzen wollen, eine stete Herausforderung für pluralistische Rechtsstaaten.
Welchen Anteil hatten weltanschauliche Grundüberzeugungen für die europäische Integration? Warum war die Konferenz über Sicherheit und Zusammenarbeit in Europa 1975 eine wichtige Etappe bei der Durchsetzung der Menschenrechte weltweit? Welche weltanschaulichen Überzeugungen trugen zum Zusammenbruch des Ostblocks bei? Welche unterschiedlichen Motive haben Terroristen? Inwiefern stellt die Europäische Union eine Wertegemeinschaft dar?

Warschauer Pakt
NATO
1970 1975 1980 1985 1990
Ermordung von Hanns Martin Schleyer
Sowjetischer Einmarsch in Afghanistan
KSZE-Schlussakte
Beginn Glasnost- und Perestroika-Politik
Streik der Gewerkschaft Solidarność in Polen
3. Oktober: Wiedervereinigung der beiden deutschen Staaten

M1 Entwicklung der EU bis 2015

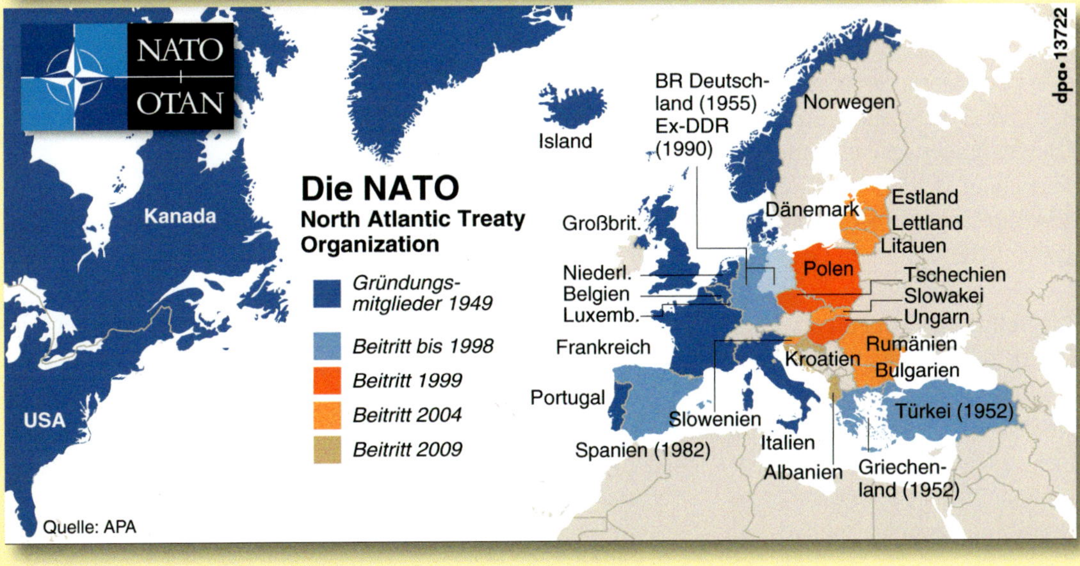

M2 Erweiterung der NATO nach dem Ende des Kalten Krieges

1. *Beschreibe, welche Herausforderungen für die europäische Staatengemeinschaft eine Erweiterung um zahlreiche Mitgliedstaaten hat (M1).*
2. *Stelle begründete Vermutungen an, warum viele zentrale osteuropäische Staaten schon bald nach dem Ende des Ostblocks die Aufnahme in die NATO anstrebten (M2).*
3. *Diskutiert, welche Folgen sich für die internationale Politik daraus ergeben konnten.*
4. *Erkläre, warum für eine Wiedervereinigung der beiden deutschen Staaten die Zustimmung der alliierten Siegermächte Voraussetzung war.*

Gemeinschaft Unabhängiger Staaten

1995 | 2000 | 2005 | 2010 | 2015

Die EU wächst von 15 auf 25 Mitgliedstaaten (Osterweiterung)

11. Sept.: Anschläge radikal-islamistischer Terroristen in New York und Washington

Mehr Freiheit im Ostblock?

M 1 „Helsinki und die Folgen"
Karikatur von Ivan Staiger aus dem „Deutschen Allgemeinen Sonntagsblatt" vom 19. Oktober 1975

Helsinki und die Folgen

Die KSZE-Schlussakte von Helsinki war zwar kein völkerrechtlich verbindlicher Vertrag, aber politisch folgenreich.[1] Bürgerrechtsgruppen machten sie zum Prüfstein der Innen- und Außenpolitik ihrer Regierungen. In den Ostblockstaaten ermutigte die Schlussakte einige Intellektuelle, Verletzungen der Menschenrechte öffentlich anzuzeigen. Die Forderung nach Menschenrechten blieb in den kommunistischen Staaten aber trotz KSZE-Vereinbarung gefährlich. Bürgerrechtler wurden weiterhin öffentlich verleumdet und verfolgt, erhielten Berufsverbote oder wurden – wie der tschechoslowakische Schriftsteller Václav Havel – ins Gefängnis gesteckt.

Die Solidarność in Polen

Der KSZE-Prozess stärkte auch in Polen die Oppositionskräfte. Ende der 1970er-Jahre forderten Arbeiter weitreichende wirtschaftliche und politische Reformen und riskierten damit einen Konflikt mit der kommunistischen Partei.

Nach einem landesweiten Streik im Jahre 1980, den Werftarbeiter in Danzig unter Führung des Elektrikers Lech Walesa ausgelöst hatten, wurde die unabhängige Gewerkschaft Solidarność (dt. Solidarität) gegründet. Sie zählte bald neun Millionen Mitglieder und wurde von der katholischen Kirche unterstützt.

Obwohl die polnische Krise sich zuspitzte, lehnte die sowjetische Führung anders als 1956 in Ungarn und 1968 in der ČSSR ein militärisches Eingreifen ab. Angesichts eigener Probleme war sie bereit, den polnischen Kommunisten die Klärung ihrer Angelegenheiten selbst zu überlassen. Nur die „führende Rolle der Partei", wie sie in der Verfassung festgeschrieben war, sollte nicht angetastet werden. Die polnische Regierung verhängte daraufhin 1981 das Kriegsrecht und verbot die zuvor zugelassene Solidarność. Trotzdem wurde es für die Kommunisten immer schwieriger, gegen die Opposition zu regieren.

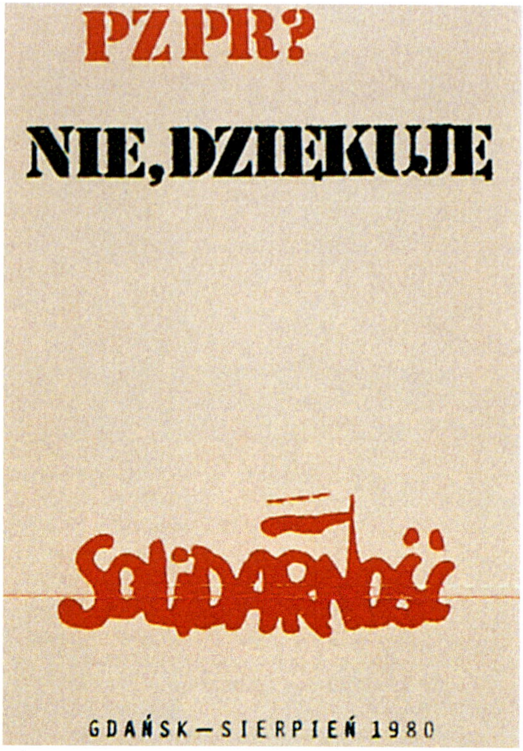

M 2 „PZPR? Nein, danke!"
Plakat der Gewerkschaftsbewegung „Solidarność" aus Danzig vom August 1980
PZPR: Abk. für die kommunistische „Polnische Vereinigte Arbeiterpartei"

1. *Begründe, warum die KSZE-Schlussakte ein wichtiges und folgenreiches Dokument ist. Berücksichtige dabei auch, welche Nationen sie unterschrieben haben.*
2. *Fasse zusammen, warum die Gewerkschaft Solidarność der kommunistischen Herrschaft gefährlich werden konnte.*

[1] Siehe S. 244 f.

M3 Die „Charta 77“ in der ČSSR

Nachdem die kommunistische Regierung in Prag die KSZE-Prinzipien (M2, S. 245) bestätigt und im März 1976 in Kraft gesetzt hat, veröffentlicht eine Bürgerrechtsgruppe, zu der auch der Schriftsteller Václav Havel gehört, am 1. Januar 1977 eine Grundsatzerklärung. Sie kann in der ČSSR nur im Untergrund erscheinen. Ihre Verfasser und viele der Unterzeichner werden verhaftet:

[Die Veröffentlichung der KSZE-Prinzipien] ruft uns [...] mit neuer Eindringlichkeit in Erinnerung, wie viele Grundrechte des Bürgers in unserem Lande vorerst – leider – nur auf dem Papier gelten. Völlig illusorisch ist zum Beispiel das Recht auf freie Meinungsäußerung [...]. Zehntausenden von Bürgern wird es nur deshalb unmöglich gemacht, in ihrem Fach zu arbeiten, weil sie Ansichten vertreten, die sich von den offiziellen Ansichten unterscheiden. [...]

Die Verantwortung für die Einhaltung der Bürgerrechte im Lande obliegt selbstverständlich vor allem der politischen und staatlichen Macht. Aber nicht nur ihr. Jeder trägt sein Teil Verantwortung für die allgemeinen Verhältnisse [...].

Wir glauben daran, dass „Charta 77“ dazu beitragen wird, dass in der Tschechoslowakei alle Bürger als freie Menschen arbeiten und leben können. Durch ihren symbolischen Namen betont „Charta 77“, dass sie an der Schwelle eines Jahres entsteht, das zum Jahr der Rechte politischer Gefangener erklärt wurde [...].

Zit. nach: Jiří Pelikán und Manfred Wilke (Hrsg.), Menschenrechte. Ein Jahrbuch zu Osteuropa, Reinbek 1977, S. 221 - 225 (stark gekürzt)

M5 Streikführer Lech Walesa auf der Lenin-Werft in Danzig
Foto vom 26. August 1980
Unter Walesas Führung hatte ein Streikkomitee mit einer Regierungskommission über Forderungen (siehe M4) verhandelt und ein Abkommen geschlossen, das den Arbeitern das Streikrecht, die Gründung einer unabhängigen Gewerkschaft und soziale Verbesserungen versprach.

M4 Forderungen von Danzig

Am Anfang der oppositionellen Entwicklung in Polen stehen die 21 Forderungen des Danziger „Überbetrieblichen Streikkomitees“ vom August 1980:

1. Akzeptierung von der Partei und den Arbeitgebern unabhängiger freier Gewerkschaften [...].
2. Garantie des Rechts auf Streik [...].
3. Einhaltung der von der Verfassung der Volksrepublik Polen garantierten Freiheit des Wortes, des Drucks und der Publikation, somit auch Duldung unabhängiger Zeitschriften und Zugang für Vertreter aller Glaubensbekenntnisse zu den Massenmedien. [...]

12. Einstellung von Führungskräften nach dem Prinzip der Qualifikation und nicht nach Parteizugehörigkeit sowie Abschaffung von Privilegien für Polizei, Sicherheitsdienst und Parteiapparat [...].

Zit. nach: Osteuropa-Archiv, 31. Jg. (1981), S. 1f.

1. *Erläutere, was die Verfasser der „Charta 77“ anklagen und einfordern (M3). Warum weisen sie darauf hin, dass jeder Bürger für die Einhaltung der Bürgerrechte mitverantwortlich ist?*
2. *Arbeite den möglichen Zusammenhang zwischen der Schlussakte von Helsinki, der „Charta 77“ (M3), den Forderungen von Danzig (M4) heraus.*

KSZE-Schlussakte | „Charta 77“ in der CSSR | Landesweiter Streik in Polen

1975 | 1980

Der Ostblock wankt

M 1 Eine neue Regierung in Warschau
Foto vom 24. August 1989
Der Gewerkschaftsführer und spätere Friedensnobelpreisträger Lech Walesa (rechts) freut sich über die Wahl Tadeusz Mazowieckis zum Regierungschef. Das Parlament ändert am 30. Dezember 1989 den Landesnamen in „Republik Polen".

Reformen in Moskau

Afghanistan, ein extrem teurer Rüstungswettlauf mit den USA, eine katastrophale wirtschaftliche Lage: Das war die Situation, die der neue sowjetische Staatschef **Michail Gorbatschow** bei seinem Amtsantritt 1985 vorfand. Er war entschlossen, die Lage des Landes zu verbessern, ohne das sozialistische System aufzugeben. Seine Reformen bezeichnete er mit **Glasnost und Perestroika**. Die Menschen sollten ihre Ideen und ihr Können besser entfalten können und dadurch helfen, die Lage des Landes zu verbessern. Regierung und Behörden hingegen sollten den Bürgern und Betrieben weniger Vorschriften machen.

In einem nächsten Schritt wollte die UdSSR Abrüstungsverhandlungen mit den USA, um die hohen Militärausgaben zu verringern.

Doch das brachte die Wirtschaft nicht voran. Überall ging die Produktion zurück. Die Geldentwertung nahm zu, die Versorgungslage der Bevölkerung verschlechterte sich. Die Menschen reagierten darauf mit Streiks und Demonstrationen gegen die KPdSU.

Das Ende des „Ostblocks"

Während die Perestroika innenpolitisch nicht voranzukommen schien, erreichte Gorbatschow außenpolitisch einen revolutionären Wandel, der zur Auflösung des Ostblocks und der Sowjetunion führte.

1987 erklärte er in Prag, dass niemand – auch nicht die UdSSR – einen „Anspruch auf eine Sonderstellung in der sozialistischen Welt" habe. Das wirkte befreiend auf die Völker des Ostblocks, denn kein Machthaber konnte noch mit sowjetischer Hilfe im Kampf gegen die Opposition rechnen.

Immer mehr Menschen meldeten sich auf stets größer werdenden Demonstrationen zu Wort. Überall setzte die Opposition erste Reformen durch. Politiker, ja ganze Regierungen traten ab 1989 zurück, die Presse wurde freier und neue Parteien bildeten sich.

Erste freie und unabhängige Parlamentswahlen fanden im Juni 1989 in Polen statt. Überall wurde die „führende Rolle" der kommunistischen Partei aus den Verfassungen gestrichen: im Februar 1989 in Ungarn, im Dezember in Polen, der Tschechoslowakei und Rumänien und im März 1990 in der Sowjetunion.

Diese fast gewaltlose Revolution – nur in Rumänien wurde der Diktator Nicolae Ceaușescu hingerichtet – wirkte sich auch auf die Bündnisse des Ostblocks aus: 1991 mussten der Warschauer Pakt und der Rat für Gegenseitige Wirtschaftshilfe aufgelöst werden.

1. *Erkläre, warum es schwer war, mit Glasnost und Perestroika die Lage in der Sowjetunion zu verbessern.*
2. *Diskutiert darüber, ob die Reformpolitik Gorbatschows für den Zusammenbruch des „Ostblocks" verantwortlich war.*

M 2 Michail S. Gorbatschow
Foto von 1989

M 5 „Osteuropäischer Geleitzug im Winter 1988/89"
Karikatur von Karl-Heinz Schoenfeld, 29. Dezember 1988

M 3 Perestroika – eine Revolution?

Gorbatschow fasst am 2. August 1986 die Perestroika so zusammen:

Weder die Arbeiterklasse noch die Bauern noch die technische und die schöpferische Intelligenz – keiner will länger auf die alte Art und Weise leben, will sich mit dem abfinden, was unsere Bewegung bremst, unsere Wirklichkeit, unser Leben und unsere sozialistische Ordnung überschattet [...]. Die derzeitige Umgestaltung umfasst nicht nur die Wirtschaft, sondern auch alle anderen Seiten des gesellschaftlichen Lebens: die sozialen Beziehungen, das politische System, den geistig-ideologischen Bereich sowie Arbeitsstil und -methoden der Partei und all unserer Kader[1]. Perestroika ist ein umfassendes Wort. Ich würde zwischen den Wörtern Perestroika und Revolution das Gleichheitszeichen setzen.

Nach: Blätter für deutsche und internationale Politik, 31. Jg. (1986), S. 1148f.

M 4 Die „Souveränität der Völker"

Am 7. Juli 1989 erklärt Gorbatschow vor dem Europarat in Straßburg:

Die Zugehörigkeit der europäischen Staaten zu verschiedenen Gesellschaftssystemen ist eine Realität. Und die Anerkennung dieser historischen Tatsache, die Achtung des souveränen Rechts eines jeden Volkes, sein Gesellschaftssystem nach Belieben zu wählen, ist die wichtigste Voraussetzung des normalen europäischen Prozesses. Die gesellschaftliche und politische Ordnung hat sich in diesem oder jenem Lande in der Vergangenheit verändert und kann sich auch in Zukunft ändern. Dies ist jedoch ausschließlich Sache dieser Völker selbst, ihrer eigenen Wahl. Jegliche Einmischung in die inneren Angelegenheiten, jegliche Versuche, die Souveränität der Völker einzuschränken – sowohl der Freunde und Verbündeten als auch von sonst jemandem – sind unzulässig.

Zit. nach: Auswärtiges Amt (Hrsg.), Umbruch in Europa. Die Ereignisse im 2. Halbjahr 1989. Eine Dokumentation, Bonn 1990, S. 17f.

Internettipp:
Zu Gorbatschow siehe Mediencode 31022-95

[1] Kader: Gruppe leitender Mitarbeiter in Partei, Staat und Wirtschaft

1. *Diskutiert, was sich ein polnischer Staatsbürger oder ein DDR-Bürger von Gorbatschows Aussagen erhoffen konnte (M3).*
2. *Arbeite heraus, warum Gorbatschow den Begriff „Revolution" zur Beschreibung seiner Reformen verwendet (M3).*
3. *Die meisten Menschen im Westen haben die Reformpolitik Gorbatschows begeistert aufgenommen. Dagegen waren viele in den kommunistischen Parteien schockiert. Versetzt euch in die Lage eines kommunistischen Regierungschefs und verfasst in Partnerarbeit einen Brief an Gorbatschow. Dabei erklärt ihr, warum ihr die neue Politik ablehnt.*

Glasnost und Perestroika
Sturz der kommunistischen Herrschaft in Osteuropa
Auflösung von Warschauer Pakt und RGW
1985 1990 1995

Die friedliche Revolution in der DDR

M 1 „Ohne Worte“
Karikatur aus dem „Südkurier“ vom 11. August 1989

Zuzüge aus der Bundesrepublik in die DDR	
von 1950 bis 1961	400 315
von 1962 bis 1989	75 072

Flüchtlinge/Übersiedler aus der DDR in den Westen	
von 1950 bis 1961	3 854 552
von 1962 bis 1988	625 751[1]
vom 1. 1. bis 9. 11. 1989	225 233[2]

M 2 Flüchtlinge und Übersiedler zwischen DDR und Bundesrepublik von 1950 bis 1989

Nach: Paul Gans und Franz-Josef Kemper (Hrsg.), Mobilität und Migration in Deutschland, Erfurt 1995, S. 6 (ergänzt)

[1] etwa ein Drittel davon unter großer Gefahr als Republikflüchtlinge
[2] Durchschnittsalter der Flüchtlinge/Übersiedler: 23,5 Jahre

Der „Eiserne Vorhang“ hebt sich

Die SED-Führung um Erich Honecker sah trotz enormer wirtschaftlicher Probleme keinen Grund, Reformen durchzuführen. Aber am 2. Mai 1989 schnitten ungarische Grenzsoldaten den Stacheldraht an der österreichisch-ungarischen Grenze durch. Hier bekam der „Eiserne Vorhang“ sein erstes Loch, durch das Tausende DDR-Bürger in den Westen fliehen konnten.
Ohne Gespür für die brisante Lage fälschte die Parteispitze wie üblich das Ergebnis der Kommunalwahlen vom 7. Mai 1989. Doch erstmals konnten Bürgerrechtsgruppen dies nachweisen.
Als immer mehr Menschenrechtsverstöße an die Öffentlichkeit drangen, solidarisierten sich breite Bevölkerungskreise mit den Oppositionellen und forderten ein Ende der Missstände. Viele DDR-Bürger verloren aber jede Hoffnung auf eine Verbesserung der Verhältnisse. Sie sahen nur noch einen Weg: die Übersiedlung in den Westen.

Reformieren oder ausreisen?

Die Zahl der Ausreiseanträge war seit Mitte der 1980er-Jahre stark gestiegen und lag Mitte 1989 bei rund 250 000. Während im September 1989 die Vorbereitungen zum 40. Staatsjubiläum liefen, suchten immer mehr Menschen Zuflucht in der Ständigen Vertretung der Bundesrepublik in Ost-Berlin sowie in den westdeutschen Botschaften in Budapest, Warschau und Prag. Sie wollten die DDR verlassen. Ende September/Anfang Oktober ließ die SED-Führung die „Botschaftsflüchtlinge“ ausreisen, damit die Feiern zum 40. Gründungsjubiläum der DDR ungestört stattfinden konnten.

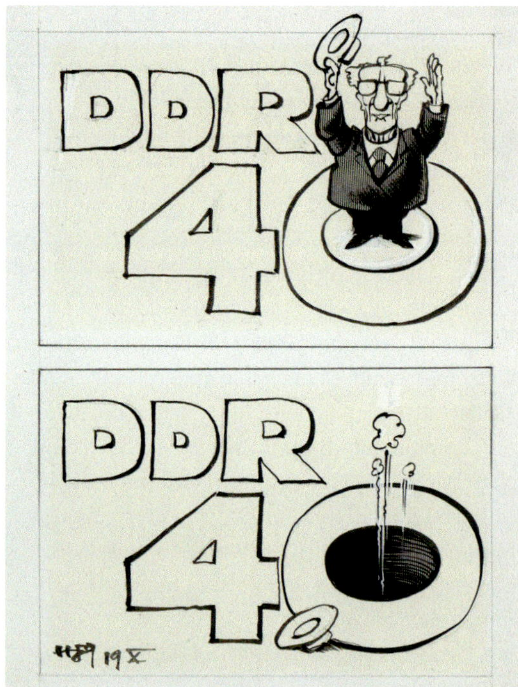

M 3 Zum 40. Geburtstag der DDR
Karikatur von Horst Haitzinger, 19. Oktober 1989

Lesetipps:
- Waldtraut Lewin, Mauersegler – Ein Haus in Berlin – 1989, Ravensburg [6]2010
- Dorit Linke, Jenseits der blauen Grenze, Bamberg 2014
- Anne C. Voorhoeve, Lilly unter den Linden, Ravensburg [8]2013

M 4 Montagsdemonstration
Foto aus Leipzig vom 9. Oktober 1989
Obwohl sie die Zerschlagung ihres Protestes befürchten mussten, zogen etwa 70 000 Menschen friedlich durch die Innenstadt.

Die Mauer fällt

Am Montag, den 4. September 1989, demonstrierten etwa 1 200 Menschen nach dem Friedensgebet in der Leipziger Nikolaikirche für Reisefreiheit und Demokratie. Damit setzten die landesweiten Montagsdemonstrationen ein. Während die Machthaber den 40. Jahrestag der DDR am 6. und 7. Oktober vor den Augen der Welt und mit dem sowjetischen Staatschef Gorbatschow in Ost-Berlin mit Pomp und Militärparaden feierten, ging die Staatsmacht mit einem Riesenaufgebot bewaffneter Sicherheitskräfte gegen die Demonstranten vor.

In den nächsten Wochen gingen die Menschen trotzdem von Rostock bis Karl-Marx-Stadt (seit 1990 wieder Chemnitz) an jedem Montag auf die Straße. Sie protestierten gegen den Führungsanspruch der SED und forderten Reise- und Meinungsfreiheit sowie die Zulassung neuer Parteien.

Am 18. Oktober musste der 77-jährige Staatsratsvorsitzende Honecker seine Ämter abgeben. Rund drei Wochen später trat die gesamte SED-Spitze zurück.

Die letzte Möglichkeit, die eigene Macht zu retten, sah die SED-Spitze in der Öffnung der Grenzen. Am 9. November wurde der Presse mitgeteilt, dass „ab sofort Privatreisen nach dem Ausland [...] ohne Vorliegen von Voraussetzungen" beantragt werden können. Von Ost- und West-Berlin zogen daraufhin Tausende an die Mauer. Gegen 23:14 Uhr wurde aufgrund des Ansturms ein erster Übergang geöffnet.

▸ ***Geschichte In Clips:***
Zur Öffnung der Mauer siehe Clip-Code 31022-96

Internettipp:
Zum Mauerfall siehe Mediencode 31022-97

1. *Erkläre, warum die SED-Führung die Mauer öffnen ließ, obwohl sie zunächst zu inneren Reformen nicht bereit war.*
2. *Stelle Vermutungen an, warum die DDR-Führung während der Feiern zum 40. Jahrestag Protestdemonstrationen nicht sofort gewaltsam auflösen ließ.*

02.05. Grenzöffnung in Ungarn
04.09. erste Montagsdemonstration
18.10. Entmachtung Erich Honeckers
09.11. Grenzöffnung

1989 — 1990 — 1991

M 5 Großdemonstration in Ost-Berlin
Foto vom 4. November 1989
Vertreter der Künstlerverbände und Theater hatten die fünfstündige Protestkundgebung auf dem Alexanderplatz organisiert. Zwischen 150 000 und 170 000 Menschen kamen. Ihre Wirkung erhielt die Veranstaltung durch die Liveübertragung im DDR-Fernsehen. Abgesehen davon: Am selben Tag fanden in über 50 weiteren Städten der DDR Kundgebungen statt.

M 6 „Jedes Land wählt seine Lösung"

Im Frühjahr 1987 geht der DDR-Spitzenfunktionär Kurt Hager in einem Gespräch mit Redakteuren des „Stern" über die „Umgestaltung" in der Sowjetunion auch indirekt auf die Situation in der DDR ein:

Stern: „Perestroika", Umgestaltung also auch in der DDR? […]

Hager: Wir deutschen Kommunisten haben dem Land Lenins stets große Achtung und Bewunderung entgegengebracht, und daran wird sich nichts ändern. […] Dies bedeutete jedoch auch in der Vergangenheit nicht, dass wir alles, was in der Sowjetunion geschah, kopierten.

Stern: Ein hartes Wort …

Hager: […] Würden Sie, wenn Ihr Nachbar seine Wohnung neu tapeziert, sich verpflichtet fühlen, Ihre Wohnung ebenfalls neu zu tapezieren?

Stern, H. 16/1987, S. 140

M 7 „Bürger der Stadt Plauen!"

Im sächsischen Plauen ruft die „Initiative zur demokratischen Erneuerung der Gesellschaft" zu einer Demonstration am 7. Oktober 1989 mit folgender Begründung auf:

40 Jahre lang wurde den Menschen in unserem Staat jegliches Mitspracherecht verweigert, sie wurden politisch und ideologisch verdummt, eingelullt, unmündig gemacht und eingeschüchtert. Überall spürt man die Ohnmacht des Volkes, deren Folge meist Resignation und Verweigerung sind, und für viele ist die Ausreise die einzige Alternative. Doch es gibt noch eine zweite Alternative, in der jeder Einzelne von uns seinen Beitrag leisten kann – ja, muss, und die heißt: Schluss mit Resignation und stummem Protest! Wir müssen endlich handeln – aktiven und energischen Widerstand leisten! Veränderungen können nur ERZWUNGEN werden. […] Dieser angeblich „sozialistische" Staat „DDR" […] ist das am perfektesten organisierte und funktionierende Ausbeutersystem in der Geschichte der Menschheit. […] Unsere Forderungen lauten: – Versammlungs- und Demonstrationsrecht; – Streikrecht; – Meinungs- und Pressefreiheit; – Zulassung der Oppositionsgruppe „Neues Forum"; – Freie, demokratische Wahlen; – Zulassung unabhängiger Parteien und Umweltgruppen; – Reisefreiheit für alle. […] BÜRGER! Überwindet Eure Lethargie und Gleichgültigkeit! Es geht um unsere Zukunft! JETZT ODER NIE!!!

Zit. nach: Ilko-Sascha Kowalczuk, Endspiel. Die Revolution von 1989 in der DDR, München 2009, S. 396-398 (Hervorhebungen im Original)

M 8 Losungen vom 4. November 1989

- „Das Volk sind wir, gehen solltet ihr"
- „Eure Politik ist zum Davonlaufen"
- „Pässe für alle – Laufpass für die SED"
- „Visafrei bis Hawaii"
- „Wir fordern freie Wahlen"

Zit. nach: „Initiativgruppe 4. 11. 89" (Hrsg.), 40 Jahre DDR – TschüsSED 4. 11. 89, Bonn 1990, passim

M 9 „Die Grenze ist offen“

Drei Zeitzeugen berichten, wie sie die Grenzöffnung erlebt haben. In einem Bericht von einer Demonstration in Leipzig vom 20. November heißt es:

Am allerschönsten in meinem ganzen Leben war der 9. November. […] Wir gingen zur Friedrichstraße, weil sie im Fernsehen gesagt hatten, dass die Grenze aufgeht. Wir wollten es nicht glauben, und meine Mutter hatte gesagt: „Wenn ihr rüberdürft – ihr geht nicht! Wer weiß, ob das nur für die Ausreiser ist, und ihr dürft vielleicht nicht zurück.“ Dann haben die Menschen dort mit den Grenzern diskutiert. Und Punkt null Uhr kam ein Oberst und sagte: „Die Grenze ist offen.“ Dann sind wir zum [Bahnhof] Zoo gefahren. […] Als wir da ausstiegen, das war ein Aufatmen in mir – jetzt bist du wirklich in der Welt. Die Gedächtniskirche bei Nacht, das war so beeindruckend. Dann kamen die ganzen Ostautos.

Die Leute haben getanzt auf den Autodächern mit Sekt in der Hand. Das war ganz irre. Dann bin ich zu meiner Tante, die vor drei Jahren rübergegangen war. Die wurde leichenblass, denn die dachte, wir sind abgehauen. Aber als wir ihr alles erzählten, hat sie sich sehr gefreut. Wir blieben dann bis um fünf Uhr früh.

Der damalige Chefredakteur der „Berliner Zeitung“, Benedict Sedlmaier, erinnert sich 1999:

„Die öffnen noch heute Abend die Mauer??? Das kann doch nicht wahr sein!“ […] So lebte ich meinen Freudenschock an diesem Abend am Redaktionsschreibtisch aus: Eingedeckt von den Reporter-Berichten über den Mauerfall, unterbrochen von Blitz-Besuchen freudetrunkener Politiker, überfallen mit „Congratulation to the Berliners“-Telefonaten aus den USA, gerührt vom Anruf der urlaubenden Ehefrau aus dem Westen: „Ich kehre noch heute nach Berlin zurück.“

Horst Linke, ein ehemaliger DDR-Offizier aus Thüringen, erzählt um 1992 einem Journalisten:

Ich war in dieser Nacht „Offizier vom Dienst“ im Regiment Plauen gewesen, da haben sie am späten Abend im Radio gemeldet, dass die Grenzen offen sind.

Am nächsten Morgen bin ich zurück nach Probstzella gefahren, immer am Schutzstreifen entlang, weil ich gedacht habe, dass da die Straßen noch nicht so verstopft sind; bin da langgefahren und hab glückliche Gesichter gesehen. Die Leute waren alle begeistert. Ein bissl was Befreiendes war es schon. Ich hab mich auch gefreut. Als ich im Stau stand, bin ich ausgestiegen und hab mit den Leuten gesprochen. Ich hatte Uniform an, aber die waren freundlich. Mich hat keiner beschimpft oder was. Wir waren ja alle irgendwie froh, ich weiß auch nicht …

Erster Text zit. nach: Vera-Maria Baehr, Wir denken erst seit Gorbatschow, Recklinghausen 1990, S. 34f. Zweiter Text zit. nach: Hans-Hermann Hertle und Kathrin Elsner, Mein 9. November, Berlin o. J. [1999], S. 224. Dritter Text zit. nach: Roman Grafe, Die Grenze durch Deutschland, Berlin 2002, S. 360

M 10 Menschen feiern auf der Berliner Mauer
Foto vom 9./10. November 1989

Internettipp:
Zeitzeugenberichte, Fotos, Ton- und Filmdokumente zum 9. November findest du unter Mediencode 31022-98

Lesetipps:
- Rolf Steininger und Heribert Schwan (Hrsg.), Mein 9. November 1989, Düsseldorf 2009
- Alfred Neven DuMont (Hrsg.), Mein 9. November. Der Tag, an dem die Mauer fiel, Köln 2009

1. *Vergleiche die Politik der SED sowie die Situation von 1989 (M1 bis M8) mit dem 17. Juni 1953 (siehe S. 212 f.). Nenne wichtige Unterschiede.*
2. *Erkläre die einzelnen Slogans (M8).*
3. *Vergleiche und erkläre die Reaktionen der drei Zeitzeugen (M9).*
4. *Recherchiere weitere Zeitzeugenberichte. Bestimme zuvor einen Adressatenkreis (Politiker, Jugendliche, Frauen …).*

02.05. Grenzöffnung in Ungarn
04.09. erste Montagsdemonstration
18.10. Entmachtung Erich Honeckers
09.11. Grenzöffnung
1989 1990 1991

Die Wiedervereinigung

M 1 „Wir sind ein Volk"
Pappschild (180 x 60 cm) vom Dezember 1989

„Wir sind ein Volk!"

Ab Mitte November 1989 wurde auf Massenkundgebungen aus dem Slogan „Wir sind das Volk!" der Ruf „Wir sind ein Volk!" Nicht mehr die Reform der DDR, sondern die deutsche Einheit wurde Ziel der Demonstrationen.

Der schnelle politische und wirtschaftliche Verfall der DDR und die anhaltend hohen Übersiedlerzahlen setzten die Regierenden in Ost und West unter Zugzwang. Ende November stellte Bundeskanzler Helmut Kohl im Deutschen Bundestag ein Zehn-Punkte-Programm zur Überwindung der Teilung Deutschlands und Europas vor. Am Ende einer stufenweisen Zusammenarbeit beider Länder sollte die Wiedervereinigung der Deutschen stehen.

Doch bereits Ende des Jahres war die DDR aus eigener Kraft zu keiner Reform mehr fähig. Unruhen waren nicht auszuschließen. Losungen bei Massendemonstrationen wie „Kommt die D-Mark, bleiben wir, kommt sie nicht, geh'n wir zu ihr!" verstand die Bundesregierung als dringliche Aufforderung der DDR-Bürger zum Handeln.

In den ersten freien Volkskammerwahlen am 18. März 1990 entschied sich die große Mehrheit der Bürger für die Parteien, die eine schnelle Einheit befürworteten.

Der erste Schritt zur Vereinigung der gegensätzlichen Gesellschafts- und Wirtschaftssysteme war die Währungs-, Wirtschafts- und Sozialunion am 1. Juli 1990. Sie beruhte auf einem Vertrag, der von den Regierungen in Bonn und Ost-Berlin erarbeitet und von der Volkskammer sowie vom Deutschen Bundestag verabschiedet worden war. Die Soziale Marktwirtschaft und die Deutsche Mark hielten Einzug in die noch bestehende DDR.

Reaktionen des Auslandes

Angesichts der sich anbahnenden Vereinigung erinnerten Politiker und Bürger in Israel und Polen an die deutsche Vergangenheit, vor allem an die beiden Weltkriege, die von Deutschland ausgegangen waren, und die Ermordung der europäischen Juden. Während in den Vereinigten Staaten keine Vorbehalte gegen ein vereintes Deutschland geltend gemacht wurden, beschwor die britische Regierung für kurze Zeit die Gefahr eines „Fourth German Reich" herauf. Italienische und französische Politiker befürchteten ein Nachlassen des deutschen Einsatzes für die europäische Integration.

Aus zwei mach' eins

Die Wiederherstellung der Einheit Deutschlands war ohne Zustimmung der Siegermächte des Zweiten Weltkrieges nicht möglich. Dies war 1945 in Potsdam festgelegt worden. Besonders problematisch war, dass beide deutsche Staaten Teile gegensätzlicher militärischer und wirtschaftlicher Bündnisse waren.

Aufgrund vorheriger amerikanisch-sowjetischer Vereinbarungen über die zukünftige Mitgliedschaft Gesamtdeutschlands in der NATO erhielt Bundeskanzler Kohl am 15./16. Juli 1990 von Gorbatschow die öffentliche Zusage zur deutschen Einheit. Die Sowjetunion sicherte den Abzug der Roten Armee aus der DDR bis 1994 zu. Dafür versprach der Kanzler,

M2 Einheitsgleichung
Karikatur von Brigitte Schneider aus der Wochenzeitung „Das Parlament" vom 22. Juni 1990

die gesamtdeutschen Streitkräfte zu reduzieren und auf die Herstellung, den Besitz und den Einsatz von ABC-Waffen[1] zu verzichten. Darüber hinaus sagte Kohl der Sowjetunion umfangreiche wirtschaftliche Unterstützung zu.

Danach konnten die Zwei-plus-Vier-Gespräche zwischen den Außenministern der vier Siegermächte und den beiden deutschen Staaten abgeschlossen werden. Am 12. September 1990 wurde der Zwei-plus-Vier-Vertrag unterzeichnet. Dieser Friedensvertrag bestätigte die „endgültigen" Grenzen des vereinten Deutschland wie die „volle Souveränität über seine inneren und äußeren Angelegenheiten".

Die staatliche Einheit

Vor der Wiedervereinigung war die Verfassungsfrage zu klären: Sollte die DDR dem Geltungsbereich des Grundgesetzes beitreten? Oder sollte das vereinigte Deutschland eine neue Verfassung erhalten, die dem deutschen Volk zur Abstimmung vorgelegt würde? In einer Sondersitzung der Volkskammer wurde am 23. August 1990 um 2:47 Uhr der Beitritt nach Artikel 23 des Grundgesetzes beschlossen.

Den rechtlichen Rahmen der Vereinigung bildete der am 31. August abgeschlossene Einigungsvertrag. Die staatliche Existenz der DDR endete am 3. Oktober 1990 mit dem Beitritt der fünf „neuen" Bundesländer Brandenburg, Mecklenburg-Vorpommern, Sachsen, Sachsen-Anhalt und Thüringen zur Bundesrepublik Deutschland, der Auflösung von DDR-Regierung und Volkskammer sowie der Übernahme von 144 Abgeordneten in den gesamtdeutschen Bundestag. An diesem Tag wurde der neue Nationalfeiertag, der Tag der deutschen Einheit, erstmals festlich begangen.

Bei den ersten Landtagswahlen in den fünf neuen Bundesländern vom 14. Oktober und der ersten gesamtdeutschen Wahl vom 2. Dezember 1990 bestätigten die Wählerinnen und Wähler den eingeschlagenen Weg der deutschen Einheit mit stattlichen Mehrheiten für die Politik der Regierungskoalition von CDU/CSU und FDP, die auf eine schnelle Einheit gesetzt und eine rasche Angleichung der Lebensverhältnisse versprochen hatte.

[1] ABC-Waffen: Sammelbezeichnung für atomare, biologische und chemische Waffen

1. *Fasse die Gründe für die Ablehnung einer deutschen Wiedervereinigung aus anderen Ländern zusammen.*
2. *Erkläre, warum schon rein rechtlich ein Vertrag zwischen den beiden deutschen Staaten für eine Wiedervereinigung nicht genügte.*
3. *Nimm Stellung, ob es besser gewesen wäre, dem wiedervereinigten Deutschland eine neue Verfassung zu geben.*

18.03.: freie Wahl der Volkskammer
01.07. Währungs-, Wirtschafts- und Sozialunion
23.08.: Beschluss der Volkskammer über den Beitritt zur Bundesrepublik
12.09.: 2+4-Vertrag
03.10.: Beitritt der fünf neuen Bundesländer zur Bundesrepublik
02.12.: Bundestagswahl im vereinten Deutschland
1990
1991

M3 Treffen im Kaukasus
Foto vom 15. Juli 1990
Bei dem Treffen stimmte der sowjetische Staats- und Parteichef Gorbatschow (Mitte) zu, dass das wiedervereinigte Deutschland seine volle Souveränität erhielt. Das Foto zeigt ihn bei einem Spaziergang, u. a. mit seiner Frau Raissa und dem deutschen Bundeskanzler Kohl (rechts).

M4 „Keine Experimente mehr!"

In einem Bericht aus Leipzig vom 20. November 1989 heißt es:

„Ich bin Werkzeugmacher und heiße Hans Teschnau", stellt sich ein Redner vor. Er habe vierzig Jahre Sozialismus ertragen und keine Lust mehr auf neue Varianten. „Keine Experimente mehr! Wir sind keine Versuchskaninchen!", lautet seine Losung. Vor der Tür gebe es schließlich ein funktionierendes Gegenmodell. Freie Marktwirtschaft und Wiedervereinigung seien der einzige Ausweg. Die Reaktion ist eindeutig: langer Beifall und Sprechchöre: „Deutschland, einig Vaterland."

Zit. nach: Christoph Links und Hannes Bahrmann, Chronik der Wende. Die Ereignisse in der DDR zwischen 7. Oktober 1989 und 18. März 1990, Berlin 1999, S. 89

M5 „Wiedervereinigung jetzt – keine Experimente mehr?"

„Demokratischer Aufbruch", „Neues Forum" und „Sozialdemokratische Partei" formulieren am 1. Dezember 1989 auf einem Flugblatt:

- Wiedervereinigung jetzt – keine Experimente mehr?

Wir sagen: Wiedervereinigung jetzt ist ein unkalkulierbares Experiment, ökonomisch, sozial und politisch!

- Deutschland – einig Vaterland!

Wir sagen: Einheit in Würde und Gleichberechtigung, nicht einfach Einverleibung!
Darum: Thema Nummer 1 für uns ist: Demokratisierung und enge Kooperation mit der Bundesrepublik und mit Europa. In diesem Sinne brauchen wir Konzepte, die die Vereinigung der beiden deutschen Staaten in Zukunft ermöglichen.

Zit. nach: Archiv Bürgerbewegung Leipzig (http://revolution89.de)

M6 Wahlergebnis der Volkskammerwahl vom 18. März 1990

Wahlbeteiligung: 93,4 %		Stimmen (%)	Mandate
CDU	Christlich-Demokratische Union[1]	40,82	163
SPD	Sozialdemokratische Partei Deutschlands	21,88	88
PDS	Partei des Demokratischen Sozialismus[2]	16,40	66
DSU	Deutsche Soziale Union[1]	6,31	25
BFD	Bund freier Demokraten: Deutsche Forumpartei, Liberaldemokratische Partei[2], Freie Demokratische Partei	5,28	21
Bündnis 90	Neues Forum, Demokratie Jetzt, Initiative Freiheit und Menschenrechte	2,91	12
DBD	Demokratische Bauernpartei Deutschlands[2]	2,18	9
Grüne-UFV	Grüne Partei + Unabhängiger Frauenverband	1,97	8

Nach: Uwe Andersen und Wichard Woyke (Hrsg.), Handwörterbuch des politischen Systems der Bundesrepublik Deutschland, Berlin ²1995, S. 676

[1] Allianz für Deutschland (CDU, DSU und DA)
[2] ehemalige Blockparteien

M 7 „Blühende Landschaften"

Aus Anlass des Inkrafttretens der Währungs-, Wirtschafts- und Sozialunion sagt Bundeskanzler Helmut Kohl am 1. Juli 1990:

Es wird harte Arbeit erfordern, bis wir Einheit und Freiheit, Wohlstand und sozialen Ausgleich für alle Deutschen verwirklicht haben. [...] Aber niemandem werden dabei unbillige Härten zugemutet. Den Deutschen in der DDR kann ich sagen [...]: Es wird niemandem schlechter gehen als zuvor – dafür vielen besser. [...]

Durch eine gemeinsame Anstrengung wird es uns gelingen, Mecklenburg-Vorpommern und Sachsen-Anhalt, Brandenburg, Sachsen und Thüringen schon bald wieder in blühende Landschaften zu verwandeln, in denen es sich zu leben und zu arbeiten lohnt. [...]

Und für die Menschen in der Bundesrepublik gilt: Keiner wird wegen der Vereinigung Deutschlands auf etwas verzichten müssen. Es geht doch allenfalls darum, Teile dessen, was wir in den kommenden Jahren zusätzlich erwirtschaften, unseren Landsleuten in der DDR zur Verfügung stellen zu wollen – als Hilfe zur Selbsthilfe. Dies ist für mich ein selbstverständliches Gebot nationaler Solidarität.

Zit. nach: www.helmut-kohl.de/index.php?msg=555 (Zugriff: 12. Juli 2010)

M 8 Angst vor Deutschland?

Der französische Historiker Alfred Grosser äußert sich am 13. September 2000:

Nein, wirklich, [das heutige] Deutschland ist eine Nation wie alle anderen. Eine Nation, mit der wir zu leben lernen müssen. Die Partnerschaften zwischen Städten und Schulen sind die beste Antwort auf die französischen Ängste [vor einem wieder erstarkten Deutschland]. Lasst uns keine Angst haben!

Alfred Grosser, „N'ayons pas peur!", in: Le Figaro am 13. September 2000, S. 16 (übers. von U. Schnakenberg)

M 9 Kommentare aus dem Ausland

Der „Tages-Anzeiger" aus Zürich schreibt:

Die Hochgefühle der Regierungskoalition werden bald einer nüchternen Stimmungslage weichen müssen. Denn jetzt wird der ganz gewöhnliche Alltag die Phase der historischen Höhenflüge ziemlich rasch ablösen. Außenpolitisch muss das groß gewordene Deutschland seine neue Rolle finden, was nicht einfach sein wird. Innenpolitisch rücken die garstigen Sachthemen wieder in den Vordergrund [...]. Vor allem aber wird die Einheitsfinanzierung die Regierung [...] bald einholen und auch belasten.

Der britische „Guardian" bemerkt:

Das übrige Europa betrachtet die Zukunft Deutschlands mit gemischten Gefühlen. [...] Deutschland ist eine regionale Macht geworden und besitzt ein ähnliches Gewicht wie Japan. Von Moskau bis London hat diese Veränderung ungeahnte Konsequenzen hinsichtlich unserer Position zur europäischen Einigung und darüber hinaus. Man könnte mit Recht sagen, dass Deutschland – genau wie Japan – einen größeren Anspruch auf einen ständigen Sitz im Weltsicherheitsrat[1] als Großbritannien besitzt.

Zit. nach: Frankfurter Rundschau vom 4. Dezember 1990

M 10 Vor dem Reichstagsgebäude
Foto vom 3. Oktober 1990

[1] Gemeint ist der UN-Sicherheitsrat.

1. *Erläutere, warum die Mehrheit der DDR-Bürger keine Reform der DDR, sondern den Anschluss an die Bundesrepublik Deutschland wollte (M4-M6).*
2. *Erörtere die Rede (M7) aus damaliger und heutiger Sicht.*
3. *Arbeite die Einstellungen der Kommentatoren zur deutschen Wiedervereinigung heraus (M9). Nimm dazu Stellung.*
4. *Erörtere, welche Vorgänge von 1989/90 als „demokratisches Vermächtnis" für das Handeln künftiger Generationen angesehen werden sollten. Stellt als Grundlage einer Diskussion Thesen zu dem Thema auf.*

18.03.: freie Wahl der Volkskammer
01.07. Währungs-, Wirtschafts- und Sozialunion
23.08.: Beschluss der Volkskammer über den Beitritt zur Bundesrepublik
12.09.: 2+4-Vertrag
03.10.: Beitritt der fünf neuen Bundesländer zur Bundesrepublik
02.12.: Bundestagswahl im vereinten Deutschland
1990
1991

Epochenjahre 1948/49 – 1968/69 – 1989/90

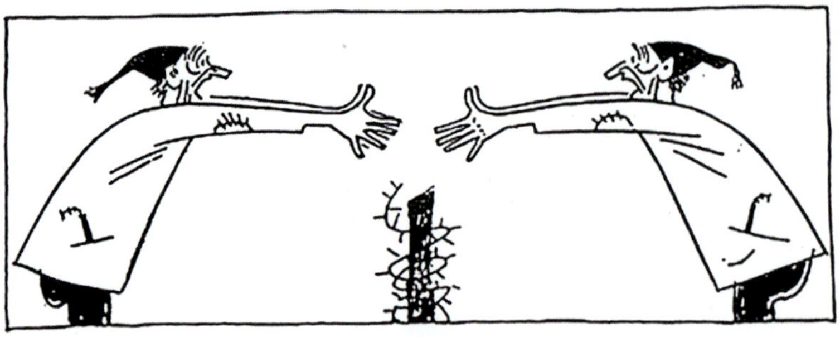

1945: „Bruder!"

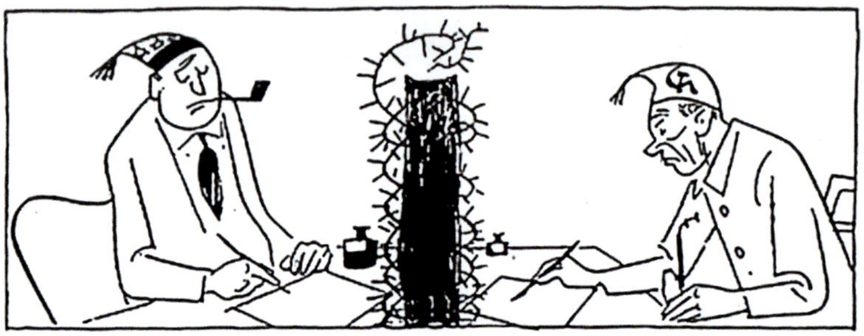

1955: „Mein lieber Vetter!"

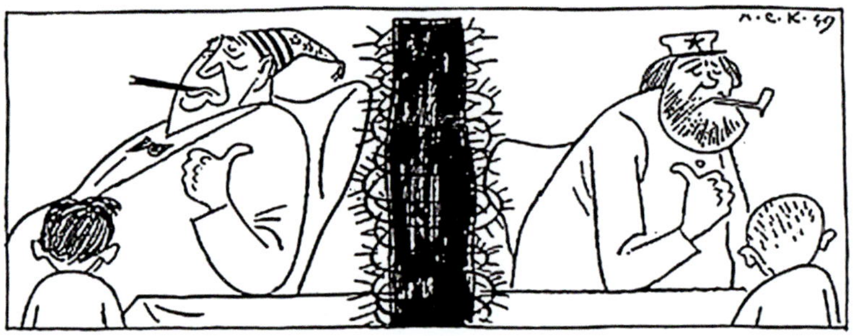

1965: „Ach ja, — wir haben irgendeinen entfernten Verwandten im Ausland …"

M 1 Vom Bruder zum entfernten Verwandten
Karikatur von Hanns Erich Köhler (1949)
Auf dem ersten Bild sind zwei deutsche Michel mit den typischen Zipfelmützen zu sehen.

„Staatsgründung auf Raten" – Zäsuren der (deutschen) Geschichte nach 1945

Die Jahre 1948/49 und 1989/90 markieren nicht nur den zeitlichen Rahmen für die deutsche Teilung. Die Geschehnisse, Entscheidungen und Ereignissen in diesen Jahren verdeutlichen auch, dass die deutsche Geschichte maßgeblich von weltpolitischen Konstellationen und Entscheidungen geprägt wurde.

Nach dem militärischen, politischen und moralischen Zusammenbruch 1945 lag das Schicksal Deutschlands in der Hand der alliierten Siegermächte USA, Großbritannien, Sowjetunion und Frankreich. Diese hatten die Aufteilung Deutschlands in Besatzungszonen beschlossen und den östlichen Teil des deutschen Staatsgebietes einer polnischen Verwaltung unterstellt. Die „deutsche Frage", nämlich in welchen Grenzen es „einen deutschen Nationalstaat" gibt, gilt erst seit 1990 als gelöst. Bis zur Wiedervereinigung hatten Bundesrepublik und DDR kein völliges Selbstbestimmungsrecht. Die vier Alliierten hatten bis dahin die Entscheidungsbefugnis für „Deutschland als Ganzes".

Die „doppelte Staatsgründung" 1948/49

Bereits im Jahr 1948 waren die Gegensätze zwischen den vier Siegermächten unüberbrückbar geworden. Am 3. April 1948 unterzeichnete der amerikanische Präsident Harry S. Truman den sogenannten „Marshall-Plan"[1]. Die USA halfen damit nicht nur beim wirtschaftlichen Wiederaufbau westlich des „Eisernen Vorhanges", sondern verlangten auch von denjenigen Regierungen und Verwaltungen, die Förderungen in Anspruch nahmen, eine Zusammenarbeit untereinander. Stalin untersagte den Ländern im sowjetischen Einflussbereich, an diesem Förderprogramm teilzunehmen, was die Kluft zwischen Ost und West weiter vertiefte.

Die USA, Großbritannien und Frankreich kamen überein, einen westdeutschen Staat zu bilden. Sie forderten die Ministerpräsidenten der westdeutschen Länder auf, eine verfassunggebende Versammlung einzuberufen. Die in den Westzonen im Juni 1948 durchgeführte Währungsreform markierte einen wirtschaftlichen Neuanfang auf der Grundlage marktwirtschaftlicher Prinzipien.

Diese Weichenstellungen des Jahres 1948 verhalfen der Bundesrepublik, die im Jahr 1949 aus der Taufe gehoben wurde, zu günstigen Startbedingungen. Der Preis dafür war die Teilung Deutschlands: Die Sowjetunion beantwortete die Währungsreform im Westen mit der Blockade Berlins und der Einführung einer eigenen ostdeutschen Währung. Zugleich trieb die östliche Besatzungsmacht die Gründung eines ostdeutschen Teilstaates unter Führung der SED voran. Die DDR, die sich knapp ein halbes Jahr nach der Bundesrepublik konstituierte, wurde Teil des Ostblocks und nahm bis 1989/90 am sozialistischen Experiment teil.

[1] Siehe S. 186.

1968/69: Neuorientierung

Seit Mitte der 1960er-Jahre gingen vor allem junge Menschen in den USA und Europa auf die Straßen, um gegen die politischen Verhältnisse und gegen Einstellungen in ihren Ländern zu protestieren.[2] Der Ruf nach Veränderung beschränkte sich nicht auf Westen: So gab es etwa auch in der Tschechoslowakei eine breite Anhängerschaft für eine Reform des kommunistischen Systems („Prager Frühling“[3]).
Auch die Bundesrepublik erlebte einen Wandel der politischen Kultur sowie von Ordnungs- und Wertevorstellungen. Mit der zunehmenden Akzeptanz der Demokratie wurde auch der Ruf nach kritischer Auseinandersetzung mit der eigenen jüngsten Vergangenheit lauter. Viele junge Menschen in Deutschland beklagten, dass politische Kultur und private Lebenswelt noch immer von traditionellen, oft auch noch autoritären Denk- und Verhaltensmustern geprägt wären und dass die entstandene Wohlstandsgesellschaft selbstgefällig und bequem geworden sei. Diese Ablehnung der ihrer Meinung nach verkrusteten Werte- und Ordnungsvorstellungen teilten sie über die Grenzen hinweg mit einer ganzen Generation in der westlichen Welt. Die Vorlagen für die Ausdrucksformen des Protestes, Musik, Kleidung und ein neuer Lebensstil, kamen dabei zunächst vor allem aus den USA. Der Bewusstseins- und Wertewandel führte auch zu einem politischen Machtwechsel in Bonn: Mit der Bundestagswahl 1969 kam die sozialliberale Koalition an die Regierung, die mit dem Motto „Mehr Demokratie wagen“ warb und in der Außenpolitik weniger auf Abgrenzung gegen als vielmehr auf Dialog mit dem Ostblock und vor allem der DDR setzte.

Ein Glücksfall der Geschichte? Die „Wende“ 1989/90

Nach der „doppelten Staatsgründung“ des Jahres 1949 hatte sich die Spaltung Deutschlands rasch verfestigt. Die Bundesrepublik und die DDR wurden in die militärischen und wirtschaftlichen Bündnisse aufgenommen und trugen auch untereinander den politischen und ideologischen Gegensatz zwischen den beiden Blöcken aus. Deutsche in Ost und West lebten sich immer mehr auseinander. Auch als sich Mitte der 1960er-Jahre das deutsch-deutsche Verhältnis entspannte und sich beide Staaten 1972 im Grundlagenvertrag[4] als gleichberechtigt anerkannten und zu einer Normalisierung ihrer Beziehungen gelangten, verbanden die wenigsten Menschen damit konkrete Hoffnungen auf eine Wiedervereinigung.
In den Jahren 1989/90 gab es wie in den Jahren nach 1945 eine Umwälzung, die nicht nur die Machtverhältnisse in der Weltpolitik grundlegend veränderte. Sie war noch Anfang 1989 nicht absehbar. Dennoch war sie die Folge zahlreicher Entwicklungen und Entscheidungen seit Mitte der 80er-Jahre: Regierungskritiker und Oppositionelle in Staaten des Ostblocks hatten, ermutigt durch die Reformpolitik Gorbatschows und die Erfolge der Opposition in Polen, Mut gefasst und übten immer häufiger offenen Protest. Die DDR und andere sozialistische Staaten waren politisch erstarrt und wirtschaftlich am Ende. Sie verweigerten Reformen, obwohl sie nicht mehr, wie in der Vergangenheit, auf militärische und politische Unterstützung der Sowjetunion zählen konnten. Massenflucht und meist friedliche Massenproteste beschleunigten das Ende der kommunistischen Regierungen.
Auch in der DDR ging es in der friedlichen Revolution zunächst vor allem um ein Ende von Unterdrückung, echte Mitbestimmung und eine offenere Gesellschaft. Immer mehr drängten jedoch Forderungen nach einer Vereinigung mit der Bundesrepublik in den Vordergrund. Nach der Zustimmung der vier alliierten Siegermächte trat am 3. Oktober 1990 die DDR der Bundesrepublik nach Artikel 23 des Grundgesetzes bei. Für Deutschland bedeutete der Beitritt zweierlei: Den endgültigen Abschluss der Nachkriegszeit und die Vollendung der Staatsgründung von 1949.

[2] Siehe S. 248 f.
[3] Siehe S. 246.
[4] Siehe S. 273 f.

1. *Fasse zusammen, warum die Jahre 1948/49, 1968/69 und 1989/90 zentrale historische Daten sind.*
2. *Bewerte, ob es bei den drei Zäsuren eine Reihenfolge bei der historischen Bedeutung gibt.*
3. *Recherchiere in deiner Familie oder deinem Heimatort, welche Erinnerungen Zeitzeugen der älteren Generation an die ersten vier Jahrzehnte der Bundesrepublik haben.*
4. *Bewerte, ob für den Zeitraum zwischen 1949 und 1990 aus deutscher, europäischer oder weltpolitischer Sicht noch weitere Epochenjahre hinzugefügt werden sollten.*

Doppelte Staatsgründung, Teilung Deutschlands
Friedliche Revolution in der DDR
Wiedervereinigung
1945 1950 1955 1960 1965 1970 1975 1980 1985 1990 1995 2000

M 2 Das Woodstock Musikfestival

Szene aus dem Dokumentarfilm „Three days of peace and music", 1969

An drei Tagen im August 1969 versammelten sich in der amerikanischen Kleinstadt nahe der Ostküste über 400 000 meist junge Menschen unter freiem Himmel, um Musik zu hören und friedlich miteinander zu feiern. Die vielleicht auffälligsten Veränderungen des Lebensstils der jungen Generation gingen von der Musik aus. Amerikanische und britische Bands gehörten zu den Trendsettern für Musik, Haartracht und Kleidung. In ihren Songtexten fanden auch deutsche Jugendliche ihren Wunsch nach mehr Freiheit, politischem Wandel und einem offenen Umgang mit Sexualität zum Ausdruck gebracht.

M 3 Grundlagen und Weichenstellungen

Dierk Hoffmann fasst den Zäsurcharakter des Jahres 1948 so zusammen:

1948 endete nicht nur die Zusammenarbeit der vier Siegermächte im Alliierten Kontrollrat; es begann auch die erste Berlin-Krise mit der Blockade der Zugangswege zu den drei Westsektoren der Stadt. Es kann festgehalten werden, dass auf dem Weg zur Zweistaatlichkeit am Zäsurcharakter des Jahres 1948 in der Forschung nicht grundsätzlich gezweifelt wird. Während im Westen Deutschlands mit der Übergabe der Frankfurter Dokumente und der Einberufung des Parlamentarischen Rates wichtige Grundlagen für die spätere Bonner Republik gelegt wurden, vollzogen sich im Ostteil grundlegende Weichenstellungen zum Aufbau eines eindeutig SED-zentrierten Herrschaftssystems. Für die SBZ besaß dieses Jahr eine Art „Scharnierfunktion" innerhalb eines längerfristigen Staatsbildungsprozesses. Die Festigung der diktatorischen Herrschaft der SED legte die Voraussetzungen für die Grundlage des ostdeutschen Teilstaates am 7. Oktober 1949.

Dierk Hoffmann, Nachkriegszeit. Deutschland 1945-1949 (Kontroversen um die Geschichte), Darmstadt 2011, S. 20f. (leicht gekürzt und vereinfacht)

M 4 Was sich aus „1968" herleitet

Anselm Doering-Manteuffel schreibt 1989 zur neuen Jugendkultur und zum Wertewandel am Ende der sechziger Jahre:

Von „1968" leitet sich folglich zweierlei her: Zum einen ist das die große gesellschaftliche Emanzipationsbewegung, die politisch keineswegs folgenlos blieb, sondern die Demokratisierung der bundesdeutschen Gesellschaft und die Herausbildung eines echten Pluralismus gefördert hat. Die Fähigkeit zum Meinungsstreit, zur konstruktiven Kontroverse ohne Frageverbot und Tabuisierung ist gewachsen [...]. Das ist ein großer Zugewinn für eine in dieser Hinsicht traditionell unterentwickelte Gesellschaft. Die Bürgerinitiativen wuchsen aus diesen Einflüssen hervor, und die mühsame, von der Frauenrechtsbewegung erkämpfte Angleichung im Rollenverhalten der Geschlechter wäre ohne „1968" nicht denkbar.

Zum anderen leitete sich von dort aus das allmähliche Hinübergleiten politischer Protestformen in faktische Gewaltanwendung her. Die Studentenbewegung hatte ihre Opfer: Benno Ohnesorg, der als Teilnehmer einer Demonstration gegen den Schah von Persien am 2. Juni 1967 [...] erschossen wurde; Rudi Dutschke, der am 11. April 1968 das Opfer [eines] Attentats [...] wurde, an dessen Spätfolgen er elf Jahre später starb. Das waren die Anlässe, aus denen die Protestbewegung die Rechtfertigung zog, hinfort in ihren Aktionen das staatliche Gewaltmonopol und überhaupt die Rechtsstaatlichkeit absichtlich zu missachten, was sich weiterentwickelt hat bis zur gezielten Gewaltanwendung der Autonomen gegen Menschen und Sachen bei Demonstrationen und Straßenschlachten.

Anselm Doering-Manteuffel und Friedrich P. Kahlenberg (Hrsg.), Vierzig Jahre Bundesrepublik Deutschland, Koblenz 1989, S. 227 (gekürzt und leicht vereinfacht)

M5 Im Gedenken an die „Achtundsechziger“
Am 30. April 2008 wurde in Berlin ein Teil der Kochstraße in Rudi-Dutschke-Straße umbenannt. Dutschke, einer der Wortführer der Studentenbewegung, wurde 1968 bei einem Attentat schwer veletzt und starb elf Jahre später an den Folgen des Anschlages.

M7 9.11.1989
Karikatur von Walter Hanel. Sie zeigt zwei deutsche Michel mit der typischen Zipfelmütze.

M6 Wandel der deutschen Demokratie

Edgar Wolfrum bilanziert 2006 die Geschichte der Bundesrepublik Deutschland:

Wer bestehen will, darf sich dem Wandel nicht verschließen, Tradition ohne Reform verkommt schnell zu einem verwalteten Irrtum. Die deutsche Demokratie hat sich seit 1949 immer gewandelt, mal allmählich und still, mal rasch und ungestüm. Bei ihrer Gründung 1949 war nicht klar, wie sich dieses Provisorium Bundesrepublik entwickeln würde, ob es überhaupt eine Lebenschance hatte. In den 60er-Jahren hielten manche die Bundesrepublik bereits für hyperstabil und starr [...]. In den 70er-Jahren war es die breite Debatte um den deutschen „Identitätsverlust“ und die Bedrohungen durch Terrorismus und Weltwirtschaftskrisen, welche die Republik verunsicherten. In den 80er-Jahren tauchte das Menetekel der atomaren Vernichtung und der globalen Umweltkatastrophen auf und führte den Deutschen die „Risikogesellschaft“ grell vor Augen. [...]

Innerhalb eines Jahrhunderts sind vier deutsche Staaten untergegangen: das Kaiserreich, die Weimarer Republik, das Dritte Reich und die DDR. Nur die Bundesrepublik hat, wenn auch verändert, bis heute überdauert.

Edgar Wolfrum, Die geglückte Demokratie. Geschichte der Bundesrepublik Deutschland von ihren Anfängen bis zur Gegenwart, Stuttgart 2006, S. 505f. (gekürzt und vereinfacht)

1. *Arbeite aus dem Verfassertext und M3 diejenigen Ereignisse und Entscheidungen heraus, die es erlauben, das Jahr 1948 als eine Zäsur der deutschen Geschichte zu bezeichnen.*
2. *Das Urteil des Historikers Anselm Doering-Manteuffel zur „68er“-Protestbewegung ist zwiespältig (M4): Fasse in eigenen Worten zusammen, welchen Verdienst er den „68ern“ zuspricht und welche Herausforderung für den Rechtsstaat er in ihrem Handeln sieht.*
3. *Informiere dich über die Diskussionen um die Straßenumbenennung (M5). Begründe, weshalb man die Ortswahl für eine „Rudi-Dutschke-Straße“ auch als „Ironie der Geschichte“ bezeichnen kann.*
4. *Nimm Stellung zu Edgar Wolfrums Bilanz zur Geschichte der Bundesrepublik nach 1949 (M6): Teilst du die Auffassung des Historikers, dass es sich um eine „geglückte Demokratie“ handelt?*

Friedenslösungen vergleichen

M1 „Zwei-plus-Vier"-Konferenz in Bonn
Foto vom 5. Mai 1990
Am Podium sitzen die teilnehmenden Außenminister vor den Flaggen ihres Staates.

Internettipps:
- Einen Link mit Dokumenten ab dem 19. Jh. bietet 31022-99
- Zum „Zwei-plus-Vier-Vertrag" siehe Mediencode 31022-100

Ist Frieden möglich?

Wie kann es nach Kriegen, die Tod und Verwüstungen bringen, Frieden geben? Diese Frage gehört zu den zentralen Problemen der Menschheitsgeschichte. Wir kennen eine Vielzahl von Friedensverträgen, die am Ende eines Konfliktes zwischen den Kriegsparteien zustande kamen, um die politischen und territorialen Verhältnisse neu zu regeln, militärische Konsequenzen oder Entschädigungsleistungen zu klären.

Bei einigen Historikern gilt der Westfälische Frieden von 1648 als das größte „Friedenswerk der Neuzeit". Dort hatte man nach dem Dreißigjährigen Krieg beschlossen, alle Kriegsteilnehmer sollen für immer vergessen und vergeben, „was seit Anbeginn dieser Unruhen an irgendeinem Ort und auf irgendeine Weise vom einen oder andern Teil, hüben und drüben feindlich begangen worden ist" (Artikel II des am 25. Oktober 1648 verkündeten Friedensvertrages).

In den folgenden Jahrhunderten blieben diese Voraussetzungen für Frieden oft unbeachtet. Das Streben der absolutistischen Herrscher nach Vormacht (Hegemonie) verhinderte die Gleichgewichtspolitik (engl. balance of power) der Großmächte. Auch die von den Fürsten auf dem Wiener Kongress 1815 gefundene europäische Friedensordnung hatte keinen dauerhaften Bestand. Nationale Bestrebungen in den Vielvölkerreichen, das nach drei Kriegen 1871 gegründete Deutsche Reich sowie imperialistische Konflikte um die „Aufteilung der Welt" trugen zum Zerfall der Friedensordnung von 1815 bei.

Nach der Oktoberrevolution und dem Ersten Weltkrieg, dessen Grausamkeit ein bislang nicht gekanntes Ausmaß erreicht hatte, wurde es schwer, eine neue internationale Friedensordnung aufzubauen. Probleme machten die umstrittene Frage nach der Kriegsschuld, die Umsetzung des Selbstbestimmungsrechts der Völker sowie die Anerkennung der Sicherheitsinteressen der Staaten. Nach dem Holocaust und dem Zweiten Weltkrieg war es noch schwerer, einen für alle Seiten akzeptablen Friedensvertrag zu schließen. Der einsetzende „Kalte Krieg" erschwerte die entsprechenden Bemühungen.

Im folgenden Projekt sollen die Friedensschlüsse nach dem Ersten und Zweiten Weltkrieg sowie der „Zwei-plus-Vier-Vertrag" von 1990, der das endgültige Ende der Nachkriegszeit markiert, vergleichend untersucht werden.

M2 „Deutschland und die Entente (Eine Ausplünderungsszene)“
Karikatur von Hans Lindhoff aus dem „Kladderadatsch“ Nr. 3 vom 18. Januar 1920
Die Texte unter den Bildern lauten: „So, Michel, zuerst ziehe dir den Rock aus! / Nun, bitte, die Hose – / und das Hemd! / So, und jetzt entleere deine – Taschen!“
Entente: Bündnis (der Siegermächte)

M3 „Die Komödie des Elends“
Karikatur aus der Zeitschrift „Le Ruy Blas“ vom 15. Mai 1921
„Pass auf, Marianne, pass auf, Tag und Nacht bereitete sie [Germania] sich vor.“
Hinweis: Marianne ist die Personifikation Frankreichs.

M4 Der Versailler Vertrag und die „deutsche Frage“

Der Historiker Hans-Ulrich Wehler schreibt dazu 1987:

Als das Deutsche Reich erwartungsgemäß den Krieg gegen eine Welt voll selbstgeschaffener Feinde verliert und die Siegermächte in Versailles über den knapp 50-jährigen Staat zu befinden haben, wird die neue deutsche Frage von 1918/19 im Grund auf erstaunliche Weise gelöst: Trotz einiger Gebietsamputationen bleibt das Reich [...] als Staat, damit aber auch als potenzielle Großmacht erhalten. Ebenso gut hätte es wieder aufgeteilt werden können, keine deutsche Gegenmacht hätte diese hypothetische Alternative zu verhindern vermocht. Ein Hauptmotiv für das Gegenteil ist der Aufbau eines möglichst auch Deutschland umfassenden „cordon sanitaire“[1] gegenüber der jungen Sowjetunion. Aber selbst wenn man davon absehen könnte, ist es im Vergleich mit dem Frieden von Brest-Litowsk[2], den Deutschland unlängst noch Lenins Russland zugemutet hat, alles andere als ein karthagischer Frieden[3]. Im Gegenteil, er fällt mild aus, auch wenn die deutsche Öffentlichkeit von rechts bis links den Frieden, das „System von Versailles“ beklagt und [...] jede Erinnnerung an das eigene Verhalten verbannt.

Hans-Ulrich Wehler, Die Deutsche Frage in der europäischen Politik 1648-1986, in: Ders., Aus der Geschichte lernen?, München 1988, S. 39

[1] cordon sanitaire: Sicherheitsgürtel
[2] Siehe hier S. 60.
[3] karthagischer Frieden: ein besonders grausamer Frieden; der dritte Punische Krieg endete 146 v. Chr. mit der Zerstörung der nordafrikanischen Stadt Karthago durch die Römer.

M 5 „United Surgey in Germany"
Karikatur von David Low aus dem „Evening Standard" vom 26. Oktober 1945
Der Text lautet übersetzt: „Was! Er soll zusammengeflickt werden? Man könnte meinen, Sie wollen, dass sich der Patient wieder berappelt!"

M 6 Was brachte die Potsdamer Vereinbarung?

Der Direktor des Militärgeschichtlichen Forschungsamtes in Potsdam, Rolf-Dieter Müller, bewertet 2004 die Potsdamer Konferenz:

Der bekundete Wille der Siegermächte richtete sich auf ein Provisorium während der Besatzungszeit bis zum Abschluss eines Friedensvertrages, und es enthielt das Versprechen, dass es nicht die Absicht der Alliierten sei, „das deutsche Volk zu vernichten oder zu versklaven". […]

Wie nach dem Ersten Weltkrieg veränderte sich auch im Ergebnis des Zweiten Weltkrieges die weltpolitische Karte. Anders als damals zielten die Veränderungen aber auf die Herausbildung einer bipolaren Weltordnung, die das internationale System für fast 50 Jahre bestimmte und das ideologische Zeitalter auf den Höhepunkt führte. Zusammen mit dem Gleichgewicht des atomaren Schreckens sorgte es zumindest in Europa für eine fragile Stabilität und scheinbare Koexistenz zwischen dem kommunistischen Imperium und der freien Welt. […] Jahrzehnte wurde auch in der Historiografie über die Bedeutung des Potsdamer Abkommens und über die Interpretation der Ergebnisse des Zweiten Weltkrieges gestritten. Die von Stalin installierte „Deutsche Demokratische Republik" reklamierte sie als Legitimation für den eigenen Anspruch, die „richtigen" Schlussfolgerungen aus der Niederlage des deutschen Faschismus gezogen zu haben und die „fortschrittliche" Richtung der deutschen Geschichte zu vertreten. In der Bundesrepublik wurde im Zuge der Entspannungspolitik der siebziger und achtziger Jahre das Potsdamer Abkommen immer stärker als Schlussdokument des Zweiten Weltkrieges betrachtet, das die deutsche Teilung besiegelt habe. Das Beharren auf dem Fortbestand des Deutschen Reiches, der deutschen Einheit und dem Ziel eines Friedensvertrages schwand ebenso im öffentlichen Bewusstsein wie die Erkenntnis, dass die Völker Ostmitteleuropas in Jalta und Potsdam um ihre Hoffnung auf Freiheit betrogen worden waren. Erst der Umbruch im sowjetischen Imperium, der in Polen seinen Anfang nahm, öffnete schließlich überraschend den Weg zu jenem Ziel, das im Potsdamer Abkommen als Perspektive für die Nachkriegszeit skizziert worden war.

Rolf-Dieter Müller, Der Zweite Weltkrieg 1939-1945, in: Gebhardt, Handbuch der deutschen Geschichte, Bd. 21, Stuttgart [10]2004, S. 383f.

M 7 Der Integrationsfrieden

Der Politikwissenschaftler Hanns Jürgen Küsters schreibt in einer wissenschaftlichen Arbeit von 2000 über den „Vertrag über die abschließende Regelung in Bezug auf Deutschland" („Zwei-plus-Vier-Vertrag") von 1990:

Die eigentlichen Schwierigkeiten, [nach 1945] zu einem Friedensvertrag über Deutschland zu kommen, bestanden nicht zwischen Siegern und Besiegten, sondern unter den Siegern, sich über die

Interessen und Prinzipien zu verständigen. [...] 1919 wollten die Siegermächte absolute Sicherheit und totale Gerechtigkeit erreichen und heraus kam ein zerbrechlicher Waffenstillstand. Der Diktatfrieden mit harten Strafmaßnahmen implizierte den Anreiz für revisionistische[1] Forderungen und zerstörte das eigene Vertragswerk. [...]

Nach dem Zweiten Weltkrieg wäre ein Diktatfriede möglich gewesen, schien aber angesichts der Erfahrungen mit Versailles nicht opportun[2]. Ein Verhandlungsfriede kam nicht in Betracht. Die Weisheit, die internationalen Beziehungen zu stabilisieren und zum Verlierer wieder normale Verhältnisse herzustellen, lag wohl in der Entscheidung für den Integrationsfrieden. [...]

Integrationsfriede bedeutet, der Sieger unterwirft nicht den Besiegten, sondern gibt ihm im Rahmen eines internationalen Verbundsystems die Möglichkeit zur Rückkehr in die internationale Staatengemeinschaft in fester politischer, wirtschaftlicher und militärischer Bindung an eine Staatengruppierung, jedoch unter Wahrung seiner legitimen Rechte als Staat. [...]

Integrationsfriede bezeichnet einen vorausschauenden Frieden, der den Gegner nicht zerschmettert, sondern ihm die Möglichkeit zugesteht, unter Kontrolle eines Allianzsystems, das ein gewisses Machtgleichgewicht herzustellen vermag, seine Verteidigungsfähigkeit wiederzuerlangen. [...] Elementare Voraussetzung für die positive Wirkung des Integrationsfriedens ist die politische und vor allem die Adaption[3] der gesellschaftlichen Werteordnung des Siegers durch den Besiegten unter Beibehaltung des Zustandes der sicherheitspolitischen und wirtschaftlichen Bindungen. Dabei sind die Herstellung der Nichtangriffsfähigkeit des Besiegten und der Verzicht auf Dominanz des Siegers Garantien für den Erhalt der bestehenden Friedensordnung.

Hanns Jürgen Küsters, Der Integrationsfriede. Viermächte-Verhandlungen über die Friedensregelung mit Deutschland 1945-1990, München 2000, S. 894-898 (stark gekürzt, ohne Anmerkungen)

M 8 „March of the Fourth Reich"
Karikatur von Bill Caldwell aus der britischen Tageszeitung „Daily Star" vom 20. Februar 1990

Projektvorschlag

Vergleicht die drei Friedenslösungen von 1919, 1945 und 1990 in Gruppenarbeit. Jedes Team untersucht einen Friedensschluss anhand der hier vorgelegten Materialien, der Informationen auf den entsprechenden Seiten des Buches (siehe zum Nachschlagen das Sachregister) und weiterer Recherchen nach folgenden Fragen und Arbeitsaufträgen:

1. *Was ging dem Friedensschluss voraus?*
2. *Wer waren die beteiligten Mächte? Welche Motive und Ziele verfolgten sie bei der neuen Friedensordnung? Wie kam der Vertrag / das Abkommen zustande?*
3. *Was regelt er / es? Wie sollte der Frieden gesichert werden?*
4. *Wie wurde der Friedensschluss von den Zeitgenossen aufgenommen? Analysiert in dem Zusammenhang die Karikaturen M2, M3, M5 und M8.*
5. *Inwiefern konnten langfristige und stabile Friedensordnungen geschaffen werden?*
6. *Wie beurteilen Historiker / Politikwissenschaftler heute die Bedeutung der Friedensabkommen für Deutschland, Europa und die Welt? Arbeitet dazu die wesentlichen Aussagen aus M6 und M7 heraus.*
7. *Gestaltet in eurer Gruppe einen Vortrag und ein Plakat mit euren Arbeitsergebnissen.*
8. *Stellt eure Ergebnisse in der Klasse vor. Arbeitet danach zusammen Gemeinsamkeiten und Unterschiede der Friedensverträge heraus.*

[1] revisionistisch: eine Veränderung anstrebend
[2] opportun: angebracht
[3] Adaption: Anpassung

Welcher Nationalfeiertag?

M 1 Neuer Straßenname?
Foto aus Berlin vom 12. November 1989

Gedenktage

Ein nationaler Gedenktag soll die Menschen anregen, sich mit der Geschichte und Verfassung ihres Staates zu beschäftigen.
In der Bundesrepublik Deutschland löste der SPD-Vorsitzende Hans-Jochen Vogel am 12. November 1989 die Diskussion um einen neuen Nationalfeiertag aus. Er fragte öffentlich, ob die Deutschen nicht statt des gescheiterten Arbeiteraufstandes vom 17. Juni 1953 in der DDR[1] die Öffnung der innerdeutschen Grenzen am 9. November 1989 feiern sollten. Die Abgeordneten der DDR-Volkskammer und des Deutschen Bundestages stimmten dagegen. Sie entschieden sich am 20. September 1990 mehrheitlich für den 3. Oktober als „Tag der deutschen Einheit".

[1] Siehe S. 212.

M 2 Was Historiker dazu meinen

Auf die Frage nach einem deutschen Nationalfeiertag antworten im Juni 1990 auch bekannte Historiker:

Braucht man einen Nationalfeiertag? Wenn ja, dann kann man ihn nicht künstlich ins Leben rufen, sondern er muss in der Tradition und aus ihr leben. Der 9. November ist ungeeignet, zum einen wegen seiner Vieldeutigkeit von 1918, 1923, 1938. Zum anderen war es 1989 der Tag, an dem das SED-Regime jene Entscheidung traf, die sich als seine letzte herausstellte. Man wird den Tag der Vollendung der deutschen Einheit auf den 17. Juni oder den 23. Mai zu legen haben, um einen davon fortan zum Nationalfeiertag zu machen: den 17. Juni 1953 als Tag der moralisch-politischen Verwahrung gegen die Diktatur, den 23. Mai 1949 als Tag, an dem den Deutschen das Glück zuteil wurde, eine Verfassung von Maß und Mitte zu gewinnen, die allen gut gedient hat – und hoffentlich weiter dienen wird. Ich würde dem 23. Mai den Vorzug geben.

Michael Stürmer

Der 17. Juni ist schon längst zum Feiertag geworden und symbolisiert erstens ein Scheitern, zweitens eine deutsch-sowjetische Repression gegen andere Deutsche. Der 9. November ist nur tragbar, wenn zugleich der 9. November 1938 in Trauer erwähnt wird. Aber es wäre kein unrichtiges Datum. Warum aber nicht von vorne anfangen und den Tag nehmen, an dem zum ersten Mal das neue gesamtdeutsche Parlament tagen wird?

Alfred Grosser

Ich unterstütze die Idee einer vor über einem Jahrzehnt gegründeten Initiative „18. März – Nationalfeiertag in beiden deutschen Staaten", das Erbe der gesamtdeutschen und liberal-demokratischen Revolution von 1848 in der Form des deutschen Nationalfeiertages zu ehren. [...] Die Bewegung von 1848 war zugleich eine gesamteuropäische für nationale und staatsbürgerliche Freiheit. Beide bisherigen deutschen Staaten haben sich stets positiv auf die Revolution von 1848/49 bezogen.

Peter Brandt

Der 9. November 1989 wäre an sich der ideale Festtag, nicht grimmig wie die Erstürmung der Bastille, sondern freundlich und freudig. Aber eine Schwierigkeit gibt es: Die älteren Generationen erinnern sich auch noch an den 9. November 1918 als Beginn der sogenannten Revolution und an Hitlers allzu oft wiederholten Schwur: „Einen 9. November 1918 wird es nie wieder geben!" [...] Es wäre also wohl besser, den 10. November zum nationalen Feiertag zu erheben.

Golo Mann

Die Zeit vom 15., 22. und 29. Juni 1990

1. *Erörtert die Vorschläge (M2) und entwerft Alternativen.*
2. *Der 9. November scheint ein Schicksalstag der Deutschen zu sein. Diskutiert, ob zwischen den Daten von 1918, 1923, 1938 und 1989 Zusammenhänge bestehen.*

▸ ***Geschichte In Clips:*** Zum 9. November siehe den Clip-Code 31022-101 sowie die auf S. 70, 80, 137, 164 und 285 angegebenen Codes.

Lesetipps:
- Horst Möller, Der 9. November in der deutschen Geschichte des 20. Jahrhunderts, in: Eckart Conze und Thomas Nicklas (Hrsg.), Tage deutscher Geschichte. Von der Reformation bis zur Wiedervereinigung, Darmstadt 2004, S. 195-216
- Peter Reichel, Der 9. November: Triumph oder Trauer?, in: Ders., Schwarz-Rot-Gold. Kleine Geschichte deutscher Nationalsymbole, München 2005, S. 89-97

18.03.: Märzrevolution
09.11.: Niederschlagung des Hitler-Putsches
09.11.: Novemberrevolution
09./10.11. Reichspogromnacht
23.05.: Verabschiedung des Grundgesetzes
17.06.: Volksaufstand in der DDR
03.10.: Wiedervereinigung
09.11.: Mauerfall
1800 1850 1900 1950 2000

Vereinigt, aber doch getrennt?

Enttäuschung

Deutschlandfahnen, Begeisterung, Verbrüderungen und große Zukunftserwartungen prägten das Jahr 1990 in Deutschland. Kanzler Kohl versprach den Menschen im Osten während des Wahlkampfes zur Bundestagswahl im Dezember 1990, dass ihre Heimat bald „blühende Landschaften" sein würden. Den Menschen im Westen versicherten die Politiker der Regierungskoalition aus CDU/CSU und FDP, dass die Einheit kaum Kosten verursachen würde.

Die Opposition von SPD und Grünen warnte dagegen vor Massenarbeitslosigkeit im Osten und großen finanziellen Belastungen für den Westen. Die Mehrheit der Wähler aber bestätigte die Regierung im Amt.

Massenentlassungen und Missmut

Die von der CDU geführten Regierungen in Ost- und Westdeutschland (die Regierungen der Bundesrepublik und der DDR und Regierungen der Bundesländer) wollten die massive Abwanderung in den Westen bremsen und führten daher am schon am 1. Juli 1990 die westdeutsche D-Mark in der noch existierenden DDR ein. Die Folge war, dass viele Betriebe im Osten durch die westliche Konkurrenz vom Markt verdrängt, billig aufgekauft und schließlich geschlossen wurden.

Innerhalb eines Jahres verlor mehr als eine Million Menschen ihren Arbeitsplatz. Sie waren nun gezwungen, zu Hause herumzusitzen. Zudem wurden die in der Marktwirtschaft unerfahrenen Menschen im Osten oft zu privaten Kredit-, Versicherungs- und Immobiliengeschäften verlockt, die für sie nicht vorteilhaft waren. Die umfangreichen Sozialleistungen (u. a. Pensionen und Renten, Sozialhilfe) waren da nur ein schwacher Trost. Viele fühlten sich nun nutz- und wertlos. Bis heute ist das Problem der hohen Arbeitslosigkeit in den neuen Bundesländern nicht gelöst.

Kosten und Hoffnungen

Die Kosten der Einheit bedeuteten auch für den Westen einen erheblichen Kraftakt. Bis heute wurden für den Aufbau von Wirtschaft und Infrastruktur, für Renten und Sozialleistungen fast 2 000 Milliarden Euro aufgebracht – finanziert zu einem erheblichen Teil über Schulden. Diese enormen Kosten für den „Aufbau Ost" führten zu andauerndem Unmut im Westen.

Aber die neuen und alten Bundesländer wachsen langsam zusammen. Arbeit, Studium, Urlaub oder auch die Liebe haben Menschen aus den verschiedenen Teilen Deutschlands zusammengeführt.

M1 „Die wiedervereinigten Deutschen"
Titelbild der Ausgabe des „Spiegel" vom 2. Oktober 2000

1. *Recherchiere eines der Themen aus der Spiegel-Ausgabe (siehe Mediencode 31022-102) und präsentiere der Klasse deine Ergebnisse.*
2. *Erkläre die Unzufriedenheit vieler Menschen in den neuen Bundesländern.*
3. *Freiheit oder wirtschaftliche Absicherung wie in der DDR? Erörtere, was für das eine, was für das andere spricht.*
4. *Weit verbreitet war das Argument, dass die Menschen in den alten Bundesländern durch die hohen Investitionen in die neuen Bundesländer und durch die Sozialleistungen ihre Solidarität ausreichend gezeigt hätten. Nimm Stellung dazu.*

M 2 „Die falsche Adresse“
Karikatur von Fritz Behrendt, 1992
Links im Bild Helmut Kohl.

M 3 Perspektiven der ostdeutschen Wirtschaft 1990

Am 21. Juni 1990 gibt es eine kontroverse Debatte im Bundestag zur Einführung der westdeutschen Währung in der DDR.

Die Vizepräsidentin des Bundestages Antje Vollmer (Bündnis 90/Die Grünen) sagt:

Niemand bestreitet heute mehr, dass dieses brutale Zusammenklatschen zweier so unterschiedlicher Systeme und zweier so unterschiedlicher Gesellschaften zu Massenarbeitslosigkeit führen wird.

(*Zwischenruf des Abgeordneten Hornung [CDU/CSU]: Sie ignorieren den Willen der Menschen!*)

Selbst die vorsichtigsten Schätzungen – und ich bin nicht für das Schüren von Panik – gehen von mindestens 2 Millionen Arbeitslosen in der DDR aus. [...] Die Hauptbetroffenen dabei sind, wie immer, die Frauen. Aber das große Kapital [Investitionen von westlichen Unternehmen] will [...] partout den Fuß nicht über die innerdeutsche Grenze setzen. Warum sollte es denn auch, wenn es sehr gut möglich ist, dass wir die Konsumbedürfnisse der DDR-Bevölkerung mit unseren Produktionskapazitäten befriedigen? Nur, das heißt bei uns Wirtschaftswachstum und bei denen Massenarbeitslosigkeit, und das ist praktische Spaltung.

Darauf antwortet der Bundesminister der Finanzen Dr. Theo Waigel (CSU):

Meine Damen und Herren, unbestreitbar wird es [...] angesichts der Strukturschwäche und der mangelnden Produktivität in den Betrieben in der DDR zunächst Arbeitslosigkeit gegeben. Anders ist die Umstellung und Anpassung von Produktionsstrukturen, die bisher menschliche Arbeitskraft und Kapital in erheblichem Umfang verschwendet haben, überhaupt nicht vorstellbar. Aber ebenso rasch, wie Betriebe aufgeben müssen und Arbeitsplätze entfallen, werden neue Unternehmen gegründet und neue Arbeitsplätze geschaffen. [...] Wir brauchen, meine lieben Kolleginnen und Kollegen, in der DDR und ebenso in der Bundesrepublik noch mehr Vertrauen in die Kräfte der Marktwirtschaft; sonst kommen wir nicht vom Fleck. Die Volkswirtschaft der DDR muss jetzt in den Wettbewerb eintreten, sich erneuern und sich bewähren. Wenn dann bestimmte Schwachpunkte erkennbar werden, stehen genügend wirtschaftspolitische Instrumente zur Verfügung, um zu helfen. Aber wir können die Spätfolgen des Sozialismus nicht pauschal als Argument für Strukturschwäche akzeptieren.

Stenographische Protokolle des deutschen Bundestages, S. 17176 und 17195 - 96

Internettipp:
Zum Thema 60 Jahre Bundesrepublik Deutschland und 20 Jahre friedliche Revolution und deutsche Einheit siehe Mediencode 31022-103

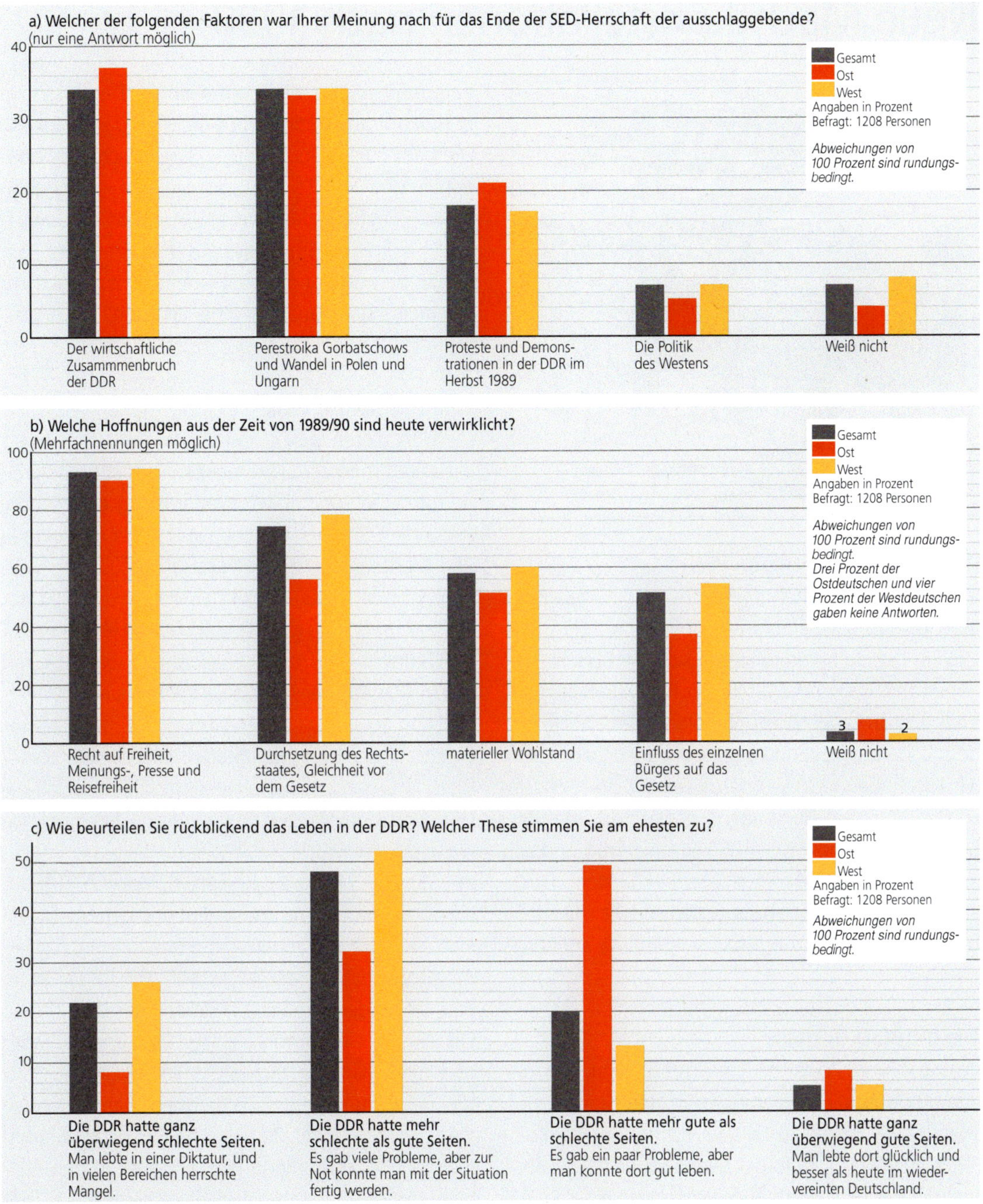

M4 Rückblicke – 20 Jahre nach der friedlichen Revolution

Das Meinungsforschungsinstitut Emnid befragt im April 2009 Bürgerinnen und Bürger in allen Bundesländern.

Nach: Stefan Wolle, 20 Jahre nach der Friedlichen Revolution in der DDR, hrsg. vom Bundesministerium für Verkehr, Bau- und Stadtentwicklung, Berlin 2009, S. 13, 17 und 18

1. *Man spricht heute auch von einer „Mauer in den Köpfen" der Menschen in West- und Ostdeutschland. Erkläre, was damit gemeint ist.*
2. *Vergleiche die Aussagen in M3.*
3. *Interpretiere die Karikatur (M2) und überprüfe die Aussage des Karikaturisten.*
4. *Begründe, für wen du 1990 in der Bundestagswahl gestimmt hättest.*
5. *Gestalte Wahlkampfslogans für die Wahl 1990.*
6. *Erläutere die Ergebnisse der drei Umfragen (M4). Berücksichtige dabei die Unterschiede zwischen Ost und West.*
7. *Diskutiert, welche politischen Konsequenzen aus den Umfrageergebnissen gezogen werden können (M4).*

01.07. Währungs-, Wirtschafts- und Sozialunion

02.12. Bundestagswahl im vereinten Deutschland

1990 1991

Neue Machtkonstellationen nach 1990

M 1 Pariser Trauerfeier
Karikatur von Horst Haitzinger vom November 1990
Mit der „Charta von Paris" wurde der Kalte Krieg offiziell beendet. Einige der Staats- und Regierungschefs, die sie unterzeichnet haben, sind als Sargträger gezeichnet (v. l.): Michail Gorbatschow (Sowjetunion), George Bush (USA), François Mitterrand (Frankreich) und Helmut Kohl (Bundesrepublik Deutschland).

Das Ende der „bipolaren Welt"

Im Zeitalter des Kalten Krieges hatte die Welt zwei Machtzentren: die atomaren Supermächte USA und UdSSR. Um sie herum bildeten sich die Bündnissysteme von NATO und Warschauer Pakt. Sie teilten die Welt in zwei Lager. Diese „bipolare Welt" hörte mit dem Ende des Kalten Krieges auf zu existieren. Am 21. November 1990 wurde dieser mit der „Charta von Paris" formell beigelegt, in der sich die 34 KSZE-Staaten zur Demokratie als Regierungsform und zur Achtung der Menschenrechte bekannten. Doch schon bald stellte sich heraus, dass damit keine Zeit ohne Rivalitäten und ernsthafte Konflikte angebrochen war.

Der Ostblock zerfällt

Glasnost und Perestroika brachten nicht nur die kommunistischen Regierungen in den Staaten des Warschauer Paktes zu Fall. Sie führten im Sommer 1991 auch dazu, dass der Warschauer Pakt selbst und der Rat für Gegenseitige Wirtschaftshilfe aufgelöst wurden. Doch auch die baltischen Staaten und einige Völker an der Südgrenze der UdSSR forderten ihre Unabhängigkeit. Eine Verfassungsänderung, die mehr Föderalismus und mehr Autonomie der Teilrepubliken gewährte, aber die staatliche Einheit der Sowjetunion wahren sollte, änderte daran nichts. Als Kommunisten im August 1991 gegen Gorbatschows Reformkurs putschten, überschlugen sich die Ereignisse: Der Putsch blieb zwar erfolglos, Gorbatschow wurde aber entmachtet. Der russische Präsident Boris Jelzin verbot die KPdSU in Russland. Die baltischen Republiken erklärten sich für unabhängig und viele Teilrepubliken setzten ihre KP-Führer ab. Zum Ende des Jahres 1991 wurde die Sowjetunion aufgelöst. Einige der aus der „Erbmasse" der UdSSR neu gegründeten Staaten schlossen sich zur „Gemeinschaft Unabhängiger Staaten" (GUS) zusammen.

Eine „unipolare Welt"?

Die USA galten vielen nun als die nun einzige verbliebene Weltmacht. Sie meinten, aus der bipolaren sei nun eine „unipolare" Weltordnung entstanden, in der die USA die westlichen Werte der Demokratie und Menschenrechte weltweit durchzusetzen würden. So z. B. 1990/91 im Krieg gegen den Diktator des Irak, Saddam Hussein, der das Nachbarland Kuwait angegriffen hatte. Hier führten die USA mit einem Mandat der UNO eine internationale Militärkoalition an.
Bereits dieser Krieg ließ jedoch eine Gefahr dieser Haltung erkennen. Denn viele Muslime nahmen die USA und den Westen als feindliche Eindringlinge wahr, die sich in fremde Angelegenheiten einmischten, um ihre Macht zu stärken, sich den Zugriff auf die dortigen Ölquellen zu sichern und den Menschen eine ihnen fremde Lebensweise aufzuzwingen.
Als problematisch erwies es sich auf Dauer auch, dass einige der ehemaligen Staaten des Warschauer Paktes, die ein demokratisches, parlamentarisches und marktwirtschaftliches System eingeführt hatten, der EU und der NATO betraten. Damit drangen diese noch aus der Zeit des Kalten Krieges stammenden Organisationen immer weiter in den ehemals sowjetisch-russischen Einflussbereich vor. Dies betrachteten viele russische Politiker und national gesinnte Bevölkerungsgruppen als bedrohliche Missachtung der Interessen Russlands. Dieser Einschätzung versucht Wladimir Putin mit seiner Politik Rechnung zu tragen. Er wurde im Jahr 2000 Präsident und baute seine persönliche Macht immer mehr zu einer autoritären Herrschaft aus. Seither kämpft Russland um eine stärkere Stellung in der Weltpolitik.

M 2 Der ehemalige sowjetische Machtbereich (Stand 2009)

Neue Konfliktpotenziale zwischen Ost und West

Auf diese Weise entstanden rasch neue Probleme und Konfliktpotenziale, die teilweise bis heute noch nicht gelöst sind, ohne dass sich daraus bislang aber ein neuer Kalter Krieg entwickelt hat:

- Die USA beanspruchen die Rolle als Führungsmacht und „Weltpolizei". Sie müssen aber erkennen, dass ihre Kräfte und Geldmittel dazu auf Dauer nicht ausreichen und dass sie auf immer stärkeren Widerstand stoßen.
- Daher fordern sie von ihren NATO-Partnern und von der EU hier größeres Engagement. Diese scheuen aber einerseits die damit verbundenen Kosten und Risiken. Andererseits argwöhnen manche von ihnen, zum willfährigen „Juniorpartner" der USA zu werden. Erschwerend kommen die oft langwierigen und mühsamen Entscheidungsprozesse innerhalb der EU hinzu.
- Seit den Terrorangriffen vom 11. September 2001 in den USA[1] versuchen die USA ihre militärische Übermacht gegenüber anderen Staaten zu erhalten und Staaten, die im Verdacht stehen, die Sicherheit der USA zu gefährden, durch präventive Selbstverteidigung auszuschalten. Letzteres auch ohne Mandat und Zustimmung der UNO.
- Russland hingegen beansprucht weltpolitisch eine Rolle als Groß- und Weltmacht und den „eurasischen" Raum als seine unangefochtene Einfluss- und Interessensphäre. Zu diesem Zweck hat es 2014 die sogenannte „Eurasische Wirtschaftsunion" initiiert. Ihr gehören neben Russland noch Weißrussland, Armenien, Kasachstan und Kirgisien an.
- Russland nutzt seine immensen Rohstoffvorkommen, um Druck auf andere Staaten auszuüben. Darüber hinaus droht es, Abrüstungsvereinbarungen zu kündigen und neue Atomwaffen zu entwickeln. Führende Politiker kritisieren selbstbewusst die Außenpolitik der USA und verbitten sich jede Kritik an der Einschränkung von Grundrechten.
- Um eine Ausdehnung des amerikanischen Einflusses im asiatisch-pazifischen Raum zu verhindern, sucht Russland die enge Zusammenarbeit mit der aufstrebenden Großmacht China.

All dies sind Hinweise darauf, dass aus der bipolaren Welt des Kalten Krieges keine unipolare Weltordnung entstanden ist, sondern eher eine multipolare.

[1] Siehe S. 314.

1. *Im Verfassertext ist die Rede von „multipolarer" Weltordnung. Erläutere, welche „Pole" es gibt und welche (unterschiedliche) Macht sie haben.*
2. *Erörtere, welche Herausforderungen und Aufgaben die Bundesrepublik Deutschland bei der Änderung der weltpolitischen Lage hat. Berücksichtige dabei nicht nur die Bündniszugehörigkeiten, sondern auch die Tatsache, dass Deutschland zu den weltgrößten Exportnationen zählt.*

21.11.: Charta von Paris: Ende des Kalten Krieges
Auflösung von Warschauer Pakt und RGW, Gründung der GUS
Krieg gegen Saddam Hussein unter Führung der USA
Wladimir Putin wird russischer Präsident
1990 1995 2000 2005 2010

M 3 US-soldiers in front of burnings pouters in Kuwait set on fire by the Iraqui Army
Photograph shot in 1991, 2nd of March

M 4 "Toward a New World Order"

On September 11, 1990, President George H. W. Bush speaks before a joint session of Congress, regarding the Persian Gulf War:

We stand today at a unique and extraordinary moment. The crisis in the Persian Gulf, as grave as it is, also offers a rare opportunity to move toward an historic period of cooperation. Out of these troubled times, our [...] objective – a new world order – can emerge: a new era – freer from the threat of terror[1], stronger in the pursuit of justice[2], and more secure in the quest for peace[3]. An era in which the nations of the world, East and West, North and South, can prosper[4] and live in harmony. [...] Today that new world is struggling to be born, a world quite different from the one we've known. A world where the rule of law supplants the rule of the jungle. A world in which nations recognize the shared responsibility for freedom and justice. A world where the strong respect the rights of the weak. This is the vision that I shared with President Gorbachev [...].

Zit. nach: www.sweetliberty.org/issues/war/bushsr.htm (Zugriff: 20. April 2008)

M 5 "We must lead ..."

President Clinton says on October 22, 1998, in Detroit to an invited audience of university professors, ethnic leaders, businessmen, and grammar school students:

We must lead in two ways: first, by meeting the immediate challenges to our interests from rogue regimes[5]; from sudden explosions of ethnic and religious and tribal hatreds[6], from short term crises; and, second, by making long term investments in security, prosperity, peace and freedom that can prevent these problems from arising in the first place, and that will help all of us to fully seize the opportunities[7] of the 21st century. [...]

I came to office convinced that NATO can do for Europe's East what it did for Europe's West: prevent a return to local rivalries, strengthen democracy against future threats, and create the conditions for prosperity to flourish[8]. That's why the United States has taken the lead in a three part effort to build a new NATO for a new era. First, by adapting NATO with new capabilities for new missions. Second, by opening its doors to Europe's emerging democracies. Third, by building a strong and cooperative relationship between NATO and Russia. [...]

As we enter the 21st century, we must make a commitment to remain true to the legacy[9] of America's leadership to make sure America remains the indispensable[10] nation, not only for ourselves, but for what we believe in and for all the people of the world. That is our burden. That is our opportunity. And it must be our future.

Thank you and God bless you all.

Zit. nach: www.nato.int/docu/speech/1996/s961022a.htm (Zugriff: 20. April 2008)

1 threat of terror: Bedrohung durch Terror
2 pursuit of justice: Durchsetzung der Rechtsstaatlichkeit/der Gerechtigkeit
3 quest for peace: Suche nach Frieden
4 to prosper: gedeihen, wachsen; prosperity: Wohlstand
5 rogue regime: „Schurkenstaat"
6 tribal hatred: ethnisch begründeter Hass, Hass zwischen Volksstämmen
7 to seize the opportunity: die Gelegenheit nutzen
8 to flourish: gedeihen
9 legacy: Erbe, Tradition
10 indispensable: unentbehrlich

1. *Name reasons and consequences of the action (M3).*
2. *President Bush speaks about a "new world order" (M4). Work out the political vision behind this term.*
3. *Compare President Bush's political ideas to President Clinton's ideas (M4 und M5). How does he legitimize America's leadership? What role is NATO supposed to play?*

M 6 Wladimir Putin
Foto von 2008
Auf diesem Bild der „Russischen Agentur für internationale Informationen" legt Putin einer betäubten Tigerin ein Halsband an.

M 8 Flagge der Russischen Föderation
Am 22. August 1991 beschloss das russische Parlament, die 1918 abgeschaffte weiß-blau-rote Flagge des ehemaligen Russischen Reiches wieder einzuführen.

M 7 Außenpolitische Überlegungen

Am 10. Februar 2007 sagt der russische Präsident Putin auf der Münchener Sicherheitskonferenz:

Vor nun zwei Jahrzehnten war die Welt ideologisch und wirtschaftlich gespalten, und es war das gewaltige strategische Potenzial zweier Supermächte, das die globale Sicherheit gewährleistete. [...] Die unipolare Welt, die nach dem Kalten Krieg postuliert wurde, kam jedoch ebenfalls nicht zustande. [...]

Doch was ist das, eine unipolare Welt? In wie freundlichen Farben auch immer man diese ausmalen mag, am Ende bleibt doch immer, dass der Terminus sich auf eine ganz bestimmte Situation bezieht, nämlich ein einziges Zentrum der Staatsgewalt, ein Machtzentrum, ein Entscheidungszentrum. Das ist eine Welt, in der es einen Herrn gibt, einen Souverän. [...] Und mit Demokratie hat dies ganz gewiss nichts gemein. Denn Demokratie ist, wie Sie wissen, die Herrschaft der Mehrheit unter Berücksichtigung der Interessen und Meinungen der Minderheit. [...]

Ich bin der Auffassung, dass das unipolare Modell nicht nur inakzeptabel, sondern in der heutigen Welt auch unmöglich ist. [...]

Wir erleben mehr und mehr Abneigung gegen die Grundprinzipien des Völkerrechts. Und Rechtsnormen, die unabhängig sein sollten, nähern sich in Wirklichkeit zunehmend dem Rechtssystem eines einzelnen Staates an. Ein Staat – und dabei spreche ich natürlich zunächst und vor allem von den Vereinigten Staaten – hat seine nationalen Grenzen in jeder Hinsicht überschritten. Das zeigen die wirtschaftlichen, politischen, kulturellen und Bildungsstandards, die es anderen Nationen aufnötigt. [...]

Natürlich ist das äußerst gefährlich. Es führt zu der Tatsache, dass niemand sich sicher fühlt. [...] Natürlich stimuliert eine derartige Politik das Wettrüsten. Die Dominanz der Gewalt regt unweigerlich eine ganze Reihe von Ländern dazu an, Massenvernichtungswaffen zu erlangen. [...]

Ich bin überzeugt, dass der einzige Mechanismus, der Entscheidungen über den Einsatz militärischer Gewalt als letztes Mittel treffen kann, die Charta der Vereinten Nationen ist. [...] Der Einsatz von Gewalt kann nur dann legitim sein, wenn die Entscheidung dazu von den Vereinten Nationen getroffen oder bestätigt wird. Es besteht keine Notwendigkeit, die UNO durch NATO oder EU zu ersetzen. [...]

Russland ist ein Land mit über tausendjähriger Geschichte und hat so gut wie stets von dem Vorrecht Gebrauch gemacht, eine unabhängige Außenpolitik zu führen. Wir haben nicht die Absicht, heute von dieser Tradition abzugehen.

Blätter für deutsche und internationale Politik, 52. Jg. (2007), S. 374 f.

1. Arbeite Putins Kritik an der „unipolaren Welt" heraus (M7).
2. Verfasse eine Antwort auf Putins Rede aus westlicher Sicht (M7).
3. Beschreibe, welche Wirkung das Foto auf dich macht (M6).
4. Stelle Vermutungen an, warum das Foto verbreitet wurde (M6).

Die EU nach dem Kalten Krieg – Erweiterungen und Herausforderungen

© Thomas Plaßmann / Baaske Cartoons

M 1 Die europäische Idee
Karikatur von Thomas Plaßmann, 2011

Die EU wird größer

Das Ende des Kalten Krieges und der bipolaren Welt hat die europäische Einigung beschleunigt. Die Zahl der EU-Mitglieder stieg von zwölf auf 28 – vor allem durch den Beitritt von elf Staaten aus dem ehemaligen Ostblock und dem ehemaligen blockfreien Jugoslawien. Damit wuchs die Zahl der EU-Bürger auf mehr als 500 Millionen Menschen an. Die in der EU zusammengeschlossenen Volkswirtschaften bilden laut einer Statistik des Internationalen Währungsfonds die größte Wirtschaftsmacht weltweit.

Allerdings gab es zwischen den einzelnen Staaten und Regionen enorme Unterschiede in Bezug auf Wirtschaftskraft und Wohlstand. Sie auszugleichen ist eine mühsame und kostspielige Aufgabe.

Gleichzeitig sind mit der wachsenden Zahl der Mitgliedstaaten die kulturellen Traditionen und nationalen Interessen vielfältiger geworden. Damit wurde es ungleich schwieriger, unter den Menschen das Bewusstsein einer europäischen Identität zu schaffen. Schwieriger wurde es aber auch, bei Beschlüssen und Abstimmungen Mehrheiten zu finden oder gar Einigkeit zu erzielen.

Lösungen für alte Fragen

Mit dem Vertrag von Maastricht aus dem Jahr 1992 wurde aus der Europäischen Gemeinschaft (EG) die Europäische Union (EU). Seitdem haben die Mitgliedstaaten ihre wirtschaftliche Zusammenarbeit kontinuierlich intensiviert. In den Bereichen Personenverkehr, Dienstleistungsverkehr, Warenverkehr und Kapitalverkehr wurden Schranken abgebaut. Auch die Einführung des Euro (ab 1. Januar 2002 als Zahlungsmittel) verstärkte die wirtschaftliche Zusammenarbeit und das Gewicht der EU weltweit. Nachdem für die Aufnahme in die Euro-Gruppe wirtschaftliche Voraussetzungen festgelegt wurden, wurden erst 18 EU-Staaten aufgenommen (Stand 2015).

Dem Ziel, eine europäische Identität zu schaffen und zu festigen, sollte die Einführung einer Unionsbürgerschaft dienen. Diese besitzt jeder Bürger der EU zusätzlich zu seiner nationalen Staatsbürgerschaft. Darüber hinaus gelten die in der „Charta der Grundrechte der Europäischen Union" verankerten Grund- und Menschenrechte für alle Unionsbürger und können von diesen vor dem Europäischen Gerichtshof eingeklagt werden.

Dem von den Unionsbürgern direkt gewählten Europäischen Parlament wurden mehr Mitbestimmungsrechte gegenüber den üblichen Einrichtungen der EU eingeräumt, die von den nationalen Parlamenten und Regierungen besetzt werden. Das sollte den immer wieder geäußerten Vorwurf abschwächen, die Europäische Union sei zu wenig demokratisch, und zu einer höheren Wahlbeteiligung führen (lediglich 42,61 Prozent bei den Wahlen 2014). Damit sich die EU-Bürgerinnen und -Bürger mehr für die politischen Entscheidungsprozesse interessieren, wurde zusätzlich die Möglichkeit für Bürgerbegehren geschaffen.

Die Handlungsfähigkeit der EU wurde dadurch gestärkt, dass für viele Beschlüsse nicht mehr Einstimmigkeit vorgeschrieben ist, sondern Mehrheiten.

Bis hierhin und nicht weiter

Die Staats- und Regierungschefs verfolgten den Plan, der EU eine gemeinsame Verfassung zu geben. Diese sollte alle bisherigen EU-Verträge zusammenfassen und Grundlage für eine möglichst rasch fortschreitende europäische Zusammenarbeit und Integration sein. Außerdem sollte sie eine Etappe auf dem Weg zu den „Vereinigten Staaten von Europa" sein. Doch der Entwurf aus dem Jahr 2004 wurde von den Franzosen und Niederländern in Volksabstimmungen abgelehnt.

An seine Stelle trat 2009 der Vertrag von Lissabon. Er enthielt zwar die meisten der im Verfassungsentwurf enthaltenen Bestimmungen, war aber weniger verpflichtend als eine Verfassung. Die Politiker fassten nach dem Scheitern der Verfassung den Vorsatz, gemeinsam mit den Bürgerinnen und Bürgern über die Zukunft der EU nachzudenken, diese also mehr als bislang in die Diskussionen und Entscheidungen einzubeziehen.

1 Freier Personenverkehr
- Wegfall von Grenzkontrollen
- Harmonisierung der Einreise-, Asyl-, Waffen-, Drogengesetze
- Niederlassungs- und Beschäftigungsfreiheit für EU-Bürger
- Verstärkte Außenkontrolle

2 Freier Dienstleistungsverkehr
- Liberalisierung der Finanzdienste
- Harmonisierung der Banken- und Versicherungsaufsicht
- Öffnung der Transport- und Telekommunikationsmärkte

3 Freier Warenverkehr
- Wegfall von Grenzkontrollen
- Harmonisierung oder gegenseitige Anerkennung von Normen und Vorschriften
- Steuerharmonisierung

4 Freier Kapitalverkehr
- Größere Freizügigkeit für Geld- und Kapitalbewegungen
- Schritte zu einem gemeinsamen Markt für Finanzleistungen
- Liberalisierung des Wertpapierverkehrs

M2 Die vier Freiheiten im Binnenmarkt der EU (Stand: 2008)
Quelle: Bergmoser + Höller Verlag (Zahlenbild 715320)

Perspektiven

Die EU kann erstaunliche Erfolge vorweisen: Europa ist weitgehend zu einer Friedenszone geworden. Sie sorgte auch in wirtschaftlich schwachen Ländern für Aufschwung und Wohlstand.

Ob diese Bilanz auch künftig so positiv ausfallen wird, ist noch unklar. Denn in den letzten Jahren sieht sich die EU einer Vielzahl an großen Krisen und Problemen gegenüber:

- einer Banken- und Finanzkrise, dem drohenden Staatsbankrott Griechenlands, und Wirtschaftskrisen vor allem in Portugal, Spanien, Italien und Frankreich mit hoher Arbeitslosigkeit. Dadurch müssen enorme Mengen an Geld aufgewendet werden. Die Stabilität des Euro ist bedroht.
- dem Krieg in der Ostukraine. In ihm kämpft die dortige prorussische Bevölkerungsmehrheit für eine Zugehörigkeit zu Russland. Dagegen erstrebt die ukrainische Regierung die Aufnahme in EU und NATO. Russland annektierte 2014 die Halbinsel Krim. Die Ereignisse in der Ukraine führten zu einer dramatischen Verschlechterung der Beziehungen zwischen der EU und Russland.
- der wachsenden Zahl von Flüchtlingen und Asylsuchenden aus Afrika, dem Nahen Osten und den Balkanstaaten, die nach Europa kommen und deren Integration eine finanzielle und gesellschaftliche Herausforderung ist.

Regierungen, Parlamente und gesellschaftliche Gruppen in einzelnen EU-Staaten sind größtenteils nicht bereit, noch mehr nationale Kompetenzen an die EU abzutreten und dadurch an direktem Einfluss zu verlieren. Sie vertreten ihre nationalen Interessen, wenn es darum geht, Lasten gleichmäßig und gerecht zu verteilen. In einigen Staaten erzielten EU-skeptische und -feindliche, nationalistische oder populistische Parteien Wahlerfolge. Ob sich hier ein neuer Nationalismus zeigt, der dem Ziel einer Einigung Europas schadet, lässt sich noch nicht erkennen.

1. *Erläutere die Karikatur M1.*
2. *Beurteile: Ist die Entwicklung der Europäischen Union seit dem Ende des Kalten Krieges eine Erfolgsgeschichte?*
3. *Diskutiert, ob es ein Widerspruch ist, nationale und europäische Interessen zu verfolgen.*

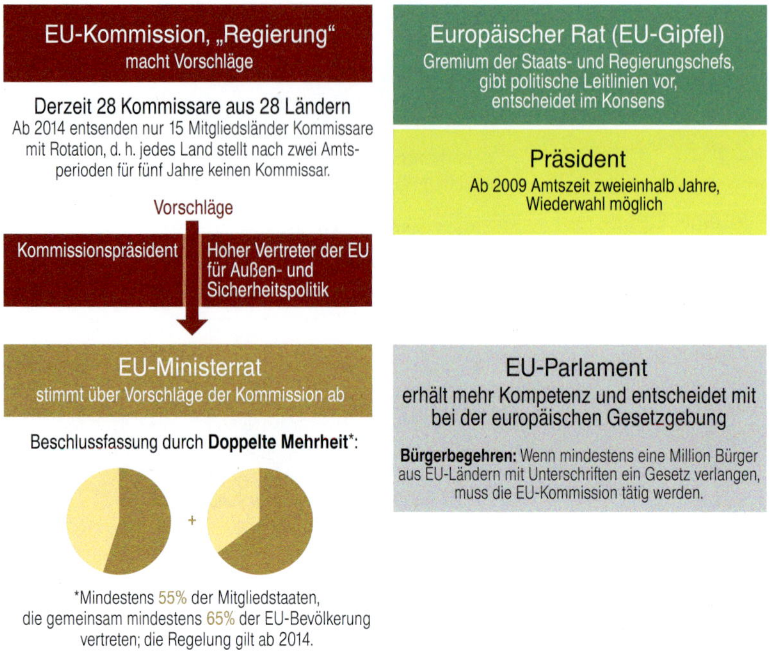

M 3 Kernbereiche der EU

Quelle: dpa-Grafik (überarbeitet)

M 4 Gemeinsame Grundlage statt Verfassung

Die 27 Mitgliedstaaten der EU nehmen am 25. März 2007 in Berlin folgende unverbindliche Erklärung an:

Europa war über Jahrhunderte eine Idee, eine Hoffnung auf Frieden und Verständigung. Diese Hoffnung hat sich erfüllt. […] Wir Bürgerinnen und Bürger der Europäischen Union sind zu unserem Glück vereint.

I. […] Für uns steht der Mensch im Mittelpunkt. Seine Würde ist unantastbar. Seine Rechte sind unveräußerlich.

Frauen und Männer sind gleichberechtigt. Wir streben nach Frieden und Freiheit, nach Demokratie und Rechtsstaatlichkeit, nach gegenseitigem Respekt und Verantwortung, nach Wohlstand und Sicherheit, nach Toleranz und Teilhabe, Gerechtigkeit und Solidarität. […] Die Europäische Union gründet sich auf Gleichberechtigung und solidarisches Miteinander. […] Wir wahren in der Europäischen Union die Eigenständigkeit und die vielfältigen Traditionen ihrer Mitglieder. Die offenen Grenzen und die lebendige Vielfalt der Sprachen, Kulturen und Regionen bereichern uns. […]

II. […] Dieses europäische Modell vereint wirtschaftlichen Erfolg und soziale Verantwortung. Der Gemeinsame Markt und der Euro machen uns stark. […] Europas Reichtum liegt im Wissen und Können seiner Menschen; dies ist der Schlüssel zu Wachstum, Beschäftigung und sozialem Zusammenhalt.

Wir werden den Terrorismus, die organisierte Kriminalität und die illegale Einwanderung gemeinsam bekämpfen. Die Freiheits- und Bürgerrechte werden wir dabei auch im Kampf gegen ihre Gegner verteidigen. Rassismus und Fremdenfeindlichkeit dürfen nie wieder eine Chance haben. Wir setzen uns dafür ein, dass Konflikte in der Welt friedlich gelöst […] werden. […] Wir wollen Armut, Hunger und Krankheiten zurückdrängen. […] Wir wollen in der Energiepolitik und beim Klimaschutz gemeinsam vorgehen und unseren Beitrag leisten, um die globale Bedrohung des Klimawandels abzuwenden.

III. […] Mit der europäischen Einigung ist ein Traum früherer Generationen Wirklichkeit geworden. Unsere Geschichte mahnt uns, dieses Glück für künftige Generationen zu schützen. Dafür müssen wir die politische Gestalt Europas immer wieder zeitgemäß erneuern. […] Denn wir wissen: Europa ist unsere gemeinsame Zukunft.

Zit. nach: Blätter für deutsche und internationale Politik, 52. Jg. (2007), H. 5, S. 628 f.

1. *Nenne die zentralen Punkte der Erklärung (M4).*
2. *Erörtere, ob sie die bestehende Skepsis vieler Menschen gegenüber der EU vermindern kann.*
3. *Erkläre anhand der Grafik M3, warum Entscheidungen innerhalb der EU schwierig sein können.*
4. *Die Länder der EU haben im Europäischen Parlament eine unterschiedliche Anzahl von Abgeordneten. Nimm Stellung dazu, ob das gerechtfertigt ist.*

Die EU nach dem Kalten Krieg – eine Wertegemeinschaft

Ein Bekenntnis ...

Die EU verstand sich von Anbeginn nicht nur als Wirtschaft- und Rechtsgemeinschaft, sondern auch als Wertegemeinschaft. Menschenwürde, Freiheit, Demokratie, Gleichheit, Rechtsstaatlichkeit und Achtung der Menschenrechte sind im Gründungsvertrag der EU (1992) verankert. Immer wieder berufen sich EU-Politiker dabei auch auf das christliche Erbe Europas.

Festgeschrieben wurden die Rechte der EU-Bürgerinnen und -Bürger in der „Charta der Grundrechte der Europäischen Union" (2007 in Kraft getreten). Sie können vor jedem nationalen Gericht und in letzter Instanz beim Europäischen Gerichtshof eingeklagt werden.

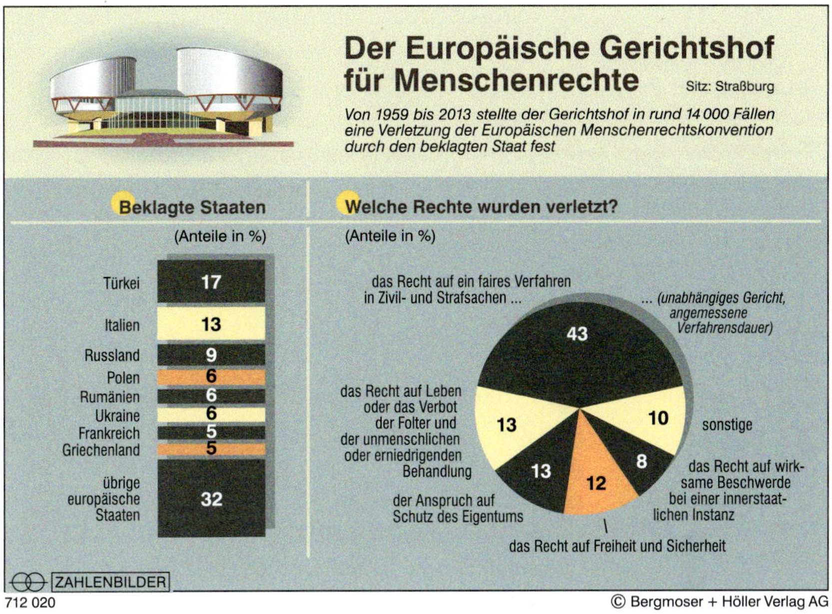

M 1 Aufgaben und Zusammensetzung des Europäischen Gerichtshofes

... seine Bedeutung ...

Immer wieder betonen EU-Politiker, dass Frieden und Sicherheit nicht nur wirtschaftliche Entwicklung und Wohlstand voraussetzen, sondern auch die Gewährleistung von Demokratie, Rechtsstaatlichkeit und Menschenrechten. In allen Handels- oder Kooperationsabkommen mit Nicht-EU-Ländern (derzeit über 120) weist die EU darauf hin, dass dabei die Menschenrechte ein wesentlicher Bestandteil der EU sind. Sie hat einige Male Sanktionen wegen Menschenrechtsverletzungen verhängt (u. a. 1998/99 gegen die Bundesrepublik Jugoslawien, die die Vertreibung und Ermordung von Nichtserben unterstützt hatte; 2015 gegen Russland als „Reaktion auf die illegale Annexion der Krim und die vorsätzliche Destabilisierung eines unabhängigen Nachbarlandes"). Und sie unterhält sogenannte Menschenrechtsdialoge mit über 40 Ländern und Organisationen, darunter Russland und China, mit dem Ziel, Grund- und Menschenrechte in diesen Ländern zu stärken.

... und seine Grenzen

Trotz derart anspruchsvoller Maßstäbe gerät aber auch die Politik der EU und ihrer Mitglieder immer wieder in die Kritik:

- EU-Staaten unterhalten zu zahlreichen Staaten, in denen Menschenrechte verletzt werden, ausgiebige Handelsbeziehungen, u. a. zur Volksrepublik China mit ihrer großen Volkswirtschaft sowie zu Saudi-Arabien und anderen Erdölförderstaaten. Besonders in der Kritik stehen auch Waffenexporte in undemokratische Staaten.
- Auch innerhalb von EU-Mitgliedstaaten gibt es grobe Verletzungen von Grundrechten. Beispiele dafür sind die Diskriminierung von Minderheiten in einigen EU-Staaten und die Einschränkung der Pressefreiheit durch die ungarische Regierung 2010.
- Nachdem im Mittelmeer zahlreiche Menschen aus Afrika bei ihrer Flucht vor Verfolgung und Armut ertrunken waren, wurde die Kritik an der Asyl- und Flüchtlingspolitik der EU heftig. Denn im Wesentlichen gilt noch immer das Prinzip, dass die Länder an den Rändern der EU entweder die Außengrenzen sichern oder Flüchtlinge aufnehmen müssen. Das bedeutete aber eine Überforderung dieser Staaten.

1. *Informiere dich über die Geschichte und die Aufgaben des Europarates und stelle deine Ergebnisse der Klasse vor.*
2. *Diskutiert, ob EU-Mitgliedstaaten konsequent die Wahrung von Menschenrechten einfordern und ggf. auf gute Handelsbeziehungen zu Staaten verzichten müsste, in denen Grundrechte missachtet werden.*

M2 Gemeinsame Werte

In Artikel 2 des EU-Vertrages heißt es:

Die Werte, auf die sich die Union gründet, sind die Achtung der Menschenwürde, Freiheit, Demokratie, Gleichheit, Rechtsstaatlichkeit und die Wahrung der Menschenrechte einschließlich der Rechte der Personen, die Minderheiten angehören. Diese Werte sind allen Mitgliedstaaten in einer Gesellschaft gemeinsam, die sich durch Pluralismus, Nichtdiskriminierung, Toleranz, Gerechtigkeit, Solidarität und die Gleichheit von Frauen und Männern auszeichnet.

M4 Hat die EU den Friedensnobelpreis verdient?

Anlässlich der Verleihung des Friedensnobelpreises an die EU bewertet die Menschenrechtsorganisation „Amnesty International" die Menschenrechtspolitik der EU und ihrer Mitgliedstaaten in einem Artikel vom 7. Dezember 2012:

Am 10. Dezember, dem Tag der Menschenrechte, erhält die EU den Friedensnobelpreis, unter anderem für ihren „erfolgreichen Kampf für Menschenrechte". „Die EU muss den Friedensnobelpreis als Verpflichtung für die Zukunft verstehen. Denn bisher wird sie auf dem Gebiet der Menschenrechte ihren eigenen Ansprüchen oft nicht gerecht", so Grenz[1]. „Insbesondere ihre Asyl- und Flüchtlingspolitik ist eines Nobelpreisträgers nicht würdig."

Die EU habe sich wichtige menschenrechtliche Ziele gesteckt, die sie aber zu leicht aus den Augen verliere. „Die Antirassismus-Richtlinie der EU ist eine gute Grundlage für den Kampf um Gleichberechtigung von Minderheiten. Trotzdem wird die Diskriminierung der Roma in vielen Mitgliedstaaten nicht entschlossen genug bekämpft", stellt Grenz fest. „Roma werden zum Beispiel in Tschechien, Ungarn und Rumänien, aber auch in Italien und Frankreich beim Zugang zu Bildung, Gesundheitsversorgung, Wohnraum und zum Arbeitsmarkt diskriminiert."

Auch in der Außenpolitik wirft Amnesty der EU mangelnde Konsequenz vor. „Für die Außenpolitik hat die EU eine beeindruckende Menschenrechtsstrategie beschlossen. Die muss sie jetzt konsequent umsetzen", so Grenz. „Bisher geben die EU-Staaten ihre menschenrechtlichen Ziele allzu schnell auf, wenn Wirtschafts- oder Sicherheitsinteressen im Spiel sind."

Positiv hebt Amnesty die Unterstützung der EU für ein internationales Abkommen zur Waffenkontrolle hervor. Ein solches Abkommen soll verhindern, dass Waffen an Staaten geliefert werden, die damit Menschenrechtsverletzungen begehen. „Leider haben auch EU-Staaten in der Vergangenheit Waffen geliefert, obwohl sie davon ausgehen mussten, dass diese etwa für das Niederschlagen von Protesten eingesetzt werden", so Grenz.

Zit. nach: www.amnesty.de/2012/12/7/hat-die-eu-den-friedensnobelpreis-verdient (Zugriff: 28. September 2015)

M3 Auslandseinsatz

Foto, 28. März 2010

Seit Beginn der 1990er-Jahre beteiligt sich Deutschland an sogenannten Auslandseinsätzen. Sie erfolgen nur nach entsprechenden Beschlüssen der UNO, der NATO oder der EU. In Afghanistan unterstützt die EU den Aufbau einer Polizei. Das Bild zeigt einen deutschen Ausbildungsleiter.

[1] Wolfgang Grenz war von 1979 bis 2013 hauptamtlich für „Amnesty International" tätig, zuletzt als Generalsekretär für AI Deutschland.

1. *Recherchiert im Internet nach der Begründung des norwegischen Nobelpreis-Komitees zur Verleihung des Friedensnobelpreises an die EU.*
2. *Stellt die Argumentationen des Komitees und von Amnesty International (M4) einander gegenüber.*
3. *Begründet anschließend, ob ihr die Preisverleihung für gerechtfertigt haltet.*

Terrorismus

Das Phänomen „Terrorismus"

Terrorismus richtet sich gegen bestehende politische oder gesellschaftliche Verhältnisse und unterscheidet sich dadurch vom Staatsterror, wie er beispielsweise für das nationalsozialistische Regime kennzeichnend war. Terroristen wollen über einen längeren Zeitraum Aufsehen erregen und entschlossen ihre politischen Ziele durchsetzen. Die staatliche und gesellschaftliche Ordnung soll destabilisiert werden. Der Staat steht in mehrerlei Hinsicht unter Druck: Er will sich nicht erpressen lassen, um nicht dadurch die Staatsordnung zu zerstören. Zugleich muss er versuchen, Attentäter zu bestrafen und weitere Anschläge zu verhindern. Andernfalls läuft er Gefahr, das Vertrauen der Bevölkerung zu verlieren.

Motive von Terroristen

Folgende Motive von Terroristen können unterschieden werden:

- Beim sogenannten „ethno-nationalistischen Terrorismus" wollen Gruppen Unabhängigkeit oder Autonomie für ihr Volk erkämpfen. Beispiele dafür sind palästinensische Terrororganisationen, die für einen eigenen Staat auf dem Staatsgebiet Israels kämpfen. In Europa strebt die ETA die Unabhängigkeit des Baskenlandes von Spanien an.
- Andere terroristische Organisationen wollen gegen eine herrschende Weltanschauung ihre eigene Ideologie durchsetzen. Beim „sozialrevolutionären" Terrorismus erstreben links- oder rechtsextremistische Gruppierungen eine neue Politik, Wirtschafts- und Gesellschaftsordnung.
- „Ideologisch-religiöse" Terroristen benutzen ihre eigene Interpretation von Religionen oder pseudoreligiöse Heilslehren als „Rechtfertigung" für Gewalt.

Die RAF

In der Bundesrepublik reichen die Anfänge des ideologisch motivierten Terrorismus bis in die Zeit der Studentenunruhen ab Mitte der 1960er-Jahre zurück. Studenten diskutierten, ob Gewalt ein Mittel sein dürfe, Staat und Gesellschaft zu verändern. Anfang der 1970er-Jahre bildeten sich gewalttätige Gruppen, darunter die linksextremistische Rote-Armee-Fraktion (RAF). Sie führte einen „Krieg" gegen die „kapitalistische" Bundesrepublik, um einen Umsturz der politischen und wirtschaftlichen Ordnung herbeizuführen. Dabei griff sie Einrichtungen der Polizei und der US-Armee an, legte Bomben und überfiel Banken.

Am 5. September 1977 entführte ein Kommando der RAF den Arbeitgeberpräsidenten Hanns Martin Schleyer (dabei kamen dessen Fahrer und drei Polizeibeamte ums Leben) und – mit Beteiligung palästinensischer Luftpiraten – ein deutsches Verkehrsflugzeug. Damit wollte die RAF die Freilassung von elf inhaftierten Terroristen erzwingen. Bundeskanzler Helmut Schmidt (SPD) und sein überparteilicher Krisenstab ließen sich aber nicht erpressen: Eine Sondereinheit des Bundesgrenzschutzes befreite die 87 Flugzeug-Geiseln in Mogadischu (Somalia). Daraufhin verübten drei inhaftierte RAF-Mitglieder Selbstmord. Die Polizei fand Schleyer am Tag darauf tot in dem Kofferraum eines Autos.

Zwischen 1974 und 1992 ermordeten RAF-Mitglieder 39 Menschen, über 100 wurden verletzt.

M 1 Der entführte Hanns Martin Schleyer
Ein von den Terroristen verbreitetes Bild des Arbeitgeberpräsidenten.

Immer mehr Anschläge …

Seit rund zwei Jahrzehnten sorgen Terrorgruppen und Terrornetze, deren Mitglieder radikalen, sogenannten „fundamentalistischen" Strömungen des Islam anhängen, für Schlagzeilen. Sie nehmen für sich in Anspruch, sind überzeugt – oder geben dies zumindest vor –,

- die einzig richtige Vorstellung vom Islam zu vertreten,
- ihre religiösen Vorstellungen notfalls auch gewaltsam durchsetzen zu dürfen,
- eine nach ihren Vorstellungen gottgewollte Staats-, Gesellschafts- und Rechtsordnung einzuführen,
- bei alledem den Willen ihres Gottes zu vollziehen. Hierfür sind sie im äußersten Fall bereit, als „Gotteskrieger" und „Märtyrer" ihr Leben einzusetzen, um dafür im Jenseits belohnt zu werden.

"All the News That's Fit to Print"
The New York Times
Late Edition
NEW YORK, WEDNESDAY, SEPTEMBER 12, 2001
75 CENTS
U.S. ATTACKED
HIJACKED JETS DESTROY TWIN TOWERS AND HIT PENTAGON IN DAY OF TERROR
A CREEPING HORROR
Buildings Burn and Fall as Onlookers Search for Elusive Safety
President Vows to Exact Punishment for 'Evil'
Awaiting the Aftershocks
Washington and Nation Plunge Into Fight With Enemy Hard to Identify and Punish
A Somber Bush Says Terrorism Cannot Prevail

M 2 Titelseite der „New York Times" vom 12. September 2001
Am Dienstag, den 11. September 2001 hatten radikal-islamistische Terroristen in den USA vier Passagierflugzeuge entführt. Zwei steuerten sie in die Türme des World Trade Centers in New York und eines in das Pentagon (Verteidigungsministerium) in Washington. Das vierte Flugzeug stürzte nach Kämpfen zwischen Entführern, Besatzung und Fluggästen in Pennsylvania ab. Die Anschläge forderten mehr als 3000 Tote und etwa doppelt so viele Verletzte.

Radikal-islamische Organisationen wollen „Gottesstaaten" gründen, bei denen die jeweiligen Führer auch den Staat regieren. Die wichtigsten von ihnen sind: die palästinensische Hamas, die libanesische Hisbollah, die Taliban Afghanistans und Nordpakistans, die hauptsächlich in Nigeria angesiedelte Boko Haram, die weltweit agierenden Terrornetzwerke al-Qaida und Ansar al-Islam sowie der im Gebiet des Irak und Syriens sich seit Kurzem ausbreitende „Islamische Staat" (IS).

Sie alle rufen zum Kampf gegen gemäßigte Muslime auf. Tief sitzt auch ihr Hass gegenüber dem Westen. Gründe dafür sind:

- Die westliche Lebensweise gilt ihnen als dekadent und unmoralisch.
- Westliche Staaten seien nicht wahrhaftig daran interessiert, für gerechte Verhältnisse in muslimischen Staaten zu sorgen, sondern wollen die dortigen Bodenschätze (z. B. Öl) nur für sich ausbeuten.
- Die westlichen Staaten unterstützen Israel, das nach Meinung vieler Muslime und auch führender Politiker in einigen islamischen Staaten zu Unrecht arabisches Gebiet besetze und die Palästinenser unterdrücke.

… und die Folgen

Jährlich fallen Tausende Menschen Bombenanschlägen, Selbstmordattentaten, Hinrichtungen, anderen Terrorakten und Waffengewalt zum Opfer; Frauen werden vergewaltigt; Hunderttausende fliehen. Staaten, die den Islamismus bekämpfen wollen, allen voran die USA, müssen einsehen, dass militärische Einsätze der USA nur kurzfristig erfolgreich sind, islamistische Gruppen aber nicht dauerhaft schwächen können. Ein Beispiel dafür ist Afghanistan, wo nach dem Abzug von UN-Truppen 2014 die Taliban die Herrschaft über weite Teile des Landes zurückgewinnen konnten.

Die Terrorgruppen haben sogar wachsenden Zulauf. Der Friedensnobelpreisträger und Wirtschaftswissenschaftler Muhammad Yunus erklärt das so: „[Die Islamisten] geben den Armen etwas zu essen, außerdem Waffen und eine Ideologie. Es gibt gar keinen Zweifel, dass Armut die Brutstätte von Terrorismus ist."

In den westlichen Ländern ist das Verhältnis von Muslimen und Nichtmuslimen teilweise sehr belastet. Mit der Angst vor Anschlägen wächst dort die Fremdenfeindlichkeit. Denn „die" Muslime geraten rasch in den pauschalen Generalverdacht, angeblich Demokratie, Pluralismus, Menschenrechten und anderen Kulturen feindlich gegenüberzustehen und zu Gewalt zu neigen.

1. *Begründe, warum ein wichtiges Kennzeichen von Terrorismus ist, dass der Terror über einen längeren Zeitraum erfolgt. Nenne dabei andere Gruppen, die Gewalt ausüben.*
2. *Unterscheide zwischen „sozialrevolutionärem" und „ideologisch-religiösem" Terrorismus.*

M3 Grundsätze des Handelns

Bundeskanzler Helmut Schmidt (SPD) erklärt am 20. Oktober 1977, einen Tag, nachdem man Hanns Martin Schleyer tot aufgefunden hat, im Bundestag:

Unmittelbar nach der Entführung Dr. Schleyers habe ich in dem [....] Beratungskreis mit Zustimmung der Beteiligten die drei Maximen, die unser Handeln bestimmen sollten, folgendermaßen umrissen:

1. Dr. Schleyer lebend zu befreien; zu einem späteren Zeitpunkt war es selbstverständlich, dass dies ebenso galt für die als Geiseln genommenen 82 Passagiere und 5 Besatzungsmitglieder in dem entführten Lufthansa-Flugzeug.
2. Die Täter zu ergreifen und vor Gericht zu stellen.
3. Die Fähigkeit des Staates, seine Bürger gegen Gefahren zu schützen, zu sichern und das Vertrauen der Bürger, aber auch das Vertrauen der Menschen außerhalb der Bundesrepublik Deutschland in diese Schutzfunktion unseres Staates zu wahren.

Zit. nach: Irmgard Wilharm (Hrsg.), Deutsche Geschichte 1962-1983. Dokumente in zwei Bänden, Bd. 2, Frankfurt am Main 1985, S. 153

M5 Trauerfeier für Hanns Martin Schleyer in Stuttgart
Foto vom 25. Oktober 1977
Helmut Schmidt zwischen der Witwe und dem Sohn des Opfers.

M4 Mitschuldig?

Im August 2007 äußert sich Helmut Schmidt in einem Interview zu der Situation in den Tagen der Schleyer-Entführung:

Schmidt: Hören Sie [...]; ob man Schleyer freikaufen soll dadurch, dass man Verbrecher rauslässt; oder ob man Menschen in einem Flugzeug freikauft dadurch, dass man Verbrecher rauslässt, die dann neue Verbrechen begehen – auf all diese Fragen findet sich im Grundgesetz keine Antwort und auch nicht in der Bibel, und im Koran und in der Thora auch nicht! Es gibt auch keinen vernünftigen Menschen, der behauptet, wir hätten das Grundgesetz dadurch verletzt, dass wir Schleyer nicht ausgetauscht haben.

ZEIT: Sie haben 1989 geschrieben, dass zu Ihren schlimmsten Erinnerungen jene Stunde gehört, als Sie während der Trauerfeier neben der Witwe Schleyer saßen.

Schmidt: Ja, mir war natürlich immer klar, dass ich nicht nur in den Augen von Frau Schleyer oder ihres gemeinsamen Sohnes Hanns Eberhard Schleyer, sondern auch in meinen eigenen Augen mitschuldig war am Tode von Hanns Martin Schleyer. (*Spricht sehr leise:*) Das war mir immer klar. Das war mir auch klar in den ganzen Wochen, in denen wir ihn gesucht haben. Wenn es nicht gelingt, bist du selbst mitschuldig.

ZEIT: Furchtbar, damit zu leben.

Schmidt: Es ist jedenfalls nicht leicht. [...]

ZEIT: Und was ist bei Ihnen zurückgeblieben?

Schmidt: Ich würde das wiederholen, was ich [...] vor 30 Jahren im Bundestag gesagt habe. Ich bin verstrickt in Schuld – Schuld gegenüber Schleyer und gegenüber Frau Schleyer [...].

Die Zeit vom 30. August 2007

Filmtipp:
Das Todesspiel, Regie: Heinrich Breloer, 1997

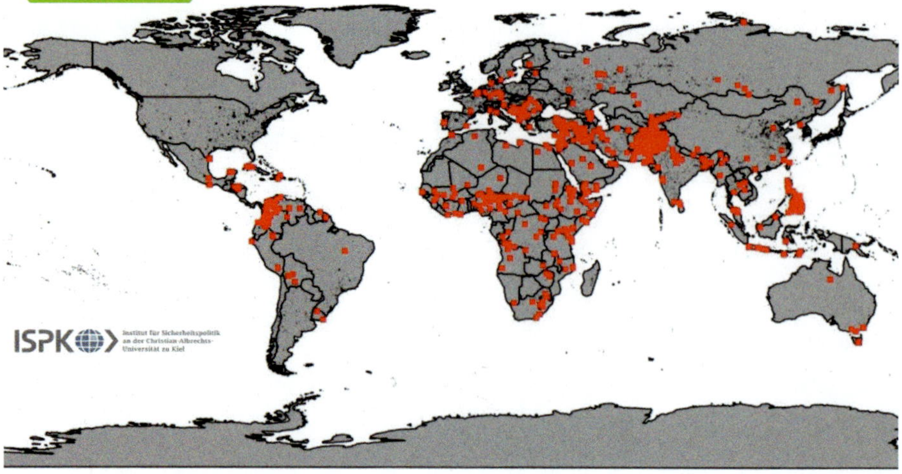

M 6 Terrorismus im Jahr 2012

Jahr	Anschläge (Zahl)	Tote	Verwundete	Opfer insgesamt
2001/02	706	6356	7615	13971
2004	997	7215	14632	21847
2006	2293	15266	19539	34805
2007	2656	20122	26299	46421
2009	1939	9171	18612	27783
2011	2040	9080	16901	25981
2013	2836	16784	29636	46420
Summe	**22348**	**126376**	**208780**	**335156**

M 7 Opfer des islamischen Terrorismus 2001 - 2013

Im Jahr 2013 verloren über 80 % der Opfer in einem der folgenden fünf Länder ihr Leben: Irak, Afghanistan, Pakistan, Nigeria und Syrien. 66 % der Anschläge wurden von einer der folgenden Terrorgruppen (oder ihren Partnern) verübt: Islamischer Staat, Boko Haram, von den Taliban und al-Qaida.

Nach: www.pi-news.net/2014/01/islam-terror-von-2001-bis-2013-eine-bilanz/ (Zugriff: 28. September 2015)

M 8 Was ist Terrorismus?

Ein Zeitungsartikel berichtet über eine Rede, die der damalige UN-Generalsekretär Kofi Annan am 11. März 2005, genau ein Jahr nach verheerenden Terroranschlägen in Madrid durch islamistische Terroristen, hält:

Annan verlangte eine einheitliche Definition dessen, was Terrorismus ist. Es brauche eine Definition, „die deutlich macht, dass es sich bei all jenen Handlungen um Terrorismus handelt, die die Absicht haben, den Tod oder schwere körperliche Schäden bei Zivilisten und nicht Kämpfenden herbeizuführen, mit dem Ziel, die Bevölkerung einzuschüchtern oder eine Regierung oder eine internationale Organisation dazu zu zwingen, etwas zu tun oder zu unterlassen".

Eine erfolgreiche Antiterrorstrategie müsse fünf Punkte erfüllen: „Unzufriedene Gruppen davon abbringen, Terror als Taktik zum Erreichen ihrer Ziele zu wählen. Terroristen den Zugang zu den Mitteln zur Durchführung ihrer Taten erschweren. Staaten dazu bringen, dass sie Terrorismus nicht unterstützen. Fähigkeiten der Staaten für die Terrorprävention ausbauen. Menschenrechte im Antiterrorkampf verteidigen."

Annan forderte konkrete Maßnahmen, wie die noch bessere Kontrolle der Finanzströme und die bessere Bewachung nuklearer Bestände. Er verlangte aber auch den Ausbau des öffentlichen Gesundheitssystems, um auf einen etwaigen Bio-Terrorismus vorbereitet zu sein.

Außerdem sei es nötig, das Bildungssystem zu verbessern. Denn „die Terrorgruppen rekrutieren ihre Mitglieder besonders leicht unter Menschen mit einer engen und verzerrten Sicht der Welt". Der UN-Generalsekretär warnte alle Staaten, die den Terrorismus unterstützen: „Der Sicherheitsrat wird nicht zögern, Disziplinarmaßnahmen zu setzen."

Der Standard, Frankfurter Rundschau, 11. März 2005; zit. nach: www.ag-friedensforschung.de/themen/Terrorismus/annan.html (Zugriff: 5. Oktober 2015)

1. *Helmut Schmidt und der Krisenstab entschieden sich für die „Staatsräson", das heißt, der Schutz des Staates hatte für sie Vorrang vor dem Schutz des Einzelnen. Erörtere diese Position (M3 und M4).*
2. *Waltrude Schleyer, die Witwe des Opfers, hatte bis zu ihrem Tode 2008 kein Verständnis dafür, dass das Leben ihres Mannes für die „Staatsräson" geopfert wurde. Nimm dazu Stellung.*
3. *Beschreibe das Phänomen „Terrorismus" anhand von M6 und M7.*
4. *Arbeite aus der Rede des UN-Generalsekretärs Ursachen des Terrorismus heraus (M8).*
5. *Nenne Ursachen, die speziell der islamisch-fundamentalistische Terrorismus hat.*
6. *Diskutiert Möglichkeiten, was getan werden könnte, um diese Ursachen zu beheben? Ziehe dazu auch die Maßnahmen heran, die Annan vorschlägt (M8).*

Globalisierung – nur eine moderne Entwicklung?

Begriff Globalisierung

Wir kaufen Waren, deren Einzelteile in vielen verschiedenen Ländern gefertigt wurden, fliegen für einen Kurzurlaub nach London, erhalten innerhalb von Sekundenbruchteilen Nachrichten, sind blitzschnell darüber informiert, was im letzten Winkel der Welt geschieht. Geld kann in anderen Ländern investiert oder angelegt werden. Dies alles sind Phänomene der sogenannten **Globalisierung**. Der Begriff wurde in den 1970er-Jahren geprägt und beschreibt, dass Menschen in allen Bereichen (Wirtschaft, Politik, Kultur, Umwelt, **Mobilität**, Kommunikation) über nationale Grènzen hinweg auf der ganzen Welt in kurzer Zeit Transaktionen vornehmen und große Distanzen zurücklegen können. Man spricht auch von einer „Verdichtung von Raum und Zeit".

Wann begann die Globalisierung?

Es ist unter Wissenschaftlern umstritten, wann in der Geschichte von Globalisierung gesprochen werden sollte. Während die einen den Begriff nur für die Zeit nach 1990 mit dem Beginn des digitalen Zeitalters anwenden, setzen andere einen früheren Beginn an. In den nächsten Abschnitten werden einige Ereignisse und Phänomene ab 1500 skizziert, die im Zusammenhang mit einer weltweiten Vernetzung wichtig sind.

1492 - 1820

Mit ihren Entdeckungs- und Eroberungsfahrten verbanden die europäischen Kolonialmächte Gebiete der Erde, die vorher voneinander getrennt oder unbekannt waren (u. a.: 1492 landet Christoph Kolumbus in Nordamerika, 1498 findet Vasco da Gama den Seeweg nach Indien). Um 1500 legten Verträge die Einflusssphären von Spanien und Portugal fest und waren damit die ersten Verträge der Weltgeschichte mit globaler Reichweite.

Die Kolonialmächte gründeten für die Nutzung von Kolonialgebieten Zentralbehörden. In ihrem Auftrag nahmen Handelsgesellschaften Territorien in Besitz und verwalteten diese. Es bildeten sich auch Netzwerke mit Kaufleuten aus verschiedenen Ländern, die über Kolonialgrenzen hinweg ihre Geschäfte betrieben.

M 1 Der „Erdapfel" von Martin Behaim (1492)
Er ist der früheste erhaltene Globus. Behaim erhielt dafür vom Nürnberger Rat den Auftrag.
Der Globus zeigt die damals bekannten Gebiete von Europa, Afrika und Asien.

1820 - 1914

In diesem Zeitraum ermöglichten technische Entwicklungen im Zuge der Industrialisierung, Distanzen wesentlich schneller zurückzulegen. Dampfschiffe konnten zudem nun größere Menge an Waren innerhalb weniger Tage transportieren und waren dabei nicht mehr auf die Windverhältnisse angewiesen. Deshalb war es nicht mehr nur gewinnbringend, teure Luxuswaren zu laden. Nun lohnte es sich auch, schwere Rohstoffe, die für die industrielle Produktion notwendig waren, und Massengüter (Textilien einfacher Qualität, Steinkohle, Eisenerz, Getreide) zu befördern.

Die damalige Seeweltmacht Großbritannien trieb die Entwicklung eines freien Welthandels voran. Zu diesem Zweck wurden Handelshindernisse abgebaut: So wurden gemeinsame technische Standards eingeführt. 1875 einigen sich bespielsweise zwölf Staaten auf den metrischen Standard; später folgen weitere Länder. Der sogenannte Goldstandard legte fest, dass Länderwährungen entweder aus Goldmünzen bestehen oder aus Banknoten, die in Gold eingetauscht werden können. Teure Kanalbauten (z. B. Panama-Kanal oder Suezkanal) verkürzten wichtige Handelswege.

M 2 Anfänge der Globalisierung – Forschungsstandpunkte
Auszüge aus: Peter E. Fäßler, Globalisierung, Köln/Weimar/Wien 2007, S. 47

Beginn	Kriterien
100 000 v. Chr.	Ausbreitung von Homo sapiens
10 000 v. Chr.	Neolithische Revolution
1500 n.Chr.	Entdeckung des Globus Kapitalistisches Weltsystem
1820 n. Chr.	Transportrevolution Kommunikationsrevolution
1945 n. Chr.	Inter-/supranationale Ordnung (u. a. UNO; System von Bretton Woods, bei dem der US-Dollar die internationale Leitwährung wird und feste Wechselkurse zwischen den Währungen der Länder vereinbart wurden)
1990 n. Chr.	Ende der bipolaren Weltordnung Digitale Revolution

Die Erfindung des elektrischen Telegrafen und später des Telefons ermöglichte eine Kommunikation über Kontinente hinweg in Echtzeit.
Grundlegend änderte sich auch die Ansicht, welches Verhältnis es zwischen den Regierungen und der Wirtschaft des jeweiligen Landes geben sollte. Denn immer mehr setzte sich der Liberalismus durch. Im Gegensatz zum Merkantilismus lehnte er Eingriffe des Staates in die freie Wirtschaft ab. Die Regierungen sollten lediglich dafür sorgen, dass die Bürger in Sicherheit leben konnten und das Recht eingehalten wird („Nachtwächterstaat").

1914 - 1945
Die Weltwirtschaftskrise des Jahres 1929 machte auf drastische Weise deutlich, dass die führenden Wirtschaftsregionen der Welt eng miteinander vernetzt sind und dass ein wirtschaftlicher Einbruch dramatische Folgen für die Politik und Gesellschaft anderer Länder haben konnte. Der Börsenkrach in New York führte zu Firmenkonkursen, Arbeitslosigkeit und Zahlungsunfähigkeit der Banken in den USA. Und nur Monate später setzte sich derselbe Teufelskreislauf in Europa in Bewegung, da US-Banken Kredite zurückzogen und Absatzmärkte in den USA für europäische Produzenten wegbrachen.
Die beiden Weltkriege und die Erfahrungen der Weltwirtschaftskrise führten dazu, dass die weltweite Vernetzung nicht intensiviert oder sogar gelockert wurde. Ein anschauliches Beispiel dafür ist, dass Kommunikationsverbindungen des Deutschen Reiches in damals verfeindete Staaten gekappt wurden. Die Kriegswirtschaften gingen zulasten des Konsums und der weltweiten zivilen Handelsverbindungen.
Der 1919 gegründete Völkerbund war der – letztlich allerdings erfolglose – Versuch, durch die Zusammenarbeit von Staaten Kriege zu vermeiden und Konflikte zu lösen.

1945 - 1990
Aufgrund der furchtbaren Erfahrungen des Zweiten Weltkrieges propagierte vor allem der amerikanische Präsident Franklin D. Roosevelt die Vorstellung von der „Einen Welt". Die Staaten der Erde sollten nicht nur miteinander Handel treiben, sondern auch politisch zusammenarbeiten. Durchsetzungsstarke internationale Organisationen sollten eine tragfähige und möglichst gerechte Weltordnung sichern. So sollte die 1945 gegründete UNO, der mittlerweile fast alle Länder der Erde angehören, aus den Konstruktionsfehlern des letztlich wirkungslosen Völkerbundes lernen. Eine ihrer Sonderorganisationen, der Internationale Währungsfonds, soll finanzschwachen Ländern bezahlbare Kredite gewähren.
Allerdings gerieten die westlichen Staaten in einen grundsätzlichen Gegensatz zum Ostblock, der von der Sowjetunion beherrscht wurde. Der Kalte Krieg mit seiner Trennung der beiden Machtbereiche verhinderte nicht das Fortschreiten der Globalisierung, sorgte aber für eine „konsequente Zweiteilung des ‚Globalisierungsspielfeldes'" (Peter E. Fäßler).
Weitere technische Fortschritte (u. a. Langstreckenflugzeuge, Kommunikationssatelliten, Internet) beschleunigten die Überwindung langer Strecken und die Kommunikation nochmals. Lebensstile und Moden verbreiten sich innerhalb kurzer Zeit (z. B. American Way of Life) und zeigen, dass Globalisierung auch das Alltagsleben verändert.

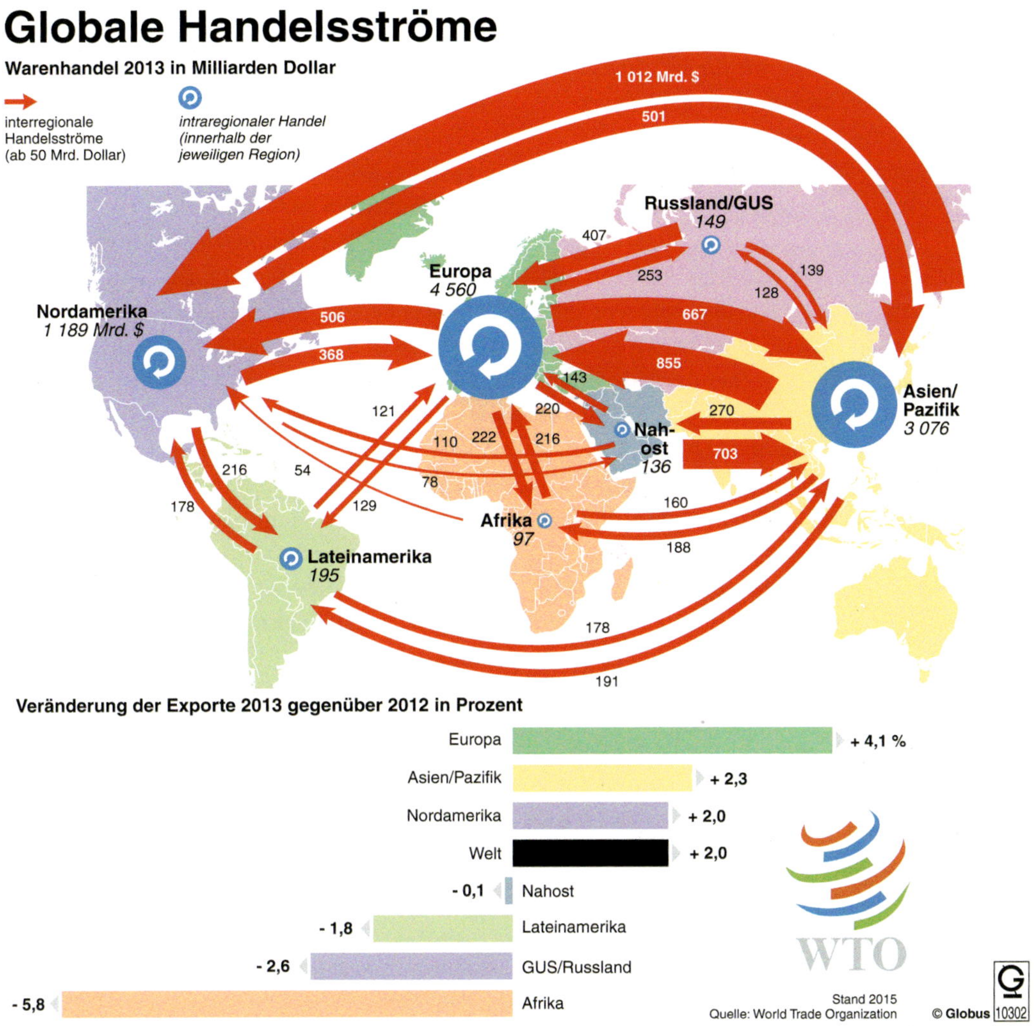

M3 Globale Handelsströme

Begleiterscheinungen

Die Globalisierung hat zu einem enormen Wirtschaftswachstum geführt, da Rohstoffe relativ preiswert zur Verfügung stehen, Waren billig produziert und transportiert werden können und neue Märkte erschlossen wurden. Die Kehrseiten sind insbesondere

- eine steigende Umweltbelastung durch Abgase, Abfälle und Rückstände, die den Lebensraum von immer mehr Menschen bedrohen,
- hemmungslose Ausbeutung der Ressourcen an Rohstoffen und unverbrauchter Natur,
- wachsende Armut in Staaten, die nicht von der Globalisierung profitieren.

Da gleichzeitig die Weltbevölkerung zunimmt, ist auch die Versorgung insbesondere der Menschen in ärmeren Ländern auf Dauer nicht gesichert. Umweltexperten, aber auch Wirtschaftswissenschaftler und Politiker sagen für die Zukunft Konflikte bei der Verteilung der Ressourcen wie Wasser und Erdöl voraus. Aber auch Konflikte bei der Frage, wie z. B. die Luftverschmutzung eingedämmt und Urwälder gerettet werden können, sind vorhersehbar.

Nachdem mit Ausnahme von Japan der Welthandel lange Zeit von Europa und Nordamerika dominiert wurde, erhöhte ab den 1990er-Jahren der asiatische Wirtschaftsraum seinen Anteil an der Weltwirtschaft rasant. China löste 2012 Deutschland als „Exportweltmeister" ab.

1. *Fasse zusammen, was die Voraussetzungen für Globalisierung sind.*
2. *Erläutere, welche Bereiche von der Globalisierung betroffen sind.*
3. *Erörtere den Zusammenhang von politischer Macht und Anteil am globalen Handel (Verfassertext, M3).*

M4 Zwei Definitionen von Globalisierung

Ein Artikel der Bundeszentrale für politische Bildung charakterisiert Globalisierung folgendermaßen:

G. ist eine politisch-ökonomische Bezeichnung für den fortschreitenden Prozess weltweiter Arbeitsteilung.

Da die politisch gesetzten Handelsschranken zwischen den Staaten zunehmend abgebaut werden und der Produktionsfaktor Kapital weltweit mobil und einsetzbar ist und weil ferner die neuen Kommunikationstechnologien grenzenlos angewendet werden können, wird zunehmend in solchen Staaten produziert, die die höchsten Kostenvorteile bieten. Kennzeichnend für die G. ist, dass diese Kostenvorteile nicht nur für jedes Endprodukt (z. B. Fotokameras aus Singapur) gesucht werden, sondern für (nahezu) jedes Einzelteil, aus dem das Endprodukt besteht (bei einem Automobil z. B. von einzelnen Schrauben über einzelne Karosserieteile und den Motor bis zu ganzen Baugruppen etc.). Der Prozess der G. erhöht damit entscheidend den Wettbewerbsdruck zwischen den einzelnen Unternehmen und hat darüber hinaus erhebliche Auswirkungen auf die Stabilität und Sicherheit der Arbeitsplätze.

Der Historiker Reinhard Wendt definiert Globalisierung in einem 2007 erschienenen Buch:

Globalisierung ist ein Terminus, der mittlerweile inflationär gebraucht wird. Im Kern der angebotenen Definitionen steht als wichtigstes Charakteristikum die Vermehrung, Verdichtung und Beschleunigung von Interaktionen ökonomischer, politischer oder kultureller Natur über nationalstaatliche Grenzen hinweg, die kontinentübergreifend zu einer immer engeren Verflechtung der Gesellschaften führt. Raschere und intensivere Austausch- und Kommunikationsprozesse, die gegenüber früheren „Entgrenzungs"-Phasen an Reichweite, Umfang und Geschwindigkeit gewonnen haben, lassen Distanzen in Zeit und Raum schrumpfen, sodass sich eine Weltwirtschaft, eine Weltgesellschaft, überhaupt „Eine Welt" herauszubilden scheinen.

Erster Text: Klaus Schubert und Martina Klein, Das Politiklexikon. 5., aktual. Aufl. Bonn 2011. Zweiter Text: Reinhard Wendt, Vom Kolonialismus zur Globalisierung. Europa und die Welt seit 1500, Paderborn 2007, S. 327

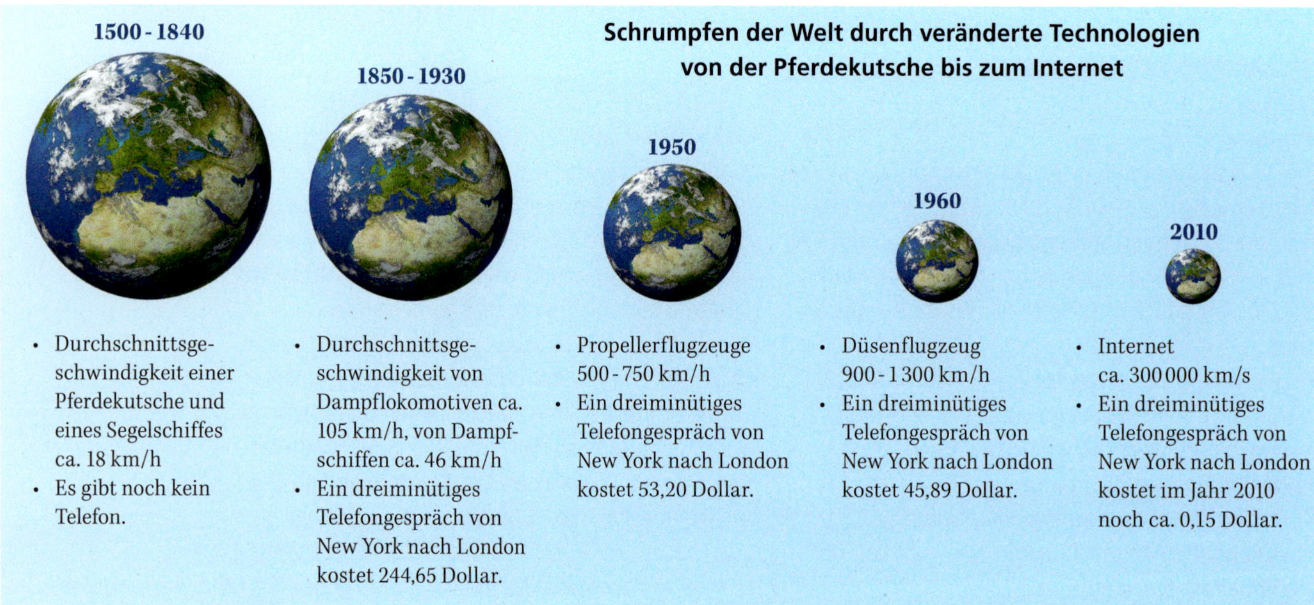

M5 Transport- und Kommunikationskosten

Index (1960 = 1), in konstanten Preisen, Entwicklung in Prozent, weltweit 1960 bis 2012

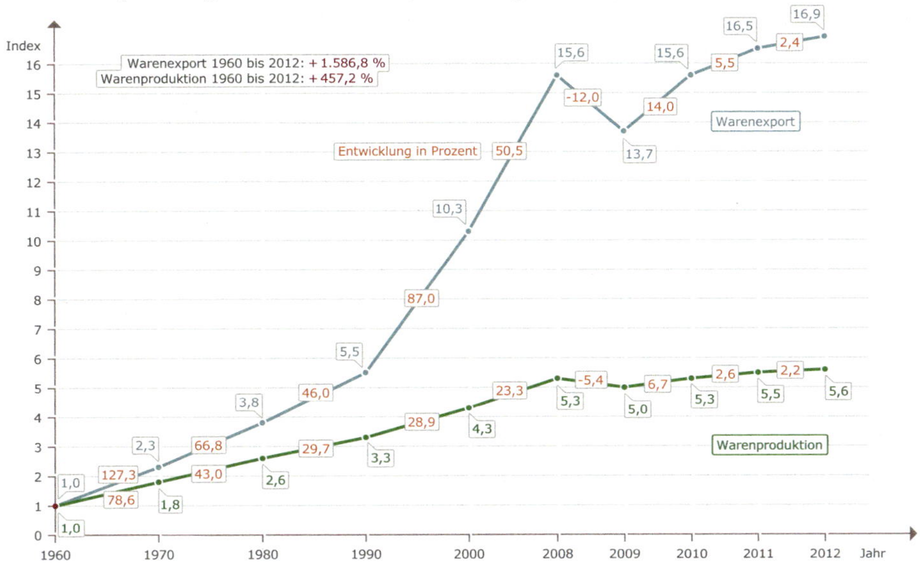

M 6 Entwicklung des grenzüberschreitenden Handels

Quelle: World Trade Organization (WTO): International Trade Statistics 2013; eigene Berechnungen
Lizenz: Creative Commons by-nc-nd/3.0/de Bundeszentrale für politische Bildung, 2014, www.bpb.de

Index (2008 = 100), in konstanten Preisen*, 1960 bis 2008

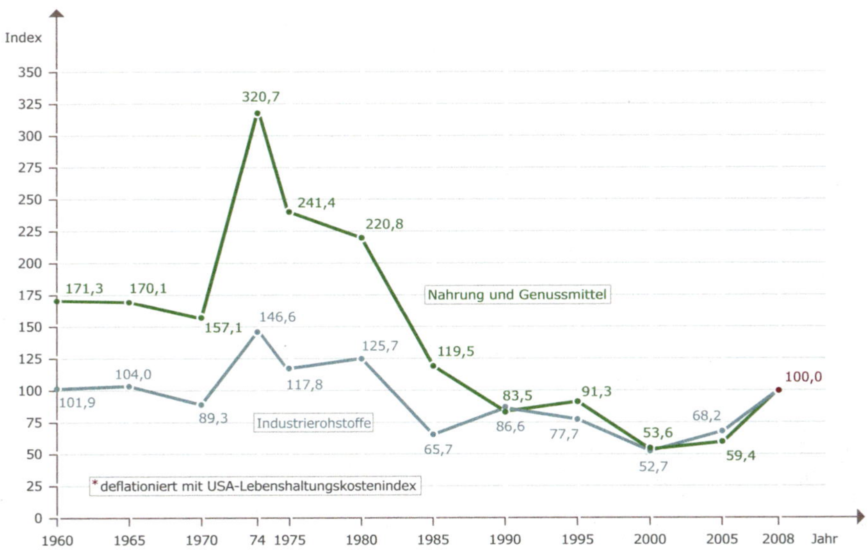

M 7 Rohstoffpreise 1960-2008

Quelle: Hamburgisches WeltWirtschaftsInstitut (HWWI): Rohstoffpreisindex
Lizenz: Creative Commons by-nc-nd/3.0/de Bundeszentrale für politische Bildung, 2009, www.bpb.de

1. *Vergleiche die beiden Definitionen von „Globalisierung" (M4).*
2. *Prüfe, ob die Vorstellung von „Einer Welt" in der zweiten Definition (M4) mit der von Präsident Roosevelt (Verfassertext) übereinstimmt.*
   Tipp: Lies dazu auch S. 184.
3. *Beurteile, welcher Beginn der Globalisierung (M2) zu den Definitionen von Globalisierung (M4) passt.*
4. *Erkläre, inwiefern Globalisierung grundlegende Auswirkungen auch auf die betroffenen Gesellschaften hat.*
5. *Liste in einer Tabelle die Merkmale von Globalisierung auf, die deiner Meinung nach kennzeichnend sind. Welche der in M2 angegebenen Anfänge von Globalisierung fallen dadurch weg?*
6. *Suche Argumente dafür und dagegen, dass die Wirtschaft der wichtigste Faktor der Globalisierung ist (M2 - M7).*

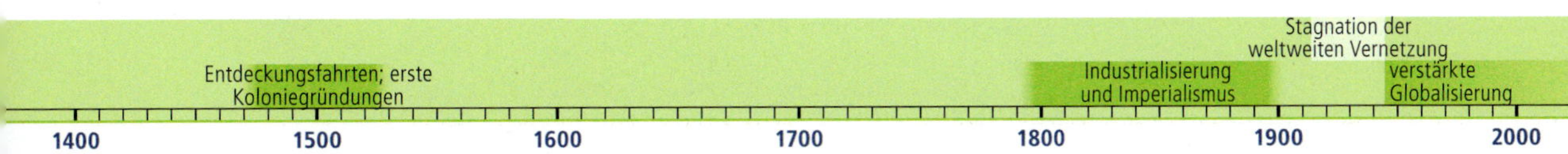

Kompetenzen überprüfen

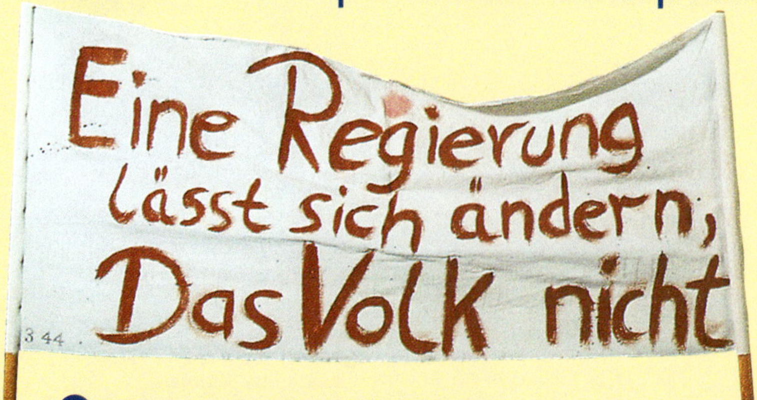

M 1 Transparent von der Ost-Berliner Großdemonstration vom 4. November 1989

M 2 Stirn- und Armbinde
Getragen auf der Ost-Berliner Großdemonstration vom 4. November 1989

M 4 Die Öffnung der Mauer – Beginn einer Revolution?

Der Historiker Heinrich August Winkler bewertet den Fall der Mauer so:

Die Öffnung der Berliner Mauer am 9. November 1989 war für die DDR das, was der Sturm auf die Pariser Bastille am 14. Juli 1789 für das französische Ancien régime[1] gewesen war: der Schlag, von dem sich die bisherige Ordnung nicht mehr erholen konnte. Die Mauer war nicht minder als die Bastille ein Symbol der Unfreiheit. Als das Symbol fiel, war das Ende der alten Herrschaft gekommen. Die „friedliche Revolution" in der DDR hatte das Ziel erreicht, über das alle vorwärtsdrängenden Kräfte einig waren.

Heinrich August Winkler, Der Lange Weg nach Westen II. Deutsche Geschichte 1933 - 1990, München 2000, S. 517

[1] Ancien régime: alte, ehemalige Regierung; der Begriff steht für vorrevolutionäre Zustände

M 3 Umjubelter Grenzübertritt in Berlin
Foto vom 9./10. November 1989
Mehr als eine halbe Million DDR-Bürger nutzten die Grenzöffnung zu einem Kurzbesuch in West-Berlin.

M 5 Mindmap zur Wiedervereinigung

M6 Über die deutsche Einigung von 1990

Der Mainzer Geschichtswissenschaftler Andreas Rödder schreibt dazu:

Die deutsche Einigung von 1990 fand – bei allen Differenzen im Einzelnen – erstmals im Einklang mit den Nachbarn und nicht in jenem Zeichen kriegerischer Gewalt statt, in dem das moderne deutsche (und nicht nur das deutsche) Nationalbewusstsein von seiner Geburt im Aufstand gegen Napoleon 1813 bis zum Untergang von 1945 gestanden hatte. Das vereinigte Deutschland von 1990 war saturiert[2], und es vereinte erstmals Volkssouveränität und Freiheit, Einheit und Frieden – als gingen nach den katastrophalen Umwegen die Hoffnungen des 19. Jahrhunderts doch noch in Erfüllung.

Andreas Rödder, Geschichte der deutschen Wiedervereinigung, München 2011, S. 115

M7 „Still Standing“
Karikatur von Mike Ritter aus den in Phoenix (Arizona) erscheinenden „Tribune Newspapers“ vom 12. September 2001

M8 Gedenken an die deutsche Teilung
Foto von Doreen Eschinger, 2011
Am Potsdamer Platz in Berlin wurden Teile der Mauer und Informationstafeln aufgestellt.

M9 Gibt es ein „kurzes 20. Jahrhundert“?

Der Historiker Hans-Ulrich Wehler stellt mit Blick auf historische Epocheneinteilungen die Frage, welches 20. Jahrhundert dem „langen 19. Jahrhundert“ gefolgt sei, und schreibt:

Hobsbawm[3] hat frühzeitig, zu Beginn der 1990-Jahre, für die Epoche eines „kurzen 20. Jahrhunderts“ plädiert. [...] Da er auch einer der Verfechter des „langen 19. Jahrhunderts“ von 1789 bis 1914 war, setzte er mit 1914/17 als dem Beginn des 20. Jahrhunderts ein und ließ es mit dem Zerfall der Sowjetunion seit 1991 enden. Die Auflösung einer Weltmacht, dazu ohne großen Krieg, ist in der Tat ein spektakuläres Ereignis, das die globale Konstellation von Grund auf veränderte.

Hans-Ulrich Wehler, Notizen zur deutschen Geschichte, München 2007, S. 41 f.

[2] saturiert: ohne Ansprüche, selbstzufrieden
[3] Eric J. Hobsbawm (1917-2012): englischer Historiker, der eine Weltgeschichte des 20. Jh. geschrieben hat und diesem Buch den Titel „Das Zeitalter der Extreme“ gab

1. *In der Geschichtsschreibung ist umstritten, ob die Ereignisse in der DDR von 1989/90 ein „Zusammenbruch“ oder eine „Revolution“ waren. Gegen den ersten Begriff sprächen die vielen Demonstrationen, gegen den zweiten die mangelnde Gewalt. Diskutiert die Positionen! Berücksichtigt M1 bis M4.*
2. *Erzähle mithilfe der Mindmap-Angaben (M5) eine Geschichte der Wiedervereinigung.*
3. *Erläutere die deutsche Wiedervereinigung (M6) im Zusammenhang mit der Ostpolitik (siehe S. 273), der Schlussakte von Helsinki (244 f.) und dem Umbruch in Osteuropa (282 f.).*
4. *Interpretiere die Karikatur (M7).*
5. *Diskutiert auf der Grundlage von M9 die Frage, ob die Zeit zwischen dem Ersten Weltkrieg und dem Zerfall der Sowjetunion 1991 eine eigene historische Epoche darstellt.*
6. *Für viele Historiker und Politiker hat erst mit dem 11. September 2001 eine neue Epoche begonnen. Fasse die zentralen Ereignisse nach „Nine eleven“ (siehe S. 314) in einer Übersicht zusammen und beurteile die Einschätzung.*
7. *Nehmt gemeinsam Stellung zu der Frage auf S. 278: „Auf dem Weg zur „Einen Welt“?*

Zugriffsmöglichkeiten über die Kategorien

1 Demokratie – Sozialismus – Nationalsozialismus

Orientierung

Gesellschaft

Herrschaft

Wirtschaft

Weltdeutungen

2 Die Welt seit 1945

Orientierung

Gesellschaft

Herrschaft

Wirtschaft

Weltdeutungen

Lexikon zur Geschichte: Begriffe

*In den Verfassertexten sind die Grundbegriffe des Lehrplans **hervorgehoben** und auf der jeweiligen Seite unten wiederholt. Weitere wichtige Begriffe, die ein Geschichtsforscher braucht, sind ebenfalls hervorgehoben und zusätzlich mit einem * gekennzeichnet.*

Erklärungen für diese Worte gibt dir unser „Lexikon zur Geschichte". Die Seitenzahl gibt an, wo der Begriff erstmals im Buch genannt wird. Wenn wir bei der Erklärung eines Wortes einen anderen Eintrag in das Lexikon verwenden, machen wir dies mit dem ▸ Pfeilsymbol deutlich.

„68er-Bewegung"* ▸S. 248: Angeregt durch die amerikanische Bürgerrechtsbewegung protestierten in der Bundesrepublik Deutschland seit Mitte der 1960er-Jahre Schüler und Studenten gegen die politischen und wirtschaftlichen Verhältnisse, gegen überlieferte Vorstellungen in Elternhaus, Schule und Universität sowie gegen den Krieg der USA in Vietnam. Viele wollten die „kapitalistischen" Verhältnisse durch „sozialistische" (▸Sozialismus) ersetzen. Die „68er" stärkten das politische Interesse der Bevölkerung, förderten Bürgerbewegungen, änderten Erziehungsstile und probierten neue Formen des Zusammenlebens aus.

Antisemitismus ▸S. 26: wörtlich „Semitenfeindschaft" (Semiten: Angehörige einer verwandten Gruppe von Völkern in Vorderasien und Nordafrika); der Begriff bezieht sich aber nur auf Juden. Die um 1880 in Deutschland entstandene Bezeichnung meint die seit dem 1. Jh. n. Chr. bestehende Ablehnung oder Bekämpfung von Juden aus religiösen oder sozialen Gründen sowie die in der 2. Hälfte des 19. Jh. beginnende rassisch (biologisch) begründete Judenfeindschaft (▸Rassismus). Der ▸Nationalsozialismus stellte den Antisemitismus ins Zentrum seiner Weltanschauung und Politik. Seine Anhänger rechtfertigten damit die „Nürnberger Gesetze" und die „Arisierung" jüdischen Eigentums ebenso wie die systematische Vernichtung der Juden (▸Holocaust/Shoa).

Bedingungslose Kapitulation* (engl. unconditional surrender) **▸S. 172**: Forderung der Anti-Hitler-Koalition von 1943 gegenüber Deutschland, Italien und Japan. Die für den Zweiten ▸Weltkrieg verantwortlichen Staaten sollten sich ohne Verhandlungen und Forderungen ergeben und anschließend von den Siegermächten politisch neu geordnet werden, ohne dafür Bedingungen stellen zu dürfen.

Berliner Mauer* ▸S. 238: Um die Abwanderung ihrer Bürger in die Bundesrepublik Deutschland zu beenden, ließ die Regierung der DDR nach Absprache mit der Sowjetunion ab dem 13. August 1961 eine 43,7 km lange Mauer quer durch das Stadtgebiet Berlins und rund um West-Berlin errichten. An der militärisch gesicherten Sperranlage starben zwischen 1961 und 1989 mehr als 130 Menschen. Die Öffnung der Mauer am 9. November 1989 war der Anfang vom Ende der DDR (Mauerfall).

Blockbildung ▸S. 186: Entstehung und Verfestigung der nach 1945 gebildeten ▸Bündnissysteme mit den Führungsmächten USA und UdSSR zur Verfolgung und Wahrung gemeinsamer politischer und wirtschaftlicher Interessen; dadurch zunehmende Spaltung der Welt in einen östlichen (kommunistischen) und einen westlichen (demokratischen) Block

Bolschewismus* ▸S. 60: Die Bezeichnung geht zurück auf die Spaltung der Sozialdemokratischen Arbeiterpartei Russlands in Menschewiki (dt. Minderheitler) und Bolschewiki (dt. Mehrheitler). Tatsächlich hatten die Bolschewiki keine Mehrheit in der Sozialdemokratischen Arbeiterpartei. Unter ▸Lenins Führung wollten sie die Macht mit einer kleinen Gruppe von Berufsrevolutionären gewaltsam übernehmen. Nach der ▸Oktoberrevolution von 1917 errichteten sie eine „Diktatur des Proletariats", um eine angeblich klassenlose Gesellschaft zunächst in Russland und dann auf der ganzen Welt zu verwirklichen. Die Begriffe „Bolschewismus" und ▸„Kommunismus" wurden später oft bedeutungsgleich benutzt.

Bund Deutscher Mädel (BDM)* ▸S. 132: von der ▸NSDAP 1930 zur Mädchenorganisation neben der ▸Hitler-Jugend (HJ) gegründet. In ihr sollte die weibliche Jugend im Sinne der NS-Ideologie und zu Tugenden wie Gehorsam, Pflichterfüllung, Disziplin, Opferbereitschaft und Körperbeherrschung erzogen werden. 1936 wurde die Mitgliedschaft verpflichtend. Der BDM war untergliedert in den Jungmädelbund (JM) der 10-13jährigen, den Bund Deutscher Mädel der 14-17jährigen und ab 1938 in das Werk „Glaube und Schönheit" für die 17-21jährigen Mädchen.

Bundesstaat* ▸S. 16: Zusammenschluss mehrerer Staaten zu einem Gesamtstaat mit einer Bundesregierung

Bündnissysteme ▸S. 42: Teil der Diplomatie und Außenpolitik. Die Außenpolitik des Reichskanzlers Otto von Bismarck zielte nach 1871 darauf, Frankreich von anderen Staaten zu isolieren und Österreich-Ungarn, Italien und Russland durch Bündnisse an das Deutsche Reich zu binden. Der Zerfall des Bismarck'schen Bündnissystems nach 1890 trug zur außenpolitischen Isolierung des Deutschen Reiches vor dem Ersten ▸Weltkrieg bei. Nach dem Zweiten ▸Weltkrieg entstanden 1949 die ▸NATO und 1955 der ▸Warschauer Pakt als vorherrschende Bündnissysteme.

Containment-Politik* ▸S. 186: Eindämmungspolitik der USA nach dem Zweiten ▸Weltkrieg, um eine Ausbreitung des Einflusses der UdSSR bzw. kommunistischer Regime (▸Kommunismus) zu verhindern (▸Kalter Krieg).

DDP* (Deutsche Demokratische Partei) **▸S. 74**: linksliberale bürgerliche Partei, gehörte von 1919 bis 1930 fast allen Reichsregierungen an

Demokratie („Volksherrschaft") **▸S. 58**: eine Staatsform, in der alle wahlberechtigten Bürger und Bürgerinnen sich direkt oder indirekt an der Regierung beteiligen können. Zu den wichtigsten Merkmalen einer Demokratie gehören freie, allgemeine, regelmäßig wiederkehrende, gleiche und geheime Wahlen. Alle politischen Entscheidungen werden nach dem Mehrheitsprinzip getroffen. Darüber hinaus besteht in einer modernen Demokratie eine Gewaltenteilung, wonach voneinander unabhängige Organe der Gesetzgebung (Legislative), Regierung (Exekutive) und Rechtsprechung (Judikative) bestehen. Der erste moderne demokratische Staat waren die aus dem Unabhängigkeitskrieg gegen Großbritannien (1776-1783) hervorgegangenen Vereinigten Staaten. Die Französische Revolution gab nach 1789 der Forderung nach demokratisch gewählten Regierungen in den europäischen Staaten eine neue Bedeutung. Im 1871 gegründeten Deutschen Reich wurde zwar der Reichstag demokratisch gewählt, doch die Regierung wurde vom Kaiser bestimmt (konstitutionelle Monarchie). Erst die Weimarer Verfassung von 1919 bildete die Grundlage für eine ▸parlamentarische Demokratie in Deutschland.

Diktatur ▸S. 108: Als Diktatur wird heute die Herrschaft einer Person, Gruppe oder Partei bezeichnet, die die Macht im Staat weitgehend unbeschränkt ausübt und die ▸Menschen- und Bürgerrechte nicht beachtet. Beispiele sind der NS-Staat, die Sowjetunion und die DDR sowie die noch bestehenden Volksrepubliken wie China.

Diskriminierung ▸S. 38: meint die gezielte und beabsichtigte Benachteiligung von Menschen einer bestimmten Gruppe durch andere Personen, Gruppen oder den Staat.

DNVP* (Deutschnationale Volkspartei) **▸S. 82**: nationalistische Partei mit konservativ-restaurativer Gesinnung. Die DNVP war gegen die Weimarer Verfassung eingestellt und förderte die Machtübernahme der ▸NSDAP.

„Dolchstoßlegende"* ▸S. 80: nach 1918 von rechtsradikalen Zeitungen verbreitete und seit 1919 von ▸Hindenburg vertretene Behauptung, die deutsche Armee sei im Ersten ▸Weltkrieg nicht an der Front besiegt, sondern durch fehlende Unterstützung aus der Heimat „von hinten erdolcht" und zur Kapitulation gezwungen worden. Diese Geschichtsfälschung verschweigt, dass führende Militärs bereits Ende September 1918 die Niederlage gegen die übermächtige Allianz der Gegner eingestanden hatten.

DVP* (Deutsche Volkspartei) **▸S. 82**: bürgerliche, rechtsliberale Partei. Sie strebte nach nationaler Selbstbestimmung und stand anfangs dem parlamentarischen System der Weimarer Republik ablehnend gegenüber.

Emanzipation (wörtlich: „Befreiung") **▸S. 249**: Heute versteht man darunter die rechtliche und soziale Gleichstellung der Frauen mit Männern.

Entspannungspolitik ▸S. 244: Nach der Kuba-Krise von 1962 bemühten sich die westlichen Regierungen unter Führung der USA gegenüber der Sowjetunion und anderen kommunistischen Staaten (▸Kommunismus) um eine andere Politik. Bessere politische, wirtschaftliche und kulturelle Beziehungen sowie Vereinbarungen über Rüstungskontrolle und Gewaltverzicht sollten helfen, den Ost-West-Gegensatz zu überwinden. Die von Bundeskanzler Willy ▸Brandt (SPD) betriebene ▸Neue Ostpolitik war Teil der Entspannungspolitik.

„Ermächtigungsgesetz"* ▸S. 122: vom Reichstag am 23. März 1933 beschlossenes Gesetz, das der Koalitionsregierung unter Adolf ▸Hitler erlaubte, Gesetze ohne den Reichstag zu beschließen. Gegen das zunächst befristete Gesetz, das die ▸„Gleichschaltung" und die nationalsozialistische ▸Diktatur (▸Nationalsozialismus) förderte, stimmten nur die Abgeordneten der ▸SPD, die kommunistischen Abgeordneten (▸Kommunismus) waren bereits verhaftet worden oder ins Exil gegangen.

Europäische Integration ▸S. 220: Am Anfang des Einigungsprozesses nach dem Zweiten ▸Weltkrieg stand die Zusammenarbeit der westeuropäischen Staaten im 1949 gegründeten Europarat und in der 1951 entstandenen „Europäischen Gemeinschaft für Kohle und Stahl" (EGKS, ▸Montanunion). Der Erfolg führte 1957 zur Gründung der Europäischen Wirtschaftsgemeinschaft (EWG) und der „Europäischen Atomgemeinschaft" (EURATOM). EGKS, EURATOM und EWG wurden 1967 zur „Europäischen Gemeinschaft" (EG) zusammengefasst. Sie erhielten gemeinsame Organe (Kommission, Ministerrat, Parlament und Gerichtshof). Ihre Mitglieder vereinbarten eine intensive wirtschaftliche, außenpolitische, soziale, ökologische und kulturelle Zusammenarbeit. Der Vertrag von Maastricht erweiterte 1992 die Zuständigkeit der Europäischen Gemeinschaft. Er machte den Weg für die Wirtschafts- und Währungsunion frei und erklärte das Staatenbündnis zur „Europäischen Union" (EU). Die wichtigsten Veränderungen waren die engere Zusammenarbeit in der Außen- und Wirtschaftspolitik und die gemeinsame Währung „Euro" (1999/2002). Nach der Auflösung des sowjetischen Machtbereiches nahm die EU zwölf weitere Mitglieder auf, davon zehn ehemalige Ostblockstaaten. Seit 2013 zählt die EU 28 Mitgliedstaaten.

„Euthanasie"* (abgeleitet von griech. „guter" oder „leichter Tod") **▸S. 156**: Mit diesem Begriff wurde während des „Dritten Reiches" die Ermordung an behinderten, unheilbar erkrankten sowie altersschwachen Menschen verschleiert.

Faschismus* ▸S. 112: antidemokratische (▸Demokratie) und antikommunistische (▸Kommunismus) sowie extrem nationalistische (▸Nationalismus) Weltanschauung und Bewegung. Sie entstand nach dem ▸Ersten Weltkrieg in Italien und fand in fast allen europäischen Ländern Anhänger. In Deutschland vertraten die Nationalsozialisten (▸NSDAP) unter ▸Hitler faschistische Vorstellungen.

Galoppierende Inflation (lat. inflatio: Anschwellen) **▸S. 84**: anhaltende rasante Geldentwertung durch Ansteigen aller Preise. Opfer der Inflation sind vor allem Menschen, die von Ersparnissen leben. Zu den Ursachen zählte die enorme Staatsverschuldung wegen hoher Rüstungsausgaben vor und während der Kriege. Bei einer monatlichen Inflationsrate von 20 Prozent spricht man von einer galoppierenden Inflation. Steigen die Preise noch schneller und verliert das Geld noch schneller an Wert, so spricht man ab einer monatlichen Inflationsrate von 50 Prozent von Hyperinflation. Zu besonders starken Inflationen kam es nach dem Ersten ▸Weltkrieg in fast allen kriegführenden Staaten und nach dem Zweiten Weltkrieg.

Generalstreik* ▸S. 60: Streik der gesamten Arbeiterschaft in allen Bereichen einer Region oder eines Landes. Er kann zum einen als Mittel dienen, um auf eine Verwaltung oder eine Regierung Druck auszuüben. Das Lahmlegen des öffentlichen Lebens kann aber auch regierungsfeindliche Kräfte in ihrem Vorhaben behindern, die Macht an sich zu reißen. Ein Beispiel dafür ist der gescheiterte Kapp-Lüttwitz-Putsch 1923.

Genozid* ▸Völkermord

Ghetto* ▸S. 154: Bezeichnung für ein von anderen Stadtteilen abgetrenntes Wohngebiet für Juden. Judenviertel gab es bereits in der Spätantike. Anfang des 13. Jh. beschloss die Kirche die räumliche Trennung von Juden und Christen. Sie wurde zunächst kaum befolgt. Das erste Ghetto im Heiligen Römischen Reich Deutscher Nation entstand 1462 in Frankfurt am Main. Die Bezeichnung stammt aus Venedig, wo die Juden seit 1516 im Stadtteil „Ghetto Nuovo" wohnen mussten. Nach dem Einmarsch deutscher Truppen im Jahre 1939 in Polen und 1941 in die Sowjetunion wurden zahlreiche Ghettos errichtet. Das größte Ghetto entstand in Warschau. Darin wurde die enteignete jüdische Bevölkerung gefangen gehalten und zur Arbeit für die Besatzer gezwungen. Viele Ghettobewohner starben an Hunger und Krankheit. Die Überlebenden wurden ab 1941 in die ▸Konzentrations- und Vernichtungslager deportiert und damit Opfer des Holocaust (▸Holocaust/Shoa).

Glasnost und Perestroika* ▸S. 282: Die Begriffe „Glasnost" (dt. Offenheit, Durchsichtigkeit) und „Perestroika" (dt. Umbau, Umgestaltung) stehen für Michail ▸Gorbatschows Reformpolitik in der Sowjetunion von 1985 bis 1991. Sie sollte die kommunistische Herrschaft (▸Kommunismus) in der Sowjetunion und den Ostblockstaaten sichern, erreichte aber das Gegenteil.

„Gleichschaltung"* ▸S. 124: So nannten die Nationalsozialisten (▸Nationalsozialismus) ihre Maßnahmen, Staat, Gesellschaft und Kultur mit ihrer Partei (▸NSDAP) personell und ideologisch zu durchdringen und damit zu beherrschen. Nach der Ernennung Adolf ▸Hitlers zum Reichskanzler am 30. Januar 1933 („Machtübernahme") begann die ▸„Gleichschaltung" mit dem ▸„Ermächtigungsgesetz" vom 23. März 1933. Sie beendete die demokratische Gewaltenteilung (▸Demokratie). Die Nationalsozialisten nahmen den Ländern ihre Eigenständigkeit, führten eine Einparteienherrschaft ein, kontrollierten die Medien, lösten alle Verbände und Einrichtungen auf und integrierten sie in ihre Organisationen.

Globalisierung ▸S. 317: Bezeichnung für das sogenannte „Zusammenwachsen der Erdteile". Gemeint ist damit, dass es zwischen den Ländern aus unterschiedlichen Erdteilen immer häufigere und engere wirtschaftliche, politische, soziale und kulturelle Beziehungen gibt. Die Nachrichtenübermittlung und die Transporte verkürzen sich dabei immer weiter. Die Globalisierung wirkt sich dabei auch stark auf die gesellschaftlichen Strukturen der meisten Staaten der Erde aus.

Grundgesetz* ▸S. 204: Die vom Parlamentarischen Rat 1948/49 ausgearbeitete und nach Annahme durch die Länderparlamente am 23. Mai 1949 in Kraft getretene Verfassung der Bundesrepublik Deutschland. Im Gegensatz zur Weimarer Verfassung sind die Grundrechte (▸Menschen- und Bürgerrechte) nicht nur politische Leitlinien, sondern von jedem Bürger vor Gericht einklagbare Rechte.

Hitler-Jugend (HJ)* ▸S. 132: von der ▸NSDAP 1926 gegründete NS-Jugendorganisation. Die HJ erreichte nach dem Verbot anderer Jugendorganisationen ab 1933 großen Einfluss. Ende 1936 wurde die Mitgliedschaft in der HJ für alle Kinder und Jugendlichen zwischen zehn und 18 Jahren gesetzliche Pflicht.

Holocaust/Shoa ▸S. 158: Der griechische Begriff holókaustos (dt. „völlig verbrannt" bzw. „Brandopfer") bedeutet im Englischen „Inferno" und „Zerstörung". Er wird heute für die systematische Vernichtung von etwa sechs Millionen europäischer Juden und anderer Opfergruppen während des „Dritten Reiches" verwendet. Im Hebräischen wird für das Leiden der Juden während dieser Zeit der Begriff Shoa („Großes Unheil", „Katastrophe") gebraucht. 1996 wurde der 27. Januar in Deutschland zum „Holocaust-Gedenktag" erklärt. Das Datum erinnert an die Befreiung des ▸Konzentrations- und Vernichtungslagers Auschwitz. Seit 2006 gilt auf Beschluss der ▸UNO der „Tag des Gedenkens an die Opfer des Holocaust" weltweit.

Ideologie* ▸S. 119: Vorstellung, die die Welt aus einer bestimmten Sicht erklärt und dazu auffordert, nach ihren Ideen zu handeln. Beispiele: ▸Kommunismus, ▸Imperialismus, Nationalismus und Rassenideologie (▸Rassenlehre).

Imperialismus* (lat. imperium: Herrschaft) **▸S. 34**: „Großreichspolitik" in allen Epochen. Im engeren Sinne die direkte oder indirekte Herrschaft wirtschaftlich-industriell entwickelter Mächte Europas, der USA und Japans über unterlegene Regionen von ungefähr 1880 bis zum Ende des Ersten ▸Weltkrieges.

Kalter Krieg ▸S. 186: Bezeichnung für den seit 1945/46 herrschenden politischen, wirtschaftlichen und militärischen Konkurrenzkampf zwischen den Großmächten USA und UdSSR und ihren ▸Bündnissystemen (▸NATO und ▸Warschauer Pakt). Erstes Zeichen des Kalten Krieges war die Truman-Doktrin von 1947. Frühe Höhepunkte waren die Blockade West-Berlins von 1948 und der Korea-Krieg (1950-1953). Die amerikanische „Politik der Stärke und des Dialoges" und die Reformen Michail ▸Gorbatschows in der Sowjetunion (▸Glasnost und Perestroika) beendeten 1989/90 den Kalten Krieg. Die USA wurden einzige Weltmacht.

Kolonialismus* ▸S. 34: die Ausdehnung von Herrschaft über Gebiete und Gesellschaften einer anderen Kultur. Charakteristisch für den modernen Kolonialismus des 19./20. Jh. – die Herrschaft europäischer Staaten über außereuropäische Gebiete – ist das vorrangige Ziel, die beherrschten Gebiete und Gesellschaften wirtschaftlich auszubeuten und auch kulturell zu unterwerfen. Trotz der weitgehenden Dekolonisierung nach dem Zweiten Weltkrieg blieben in vielen ehemaligen Kolonialstaaten durch die geschaffenen kolonialen Strukturen (künstliche Grenzen, mangelhafte Infrastruktur, einseitige wirtschaftliche Orientierung etc.) viele Abhängigkeiten bestehen.

Kolonien ▸S. 34: Nach der Entdeckung Amerikas 1492 begann ein Kolonialzeitalter, in dem die wirtschaftlich und politisch führenden Mächte Europas Kolonien auf anderen Kontinenten errichteten. Der ▸Imperialismus führte im 19. und 20. Jh. zum schnellen Ausbau von Kolonialreichen. Das Deutsche Reich verlor nach dem Ersten ▸Weltkrieg seine Kolonien. Der Zweite Weltkrieg leitete das Ende des Kolonialzeitalters ein. In den folgenden 60 Jahren wurden rund 120 ehemalige Kolonien oder abhängige Territorien selbstständig (Dekolonisation).

Kommunismus (lat. communis: allgemein, allen gemeinsam) **▸S. 60**: eine politische, soziale und wirtschaftliche Weltanschauung, die von einem gemeinsamen Eigentum an den Produktionsmitteln wie Boden, Kapital, Fabriken und Maschinen ausgeht, in der es keine Ausbeutung der Arbeiter mehr gibt und Frieden und Gerechtigkeit herrschen. Gegenteil des Kommunismus ist der Kapitalismus. Nach Karl Marx und Friedrich Engels ist der Kommunismus das anzustrebende Endstadium der gesellschaftlichen Entwicklung (Marxismus). Seit der ▸Oktoberrevolution betrachteten es Sowjetrussland bzw. die UdSSR als ihre Aufgabe, den Kommunismus weltweit durchzusetzen (▸Marxismus/Leninismus).

KSZE* (Konferenz über Sicherheit und Zusammenarbeit in Europa) **▸S. 244**: Die erste KSZE-Konferenz wurde 1973 eröffnet. Es nahmen die Regierungschefs von 35 Staaten (Mitglieder der ▸NATO, des ▸Warschauer Paktes sowie neutrale und ungebundene europäische Staaten) teil. Sie verpflichteten ihre Länder am Konferenzende 1975 in der „Schlussakte von Helsinki" zu Gewaltverzicht, zur Unverletzlichkeit der bestehenden Staatsgrenzen, zur Wahrung der ▸Menschen- und Bürgerrechte und zum ständigen Dialog. Mit dem Ende des ▸Kalten Krieges und der Auflösung des Warschauer Paktes änderten sich die Aufgaben der Konferenz. Seit 1995 heißt sie „Organisation für Sicherheit und Zusammenarbeit in Europa". Sie hat 57 Teilnehmer- und elf Partnerstaaten (Stand: 2015) und ihren Sitz in Wien.

Konzentrationslager* ▸S. 130: Massenlager, die zunächst dazu dienten, politische Gegner gefangen zu halten und gefügig zu machen. Später wurden sie im Sinne der NS-Rassenpolitik (▸Nationalsozialismus, ▸Rassenlehre) dazu benutzt, angeblich minderwertige Volksgruppen durch Arbeit auszubeuten. In der Sprache der Zeit wurden die Lager anders als heute als KL abgekürzt. Insgesamt gab es 24 sogenannte Stammlager und weit über 1000 Außenlager. Ab 1942 wurden reine Vernichtungslager aufgebaut, die nur noch der massenhaften Vernichtung angeblich minderwertiger Menschen dienten.

KPD* (Kommunistische Partei Deutschlands) **▸S. 71**: politische Partei, die sich aus dem Spartakusbund und anderen linken Gruppierungen bildete. Die (Mitglieder der) KPD strebte/n eine „Diktatur des Proletariats" nach sowjetrussischem Vorbild an. Nach der Vereinigung mit der ▸USPD wurde die KPD zu einer Massenpartei in der Weimarer Republik.

KPdSU* ▸S. 108: Kommunistische Partei der Sowjetunion, seit 1925 Name der Partei der Bolschewiki (▸Bolschewismus)

„Kulturkampf"* ▸S. 19: Bezeichnung für die Konflikte zwischen der Regierung, der katholischen ▸Zentrumspartei und der katholischen Kirche im Deutschen Kaiserreich von etwa 1871 bis 1887. Reichskanzler Otto von ▸Bismarck verbot den Geistlichen, im Gottesdienst über Politik und Staat zu sprechen („Kanzelparagraf"), unterstellte die kirchlichen Schulen der staatlichen Aufsicht und trieb mit der Zivilehe die Trennung von Kirche und Staat voran. Das Zentrum ging aus dem „Kulturkampf" jedoch gestärkt hervor; die Zahl seiner Wähler nahm zu.

Markt (von lat. mercatus: Handel) **▸S. 214**: zunächst der Platz, an dem Güter verkauft oder gekauft werden. Das Recht, einen ständigen wöchentlichen oder jährlichen Markt abzuhalten, war im Mittelalter dem Marktherrn (König, Bischof, Fürst) vorbehalten. Er sicherte die Freiheit des Handels, schützte die An- und Abreise der Marktbesucher und erhob dafür einen Marktzoll. Aus dem Marktrecht entwickelte sich oft ein Stadtrecht. Im heutigen volkswirtschaftlichen Sinn bezeichnet Markt den Ort, an dem das Angebot von Gütern und Dienstleistungen aufeinandertrifft mit deren Nachfrage.

Marshall-Plan* ▸S. 186: US-Außenminister George C. Marshall kündigte am 5. Juni 1947 ein „Europäisches Wiederaufbauprogramm" (ERP: European Recovery Program) für alle europäischen Staaten an. An den Verhandlungen über das Programm und an der Gründung der für die Verteilung der Mittel vorgesehenen „Organisation für Europäische Wirtschaftliche Zusammenarbeit" (OEEC) beteiligten sich aber 1948 nur westeuropäische Staaten. Die Hilfe sollte den Wiederaufbau fördern und zur politischen Stabilisierung des Westens im ▸Kalten Krieg beitragen. Von den rund 14 Mrd. US-Dollar erhielten die Westzonen bzw. die Bundesrepublik 1,4 Mrd. als Kredit, davon zahlte sie etwa 1 Mrd. zurück.

Marxismus-Leninismus* ▸S. 108: durch Thesen von ▸Lenin erweiterter Marxismus. In der Phase des ▸Sozialismus sollte nach Lenin zunächst die Spitze der Kommunistischen Partei die Politik bestimmen. Innerparteiliche ▸Demokratie ließ Lenin nur in engen Grenzen zu. Erst wenn die Gesellschaft sich genügend weit zum ▸Kommunismus entwickelt habe, könne die Parteiführung ihre Macht wieder abgeben.

Menschenrechte ▸S. 226: die unantastbaren und unveränderlichen Freiheiten und Rechte aller Menschen, die ihnen von Natur aus, d. h. mit ihrer Geburt, zustehen – unabhängig von ihrer Stellung in Staat, Gesellschaft, Beruf und Religion (Naturrecht). Dazu zählen das Recht auf Leben, die Unverletzlichkeit der Person, Freiheit, Eigentum, aber auch die Gleichheit vor dem Gesetz, das Recht auf Meinungs- und Glaubensfreiheit sowie auf Widerstand gegen Unterdrückung. Die „Magna Charta libertatum" (1215), die „Bill of Rights" (1689), die „Virginia Bill of Rights" und die amerikanische Unabhängigkeitserklärung von 1776 sowie die französische Verfassung von 1791 und die Erklärung der Grundrechte der Frankfurter Nationalversammlung von 1848 sind Zeugnisse der Menschenrechtsentwicklung. Die 1948 von der ▸UNO verkündete „Allgemeine Erklärung der Menschenrechte" steht in dieser Tradition.

Militarisierung ▸S. 19: bedeutet im engeren Wortsinn das Ausstatten eines Landes mit Militär und militärischen Einrichtungen. Darüber hinaus meint Militarisierung aber auch die Förderung und Durchsetzung militärischen Denkens in Politik und Gesellschaft. Militärisches Denken beruht auf Befehl, Gehorsam und Disziplin und den Vorstellungen vom Recht des Stärkeren und vom Krieg als notwendigem Mittel von Politik.

Ministerium für Staatssicherheit* (MfS) **▸S. 209**: Das MfS wurde 1950 auf Beschluss der DDR-Volkskammer gegründet. Es unterstand der SED-Führung (▸SED) und unterlag keiner parlamentarischen Kontrolle. Die „Stasi" kontrollierte, überwachte und schikanierte die Bevölkerung und verstieß massiv gegen anerkannte ▸Menschen- und Bürgerrechte.

Mobilität (lat. mobilis: beweglich) **▸S. 317**: Mobilität bezeichnet grundsätzlich die Bereitschaft oder Möglichkeit einer Person, Gruppe oder Gesellschaft, seinen Standort oder seine Position zu verändern. Das kann sich einerseits auf eine räumliche Veränderung beziehen, wie z. B. bei der Ein- und Auswanderung. Im sozialen Sinne kann es gesellschaftlichen Auf- oder Abstieg bedeuten. Ein Beispiel dafür ist der wachsende Einfluss des Bürgertums im Deutschen Kaiserreich. Wirtschaftliche Mobilität meint einen weitreichenden und schnellen Transport von Gütern und die Verlagerung von Produktionsstandorten. Hohe Mobilität ist Kennzeichen (und Erfordernis) moderner Gesellschaften und Volkswirtschaften.

Montanunion* ▸S. 217: die 1951 gegründete „Europäische Gemeinschaft für Kohle und Stahl" (EGKS). Sie förderte die Zusammenarbeit in der Montanindustrie (montan: Bergbau und Hüttenwesen betreffend). Ihr Erfolg leitete die Gründung der Europäischen Wirtschaftsgemeinschaft (EWG) ein.

Nationalsozialismus ▸S. 118: Von 1933 bis 1945 herrschte die demokratiefeindliche und antisemitische (▸Antisemitismus, ▸Demokratie) ▸NSDAP in Deutschland. Nach der „Machtergreifung" führten das ▸„Ermächtigungsgesetz" und die ▸„Gleichschaltung" zum Ende der parlamentarisch-demokratischen Republik und des Rechtsstaates. Die nationalsozialistische Politik war verantwortlich für den Zweiten ▸Weltkrieg und den ▸Völkermord (Genozid) an den Juden (▸Holocaust/Shoa), Sinti und Roma.

NATO* (North Atlantic Treaty Organization) **▸S. 186**: ein im ▸Kalten Krieg gegründetes Militärbündnis (▸Bündnissystem) mit Sitz in Brüssel. Die NATO wurde 1949 zur gemeinsamen Verteidigung und zur Sicherung von Frieden und Freiheit von zehn westeuropäischen Staaten, den USA und Kanada gegründet. Die Bundesrepublik Deutschland trat ihr 1955 bei. Nach dem Zerfall des ▸Warschauer Paktes 1991 schlossen sich gegen den Willen Russlands einige ost- und mitteleuropäische Staaten der NATO an. Seit 2009 gehören der NATO 28 Staaten an.

Neue Ostpolitik* ▸S. 273: die von der SPD/FDP-Koalition unter Bundeskanzler ▸Brandt (▸SPD) ab 1969 praktizierte ▸Entspannungspolitik. Sie führte zu Verträgen mit der Sowjetunion, Polen, der Tschechoslowakei und zum 1973 in Kraft getretenen Grundlagenvertrag mit der DDR.

„New Deal"* ▸S. 106: bezeichnet eine Serie von Wirtschafts- und Sozialreformen mit stärkerer ▸Wirtschaftslenkung, die US-Präsident ▸Roosevelt in den Jahren 1933 bis 1938 als Reaktion auf die Weltwirtschaftskrise einführte.

NSDAP* (Nationalsozialistische Deutsche Arbeiterpartei) **▸S. 80**: 1920 gegründete demokratiefeindliche (▸Demokratie), extrem nationalistische und antisemitische (▸Antisemitismus) Partei, an deren Spitze seit 1921 Adolf ▸Hitler stand. Nach der Weltwirtschaftskrise von 1929 entwickelte sich die NSDAP zur Massenpartei. Seit 1932 stellte sie die stärkste Fraktion im Reichstag. Nach der Ernennung Hitlers zum Reichskanzler am 30. Januar 1933 trugen das ▸„Ermächtigungsgesetz" und die ▸„Gleichschaltung" zum Ende der ▸parlamentarischen Demokratie und des Rechtsstaates sowie zum Aufbau eines ▸totalitären Staates bei. Die nationalsozialistische Politik (▸Nationalsozialismus) von 1933 bis 1945 war verantwortlich für die Verfolgung und Misshandlung politischer Gegner, den Zweiten ▸Weltkrieg, für die Zwangsarbeit in den ▸Konzentrations- und Vernichtungslagern sowie für den ▸Völkermord (Genozid) an den Juden (▸Holocaust/Shoa), Sinti und Roma.

Obrigkeitsstaat ▸S. 19: autoritäres Staatsmodell, bei dem Staat (einschließlich der Staatsbeamten) und Herrscher über dem Volk stehen und ihre Legitimation nicht aus dessen Willen ableiten. Ein Beispiel für einen Obrigkeitsstaat ist das Deutsche Kaiserreich.

Oktoberrevolution* ▸S. 60: Sturz der Provisorischen Regierung in Russland am 7./8. November (25./26. Oktober nach russischem Kalender) 1917 und gewaltsamer Aufbau einer kommunistischen Gesellschafts- und Wirtschaftsordnung (▸Kommunismus, ▸Rätedemokratie, ▸Revolution).

Parlamentarische Demokratie* ▸S. 71: auch als repräsentative ▸Demokratie bezeichnet. Staatsform, in der die gesetzgebende Gewalt bei den vom Volk frei gewählten Abgeordneten des Parlaments liegt. Die ausführende Gewalt (Regierung) wird vom Staatsoberhaupt ernannt, ist aber von Mehrheiten im Parlament abhängig. Die nach der Novemberrevolution von 1918 erarbeitete Weimarer Verfassung war Grundlage der ersten parlamentarischen Demokratie in Deutschland. Das am 23. Mai 1949 verkündete ▸Grundgesetz machte die Bundesrepublik Deutschland zu einer parlamentarischen Demokratie.

Planwirtschaft ▸S. 214: Wirtschaftsordnung, in der die Produktion von Gütern sowie deren Verteilung anders als in einer ▸Sozialen Marktwirtschaft nach staatlich festgelegten Plänen (z. B. Fünfjahrespläne) vorgenommen wird. Sie kennzeichnete die Wirtschaftspolitik der UdSSR und der von ihr abhängigen Staaten wie der DDR.

„Prager Frühling"* ▸S. 246: Bezeichnung für die kurze Zeit der Reformen durch die herrschende kommunistische Partei (▸Kommunismus) unter Alexander Dubček in der Tschechoslowakei. Durch Truppen des ▸Warschauer Paktes unter Führung der Sowjetunion wurde sie gewaltsam beendet.

Präsidialkabinette* ▸S. 102: Von 1930 bis 1933 hatten die Regierungen in Deutschland keine Mehrheit im Reichstag; sie waren auf das Vertrauen des Reichspräsidenten Paul von ▸Hindenburg angewiesen, der nach der Weimarer Verfassung ohne parlamentarische Zustimmung Verordnungen mit Gesetzeskraft (Notverordnungen) erlassen durfte, wenn „die öffentliche Sicherheit und Ordnung erheblich gestört oder gefährdet" war (Artikel 48).

Propaganda* ▸S. 80: eine besondere Form von politischer Werbung, mit der politische Gruppen absichtlich und systematisch mithilfe massiver Werbekampagnen versuchen, die Ansichten und Einstellung der Bevölkerung für die eigenen Ziele zu beeinflussen

Putsch* ▸**S. 80**: ist der illegale, in der Regel überraschende, oft auch mit Gewalt verbundene Versuch, die Regierung zu stürzen und selbst die Macht im Staat zu übernehmen.

Rassenlehre ▸**S. 119**: Rasse ist ein Begriff der Biologie (Zoologie) und bezeichnet eine größere Gruppe von Einzelwesen mit einheitlichen Erbmerkmalen. Erst im 19. Jh. wurde der Begriff auf Menschen angewandt und zur weltanschaulichen Frage (▸Rassismus, ▸Ideologie). Die Rassenlehre ist der pseudo-wissenschaftliche, biologistische Versuch, ▸Rassismus theoretisch zu begründen. Der nationalsozialistische ▸Antisemitismus (▸Nationalsozialismus) war eine Rassenlehre, die die Grundlage für den Holocaust (▸Holocaust/Shoa) bildete.

Rassismus ▸**S. 38**: Rassistisches Denken geht davon aus, dass die eigene Rasse einer fremden überlegen ist (▸Sozialdarwinismus). Kennzeichen von Rassismus sind: Benachteiligung, Ausgrenzung und Unterdrückung von Menschen wegen ihrer Herkunft, Hautfarbe oder ▸Religion. Rassismus fand immer dort Anhänger, wo andere Bevölkerungsgruppen unterdrückt und entrechtet wurden, um eigene Machtpositionen zu behaupten oder zu erlangen.

Rätedemokratie* ▸**S. 71**: Herrschaftsform der direkten ▸Demokratie von unten nach oben. Räte – spontan gewählte Ausschüsse von Arbeitern in Betrieben und von Soldaten in Truppenteilen – haben gesetzgebende, ausführende und rechtsprechende Gewalt auf allen Ebenen.

Rat für Gegenseitige Wirtschaftshilfe* (RGW) ▸**S. 186**: Der RGW war ein Zusammenschluss der Ostblockstaaten zur gegenseitigen Abstimmung und Hilfe innerhalb der sozialistischen Wirtschaftssysteme (▸Sozialismus). Er gilt als Antwort auf den ▸Marshall-Plan der USA. Die DDR wurde 1950 Mitglied des RGW.

Religionen ▸**S. 230**: Sie sind ein Typus von Weltanschauungen, deren Anhänger an die Existenz von Übernatürlichem (z. B. einen Gott) glauben, das auf das irdische und erfahrbare Leben Einfluss hatte und/oder noch hat. Religionen legen meist fest, welches Verhalten, Empfinden, Denken und welche Wertevorstellungen von Menschen sich daraus ergeben sollen.

Reparationen* ▸**S. 77**: Wiedergutmachungsleistungen der Kriegsverlierer an die Sieger für Kriegsschäden. Bei der Festlegung von Reparationen geht es – wie der ▸Versailler Vertrag nach dem Ersten ▸Weltkrieg belegt – nicht nur um Wiedergutmachung, sondern auch um die künftige wirtschaftliche und militärische Schwächung eines bisherigen Gegners. So verlangte das Deutsche Reich bereits im Frieden von Frankfurt 1871 hohe Reparationszahlungen von Frankreich. Auch nach dem Zweiten Weltkrieg verlangten die Siegermächte zunächst Reparationen.

Revision* ▸**S. 146**: bedeutet Überprüfung oder Überarbeitung. Revision meint im politischen Sinn ein neues Verhandeln eines Vertrages. Diejenigen, die eine Revision fordern, wollen damit für sich selbst bessere Bedingungen erreichen.

Revolution* (lat. revolutio: Umwälzung) ▸**S. 16**: grundlegende und tief greifende Veränderungen. In der Politik wird von Revolutionen gesprochen, wenn der Zugang zur Macht in einem Staat in kurzer Zeit grundlegend verändert wird (z. B. während der Französischen Revolution 1789 und der ▸Oktoberrevolution). Revolutionen sind in der Regel mit kulturellen, sozialen, wirtschaftlichen und rechtlichen Veränderungen und der Anwendung von Gewalt verbunden.

Rüstungswettlauf ▸**S. 226**: auch Wettrüsten genannt; schrittweise erfolgende und sich gegenseitig steigernde militärische Aufrüstung konkurrierender oder miteinander verfeindeter Staaten bzw. ▸Bündnissysteme. Das Aufrüsten zwischen den USA und der UdSSR während des ▸Kalten Krieges ist ein Beispiel für einen Rüstungswettlauf.

Schutzstaffel* (SS) ▸**S. 118**: Sie wurde 1925 als Wachabteilung zum Schutz Adolf ▸Hitlers gegründet und war zunächst ein Teil der ▸Sturmabteilung (SA). Sie entwickelte sich zu einem elitären Verband, der Hitler und der NS-Ideologie besonders treu anhing. 1934 wurde die SS ein unabhängiger Teil der ▸NSDAP. Sie errichtete die Gestapo und die ▸Konzentrationslager. Der Anführer der SS Heinrich ▸Himmler war zugleich oberster Dienstherr der gesamten Polizei im nationalsozialistischen Deutschland (▸Nationalsozialismus).

SED* (Sozialistische Einheitspartei Deutschlands) ▸**S. 198**: Diese marxistisch-leninistische Partei (▸Marxismus-Leninismus) ist 1946 in der sowjetischen Besatzungszone Deutschlands auf Druck der Sowjetunion aus einer überwiegend zwangsweisen Vereinigung von ▸KPD und ▸SPD hervorgegangen. In der späteren DDR übte die SED bis 1989 eine Parteidiktatur (▸Diktatur) aus.

Sendungsbewusstsein ▸**S. 34**: Überzeugung einer Gruppe oder einer einzelnen Person, dass die eigenen politischen, moralischen, religiösen oder rechtlichen Vorstellungen richtig sind und dass man dazu auserwählt ist, diese an andere weiterzugeben und möglichst viele von den eigenen Vorstellungen zu überzeugen. Sendungsbewusstsein ergibt sich in der Regel aus einer ▸Ideologie.

Separatisten* ▸**S. 80**: Als Separatisten werden Menschen bezeichnet, die sich politisch, unter Umständen auch militärisch, für die Abspaltung einer Region von einem bestehenden Staat und für die Gründung eines unabhängigen eigenen Staates einsetzen.

Sowjets* ▸**S. 60**: ursprünglich die russische Bezeichnung für die demokratischen Arbeiter- und Soldatenräte, die während der russischen Revolutionen von 1905 und 1917 (▸Oktoberrevolution) gewählt wurden. Später bezeichnete der Begriff in der Sowjetunion allgemein Verwaltungsbehörden oder -organe.

Sozialdarwinismus* ▸**S. 26**: die Übertragung der biologischen Evolutionstheorie Charles Darwins (1809-1882) von der natürlichen Auslese und vom Kampf ums Dasein auf die Gesellschaft. Sozialdarwinistische Vorstellungen gingen von der Überlegenheit der industrialisierten über die nichtindustrialisierten Völker aus und rechtfertigten so den ▸Imperialismus, die ▸Rassenlehre und den ▸Antisemitismus.

Soziale Marktwirtschaft ▸**S. 214**: eine Wirtschaftsordnung, in der anders als in der ▸Planwirtschaft der Wettbewerb auf dem freien ▸Markt die Produktion und Verteilung von Gütern regelt.

Angebot und Nachfrage regulieren weitgehend die Preise. Der Staat garantiert die Vertragsfreiheit, den Wettbewerb und ein funktionierendes Geldwesen. Die Soziale Marktwirtschaft bemüht sich im Vergleich zur freien Marktwirtschaft durch gesetzliche Rahmenbedingungen um einen möglichst gerechten Ausgleich zwischen wirtschaftlich stärkeren und schwächeren Gruppen der Gesellschaft.

Sozialisierung* ▸**S. 60**: Beseitigung des Privateigentums von Betrieben oder Einzelpersonen zum Zweck der Verstaatlichung bzw. Vergesellschaftung

Sozialismus (lat. socius: Genosse) ▸**S. 109**: eine Wirtschafts- und Gesellschaftsordnung, die auf gesellschaftlichen oder staatlichen Besitz der Produktionsmittel zielt und eine gerechte Verteilung der Güter an alle Mitglieder der Gemeinschaft anstrebt. In Russland sollte nach der ▸Oktoberrevolution von 1917 der Sozialismus die kommunistische Gesellschaftsordnung (▸Kommunismus) vorbereiten. Nach der deutschen ▸Revolution von 1918 vertrat die ▸KPD sozialistische Positionen nach sowjetischem Vorbild, lehnte die ▸parlamentarische Demokratie ab und setzte sich für eine ▸Rätedemokratie ein.

SPD* (Sozialdemokratische Partei Deutschlands) ▸**S. 63**: Arbeiterpartei, seit 1912 stärkste Fraktion im Reichstag. Im Gegensatz zu kommunistischen Parteien wie z. B. der ▸KPD (▸Kommunismus) tritt sie für eine ▸parlamentarische Demokratie ein, um auf diesem Weg die Interessen der Arbeiterinnen und Arbeiter zu vertreten und eine gerechtere Gesellschaft zu schaffen.

Staatenbund* ▸**S. 16**: Zusammenschluss souveräner Staaten. Ein Staatenbund verfügt über mehrere gemeinsame Organe. Anders als bei einem ▸Bundesstaat behalten die Mitgliedstaaten ihre innere und äußere Souveränität.

Sturmabteilung (SA)* ▸**S. 118**: Diese uniformierte und bewaffnete Kampforganisation diente der ▸NSDAP bei Auseinandersetzungen mit politischen Gegnern, bei ▸Propagandaveranstaltungen und zur Einschüchterung der Bevölkerung. Sie trug entscheidend zum Aufstieg der NSDAP bei. Nach der „Machtübernahme" der Nationalsozialisten (▸Nationalsozialismus) 1933 wurde sie teilweise als Hilfspolizei eingesetzt. 1934 wurde sie weitgehend entmachtet. Gleichzeitig gewann die ▸Schutzstaffel (SS) großen Einfluss.

Totalitärer Staat (lat. totus: ganz, völlig) ▸**S. 109**: undemokratische und diktatorische Staatsform (▸Demokratie, ▸Diktatur), in der keine Freiheit herrscht, keine freien Wahlen erlaubt sind und in der die Menschen mit allem, was sie sind, in den Dienst des Systems gestellt werden. Der Stalinismus in der Sowjetunion und den von ihr abhängigen Staaten, der Faschismus in Italien und die Herrschaft der Nationalsozialisten (▸NSDAP, ▸Nationalsozialismus) sind Beispiele totalitärer Herrschaft.

UdSSR* ▸**S. 108**: Union der sozialistischen Sowjetrepubliken oder kurz Sowjetunion. In der Revolutionszeit hatten Arbeiter und Soldaten an vielen Orten Versammlungen von Vertretern gewählt, die als Sowjet (Rat) bezeichnet wurden. Als die Bolschewiki (▸Bolschewismus) 1922 den neuen Staat gründeten, wurde dieser aus „Bundesländern" zusammengesetzt, die man in Anlehnung an die Revolutionszeit Sowjetrepubliken nannte.

UNO* (United Nations Organization) ▸**S. 184**: Die Weltorganisation mit Sitz in New York wurde 1945 als Nachfolgerin des ▸Völkerbundes gegründet. Ihr gehören inzwischen fast alle Staaten der Erde an. Die Hauptziele der UNO sind die Erhaltung des Friedens, Abrüstung und Garantie der ▸Menschenrechte. 2001 erhielt die Organisation den Friedensnobelpreis.

USPD* (Unabhängige Sozialdemokratische Partei Deutschlands) ▸**S. 70**: Diese Arbeiterpartei gründete sich 1917, nachdem zuvor zahlreiche Mitglieder die ▸SPD verlassen hatten, aus Protest gegen deren Zustimmung zu weiteren Kriegskrediten im Reichstag während des Ersten ▸Weltkrieges. Die Partei löste sich bald auf. Die linke Mehrheit vereinigte sich 1920 mit der ▸KPD. Die Restpartei kehrte 1922 zur ▸SPD zurück.

Versailler Vertrag* ▸**S. 74**: Ergebnis der Pariser Friedenskonferenz von 1919, an der Deutschland und Sowjetrussland nicht teilnehmen durften. Der Vertrag wurde am 28. Juni 1919 im Schloss von Versailles unterzeichnet, trat am 10. Januar 1920 in Kraft, beendete mit weiteren Verträgen den Ersten ▸Weltkrieg und war Grundlage für den ▸Völkerbund. Der Vertrag machte Deutschland und seine Verbündeten für den Kriegsausbruch verantwortlich (Art. 231) und legte umfangreiche Gebietsabtretungen sowie ▸Reparationen fest. Die Siegermächte bestanden auf einer vorbehaltlosen Anerkennung des Vertrages. Das „Versailler Diktat" führte vor und nach der Unterzeichnung zu innenpolitischen Auseinandersetzungen in der nach der ▸Revolution von 1918 entstandenen Weimarer Republik (▸Revision).

Völkerbund* ▸**S. 78**: nach dem Ersten ▸Weltkrieg im Zusammenhang mit dem ▸Versailler Vertrag 1920 von 32 Staaten gegründete internationale Organisation zur Wahrung des Friedens und zur Zusammenarbeit aller Völker mit Sitz in Genf. 1926 wurde Deutschland, 1934 auch die Sowjetunion aufgenommen. Unter Adolf ▸Hitler verließ Deutschland 1933 die Organisation, 1939 wurde die Sowjetunion ausgeschlossen. Von Anfang an litt der Völkerbund darunter, dass die USA ihm nicht beitraten. Die 1945 gegründete ▸UNO ist die Nachfolgerin des Völkerbundes.

Völkermord* (Genozid) ▸**S. 38**: Auslöschung willkürlich bestimmter Gruppen von Menschen. Beispiele dafür sind die versuchte Ausrottung der Herero durch deutsche Kolonialtruppen 1904 und der Holocaust (▸Holocaust/Shoa). 1948 definierte die ▸UNO Völkermord als eine Handlung, die in der Absicht begangen wird, eine nationale, ethnische, rassische oder religiöse Gruppe als solche ganz oder teilweise zu zerstören.

Währungsreform* ▸**S. 84**: Einführung einer neuen Währung in einem bestimmten Verhältnis zur vorherigen. 1948 ordneten die Siegermächte des Zweiten ▸Weltkrieges das durch die Kriegsfinanzierung zerrüttete deutsche Geldwesen (Inflation, ▸gallopierende Inflation) neu; in den westlichen Besatzungszonen wurde die „Deutsche Mark", in der Sowjetischen Besatzungszone die „Deutsche Mark der deutschen Notenbank" (später „Mark der DDR") eingeführt. Die unterschiedlichen Währungen vertieften die Teilung Deutschlands. Die Einführung des Euro (1999/2002) war keine Währungsreform, sondern lediglich eine Währungsumstellung.

Warschauer Pakt* (auch „Warschauer Vertragsorganisation") ▸**S. 186**: Die 1955 gegründete Organisation fasste unter Führung der Sowjetunion alle militärischen Kräfte Osteuropas einschließlich der DDR zusammen (▸Bündnissystem). Der Pakt ergänzte die zwischenstaatlichen Verträge der Sowjetunion mit den von ihr abhängigen Staaten und war das östliche Gegenstück zur 1949 gegründeten ▸NATO. Nach dem Ende des ▸Kalten Krieges und der Sowjetunion zerfiel das Bündnis 1991. Einige ehemalige Mitglieder schlossen sich danach gegen den Willen Russlands der NATO an.

Weltkrieg ▸**S. 58**: Als Weltkriege werden Kriege bezeichnet, die auf mehreren Kontinenten und unter Einsatz von allen verfügbaren Ressourcen geführt werden. Am Ende eines Weltkrieges steht oft eine grundlegende Neuordnung des internationalen Staatensystems.

Widerstand ▸**S. 164**: allgemein die Bezeichnung für die Opposition gegen Adolf ▸Hitler und das „Dritte Reich" (▸Nationalsozialismus). Im engeren Sinne war Widerstand das Verhalten von Personen und Gruppen, die das NS-Regime als Ganzes ablehnten und aktiv beseitigen wollten. Höhepunkt des militärischen Widerstandes war das Attentat auf Hitler am 20. Juli 1944 durch Claus Schenk Graf von ▸Stauffenberg. Beispiele des zivilen Widerstandes sind der Attentatsversuch des Tischlers Georg ▸Elser und die Flugblattaktionen der „Weißen Rose" (Hans und Sophie ▸Scholl). Beispiele für kirchliche Widerstandskämpfer sind die Theologen Clemens August Graf von ▸Galen und Dietrich Bonhoeffer.

Wirtschaftslenkung ▸**S. 144**: bezeichnet die Einflussnahme des Staates auf die Wirtschaft oder gar deren Steuerung. Bekannt ist das Beispiel des Merkantilismus (Band 1) zur Zeit Ludwigs XIV. Besonders im Ersten ▸Weltkrieg haben die Regierungen in Europa stark in die Wirtschaft eingegriffen, um diese besser auf den Krieg auszurichten. ▸Kommunismus und ▸Nationalsozialismus sind Beispiele für ▸Ideologien, die eine starke Wirtschaftslenkung beinhalten.

Wirtschaftsliberalismus ▸**S. 106**: folgt der Auffassung, ein Wirtschaftssystem reguliere sich am besten selbst, und fordert eine strikte Nichteinmischung in wirtschaftliche Belange/Angelegenheiten. Der Staat hat dabei lediglich die Aufgabe, die politische und rechtliche Ordnung aufrechtzuerhalten. Als Begründer des Wirtschaftsliberalismus gilt der schottische Philosoph Adam Smith.

Zentrum* ▸**S. 19**: auch Zentrumspartei genannt; 1870 gegründet. Im Deutschen Reich, das von der protestantischen Vormacht Preußen dominiert wurde, vertrat das Zentrum die Ziele des politischen Katholizismus. 1933 löste sich die Partei selbst auf.

Lexikon zur Geschichte: Namen

Adenauer, Konrad* **(1876-1967)** ▸**S. 204**: Jurist; 1917-1933 Oberbürgermeister von Köln, 1949-1963 erster Bundeskanzler der Bundesrepublik Deutschland und 1950-1966 Bundesvorsitzender der CDU. Er sorgte für die Westintegration der Bundesrepublik Deutschland, engagierte sich für die deutsch-französische Freundschaft und die ▸Europäische Integration (▸Montanunion) sowie für die Aussöhnung mit Israel.

Bismarck, Otto Fürst von* **(1815-1898)** ▸**S. 16**: Jurist, Gutsherr und Diplomat; 1862-1890 preußischer Ministerpräsident und Minister des Auswärtigen, 1871-1890 auch Reichskanzler. Er ist der eigentliche Gründer des Deutschen Reiches. Sein ▸Bündnissystem war dem europäischen Gleichgewicht verpflichtet.

Brandt, Willy* **(geboren unter dem Namen Herbert Frahm, 1913-1992)** ▸**S. 248**: Journalist und SPD-Politiker; 1957-1966 Regierender Bürgermeister von West-Berlin, 1964-1987 Bundesvorsitzender der ▸SPD. Als Bundesaußenminister (1966-1969) und Bundeskanzler (1969-1974) war er verantwortlich für die Reformpolitik der sozialliberalen Koalition und die ▸Neue Ostpolitik. 1971 erhielt Brandt für seine Ostpolitik den Friedensnobelpreis.

Briand, Aristide* **(1862-1932)** ▸**S. 90**: französischer Politiker; mehrmals Außenminister, zuletzt 1925-1932. Er bemühte sich nach dem Ersten ▸Weltkrieg mit ▸Stresemann um die deutsch-französische Aussöhnung zur Sicherung des Friedens in Europa. Beide Staatsmänner erhielten 1926 den Friedensnobelpreis.

Brüning, Heinrich* **(1885-1970)** ▸**S. 102**: Wirtschaftswissenschaftler und führender Zentrumspolitiker; 1921-1930 Geschäftsführer des christlichen Deutschen Gewerkschaftsbundes. Er hatte sich als Steuer- und Finanzexperte einen Namen gemacht. Als Vorsitzender der Reichstagsfraktion des ▸Zentrums wurde er 1930 mit ▸Hindenburgs Hilfe Reichskanzler eines ▸Präsidialkabinetts. Während der Weltwirtschaftskrise versuchte er, mit Notverordnungen den Staatshaushalt durch strenge Sparpolitik zu sanieren und die Reparationsfrage (▸Reparationen) zu lösen. 1932 entzog Reichspräsident Hindenburg ihm das Vertrauen und entließ ihn.

Chruschtschow, Nikita S.* **(1894-1971)** ▸**S. 226**: Der gelernte Maschinenschlosser stand von 1953-1964 an der Spitze der ▸KPdSU, gleichzeitig war er von 1958-1964 Vorsitzender des Ministerrates der UdSSR. 1956 kritisierte er den Personenkult um ▸Stalin und dessen Verbrechen. Er setzte sich für eine „friedliche Koexistenz" der unterschiedlichen Gesellschafts- und Wirtschaftsordnungen ein, unterdrückte aber 1956 gewaltsam die Reformen in Ungarn und Polen. Seine eigenmächtige Innen- und Außenpolitik führte im Oktober 1964 zur Entlassung aus seinen Ämtern.

Churchill, Winston* **(1874-1965)** ▸**S. 149**: britischer Journalist, Offizier und konservativer Politiker; 1940-1945 und 1951-1955 Premierminister. 1953 erhielt er den Nobelpreis für Literatur, drei Jahre später verlieh ihm die Stadt Aachen den Karlspreis.

Ebert, Friedrich* (1871-1925) ▸S. 64: gelernter Sattler; ab 1913 Vorsitzender der ▸SPD. Nach Ausrufung der Republik am 9. November 1918 in Berlin übernahm Ebert als Führer der stärksten Fraktion das Amt des Reichskanzlers. 1919 wurde er erster Reichspräsident der Weimarer Republik.

Elser, Georg* (1903-1945; ermordet) ▸S. 164: gelernter Tischler. Im November 1938 beschloss er allein, ▸Hitler zu ermorden (▸Widerstand). Sein Bombenattentat vom 8. November 1939 im Münchener Bürgerbräukeller scheiterte. Er wurde verhaftet und am 9. April 1945 auf Befehl Hitlers im ▸Konzentrationslager Dachau umgebracht.

Galen, Clemens August Kardinal Graf von* (1878-1946) ▸S. 156: katholischer Theologe; seit 1933 Bischof von Münster. Er klagte in seinen Predigten die ▸Rassenlehre und die Ermordung von „lebensunwertem Leben" (▸„Euthanasie") der Nationalsozialisten (▸Nationalsozialismus) öffentlich an. 1946 wurde er Kardinal.

Gandhi, Mohandas Karamchand, gen. Mahatma* (1869-1948; ermordet) ▸S. 230: Rechtsanwalt und Anführer der indischen Unabhängigkeitsbewegung; erreichte die Loslösung von der britischen Kolonialmacht auch durch das Programm des zivilen Ungehorsams.

Gaulle, Charles de* (1890-1970) ▸S. 221: französischer General und Staatsmann; 1945-1946 Ministerpräsident und vorläufiger Staatspräsident, 1958-1969 Staatspräsident. Er förderte mit ▸Adenauer die ▸Europäische Integration.

Goebbels, Paul Joseph* (1897-1945; Selbstmord) ▸S. 122: Germanist, Schriftsteller und führender Politiker der ▸NSDAP; von 1933-1945 Reichsminister für Volksaufklärung und ▸Propaganda. Nach der Gründung der Anti-Hitler-Koalition verkündete er 1943 den „totalen Krieg". Ab Juli 1944 war er „Generalbevollmächtigter für den totalen Kriegseinsatz".

Gorbatschow, Michail S.* (*1931) ▸S. 282: Agrarwirt; ab 1985 Generalsekretär des Zentralkomitees der ▸KPdSU und von März 1990-Dezember 1991 sowjetischer Staatspräsident. Seine Politik (▸Glasnost und Perestroika) sollte die Sowjetunion reformieren und festigen, trug aber stattdessen zu deren Zerfall bei. Für seinen Beitrag zur Beendigung des ▸Kalten Krieges erhielt er 1990 den Friedensnobelpreis.

Himmler, Heinrich* (1900-1945; Selbstmord) ▸S. 136: diplomierter Landwirt; ab 1923 in der ▸NSDAP aktiv; ab 1929 Reichsführer der ▸Schutzstaffel (SS) und ab 1936 Chef der Deutschen Polizei; ab 1939 Reichskommissar für die Festigung des deutschen Volkstums und ab 1943 Reichsinnenminister. Himmler war Herr über die ▸Konzentrationslager. Ende April 1945 schloss ihn ▸Hitler wegen heimlicher Friedensverhandlungen mit dem Feind aus der Partei aus.

Hindenburg, Paul von* (1847-1934) ▸S. 63: 1914-1916 Oberbefehlshaber Ost; 1916-1918 Chef des Generalstabs und Oberbefehlshaber aller deutschen Soldaten im Ersten ▸Weltkrieg. Er vertrat nach dem Krieg die ▸„Dolchstoßlegende", bekannte sich später aber zur Weimarer Verfassung. Von 1925-1934 war er Reichspräsident. Am 30. Januar übertrug er ▸Hitler die Bildung einer Koalitionsregierung.

Hitler, Adolf* (1889-1945; Selbstmord) ▸S. 80: deutscher Politiker österreichischer Herkunft; Kriegsfreiwilliger im Ersten ▸Weltkrieg; seit 1921 Vorsitzender der ▸NSDAP; ab dem 30. Januar 1933 Reichskanzler. 1934 übernahm er auch das Amt des Reichspräsidenten (Titel: „Führer und Reichskanzler"). Sein ▸Antisemitismus, seine ▸Rassenlehre und seine Vorstellung von der Ausdehnung des Deutschen Reiches prägten die totalitäre Politik (▸totalitärer Staat) des SS-Staates, die zum Vernichtungskrieg und zum ▸Holocaust (▸Shoa/Holocaust) führte.

Honecker, Erich* (1912-1994) ▸S. 248: Der ehemalige Dachdeckergehilfe und KPD-Politiker wurde nach 1933 verfolgt. Er baute nach 1946 die Jugendorganisation der ▸SED, die „Freie Deutsche Jugend", auf. 1961 organisierte Honecker den Bau der ▸Berliner Mauer. Zehn Jahre später wurde er mit sowjetischer Unterstützung Nachfolger von ▸Ulbricht als SED-Chef. Von 1976-1989 war er auch Staatsratsvorsitzender in der DDR. Infolge der Ausreisewelle aus der DDR und den Massendemonstrationen gegen die SED-Politik zwang ihn das SED-Politbüro am 18. Oktober 1989 zum Rücktritt.

Kagame, Paul* (*1957) ▸S. 231: Offizier und ruandischer Politiker, seit 2000 Staatspräsident von Ruanda. Als Angehöriger der Tutsi-Minderheit floh Kagame als Kind mit seiner Familie nach Uganda. Dort kämpfte er im Bürgerkrieg und später gegen das Hutu-Regime von Juvénal Habyarimana.

Kennedy, John F.* (1917-1963; ermordet) ▸S. 242: zunächst Reporter; Politiker der Demokratischen Partei. 1960 wurde Kennedy zum US-Präsidenten gewählt. In seine Amtszeit fallen der Bau der ▸Berliner Mauer (1961), die Kuba-Krise (1962) und die Entscheidung für das amerikanische Engagement in Vietnam. Seine Ermordung in Dallas (Texas) schockierte die Welt; die Hintergründe des Attentates sind bis heute nicht geklärt.

Kohl, Helmut* (*1930) ▸S. 254: Historiker; von 1969-1976 war der CDU-Politiker Ministerpräsident des Landes Rheinland-Pfalz und von 1982-1998 Bundeskanzler der Bundesrepublik Deutschland. Er förderte den europäischen Einigungsprozess (▸Europäische Integration) und gestaltete 1989/90 die deutsche Wiedervereinigung wesentlich mit.

Liebknecht, Karl* (1871-1919; ermordet) ▸S. 70: Rechtsanwalt; ab 1913 SPD-Reichstagsabgeordneter und 1918 entscheidend an der Gründung der Kommunistischen Partei Deutschlands (▸KPD) beteiligt. Liebknecht war Kriegsgegner im Ersten ▸Weltkrieg, rief zu Protestaktionen auf und wurde daraufhin wegen Hochverrats verurteilt. Zusammen mit Rosa ▸Luxemburg setzte er sich für einen auf Freiheit und ▸Demokratie beruhenden ▸Sozialismus ein. Die beiden wurden im Januar 1919 ermordet.

Lenin, Wladimir I.* (eigentlich Wladimir Iljitsch Uljanow, 1870-1924) ▸S. 60: bedeutendster kommunistischer Theoretiker (▸Kommunismus); Mitbegründer der bolschewistischen Partei (▸Bolschewismus) und 1917 führender Revolutionär während der ▸Oktoberrevolution. Sein Nachfolger wurde ▸Stalin.

Luxemburg, Rosa* (1870-1919; ermordet) ▸S. 70: Journalistin und Politikerin. Die aus einer jüdischen Familie stammende Politikerin war zunächst Mitglied der Sozialdemokratischen Arbeiterpartei Polens. 1898 kam sie nach Berlin und schloss sich der Sozialdemokratischen Partei Deutschlands (▸SPD) an. 1918 beteiligte sie sich an der Gründung der Kommunistischen Partei Deutschlands (▸KPD; ▸Kommunismus). Rosa Luxemburg setzte sich für einen auf Freiheit und ▸Demokratie beruhenden ▸Sozialismus ein. Im Januar 1919 wurden sie und Karl ▸Liebknecht von Freikorps-Soldaten verschleppt, misshandelt und umgebracht.

Mussolini, Benito* (1883-1945) ▸S. 112: italienischer Politiker; von 1922-1943 Ministerpräsident des Königreiches Italien; Begründer und Anführer des Faschismus in Italien. 1936 schloss Mussolini einen Friedensvertrag mit ▸Hitler und trat 1940 an der Seite Deutschlands in den Zweiten ▸Weltkrieg ein.

Roosevelt, Franklin Delano* (1882-1945) ▸S. 106: von 1933 bis zu seinem Tod 1945 Präsident der Vereinigten Staaten von Amerika. Nach der Börsenkrise und der folgenden „Great Depression" leitete Roosevelt mit dem ▸New Deal eine Serie von Wirtschafts- und Sozialreformen mit stärkerer ▸Wirtschaftslenkung ein.

Scheidemann, Philipp* (1865-1939) ▸S. 70: gelernter Schriftsetzer; Redakteur und seit 1917 neben ▸Ebert im Vorstand der ▸SPD. Am 9. November 1918 rief er in Berlin die Republik aus, wurde Mitglied des „Rates der Volksbeauftragten" und führte als Ministerpräsident die erste gewählte Reichsregierung. Scheidemann akzeptierte den ▸Versailler Vertrag nicht und trat von seinem Amt zurück.

Schmidt, Helmut* (1918-2015) ▸S. 254: Diplomvolkswirt und SPD-Politiker; 1969-1972 Bundesverteidigungsminister und danach zwei Jahre Finanzminister. 1974 wurde Schmidt Bundeskanzler. Er regierte bis 1982. In seine Regierungszeit fielen die erste große Wirtschaftsrezession der Nachkriegszeit, die Höhepunkte des Terrorismus, die Schlussakte von Helsinki 1975 (▸Konferenz über Sicherheit und Zusammenarbeit in Europa) und der NATO-Doppelbeschluss (▸NATO) 1979.

Scholl, Hans* (1918-1943; hingerichtet) ▸S. 164: Student der Medizin. Er gründete an der Münchener Universität die Widerstandsgruppe „Weiße Rose" (▸Widerstand). Der Volksgerichtshof verurteilte ihn zum Tode.

Scholl, Sophie* (1921-1943; hingerichtet) ▸S. 164: Studentin der Biologie und Philosophie; sie schloss sich der von ihrem Bruder ▸Hans Scholl gegründeten Widerstandsgruppe „Weiße Rose" an (▸Widerstand) und wurde wie er vom Volksgerichtshof zum Tode verurteilt.

Stalin, Josef W.* (eigentlich Jossif Wissarionowitsch Dschugaschwili, 1878-1953) ▸S. 108: aus Georgien stammender russischer Revolutionär; ab 1922 Generalsekretär der ▸KPdSU (▸Kommunismus). Er errichtete in der Sowjetunion eine totalitäre Herrschaft (▸totalitärer Staat), die er nach dem Zweiten ▸Weltkrieg auf die von der Sowjetunion abhängigen Staaten ausdehnte und die bis zu seinem Tod dauerte. Er war mitverantwortlich für den ▸Kalten Krieg.

Stauffenberg, Claus Schenk Graf von* (1907-1944; hingerichtet) ▸S. 165: Offizier und Widerstandskämpfer (▸Widerstand). Am 20. Juli 1944 scheiterte sein Attentat auf ▸Hitler. Er wurde noch am Abend des Attentates von regimetreuen Offizieren verhaftet und mit weiteren Verschwörern erschossen.

Stresemann, Gustav* (1878-1929) ▸S. 90: Wirtschaftsfachmann und Politiker; 1923 Reichskanzler; 1923-1929 Außenminister. Er prägte die Außenpolitik der Weimarer Republik, setzte sich für die Aufnahme Deutschlands in den ▸Völkerbund ein, bemühte sich mit ▸Briand um die Verständigung mit Frankreich und erhielt mit ihm 1926 den Friedensnobelpreis.

Ulbricht, Walter* (1893-1973) ▸S. 208: Der gelernte Tischler war Mitbegründer der ▸KPD in Leipzig, ging 1933 ins Exil und organisierte nach 1945 den Aufbau der KPD und die Gründung der ▸SED. Als Erster Sekretär des Zentralkomitees der SED war er von 1950-1971 verantwortlich für den Aufbau der von Moskau abhängigen DDR. Von 1960-1971 war Ulbricht auch Vorsitzender des DDR-Staatsrates.

Wilhelm II.* (1859-1941) ▸S. 19: 1888-1918 König von Preußen und Kaiser des Deutschen Reiches. Er setzte den Rücktritt ▸Bismarcks durch. Seine Vorstellungen von Gottesgnadentum und Weltmacht sowie seine Einstellung zum Militär (▸Militarismus) prägten die „Wilhelminische Gesellschaft".

Wilson, Thomas Woodrow* (1856-1924) ▸S. 63: Jurist, Historiker und Politiker der Demokratischen Partei; 1913-1921 Präsident der USA. Er war 1917 verantwortlich für den Eintritt der USA in den Ersten ▸Weltkrieg und regte die Bildung des ▸Völkerbundes an.

Sachregister

Die **hervorgehobenen** Seitenzahlen verweisen auf wichtige Begriffe, die in der Fußzeile des Verfassertextes genannt und im Glossar erläutert werden.

Personenregister

Die **hervorgehobenen** Seitenzahlen verweisen auf wichtige Personen, die in der Fußzeile des Verfassertextes genannt und im Glossar erläutert werden.

Bildnachweis

Akademie der Künste, Berlin – S. 102 // © The Heartfield Community of Heirs / VG Bild-Kunst, Bonn 2016 – S. 102 • akg-images, Berlin – S. 14, 17, 28, 30, 38, 57, 66, 89, 101 (2), 103, 116, 122, 153, 166, 178, 234, 266 // - / AM World History Archieves – S. 70 // - / © Ernst Voller – S. 272 // - / Bildarchiv Pisarek – S. 92 // - / Ernst Voller, Chalday – S. 172 // - / Ladislav Bielik – S. 247 // - / Michael Teller, Berlin – S. 138 • akg-images, Berlin // © Estate of George Grosz, Princeton, N. J. / VG Bild-Kunst, Bonn 2016 – S. 32 • akg-images, Berlin // © VG Bild-Kunst, Bonn 2016 – S. 54 (2) • Alimdi.net / Thomas Müller, Deisenhofen – S. 322 • Anne Frank Stichting u. a. (Hrsg.) in: Anne Franks Haus. Eine bebilderte Reise durch Annes Welt, Frankfurt 2004, S. 36 – Einband, S. 8 • Archiv der Arbeiterjugend – AAJB, Oer-Erkenschwick – S. 87 • Archiv der sozialen Demokratie der Friedrich-Ebert-Stiftung, Bonn – S. 24, 74 • Artinger, Kai, Die Grundrechte im Spiegel des Plakats, Berlin 2000, S. 98 – S. 207 • Avenue Images / Thomas Lauterbach, Hamburg – S. 206 • Baaske-Cartoons / Schneider, Müllheim – S. 289 // - Behrendt – S. 221, 302 // - Plassmann – S. 308 • Bergmoser + Höller Verlag, Aachen – S. 309, 311 • Bildarchiv Preußischer Kulturbesitz, Berlin – S. 5, 16, 25, 33, 61, 63, 72, 76, 99, 120, 161, 178, 180, 180/181, 200, 211, 297 // - / Alfredo Dagli Orti – S. 59 // - / Bayerische Staatsbibliothek, Archiv Heinrich-Hoffmann – S. 131 // - Herbert Hensky – S. 182, 189 // - / SMB / Dietmar Katz – S. 95 // - / Stiftung Preußische Schlösser und Gärten, Berlin-Brandenburg / Wolfgang Pfauder – Einband, S. 8, 139 // - / Waldemar Titzenthaler – S. 3, 12 • Bildarchiv Preußischer Kulturbesitz, Berlin // © VG Bild-Kunst, Bonn 2016 – S. 83 • Bundesarchiv / Sig. 146/1990-009-13, Fotograf: o. A., Koblenz – S. 245 • Bundesarchiv / Sig. Bild 102-02985A, Bild 102 / Aktuelle-Bilder-Centrale / Fotograf: Pahl, Georg, Koblenz – S. 103 • Bundesarchiv / Sig. Bild 146-1976-076-25 A / Fotograf: Sennecke, Robert, Koblenz – S. 73 • Bundesarchiv / Sig. Bild 146-1994-022-19 A / Fotograf: Tellgmann, Oscar, Koblenz – S. 53 • Bundesarchiv / Sig. Bild 183-25684-004 / Fotograf: o. A., Koblenz – S. 52 • Bundesarchiv / Sig. Bild 183-S88796 / Fotograf: Zühlsdorf, Erich, Koblenz – S. 205 • Bundesarchiv / Sig. Plak. 002-037-029 / Grafiker: Karl Geiss, Koblenz – S. 114 (or) • Bundesarchiv / Sig: Bild 102-0402A, Aktuelle-Bilder-Centrale / Fotograf: Pahl, Georg, Koblenz – S. 129 • Bundesministerium für Wirtschaft, Berlin – S. 236 • Bundeszentrale für politische Bildung, Bonn • Cartooncommerz NI&CO/ Heinz Behling, Königs Wusterhausen – S. 270 • Josef Heinrich Darchinger / Friedrich-Ebert-Stiftung, Bonn – S. 271 • David King Collection, London – S. 109 • Der Bundesbeauftragte für die Unterlagen des Staatssicherheitsdienstes der ehemaligen Deutschen Demokratischen Republik, Berlin – S. 255, 257 • Der Spiegel, Hamburg – S. 254, 275, 301 • Deutsches Filmmuseum, Frankfurt – S. 268 • Deutsches Historisches Museum, Berlin – S. 114, 127, 135, 155, 156, 198, 207, 208, 210, 212, 216, 217, 250, 251, 265, 288, 322 (2) // - / J. Desnica – S. 168 • Deutsches Historisches Museum, Berlin // © VG Bild-Kunst, Bonn 2016 – S. 4, 10, 12/13 • Die Grünen, Bundesgeschäftsstelle, Berlin – S. 251 • Die Photographische Sammlung / SK Stiftung Kultur-August-Sander-Archiv, Köln – S. 21 • Dingemann, Rüdiger, Das waren noch Zeiten. Deutschland in den 60er Jahren, München 2006, S. 62 – S. 236, 262 • DIZ Süddeut-scher Verlag, Bilderdienst, München – S. 19, 80, 127, 162, 163, 178 (2), 179, 190, 209, 220, 227, 239, 246 // - / Scherl – S. 75, 80, 94, 97, 100, 112, 132, 142, 144 • Douglas, Ron, Great nations still enchained. The cartoonists' vision of Empire 1848-1914, London 1993, S. 148 – S. 36 • dpa infografik / Globus-Grafik, Frankfurt – S. 278, 319 • dpa Picture-Alliance, Frankfurt – S. 6, 180/181, 290, 300 // - / AFP – S. 282 // - / akg-images – S. 23, 116, 136, 223 // - / AP – S. 236, 239, 253, 294 // - / Can Merey – S. 312 // - / Central Press – S. 149 // - / ddrbildarchiv.de – S. 259 // - / EFE FILES / epa efe – S. 115 // - epa AFP – S. 306 // - / Everett Collection – S. 9 // - / Henschel – S. 250 // - Martin Athenstädt – S. 296 // - / Maurizio Gambarini – S. 167 // - / Rauchwetter – S. 269 // - / REPORTAGEBILD – S. 281 // - / RIA NOVOSTI / epa Alexsey Druginin – S. 307 // - / WC SCC AP – S. 252 // - / ZB / ddrbildarchiv.de – S. 261 • Drommer, Günter, 50 Jahre DDR. Der Alltag der DDR – erzählt in Fotografien aus dem Archiv des ADW, Berlin 1993, S. 182 – S. 268 • EMMA Redaktion, Köln – S. 264 • Doreen Eschinger, Berlin – S. 323 • © Clemens Faust, Koblenz – S. 225 • Gallimard Jeunesse, Paris – S. 55 • Germanisches Nationalmuseum, Nürnberg – S. 317 // - / Deutsches Kunstarchiv / NL Ernst May I, B-35 (001), – S. 96 • Getty Images / AFP, München – S. 147 • Getty Images / Universal History Archive / UIG, München – S. 112 • Grohe, M., Kirchentellinsfurt – S. 30 • Haitzinger, Horst, München – S. 284 (2) , 304• Haringue, Albert / Roger Viollet, Paris – S. 85 • Haus der Geschichte der Bundesrepublik Deutschland, Bonn – S. 194, 200, 204, S. 234, 237 • Haus Mommsen / Manfred Grieger: Das Volkswagenwerk und seine Arbeiter im Dritten Reich, Düsseldorf 1996 – S. 116, 157 • Hauswald, Harald, Berlin – S. 272 • Hessisches Stadtarchiv Wiesbaden / 483, Nr.: 10852, Wiesbaden – S. 131 • Horsey, David, Seattle Post Intelligencer USA, 1983 – S. 244 • Institut für Sicherheitspolitik an der Unviersität Kiel (ISPK), Dr. Willi Streitz / Stefan Hansen, Kiel – S. 316 • Institut für Zeitungsforschung, Dortmund – S. 121, 184, 234, 238 (2), 274, 276 • Interfoto, München – S. 4, 12/13 // - / Granger, NY City – S. 175 // - / Sammlung Rauch – S. 56 • Internationales Komitee Luxemburg (Hrsg.), Der Reichstagsbrand. Die Provokation des 20. Jahrhunderts, Luxemburg 1978, S. 443 – S. 123 • Jefimov, Boris – S. 227 • Jürgens Ost- und Europaphoto, Berlin – S. 199 • Keystone Pressedienst, Hamburg – S. 278, 283 • Koloniales Bildarchiv / Universitätsbibliothek CJS / Albrecht, Frankfurt a. M. – S. 40 • Kultur- und werbegeschichtliches Archiv, Freiburg – S. 215 • Landeswohlfahrtsverband Hessen / Referat Archiv Kassel,

Kassel – S. 156 • © Peter Leibing, Hamburg – S. 239 • © LHA KO / Anton Dillmann, Koblenz – S. 128 • © LHA Ko / Best. 710, Nr. 1300, Koblenz – S. 197 • © LHA Ko / Best. 930, Nr. 1569, Koblenz – S. 196 • © LHA KO, Best. 710, Nr. 9449, Koblenz – S. 168 • © LHA Ko, Best. 712, Nr. 3746, Koblenz – S. 171 • Life-Time Inc., New York – S. 228 • Low, David / Star vom 01.12.1925 – S. 91 • mauritius images / Imagebroker / Guenter Fischer, Mittenwald – S. 5, 180 • Mogens, Jule, Das Jahr in der Karikatur, Hamburg 1965 – S. 243 • Museum für Kommunikation, Berlin – S. 50 • Museum für Kunst und Gewerbe, Hamburg – S. 152 • © NASA – S. 226 • © NASA / Asif A. Siddiqi – S. 226 • NS-Dokumentationszentrum Rheinland-Pfalz, Ostenhofen – S. 140, 141 (2), 143 (2) • Parthas Verlag Berlin, Berlin – S. 240 • Presse- und Informationsamt der Bundesregierung / Bundesregierung Bestand B 145, Sig. B 145 B-00009315, Foto: Egon Steiner, Berlin – S. 221 • Rheinisches Industriemuseum, Oberhausen – S. 54 • Ries, Henry, Berlinische Galerie, Berlin – S. 188 • Sammlung Arnold Kludas, Grünendeich – S. 106 • Sammlung Franz Hubmann, Wien – S. 26 • Sammlung Karl Stehle, München – S. 66, 71 • Schoenfeld, Karl-Heinz, Potsdam – S. 283 • Sello, Tom, Berlin – S. 249 • Simplicissimus vom 10.09.1923, S. 300, Zeichner: Wilhelm Schulz – S. 84 • SLA-MANN, Bern – S. 9 • SLUB / Deutsche Photothek / Walter Hanel, Dresden – S. 170 • Spielzeugmuseum / Tiziani Design, Fürth – S. 29 • Staatsgalerie, Stuttgart – S. 14 (2), 31 (2) • Stadt- und Unibibliothek, Frankfurt – S. 74 • Stadtarchiv Lörrach, Lörrach – S. 169 • Stadtarchiv Nürnberg / E39 Nr. 2258/9, Nürnberg – S. 134 • Stadtarchiv Trier / Bildersammlung 1, Trier – S. 124 • Stadtarchiv Worms / Sig. E0162, Worms – S. 137 • Stadtarchiv, Darmstadt – S. 164 • Stadtarchiv, Fulda – S. 119 • Stadtarchiv, München – S. 101 • © Klaus Staeck, Heidelberg – S. 277 • © Ivan Steiger, München – S. 280 • Stern Verlag, Hamburg – S. 263 • Stiftung Denkmal für die ermordeten Juden Europas / Paul Langrock, Berlin – S. 177 • Stiftung Eltersberg / Gedenk- und Bildungsstätte Andreasstraße, Erfurt – S. 277 • The New York Times – S. 278 • Ullstein-Bild, Berlin – S. 39, 88, 164, 165, 213 // - / dpa – S. 173 // - / JOKER / Walter G. Allgöwer – S. 176 // - / SPUTNIK – S. 174 // - / Stary – S. 82 // - / Süddeutsche Zeitung / Scherl – S. 86 // - / Sven Simon – S. 275, 315 // - / Volker Döring – S. 270 • Uni-Bibliothek, Marbach – S. 37 • United States Army. Harry S. Truman Library and Museum – S. 182, 191 • Universitätsbibliothek, Wien – S. 48 • US National Archives, Washington D. C. – S. 118, 189 • Usborne, Cornelie, The Politics oft he Body in Weimar Germany. Women's Reproductive Rights and Duties. Houndmills Basingstoke Hampshire and London 1992, Tafel 15, "The new woman of akg- Soviet socialist realist paintings 1930s-1960s, Oxfort 1992, S. 45 // © VG Bild-Kunst, Bonn 2016 – S. 68 • Usborne, Cornel-ie, The Politics oft he Body in Weimar Germany. Women's Reproductive Rights and Duties. Houndmills Ba-singstoke Hampshire and London 1992, Tafel 15, "The new woman of Weimar, Germany" – S. 95 • © VG Bild-Kunst, Bonn 2016 – S. 110 • Voigt, Heinz, Jena – S. 213 • VW Kommunikationszentrum / Historische Kommunikation, Wolfsburg – S. 258 • Walter Ballhause-Archiv, Plauen – S. 68, 100 • Weber, Hilde, Köln – S. 146 • Wilhelm-Busch-Gesellschaft e. V., Hannover – S. 292 • WLB Stuttgart / BFZ 2630 / Sig. 5.3/9, Stuttgart – S. 183, 219 • www.rlp-ruanda.de – S. 233 • www.wikimedia.org – S. 241 // - / FranksValli – S. 9 // - / Holger Weinandt – S. 176 // - / Julius Goebel – S. 52 // - / Markus Braun – S. 27 // - / Paul David Doherty / CC BY-SA 1.0, 2.0, 2.5 – S. 295

NORWEGEN
Oslo
FINNLAND
Helsinki
GROSSBRITANNIEN UND NORDIRLAND
IRLAND
Dublin
SCHWEDEN
Stockholm
Tallinn
ESTLAND
DÄNEMARK
Kopenhagen
LETTLAND
Riga
RUS
London
NIEDER-LANDE
Amsterdam
LITAUEN
Vilnius
Moska
Brüssel
BELGIEN
DEUTSCH-LAND
Berlin
Minsk
WEISSRUSSLAND
Warschau
POLEN
Paris
LUXEMBG.
FRANKREICH
Prag
TSCHECH. REP.
Kiew
PORTUGAL
Bern
SCHWEIZ
Wien
ÖSTERREICH
SLOWAKEI
UKRAINE
Budapest
UNGARN
Kischinau
MOLDAU
Lissabon
SPANIEN
Madrid
KROATIEN
Belgrad
RUMÄNIEN
San Marino
BOSNIEN-HERZEG.
Sarajewo
SERBIEN
Bukarest
Rom
MONTE-NEGRO
KOSOWO
BULGARIEN
Sofia
ITALIEN
Tirana
ALBA-NIEN
MAZE-DONIEN
Rabat
MAROKKO
Algier
Ankara
GRIECHENLAND
TÜRKEI
Tunis
TUNESIEN
MALTA
Valetta
Athen
ALGERIEN
Lefkosia
Tripolis
ZYPERN
Beirut
LIBANON
ISRAEL
Jerusalem
LIBYEN
Kairo
ÄGYPTEN
MALI
NIGER
TSCHAD
SUDAN
0
500
1000
2000 km